Donald Spoto

MARILYN MONROE
THE BIOGRAPHY

玛丽莲·梦露
——谎言与真相——

[丹麦]唐纳德·斯波托 著 徐海幋 译

文化发展出版社
Cultural Development Press

图书在版编目（CIP）数据

玛丽莲·梦露：谎言与真相/（丹）唐纳德·斯波托著；徐海帼译 .— 北京：文化发展出版社，2022.4
ISBN 978-7-5142-3679-8

Ⅰ．①玛… Ⅱ．①唐… ②徐… Ⅲ．①梦露(Monroe, Marilyn 1926–1962) — 传记 Ⅳ．
①K837.125.78

中国版本图书馆 CIP 数据核字（2022）第 027168 号

著作权合同登记号 图字：01-2020-1829
MARILYN MONROE: The Biography by Donald Spoto
Copyright@1993 by Donald Spoto
Originally published by Haper Collins Publishers, Inc
This Simplified Chinese edition published by agreement with the author through the Chinese Connection Agency, a division of The Yao Enterprise, LLC

玛丽莲·梦露：谎言与真相

著　　者：（丹）唐纳德·斯波托
译　　者：徐海帼
出 版 人：武　赫
统筹监制：范　炜
责任编辑：尚　蕾
责任校对：岳智勇
责任印制：杨　骏
装帧设计：郭　阳
图　　片：视觉中国

出版发行：文化发展出版社（北京市翠微路 2 号　邮编：100036）
网　　址：www.wenhuafazhan.com
经　　销：各地新华书店
印　　刷：北京印匠彩色印刷有限公司
开　　本：710mm×1000mm　1/16
字　　数：713 千字
印　　张：44.5
印　　次：2022 年 5 月第 1 版　2022 年 5 月第 1 次印刷
定　　价：128.00 元
Ｉ Ｓ Ｂ Ｎ：978-7-5142-3679-8

◆ 如发现任何质量问题请与我社发行部联系。发行部电话：010-88275710

献给伊莱恩·马克森

向她致以我的感激和爱

她一生使丈夫有益无损,
她开口就发智慧。
愿她享受操作所得的。

——《圣经·箴言》

致　谢

　　这本书的诞生离不开很多人的好心和慷慨的帮助。

　　伊莱恩·马克森文稿代理公司的丽萨·卡拉马洛介绍我认识了为人正直、智慧过人的电影电视制片人戈登·弗里德曼，正是后者最先向我提议了这个写作项目，并且介绍我认识了米尔顿·H. 格林的家人及遗产代理人。作为玛丽莲·梦露的朋友、摄影师及商业合伙人，格林保存了大量详实的档案，这些资料覆盖了玛丽莲大部分生活，包括制片和法律文件、各种私人文件、录音和信件。戈登·弗里德曼帮助我得到了这样一笔丰富而珍贵的资料，对此我感激不尽。

　　我对乔舒亚·格林和安东尼·格林也同样充满了感激之情，自始至终他们一直给予我实实在在的帮助、亲切的鼓励，并且允许我使用了他们父亲收藏的玛丽莲的照片，尤其是为（原版）封面增色不少的这张照片。他们的母亲艾米·格林曾经向玛丽莲敞开家门，多年里一直把玛丽莲当作自己的家人，她坦诚大度地告诉了我一些外界闻所未闻的往事，以及她的感受和记忆。如果你对艾米和她的两个儿子有所了解的话（通过他们，你会对米尔顿·格林有更充分的了解），你就很容易理解为什么在他们的陪伴下玛丽莲会成长得那么快。

＊　＊　＊

　　总是热心帮助同行的作家伊莱恩·邓迪介绍我认识了档案管理员及系谱专家罗伊·特纳，后者授权我独家使用他与玛丽莲·杰梅在将近二十年的时间里收集到的文献资料。有关我笔下这位主人公的早期历史和家庭背景，社会上存在着大量荒唐虚假的出版物，罗伊·特纳与玛丽莲·杰梅率先怀着可敬的热忱努力寻找真相，我的研究在很大程度上得益于他们的努力。

通过同行詹姆斯·斯巴达，我结识了富有才华的音乐家和作曲家格雷格·施雷纳尔，对本书写作帮助最大的人之一。从一开始，格雷格就一直在为我提供帮助（几乎天天如此）。他是"缅怀玛丽莲"组织的联合创始人，并担任了该组织的主席一职，这个组织不只是一个影迷俱乐部，它一直在致力于弘扬玛丽莲的才华，其成员本身也不乏才华横溢之人，有一些人甚至认识玛丽莲并且跟她共过事。在格雷格的引介下，我结识了很多关键人物，如果没有他的帮助，可能这些人就被我忽视了。格雷格还为我介绍了一些重要的参考文献，随时愿意回答我的问题、提供实实在在的帮助。

我也十分感激罗曼·海尼斯扎克和米歇尔·贾斯蒂斯，他们领导着类似的影迷团体"玛丽莲的一切"的工作，定期出版杂志，帮助纠正外界对本书主人公的各种错误认识。他们极其无私地奉献了自己的时间和精力，帮我联系到了一位位重要的采访对象。

对好莱坞的历史，尤其是玛丽莲·梦露的生平和职业生涯，无所不知的帕特里克·米勒多年来一直希望出版市场能出现一部充分翔实地讲述玛丽莲一生的作品，没有帕特里克的巨大帮助和参谋意见，这本书将会失色不少。

玛丽莲·梦露的三任丈夫都尚在人世。詹姆斯·多尔蒂欣然澄清了很多事实，详细讲述了还是诺玛·珍妮的玛丽莲和他的婚姻生活。众所周知，关于自己和玛丽莲的短暂婚姻、离婚以及复合，乔·迪马吉奥一直保持着沉默，他的态度可敬可叹。阿瑟·米勒建议我参阅他围绕着自己和玛丽莲共同度过的几年岁月写下的大部头回忆录，也证实了我以书面形式提出的一些观点。

被朋友们称为"贝贝"的埃莉诺·戈达德是诺玛·珍妮养母格蕾斯·戈达德的继女，跟诺玛·珍妮一起度过了青春期的大部分时光，她十分清楚后者是如何变成玛丽莲·梦露的。在追溯这个变化过程方面，贝贝以极大的耐心回答了我提出的很多问题。

同样地，玛丽莲·梦露的替身演员及好友伊夫林·莫里亚蒂也同玛丽莲建立了特殊的关系，在1960年至1962年里她们两个人保持着十分密切的交往。伊夫林详细地讲述了一些幕后故事以及自己对玛丽莲的理解，多次接受我的采访并提供了不少重要信息，还热情地鼓励了我，这一切对于这本书的撰写都是弥足珍贵的财富。

玛丽莲在世的最后一任公关负责人及忠诚的朋友帕特里夏·纽科姆给予了我空前的信任，详细讲述了玛丽莲在世最后两年里的很多美好时刻。帕特里夏凭借着谨慎的作风、忠诚和诚实的品格赢得了应得的尊重，在接受我的采访时她也开诚布公，讲述得十分详尽，她对这本书的突出贡献在书中随处可见。

已故的鲁珀特·艾伦是玛丽莲的第一任公关负责人，也是她终生的知己。在好莱坞活跃了将近五十年的鲁珀特备受爱戴和尊敬，从这本书的创作之初他就一直在鼓励我，为我提供了很多重要的指导，即使在健康状况恶化的情况下，仍然多次接受了我的采访，为我详细讲述了大量情况。

记者、作家及编辑简·威尔基多年来一直在报道好莱坞的新闻，她一直保存着自己在1950年代采访詹姆斯·多尔蒂和娜塔莎·莱特斯的尚未发表过的稿件，这些稿件内容详尽、很有启发性。简邀请我去了她家，独家授权我使用这批迄今尚未公开过的珍贵原稿。

玛丽莲逝世时，洛杉矶县地方检察官及县政府医疗法律部负责人约翰·迈纳曾亲临尸检现场。他详细介绍的情况帮助我最终解开了当代史上最令人不安、最神秘的谜团之一。圣莫尼卡市圣约翰医院病理科的主任医师阿诺德·艾博拉姆斯同样对我进行了指点，帮助我理解了大量复杂费解的医学和化学术语，阐明了法医报告中的一些重要内容。

在研究拉尔夫·格林森一盒盒文稿的过程中，戴维·泽德伯格及洛杉矶加利福尼亚大学特藏部的工作人员对我提供了帮助。

坐落在马萨诸塞州多尔切斯特的约翰·F.肯尼迪纪念图书馆的工作人员苏珊·德恩特蒙特帮助我查阅到了罗伯特·F.肯尼迪担任司法部长期间留下的文稿。

供职于南加利福尼亚州表演艺术档案馆的内德·康斯托克一如既往地为我提供了振奋人心、经过深思熟虑的指点，向我指出了华纳兄弟影业公司、杰里·沃尔德和康斯坦斯·麦考密克作品集中的几处重要内容。

阿尔布开克公共图书馆特藏部的档案管理员鲍勃·道内尔提供了有关约翰·默里生平的一些资料。

玛丽莲早年那部自传的大部分内容出自匿名作者本·赫克特之手，他的文稿被收藏在芝加哥纽伯里图书馆特藏部，供职于该部门的玛格丽特·库里斯、博尔格·弗里贝尔恩和伊丽莎白·弗里贝尔恩也对我提供了鼎力帮助。

在查阅21世纪福克斯公司前总裁斯派罗斯·斯库拉斯的信件及文稿的过程中，我得到了斯坦福大学特藏部帕梅拉·邓恩的帮助。

供职于信息搜集公司的迈拉·T.格雷尼尔协助我完成了对《洛杉矶时报》的资料筛选工作。

供职于俄亥俄州厄巴纳市厄巴纳中学校友事务办公室的莫纳·纽康姆提供了有关尤尼斯·约恩特（后来改姓默里）的家庭背景的重要资料。

任职哥伦比亚广播公司新闻网档案部主任的道格·麦金尼提供了一些关键资料，以及迈克·华莱士在1973年一期《60分钟》里采访诺曼·梅里的录像带，这次采访具有历史价值。道格还为我提供了专用的技术设备，让我得以听到格林档案中年代久远的口述录音。

洛杉矶县地方检察官办公室上诉部的地方副检察官戴安娜·L.萨默海斯扫清了障碍，让我有机会仔细研究该办公室收集到的1982年提交的玛丽莲·梦露死亡事件调查报告相关材料。

洛杉矶警察局发现部的拉里·乌特林帮助我拿到了警方有关玛丽莲·梦露死亡事件的官方报告和补充材料。

供职于洛杉矶美国电影学院路易斯·B.梅耶图书馆的艾伦·布劳恩与格拉迪斯·艾维斯楼上楼下跑个不停，帮我找到了查尔斯·K.费尔德曼担任玛丽莲经纪人那几年里留下的丰富资料。纽约林肯中心表演艺术图书馆比利·罗斯剧院收藏部的工作人员也凭借娴熟高效的业务能力帮我找到了一些剪报和辅助性的原始资料。

在为这本书进行的准备工作中，最关键的当然是作者对认识玛丽莲·梦露的一些人进行的采访。除了上述各位，下列人士也对玛丽莲的一生和工作的不同方面为我提供了独一无二的启发，在此我也要向他们致以谢意：比尔·亚历山大，威廉·阿舍，乔治·阿克塞尔罗德，米尔顿·伯利，沃尔特·伯恩斯坦，默文·布洛克，戴维·布朗，杰克·卡迪夫，露西尔·莱曼·卡罗尔，泰德·切辛斯基，马特·克罗利，亚历山大·达西，肯·杜梅因，米尔顿·艾宾斯，乔治·艾伦吉斯，迈克尔·古尔丁医学博士，埃德温·格斯曼，乔·海姆斯，纳塔丽·特伦黛·雅各布斯，约瑟夫·贾斯古尔，阿黛尔·杰金斯，杰伊·坎特，道格拉斯·柯克兰，欧内斯特·莱曼，彼得·雷瓦西，让·路易，埃丝特·莫尔茨，约瑟夫·L.曼凯维奇，乔治·马斯特斯，阿伯特·梅索斯，罗伯特·米彻姆，约翰·摩尔，德洛丽丝·纳尔，约瑟夫·纳尔，雪莉·诺斯，罗恩·纳曼，莉迪娅·博德里奥·里德，范妮莎·里斯，拉尔夫·罗伯茨，米尔顿·鲁丁，简·拉塞尔，哈·谢弗，迈克尔·塞尔斯曼，萨姆·肖，马克斯·施瓦尔特，阿诺德·舒曼，艾伦·斯奈德和玛乔里·斯奈德，米基·桑，施特菲·西德尼·斯布拉沃，约翰·斯普林格，玛伦·斯塔普莱顿，伯特·斯特恩，苏珊·斯特拉斯伯格，朱尔·斯泰安，亨利·韦恩斯坦，比利·怀尔德，格拉迪斯·菲利普斯·威尔逊，威廉·伍德菲尔德和保罗·沃兹尔。

还有些人虽然跟玛丽莲本人并不认识，但是他们也接受了我的采访或者为我提供了实际帮助，帮我澄清了有关她的一生和死亡的一些重要问题：谢尔登·阿本德，马丁·鲍姆，戈尔登·W.布莱克默，约翰·贝茨，小约翰·贝茨，南希·贝茨，里克·卡尔，罗纳德·H.卡罗尔，凯·艾切尔，乔治·费恩和黛安·费恩，威尔·福勒，理查德·古德温，米尔顿·古尔德，贝特西·邓肯·黑姆斯，玛格丽特·霍恩伯格医学博士，希拉里·奈特，迈克尔·科达，菲利普·拉克莱尔，泰德·兰德雷斯，罗伯特·利特曼医学博士，唐·马歇尔（洛杉矶警察局便衣警察），约翰·米克里安，唐·莫尔迪亚，本森·谢弗博士，亨利·希珀，罗兰德·斯奈德，理查德·斯坦利和伊迪丝·特纳。

我尤其要向贡献出了私藏照片的各位致以谢意：克里斯·贝辛格，泰德·切辛斯基，T.R.福格利，埃莉诺·戈达德，萨宾·格里，伊夫林·莫里亚蒂，范妮莎·里斯，格雷格·施雷纳尔，艾伦·斯奈德，米基·桑和加里·韦尔斯。

纽约的哈珀柯林斯出版集团有一大群好人理应得到我的致敬。

我的编辑，兼任公司副总裁和副社长的格拉迪斯·贾斯汀·卡尔给予我的友情和毫不动摇的忠诚令我感到三生有幸。格拉迪斯充满热情、兢兢业业、富有洞见，永远那么和气，在这本书创作过程中的每个阶段——从合同的拟定到最终的成稿——她都对我进行了指导，我将永远对她心存感激。格拉迪斯的助手特蕾西·迪瓦恩与阿里·霍根勃姆每天都要处理无数的日常工作，而且在这个过程中永远那么鼓舞人心，永远能够化难为简。

集团副总裁威廉·辛克自始至终都对这本书给予了热情的支持，显示出极大的个人兴趣，还介绍我认识了集团的下列工作人员：詹姆斯·福克斯，布伦达·马什，苏珊·莫尔多，约瑟夫·蒙特贝洛，布伦达·西格尔，斯蒂芬·索伦蒂诺和马丁·韦弗。他们的友善以及对这个项目的付出都为我的写作过程留下了很多美好的记忆。

伦敦查托和温德斯出版社的卡门·卡里尔和乔纳森·伯汉姆是两位和蔼至极、敏感至极的编辑，在双方协商的过程中他们都表现得非常友善。在十多家外文出版人中，我仅有幸同其中的两位见过面，每次见面都令人感到愉快：慕尼黑威赫姆·海恩出版社的汉斯－彼得·乌布雷斯，巴黎西岱出版社的雷诺·邦巴德。他们和自己在英国与美国的同行一样，友好地接纳了我和我的作品，为我提供了非常好的建议。无法想象世上还会有比我更幸运的作家。

我的律师柯特利·塞斯迈耶一如既往地以敏锐的头脑支持着我，激发我在写作方面的才华，不断带给我惊喜。我的好朋友约翰·达雷塔帮助我校对了美国和英国的样稿。

在研究准备工作的初期，工作能力强、颇有悟性的道格拉斯·亚历山大一直在不倦地协助我的工作，后来他得到了机会，开始创作自己的第一部作品，这部作品很有可能会让他收到来自世界各地的各种信函。

后来加入这项工作的查尔斯·拉普利是一位值得称道的编辑和作家，我要向他在组织协调工作中付出的心血致以衷心的感谢和敬意。他查找到了一些模糊不清的事实，找到了原本难以找到的相关人士，以娴熟的手法、如私家侦探一样坚韧不拔的意志进行调查，梳理了错综复杂的民事、法律和警方记录，通过这样的努力为读者揭示了玛丽莲·梦露在世最后一年里的一些重大事件。

十五年来，位于纽约的伊莱恩·马克森文稿代理公司一直是我的职业大本营，管理这家公司的是几位头脑机警的朋友：格里·托马，萨利·考顿·沃福德，礼萨·卡拉马罗，考姆·卡瓦纳，斯蒂芬尼·霍金斯，萨拉·德诺布里加和塔莎·布莱恩。

我怀着诚挚的爱和感激将这本书献给我的经纪人伊莱恩·马克森，这已经是我第二次以这样的方式表达我对她的感情了，但愿这不会是最后一次。

在一定程度上，相比组织数十万字完成一部传记，用三言两语充分表达我对伊莱恩的钦佩其实是一项更艰巨的工作。目前，我的事业达到了一个令人满意的阶段，一路前行我得到了很多人的指引，但是对我的帮助最大的莫过于伊莱恩。她是一位睿智、幽默、热情和可敬的女性，她的很多朋友、其他客户以及出版界无数从业者对她的这些优点一直都很熟悉。伊莱恩是对我最耐心、最关心的一位参谋，也是我的朋友，她为人谨慎，对朋友全心全意。玛丽莲应该也会钦佩她的。

唐纳德·斯波托
洛杉矶和纽约
1992年圣诞

目录

第一章
至1926年6月　　　　　　　　　　1

第二章
1926年6月—1934年6月　　　　　16

第三章
1934年6月—1937年11月　　　　 39

第四章
1937年11月—1942年6月　　　　 54

第五章
1942年6月—1945年11月　　　　 81

第六章
1945年12月—1946年8月　　　　102

第七章
1946年9月—1948年2月　　　　 122

第八章
1948年2月—1949年5月　　　　 142

第九章
1949年6月—1950年12月　　　　163

第十章
1951年1月—1952年3月　　　　 189

第十一章
1952年3—12月　　　　　　　　215

第十二章
1953年　　　　　　　　　　　 251

第十三章
1954年1—9月　　　　　　　　　272

第十四章
1954年10月—1955年1月　　　304

第十五章
1955年2—12月　　　　　　　335

第十六章
1956年　　　　　　　　　　　364

第十七章
1957—1959年　　　　　　　　408

第十八章
1960年　　　　　　　　　　　443

第十九章
1961年　　　　　　　　　　　485

第二十章
1962年1—5月　　　　　　　　517

第二十一章
1962年5—7月　　　　　　　　557

第二十二章
1962年8月1—4日　　　　　　590

第二十三章
1962年8月5日　　　　　　　　617

第二十四章
1962年8月6—8日　　　　　　634

后记
大骗局　　　638

参考文献
　　　　　　652

玛丽莲影片目录
　　　　　　658

梦露年表
　　　　　　664

能让别人在意你——接受考验,
拥有一点点才能,吸引到一点点注意力……
这是多么光荣的事情啊。

　　　　　　　　　　——亨利·詹姆斯,《中年》

尽管放心,只要你说了实话,别人迟早会知道的。

　　　　　　　　——奥斯卡·王尔德,《给年轻人的隽言哲语》

第一章　至1926年6月

玛丽莲·梦露的曾外祖父是蒂尔福德·马里恩·霍根。1851年，就在农民乔治·霍根与妻子萨拉·欧文斯从肯塔基州迁居到伊利诺伊州后不久，蒂尔福德出生了。到了12岁的时候，蒂尔福德已经有6英尺（1.83米）高了，他身材纤细，但已经结实得能干农活了。1870年，19岁的蒂尔福德住在密苏里州的巴里县，在那里同珍妮·南希结了婚。到了1878年他们已经有了三个孩子，蒂尔福德靠着打零工养活妻子和孩子，工作时间长，薪水却很微薄，尽管他很卖力，可是全家人总是过着入不敷出的生活。十多年的时间里，他们似乎一直在密苏里州居无定所，住过各种各样的农舍和木屋，有时候同别人家的用人合住在一起，有时候还住在谷仓里。

尽管生活艰辛、受过的教育很有限，蒂尔福德却是一个求知欲旺盛、十分敏感的人，通过自学他学会了读书，对诗歌和古典文学产生了热情，虽然他几乎没有多少空闲时间能花在这样的高雅爱好上。珍妮是一个热情但务实的人，考虑到全家人长期过着一穷二白的日子，她丝毫不会鼓励丈夫对文学的热情。这场婚姻维持了二十年，然后他们离婚了，离婚的原因一直不为外人所知。珍妮得到了孩子们的抚养权，回到了在密苏里州沙里顿县的娘家，蒂尔福德去了堪萨斯州东部的林县。

无论蒂尔福德的婚姻究竟出了什么的问题，不可否认的是他曾经深受朋友和邻居们的喜欢和尊敬。他为人慷慨，总是发自内心地愿意用自己原本就少得可怜的食物和燃料接济其他人。成年之后他一直饱受重度风湿性关节炎和慢性呼吸道感染等疾病的折磨，高强度的辛苦劳作、营养不良的饮食以及对诗歌孜孜不倦的热爱更是加剧了他的病情，在这种状况下他善解人意的天性就显得更加难能可贵了。此外，离婚后他其实遭到了众人的排斥。在19世纪晚期的密苏里州，在信仰基督教的虔诚父老乡亲中间离婚可不是一件稀松平常之事。1891年之后（他已经年满40岁了），蒂尔福德比以往更加卖力地打着工，他似乎过早地衰老了下去，没有儿女陪伴在身边的孤独折磨着他，孩子们会来看望他，但是这样的时刻很罕见。

在蒂尔福德与珍妮的三个孩子中间，最活跃的就是排行老二的黛拉·梅（后来，有时候她也用"黛拉·麦"这个名字签名）。黛拉出生于1876年7月1日，当时蒂尔福德与珍妮暂住在密苏里州的布朗斯维克县，在那里待了不长的一段时间。梅不太漂亮，但是性格开朗、淘气、精力充沛、有些早熟，对父亲的精神嗜好毫无兴趣。和父亲截然相反，她总是喜欢逃学。在10岁那年，她曾带着同班同学去了当地的一个池塘钓鱼、游泳，这件事情令她的父母和老师们都火冒三丈。黛拉还出现了更严重的问题，她会跟一些男孩在下午溜进某户人家的谷仓玩"赶紧亲亲我"的游戏。到了15岁，黛拉已经辍学很长时间了，在父母之间来回往返，一想到自己充满诱惑、毫不掩饰的魅力能够引起男孩们的注意，她就感到飘飘然。

充满青春朝气、活泼好动的黛拉一直拖到22岁才结婚，在那个年代这个年龄对于订婚来说有些迟了。1898年，黛拉遇到了一位刚刚从印第安纳州迁居到密苏里州的粉刷匠，比她年长10岁的奥蒂斯·埃尔默·门罗[1]。同黛拉的父亲一样，奥蒂斯也胸怀超出体力劳动者眼界的抱负。他一直宣称总有一天自己会去欧洲学习艺术，同妻子聊天时也常常提到法国画家和"美好年代"[2]的巴黎——他曾在杂志上凹版印刷的相片中看到过那个年代的巴黎。

由于准新郎奥蒂斯的坚持，他们谈了一段时间的恋爱，然后便于1899年的年末成婚了。从结婚时留下的照片可以看出，黛拉是一个中等身高的女人，长着一张结实圆润的脸庞、一双黑眼睛、一副几乎显得有些严厉的下巴，在照片中她

---

[1] "玛丽莲·梦露"中的"梦露"来自于她的娘家姓。在其他情况下，这个姓氏一般译作"门罗"，例如美国总统詹姆斯·门罗（作者在下文中也提到"梦露"与一位美国总统同姓）。本书中以阿拉伯数字标明的注释均为译者所加，其他注释为原书所有。

[2] "美好年代"一般指1871年普法战争结束到1914年第一次世界大战爆发，其间西方各国相对和平，经济、文化、艺术都处在蓬勃发展的状态。

显得泰然自若，浑身上下丝毫没有淑女的模样。奥蒂斯的照片没有被保存下来，不过黛拉后来提起过奥蒂斯皮肤白皙、长着一头淡红色的头发和一双淡褐色的眼睛，她还说过奥蒂斯"就像别针一样整洁利落[I]，总是像个绅士——至少可以说像绅士的贴身男仆"。奥蒂斯曾经从高处跌落下来，左脸上因此永远留下了一道伤疤，这为他的容貌增添了几分时髦、浪漫的气质。黛拉似乎认为自己的丈夫是一个懂得吃喝玩乐的花花公子，是世界上最强健的男人，见识过真正的危险。

婚后不久，奥蒂斯就叫黛拉收拾行李，他已经接受了墨西哥国家铁路公司的一份工作，他相信这份工作的收入会比粉刷房屋的报酬优厚一些。他们在得克萨斯州的鹰渡市跨过边境，在后来被命名为"黑石市"（曾经根据在任总统的姓名被命名为"波菲里奥·迪亚兹"）的墨西哥小镇住了下来。一开始，黛拉对离开美国的事情感到不开心，她常常站在屋前的门廊上，凝望着横亘在格兰德河上的桥，那座桥通向美国。不过她的适应力很强，没过多久便放松了下来，接受了自封的角色，给当地的印第安和墨西哥妇女当起了"非正式"老师，偶尔还充当一下接生婆。到了1901年的秋天，黛拉自己也怀孕了，1902年5月27日的清晨，她产下了一个女孩，孩子名叫格拉迪斯·珀尔。五天后，一名墨西哥民事法官给格拉迪斯出具了出生证。

1903年，奥蒂斯与黛拉得知洛杉矶有更优越的工作机会，那个正在快速发展的城市需要连通各个区域，因此有轨电车、电车和铁路交通这些运输部门都蓬勃发展起来。门罗一家人于当年春天搬到加利福尼亚州，在洛杉矶中南区的西37街租下了一套只有一间卧室的小平房。奥蒂斯进入了太平洋电气铁路公司，面对需要养活妻子和女儿的现实，他意识到自己已经渐渐淡忘了乘坐船屋泛舟塞纳河、创作水彩画的梦想。

1905年，黛拉又生下了一个男孩，马里恩·奥蒂斯·埃尔默，全家人需要更宽敞的住宅。根据门罗一家留下的记录显示，接下来的数年里他们一家人一直过着四处漂泊的生活，1903至1909年他们至少租住过11套配有家具的房子或者公寓。格拉迪斯与马里恩并不缺少基本的生活保障，但是如此不稳定的生活再加上没有多少属于自己的东西，他们度过了一个背井离乡、缺乏安全感的童年。由于不停地搬家，他们也没有多少机会拥有比较长久的友谊，年轻的黛拉也是如此。此外，奥蒂斯常常夜不归宿，当黛拉质问他的时候，他也总是一口咬定自己不记得在哪里过夜了。奥蒂斯有时候会喝得酩酊大醉，所以黛拉对丈夫的"失忆"也不会感到惊讶。在1907年整整一年里，门罗夫妇的婚姻一直面对着这样的严峻考验。

次年年初，41岁的奥蒂斯·门罗的行为和健康都急速恶化。他的记忆力变得飘忽不定，总是做出不合时宜的反应，他还出现了严重的头疼，为人也一反常态地懒散了起来。他一次次发火令黛拉与两个孩子感到恐惧，暴怒之后他又会哭起来，没过多久这个可怜的人就发病了，双手和双脚就出现了剧烈的抽搐，有时候抽搐一阵子就癫痫发作。有一次，那副场面令6岁的格拉迪斯惊慌失措地去邻居家躲了两天。

1908年夏天，奥蒂斯有些瘫痪了。11月，他住进了圣伯纳蒂诺县的南加州巴顿州立医院（一所精神病院），在医院里他被诊断为全身麻痹，也就是神经性梅毒晚期，即脑部感染了梅毒。西方文明社会对这种疾病的了解与诊断已经有至少两百年的历史了，但是最早通过药物成功治愈的病例是德国细菌学家保罗·埃尔利希在奥蒂斯住院那一年实现的，奥蒂斯等不到从埃尔利希的研究成果中受益的那一天了。

3个月后，黛拉再也无法忍受去医院探望丈夫的经历了，奥蒂斯完全痴呆了，实际上已经变得面目全非了。况且，为了养育孩子黛拉找到了一份全职的帮佣工作。9个月后，即1909年7月22日，自始至终没有下过病床的奥蒂斯逝世了，去世时年仅43岁。

奥蒂斯的精神状况急速恶化吓坏了黛拉，她告诉孩子他们的父亲疯了，死于精神错乱——有可能是酗酒所致，也有可能是由于行为不检。在奥蒂斯逝世后医院将他的病历交给了黛拉，这份记录在家族里保存了数十年，病历清楚地显示奥蒂斯死于器质性（而不是精神性）疾病。他之所以患上痴呆是因为身体感染了病毒，而非来自遗传性疾病。更重要的是，至少有一名医生认为他患上的梅毒类型属于所谓的地方性类型，也就是说，他之所以会感染上这种致命的螺旋菌是由于他在墨西哥打工期间接触到了极其不卫生、病毒滋生的环境，而不是通过性行为（在1880至1910年的墨西哥，梅毒的感染率非常高，实际上已经发展为流行病，只是病人感染的梅毒病毒类型常常无法得到确诊）。黛拉、格拉迪斯与马里恩都错误地认为自己的亲人死于精神失常，事实上奥蒂斯是由于病毒感染直至脑组织被病毒摧毁而身亡的。

* * *

外界无法得知父亲病逝的消息对7岁的格拉迪斯与4岁的马里恩产生了多么强烈的影响，不过可以肯定的是他们通过黛拉的表现发现了一些蛛丝马迹。一开始，黛拉摆出一副禁欲的模样，带着一副中年妇女的忧伤拼命工作，还领着孩子们去附近一两座新教教堂"为他们的灵魂祈祷"。[II]黛拉一度变成了一个恪守妇道的女人，其实她依然同年少时一样躁动不安、精力旺盛，毕竟这一年她才33岁。1910年，住在博尔德大街2440号的黛拉为单身汉和丧妻的男人敞开了门。据说，格拉迪斯是一个性格外向、活泼好动的女孩，她觉得自己很快就要有一个新爸爸了，后来她说过："妈妈喜欢男人，我们也都希望有一个爸爸。"[III]

过了两年他们的这个愿望才得以实现，在这两年里黛拉数次订婚（或者说只是逢场作戏而已），最后她终于选定了一位丈夫。1912年3月7日，35岁的黛拉嫁给了29岁的莱尔·阿瑟·格雷夫斯。真诚、羞涩的格雷夫斯来自威斯康星州格林贝市，他是奥蒂斯在太平洋电气铁路公司的同事，在同黛拉结婚这一年他已经成了扳道工的监工。新组建的家庭搬到了格雷夫斯在南希尔街3241/2号的住宅，日后这条街属于洛杉矶商业区的中心地段。

没过多久黛拉就意识到自己犯了一个错误，莱尔也是一个嗜酒无度的人——至少结婚仅仅8个月之后带着孩子搬到一家公寓旅店时她是这么说的。一个月后，即1912年的圣诞节，黛拉又回到了格雷夫斯身边，显然她需要对方的接济。在这个圣诞节莱尔出手大方，给孩子们买了不少礼物，还将薪水交给黛拉掌管。好景不长，他们两个人和解5个月之后，就在格拉迪斯的11岁生日当天黛拉又离开了格雷夫斯。1914年1月17日，黛拉与格雷夫斯离婚了，她指控丈夫"没有尽到养育家人的职责、生活放荡、酗酒"。[IV]

黛拉非常熟悉居无定所、动荡不安的童年是怎样的滋味（她的父母在她13岁那一年就离婚了），对于成年后的生活她或许充满了幻想，但是她根本不知道怎么才能为自己和孩子找到或者创造出像样的生活条件。可以说，她根本找不到一个像家一样的地方。

格拉迪斯受到的影响最强烈，父亲生了一场可怕的重病之后离奇死去，母亲对男人们敞开大门，然后又将他们一一打发走，他们来了又走，给他们当了爸爸没过几个月格雷夫斯也不在了，然后他又出现了，最终他又不再是他们的爸爸了。对于即将成年的格拉迪斯而言，男人都只是靠不住的临时过客。与此同时，母亲的表现却在隐隐地告诉她从某种程度上而言男人是女人生活中的必需品。黛拉依然喜欢——其实也是出于需要——男性的陪伴。在这种情况下，对于婚姻、家庭和为人父母的责任这些问题，格拉迪斯一直接收着各种相互矛盾的信号。

1916年的年底，黛拉带着一双儿女住在一座寄宿公寓的一个房间里，公寓位于威斯敏斯特大道26号，这里距离洛杉矶市中心有12英里（19.3米），走不了几步就能走到太平洋岸边，这片海岸属于威尼斯海滩，海滩的西北角毗邻着圣莫尼卡海滩，两处海滩都位于圣莫尼卡湾（被誉为"黄金海岸"）。按照阿伯特·金尼（他通过制造"甜美烟丝"香烟积累起了巨额财富）的规划，加州的威尼斯海滩将被建设成美国的"威尼斯"。

金尼憧憬着用浪漫的运河连通大街小巷，海滩和店铺通过运河上一座座迷人的拱桥同坐落在鲜花盛开的岸边的一座座住宅相连。洛杉矶从1904年开始动工建造潟湖和小别墅，到1905年引流入运河。金尼说服商人、旅馆和餐馆老板按照文艺复兴时期的威尼斯建筑风格建造房舍，为了充分实现这种效果，他还从意大利输入了24名贡多拉（威尼斯特有的传统尖形运河船）船夫，这批船夫给美国的威尼斯带来了相应的意大利风情和歌声。在20世纪的最初二十年里，威尼斯成为了太平洋岸边的游乐场，1925年这片海滩被划入洛杉矶市。黛拉曾经来过威尼斯海滩一次，现在她为自己和孩子们选择在这个地方安家。

和母亲搬到威尼斯的时候格拉迪斯已经14岁了，她头脑聪明，喜欢卖弄风情，在每所学校和每一次聚会上都能引起别人的注意。她那一头淡棕色的头发泛着红色的光芒，她还有一副大嗓门，很容易被逗得哈哈大笑起来。同黛拉一样，格拉迪斯也渴望得到别人的关注，尤其是年长一些的男人，这一点并不令人感到惊讶，毕竟长期以来她一直不曾从父亲那里得到过多少关注。11岁的马里恩很快就被送到了圣迭戈，寄养在亲戚家，黛拉认为男孩应当在有男性家长的环境中成长。马里恩已经像外祖父霍根当年一样高大结实了，在高中的游泳比赛中还拿过冠军。19岁那一年,他篡改了自己的年龄,同比他年幼的同学奥利弗·布鲁宁斯结婚。在门罗家族里,马里恩既不是第一个也不是最后一个早婚的人。

1917年新年前夜,在海边一家店铺里翩翩起舞的黛拉在打了太多蜡的地板上滑倒了。还没等跌倒在地上,她就被一个男人一把抱了起来。丧妻的查尔斯·格兰杰有6英尺(1.83米)高,相貌英俊。连续几天,格兰杰几乎每天晚上都会前往威斯敏斯特大道造访黛拉。

在黛拉看来,格兰杰的生活比奥蒂斯·门罗憧憬过的那种生活都更加迷人、奇异。1890年代,洛杉矶石油业繁荣发展起来,格兰杰一开始在油田工作,在1915年他乘船去了印度,接着又从印度前往东南亚地区,在缅甸石油公司当上了钻井监工。回到南加利福尼亚后,他一直在给壳牌石油公司打零工,除此以外就没有其他工作了。他住在威尼斯海滩卡罗尔运河住宅区410号,距离黛拉家不太远。他的房子是一座只有两个房间的平房,房子毗邻着陆上"威尼斯"无数条河道中的一条。相比威斯敏斯特大道26号,运河边的那座住宅充满了魅力,黛拉对那里一见钟情。

在那一年,社会对同居的态度不比堕胎或者离婚更宽容,但是格兰杰与黛拉还是商量着在不结婚的情况下合住到格兰杰的家里。黛拉甚至自称为"格兰杰太太",不过谁都没有注意到这一点。决定不结婚的人很有可能是格兰杰,尽管工作前景总是不太确定,但他还是希望再次得到去海外工作的差事。黛拉同奥蒂斯·门罗以及莱尔·阿瑟·格雷夫斯的关系出现过很多问题,现在她和格兰杰又常常一别就是数日甚至几个星期。此外,格兰杰还有两个十几岁大的儿子,他们住在北加利福尼亚,但是格兰杰也承担了一部分养育他们的责任,面对供养黛拉及其女儿的法律责任他无法开心起来。格拉迪斯唯恐自己又会有一位新父亲,同时又对母亲再次选择了不合常规的生活方式感到恼怒,这种生活方式无法在感情方面给予她稳定的支持。她对母亲再婚的事情感到不快,她表现得很暴躁,闭口不谈此事,以这样的方式向格兰杰表明了自己的态度。结果,格兰杰迟迟没能邀请她们搬过去,格拉迪斯引起了母亲的反感。

就在这个节骨眼上一个天赐良机出现了。26岁的肯塔基商人约翰·纽顿·贝克来洛杉矶游玩,他被14岁的格拉迪斯迷住了,格拉迪斯也是如此——尤其考虑到依附于另一个男人就意味着她有条件摆脱格兰杰了。1917年5月17日，黛拉宣誓说女儿已经年满18周岁了，他们从俄勒冈州迁至洛杉矶，她欢天喜地地看着女儿嫁给贝克，并且将威斯敏斯特26号那个房间让给了新婚夫妇，自己马不停蹄地搬到了情人的家里。1918年，格兰杰又找到了一份工作，新工作跟石油钻井的性质完全不同，是在圣莫尼卡海滩的皮克林休闲码头当管理员，不过至少他有了固定收入。这个家里的每一个人或许一度都为自己的小算盘感到沾沾自喜。

格拉迪斯·贝克成了一名幸福的年轻新娘，结婚刚满7个月她就生下了一个男孩，孩子名叫杰克。第二年，即1919年7月，她的女儿伯妮斯·伊内兹·格拉迪斯也降临人世了。

考虑到父亲逝世的原因以及母亲后来反复无常的情感生活，格拉迪斯在一生中始终不曾拥有过稳定的家庭生活，对常规家庭生活显然也没有热情。很快她就对母亲这个角色以及承担的责任感到厌倦了，她更愿意将伯妮斯托付给邻居们照顾（就像她放弃杰克那样），自己则跟朋友甚至陌生人去舞厅或者参加海滩上的聚会，而她的丈夫则干着日用品销售的工作，每天工作很长时间。

1921年6月20日，格拉迪斯向法院提交了离婚申请，她指责贝克"残酷得令人发指，虐待[她]，对她使用污秽的称呼，对她或者当着她的面说一些亵渎上帝的话，[对她]拳脚相加"，尽管她一直"恪守妇道"。[V]不过，格拉迪斯的品行遭到了贝克的质疑，作为被告的他指出格拉迪斯干下了放荡下流的苟且之事。最终，法院判定格拉迪斯不得将孩子带离洛杉矶。

就在女儿和女婿上演这出法庭闹剧的同时，黛拉与格兰杰的关系也变得不稳定了。1922年3月，黛拉又回到了格兰杰的身边，然后又离去了，她同格拉迪斯搬到了一套有四个房间的平房里，这套出租屋位于威尼斯海滩玫瑰大道46号，实际上这条"大道"就跟小巷子一样狭窄，距离海岸只有几步之遥。黛拉在租房合同上签下了"黛拉·门罗"这个名字，她同意将其中两间卧室租出去，以管家的身份赚一份收入，每个月给不住在这里的房东阿代尔·魏恩霍夫与苏茜·诺埃尔支付100美元的租金。直到6月，她们连第一个月的房租都没有寄给房东。黛拉与格拉迪斯因此激烈地争执了一番，她们都指责对方花钱大手大脚或者偷了钱。当时她们两个人都没有工作，主要的收入就来自格兰杰（贝克只提供了很微薄的一笔抚养费）。母女俩靠着这笔钱寻欢作乐了一段时间，因为她们各自身后都不乏一些追求者。到了7月，法院判决下来了，母女俩短暂的合住生活结束了。得到格兰杰的允许后，黛拉从海滩平房搬到了他在霍索恩的一处无人居住的平房。

最终，法院于1923年5月给贝克与格拉迪斯下达了离婚判决。就在当月，约翰·贝克带着伯妮斯与杰克回到了故乡肯塔基。大约一年后，格拉迪斯去了一次肯塔基，但是在孩子们眼中她已经有些陌生了，她将监护权永久性地交给了孩子们的父亲。或许是疏于照料孩子令她感到内疚懊悔，多年里她很少试着同孩子们取得联系。杰克此后再也没有同母亲见过面（据说二十多岁的时候他就过世了），直到几十年后伯妮斯才又和母亲团聚了。格拉迪斯对母亲黛拉没有多少稳定的感情，她也无法给自己的孩子提供一份稳定的母爱。

没有了天下所有家庭都要面对的负担和责任，格拉迪斯又迁居到了被称为"好莱坞"的洛杉矶东部，在电影界的外围行业里谋到了一份工作，联合电影洗印厂的负片剪接工。这家公司位于西沃德街和罗曼街的交汇处。

对于格拉迪斯来说，无论这份工作有多么机械呆板，至少每天坐在自己的座位上她就能够看到许许多多将为全国人民提供消遣的影像。1923年有4300万人（占全国人口的40%）去电影院观看了当年发行的576部黑白默片，平均每人消费了10美分。这个时代属于迷人时髦的葛洛莉娅·斯旺森和端庄又颇有英雄气概的丽莲·吉许这样的巨星，属于大胆的道格拉斯·费尔班克斯和性感的鲁道夫·瓦伦蒂诺，充满异域风情的波拉·尼格丽和滑稽的玛丽恩·戴维斯。这一年最炙手可热的明星有《篷车队》中的洛伊丝·威尔逊和欧内斯特·托伦斯，《钟楼怪人》中的朗·钱尼，德国导演恩斯特·刘别谦指导的《露茜塔》中的玛丽·毕克馥，查理·卓别林指导的《巴黎一妇人》中的艾德娜·珀薇安丝，第一个版本的《十诫》中的塞西尔·B. 戴米尔以及《安全至下》中的哈罗德·劳埃德。格拉迪斯是涌向好莱坞的劳动大军中的一员，4年前电影工业各种岗位上总共有3.5万从业人员，1923年这个数字增长到了13万。

联合电影洗印厂是几家样片洗印厂中的一家，每天上午制片人、导演和电影公司的主管都要审阅前一天拍摄的影片。每个星期，格拉迪斯要在拥挤的房间里上六天班，她的工作就是将制片厂的剪辑员标注出的胶片剪下来，然后将其交给接片员，后者将一段段胶片按照顺序接合在一起，这样就形成了最终将投放在银幕上的影片。工作的时候她得戴着白手套，以免损伤负片。

在格拉迪斯参加工作后不久，主管格蕾斯·麦基就开始对她示好。格蕾斯很快就对格拉迪斯产生了十分重要的影响，其效果仅次于母亲对她的影响。更重要的是，格蕾斯对格拉迪斯的第三个孩子诺玛·珍妮的生活也产生了深刻的影响。1923年的夏末，格蕾斯与格拉迪斯合住进了好莱坞东区亥伯龙大道1211号的一套公寓，这片地区后来被称为"银湖"。

格蕾斯·麦基，1895年的元旦出生在蒙大拿州，原名克莱拉·格蕾斯·艾奇逊。同前夫离异后，格蕾斯住在洛杉矶，1915年同21岁的汽车修理工雷金纳德·埃文斯结婚。格蕾斯渴望成为电影演员，她拥有迷人的笑容和无法克制的野心，尽管如此她似乎还是没有实现梦想的可能性。她的身高只有5英尺1英寸（1.55米），她将自己的头发漂染成了金色，一头金发十分适合"享乐女孩"（那个年代的说法）[1]的形象，这意味着有时候在外人看来她的形象有些不堪。她宣称埃文斯去前线参加一战并且已经于1918年过世（没有证据证实这种说法），她还将自己的年龄改小了三岁。1920年，她将自己在蒙大拿的前夫以及埃文斯都统统抛之脑后，嫁给了比自己年轻两岁的绘图员约翰·华莱士·麦基。他们在一起的时间并不长，不过几年后他们才正式离婚。

格蕾斯是一个百无禁忌的女人，她随随便便地谈着一场又一场恋爱。多年后，格蕾斯在联合电影洗印厂的同事奥林·斯坦利说过格蕾斯是"一个像鸟一样的人"，[VI]这句话贴切地体现出她反复无常的脾气、娇小的身材和神气活现的姿态。

> 她随心所欲、工作卖力、过着刺激冒险的生活。一心想要成功。一个爱管闲事的人。无论她想得到谁或者什么东西，她都会出手搞到。聚会和酒似乎是她生命中最重要的事情，工作只是得到这些东西的工具而已。

---

1 "享乐女孩"是那个年代对放荡的女性或者性工作者的委婉用语。

斯坦利还在文章中提到，格蕾斯与格拉迪斯这对好朋友永远都在寻找约会对象。"或许可以说她们一直过着刺激冒险的生活，跟洗印厂和电影公司的人没完没了地约会。"到了周末，这两个女人就和她们的情人拖着一箱箱酒去山上的小木屋或者去参加海滩聚会，在电影之都洛杉矶随处找得到这样的非法物资[1]。每当她们多玩了一天没能按时上班或者在某个下午从厂子里溜出去找乐子，同事们都会以一美元或者一瓶酒的酬劳帮格蕾斯或者格拉迪斯顶班。格拉迪斯·贝克与格蕾斯·麦基都是"兴旺的20年代"[2]里典型的"新潮女郎"[3]，在那个年代美国刚刚修改了《宪法》，为女性赋予了选举权，而新潮女郎们积极地将修正范围扩大到了男性长期独享的社交自由和性自由等方面。

她们过着随心所欲的生活，模仿着充满异域风情、备受争议的电影明星的一举一动，每一天令人咋舌的明星图片都会在她们的工作台上一一滑过。1924年，在格蕾斯的建议下格拉迪斯将棕色的头发漂染成了几乎有些桀骜不驯的樱桃红色。根据奥林·斯坦利所述，"在格蕾斯出手干涉之前，格拉迪斯毫无特色，只是一个不起眼的女人。在那之前，她出现在人群中的话，我根本不会多看她一眼"。

1924年的夏天，南加州天然气公司的抄表员马丁·爱德华·莫泰森遇见了格拉迪斯，他多看了她几眼。莫泰森于1897年出生在加利福尼亚州，父母是挪威移民，他也在几年前结束了自己的第一段婚姻。碰到格拉迪斯的时候，27岁的他正打算安定下来重新组建一个家庭。格拉迪斯时髦的外表、难以捉摸的幽默感和温和的脾气令莫泰森对她一见钟情。此外，莫泰森自幼就生活在虔诚的路德教家庭中，格拉迪斯对宗教的热情也给他留下了深刻的印象，不过他可能没有意识到格拉迪斯对宗教的热情有多么反常和短暂。就在同一年，格蕾斯也跟一位男朋友参加了几次基督教科学派的礼拜活动，对方造访过她们在亥伯龙大道的公寓，在

---

[1] 1920年至1933年是美国的禁酒时期。
[2] 19世纪20年代，前所未有的工业化浪潮和无数发明创造让北美地区人们的生活发生了翻天覆地的变化。
[3] "新潮女郎"是对1920年代涌现出的一批新型年轻女性的称呼，她们穿短裙，留波波头，听爵士乐，公然蔑视当时社会认同的原则。

交谈中提到过自己的信仰。同往常一样，格拉迪斯也和格雷斯一样对这个男人的信仰感到好奇，不过她们两个人都不曾考虑过接受男朋友的信仰。

在莫泰森看来，格拉迪斯似乎是一个理想的伴侣，格拉迪斯则发现莫泰森英俊、慷慨、沉稳，令她感到沾沾自喜的是他还表现得有些善妒。此外，莫泰森看上去比实际年龄大了不止五岁，脸上还带着一道淡淡的伤疤（这个特征或许促使她无意识地在他身上找到了父亲的一些影子）。总之，格拉迪斯看不出有什么正当理由拒绝莫泰森的求婚，以及他有可能带给她的安全感。

1924年10月11日，格拉迪斯与莫泰森结婚了。[VII]这段婚姻有些草率，不难想见，格拉迪斯维持不了多久对婚姻的忠诚。正如她曾告诉过格雷斯的那样，她发现同马丁在一起的生活体面、踏实，同时又乏味沉闷得令人无法忍受。仿佛是受到了母亲几段婚姻的影响，格拉迪斯在结婚四个月后便彻底离开了丈夫，又搬回去同格雷斯合住了。1925年5月26日，莫泰森不情愿地向加州高等法院提起了离婚诉讼，他宣称格拉迪斯"无缘无故地故意离开了[他]，她过去一直如此，以后还将继续……抛弃他"。[VIII]

格拉迪斯迟迟没有做出回应。她的丈夫也曾几次三番地试图说服她回心转意，据奥林·斯坦利所述，面对外人贬低莫泰森经常会挺身而出捍卫妻子的名誉。有一次，到公司时斯坦利看到一名同事正在色迷迷地看着格拉迪斯，他还偷听到这个人对另外一个人说："我当然也想尝一尝。"[IX]

另一个家伙回应道："我听说只要你开口就行。"听到这句话，一个人跳了起来，一把掐住这个家伙的喉咙，嚷嚷道："别再让我听到你这么说她！"你知道那个人是谁？是莫泰森。他对那个姑娘还是那么痴迷。

莫泰森满怀希望地等待着，一而再再而三地主动要求和解，可是格拉迪斯始终没有对他做出回应，最终他还是请求法院判决他们离婚。在毫无异议的情况下，法院于1928年8月15日下达了判决书。1929年，格拉迪斯从朋友的口中得知一个名叫"马丁·爱德华·莫泰森"的男子在俄亥俄州一场摩托车车祸中身亡，她觉得自己和莫泰森的事情终于一了百了了。

1925年下半年，即离开莫泰森将近10个月后，格拉迪斯得知自己怀孕了。这时她已经不再同格雷斯住在一起，也同丈夫分手了而且还被提请了离婚诉讼，在这种情况下她伸手向母亲求助。格拉迪斯生命中的每一个男人都同她很疏远（有几个人还是已婚人士），但是面对被抛弃的格拉迪斯，应该没有人能比黛拉更漠然。黛拉装腔作势地摆出一副义愤填膺的模样，更具有讽刺意味的是她还自称是"格兰杰太太"。她没有理会女儿的恳求和困窘，头也不回地按照原定计划跟情人去了东南亚美美地转了一大圈，当时恰好后者拿着壳牌石油公司的钱去亚洲出差了。

多年来，传记作家们一致断言格拉迪斯是由于同联合电影洗印厂的白班领班查尔斯·斯坦利·吉福德的风流韵事怀上了孩子。在1923年10月，吉福德就已经同妻子莉莲·普里斯特分居了，1925年5月法院同意了后者的离婚申请。吉福德是一个相貌英俊但是傲慢无礼的男人，无论在家里还是在公司里他都是一个出了名的花花公子。他毫不掩饰自己对这种名声的自豪，他的妻子在离婚申请书中指出他"恬不知耻地吹嘘自己征服了别的女人"，[x]这份离婚申请没有受到异议。吉福德征服的女人中就包括格拉迪斯·贝克。

孩子出生后，格拉迪斯无论是在公开场合还是在私下里始终不曾说过吉福德就是孩子的父亲，也不曾要求他接济她，或者照顾她并且抚养孩子。事实很清楚，格拉迪斯在1925年里的任何一个男朋友都有可能是孩子的父亲：被她迷得神魂颠倒的同事哈罗德·鲁尼，或者是她的崇拜者克莱顿·麦克纳马拉，在所有人中可能性最大的是那一年热烈追求她好几个月的胶片洗印工雷蒙德·格思里。

格拉迪斯的女儿从未见过吉福德，也一直无法确定他就是自己的父亲。为了找到答案，她曾试图同一两名男子取得联系，她说他们有可能就是她的父亲（吉福德或许也有可能）。众所周知，她对一次会面的各种记述却前后矛盾，完全没有证据能够证明吉福德就是孩子的父亲，对于格拉迪斯与吉福德究竟是否发生过风流韵事的问题，在1925年和1926年同两个人都十分熟悉的奥林·斯坦利也没有十足的把握："格拉迪斯一直在跟某个人同居，至于吉福德是不是孩子的父亲，只有老天才知道。"

1926年6月1日上午9：30，这个孩子在洛杉矶综合医院呱呱坠地，出生证明上写着她是格拉迪斯·门罗之女，家庭地址是威尔夏大道5454号。正如当今社会的情况一样，一个人的记录很容易被删减、捏造和篡改，格拉迪斯宣称自己之前生下的两个孩子都已经过世了，还颇有新意地宣称丈夫住址不详——她说自己的丈夫是面包师"爱德华·莫泰森"。加利福尼亚卫生局人口统计部的记录显示，这个孩子当时登记的姓名是"诺玛·珍妮·莫泰森"。在她小的时候，别人有时候也会管她叫"诺玛·珍妮·贝克"，从20岁起她就变成了"玛丽莲·**梦露**"，不过直到逝世的7年前她才正式地更改了自己的姓名。

注　释

名为"米尔顿·格林文献"的资料来自于两部独立的收藏，分别以MG和MG2指代，根据文件夹、参考文件和页码编号分组。由此，MG X, 3, p.24, 即第一组MG，10号文件，3号文件夹，第24页。没有页码的资料，注释中不出现页码编号。RT指的是玛丽莲·梦露家族的家谱资料以及有关她前16年生活的资料。这些资料都是档案管理员罗伊·特纳花了十多年的时间收集整理的，RT之后的编号指的是文献所在的资料夹的编号。

杂志编辑简·威尔基对詹姆斯·多尔蒂和娜塔莎·莱特斯进行了重要的采访。对詹姆斯·多尔蒂的采访资料有两个版本：JWP1指的是威尔基在1952年对多尔蒂的采访，这份资料没有经过编辑，原始笔记完整；JWP2指的是采访终稿，是由威尔基代笔并发表的，文章的标题为《詹姆斯·多尔蒂："玛丽莲·梦露是我的妻子"》（《电影故事》，1953年3月，pp.47—85）。

1958至1960年，威尔基还对玛丽莲·梦露的戏剧辅导老师娜塔莎·莱特斯进行了数次采访，这几次采访也产生了一批重要的资料。这些资料也有两种形式：大量转录、未经编辑的原始笔记和一部经过精心修改的完整回忆录。两种形式的资料都没有发表，后来本书作者从威尔基那里得到了这两份资料。在尾注中，JWP/NL1指的是未经编辑的转录本，JWP/NL2指的是经过编辑的版本。

BH指的是为梦露捉刀撰写自传的本·赫克特留下的笔记和手稿。赫克特是由专栏作家及梦露的知己西德尼·斯科尔斯基举荐的，自传原稿最终经过米尔顿·格林的改写之后出版了，这就是《我的故事》（纽约：斯坦和戴伊出版社，1974）。赫克特留下的批注都被保存在芝加哥纽伯里图书馆里收藏的资料集中，非常清晰，易于辨认。

IMP指的是"伊内兹·梅尔森文献"，这批资料是由玛丽莲·梦露1952至1962年的业务经理伊内兹·梅尔森保存的梦露的私人文件和信件。梅尔森于1986年逝世，本书的作者于1991年得到了这批资料。

出于节省篇幅的考虑，对于一次性的采访，本书的作者基本上只在第一次引述时会交代采访细节，再次引述同一来源时，作者仅写出同一采访名称，除非另外注明。

I MG X，3。

II 引述在格拉迪斯·门罗在给玛丽莲·梦露的信中：MG2 III，2；参见RT16。

III MG2 X，3。

IV 黛拉·门罗·格雷夫斯和莱尔·阿瑟·格雷夫斯的离婚申请书，洛杉矶高等法院，申请书#B-8426。

V 贝克夫妇的离婚申请书：洛杉矶高等法院，申请书#D-10397。

VI 奥林·G.斯坦利向罗伊·特纳讲述，1982年10月12日。

VII 关于马丁·莫泰森和格拉迪斯·贝克的婚姻登记记录，见加利福尼亚卫生局人口统计部，注册号13794。

VIII 莫泰森和贝克的离婚主张，文件#053720，在加利福尼亚州洛杉矶县高等法院存档提起离婚诉讼。

IX 奥林·G.斯坦利向罗伊·特纳讲述，日期不详。

X 吉福德夫妇的离婚申请书#D-24788，加利福尼亚州高等法院。

第二章　1926年6月—1934年6月

1917年，漂亮女孩诺玛·塔尔梅奇嫁给了38岁的独立制片人约瑟夫·申科。塔尔梅奇长着一双迷人的大眼睛，当时年仅20岁，丈夫创建了一家以她的名字命名的电影公司，将她的演艺生涯推向了顶峰。1926年，塔尔梅奇同丈夫分手，这时她已经参加过六十多部影片的拍摄，其中绝大多数影片都是一系列多少有些沉闷的剧情片，例如《一笑而过》、《秘密》，这些影片中她光彩夺目、富有表现力的容貌在一定程度上弥补了剧情上的不足。格拉迪斯羡慕塔尔梅奇的魅力，每天随时随地都看得到塔尔梅奇的影像，对于她这样的洗印厂工人来说，"诺玛"这个名字不止是一种模仿，它显示出一种图腾似的热望，是她对女儿的未来许下的祝福。在那个年代人们流行为女孩取双名，格拉迪斯觉得"珍妮"这个名字很适合做中间名。*

诺玛·珍妮出生不到两周，格拉迪斯就将她寄养到了16英里（25.7千米）外的一户人家。做出这个决定的原因不难想见。

在"兴旺的20年代"，传统的道德标准和审美标准在言行两方面都受到了挑战。这种情况不仅限于美国，世界各地也都如此。经过了恐怖的一战之后，各种新事物和更大胆的（有时候甚至是危险的）娱乐活动遍地开花。除了纽约，柏林和巴黎似乎也同时进入了"爵士时代"，人们的生活一度似乎只剩下无节制的寻欢作乐、寻求刺激和试验。欧洲人满怀热情地引进了小说家欧内斯特·海明威和西奥多·德莱塞、作曲家乔治·格什温和杰利·罗尔·莫顿的作品——美国文化

---

* 和人们普遍接受的观点相反，格拉迪斯为女儿选择这个中间名不太可能是为了纪念好莱坞性感巨星珍·哈露，因为直到1928年哈莉安·哈露·卡朋特才为自己改名为"珍·哈露"。

中根深蒂固的黑暗、充满诅咒的宗教伤感情绪则没有被欧洲人接受。

在美国，混乱的新世风和清教徒式压抑的传统生活产生了冲撞。在1920年代，女性裙摆的位置和公共场合语言的粗俗程度都发展到了空前的高度，将毒品当作消遣工具蔚然成风（尤其是可卡因和海洛因），戏剧和电影日复一日地展示着生活中的阴暗面。不过，由于"禁酒令"的存在，在那个年代酒精饮料属于非法物资。当呼吁警惕道德堕落的呼声越来越响亮的时候，美国全社会对极端的道德主义（有别于真正的道德原则）的热爱催生出了极其正统的原教旨主义信仰，加利福尼亚的情况也不例外。

促使格拉迪斯将自己尚在襁褓的孩子托付给一户"体面"人家还存在其他一些因素：她无法辞去工作，而她去上班的时候又没有人帮她照看诺玛·珍妮，再加上她一直过着动荡不安、居无定所的生活（同母亲的生活一样，她或许就是担心自己过上这样的生活），不适合承担起母亲的责任。还有一些不太明显的原因也促使格拉迪斯将诺玛·珍妮交给别人，也许她自己根本没有意识到（不过这些因素对她产生了很强的说服力）。格拉迪斯亲眼目睹了父亲身体逐步恶化直至死亡的过程，她还得知父亲死于精神错乱（这种说法并不符合事实），在那个年代医学对这种疾病的认识很有限，对疾病分类很不清晰，不过人们普遍认为精神错乱必然会被遗传给后代。另外，同母亲黛拉一样，格拉迪斯也对婚姻感到了失望，她觉得自己没有能力当一位合格的母亲。由于过往的事情，再加上在自己怀孕后期母亲对她不闻不问，格拉迪斯对黛拉充满了敌意，在某种程度上或许可以说她变成了那种典型的厌恶同性后代的母亲。*此外，照顾婴儿这份实实在在的责任也令她感到恐惧，她同好朋友格蕾斯·麦基一样渴望拥有不受束缚、寻欢作乐的生活（这仿佛成了她们的事业），在这种渴望的驱使下她已经养成了一种基本上可以说自私自利的生活习惯。

当时格拉迪斯也没有做好准备成为一位勤奋称职的母亲并且决不放弃这份职责，她很清楚这一点，她的母亲黛拉对此也同样深信不疑。结束了在南太平洋

---

* 在1920年代开展的一项重要的全国性研究显示，许多抛弃孩子的父母"在情感方面本身还是孩子……他们对自己需要养育的未成年孩子表现出的冷漠和敌意证明了这一点。"[1]

的冒险旅程、刚一回到国内，黛拉便敦促女儿将孩子交给古板虔诚的博朗代夫妇抚养，这时她的孙女仅有一周大。博朗代夫妇住在霍索恩的罗得岛街，黛拉在霍索恩居住的那套平房也坐落在同一条街道上。(在霍索恩以及毗邻的埃尔塞贡多被并入洛杉矶国际机场商业区延长线的过程中，这条街道几度更名。)多年后，诺玛·珍妮告诉一位朋友："我的出生或许就是一个错误。我母亲不想要我。我大概是碍她的事了，对她来说我的存在肯定是一个耻辱。"[II]

同那个年代的许多家庭一样，博朗代夫妇靠着照看寄养的孩子增加收入，他们每个月可以从孩子的亲生父母或者加州政府那里得到20或25美元的报酬。

就这样，诺玛·珍妮·莫泰森（在官方文件上她的姓氏有着不同的写法：莫泰森、莫泰逊、贝克）于1926年6月13日被送到了艾伯特·博朗代与艾达·博朗代夫妇的手中。艾伯特是一名邮递员，艾达兢兢业业地抚育自己的孩子（她自己生养了一个儿子）和寄养的孩子、打理家务、全心全意地参加当地低教会派[1]的新教教会生活。有关诺玛·珍妮的一生存在许多戏剧性的说法，其中就包括她在10岁之前曾辗转于十几个寄养家庭。同关于她童年时代的许多其他传说一样，这一说法也有些虚构的成分，她之所以编造出这样的说法是为了给自己渲染出一个狄更斯笔下的悲惨童年，这样的话题深受好莱坞公关人员的热爱，也能博得许多人的同情。事实上，幼年时诺玛·珍妮并没有经历过漂泊不定的生活，她在博朗代夫妇的家——一座有四个房间的朴素平房——一住就是7年。

在诺玛·珍妮的幼年时代发生过一件悲哀的事情，当时年仅一岁的她对这件事情应该没有多少记忆，不过她还是通过博朗代夫妇、格拉迪斯与格蕾斯了解到了这件事情。

1927年的年初，黛拉突然因为心脏衰竭病倒了，之后呼吸道频频受到感染，到这个时候她只能依靠格拉迪斯的照顾了。格拉迪斯搬到了母亲的住处，为此她每天需要乘坐很长时间的电车去上班。当年春末，黛拉的健康状况严重恶

---

[1] 低教会派，19世纪英国出现的基督教新教圣公会派别，和"高教会派"对立，反对过度强调教会的权威地位，认为主教制度、神职圣品与圣事礼仪相对而言并不重要。

化，心脏病变给她的呼吸造成了损害，她变得萎靡不振。治疗只能暂时缓解她的病情，同许多患有心肺疾病的人一样，她常常会产生乐观的幻想，有时候甚至会感到欢天喜地。当格拉迪斯去上班的时候，她会变得沉默不语、泪流满面，晚上下班回到家格拉迪斯又会看到她在开开心心地准备晚饭。面对这样的情景，格拉迪斯会自然而然地回想起多年前父亲的喜怒无常。在门罗家族的资料中有证据显示黛拉在1927年春末中风发作，她之所以变得喜怒无常或许和那场中风也有一定关系。

7月末，黛拉相信自己离开人世的那一天近在咫尺了，她有时会怀着愧疚回忆往事，有时又陷入了幻觉。她告诉格拉迪斯自己已经同父亲蒂尔福德·马里恩·霍根与母亲珍妮·霍根和好了，他们就要来拯救她了，要带她回家了。次日清晨，黛拉又宣称查尔斯·格兰杰（已经在她的生活中消失很久了）在前一天夜里悄悄地爬上了她的床，粗暴地跟她做了爱。没过多久，她又挣扎着从家里一路走到了博朗代家，拼命砸着对方的大门，想见一见自己的孙女。看到没有人来开门，盛怒之下她用胳膊肘捣烂了门上的玻璃。后来，艾达说过"我根本不知道她为什么要这么做"，还说他们"报警了"。[III]

1927年8月4日，黛拉被送进了诺沃克州立医院，她饱受急性心肌炎的折磨，这个术语泛指心脏及周围组织出现的炎症。[IV]经过19天的痛苦折磨之后，黛拉于8月23日离开了人世，终年51岁。她的死亡证明上写着死亡原因是心肌炎，另外还写着一句："辅助死因：躁郁症（躁狂抑郁性精神病）"。[V]后一个病因含糊不清，尤其是在那个年代，医生补充上这一条只是因为格拉迪斯向诺沃克州立医院的医生强调过逝世前几个星期里母亲的情绪和脾气都变得反复无常了。

黛拉患有严重的心脏疾病，可是她没有接受多少治疗。她只看了三四次病，还经常忘记吃药或者服药的剂量。在她过世的第二天，考虑到格拉迪斯对她精神状态的描述，病房主管签署相关文件时在死亡原因一栏中添上了"精神病"这一条，这一点不难理解，但是毫无根据。黛拉住院期间留下的病历中也不存在有关精神病的记录，也没有记录显示有神经疾病方面的医生参与了她的治疗工作。黛拉·门罗（院方记录中留下的名字）死于心脏病，脑部供氧不足损害了她的精神状况。同丈夫奥蒂斯·门罗的情况一样，没有证据能够证明她也患上了精神疾病。然而，对于格拉迪斯来说，家族里遗传疯病的想法得到了进一步的强化。黛拉过世后,她一蹶不振,连续几个星期都没有去公司上班。她在母亲住过的那座平房里闭门不出,仔仔细细地查看着母亲留下的不多几样遗物。最终,她从那座房子里走了出来,并且决定卖掉房子。为了打起精神重新面对工作,她搬回到好莱坞,在两家电影制片厂找到了工作,分别在工作日和周六上班。

诺玛·珍妮一生中有很多事情都非常值得同情,但是她在博朗代家度过的几年基本上很稳定,物质生活也不匮乏,也没有证据显示她受到过侵犯或者虐待(同后来的宣传报道相左)。不过,在博朗代家只有她一个人住了那么长时间,其他十几个先后被送来的孩子都长大,然后就离开了这个家或者重新回到了家人身边。

根据诺玛·珍妮的第一任丈夫所述,"尽管日后捏造了各种说法,其实她根本不知道贫困的滋味,从来不曾光着脚出过门,据我所知,她也从来没有吃不上饭的经历"。[VI]他认为在事业向前发展的过程中诺玛·珍妮"十分需要一些家境如何贫寒的绘声绘色的传说……[然而]事实上她是在一座不算宽敞但是很舒适的平房里长大,即使说家里没有迷人的奢侈品,但是各种现代化的生活用品一应俱全"。博朗代夫妇甚至还有一架斑痕累累的老立式钢琴,大多数情况下都是教会里的好友们唱赞美诗时艾达才会弹一弹琴。家里还有玩具和书籍,还有一个小卧室,来看望孩子的家长可以留宿在家里。

但是,诺玛·珍妮的内心显然还是落满了伤疤,她不知道自己究竟是谁,这令她在心理上和情感上承受着巨大的压力,她也不知道母亲什么时候会突然出现、什么时候又会突然消失。来看望女儿的时候,格拉迪斯会带着她去短途旅行一次或者去野餐。母女俩会坐上太平洋电气铁路公司的电车前往日落海滩,或者转几次车,一路南下,去参观托伦斯市的玻璃工厂。有时候,一年到头她们只是坐着电车,逛着一处处海边风景区,在雷东多海滩、曼哈顿海滩或者何尔摩沙海滩(均在洛杉矶境内)稍作停留,享受一顿午餐或者一支冰淇淋。诺玛·珍妮对童年生活的记忆就包括她和妈妈在威尼斯海滩上圣马可广场徜徉时的情景,这座商场坐落在向风大道和滨海大道的交汇处,当地居民和游客去商场里购物,穿着打扮喜气洋洋的人群在商场和海滩之间穿梭往来(同几十年后一样)。有一次,格拉迪斯买了一把条纹太阳伞,女儿将这把伞珍藏了许多年。诺玛·珍妮喜欢在圣马可广场里观看哑剧、杂耍和吞火表演。母女俩常常坐上威尼斯海滩的小火车去向风大道,然后沿着内陆潟湖散散步,格拉迪斯会告诉女儿格拉斯·费尔班克斯同玛丽·毕克馥周末的时候会在哪里约会,哈罗德·劳埃德、威廉姆·S.哈特等人又在哪里度周末。可是,这样的快乐周末越来越罕见了,格拉迪斯探望女儿的次数越来越少。提起往事时艾达说过"她的母亲一直在支付她的伙食费,"[VII]诺玛·珍妮也"从未受到过怠慢,总是穿得漂漂亮亮的"。然而,大部分时间里格拉迪斯都只是诺玛·珍妮生活中的一个边缘人,一个偶尔才会出现的访客,诺玛·珍妮对她的印象很模糊。

其他孩子都有母亲或者父亲可供召唤,面对这样的情况诺玛·珍妮困惑不已。"一天早上,我喊[艾达]'妈妈',她说:'别这样叫我,我不是你的妈妈。叫我艾达阿姨。'接着我又指着她的丈夫说:'可是他是我的爸爸啊!'她又说:'不是的。'"[VIII]根据诺玛·珍妮的一位密友所述,后来"每当提到自己的过去时,她谈论最多的就是自己的父亲。她对自己的母亲有印象,但是没有多少感觉。她倒是非常想念父亲,不过她很聪明,她会把其他男人当作父亲的替代品,但是她会提防着他们"。[IX]

对于诺玛·珍妮的情况,艾达说的是实话,但是她的态度和腔调丝毫不能让诺玛·珍妮感到慰藉。诺玛·珍妮无法说服自己停止胡思乱想,打消自己和其他孩子在某些方面有着天壤之别的顽固念头。两三岁的诺玛·珍妮应该无法理解自己理应称作"妈妈"的那个女人为什么偶尔才会来看望自己一次,然后又会离去。后来她曾说过:"她不经常来。(对我而言)她只是一个长着一头红发的女人。"[X]格拉迪斯的到来就意味着开心的时光,但在诺玛·珍妮的童年生活中她只是一名临时演员,真正的主角是博朗代夫妇,在诺玛·珍妮的行为方式、宗教信仰和道德观的形成过程中,他们都占据了最主要的位置。

很多年后诺玛·珍妮依然记得博朗代夫妇的一条准则,"去看电影是一种罪过"。[XI]艾达警告过她:"如果世界末日到来的时候你正坐在电影院里,你知道会发生什么事情吗?你会跟所有恶人一样被烧死。我们要经常去教堂做礼拜,而不是去电影院。"格拉迪斯和博朗代夫妇在处世态度上的巨大差异肯定令诺玛·珍妮感到无所适从,令她分不清什么是正当的行为,也没有正确的是非标准。

无论诺玛·珍妮内心是否感到困惑,最初这几年里留下的照片显示出她是一个讨人喜欢的孩子,长着一头淡褐色的头发和一双淡淡的蓝绿色眼睛,拥有一副迷人的笑容,不过她一直记得住在博朗代家里的时候"始终没有人说过我漂亮"。[XII]坦率、正派、缺乏幽默感的艾达不喜欢说奉承话,况且在她看来美貌或许还会给人带来危险。艾达与家人住在熙熙攘攘、充满现代气息的洛杉矶,但是她与丈夫完全可以充当格兰特·伍德的模特,让他创作出《美国哥特人》。[1]诺玛·珍妮最亲密的伙伴是一条流浪狗,她将小狗带回家,为它取名"蒂皮"。博朗代夫妇允许她将小狗留在家里,只要她负责照顾小狗就行。外人常常看到小跟屁虫蒂皮紧紧地跟在诺玛·珍妮的身后。

事实上,博朗代一家没有兴趣追求世俗的享乐,他们最看重的是道德和宗教责任。他们去的教堂(1933年那场6.3级的地震导致教堂地基松动)是他们生活的中心,因此也成了寄养孩子们生活的中心。艾达说过:"我们带着她去了主日学校。我们不光带着诺玛·珍妮和我自己的儿子,其他孩子也都被带去了。"[XIII]一小队虔诚的信徒大步走向教堂里的长凳,这种情景不只出现在星期日,据后来成为玛丽莲·梦露的诺玛·珍妮回忆,在工作日里他们也会抽出一个下午或者一个晚上去教堂祷告、聆听布道。"每天晚上他们都叫我祈祷醒来的时候不会身处地狱。我必须说'请上帝帮帮我,我保证在世时绝不购买、不饮用、不兜售也不给他人酒精。我要远离烟草,决不以上帝之名立下虚假的誓言……'"[XIV]她还说过自己"始终没有安全感"。[XV]

博朗代夫妇不会在娱乐活动或者恭维赞美别人的事情上花费精力,这种态度同他们朴素、充满宗教色彩的生活性质保持着高度的统一。他们认为信仰最首要的益处就在于帮助自己坚定道德立场,只有正确的道德原则才能确保自己会得到救赎。他们加入的是联合五旬节教会,这个教会受到著名的洛杉矶使徒信仰福音教会的强烈影响,后者是于1906年在阿苏撒街诞生的一个复兴教派。同许多心怀好意但是严格迂腐到可能会带来危害的人一样,坚守这种信仰的人往往会将真

---

1 《美国哥特人》是1930年美国画家格兰特·伍德在芝加哥艺术学院创作的一幅油画,画中有一对神情和着装十分刻板的男女。

正的宗教信仰等同于无条件服从某种行为准则，压根不会提到信仰中存在的神秘感（更不用说神秘主义）。对于孩子来说就更是如此，一切都泾渭分明、永恒不变，无论老幼，提出质疑或者抱怨的人只会受到怜悯或者强烈鄙视，或者遭到无视。不过，这倒不是说有证据显示博朗代夫妇不会精心照料寄养的孩子。多年后诺玛·珍妮说过："他们极其严格，但是他们无意伤害我们，给我们造成伤害的是他们的信仰。他们抚养我们的时候对我们非常严厉。"[XVI]

在超过一个世纪的时间里，罗马天主教、主流的新教以及犹太人的各种团体一直在洛杉矶蓬勃发展，但是在1920年代和1930年代，各种花里胡哨的福音派教会同芬芳的桉树和刺鼻的汽车尾气一样出现了激增的趋势。不同寻常、有时甚至歇斯底里的信仰治疗，奇装异服，必须由罪人"作见证"的从午夜一直持续到黎明的聚会，如同电影布景一样夸张的礼拜仪式，这些都是洛杉矶当地典型的宗教生活形态。在宣传和促销手段决定娱乐业成败的洛杉矶，这种状况并不稀奇，一些比较边缘的教会也都聘请了广告和公关顾问。

最能说明诺玛·珍妮童年时代社会风气有多么多彩多姿的就是臭名昭著的艾米·森普尔·麦克弗森，博朗代夫妇都对此人推崇备至，他们会带着诺玛·珍妮和其他寄养的幼童去参加聚会，聆听这位著名福音传道者的训示。出生于1890年的五旬节派传道人麦克弗森修女从17岁起就开始传道事业，在各地巡回传道、在广播上布道、举行治疗仪式，最终她发现自己在洛杉矶最受欢迎。在洛杉矶，她结束了两段婚姻，吸引了大批追随者，创立了国际四方福音教会。1927年，麦克弗森的信徒斥巨资——150万美元——在艾科帕克公园区建造了三钟经大教堂。麦克弗森的会众成千上万，遍及全美各地，通过广播布道节目信众人数还在不断增长，信众也团结一心。

麦克弗森是一个颇有手段的人。在她布道的时候，她的母亲——被信众亲切地称为"肯尼迪妈妈"——通常都会露面，在女儿举行的极其戏剧化的复兴仪式上带领信众热烈鼓掌。麦克弗森举行的宗教仪式非常符合好莱坞的特质，她会身着警服宣讲上帝的训诫，阐述有关如何保持正派体面的问题时，她又会穿上维多利亚时期的罩衣。为了营造适当的气氛，她的布道活动通常都会用到灯光、音乐和镜子，好莱坞巨星安东尼·奎恩年轻时就曾在她的布道活动上吹奏过萨克斯管。麦克弗森充满活力、非常迷人，即使在第三段婚姻破裂、受到至少50次起诉、爆出大量性丑闻和财务丑闻（多起独立事件）之后，她依然深受信徒们的爱戴（她与查理·卓别林也曾发生过婚外情）。尽管如此，热情洋溢、一头金发的麦克弗森给亲眼见到她的人还是留下了难以忘却的印象，在举行布道活动时她非常善于利用道具激发信徒们的情绪。*

在教堂里，当着外人的面博朗代夫妇恪守着一套严格的原则，在家里他们也是如此。他们认为跳舞、抽烟和打牌都是魔鬼的诱惑，整洁、秩序和纪律是美德的体现，小孩子的马虎、顶嘴和不良举止都是罪过。他们一丝不苟地执行着一成不变的时间表，进餐、家务和游戏都有着固定的时间，尽职尽责地执行着家规，不惜一切代价避免家庭生活偏离正轨。面对孩子们的任何一种小缺点，艾达的脸上总是会露出一副恼怒失望的表情。"我难以取悦他们。不知道为什么，我总是达不到他们的标准，可是我不记得自己曾有过多么恶劣的表现。"[XVII]对于诺玛·珍妮生命中的第一位"母亲"，要想得到她的认可非常困难。艾伯特基本上一直默默地支持着妻子对家庭的管理方式，相比赤裸裸地用惩罚进行威胁，他的沉默显得更为可怕。

日渐成熟、逐渐独立、开始试图拥有独立的个性，每一个孩子都自然而然地找到了叛逆的方式。严格的家规不可避免地促使诺玛·珍妮做出了一些淘气的举动，喜欢发脾气，不服从大人的管教，后来她一直宣称当年自己只能躲进精神世界里寻求庇护。由于博朗代夫妇过于强调举止得体的问题，诺玛·珍妮在童年时代反复梦到某种特定的情景或许的确是不可避免的结果：

> 我梦见自己一丝不挂地站在教堂里，所有人都躺在我的脚下。我无拘无束、赤身裸体地走过匍匐在地上的人群，小心翼翼地以免踩到他们。[XVIII]

这离奇的一幕是诺玛·珍妮成年后讲述的，经过一定程度的加工，这样的梦童年时是否萦绕在她的心头久久不散，这个问题或许无关紧要。这个梦体现出了她对外界的期望，也就是她希望公众如何看待她在儿时的幻想——她希望人们认为她早早就预见到自己的未来，自己将成为什么样的人，自己将对其他人产生

---

* 1944年，麦克弗森因为巴比妥酸盐服用过量逝世，终年53岁。

怎样的影响，这才是这个梦更重要的意义。她将通过自然坦荡地展示自己的身体震惊世人，她也会小心翼翼以免冒犯到世人，从某种角度而言这关系到她是否能够得到匍匐在她脚下的世人的接纳，甚至崇拜（这正是她所渴望的）。无论诺玛·珍妮是否真的做过这样的梦，她所描述的这一幕最终都化为了现实。

这样的梦肯定会令博朗代夫妇感到恐惧——只有在浴盆里赤身裸体才是正当的行为。洁净不只是仅次于虔诚的美德，实际上还是虔诚的一种体现，因此博朗代夫妇唯一的奢侈行为就是毫不吝惜地给孩子们的浴盆里倒满热水。诺玛·珍妮生活在一个整日念叨罪过的家庭里，在不断刺激之下她常常会泡在浴盆里用力刷洗自己的身体。然而，从浴盆里出来时她从来不觉得自己已经干净得达到了养父母的标准。在给她梳头或者换上干净衣服的时候，艾达或者艾伯特会小声说："你本来可以做得更好。"[XIX]教堂里的宗教训谕在家里也得到了响应，博朗代夫妇的目标就是在日渐长大的孩子们面前永远保持完美无瑕的形象。凡是达不到这个标准的事情——当然也就意味着所有事情——都理应受到含蓄的蔑视，因此最危险的事情莫过于赞美，因为赞美将导致自满、懒散和精神麻痹。诺玛·珍妮说过小时候她从不觉得自己已经准备就绪、非常干净，能够令博朗代夫妇感到满意，让他们觉得自己很像样了。"你永远可以做得更好！"——只需要这么一句话，一件脏兮兮的衬衫就会招致一番没完没了的谴责。

在1932年复活节期间参加的一场宗教典礼上，诺玛·珍妮当然可以做得更好，而不只是感到无聊、心烦意乱。在那场典礼上，她同其他50名身披黑色长袍的小孩子被排列成一个活生生的十字架，这是她第一次在好莱坞碗（好莱坞露天剧场）举办的复活节晨祷会上参加演出，公开亮相：

> 我们全都身着白色的束腰短上衣，外面披着黑色的长袍，在接到信号后我们都要脱掉长袍，黑色的"十字架"就会变成白色的。我饶有兴趣地看着观众、管弦乐队、山坡和天空中的星星，我都忘了注意指挥的信号。结果，我成了白色十字架中唯一的一个黑点。我寄居的那个家庭一直没有原谅我。[XX]

当天晚上，诺玛·珍妮偷听到艾达对丈夫说："咱们得甩掉那个文静的小姑娘。她害得我提心吊胆的。"

1932年，新增加的校园生活的压力进一步强化了博朗代家纪律严明、要求完美的家庭氛围。9月初的一天清晨，艾达说："走两条街，左转，继续走，直到看到学校。"在邻居家两个大孩子的陪伴下，诺玛·珍妮去上学了。她就读的是霍索恩的华盛顿街小学一年级，学校位于塞贡多大道和华盛顿街的交接处（就在洛杉矶国际机场所在地区的南面）。对于诺玛·珍妮而言，校园纪律换汤不换药，同家里没有本质的区别，不过校园生活还是和家里的情况有所不同。她还记得"那时候我喜欢做游戏，一切都像是在过家家。跟所有的小孩子一样，我们也常常演一出短短的戏、讲一个夸张的故事。我喜欢编故事，我想我对编故事的兴趣超过了其他任何事情，这或许是跟养父母过的生活一直那么乏味的缘故"。[XXI]在大多数日子里，蒂皮都会跟着她去学校，在校门外一直等着她放学回家。

这一年诺玛·珍妮还喜欢另一种过家家游戏，它的灵感来源似乎是博朗代夫妇一直收听的一部侦探广播剧中反复出现的一个主题。在这一年里，她屡次拿着艾伯特的手电筒溜出学校，在街上巡视着，用手电筒照着每一辆汽车的车牌（尽管是在白天），仔仔细细地抄写下车牌。在1933年的年初，她就以这样的方式练习着数字的书写。

这一年3月发生的地震令南加利福尼亚突然间地动山摇，刚刚度过7岁生日的诺玛·珍妮的生活也发生了翻天覆地的变化。一个被蒂皮叫声惹恼的邻居抓起猎枪，打死了蒂皮，悲痛之下诺玛·珍妮抽搐了起来，博朗代夫妇通知了格拉迪斯。6月底，朋友格蕾斯·麦基开车将格拉迪斯送到博朗代夫妇家。此时，格蕾斯已经成了格拉迪斯的知己，她们的关系从未如此亲密过，有时候她会在情感方面为格拉迪斯打打气，不过大多数时候她都扮演着顾问的角色，每当格拉迪斯难以抉择的时候她就会帮她做出决断，当格拉迪斯在个人生活或者财务问题上陷入困境时她也会代她做出判断。格蕾斯年近四十，经历过几段婚姻但是没有孩子，目前她已经恢复了单身状态。为人慷慨、放荡不羁、冒失得近乎疯狂的格蕾斯将对诺玛·珍妮的一生产生最重要的影响，不过那时处于舞台中心位置的依然是格拉迪斯。

格拉迪斯帮着埋葬了女儿心爱的蒂皮，给博朗代夫妇付清了最后一个月的伙食费，然后便收拾起女儿的衣物，带着她搬到了好莱坞阿夫顿公寓6012号的一套小公寓。格拉迪斯已经租下这套公寓，打算就在这里度过这一年的夏天，公寓楼距离她与格蕾斯做自由剪片员工作的电影公司不太远。就这样，诺玛·珍妮在霍索恩城郊令人昏昏欲睡的生活彻底结束了，她一直接受的谨小慎微的道德教育随之也画上了句号。与此同时，格拉迪斯决定彻底改变自己的生活方式，承担起照顾女儿的职责，这个决定几乎就像是绝望之下做出的反应，似乎是她从未有过的想法，也有可能是无奈的良心发现。

作为罗斯福总统针对经济大萧条的一种反击策略，房主贷款公司于6月13日成立，数百万美国人都能够以很低的价格贷款买房了，身为单身母亲的格拉迪斯完全满足申请贷款的条件。她随即便同房地产商交涉了一番，买下了一座房子，在当年秋天就同女儿搬了进去。这一年的夏天格拉迪斯与格蕾斯就像导游一样带着诺玛·珍妮游览着好莱坞和洛杉矶的市中心，诺玛·珍妮看到人们的生活在急速改变。

10年前，洛杉矶只有50万人口，到了这一年夏天这座城市的人口数量几乎增长了2倍。人口的增长导致城市朝四面八方大面积蔓延，新兴的各种社区通过太平洋电气铁路公司的城市有轨电车连成一体，只要花上20美分你就可以走遍东北至帕萨迪纳、西南至长滩的很多地方，只需要15美分就能坐到兰克希姆村（后来的北好莱坞），去泄撒（卡诺加谷区）只需要10美分。电车叮叮当当地走在洛杉矶东西方向的主干道好莱坞大道和圣莫尼卡大道上，游客们坐着双层公车游览着日落大道。

由于各种产业和技术的发展，洛杉矶各个区域各具特色。因为东部的沙漠和西部边疆的海洋，洛杉矶曾经一直处在与世隔绝的状态中，而今海岸附近的飞机制造厂整日忙忙碌碌，为洛杉矶打开了通向世界的大门。好莱坞南面山坡上的油井昼夜不停地运转，洛杉矶的港口成为了美国最大的油港。

10英里（16千米）的陆地是电影工业的中心，有声电影以空前的规模发展，吸引着来自世界各地的技术人员和怀揣梦想的演员。电影公司拥有价值超过2000万美元的地产、摄影场地和设备，这座城市还规划并动工建造了200英里（322千米）通往各个电影公司的街道。在全世界的眼中，洛杉矶和好莱坞就是同义词。

尽管拥有大量电影厂和高效的编剧队伍，洛杉矶却没有多少高雅文化，在一定程度上这种状况是由于外地劳工大量涌入洛杉矶造成的。人们从爱荷华、密苏里、达科他、内布拉斯加和堪萨斯各州迁移到洛杉矶，用当时一位历史学家的话说，"这些人都是美国民间文学中的典型形象——大多都有着低教会派新教背景，其中最主要的就是清教徒和实利主义者"。[XXII]洛杉矶还有一批来自美国中部地区的劳工，他们是西班牙裔的天主教徒，大多都有着印第安血统，换言之，他们的祖先不是欧洲人，在坚定的中西部人看来，他们根本就不是美国人。大萧条时期街上排队领取救济粮的长队、贝弗利山上的豪宅、贫困的移民和富有的电影明星，这一切令洛杉矶日渐发展成一个光怪陆离的世界，一座充满享乐主义气息同时又土里土气的城市，在永远灿烂的阳光下，美国边疆地区辛勤劳作的农耕传统价值观同迅速发横财、过上好日子、一夜成名的诱惑发生着碰撞。

8月末，格拉迪斯与诺玛·珍妮搬进了属于自己的房子，阿博尔路6812号。这座距离好莱坞碗不太远的住宅有6个房间，其中3个是卧室，房间里配有家具。促使格拉迪斯下定决心买下这座房子的是一架弗兰克林牌小三角钢琴，钢琴被刷成了白色。这架钢琴有可能就来自某部电影拍摄的布景，有可能影片的胶片在剪片室里就经过了她的手，这部影片有可能是被称为"美国舞王"的弗雷德·阿斯泰尔主演的《飞向里约》（那一年她刚好在好莱坞黄金时代五大电影公司之一的雷电华电影公司为这部影片剪过胶片），或者是歌舞片时代的杰出编导巴斯比·伯克利拍摄的《1933拜金女》。正如大多数喜欢去电影院的人一样，在格拉迪斯看来白色钢琴预示着好日子就要到来了。

格拉迪斯同房地产商谈定了房子的价格，从加州抵押贷款担保公司拿到了5000美元的贷款，有趣的是，贷款支票的接受方是"格拉迪斯·贝克，已婚女士"。为了补贴收入、偿还贷款，格拉迪斯一度将整座房子租给了一对夫妇，之后又租下了其中的一间卧室供自己和女儿居住，同那对夫妇合用客厅、浴室和厨房。在母女俩的卧室里挂着一幅镶着镜框的小照片，那是查尔斯·吉福德的照片。正是由于这个细节，后来许多传记作家都对诺玛·珍妮亲生父亲的身份产生了一种误解，其实诺玛·珍妮只知道（或者说是母亲告诉她）这张照片只代表着格拉迪斯对老相好依然残存着一丝感情。

格拉迪斯继续干着剪胶片的工作，住在她们家的是来自英国的一对电影演员，这对夫妇斗志昂扬但是事业坎坷，丈夫乔治·阿特金森曾经在英国著名演员及编剧乔治·阿利斯（在好莱坞大获成功）的几部影片中扮演过一些小配角，他的妻子只当过群众演员，他们的女儿有时候会给女明星玛德琳·卡洛（一度成为好莱坞片酬最高的演员）当替身。不难想见，家里的谈话内容总是围绕着电影——写电影、演电影、剪辑电影、看电影。晚餐时，为蔬菜肉末、碎牛肉或者奶酪面包——通常都是家里的常客格蕾斯准备的——"调味"的是电影界新闻、影星八卦和电影公司日程表。就在那一年，美国各州陆续撤销了禁酒令，在一个个漫长炎热的夏夜，格拉迪斯、格蕾斯与朋友总会在晚餐后待在门廊上，抽着烟，端着高高的大酒杯呷着酒。诺玛·珍妮常常收集起空啤酒瓶，给瓶子里插上从小小的后花园里摘来的鲜花，她还往一个酒瓶里给自己倒了一些母亲的薰衣草香水。电影、香烟、啤酒、香气扑鼻的润肤乳，正如她后来说过的那样，这一切都同她跟博朗代夫妇度过的岁月有着天壤之别。

> 生活变得非常随意、非常喧闹，跟第一个家庭的生活迥然不同。工作的时候他们很卖力，其余的时间他们在享受生活。他们喜欢跳舞、唱歌，他们喝酒、打牌，他们有很多朋友。由于在宗教方面受过的教育，这一切令我有些震惊，我觉得他们都会下地狱。我花了很多时间为他们祈祷。[XXIII]

对于一个守纪律、很文静的7岁女孩来说，成年人的这种新式做派肯定令她感到迷茫，而不是耳目一新。最令她感到尴尬的是，她不得不适应必须面对第二个母亲的现实。她不断告诉自己："艾达阿姨不是我的母亲。这位红头发的女士才是我的母亲。"[XXIV]现在她需要取悦的就是这个女人，一个毫不迟疑地给朋友们发牌、斟酒、卷起地毯跳起舞的女人，一个同艾达·博朗代截然不同的女人，而她对这个女人还一无所知。

这个女人同艾达最大的差异就是对电影的态度，电影对她而言甚至是一种必需品。周末带着诺玛·珍妮游览好莱坞的时候，格拉迪斯与格蕾斯会自然而然地为她重点介绍好莱坞一座座电影"宫殿"，这些提供消遣的圣殿在各方面都足以同希腊的帕台农神庙、法国的凡尔赛宫、东亚的庙宇、哥特式教堂和欧洲的剧院相匹敌。她们说这些电影院所展示的是"我们的电影"。设计师们不惜花费巨资，用绘画、古董、雕塑和水花四溅的喷泉填满了巨大的室内空间，剧院室内设计师哈罗德·兰巴赫曾自负地说过:"古往今来还没有哪一位国王或者皇帝畅游过比这里更奢华的地方。"

设计师的想象力和建筑费用一样急剧增长。在好莱坞大道凡恩街的东面坐落着美轮美奂的潘特吉斯剧院,这座电影院建造于1930年,容纳得下2288名观众,装饰艺术风格的廊柱和穹顶、带有旭日图案的装饰和雕像构成令人摸不着头脑的空间,身着制服的领座员拿着手电筒引领观众穿行其中,走向镶着金边的观众席。1922年,埃及新王国时期第十八王朝的法老图坦卡蒙的陵墓被发现了,受到考古挖掘工作的启发,被称为"好莱坞先生"的剧场经营者西德尼·格劳曼当年便在好莱坞大道上动工建造了埃及剧院。11年后,这座剧院依然那么崭新。进入剧院后,观众首先会穿过一个长长的院子,院子的装饰风格富于戏剧色彩,灰泥粉刷的墙壁就如同法老陵墓,墙壁上描绘着法老陵墓和巨大的古埃及神像、法老、木乃伊棺椁、狮身人面像、秃鹫和迷人的格子图案。格劳曼最著名的成就是靠近好莱坞大道西端的中国剧院,这座剧院的外部呈佛教寺庙形式,内部被装修成中式宫殿,整座剧院处处可见繁复的中式装饰细节,剧场还悬挂着一面巨大的锣,被用来宣告电影开场了。*格劳曼邀请电影明星在中国剧院门前广场湿漉漉的水泥上留下他们的手印和脚印,以此向他致以敬意,通过这样的方式他自己也同明星一样留下了不朽的声名。

诺玛·珍妮曾被告知自己属于"要经常去教堂做礼拜,而不是去电影院"的家庭,但是在这一年以及接下来的一年里,每个周末她都被母亲带去这些充满想象力的圣殿。她看到的不是冷冰冰的牧师或者古怪的麦克弗森修女,她看到的是在《小妇人》中扮演乔的充满独立精神的凯瑟琳·赫本、在《侬本多情》中性感迷人充满自信的梅·韦斯特、在《埃及艳后》中赤裸地躺在浴缸里的克劳黛·考尔白、在《鸭羹》中勾引格劳乔·马克斯的拉克尔·托雷斯。但是,她记得最清楚的还是格拉迪斯与格蕾斯都非常崇拜一位个性鲜明的金发女演员,这就是在《晚宴》中扮演一个厚颜无耻、喜欢攀龙附凤的性感美女的珍·哈

---

* 其他一些美轮美奂的著名设计杰作还包括华纳兄弟剧院、埃尔卡皮坦剧院、凡恩街剧院、皇宫剧院、洛杉矶剧院、联合艺术家剧院和玛雅剧院,其中一些坐落在市中心,还有一些位于百老汇。

露。格蕾斯一边指着银幕上的珍·哈露,一边轻声对诺玛·珍妮说:"这才是电影明星!"[XXV]这也是成千上万美国观众的想法。诺玛·珍妮后来说过自那时起"珍·哈露就一直是我最喜欢的女演员"。[XXVI]

这一年夏天的工作日里,格拉迪斯与格蕾斯在电影厂上班,她们赖以谋生的工具就是她们看到的男神和女神。工作日她们会给诺玛·珍妮零用钱,让她待在凉爽安全的电影院里。"我成天到晚坐在里面,有时候一直坐到夜里——前方是一块那么大的银幕,一个小孩子独自一人坐在那里,我喜欢这样的生活。什么好事我都赶上了,只是没有[钱买]爆米花。"[XXVII]

9月,诺玛·珍妮升入了塞尔玛大道小学的二年级,她在学校的注册名字被写成了"诺玛·珍",这或许只是一个笔误,但是这个笔误出现得太频繁了,不难想象,格拉迪斯与格蕾斯因此会将这个小女孩同诺玛·塔尔梅奇与珍·哈露相提并论。

这一年的秋天,格拉迪斯接到了从密苏里州发来的消息。心地善良、自学成才的外公蒂尔福德·霍根当初因为同妻子珍妮离婚而陷入了极度的空虚,女儿黛拉逝世的消息又对他造成了沉重的打击。次年,77岁的霍根遭遇了两个严重的问题:原本就不算健壮的他突然变得衰弱了;他同腼腆、大方、勤劳的寡妇艾玛·怀特再婚了,但是婚后不久艾玛就因为心脏问题病倒了。

自从1929年股市大崩盘以来,美国各地随处可见饥寒交迫、生活困苦的景象,蒂尔福德也没能逃脱大萧条带来的最悲惨的景象。全国每天据说有数百人自杀,一个个家庭失去了巨额财富或者微薄的积蓄。1933年美国至少有1500万失业人口,在做工养活全家人的劳动力中每四个人里就有一个人失业。许多银行倒闭,每个星期都有工厂关门,无数乡下人进城务工,大城市里原本自鸣得意的中上层家庭也住进了焦油纸做的窝棚,在垃圾堆里翻找残羹剩饭。当年2月,全国似乎都处在集体神经崩溃的边缘,已经再度当选等待就任的罗斯福总统在访问迈阿密期间险些被暗杀者的子弹击中。3月,罗斯福就职,他和新一届政府宣布将采取激进措施扭转全国的恐怖状况,但是所有人都知道新政不可能一蹴而就。悲伤与恐惧在全国各地大面积蔓延,多年来一直厄运缠身的蒂尔福德终于被压垮。1933年5月,他的肺和肾脏都如同他租用的农场一样迅速衰竭了,他无力供养自己和艾玛。就在这个月，厄运又给了他最后一击，他被驱逐出了农场。

1933年5月29日下午，蒂尔福德从拉克利德那座小房子的窗户里挥着手，艾玛开着他们那辆老爷车去附近一个村子买东西。两个钟头后，艾玛回来了，她喊丈夫开门，无论屋子里还是屋子附近都没有人应声，于是她走向那座快要坍塌的谷仓。走进空荡荡黑乎乎的谷仓后，她看到丈夫吊在高高的房梁上悬挂的一根绳子上，脖子以下的部分在空中晃悠着。按照密苏里州卫生局的规定，蒂尔福德的尸体接受了检查，尸检工作证实了医生的报告，没有产生任何异议——蒂尔福德·马里恩·霍根失去了尊严和希望，成了林县在经济大萧条最恶化的一年里又一名"自杀身亡者"。[XXVIII]

格拉迪斯并不认识蒂尔福德（她还是从一位亲戚10月写来的一封信中才得知他过世的消息），但这个消息还是震惊了她，惊愕之下她变得萎靡不振。父亲死于精神失常，母亲的死因又被误认为是躁狂抑郁症，而今外公的自尽更是令她坚信精神疾病是家族病。谁都无法说服格拉迪斯打消这个念头。每天晚上，她拖着僵硬的身体在一个个房间里走来走去，嘴里嘟嘟囔囔地做着祷告，捧着家里传下来的一本《圣经》大声读着经文。她痛不欲生，尽管格蕾斯一直在照顾她的饮食起居，但是她还是拒绝进餐，拒绝睡眠。母亲一反常态、久久摆脱不了的悲痛情绪令诺玛·珍妮感到害怕，她端来茶，拉起母亲的手恳求她休息一下，苦苦哀求她不要再哭泣了。

格拉迪斯抑郁了几个星期之后，格蕾斯主动承担起责任，请来了一位神经病科医生。根据埃莉诺·戈达德（诺玛·珍妮后来的养父的女儿）所述，"这位医生给格拉迪斯开了一些药，但是她对药物反应强烈"。[XXIX]必须强调的是，在1933年精神药理学的发展时间还不太长，这门学科还很不精确（至今依然不够精确），某种精神药物的治疗效果完全不可预见，如果再缺少仔细的监督、一旦出事又无法迅速找到解毒药物，那么对大部分患者没有毒副作用的药物或许也会对某位病人造成危险而且永久性的副作用，有时候甚至是致命的伤害。

1934年2月，格拉迪斯仍旧沉默寡言、郁郁寡欢，但是同其他几位家人一样她没有突然出现某种症状显示她的确患上了真正的精神病，她之所以沉浸在悲痛和抑郁中无法自拔似乎更多的是因为她的家庭背景（或许也是因为对忽视自己的几个孩子感到负疚和懊悔），而不是真正的精神疾病。此外，即使继续每周工作六天，房子的贷款对她来说仍旧是一个不小的压力，与此同时她还得努力了解自己最年幼的孩子，直到这个阶段这个孩子对她来说依然那么陌生。换言之，她对未来的希望似乎突然间同自己的过去发生了抵触，破坏希望的甚至还有她自己的生活方式以及早些年对诺玛·珍妮的忽视带给她的无尽悔恨。在很多人打开酒瓶和酒桶庆祝禁酒时期结束的时候，她似乎至少畅饮过两次，酒精同改变情绪的药物一起服用可能产生十分危险的作用。

格拉迪斯显然需要更复杂的治疗，那个年代心理咨询服务在洛杉矶也十分罕见。她被确诊为精神失常实际上已经是很久以后的事情了，到了那个时候，已经成为电影明星的玛丽莲·梦露的王牌宣传人员、一名十分有头脑的记者和一名传奇性的作家共同拼凑出了这条谎言，他们合力用好莱坞的话语方式制造出一个好莱坞神话。格拉迪斯受到不当治疗的事实一目了然，更令人感到心酸的是，这是玛丽莲·梦露一生中最先被牺牲掉的真相。

"开药的医生不可能知道这些药物会对格拉迪斯产生什么样的效果，到了1935年医生认为她的病情已经不可能出现逆转了。格拉迪斯还幻想着自己照顾自己和诺玛·珍妮，但是这个想法根本就是天方夜谭。不过，直到那时她一直做得很不错。"埃莉诺·戈达德曾回忆道。

就这样，不满32岁的格拉迪斯·珀尔·门罗·贝克·莫泰森在1934年的年初被送进了圣莫尼卡的一家疗养院。她昏昏欲睡、孤单凄凉地在疗养院里住了几个月，然后被转到了洛杉矶综合医院，有时候院方会批准她出院过周末，以便检测她是否有能力应对"现实"[xxx]（在那一年里保留下来的几份医疗报告中有一份就提到了这个词）。格拉迪斯始终没有得到充分的精神治疗，渐渐地她坠入了寂寞孤独的黑暗世界，以此寻求心灵的庇护，后来便越来越难以从自己的庇护所里抽身出来。性格强悍的格蕾斯·麦基欣然承担起了照顾诺玛·珍妮的责任，没有孩子的她十分关心格拉迪斯母女俩，她成为了诺玛·珍妮在人世间八年里的第三位母亲。

1934年的大部分时间里，诺玛·珍妮一直住在阿博尔路6812号，照顾她的饮食起居的是阿特金森夫妇，但是她的监护人是格蕾斯，后者几乎每天都会去看望她。诺玛·珍妮的生活再一次发生了巨大改变，也让她产生了一些新的希望，这一切都令她感到困惑，与此同时她也不可避免地必须接受新的行为模式。艾达·博朗代认为电影明星是罪人，他们的世界罪恶丛生，当诺玛·珍妮告诉艾达母亲带着她去看电影的时候，艾达告诉她这是一种危险的消遣方式。离开艾达之后，格拉迪斯让女儿知道电影是纯洁的娱乐方式，感谢上帝带给世人电影，正是电影让她有了一份体面的收入。

格蕾斯比格拉迪斯更激进。观看克拉拉·鲍和珍·哈露的表演不会受到她的谴责，模仿这些性感明星也同样不会受到责难。在一个还不到8岁的孩子看来，这样的行为准则同自己之前接受的教育存在惊人的矛盾，令她难以接受，因此难以遵守。诺玛·珍妮的大部分童年时光都是由一系列相互矛盾的观念和事物构成的，这样的矛盾生活只会在她的心中激起负罪感。艾达培养起来的这个正派女孩力求让自己躲避邪恶、保持纯洁。在格拉迪斯前来探望的时候，这个女孩希望自己变得讨人喜欢，令人感到舒服和开心；在受到格蕾斯的照顾之后，她又在新监护人的鼓励下抛开了之前的想法，变成了一个迥然不同的人，一个由格蕾斯亲自构思、设计、制造、调教的产物。直到1934年，格蕾斯一直将母性的本能（以及大部分收入）倾注于两个侄女的身上，后来这两个孩子从洛杉矶搬走了。格拉迪斯令人悲伤地从诺玛·珍妮的世界中消失了，她的离去为格蕾斯带来一份从天而降的幸运，现在有一个孩子需要她的抚养、栽培和塑造了。

格蕾斯的同事莱拉·菲尔兹说过："格蕾斯特别疼爱诺玛·珍妮。"[xxxi]

> 没有格蕾斯，就没有玛丽莲·梦露……格蕾斯对诺玛·珍妮赞不绝口，就仿佛她是她的亲生女儿。格蕾斯说过诺玛·珍妮会成为电影明星。她有预感。她坚信这一点。"别担心，诺玛·珍妮。等你长大了，你会是一个漂亮姑娘——一个有地位的女人，一位电影明星。"

为了朝这个方向前进，格蕾斯给诺玛·珍妮穿上了一条手缝的格子棉布裙子，将她的头发烫成了卷发，要求她像玛丽·毕克馥那样微笑、噘嘴。埃莉诺·戈达德也同意这种说法，在诺玛·珍妮还没有成为玛丽莲·梦露的时候她就已经同她熟识了：

> 格蕾斯的眼光非常准确。从一开始她就知道诺玛·珍妮会成为一位电影明星。她竭尽全力地想要实现这个想法。格蕾斯可能不会有自己的孩子了，所以她一心扑在诺玛·珍妮的身上，她知道后者是格拉迪斯的孩子，

但同样也是她的孩子,甚至更接近于她的孩子。

"更接近于她的孩子"——这种说法完全符合事实,到了这个阶段所有人都认为格拉迪斯已经无法胜任母亲的角色了。考虑到格蕾斯在经济方面对诺玛·珍妮的长期投入,人们必然会认为驱使格蕾斯这么做的肯定是她的善良。可以肯定的是,格蕾斯给予了博朗代夫妇不曾给予诺玛·珍妮的自由,也给了她更多的奢侈享受。但是,格蕾斯提供给诺玛·珍妮的自由、快乐和优越条件并非没有给她自己带来好处。诺玛·珍妮的第一任丈夫对格蕾斯的慷慨和牺牲有着与众不同的"高度"评价:"格蕾斯·戈达德是一个大好人——只要她能捞到好处的话。"[xxxii]

诺玛·珍妮现在必须取悦的女人——为她提供安全感和衣食住行的女人——不仅仅在所谓的造梦工厂里的某个部门开心地上着班,她还是其中最重要的一个部门的负责人。她的工作就是将好莱坞的社交生活和银幕故事组装起来呈献给公众,她看着一个个现实中的大活人和故事里的虚构人物被赋予新的名字,被改头换面,她对自己变化无常的青年时代和异想天开、放荡不羁的行为方式也做过同样的处理,她随心所欲、面不改色地在自己的履历表上添上一个名字或者删掉一位丈夫。

如果说曾经有一个女孩为进入好莱坞做好了充分准备,那么这个女孩就是诺玛·珍妮,她一边看着格蕾斯的发色和裙摆高度不停改变一边学习。格蕾斯在工作中了解到化妆、灯光、滤镜和阴影都能够改变女人的外貌,一剪刀下去,不讨人喜欢的影像就被删去了,通过自己的职业她了解到电影公司能够成功推销出去的是什么,哪些因素"管用",公众需要什么。整容手术五花八门、层出不穷,这是日后洛杉矶广告最密集也是获利最丰厚的职业之一。这种状况也许是顺理成章的事情,毕竟电影世界渴望创造出一个不可能实现的完美世界。换言之,格蕾斯的工作就是帮助完善人们的幻想。在接下来的很多年里,格蕾斯的经验常常令诺玛·珍妮获益匪浅。格蕾斯负责照顾并调教这个女孩,她终于有机会创造出大自然没能赐予她的女儿。

1934年,临时剪片员奥林·斯坦利是格蕾斯哥伦比亚影业公司剪辑部的同事。根据他的回忆,当时剪片员每个星期六工作4个小时,连续几个月格蕾斯一直托一位朋友在中午前一小时带着诺玛·珍妮去剪辑室,"把我们这些同事一一介绍给她,[格蕾斯]对所有人的介绍都千篇一律,她只是不停地重复着同样的话,'宝贝儿,我想让你见一见奥林——奥林,她是不是很漂亮?'"[XXXIII]

这样的骄傲在普通父母身上寻常可见,但是格蕾斯的表现不仅限于此,"诺玛·珍妮,转个身,让这个好人看一看你裙子背后的大蝴蝶结。走过去,转个身。很好,再走过来……噢,诺玛·珍妮,埃拉来啦!上个月你见过埃拉的。再跟埃拉说一说——她可能已经不记得了,但是你可没有忘记!告诉埃拉等长大成人后你会成为什么样的人。宝贝,说'电影明星'!告诉她你会成为电影明星!这种洗脑工作每周都会进行,一个月接一个月没完没了。"斯坦利的说法得到了同事夏洛特·恩格尔伯格的证实:"诺玛·珍妮会成为电影明星,对格蕾斯来说这是明摆着的事实。事情就是这样的。"[XXXIV]

对于这个目标,只有一个模范可供她们效仿。诺玛·珍妮说过:"格蕾斯为珍·哈露所倾倒,因此珍·哈露就是我的偶像。"[XXXV]

注 释

[I] 见A. J. 西蒙,《神经质的孩子》(1944),第3卷,p.119;W. H. 纽厄尔,《美国行为精神病学杂志》,第4卷(1934),p.387,第6卷(1936),p.576。

[II] 引述见MG2 IV, 8, p.12;参见古斯·鲁伊特杰斯,《玛丽莲·梦露自述》(伦敦:文库出版社,1991),p.28。

[III] 艾达·博朗代,见大卫·L. 沃尔珀制片公司摄制的电影纪录片《玛丽莲·梦露传奇》(1964)。在下文中以"沃尔珀",《传奇》指代。

[IV] 黛拉·M.门罗的医疗记录:诺沃克州立医院,加利福尼亚州诺沃克市,病历#5093;死亡证明#4081,登记号132。

[V] 同上。

[VI] 詹姆斯·多尔蒂,《玛丽莲·梦露的秘密幸福》(芝加哥:花花公子出版社,1976),p.9;另见多尔蒂向唐纳德·斯波托讲述的内容,1992年6月20日。

[VII] 引述埃兹拉·古德曼所著的《好莱坞五十年的衰落与沉沦》(纽约:西蒙和舒斯特出版社,1961),p.225。

[VIII] 玛丽莲·梦露,见沃尔珀,《传奇》。另见MG2 II, 6, p.4。

IX 鲁伯特·艾伦向唐纳德·斯波托讲述，1992年8月17日。

X 乔治斯·贝尔蒙特，最初为法国杂志《嘉人》对玛丽莲·梦露进行的采访，文章发表于1960年，后被转载于《玛丽莲·梦露和相机取景孔》（波士顿：布尔芬奇出版社／利特尔和布朗出版社，1989），p.14。在下文中以"贝尔蒙特"指代。

XI 《好莱坞的A+话题》，《生活》，第32卷，第14期（1952年4月7日）：104。

XII 引述在《人物》中，第18卷，第6期（1982年8月9日）：44。这句话频频出现在玛丽莲·梦露收录于MG2，I和II的资料中。

XIII 艾达·博朗代，见沃尔珀，《传奇》。

XIV 罗伯特·海尔布隆纳，《玛丽莲·梦露》，《时尚》，第134卷，第5期（1953年5月）：40。

XV 莫里斯·佐洛托，《玛丽莲·梦露》，1960年再版版本，纽约：哈珀永久出版社，1990），p.21。在下文中以"佐洛托"指代。

XVI 贝尔蒙特，p.14。

XVII 玛丽莲·梦露在MG2 II，6中引述，p.5。

XVIII 常常被认为是玛丽莲·梦露的话，例如，《往返阿里斯托芬》，《时代》，第67卷，第20期（1956年5月14日）：74。

XIX 玛丽莲·梦露在MG2 II，6中引述，p.6。

XX 罗伯特·卡恩，《1951年的金发模特》《科里尔》，1951年9月8日，p.50。

XXI 玛格丽特·帕顿，《玛丽莲·梦露最后一次揭秘专访》，最初发表于《看》杂志，1979年2月19日，p.26。

XXII 克里斯托弗·兰德，《洛杉矶——终极城市》（纽约：牛津大学出版社，1967），p.135。

XXIII 贝尔蒙特，p.14。

XXIV 贝尔蒙特，p.14。参见发表在《时代》的文章，p.76。

XXV 玛丽莲·梦露在MG2 II，5中引述，p.7。

XXVI 见贝尔蒙特，p.14，p.17。

XXVII 玛丽莲·梦露在《生活》杂志中所述，第53卷，第5期（1962年8月3日）：33。

XXVIII 关于蒂尔福德·马里恩·霍根自杀身亡的记述，见《拉克利德刀锋报》（密苏里州），1933年6月2日；关于死亡证明，参见档案#17075，密苏里州卫生局。

XXIX 埃莉诺·戈达德向唐纳德·斯波托讲述，1992年2月21日。

XXX 格拉迪斯·门罗在洛杉矶综合医院的病历，1934年10月："门罗夫人[原文如此]看望家人四日，之后自愿回到医院，回来时烦躁不安。费洛斯医生向……医生提及……"泛黄、破烂的病历上只有这一部分字迹尚能辨认出，病历被玛丽莲·梦露保存在MG2 VIII，4，p.1。

XXXI 佐洛托，p.18。
XXXII 詹姆斯·多尔蒂向罗伊·特纳讲述，见RT47。
XXXIII 奥林·G.斯坦利向罗伊·特纳讲述，1982。
XXXIV 夏洛特·恩格尔伯格向罗伊·特纳讲述，未注明日期。
XXXV MG2 IV，4，p.25。

第三章　1934年6月—1937年11月

1911年，一个名叫哈莉安·哈露·卡朋特的女孩出生在堪萨斯州上流社会的一户人家里，后来她跟随离异的母亲来到好莱坞。她的母亲原本希望自己成为电影明星，但是女儿的进展更顺利。这个女孩借用了母亲的名字（珍·坡·卡朋特，娘家姓为"哈露"），开始以"珍·哈露"这个名字在一些默片中亮相（直到1935年才正式改名），她的身份只是临时演员，没有报酬，在著名喜剧搭档劳莱与哈台主演的喜剧短片中她开始有了比较引人注目的表现，她的第一次重要亮相是在拍摄于1930年的《地狱天使》中。母女俩之间的关系一直十分牢固，甚至在三段婚姻中，"宝贝儿"——外界对珍·哈露的昵称——还经常回母亲家过夜。

在接下来两年里公映的9部影片中（其中最著名的是《人民公敌》、《银发女郎》和《红发美人》），珍·哈露性感十足，一头秀发被染成了令人咂舌、充满银幕光芒的金白色，整个人在银幕上光芒四射，这一切赋予了她无穷的魅力。但是，评论家一致认为她只是一个年方二十、演技低劣的时髦女郎，只扮演过一系列色情的蹩脚角色。珍·哈露渴望在比较严肃的影片中扮演更重要的角色，因此她在1932年同米高梅电影公司签下了一份合同，该公司的制片人路易斯·梅耶一丝不苟地为她塑造了新的明星形象，正是在同米高梅电影公司合作期间她挖掘出了自己的喜剧天分。同公众在舆论引导下产生的印象相反，珍·哈露实际上是一个性格甜美的女孩，但是她只接受过很短一段时间的正规教育，对母亲——一直被称为"珍妈妈"——有着强烈的依赖感，这种依赖感甚至有些神经质，在她看来这是她的两个缺陷，她十分希望弥补自己的不足。爱尔兰女演员莫琳·奥沙利文曾经做过一番评价："在米高梅没有一个人不爱她，没有一个人不曾被她逗乐过，也没有一个人不认为她魅力超凡。"[1]认识珍·哈露的人都有着同样的感觉。

22岁的珍·哈露已经能够同克拉克·盖博与斯宾塞·屈塞这样的大明星演对手戏，但是她依然不得不比同时代的任何一位明星都露出更深的乳沟、以更露骨更艳情的方式娱乐自己，尽管她也很有希望出演更严肃的角色。格蕾斯带着诺玛·珍妮去电影院欣赏《晚宴》、《重磅炸弹》和《来自密苏里的女孩》里的珍·哈露，这几部影片都是在1933年和1934年夏天公映的，正是在这个阶段评论界开始倒向珍·哈露。

米高梅电影公司一直让珍·哈露穿着白色紧身长裙，以凸显她那一头金白色的秀发。毫无掩饰的色情形象一定程度上同她自己的性格相一致，她很少穿内衣，在餐馆里或者新闻发布会上外人总是会看到她在抚弄自己（这种景象显然很令人心旌摇荡）。同许多性感明星一样——无论男女，珍·哈露也是一个极度自恋的人，她最热情的崇拜者莫过于自己。她在银幕之外的生活始终缺少稳定的幸福，在24岁的时候她就已经结过三次婚了，由于父母离异她同父亲长期分离（有时会偷偷和父亲见见面），短暂的一生中她一直在寻找生命中缺失的父亲形象。但是观众们崇拜她，她的第二任丈夫（比她年长22岁）貌似自杀身亡的事情疑云密布，然而公众对她的认可却没有因此而减弱。

可以毫不夸张地说，珍·哈露就是美国在大萧条时期的爱神，她勇气十足，只是常常遭到夸张的调侃。有些明星有时会试着模仿她的发色或者被电影公司以类似的噱头大肆宣传，但是公关人员和记者们始终认为世间绝不会出现第二个珍·哈露。*

格蕾斯坚决不接受这种看法："诺玛·珍妮，你没有理由不会变成她那个样子。只要头发颜色弄对了，鼻子再好看一些……"[II]在一个年仅8岁的孩子（以及无意中听到这番被重复了无数遍的论调的人）听来，格蕾斯肯定显得有些荒唐，甚至可以说有些吓人。格蕾斯是一个不达目的决不罢休的"星妈"，她也非常有预见性。仿佛重现了一个老掉牙的故事，她和珍妈妈都将自己破灭的明星梦转嫁到了另一个人的身上，通过这个人她们坚持了下来，她们希望这个人在她们失

---

* 各式各样的女演员都曾试图或者被迫模仿珍·哈露的形象，例如玛丽安·戴维斯、琼·克劳馥、卡洛尔·隆巴德、贝蒂·葛莱宝、康斯坦斯·贝内特、莱达·罗伯提·艾丽丝·费伊和琼·布朗德尔。

败的地方获得成功。1934年9月,格蕾斯又在自己一头漂染成金色的头发里挑染了一抹淡紫色,她还给诺玛·珍妮的嘴唇和面颊上搽了一些化妆品。在这位非正式监护人的参与下,诺玛·珍妮开始以奥林匹克的冲刺速度向星光大道进发了。

这一年,诺玛·珍妮继续经历着小学生活,此外还经常跟格蕾斯去看电影,格拉迪斯偶尔也会回来探望她,至少有3个星期日格拉迪斯和她们去大使酒店共进了午餐,这种迷人的享受很不常见。安静、悲伤、疏远的格拉迪斯吃着饭,格蕾斯快活地唠叨,骄傲地展示着自己给诺玛·珍妮买的一条裙子,还有她给诺玛·珍妮的卷发上扎的粉红色发带。这样的场面肯定令诺玛·珍妮的亲生母亲感到尴尬,她只会比以往更加强烈地意识到自己作为母亲有多么不称职,这样的场面也令几乎对她一无所知的女儿再一次感到自己同母亲有多么疏远。

医生都希望格拉迪斯能够多接触一下家庭生活这样的"现实世界",然而每次探望女儿的时候格拉迪斯都必然会遭到现实世界的隔绝,在阿博尔路6812号的家里见到女儿也不会增强她对现实世界的熟悉感。在家里,阿特金森夫妇正在收拾行李,准备返回英格兰,他们依然醉心于自己尚未实现但是永远不会消失的梦想,他们说有朝一日自己肯定会功成名就。对诺玛·珍妮的责任令格拉迪斯感到畏惧,她很有可能还为自己辜负了医生、女儿和朋友格蕾斯的期望而感到愧疚,就这样她又回到了相对而言比较宁静的医院。在医院里,至少还有规律的生活令她感到慰藉,她无须承担真正的日常工作,母亲的职责也根本不存在,她可以躲开一切萦绕在心头的负疚感。在那里,唯一的现实就是她耳闻目睹到的一切,对她来说诺玛·珍妮是一个模糊的形象,或许只是徘徊在她心头的虚幻的痛苦。后来诺玛·珍妮说过:"我的母亲从来不曾为了跟我在一起生活付出过努力。我觉得对她来说我压根就不存在。"

这一年的秋天,格拉迪斯在阿博尔路的房子被挂上了"待售"的牌子。房子所在的那段街道很快就消失了,那片地区变成了好莱坞碗商业区的一部分。格蕾斯并没有将诺玛·珍妮接到自己家里一起生活,这个决定的理由外界不得而知。她决定成为诺玛·珍妮的法定监护人,但是加利福尼亚州政府要求她提交证据,证明孩子尚在人世的亲生父母没有能力抚养孩子而且很有可能以后将一直如此。此外，在政府批准监护权的过程中，将被收养的孩子必须在县里一家孤儿院住满至少6个月的时间。

格蕾斯从医生那里拿到了证明格拉迪斯精神失常的正式声明，收养的第一项规定满足了。接着，格蕾斯又着手安排格拉迪斯从洛杉矶综合医院转院到诺沃克州立医院，黛拉·门罗正是在这家医院逝世的。格拉迪斯病情稳定，洛杉矶综合医院的工作人员表示他们不会继续收留她了。主治医生在医疗报告上写道："病人的病情有如下特征：（1）有时沉迷于宗教；（2）有时极度抑郁、焦虑。似乎呈慢性病的特征。"[III]这样的声明充分证明了1935年医生对格拉迪斯患有心理疾病的诊断，也证明了她接受的治疗已经毫无意义。对格拉迪斯一生中的大部分经历来说，渴望恢复精神健康——往往是抑郁和焦虑造成的——究竟是不是一种适当的反应？外界完全有理由提出这种质疑。

坐落在阿博尔路的那幢房子不再是格拉迪斯的家了，她只能继续待在医院里，除此以外她别无选择。此外，诺沃克州立医院在诊治各种慢性精神疾病的方面享有较高的声誉（至少同洛杉矶综合医院相比）。除了格拉迪斯在大部分时间里态度漠然、丧失了感情能力，格蕾斯还告诉医院诺玛·珍妮是一个私生子，她还透露了这个家族的"历史"——蒂尔福德、奥蒂斯和黛拉的患病历史，即已经得到普遍承认但是并不符合实情的家族精神病史——这些情况说服洛杉矶综合医院的医生们相信这位病人是一位不称职的母亲。

就这样，格拉迪斯于1935年被送进诺沃克州立医院，在这家医院待了一年后她又被转移到了另一家医院。后来诺玛·珍妮说过："她病了，我很难过，但是我们之间没有任何关系。我不太跟她见面。"[IV]对于收养孩子的第二项法律规定，格蕾斯也没有遇到太大的阻碍。她得知来年9月洛杉矶孤儿之家将会出现空床位，在那之前她安排了住在西洛杉矶的吉芬一家人暂时照顾诺玛·珍妮。在诺玛·珍妮尚未搬去吉芬家之前，格蕾斯精明地意识到吉芬夫妇已经有一屋子的孩子了——一个亲生孩子和几个寄养的孩子——不，他们照顾不了诺玛·珍妮太长时间。

格蕾斯证明了自己对诺玛·珍妮关怀备至，并且每个星期都给相应的管理机构提交报告，因此她反复向法院提出请求，希望法院同意免除有关孤儿身份的要求，这样一来，同吉芬夫妇生活一段时间后诺玛·珍妮就可以跟她住在一起了。"当格蕾斯跟我说我不会被送去跟一群我不认识的孩子住在一个像学校一样、没有家人的地方,你们可以想象得到我有多么开心。"[v]

诺玛·珍妮住进了吉芬家——法院在对格蕾斯·麦基是否具有法定监护人资格的问题进行调查——两个月后,法院批准诺玛·珍妮暂时同格蕾斯的母亲艾玛·维莱特·艾奇逊住在一起。艾玛在好莱坞洛迪公寓楼有一套公寓,这幢漂亮的公寓楼有着灰泥粉刷的墙壁和西班牙式的瓦片屋顶,院子里鲜花盛开,还有一座轻轻飞溅着水花的喷泉。1935年初春,诺玛·珍妮搬进了洛迪公寓楼。

就在当月,格蕾斯积极行动了起来,她不只是在加速争取监护权,她还要求法院指定她全权处理格拉迪斯·珀尔·贝克的所有事务。格蕾斯准确地意识到必须让格拉迪斯的财务状况保持正常状态,以免突然有人冒出来声称自己是诺玛·珍妮的父亲或者碰到税务机关突击审查。她也知道投资以及变卖现金财产、不动产都需要谨慎对待,此外她能以诺玛·珍妮的名义动用这些钱,以补贴抚养小女孩的费用。3月25日,格蕾斯在法庭上提供了书面陈述,指出格拉迪斯需要一名法院指派的监护人,按照法律的规定在诺玛·珍妮获得孤儿身份之前还存在一段过渡时期,但是她信誓旦旦地告诉法官自己是监护人的不二人选。

4月,格拉迪斯的"财产"经过了评估:

格拉迪斯·贝克——当时她正式登记的名字——的银行账户上有60美元现金存款;尚未签字的90美元保险支票(因病失业所得的保险赔偿);一台价值25美元的台式收音机,有15美元尚未付清;由于一辆她几乎没有开过的1933年出产"普利茅斯"小轿车欠下的250美元;因为那台白色钢琴欠下的200美元。

6月1日,诺玛·珍妮迎来了自己的第9个生日,格蕾斯·麦基拥有了格拉迪斯·贝克所有的一切,同时她也承担了处理财产和债务的责任。数日内,她将"普利茅斯"开回到轿车的原主人那里(后者已经被免除这笔债务),又以235美元的价格变卖了钢琴(将所得钱款全部返还给房地产公司)。那座房子重新被抵押权人收回,没有产生罚款。

与此同时,格蕾斯还提交了应当得到的补偿清单,也就是最初照顾格拉迪斯与诺玛·珍妮母女时她垫付的款项,现在她有权收回这些支出。例如,支付给护士朱莉娅·贝内特的24美元,因为照顾诺玛·珍妮而支付给艾玛·艾奇逊的25美元;欠圣莫尼卡疗养院的49.3美元住院费;为诺玛·珍妮购买衣物的43.16美元。格蕾斯·麦基有能力通过协商的方式解决诸多错综复杂的法律和社会事务，幻想家和务实派这两种性格在她的身上得到了惊人的结合。

然而，还是会发生一些出人意料、难以决断的事情，其中就包括一段意想不到的爱情。格蕾斯的生活彻底被爱情席卷了，这还是多年来第一次出现这种情况，这个男人彻底改变了她的计划，诺玛·珍妮的命运也因此被改变了。

1935年春天，格蕾斯·麦基遇到了欧文·西利曼·戈达德，相遇的具体细节外界不得而知，可以肯定的是他们立即对彼此产生了强烈的热情。戈达德比格蕾斯年轻10岁，有6英尺（1.83米）高，有时候会被别人认作电影演员兰道夫·斯科特，他相貌堂堂，甚至在多部影片中为乔尔·麦克雷充当过替身。（他的一个女儿后来发现他同劳莱与哈台一起出演过《小兵进行曲》，在影片中扮演一名战士。）来自得克萨斯州的戈达德离过婚，有3个孩子，但是跟孩子们已经很长时间没有见过面了。正如他的女儿埃莉诺后来所说的那样，他是一个"极其友好的人"。聪明迷人的戈达德一直喜欢捣鼓各种东西，他的父亲又当过外科医生，由于这两个原因他得到了"医生"这个绰号。不过，英俊的面容、随和的为人以及影星梦总是让他时不时地过着懒散的生活，在各地的酒馆里跟好友厮混很久。不出所料，他觉得格蕾斯浑身散发的活力充满了感染力，她炽烈的性情令人开心，她对他的爱慕和鼓励令他难以抗拒。

对格蕾斯而言，一位强壮、英俊的年轻男子对她的奉承和热烈关注也令她神魂颠倒，她告诉所有人这个男人就像是一位电影明星。"医生"戈达德与格蕾斯·麦基并肩走在一起的景象几乎有些滑稽，格蕾斯身材瘦削、衣着整洁，比戈达德矮了整整一英尺（30厘米），戈达德是一副典型的肌肉发达的牛仔形象。然而他们俩整天都是一副乐呵呵的模样，让外人没有机会笑话他们或者暗中耻笑她年长于他的事实。1935年的春天和夏天，看到他们两个人守在一起时那么快乐的情景，朋友们也都感到开心。当年8月，在拉斯维加斯尽情狂欢了一个周末之后他们结婚了，格蕾斯的姨妈是他们的证婚人，并为他们举办了一场婚礼。

回到洛杉矶后，这对新婚夫妇同戈达德的一个女儿——跟着父亲一起搬到加利福尼亚的诺娜（后来成为了演员朱迪·劳伦斯）——会合了，再加上诺玛·珍妮，他们四个人搬进了坐落在敖德萨街的一座小平房，街道就位于好莱坞山上圣费尔南多谷区的凡奈斯社区。多年后朱迪·劳伦斯说过:"那时候诺玛·珍妮还是一个羞涩、内向的小姑娘。"她还说她们两个人都是"神经兮兮的孩子,不喜欢说话,对周围的一切非常敏感",她还记得她们两个人在一株花椒树上做了一个临时性的树屋,"只要觉得大难临头,我们就会爬上去。那个树屋是我们躲过劫难的地方"。[*VI]

对于敖德萨街的房子,"朴素"这个词也显得过于夸张了,这座房子实际上就是一座棚屋。在这个阶段,戈达德与格蕾斯都只是时断时续地打着零工,而且两个人都没有积蓄。戈达德坚决认为他们不应当抚养诺玛·珍妮,他说服格蕾斯将她交给孤儿院,不过他承诺这种状况不会持续太长时间,就像老话说的那样,等到他交了好运诺玛·珍妮就可以回来了。

格蕾斯一直全心全意地维护着诺玛·珍妮的幸福,对收养她并将她培养成明星的事情有着全面计划,考虑到这两点,告诉诺玛·珍妮她必须在当年9月住到孤儿院去对她来说应该不是一件容易的事情。对于诺玛·珍妮来说,又一段"母女"关系戛然而止了,又一个承诺落空了,她再一次成了一件没人要的商品。正如当初艾达·博朗代告诉她的那样,她的亲生母亲"丢下了她",她自己渐渐地明白一旦她成了负担,别人就会放弃她。成年后,玛丽莲·梦露一直缺少亲密的女性朋友,很大程度上正是她早年经历造成的,由于这样的经历她根本没有能力对其他女性产生信任,她的生命中(在结束了同疏远的宗教狂艾达·博朗代的生活之后)也没有再出现过长期稳定的女性家长。现在,幼年时期貌似正常的社会化生活再一次遭到了破坏。

1935年9月13日,格蕾斯收拾好诺玛·珍妮的衣物,将她送到了坐落在埃尔森特罗北街815号的洛杉矶孤儿之家。诺玛·珍妮成为了这家开办25年的孤儿院里入住的第3464个孩子。洛杉矶孤儿之家完全不是那种廉价旅馆式孤儿院,相反,它的住宿楼是一座有着殖民地时期风格的红砖建筑,迷人、宽敞、宏伟。尽管如此,在孤儿们的眼中这里只是一家收容所。

---

* 1951至1962年,朱迪·劳伦斯在6部电影中扮演了一些小角色,拍摄完最后一部影片后不久她便息影了(1986年逝世时终年55岁)。

孤儿之家能够容纳五六十个孩子，这些孩子并不全都是父母双亡的孤儿。1920年代，住在里面的孩子中有整整1/3都是离家出走的孩子或者被父母遗弃街头的流浪儿，这些流浪儿的父母都是贫穷的工人或者外来劳工，他们没有能力（或者不愿意）继续供养多余的孩子。1930年代，许多突然陷入贫困的父母可以为孩子申请短期入住孤儿之家的机会，类似诺玛·珍妮这样的孩子都属于"临时住户，或者说是'学生'"。诺玛·珍妮在孤儿之家一直住到了1937年6月26日（刚刚过完11岁生日），那时戈达德仍旧没有交到好运，提起那段往事时诺玛·珍妮的第一任丈夫说过："在大萧条时期'医生'麻烦缠身。他很不走运，毕竟他是一个那么聪明的人，在我看来他简直无所不能。"[VII]

在孤儿之家，男孩和女孩分别住在不同的辅楼里，每一个整洁干净的宿舍里住着4到6个孩子。从1952年起，玛丽莲·梦露面对媒体时对这家孤儿院所做的描述就变得越来越离奇了。到了1960年，她说过（除了其他经过润色的细节）自己"住在一个有27张床铺的房间里"，[VIII]她还进一步渲染了孤儿生活带给她的痛苦记忆——阴郁的住宿环境、冷水澡、严格的纪律，还有没完没了的体力劳动，例如刷厕所、吃完饭之后清洗数百个盘子。事实上，孤儿之家有一批成年职工专门负责做饭和清洁工作，但是为了鼓励孩子们培养起责任感，院方会以5美分或者10美分的报酬要求孩子们完成一些同各自年龄和体力相称的不太繁重的杂活。

据埃莉诺·戈达德所述，诺玛·珍妮对孤儿之家的描述实际上受到了她的亲身经历的启发，住在得克萨斯州时她经历了很多可怕的事情，遭受过虐待。埃莉诺·戈达德很小的时候，她的父母就离婚了，从此她便辗转于一个个陌生人之手和一个个寄宿家庭，她的经历大多都十分悲惨。而诺玛·珍妮在洛杉矶孤儿之家一直过着不错的生活，而且这家孤儿院没有宗教导向，院方的老师们会鼓励孩子们在星期日去教堂参加礼拜，但是不会强求孩子们接受宗教。

诺玛·珍妮在孤儿之家留下的资料显示在1935年她是"一个正常、健康的女孩，吃饭、睡觉都很正常，看上去心满意足、毫无不满情绪，还说过喜欢自己的课程"。[IX]孤儿之家不提供正规教育，但是只有步行5分钟距离的凡恩街小学提供了这样的条件，然而诺玛·珍妮住在凡恩街，即四年级和五年级这两年里，凡恩街小学没有她就读的记录。[X]

这两年里，到了星期六格蕾斯常常会去探望诺玛·珍妮，带着她出去溜达一天，基本上就是吃一顿午餐，再看一场电影，尤其是当天傍晚首次公映的影片，在首映式上她们俩都会为大明星热烈鼓掌，同其他观众一起为那一刻万人崇拜的偶像欢呼。这段时期看过的影片中，诺玛·珍妮印象最深的就是克拉克·盖博主演的《叛舰喋血记》，他令她想起了挂在阿博尔路6812号的照片中的那个留着两撇胡子的黑发男人，她反复说过"我觉得他就是我的父亲"，[XI]她指的是盖博。格蕾斯经常告诉诺玛·珍妮自己还在继续"处理一切事情，好让你回到我的身边来，你属于这里"。[XII]无疑，格蕾斯指的是帮助戈达德获得法定监护人身份的事情。

在这样的星期六，格蕾斯经常带着诺玛·珍妮去西德尼·格劳曼的中国剧院，诺玛·珍妮记得当时自己"还试图踩进那些脚印里，可是学校的鞋太大了，塞不进明星们纤细的高跟鞋印里。我还用自己的手比了一下他们的手印，可是我的手又显得太小了——这一切真是太令人沮丧了！"[XIII]

有格蕾斯这样的导师在身边，诺玛·珍妮没有沮丧太长时间。诺玛·珍妮定期被带去美容院，发卷、烫发器和发刷在合力为她创造着预期的魅力，格蕾斯焦急地站在一旁。在茶楼或者电影院里，格蕾斯有时候还将她拉到女卫生间里，向她演示给脸上扑粉、给嘴唇上搽口红的正确技巧。最后，再加上眼线膏和雅致的花露水，一副美景便出现了，不过从旁路过的行人可能只会觉得这一幕只是一个尚未进入青春期的小孩子试图以有些奇怪早熟的方式展示自己的魅力而已。埃莉诺·戈达德说过："格蕾斯就像一位精通化妆品的巫师，她特别喜欢给我们灌输有关化妆的各种建议。"

1935年，珍·哈露在好莱坞拍了《中国海》和《假戏真做》两部影片，格蕾斯反复重申着自己坚定的想法——有朝一日诺玛·珍妮将会走上珍·哈露的道路，她幻想出了一幅璀璨的黑白影像：白金色的秀发，只要有条件永远都是一身微微闪光的白色服饰，白色的布景，白色的道具。

在1935年和1936年里观看了珍·哈露的多部影片后，格蕾斯将自己的头发染成金色，从此进入了只以白色着装示人的阶段，她给诺玛·珍妮买的也全都是白色的衣服，有一阵子她甚至考虑将诺玛·珍妮的头发染成白金色，不过最终她还是明智地放弃了这个念头——对于一个10岁的孩子，孤儿之家应该不会欣赏这样的变化。正如《纽约时报》报道的那样，正是由于珍·哈露的缘故，"在女演员、舞蹈演员、歌舞女郎和布鲁斯歌手中间……在地铁上、在大街小巷、在剧院观众席上……随处可见"白金色的头发。[xiv]

多年后诺玛·珍妮说过："格蕾斯一遍遍地轻轻点着我的鼻子上的某处地方。'宝贝儿，要不是这个小疙瘩，你就十全十美了。不过，早晚有一天你会变得完美起来，就像珍·哈露一样。'可是我知道自己无论如何也不会变成一个完美的人，别人都不会完美，我自己就更不用说了。"[xv]看着这个女孩，格蕾斯想象着年轻时的珍·哈露，她也将自己的想法告诉了诺玛·珍妮（后来诺玛·珍妮频频对朋友们提起格蕾斯的这番话，以至于到了痴迷的程度）。诺玛·珍妮与珍·哈露都有着一双蓝绿色的眼睛和一副略微内收的下巴（格蕾斯说过下巴的问题"也可以修补一下"），她们都在适当的时候改变了头发的颜色。对一个小孩子早早开始进行这样的准备工作、竭力劝说她变成某位银幕巨星的复制品，这种做法自然会对小孩子产生吸引力，但同时也会导致小孩子缺少正常的家庭生活，对自己的身份产生困惑，渴望取悦众多扮演母亲角色的女人。换言之，她正在被调教成电影文化幻想产物的终极人造副本。

1936年6月1日的各个八卦专栏都兴奋异常，这一天恰好是诺玛·珍妮的10岁生日，那位一头金发的巨星宣布在以母亲的娘家姓氏活跃于演艺界将近十年后，自己终于正式将名字更改为"珍·哈露"。因此，经过三段婚姻的她在法律层面上不再是哈莉安·哈露·卡朋特·麦格鲁·伯尔尼·罗森了。大约就在同时，外界正在大肆宣扬珍·哈露也加入了名人志愿者队伍，为罗斯福总统再次竞选总统摇旗呐喊，对政治活动的参与令格蕾斯对她刮目相看。

诺玛·珍妮很喜欢同格蕾斯一起度过的星期六，那是学校和集体生活中的休息，但是从某种角度而言，如果诺玛·珍妮不认为"格蕾斯阿姨"只是另一个版本的格拉迪斯而已，那就有些出人意料了，毕竟这两个女人都一样不切实际，都只会在自己方便的时候才来看望她，在她们的心中她的地位变得越来越轻，甚至会变得无足轻重，毕竟只因为"医生"和他一个女儿的出现，她就被迫搬出了那个家。

此外，格蕾斯并不会按时去孤儿之家探望诺玛·珍妮，不过她的账本（得到了妥善保存）显示她一直向孤儿之家定期缴纳费用并且为诺玛·珍妮购买衣物。[XVI]（例如，格蕾斯在1936年支付了孤儿之家每个月15美元的全部费用。）她在衣服、化妆品和"小额开支"上也花费了几乎同样多的钱。诺玛·珍妮肯定担心过有一天格蕾斯或许会像格拉迪斯一样毫无征兆地被别人带走。1936年末，格蕾斯连续5个星期没能在星期六露面，她似乎真的被别人带走了。那段时间，小女孩为一点小事就会绝望地抽泣起来。她或许在想，如果自己真的是一个"近乎完美"的孩子，那么为什么自己还会被抛弃。孤儿之家的一名管理人——性情温和的杜威夫人——告诉她绝大多数孩子从来没有亲人来看望过，但是这样的安慰丝毫打动不了诺玛·珍妮。多年后，她的第三任丈夫依然觉得"走进一个挤满人的房间时她可以一眼看出谁无父无母……谁曾经在孤儿院待过"。[XVII]

到了1937年初，诺玛·珍妮的情绪更加消沉了，后来她曾对一名记者说过："在那些年里，我很少开心过。"[XVIII]实际上，在那一年负责她的一位教师注意到有时候她显得"焦虑、孤僻……这种时候她就会出现轻度口吃的现象。诺玛·珍[原文如此][1]频频咳嗽、感冒……碰到这样的情况，一旦外界没能给予她足够的安慰和耐心，她就会显得十分惊恐。我建议将她安置在一个条件好一些的家庭里。"[XIX]

渴望得到安慰的心态促使诺玛·珍妮产生了一种逼真的幻想，这种事情并不罕见。"有时候我会告诉其他孤儿我拥有很棒的父母，他们去长途旅行了，他们随时都有可能回来接我，有一次我给自己写了一张明信片，在落款处写上了'妈妈'和'爸爸'的字样。当然，谁都不相信我说的话，可是我不在乎。我就是希望自己认为这一切是真的。也许只要我认为是真的，一切就会化为现实。"[XX]

靠着幻想编造出理想的父母或许能够缓解一时的孤独感，然而之后（甚至在她承认了事实之后）她会发现自己难以应付自己同其他女性的关系。她发现艾达·博朗代与格蕾斯·麦基下达的指令背道而驰，但是她们都在和声细气地提醒她永远可以"做得更好"或者"做到完美"，同样地，她也发现有人能够满足她

---

1 原文中记者将她的名字写成"Jean"，应该是"Jeane"。

因为失去双亲而产生的期望。除了不断寻找和注定的失望这个可悲的恶性循环，诺玛·珍妮有时候会在朋友、爱人和配偶的选择上犯错误，或许她相信物极必反的道理，通过重现过去的不幸自己最终有可能逆转不幸给自己造成的影响，尽管她从未承认过这一点。

诺玛·珍妮的渴望和幻想还有另一个发泄渠道。后来她对第一任丈夫和许多朋友说过自己经常

> 去[孤儿之家的]屋顶，望着几条街之外雷电华电影公司的水塔，我的母亲曾经就在那家公司里上班。有时候眼前的景象会令我哭起来，因为我太孤单了。在拍摄电影的地方上班，这也成为了我的梦想和幻想。当我把这个想法告诉格蕾斯的时候，她开心得几乎跳起了舞。[xxi]

不难理解这个小女孩为何会如此沮丧，为何会做这样的白日梦。孤儿之家的工作人员一心扑在小孩子身上，但是他们对孩子们的照顾严格遵循着类似机构和强制收养孤儿的社区施行的监管方式。孤儿院里必须形成一种不带个人色彩的情感氛围，彻底杜绝孩子和老师之间培养起特殊友情的可能，以免师生之间产生畸形的依赖感，甚至是带有情欲成分的感情，当陌生成年人代替父母的角色同小孩子亲近地生活在一起，这样的依赖感往往是不可避免的。因此，人们常常发现孤儿院的孩子会对别人的幸福表现出一种矛盾的冷漠。毕竟，每一个孩子都面对着几十个竞争者，孤儿院的工作人员都在努力表现得不偏不倚，因此老师们在情感上对孩子们表现得不温不火。无论老师们有多么敬业，孤儿院大都难以成为一个幸福的地方。所有人肯定都明白孤儿院不是一个正常自然的地方，孩子们在进入孤儿院后不久也会意识到自己的生活极其不完整。

在普遍没有人情味的老师中间有一个非常特殊的例外，这就是杜威夫人。星期六，杜威夫人会看着跟格蕾斯外出归来的诺玛·珍妮走回孤儿院。经过了一番精心打扮的小女孩焕然一新，一头卷发上扎着新头绳，脸上也刚刚化过妆，就这样朝宿舍楼走去。后来，诺玛·珍妮提起过当时的情景：

> 我突然停下脚步。我知道我们[在孤儿院里]不能化妆，直到那一刻我才意识到自己的脸上还带着格蕾斯给我化的妆。我不知道应该走进去还是躲到别处去。以前有一个女孩就……因为涂了口红……受了惩罚或者被扣了

分，老师们都认为涂口红是一种低俗的举动。[XXII]

杜威夫人的反应令诺玛·珍妮吃了一惊。"你的皮肤非常好，可是你却不喜欢脸蛋闪闪发亮的，有时候你多用一点胭脂就把光泽遮盖住了。"她说。[XXIII]杜威夫人在一定程度上否定了格蕾斯的杰作，但同时又没有将诺玛·珍妮置于尴尬的境地。

格蕾斯兑现了自己的诺言，终于将诺玛·珍妮领回了家。她于1936年2月26日递交了最终的监护权申请书，（由于官僚机构一贯慢腾腾的效率）法院最终于1937年的春天批准了她的申请。1937年6月7日，就在刚刚过完11岁生日一个星期后，诺玛·珍妮告别了洛杉矶孤儿之家，回到了"医生"戈达德在凡奈斯的那座小平房。那天晚上诺玛·珍妮刚刚钻进格蕾斯的小轿车，广播里就播出了珍·哈露逝世的消息，26岁的巨星由于尿毒症和肾功能衰竭引发的胆囊炎突然告别了人世。珍·哈露在米高梅电影公司的老板路易斯·梅耶一语道出认识她或者仅仅是崇拜她的人的共同感受，"受千万人崇拜的这个女孩是我进入戏剧界这三十年来所认识的最可爱、最甜美的一个女孩。"[XXIV]正如一名记者在报道中写的那样，"她没有为喜剧赋予多少新成分，但是她凭着一己之力强化了一些戏剧概念——拜金女郎式的、缺乏良好教育、功利主义、能说会道、有些无知的女性形象，这正是那个年代漫画家和杂志作者笔下以及喜欢开玩笑的人口中常常提到的女性。"[XXV]根据玛丽莲·梦露在多年后所述，格蕾斯一方面为这个年轻美人的逝去感到悲痛，同时更加坚定地相信她的逝世令诺玛·珍妮的前途变得更清晰了。

诺玛·珍妮在戈达德的家里只住了很短一段时间，因为在那段时间里发生了一件令年轻的诺玛·珍妮感到不快的事情，甚至有可能在她的心里留下了创伤。据她的第一任丈夫詹姆斯·多尔蒂所述，一天晚上"医生"戈达德喝得酩酊大醉，他紧紧抓住她，粗鲁地抚弄着她的身体，试图强行压在她的身上。诺玛·珍妮设法挣脱了戈达德的怀抱，浑身哆嗦着跑走了，一边跑还一边哭喊。对于一个生下来就没有父亲的脆弱女孩来说，这种事情尤其可怕、恶心。在一生中，诺玛·珍妮反复提起过这件事情。她同男性的第一次肌肤之亲只有性，没有爱，一开始貌似只是温柔的拥抱，最终拥抱变得丑陋不堪，变成了对她的侮辱。[XXVI]

有一次，诺玛·珍妮向"格蕾斯阿姨"诉说了自己的委屈，格蕾斯肯定认为丈夫酗酒预示着更严重的问题，"我没法再相信任何事情了，也没法相信任何人了。"她咕哝了一句。[XXVII]1937年11月，格蕾斯再一次将诺玛·珍妮打发走了。这一次，她被送去亲戚家，18年后诺玛·珍妮对朋友们说起过那段生活："一开始，在戈达德家醒来的清晨我总是以为自己还在孤儿院里。还没等我适应他们，我又去跟另一位阿姨和叔叔生活了，醒来的时候我以为自己还在戈达德家。"最后，她心酸地为那段陈年旧事做了总结："这种生活令我糊里糊涂的。"[XXVIII]

注　释

I 引自伊芙·戈尔登所著的《银发女郎——珍·哈露的一生和传奇》（纽约：阿布维尔出版社，1991），p.230。莫琳·奥沙利文在特纳电视网为讲述米高梅公司的历史而制作的迷你系列剧《雄狮怒吼时》中发表过完全一样的评价，米高梅公司的电影剪辑师玛格丽特·布思和其他一些人都非常认同这种说法。

II 玛丽莲·梦露在MG2 XII25中引述，p.24。

III 格拉迪斯·门罗·贝克在洛杉矶综合医院的病历，1935年；IMP。

IV 《往返阿里斯托芬》，《时代》，p.76。

V MG2 III，3。

VI 朱迪·劳伦斯，引自埃兹拉·古德曼所著的《好莱坞五十年的衰落与沉沦》（纽约：西蒙和舒斯特出版社，1961），p.227。

VII 詹姆斯·多尔蒂向唐纳德·斯波托讲述，1992年6月20日。

VIII 贝尔蒙特，p.15。

IX 玛丽莲·梦露保留的一部分洛杉矶孤儿之家的记录，存档于MG2 IV，3（未注明日期，没有页码）。

X 玛丽莲·梦露对孤儿院生活做过很多夸张的描述，直至临终前她一直坚持这些说法；参见《生活》第53卷，第5期（1962年8月3日）：38。

XI 她在1949至1962年多次说过这句话，例如，向自己的公关人员鲁伯特·艾伦和其他一些人都提到过这件事情。

XII MG2 XI，2，p.8。

XIII 玛丽莲·梦露，见沃尔珀，《传奇》。

XIV 《纽约时报》，1937年6月8日，pp.1，30。

XV 玛丽莲·梦露写给本·赫克特的笔记，文件夹12。

XVI 玛丽莲·梦露保存着格蕾斯的开支记录，后来被罗伊·特纳找到，唐纳德·斯波托又从后者的手中得到了这些记录。

XVII 阿瑟·米勒，《时移世变》（纽约：格罗夫出版社，1987），p.9。

XVIII 发表在《时代》上的文章，p.38。

XIX 洛杉矶孤儿之家，1937年2月20日，诺玛·珍妮·贝克档案中的报告，收录于MG2 IV，2。签名字迹模糊。

XX 玛丽莲·梦露，MG2 IX，22，p.4。

XXI 同上。

XXII MG2 III，6，没有页码。

XXIII 同上。玛丽莲·梦露对这件事情做过不同的描述，在一些资料中（例如，贝尔蒙特，p.15），那天让她化妆的点子是杜威夫人出的。

XXIV 引自《纽约时报》的文章，p.30。

XXV 同上。

XXVI 詹姆斯·多尔蒂向唐纳德·斯波托详细讲述了"医生"进行性骚扰的事情，1992年4月22日。

XXVII 玛丽莲·梦露，MG2 III，5，p.39。

XXVIII MG2 II，3，p.17。

第四章　1937年11月—1942年6月

从1937年11月至1938年8月，诺玛·珍妮一直同表亲和一位婶祖母住在康普顿。康普顿位于圣费尔南多谷东南大约25英里（40千米）以外，仍在洛杉矶县境内。诺玛·珍妮的新家不是一个温馨的地方，更多的挑战和痛苦在等待着她。

首先，家里弥漫着一股疑神疑鬼的气氛，大家不停地窃窃私语着邪恶悲惨的家族史。这样的家庭氛围完全就像是来自埃德加·爱伦·坡或者亨利·詹姆斯[1]的著作，要不是南加州充裕的阳光，那副场面完全就是哥特式的景象。不过，困扰着这个家庭的恐惧情绪同格拉迪斯母女俩毫不相干。

格蕾斯不定期地为照顾诺玛·珍妮的女人支付酬劳，后者有时候每个月能得到5美元的酬劳，有时候会得到10美元或者15美元，不过大多数时候都拿不到一分报酬。离了婚的艾达·马丁是格拉迪斯的弟媳奥利弗·布鲁宁斯的母亲。奥利弗·布鲁宁斯与马里恩·门罗于1924年结婚，按照家人了解到的情况，他们在加利福尼亚中部小镇萨利纳斯生活了5年的时间，马里恩干着修理工作，在那里他们生育了三个孩子：杰克（1925），艾达·梅（1927），奥利弗（1929）。1929年1月20日下午，当时最小的奥利弗只有9个月大，马里恩出了门，他告诉妻子自己去买报纸、晚饭前就会回来，然而从此便杳无音讯。

失踪人口调查处没能找到马里恩，当地的警察局也没有查明他那天下午的行踪。加州机动车管理处也没有发挥作用，周围四个州的警方也都毫无成果。马里恩没有联系过家里任何一个人，格拉迪斯也不例外，她接到马里恩失踪的消息

---

[1] 亨利·詹姆斯（1843—1916），美国小说家、文学批评家，他的小说中有一个突出的主题，就是成人的罪恶如何影响并摧残了纯洁聪慧的儿童。

已经是第二天了。马里恩最后一位雇主乔·泽伯尼（联合仓储运输公司的所有人）也同样吃了一惊，他也不清楚马里恩的下落、目的地或者遭遇到了怎样的厄运。马里恩的岳母艾达·马丁聘请了大名鼎鼎的洛杉矶沙耶侦探社调查此事，但是直到三年后侦探社还是没能找到任何线索。

1934年，奥利弗（正如她在申请书中所写，"一贫如洗、需要州政府救助"）[1]启动了法律程序，要求法院判定丈夫已经过世，以便三个孩子能够获得丧父儿童的身份，这样他们就有资格申请公共福利基金。（为单亲家庭的家长提供资助的法律后来改变了，但是在那个年代这是奥利弗寻求经济救助的唯一渠道。）然而，州政府规定配偶失踪满10年政府才可以依照法律宣告其死亡，之后死者尚在人世的家人才有资格获得相应的资助。奥利弗与三个孩子深陷贫苦不堪的生活中，毫无脱身之力，这种状况一直持续到了1939年。

诺玛·珍妮在1937年底来到康普顿，这是她第一次见到三个表兄妹，艾达·马丁在照顾三个孙儿，奥利弗同外来的农民一起干活赚钱。四个孩子年龄相仿，小奥利弗当时已经年满8岁了，艾达·梅有10岁了，杰克12岁，诺玛·珍妮11岁。多年后，艾达·梅提到过诺玛·珍妮当年反复说起的一件事情："我还记得她一遍又一遍地说自己绝对不会嫁人。她说自己要当老师，还要养很多条狗。"[II]

艾达·马丁的家同样也缺少了一家之主，父亲神秘失踪之后孩子们一直在努力维持家庭生活；这个家庭也充满了变故，也有着被遗弃、被迫背井离乡的孩子。看到与黛拉、格拉迪斯和格蕾斯有关的男人们的经历，任何人都会认为男人是必不可少的，也是反复无常的，他们不可靠、不稳定、捉摸不透、难以预料，然而她们都极度想念他们。无论男人存在与否，她们的生活都是残缺不全的。

诺玛·珍妮又得重新了解、讨好一位新的代理母亲了。艾达·马丁似乎一直对诺玛·珍妮关怀备至，但是每当诺玛·珍妮问起叔叔马里恩为何不在家、婶婶奥利弗为何也离家在外的问题时，她无法向小女孩解释清楚这一切。艾达·梅说过："有一次我们决定离家出走。我们打算去旧金山找爸爸，因为有一次别人说他们在那里见过他。最终我们还是没有离开家。"她还记得那时候马路对面住着一个古怪吓人的女士，精神错乱的多萝西·恩赖特，总是坐在自家门廊一把老藤椅上没完没了地晃动。"她的家人让她整日捧着一摞摞电影杂志看，我们也搞到了一些旧杂志。"

第四章　1937年11月—1942年6月 ｜ 55

后来，诺玛·珍妮对那段时光的印象变得复杂了：

> 我周围的世界有些残酷。我不得不学会假装，假装的目的在于挡住残酷的世界——其实我也不清楚。整个世界似乎都向我关闭了……[我感到自己]在一切的外边，我能做的就只是在幻想中假装各种事情。[III]

诺玛·珍妮玩过一个更耽于幻想的游戏，来自电影杂志为刊登的一则故事配发的一张酿酒图片，"于是她想到了我们自己酿酒的点子。我们的后院里有一个又大又旧、没人要的浴缸，我们摘来葡萄，将葡萄堆在浴缸里，然后光着脚在葡萄上踩来踩去。我们这样干了三四天，可最终只是让后院充满了腐烂的气味，根本没酿出葡萄酒！"艾达·梅后来回忆道。

1938年春天，奥利弗回来看望母亲，她们两个人一起告诉几个孩子从现在起他们必须接受父亲不只是不在家，而且已经不在人间的现实，只有这样他们才会得到足够的钱维持全家人的生计。诺玛·珍妮立即借用了这种说法，她告诉学校老师自己同亲戚们生活在一起是因为自己的双亲因为一场事故已经过世了（实际上，对她来说他们或许的确如此）。善良的女老师帕克心痛地流出了眼泪，在六年级那一年接下来的时间里，诺玛·珍妮一直受到老师格外的注意和关心。这名学生平平静静编造出的夸张故事产生了强烈的效果。

诺玛·珍妮之所以会受到其他一些因素的启发有着比较复杂的心理原因。1937年，格蕾斯两度带着她去看《王子与贫儿》中的埃罗尔·弗林和毛奇家的双胞胎（比利·毛奇与鲍比·毛奇），在1938年初她又跟表兄妹一起看了一遍这部电影。充满自信、活力十足的埃罗尔·弗林是影片的主角，在剧中光彩照人，但是一直令诺玛·珍妮着迷的是那两个一模一样的男孩。

> 后来我觉得他们[一模一样的双胞胎]其实有点可怕，不过接着我又觉得看到两个人长得一模一样很刺激，一个是假扮小乞丐的王子，另一个是假扮王子的流浪儿。*[IV]

埃罗尔·弗林令诺玛·珍妮想起了克拉克·盖博（"我跟杰克和艾达·梅说

---

* 这个故事本身比诺玛·珍妮理解的复杂一些，不过她后来说过的这些话代表着她在少女时期对这个故事的总体印象。相比于准确复述出故事的情节，她对故事的印象更为重要。

盖博是我真正的父亲,可是他们只是大笑起来"),不过她之所以对这部影片印象最深或许是因为剧中有关互换身份的虚构情节。一个面黄肌瘦、无家可归的流浪儿只是假装的而已,他实际上是一位王子,经过一番艰苦的努力之后他最终还是被认出是亨利八世的王位继承人。

诺玛·珍妮已经被意志坚定的格蕾斯·麦基·戈达德从一个工作日里住在孤儿院的灰姑娘改造成了一个每逢周六下午就会出现的公主。为了让她成为明星,格蕾斯已经对她进行过一番训练了,格蕾斯说过总有一天她会继承电影女皇珍·哈露的衣钵。现在,诺玛·珍妮又发现捏造家庭状况和生活背景可以让自己的记忆变得美好一些,有时候还可以让自己在别人眼中显得可爱一些。难怪《王子与贫儿》——一个如假包换的王室成员幻想和别人调换身份——中长相酷似的两个孩子会令她久久难忘。只要见到大英雄般的父亲(一个克拉克·盖博或者埃罗尔·弗林式的人物),一切就能恢复正常,流浪儿就会坐上君主的宝座。

考虑到这一年发生的两件事情,诺玛·珍妮对幻想的需求或许更是得到了强化。第一件事情是格蕾斯在3月去看望了诺玛·珍妮,告诉她格拉迪斯试图从诺沃克的医院逃走,因此被转移到了戒备更加森严的地方,即位于阿格纽的州立精神病院,那里距离旧金山不远。格拉迪斯企图逃出医院有着一个实实在在、可悲又颇有讽刺意味的诱因。在接到上一任丈夫马丁·爱德华·莫泰森的电话之后她变得极度不安、稀里糊涂,她一直坚信对方已经在8年前的一场摩托车车祸中身亡了。其实,这些年莫泰森一直完好无损地住在加利福尼亚,当时死去的是一个来自中西部的人,那个人与他同名、经历相仿,亲戚们误以为死者是她的丈夫,错误地向她报告了死讯。

莫泰森依然挂念着格拉迪斯,希望为她提供一些生活所需,他一直查到了诺沃克州立医院,给医院打去几个电话。还有人记得她、找到了她,这令格拉迪斯时而感到困惑,时而欣慰得几乎有些歇斯底里,她想要离开逼仄的诺沃克,去寻找自己的前夫。医院的工作人员掌握的情况是莫泰森已经于1929年逝世了,因此他们认为格拉迪斯宣称有人打电话找她以及随后试图逃离医院的表现都是重度精神分裂症导致的幻觉所诱发的,病人需要接受阿格纽那边能够提供的更复杂的治疗。这个决定立即得到了执行,此后格拉迪斯与马丁再也不曾取得过联系。*

面对母亲病情恶化的消息，诺玛·珍妮的态度似乎是听到格蕾斯宣布母亲已经过世一样。格蕾斯试图用礼物缓和这样的场面（格蕾斯的家人保存了礼物清单及费用的详细记录）：一套日光浴装、一顶新帽子、三双新鞋。那年夏天，艾达·马丁和她的三个孙儿都对眼前的景象感到震惊，他们最贫寒的亲戚诺玛·珍妮竟然拥有至少10双鞋，这些鞋全都是格蕾斯买的（费用都被记在格拉迪斯日渐减少的账户上）。

第二件事情涉及一起强奸事件，这起事件比之前"医生"戈达德粗鲁、羞辱的冒犯给诺玛·珍妮留下了更严重的创伤。在1938年6月的12岁生日到来前不久，一个表亲强迫诺玛·珍妮与他发生有些激烈的性行为。据诺玛·珍妮的密友诺曼·罗斯滕与埃莉诺·戈达德以及其他一些人所述，诺玛·珍妮遭到过"性侵犯"[v]（不过她的第一任丈夫宣称在他们结婚的时候她还保持着处女之身）。死死纠缠诺玛·珍妮的就是13岁的表哥杰克，他后来的生活无人知晓，外人只知道到了二十多岁他似乎走上父亲的老路，神秘失踪了。诺玛·珍妮知道很多人都渴望得到她，杰克的侵犯进一步证实了她对自己的判断，同时她也感觉自己受到了侮辱。毕竟，她只有11岁。正如艾达·梅记得的那样，自那以后诺玛·珍妮就对洗澡上瘾了。

仿佛是及时变成《灰姑娘》中的仙子教母一样，格蕾斯又回来为诺玛·珍妮庆祝12岁生日了。她花了11.74美元给诺玛·珍妮买了一条新裙子，又极其大方地花6美元带她去做了发型，她还精心地为她化了妆，然后便急匆匆地带着她去一位职业摄影师那里拍了一套照片。她曾解释说这是成名——也就是成长为新一代珍·哈露——的第一步。她还给了诺玛·珍妮一本用来贴照片的剪贴簿。

格蕾斯一直对诺玛·珍妮的外貌大惊小怪，痴醉于亲手打造她的未来，对这一切诺玛·珍妮更多是在被动忍受，而不是欣然接受，就连格蕾斯送来的礼物也不例外，她有充分的理由相信自己只是别人取乐的工具而已（在经历了"医

---

* 莫泰森1981年2月10日在加利福尼亚州河滨县的米拉洛玛逝世。

生"和杰克的事情之后这种想法就更加坚定了)。按照法律的规定,格蕾斯安排她住在哪里,她就只能住在那里,而且她也完全依赖于格蕾斯的资助。

没过多久,格蕾斯就宣布了另一个决定。在夏天结束的时候,她认为诺玛·珍妮应当离开马丁一家人,回到洛杉矶,这样一来她的监护对象离她更近了一些,她就能密切关注诺玛·珍妮在青春期的发育状况和即将起步的事业,而且格蕾斯还打算将她送进一所自己认可的初中。不过,诺玛·珍妮不是搬回戈达德家,她要去跟格蕾斯的姑妈住在一起。

格蕾斯的姑妈伊迪丝·安娜·艾奇逊·罗尔通常都被别人叫作"安娜",她出生于1880年1月17日,诺玛·珍妮搬去的时候她已经58岁了。1920年代,她与丈夫埃德蒙·罗尔(绰号"威尔")搞到了洛杉矶县全县各地很多座普通平房和村舍。1933年前后,他们夫妇俩离婚了,离婚后的安娜并不富裕,不过靠着离婚协议她还能有一些房租收入。("威尔"·罗尔于1935年逝世。)在大萧条时期,安娜也没能幸免于难,她的大量租户彻底放弃了住所。

1938年,戈达德夫妇就住在安娜名下的一座住宅里。这座房子位于凡奈斯的敖德萨街,他们无须缴纳房租。安娜住在自己名下的另一座房子里,房子坐落在西洛杉矶的内布拉斯加大道,有两层楼,她将一楼租了出去。由于诺玛·珍妮·贝克寄养在她家,她每个月还可以从加利福尼亚州政府那里得到30美元的补贴。(在莫泰森致电格拉迪斯的悲剧发生之后,格蕾斯在为诺玛·珍妮登记时用的都是格拉迪斯第一任丈夫的姓氏,这也是格拉迪斯自己使用最频繁的姓氏。)

诺玛·珍妮的"安娜阿姨"身材丰满,长着一头白发,就像祖母一样和蔼。她对基督科学派非常虔诚,已经达到了治疗师的级别。

后来埃莉诺·戈达德说过:"她很虔诚。"[VI]

但是并不狂热。事实上她非常理智,对其他人充满同情心也非常宽容。她看起来很严厉苛刻,一副气宇轩昂的模样,其实她的内心很容易受到别人的影响,并不是常常被外界描述成的那种很强势的老夫人。

安娜为人慷慨、性格开朗,对慈善工作的热情以及对宗教的虔诚促使她每个星期都要去林肯岗监狱一次,给犯人们朗读《圣经》。

在诺玛·珍妮的生命中,只有安娜给予过她纯粹的充满关爱之情的赞美。

她彻底改变了我的生活。她是我在世上第一个真心爱过的人,她也爱我。她是一个了不起的人。我曾经写过一首有关她的诗[早就遗失了],我把那首诗拿给别人看,他们都哭了……那首诗的标题是《我爱她》。她是唯一一个爱我并且理解我的人……她从未伤害过我,一次也没有。她做不到。她的心中只有善良,只有爱。[VII]

无论安娜多么善良,她只是诺玛·珍妮生命中不断出现的形形色色的"母亲"中最新的一位。她能够让诺玛·珍妮生活在爱的世界里,没有女儿的她将诺玛·珍妮视如己出,但有一个事实不可改变,离异的她对男人和婚姻的态度也肯定受到了离婚的影响(如同格拉迪斯、格蕾斯与艾达·马丁一样)。"婚姻和性的话题绝对不在我们的聊天范围之内。"[VIII]玛丽莲·梦露时隔多年后坦言。

诺玛·珍妮对安娜阿姨的态度矛盾得有些出奇,破裂的婚姻、优雅的离异女子形象以及她是诺玛·珍妮遇到过的最年迈监护人这个事实都令她无法成为诺玛·珍妮真正的女性密友。安娜真心信奉基督教科学派,她的信仰对诺玛·珍妮也产生了影响——无可否认,安娜是一个真诚的榜样,但是她在诺玛·珍妮的面前表现得过于热忱——这些情况无疑让她们两个人的关系变得更加复杂了。1938年8月,诺玛·珍妮发现自己出现在了当地基督教科学派的礼拜仪式中,每个星期天参加两次,工作日期间参加一次。

安娜温柔地指引着诺玛·珍妮,让她知道只有头脑中的一切才是真实的,而头脑是能够得到提升的。安娜的说教方式过于简单,诺玛·珍妮又早就开始在虚幻的电影影像、格蕾斯念念不忘将她改造成珍·哈露的计划以及她自己逐渐幻想出的生活中寻求庇护,逃离这个不安全的世界。换言之,鉴于诺玛·珍妮之前的经历和她现在作为青春期少女产生的需求,安娜的宗教观念——以及维多利亚时期清教徒式的敏感性格以及她自己的年龄(她的年龄在年轻人看来透露出一些性冷淡的意味)——并不太适合诺玛·珍妮的胃口。

1938年,基督教科学派在全美国有大约2000个组织,共计有27万左右的信徒。*由玛丽·贝克·埃迪1879年在波士顿创立的这种宗教是一套形而上的治疗理论，自创立以来信众一直以美国中上层阶级的中老年女性居多，在有着大量新教人口的国家也都有教会组织。基督教科学派的核心教义是主观唯心主义的变种，宣扬物质不是真实存在的，只有上帝（或者说是意识）是真实存在的。埃迪夫人的学说（被编写进《科学与健康暨解经之钥》一书，1891）旨在让我们人类不真实的肉体同我们真实存在的精神世界实现完美和谐的交融——我们是仿照神的形象被创造出来的，因此我们也将被培养成完美的精神存在物。

基督教科学派的教义类似于极端的诺斯替主义[1]，同时和传统的美国超验主义（超验主义起源于埃迪夫人的大本营新英格兰，并在当地蓬勃发展起来）也存在着一定的联系，这种信仰对人类可以感知到的世界怀有一种乐观的态度，认为只要通过努力和精神治疗这个世界就能够无限接近于圆满。（必须强调的是，基督教科学派从来不鼓励信徒避世，它建立和长期经营的日报《基督教科学箴言报》是美国最具影响力的期刊之一，在全世界也久负盛名，这体现了它在公共和社会生活中承担的责任。）

对于这个教派来说，虔诚的人会永远追求完善的精神世界，在那个世界里我们将战胜虚假的肉身、凡人和难免犯错的头脑。从最纯粹的角度出发，基督教科学派否认人类的感觉是真实存在的，不过它还是考虑到了人类的限度，承认人类应当在凡人的水平上努力提高自己，通过正确的思维方式完善自我。不作恶，或者忍受苦难，或者死去，因为我们只不过是病态妄想的受害者。同这一教义相关的还有概念"恶意动物磁性"[2]，邪念之所以看似真实强烈只是因为人们错误地以为它是真实存在的。高级信徒能够学会如何抵抗这种"动物磁性"产生的影响，尤其是合格的精英教师群体，这些人被称为"医生"，经过训练他们能够发现"病人"的问题，知道如何祈祷，也能够祈求上帝对病人进行治疗。

---

* 正如一位宗教学者曾经指出的那样，"围绕着基督教科学派的起源产生的争议，埃迪夫人一生各个阶段的具体情况都鲜为人知，外界难以得到总教堂（母教堂）的档案资料，这些因素都是导致这场宗教运动缺乏坚实可信的标准著作的原因。"[IX]

1 "诺斯替"一词来自希腊语，意为"知识"。诺斯替主义是早期基督教异端。
2 "动物磁性"指的动物体内假想存在的磁流体。

不仅如此，只要在心中进行正确的祷告并且时刻专注于艾迪夫人对《圣经》经文的阐释，人就能够消除罪孽、疾病和死亡带来的不和谐状况。人不应当求助于药物，而应当努力证实精神真理、拒绝错误、分清楚绝对存在和脆弱尘世之间的区别。因此，基督教科学派的标志显得非常有说服力——一柄插着一个皇冠的十字架（没有已经死去或者奄奄一息的基督形象）。荣耀压倒了苦难，苦难跟人类之间并不存在实质性的关系。

由于教义中存在一个复杂而有趣的悖论，基督教科学派不像美国基督教原教旨主义那样不属于现实世界和肉体，因此消遣活动和娱乐生活都不属于禁忌之事，这种宗教对教育也不抱有敌视情绪（医学教育除外）。诺玛·珍妮的安娜阿姨自动放弃从事其他工作的机会，因此有资格成为教会正式认定的治疗师，有权利接收病人并收取费用。

诺玛·珍妮进入了爱默生初级中学就读一年级，学校所在的塞尔比街位于西洛杉矶威尔夏大道和圣莫尼卡大道之间，入学没多久安娜阿姨的信条就遭到了挑战。就在这一年9月，诺玛·珍妮开始来月经了，在她一生中的大部分时间里这种每月一次的生理现象都令她精疲力竭，这几天里她很少能摆脱腹部绞痛的折磨。在1938年，能够缓解诺玛·珍妮剧痛的药品并非随处都找得到（无论如何，安娜阿姨也不太可能寻找这样的药品）。诺玛·珍妮在这段时期以及后来结识的朋友都记得每个月总有那么几天她会痛苦得一边满地打滚一边抽泣。从这时起直到去世，各种妇科疾病一直纠缠着她，其中包括长期存在的子宫内膜异位。此外，诺玛·珍妮的心中还产生了一个令她感到矛盾的问题——如果不存在真实的肉体，如果上帝是纯粹的善和精神，为什么还会存在这样的折磨？为什么自己的身体会欺骗自己？面对这样的问题，一个人的精神和智力水平再高也都无济于事。安娜阿姨安慰她，同她一起祷告，搂着她，"可是一点也不管用。我只能等着它自动结束"。[x]

爱默生中学的一年级有500名学生，同二年级和三年级的学生一样，他们来自洛杉矶西部各地。其中一些学生每天被专职司机从一座座深宅大院里送到学校，那些豪宅都坐落在日落大道上的富人聚居区贝莱尔，一部分学生来自洛杉矶平坦的西部地区的中产阶级家庭，还有一部分学生住在步行就可以走到学校的范围内，也就是洛杉矶比较贫穷的索泰尔区，诺玛·珍妮就属于这一类学生。

索泰尔区被称为洛杉矶市的西大门，被四条大路环绕其中，顺着东南西北的顺序分别是塞普尔韦达大道、皮科大道、邦迪大道和威尔夏大道。这个地区的人口成分十分复杂，有日本移民、很早就从东部和中西部迁居到加利福尼亚的拓荒者、近些年才从尘暴区搬来的"俄克佬"[1]，后一类人希望在大萧条期间自己能够在阳光充裕的加利福尼亚找到工作、躲避经济大萧条的重创。此外还有西班牙人和墨西哥的印第安人，以及安娜这样的老一代洛杉矶居民。

诺玛·珍妮的同班同学格拉迪斯·菲利普斯（后来成为威尔逊夫人）说过："洛杉矶是一个界限分明、阶层感清晰的社会。可悲的是，校园生活也是如此。刚一入校，学生在私下里就会因为居住的区域被分成三六九等。索泰尔区可不是一个值得你骄傲的地方。"[XI]实际上，一提到索泰尔，洛杉矶人都会会心一笑，想到一家家大型啤酒馆，那个地区有很多供工人阶级消遣的聚会场所，似乎也成了文盲和半文盲贫困人口聚居区的同名词。安娜阿姨不是文盲，没有失业，也不靠救济金生活，然而自从入校第一天起，诺玛·珍妮·贝克就被大部分同学视作"下只角的人"（格拉迪斯·菲利普斯语）。

诺玛·珍妮的课程专门针对不准备进入大学预备学校的初中一年级女孩，从大学的角度来看，这些课程很普通，她各门功课的成绩也不上不下。

1938年秋季

社会生活（历史、公民学、地理）：C；体育：B；科学：C；文秘业务：A；新闻：B

1939年春季

生命科学（基础生物学）：C；英语：B；簿记学：B；体育：C

生命科学课的任课老师梅布尔·埃拉·坎贝尔说过："她是一个很普通的学生，不过她看上去一副满不在乎的模样。她的着装令她显得跟其他女孩有些不一样。在1938年，她还没有完全发育起来。诺玛·珍妮是一个好孩子，但是一点也

---

[1] 美国南部大平原地区在20世纪30年代出现了长时间的沙尘暴天气，被称为"尘土飞扬的十年"。"俄克佬"是加利福尼亚人对当时俄克拉荷马州移民的蔑称。

第四章　1937年11月—1942年6月 | 63

不开朗，没有活力。"[XII]

玛丽莲·梦露在20年后仔细描述过当时的状况：

> 我非常安静，一些孩子常常把我叫作"耗子"。在"爱默生"的第一年，我就只有两条从孤儿院带回来的淡蓝色套裙。安娜阿姨把裙子放大了一些，因为我已经长高了，可是裙子还是不合身。我经常穿着网球鞋——花上98美分就能买到一双网球鞋——和墨西哥凉鞋，墨西哥凉鞋甚至更便宜。我肯定进不了学校最佳着装排行榜的前几名。不难想象，我当时不太受欢迎。[XIII]

面对新环境诺玛·珍妮表现得很内敛，每天都穿着同样一身孤儿院的校服令她感到难为情，在孤儿院之外的世界里她毫无与人打交道的经验，这一切令她难以交到朋友。她的同班同学罗恩·安德伍德说过："我记得那时候她穿得干干净净，但是很朴素，她还有点害羞，有点孤僻，显然也没有多少朋友。"[XIV]玛丽安·罗斯曼（后来成为扎齐夫人）也记得"她似乎总是孤零零的"。[XV]格拉迪斯·菲利普斯也同意同学们的看法："她跟任何人都不太亲近。"安娜阿姨的家里没有安装电话的事实进一步加重了诺玛·珍妮的孤独。

在诺玛·珍妮13岁生日这一天（1939年6月1日），格蕾斯带着她乘坐火车去了旧金山，格拉迪斯就住在一家医院监管的寄宿公寓里（她自愿住在那里好些年）。格拉迪斯没有暴力倾向，也不冷酷，看上去没有失去理智，也不是一副昏昏欲睡的模样。她头脑清醒，显然受到了很好的照顾，可是无论最初见到女儿还是后来一起吃午饭，她始终一言不发，直到女儿与格蕾斯准备离去她才终于开了口。她哀伤地看着女儿，平静地说道："以前，你的小脚丫那么小。"[XVI]这个生日过后，诺玛·珍妮就更是难以对女性产生亲近的感情了。

跟安娜在一起的生活鲜有刺激的时刻，这一阶段诺玛·珍妮也还没有开始任何形式的社交生活，不过至少她还能在格蕾斯阿姨的身上找到安全感。同往常一样，她又回到了那个不像家的"家"。

1939年秋天，诺玛·珍妮进入了爱默生中学二年级后，尤其是在她的体型出现变化之后，她的社交生活终于出现了变化。就像是小孩子的水彩经过阳光的暴晒一样，她对烹饪、文秘业务、基础西班牙语和数学这些课程的兴趣突然消失了。诺玛·珍妮仿佛是在这一年的夏天和秋天一下子长大成人了，在这一年快结束的时候她的身高达到了成年后的5英尺5.5英寸（1.66米）。她的身材也凸显了出来，圆滚滚的乳房突然挺了起来，在黄褐色紧身毛衣的包裹下格外突出（她没有穿胸衣，格拉迪斯·菲利普斯还说过她"在里面也没有穿短衬衣，这可是一种忌讳的穿法"）。

诺玛·珍妮没有钱买新衣服，孤儿院的蓝裙子紧紧地绷在她的屁股上，安娜阿姨已经最大限度地修改过这条裙子了。不过，诺玛·珍妮很机智，她买了一条不太贵的男式长裤，又将前开襟毛衣反着穿，彻底改变了上半身的效果（看上去更吸引人了），在那个秋天的一个星期里两度引起轰动（学校禁止女生穿裤子），结果老师将她打发回家，叫她重新换上那条紧绷绷的裙子，其实那条裙子穿在身上的效果也完全一样。因此，她不再是那个"四季豆诺玛·珍妮"了（跟"耗子"一样，也是同学们给她起的绰号）。

后来在提到那年秋天的时候，玛丽莲·梦露说过："突然之间似乎一切都豁然开朗了……" XVII

就连女生们都有些注意我了，她们心想"哼！我们得把她当回事了！"那时候我只能走路去上学，但是上学的一路上我很开心。每一个人都打着喇叭，你知道的，人们开着车去上班，挥着手，我也会冲他们挥挥手。全世界都变得友好起来了。

周围的环境不止变得友好起来，而且还对她做出了积极热烈的响应。诺玛·珍妮欣欣然地接受了突然出现在自己面前的友好氛围。从内布拉斯加大道到爱默生中学的公交车车费只有5美分，但是她更愿意走路去学校，一路上两三个甚至更多的男孩抢着帮她背书包、拎午餐袋。下午的情况也如出一辙。

格拉迪斯·菲利普斯说过："就身体而言，她比我们大多数人都发育得早一些，她也毫不害羞地展示着自己的身体。"

她的身体似乎在那件毛衣下呼之欲出。对于女生来说，涂着口红、化着妆去上学是很不寻常的事情，可是诺玛·珍妮就这么干了。一些女生认为她很不正经，其实她不是一个不正经的女孩，那些女生都只是嫉妒心在作祟罢了。她的穿着打扮一点也不下流，可是每当班里有人提到她的时候，男生都会笑起来，扬一扬眉毛，有时候你还会听到有男生咕哝着"嗯嗯嗯……！"我永远也忘不了那一幕！一夜之间，她似乎从众人之中脱颖而出了。

似乎诺玛·珍妮的童年梦想——被崇拜者包围其中——在某种程度上化为现实了。经过格蕾斯多年的调教，她知道如何利用化妆品引起外界的注意，现在她又意识到自己拥有怎样的一副身材，意识到自己散发出一种全新的表露无遗的性魅力，每天一大早她就起了床，在上学之前花上几个钟头精心修饰自己。据格拉迪斯·菲利普斯所述，到了学校后诺玛·珍妮还要在女生卫生间的镜子前待上好长时间，一遍又一遍地梳理那头淡棕色的头发，用手指仔细地拢着每一缕卷发。学校里出现了一条传言，据说每当有女生去洗手间的时候，诺玛·珍妮·贝克总是待在里面，正在为自己补妆。

诺玛·珍妮在努力摆脱令自己感到困惑的复杂难懂的过去，她在镜子前完善着自己的外貌，将一切都抛之脑后，重新塑造着那个孤立无援的弃儿，她在"遮掩"着自己的过去，将自己塑造成一个全新的女孩，就像格蕾斯经常提醒她的那样。实现这个目标的工具唾手可得，化妆品在洛杉矶比在美国其他地方种类都更加丰富，也更具有实验性，色彩也更夸张，价格也更低廉。每逢周末，好莱坞大道就满是街头小贩，他们会分发免费的新款唇膏、腮红、定妆粉、眼线膏和香水。13岁的诺玛·珍妮非常清楚自己有能力吸引别人的目光、令别人想入非非，但是她只想用干净的手段实现自己的目的，不必招致自己以前面对"医生"或者杰克时的风险。事实上，她或许只是想展示一下自己的身体，这是她拥有的唯一资本，似乎没有人把她的看法和感受太当回事，她的身体就是用来得到赞美和奖励，就像她在小时候幻想的那些崇拜者赞美奖励她一样。

正如所有同学证实的那样，诺玛·珍妮当时并不是一个美若天仙的女孩，她的头发和五官都不算出众。但是，她光彩照人，借用埃迪夫人针对截然不同的问题提出的一个概念，她散发着"动物磁性"。

需要着重指出的是，尽管在外人的眼中诺玛·珍妮显得"有点不正经"（格拉迪斯·菲利普斯所述），但是在1939年这样无遮无拦地展示性魅力并不代表她在公然宣称自己可以随随便便同别人发生性关系。她引起了外人的注意，但是她并没有对他们做出任何承诺，也没有受到他们的威胁。主动权掌握在她的手中。

在诺玛·珍妮的中学时代，性完全不像日后那样司空见惯。那个年代避孕药尚未问世，无论男人还是女人都难以搞到最便捷的避孕工具（事实上，根据1933年颁布的《纯净食品和药品法》规定，这一类避孕工具当时还属于违禁用品）。而且人们普遍对性病感到恐惧，在1939年盘尼西林之类的抗生素还没有完善到适合普通公众使用的水平。到了晚上在屋后门廊上偷偷摸摸地亲一下，把借来的轿车停在穆赫兰道（位于圣莫尼卡山上）、借着山下城市里闪烁的灯火躲在车里搂着脖子亲一会儿，这就是大部分洛杉矶青少年最出格的性体验。看到一个"令人哇哇大叫的姑娘"或者是"令人血脉偾张"的电影广告，一些中学男生或许就会想入非非，但是那年冬天大肆蔓延的烈火只存在于报道欧洲爆发战争的新闻片中。格拉迪斯·菲利普斯和其他人都还记得，学校里偶尔会出现有关某个"坏"女孩或者"野"小子的传言，但是始终未曾涉及诺玛·珍妮。

换言之，诺玛·珍妮终于实现了格蕾斯对她的期望，在1939至1940年那个学年，在爱默生初级中学就读的她渐渐地变成了一个"明星"。爱默生中学是一个庞大的没有人情味的工厂，诺玛·珍妮竭尽所能地争取着众人的注意。她有权索取安全感的那些人长期忽视她的存在，这种环境中长大的她在中学时代就已经开始了"表演"，摆出一副妖冶迷人的模样，实际上她只是一个渴望得到一些欢呼声的天真女孩。

诺玛·珍妮极度渴望取悦同学们，得到他们的爱慕甚至是尊敬（她的同班同学格拉迪斯·菲利普斯、罗恩·安德伍德与玛丽安·罗斯曼都记得她的这种渴望有多强烈）。在家里，诺玛·珍妮丝毫没有机会实现这些目标，安娜阿姨在内布拉斯加大道的住所安静、逼仄，家里没有电话，也没有接待客人的地方，她没有机会邀请同学放学后去家里喝一杯柠檬汽水，或者用格蕾斯在圣诞节送给她的"维克多"牌发条式手提留声机听一听当时大红大紫的演奏家格伦·米勒的唱片。格拉迪斯·菲利普斯说过："诺玛·珍妮真的非常友好，非常可爱，可是她看起来有些可怜，她总是为自己的出身感到害臊。"

1940年的夏天，14岁的诺玛·珍妮发育得更充分了。她把一件彩色印花衬衫穿出了许多花样：把衣摆掖在蓝色裙子里，她就能跟着安娜阿姨去参加星期天的礼拜活动；把衣摆放在裤子外面，她就能舒舒服服地坐在男生的自行车车把上；把衣摆高高地绑在腰线之上，这件衬衫又穿出了露脐装的效果。在她赶去韦斯特伍德村热门聚会场所的一路上，车流为她停滞了，人们纷纷扭头看着她。她会去韦斯特伍德村电影院对面的汤姆·康普勒汽水店，坐落在韦斯特伍德大道和威尔夏大道东南角的格雷迪夫人快餐店，以及艾伯特·希茨汉堡店，她会跟男朋友在这家汉堡店约会，他们请她喝可口可乐，然后一起在店里待上几个钟头。她还会去稍微便宜一些但是有些不太卫生的嘀嘟汽车电影院，在那里喜欢寻衅滋事的男孩不费吹灰之力就能惹出一些乱子来。*

显然诺玛·珍妮就是在1940年夏天的嘀嘟汽车电影院里初次遇见了也在爱默生中学读书的查克·莫兰。比她年长一些的查克是一个风趣、叛逆的男生，常常开着借来的轿车带女孩们去威尼斯海滩和圣莫尼卡海滩之间的海洋公园码头约会。他在男孩中间很受欢迎，是一个天生的领导者和优秀的运动员，女孩们之所以非常喜欢他是因为他长着一脸雀斑、一头红发，很善于说奉承话和甜言蜜语。在那个夏天查克最中意的女孩就是诺玛·珍妮。她身材优美，听到他的玩笑话就会哈哈大笑起来，看到他丢过来的眼色她会冲他露出笑容，同时又显得有些羞涩，在这些特点的综合作用下，查克感到难以抗拒她的魅力。当诺玛·珍妮走进一间汽水店的时候，查克会大声嚷嚷道："嗯嗯小妞来啦！"

在那个夏天，查克开着父亲那辆又旧又破的汽车带着诺玛·珍妮出去兜风，他们经常开车去码头的舞厅，手风琴师劳伦斯·威尔克率领自己的管弦乐队在舞厅里演奏着乐曲，女演员拉娜·特纳与丈夫——乐队指挥及单簧管演奏师艾特·肖——在舞池里一跳就是一整夜。后来提起在海洋公园码头度过的那个漫长炎热的夏天时，诺玛·珍妮说过：

> 我们一直跳到自己觉得跳不动的时候，然后我们就去外面喝上一瓶可口可乐，在凉爽的微风中散散步。查基（查克的昵称）让我知道他不只是想当我的舞伴。他的两只手突然间就开始乱摸一气！他的举动令我感到害怕，我庆幸自己知道该如何像他一样奋力地乱挠一气[也就是反击]，

---

* 后来，据已经成为威尔逊夫人的格拉迪斯·菲利普斯所述，"她从来不去豪华餐厅或者乡村俱乐部，因为有钱人家的男孩都不跟她约会。他们很可能也想跟她约会，因为她看上去确实很可口，只是当时她还没有做好准备"。

在孤儿院的生活[以及面对"医生"和杰克时的遭遇]教会了我。可怜的查克，最终他只是害得自己两只脚发软，还跟我打了一架。我心想，好吧，他没有资格得到更多的东西。况且，我在性的方面也不够开窍，这或许是一件好事。[XVIII]

爱默生中学的校报上曾经刊登过一篇文章（《未来一瞥》），文章预言诺玛·珍妮迟早会成为"笑容满面的贝弗利山老处女之家主席"，[XIX]这种戏言进一步证明诺玛·珍妮的确"在性的方面不够开窍"，在同学中间也没有坏名声。诺玛·珍妮并不是一个在舞会上无人问津的女孩，伦巴和康茄舞她都跳得非常好，到了毕业的时候她还"跳起了非常新潮的'纽约佬'"，这是当时加利福尼亚人刚刚开始接受的一种新式舞蹈，也是公认的舞步最复杂、节奏最徐缓的舞蹈，但是校报上的那篇报道似乎根本无视这些事实。

无论是面对警察（他们盯着他"借来的"轿车）还是学校里几名女生的家人（他常常直到黎明的时候才把女生送回家），查克都凭着自己的魅力摆脱了很多麻烦。他和诺玛·珍妮的约会在1940年9月开学时戛然而止了，诺玛·珍妮升入了初中三年级，他去了加州大学高中开始了高中一年级的生活。

在查克的全班毕业合影中，同学们一个个面带笑容、聚精会神，都在努力摆出一副足以留传给后人的庄严模样。可是查克也出现在了照片中，他冲着照相机粗鲁地竖起左手中指。查克的举动逃过了年鉴编辑的眼睛，至于学校的领导和家长们对此作何反应就只能靠外界想象了。有一点可以肯定，接下来两年里查克都给诺玛·珍妮寄去了情人节贺卡。由于行为不端，查克在入校18个月后就被开除了，消失一阵子之后他参了军。他被送到前线，过完20岁生日一个月后就牺牲了。

在1940年结束之前，诺玛·珍妮终于交到了一个同龄的朋友，"医生"戈达德的另一个女儿埃莉诺。埃莉诺当时刚刚搬到凡奈斯的阿奇伍德街，跟父亲和格蕾斯一起生活。就在这个时候，安娜阿姨的血液循环系统出现了严重障碍，此外还有其他一些心血管疾病，因此诺玛·珍妮又回到了戈达德家，跟埃莉诺成了朋友，她总是用绰号"贝贝"称呼后者。

"贝贝"只比诺玛·珍妮小6个月，这个漂亮的女孩在圣诞节前一个星期刚刚度过了14岁的生日。她也很勇敢,她也只能这么勇敢,因为她经历了一个非常恐怖的童年。只有18个月大的时候,她的父母就离婚了。她和弟弟妹妹跟母亲生活了一段时间,后来戈达德夫人的精神出现了问题,对其他人构成了威胁。多年后贝贝提起过母亲:"太可悲了,她是一个地地道道的反社会人格者,没有良知,是非不分,只要她愿意,她就能变得魅力十足、很能说服别人,转眼间她又会突然变成一副凶神恶煞的样子。"此后贝贝一次次遭到遗弃,从亲戚家被赶到陌生人那里,再从陌生人那里被赶到得克萨斯州各地的十几个寄养家庭,"贝贝"成熟起来,一边承担起照顾弟弟妹妹的责任,一边忍受着极度缺乏安全感的生活以及父亲毫不掩饰的冷漠,同时还设法保护自己不受到伤害,就这样一直熬到了1940年。

详细交代"贝贝"在童年遭遇的诸多不幸有着重要的意义,玛丽莲·梦露后来宣称的很多儿时遭遇实际上都是"贝贝"的经历。她借住过十二三个寄宿家庭,遭到过鞭打,差一点被饿死,这些都是"贝贝"的亲身经历,当她发现这些故事有助于自己博得媒体和公众的同情,她便顺手将其嫁接在自己身上。"那年冬天我告诉她的事情给她留下了难忘的印象。她非常同情我,我们很快就成了好朋友。"

两个女孩都很喜欢开玩笑,也都活力十足。她们个头一样,体重一样,头发的颜色也一样,她们互换衣服和化妆品,格蕾斯也随时注意在化妆方面给她们提供一些建议。据"贝贝"所述,诺玛·珍妮有生以来第一次开始无拘无束地搞恶作剧,也学会了开怀大笑:"大家都非常喜欢她,她也特别能逗乐子。"

诺玛·珍妮在爱默生初级中学一直读完了初三,最终于1941年6月毕业了。她的西班牙语、社会生活、科学和体育这几门课的毕业成绩很一般,修辞和口语课差一点不及格。她常常担心自己显得笨嘴拙舌,引起同学们的反感,这种担心促使她总是保持着沉默。但是在克兰小姐教授的新闻课上,她显示出了惊人的天赋和幽默感。"诺玛·珍妮·贝克"这个名字频频出现在那一年的校报《爱默生人》上,她经常为"特写"专栏投稿。考虑到她日后获得的成功(尤其是在某一部影片中),有一件有趣的事情值得注意,她曾为校报撰写了下面这则短短的报道:

经过对500多份调查问卷的列表分析，我们发现有53%的男性倾向于将金发女子当作梦中情人。40%的男性喜欢蓝眼睛、深褐色头发的女性，将近7%的男性表示如果被放逐到沙漠上自己希望能跟红头发的女性待在一起……普遍观点认为完美女孩应该有着蜜金色的头发、深蓝色的眼睛、优美的身材、古典的五官、完美的性格，并且头脑聪明、体格健壮（但是依然不乏阴柔之美），她还应当是一个忠诚的朋友。好吧，我们尽可以继续幻想下去。[XX]

实际上，诺玛·珍妮就是在描述自己，至少基本上是按照自己的模样描述的，此外还添加了一些自己渴望拥有的优点。

其中一项优点就是更出色的谈吐。诺玛·珍妮越来越受欢迎，她也越来越清楚自己拥有怎样的魅力，但是她始终没能克服缺乏自信的问题。通过她那段时期在修辞和口语课上非常糟糕的表现就可以看出她有多么不自信，她的老师斯图普司甚至对她在公开场合讲话时表现出的羞涩和焦虑感到很头疼。老师不断进行诱导，学生却越来越缄默，这种状况造成了一个不幸的结果，诺玛·珍妮从此出现了持续一生的口吃问题。作为校报编写队伍中的一员，班里曾邀请她担任班干部，"那我就得说'上次开……开……开……开会的纪……纪……纪……纪要'——太差劲了"。[XXI]

诺玛·珍妮能够最大限度地利用自己极其有限的几件衣服，同样她也在同别人交往的过程中将轻微的口吃问题转变成了自己的优势。在1941年6月的班级字母表中出现了少数几名学生的名字，她的名字也在其中："'A'代表雄心：约翰·赫福德……'G'代表魅力：南希·穆恩……'R'代表激进：唐·鲍尔……'V'代表活泼：玛丽·珍·博伊德……"在机智的诺玛·珍妮的坚持下，有关她的条目被写成了"嗯－嗯－嗯：诺玛·珍妮·贝克"。[XXII]无论是在校内还是校外，她都是让别人看得目瞪口呆只顾得上"嗯嗯"的漂亮女孩。她充分利用了自己的口吃问题，将其巧妙地同男生在她面前只会喃喃自语完全忘了说什么的那副形象联系起来。她一直是一个脆弱、警觉、羞涩的孩子，但是她又很机灵，完全能将自己的缺陷转变成自己的优势。

诺玛·珍妮在凡奈斯高中度过了高一的第一个学期（她于1941年9月升入高一），相比位于西洛杉矶的加州大学高中，凡奈斯高中距离戈达德的家更近一些。她这个学期的成绩甚至还不如在爱默生中学时,她难以把心思放在功课上,一个英俊少年分散了她的注意力。这个男孩名叫詹姆斯·多尔蒂,身高5英尺10英寸(1.78米),长着一头棕色的头发和一双蓝眼睛,还留着一撇很随意的小胡子,他们一家住在戈达德家前面的那座房子里,紧邻着凡奈斯的阿奇伍德街。

詹姆斯于1921年4月12日出生在洛杉矶,20岁时他有着同查克·莫兰截然不同的名声。他是家里5个孩子中最年幼的一个,大萧条期间全家人过着艰难的生活,在父母有钱租下一座小平房之前他就住在凡奈斯的一座帐篷里,靠帮别人采摘水果赚钱,每天都要干上很长时间的活。在凡奈斯高中,詹姆斯参加戏剧表演,是橄榄球队里的明星,还成功当选为学生会主席。他还抽出时间打了几份零工,擦鞋、在一家熟食店里做三明治、在当地的一所停尸房里帮忙,以补贴家用,直到高中毕业后他仍旧做着这些工作。为了帮助母亲和哥哥姐姐,他推迟了靠橄榄球奖学金进入大学就读的机会。

1941年的下半年,詹姆斯开始在洛克希德航空公司上班,他开着一辆时髦的蓝色"福特"跑车,同时在跟几个女孩子约会,其实他只对一个名叫多丽丝·德雷南的女孩动了真心,直到对方甩了他,多丽丝告诉他:"你养不起我。"[XXIII]那一年遇到诺玛·珍妮的时候,詹姆斯还在航空公司里上夜班(他的同事里有一个肌肉发达、眼皮下垂的小伙子,名叫罗伯特·米彻姆[1]),住得离凡奈斯高中很近,因此他的母亲艾塞尔和朋友格蕾斯请他开车送诺玛·珍妮和"贝贝"去上学。现在她们上学的路比以前远了,因为10月时戈达德一家搬到了敖德萨街,住进了安娜·罗尔名下的另一座小房子。就在这一年,"贝贝"染上了重病,无法去上学,后来詹姆斯还记得当时坐在车里诺玛·珍妮似乎每天都会趁机"凑得跟我更近一些"。

对于诺玛·珍妮来说,詹姆斯是"一个理想人选"[XXIV](正如她后来说过的那样),最重要的是他留着那撇小胡子(据詹姆斯所述,"她被那两撇胡子给迷住

---

[1] 罗伯特·米彻姆(1917—1997),美国电影演员、导演,以主演黑色电影著称。1999年,他被美国电影学会选为百年来最伟大的男演员第23名。

了"XXV），实际上那撇胡子肯定令她想起了格拉迪斯那位神秘的男朋友，或者克拉克·盖博和埃罗尔·弗林，那撇胡子令詹姆斯看上去显得大了一些，也显得很出众。一天下午放学回到家，诺玛·珍妮意味深长地对"贝贝"说："多棒的老爸啊！"XXVI

至于詹姆斯，他说过："我注意到她是一个漂亮的小姑娘，她觉得我穿着白衬衫的时候显得很温柔善良，但是对我来说她只是一个小孩子，我们相差五岁，这个差距可不小。"XXVII詹姆斯愿意当诺玛·珍妮的专职司机，受着她的崇拜，但是认真交往似乎完全不在他的考虑范围之内。

詹姆斯、他的母亲艾塞尔和诺玛·珍妮都对格蕾斯缺乏充分的认识，后者现在扮演起了扬克斯的媒婆多莉·加拉赫·列维[1]的角色。只要她那双警觉的眼睛看到出了名的"明星"，她立即就会采取行动，詹姆斯后来才意识到她"通过巧妙安排，让我注意到了诺玛·珍妮的存在"。XXVIII就在珍珠港事件震惊了美国，美国随即急匆匆加入世界大战几天后，格蕾斯问艾塞尔她的儿子詹姆斯是否愿意送诺玛·珍妮去阿代尔精密仪器制造公司参加圣诞舞会，也就是"医生"戈达德的工作单位。詹姆斯答应了格蕾斯的请求，后来他说过自己之所以这么做是因为诺玛·珍妮的崇拜令他感到飘飘然，同时也是因为他和多丽丝·德雷南的爱情在两个现实问题——她搬到了圣芭芭拉，他养不起她——面前变得不堪一击。

这场圣诞舞会在诺玛·珍妮与詹姆斯·多尔蒂的交往中起到了至关重要的作用。在缓慢的舞步中，诺玛·珍妮靠在詹姆斯的身上（根据詹姆斯后来的回忆），"贴得非常近，双眼紧闭，甚至格蕾斯和'医生'都看得到我不只是所谓的'好邻居'了。我跟这个小姑娘玩得很开心，她显得不那么小了，感觉也没有那么小了"。XXIX

格蕾斯一心想要加速诺玛·珍妮长大成人的脚步，她开始推动诺玛·珍妮与詹姆斯的交往。她掏钱让诺玛·珍妮和詹姆斯去电影院看电影，她建议他们去好莱坞山上远足。他们在波普韦卢湖上泛舟，有时候开车去北边的文图拉县，去

---

[1] 多莉·加拉赫·列维是桑顿·怀尔德1938年创作的闹剧《扬克斯的商人》中的主人公。

看望詹姆斯的姐姐艾尔达,然后开车去舍伍德湖。格蕾斯会为他们准备外出郊游的午餐,在化妆品以及格蕾斯的朋友艾塞尔的帮助下,詹姆斯欣然地接受了诺玛·珍妮,同这个美丽、随和、对他充满爱慕之情的小姑娘享受着周末时光。

到了晚上,这对情侣经常把车开到位于圣莫尼卡山山顶的穆赫兰道。后来他们两个人都表示那个时候他们的亲热行为很纯洁,詹姆斯简明扼要地说过:"她非常克制。"XXX他们聊着战争和学校的事情,诺玛·珍妮开诚布公地告诉詹姆斯自己是一个私生子,这个事实没有唤起詹姆斯对她的怜悯,也没有令他对她感到反感。他将她拉了过去,她的脑袋枕在他的肩头,车里的广播在吱嘎作响的电流声中播放着当时的热门歌曲:《不要坐在苹果树下》《古老的黑魔法》《月光变成了你》。诺玛·珍妮最喜欢听的是后来成为一代巨星的歌手法兰克·辛纳屈低声吟唱的《我再也不会恋爱了》和《日日夜夜》。詹姆斯说过跟诺玛·珍妮在一起"特别开心",她的身体比大多数15岁的女孩都成熟(而且还被打扮成一副聪明伶俐、充满青春气息的模样),她似乎很信任詹姆斯的能力,詹姆斯做的所有事情都令她崇拜。这样的关注令詹姆斯受宠若惊。

1942年伊始,阿代尔精密仪器制造公司宣布"医生"戈达德将被调职到西弗吉尼亚分厂,担任东海岸销售主管。多年后"贝贝"说过:"说实话,他一直在瞎混,想当演员,修理各种东西,最终他终于意识到自己得安定下来了。他是一个糟糕透顶的销售员,不过最终他还是得到了很大的提拔,有了一份稳定的工作。"格蕾斯与"贝贝"将陪着"医生"戈达德一道前往西弗吉尼亚州,他们没有钱继续将诺玛·珍妮留在身边。一天早上,格蕾斯面不改色地将这个消息告诉了诺玛·珍妮,到最后她又说自己正在"努力[为诺玛·珍妮]创造美好生活"。

无论格蕾斯有着怎样的小计划,这个消息都令诺玛·珍妮感到极度震惊,她立即意识到自己再一次被当作了可以被丢掉的商品。正如詹姆斯·多尔蒂证实的那样:

> 从那一刻起她对格蕾斯的尊敬出现了变化。在她看来似乎自己又被抛弃了,她将被丢到又一个寄养家庭去……格蕾斯曾经跟诺玛·珍妮说过她再也不会没有安全感了,可是现在这个可怜的女孩觉得格蕾斯食言了。XXXI

没过多久,也就是1月末又发生了一件相关的事情。安娜阿姨的身体有些好转，高一第二学期开始了，戈达德一家人开始准备搬家了。诺玛·珍妮回到了内布拉斯加大道的安娜阿姨家，同时转到了大学高中就读。大学高中坐落在韦斯盖特街和得克萨斯街的交接处，教学楼是一栋漂亮的西班牙式大楼。2月和3月里（在格蕾斯与艾塞尔不断的鼓励下），詹姆斯继续同诺玛·珍妮保持着约会，开车慢慢行驶在连通洛杉矶盆地和圣费尔南多谷的塞普尔韦达通道上，或者穿过连接山谷和洛杉矶西区的蜿蜒峡谷（洛杉矶高速公路当时甚至还没有出现在市政规划中）。

年仅15岁、四处漂泊的弃儿诺玛·珍妮十分需要詹姆斯的关怀。她没有自我意识，没有跟父母共同生活的经历，没有情感上的避风港永远等待着她，除了学校、超过心理发育速度的身体发育之外，她的生活中缺少正常青少年生活中的各种要素。

在大学高中，班里的一些同学注意到诺玛·珍妮的性格出现了变化。据汤姆·石井所述，"她很吵闹。嗓门很大，有人都以为她疯了"。[XXXII]受到一个年龄比她大的英俊男人的热烈关注自然而然地会让她的自尊心得到满足，对她在1942年春天的生活有所了解的人都不会对这一点感到惊讶。在准备面对戈达德一家离去（这也意味着她的新朋友"贝贝"要离开她了）的时候，她被剥夺了正常感情的过去和前途未卜的现在都促使她对詹姆斯产生了依恋之情。到了3月，诺玛·珍妮显然不可能长期寄宿在内布拉斯加大道了，安娜阿姨再次因为心脏的问题病倒了，这令她的境况变得更加复杂。

接着，一切就发生了。问题不是詹姆斯或者诺玛·珍妮提出的，甚至跟格蕾斯也没有直接的关系，她非常狡猾，不会主动提出这个问题。

艾塞尔·多尔蒂直截了当地向儿子提出了建议："戈达德一家就要搬到西弗吉尼亚去了，但是他们不会带上诺玛·珍妮。她也没法跟罗尔夫人住在一起，这就是说她要回到孤儿院去了，在那里一直待到18岁。"

"继续说。"詹姆斯说。

"格蕾斯想知道你是否有意娶她。到了6月她就满16岁了。"[XXXIII]——这是加州的合法婚龄。

后来，詹姆斯说过："片刻间我只想到16岁对我来说还是太小了。当时我根本没有考虑过跟她结婚的事情。如果……我就不会同意了，可我还是同意了，不久后我就要去服兵役了，我想她可以跟我母亲住在一起。当然，我觉得她是一个可爱的姑娘，跟她在一起很有趣。除此以外我就没有更多的想法了。诺玛·珍妮也同意了这个提议。"

但是，诺玛·珍妮之所以同意这个提议只是因为她别无选择，正如她后来说过的那样，她愿意嫁给詹姆斯，"这样她就用不着回到孤儿院了"。[XXXIV]3月中旬，就在戈达德一家离开加利福尼亚前往西弗吉尼亚两天后，诺玛·珍妮告诉老师和同学们自己要退学，而且到6月就要结婚了，这个消息震惊了老师和同学们。从这一天起，她就再也没有在班里出现过，她的正规教育在高中二年级上到一半的时候便结束了。后来她一直对半途而废的教育经历耿耿于怀，担心自己低人一等，其他人非常乐于利用这种自我认知。

如果说格蕾斯与艾塞尔的动机是出于一种精明的考虑，外界对她们的判断未免过于苛刻，不过她们对诺玛·珍妮的摆布也不可能轻易得到谅解。她们很有说服力地灌输给诺玛·珍妮一个危险的念头——她的自由和生计都同她是否愿意跟一个男人一起过日子息息相关。从某种意义上而言，戈达德一家搬去西弗吉尼亚以及即将到来的婚姻都为格蕾斯一直念念不忘的梦想——将诺玛·珍妮改造成珍·哈露——提供了一模一样的元素。珍·哈露就是在16岁那一年退学，同来自上流社会、年仅21岁的查尔斯·麦格鲁结了婚。珍·哈露就是格蕾斯为诺玛·珍妮设想的形象，她正是参照这位过世巨星的形象培养着诺玛·珍妮。

多年后，玛丽莲·梦露说过："格蕾斯·麦基为我安排了一门婚事。我从来都没有选择。对于这件事情我没什么可说的。他们无法抚养我，他们得另想办法。所以我就结婚了。"她还说后来这件事情"就像一场从未发生过的梦一样。这场婚姻并不美满，跟珍·哈露的情况一样。我想我们俩都太年轻了"。[XXXV]

格蕾斯不断煽风点火，也完全无视诺玛·珍妮的年龄，一门心思扑在牵线搭桥的事情上，但是这对情侣真的太年轻了。据詹姆斯所述，格蕾斯甚至全然无视少女的童贞。一天下午，他、他的母亲、诺玛·珍妮与格蕾斯慢悠悠地喝着可口可乐，突然诺玛·珍妮吞吞吐吐地提了一个问题，跟詹姆斯结婚后可不可以"不发生性关系"。[XXXVI]这个问题并不那么天真，诺玛·珍妮很有可能是故意提出这个问题，试图迫使所有人重新考虑一下近在眼前的婚姻。格蕾斯突然开口了,她说:"别担心。你会学会的。"如果诺玛·珍妮是对代数考试表示担心的话,她的回答大概也没有什么不同。*

诺玛·珍妮不只是对性生活的问题感到犹豫,多年后她一针见血地指出,"毕竟直到那个时候我还从来没有见到过一门美满的婚姻"。她说得没错,黛拉、格拉迪斯、安娜、格蕾斯、艾达、奥利弗只是让她见识到了一场又一场失败的婚姻和一位又一位反复无常的丈夫。

至于詹姆斯,他"努力让她觉得她值得拥有所有人的尊敬和喜爱。为了这个目标,我或许一直在破坏我和她的未来"。他带着她去商店挑选戒指,但是他忘了向她求婚,不过求婚也只是走走形式而已,因为别人已经为她做了决定。诺玛·珍妮有些心不在焉地接受了詹姆斯的戒指。演员和剧本都已经准备就绪,"演出"的日子也定下来了。

1942年6月1日,诺玛·珍妮年满16岁了。接下来的那个星期天,她与詹姆斯在谢尔曼奥克斯区找到了一座只有一个房间的平房——维斯塔德蒙特4524号。房子很小,不过他们还是同意签订6个月的租约,房东提出可以给他们配一张新的"墨菲床"(一种折叠床),他们可以轻轻松松地将床收回到壁橱里,扩大房间里的活动空间。婚礼之前,他们就将自己不多的一些物品搬了进去。

婚礼最后的筹备工作存在一些矛盾之处以及对事实的回避,这些问题似乎无关痛痒,但是显示出这门婚事充满了不稳定的因素。婚礼请柬是以"安娜·罗尔小姐"的名义发出去的,新娘是"外甥女诺玛·珍妮·贝克",但是在结婚证上新娘的签名是"诺玛·珍妮·莫泰森"。证件上她的父母分别是"E.莫泰森,出生地点不详"和"门罗,出生于俄勒冈州",她只写了母亲的姓氏,没有交代她的名字。新娘的所有亲戚甚至戈达德一家都没有一个人参加婚礼,格拉迪斯也同样没有露面。博朗代夫妇说他们会开车从霍索恩赶过去,但是他们对这场婚礼

---

* 诺玛·珍妮向安娜·罗尔问过一次有关性爱的问题,后者只是给了她一本老掉牙的指南。《每一位年轻女士应当知道的婚姻知识》这本书含糊其词,其中提到的最棘手问题是有关熨烫男人衬衫的事情。

和举办婚礼的场所都不太认可。

1942年6月19日，星期五，晚上8∶30，婚礼在西洛杉矶南本特利大道432号举行，房子的主人是格蕾斯的朋友切斯特·豪厄尔夫妇，主持婚礼的是非宗派教会（独立教会）的牧师本杰明·林根费尔德。一切都有些离奇，有些临时凑合的感觉。诺玛·珍妮在大学高中时认识但是并不相熟的一个女孩做了她的首席伴娘，詹姆斯的哥哥马里恩是伴郎，詹姆斯的外甥韦斯利捧着天鹅绒垫子，垫子上放着戒指。新郎后来说过新娘"喜欢前厅里的旋转楼梯，就像电影里演的那种楼梯。可是她摇晃得差点都站不住了"。[xxxvii]詹姆斯的脚下也有些不稳当，"感觉有些不在状态，因为赶到婚礼现场之前我的哥哥给了我两小杯威士忌"。

他们在附近一家餐馆举办了一场朴素的宴席，在宴席上一名正在为另一场婚礼助兴的舞女将詹姆斯强行拽到了临时搭建的舞台上。回到自己的桌子旁边，詹姆斯发现新娘"不太高兴。她觉得我在出洋相。我的确是在出洋相"。凌晨4点左右，新婚夫妇终于回到了位于谢尔曼奥克斯区的新家。

在里里外外的所有事情中，在婚礼当天的所有苦差事和紧张气氛中，詹姆斯对一个细节记得格外清楚，他的新娘"整整一个下午都抓着我的胳膊不松手，即使这样她看我的目光仍然像是担心自己一走出房间我就会消失似的"。[xxxviii]

注　释

Ⅰ 奥利弗·布鲁宁斯·门罗，申请书434981号，按照《加利福尼亚州福利和机构法》第1570—1673条提交给加利福尼亚州。

Ⅱ 艾达·梅·门罗·马谢洛向罗伊·特纳讲述，1984。

Ⅲ MG2 Ⅱ, 4, p.34。

Ⅳ MG2 Ⅺ, 4, 没有页码。

Ⅴ 萨姆·肖，诺曼·罗斯滕，《玛丽莲在朋友中间》（伦敦：布鲁姆斯伯里出版社，1987），p.95。

Ⅵ 埃莉诺·戈达德向唐纳德·斯波托讲述，1992年2月21日。

Ⅶ 引自佐洛托的著作，p.34。

VIII MG2 VI，2，p.40。

IX 布赖恩·罗纳德·威尔逊，"基督教科学派"，《大英百科全书》（第15版，1983）第4卷，p.564；威尔逊针对这个话题进行过专门的论述，"基督教科学派的起源——一项调查"，《希伯特学刊》，第57卷（1959）：161—170。

X MG2 VIII，3，p.46。

XI 格拉迪斯·菲利普斯·威尔逊向唐纳德·斯波托讲述，1992年2月14日。

XII 梅布尔·埃拉·坎贝尔，见沃尔珀，《传奇》。

XIII MG2 VI，3，p.3。

XIV 罗恩·安德伍德向罗伊·特纳讲述，1986年12月2日。

XV 玛丽安·罗斯曼·扎齐向罗伊·特纳讲述，1986年12月16日。

XVI 玛丽莲·梦露写给本·赫克特的笔记，3。

XVII 引自《生活》上的文章，p.33。

XVIII MG2 XII，4，p.37。

XIX 《爱默生人》，第5卷，第15期（1941年6月20日），没有页码。

XX "你最喜欢哪种类型的女孩？"，《爱默生人》，第5卷，第15期（1941年6月20日），没有页码。

XXI 频频提起此事，例如，贝尔蒙特，p.15。

XXII 《爱默生人》，如上。

XXIII 詹姆斯·多尔蒂，《玛丽莲·梦露的秘密幸福》（芝加哥：花花公子出版社，1976），p.18。

XXIV MG2 XII，61，没有页码。

XXV 引自罗伯特·海尔布隆纳撰写的《玛丽莲·梦露》一文，《时尚》，第134卷，第5期（1953年5月）：42。

XXVI 引自埃莉诺·戈达德对唐纳德·斯波托的讲述；类似的话在MG XII，61中也出现了。

XXVII 詹姆斯·多尔蒂，为《电影故事》接受的采访，这部分内容未经编辑、也没有发表，以转写本的形式被保存了下来，简·威尔基文献（在下文中以"JWP1"指代），pp.1—2。

XXVIII 同上，pp.19-20。

XXIX 同上，p.22。

XXX 同上，p.24。

XXXI 詹姆斯·多尔蒂向唐纳德·斯波托讲述，1992年6月20日。

XXXII 汤姆·石井向罗伊·特纳讲述，1985。

XXXIII 这段对话摘自JWP1，p.2；参见沃尔珀，《传奇》。

XXXIV 伊利亚·卡赞，《一生》（纽约：克诺夫出版，1988），p.404。

XXXV 贝尔蒙特，p.16。
XXXVI JWP1，p.2。
XXXVII 同上，p.9。
XXXVIII 多尔蒂，p.30。

第五章 1942年6月—1945年11月

提到自己的婚姻时詹姆斯·多尔蒂说过:"我是船长,我妻子就是大副。"*因此,他的妻子应当"满足于待在甲板上、让我来掌舵的生活"。然而,缺乏安全感、还保持着处子之身的诺玛·珍妮与充满自信、已经有过性经验的詹姆斯之间的包办婚姻从一开始就时不时地出现了一些哗变的迹象,到最后"大副"还是彻底弃船而去了。

时隔很久之后,"船长"的两本日志出现在世人面前。这两份资料里的内容经过了一番选择,有失公允,资料的确澄清了很多事情的先后顺序,交代了两个人之间的隐私细节,但同时又夹杂了大量临时编造的对话以及捏造的事情。这是一段从启程第一天起就径直驶向毁灭的航行,多年来"船长"的两本日志一直是唯一可用的航海图,直到人们发现了"船长"和"大副"留下的记录,两人针对这段旅程所做的描述截然不同。[I]

詹姆斯·多尔蒂在公开场合一直宣称"我们的婚姻不存在任何问题……直到我想要孩子而她想要事业的时候"。[II]这种公开的评价反映出詹姆斯在婚姻问题上的传统观点,即婚姻应该由男人主导,同时也反映出他试图为玛丽莲·梦露三段短命婚姻中的第一段赋予一层乐观色彩。后来接受采访时他由衷地对这段婚姻

---

* 两份公之于世的记录包括一篇长达13页的文章,即发表于《电影故事》1953年3月号上的《玛丽莲·梦露是我的妻子》(pp.47—85),以及后来出版的一本142页的书,《玛丽莲·梦露的秘密幸福》(花花公子出版社,芝加哥,1976),这本书是对之前那篇文章进行扩展的产物。此外还有以詹姆斯·多尔蒂的姐姐艾尔达·纳尔逊的名义发表的一篇文章,《当代银幕》1952年12月号上的《玛丽莲·梦露的真实生活》。据她的弟弟所述,这篇由他人代笔的文章基于他讲述的一些轶闻并经过了杂志编辑们夸大其词的"润色"。

中比较棘手的一些方面发表了一些见解，但是这些话在文章发表之前都被删去了。"在这个世上，我无论如何也不会再和另一位电影女演员结婚了。她的脑子里只惦记着一件事情——成为明星——为了这个目标她可以放弃一切。我想她之所以会这样跟格蕾斯有很大的关系。"[III]

诺玛·珍妮后来说过："我的婚姻不令我感到难过，也不令我感到开心。我丈夫和我说不了几句话，这倒不是因为我们都有怨气，只是因为我们没有什么可说的。我都要无聊死了。"[IV]

从1942年6月到12月的这6个月里，多尔蒂夫妇一直住在那套只有一个房间的出租屋里。在这座房子里，16岁的诺玛·珍妮努力追求着一个不现实的目标，给一个21岁的自立的男人当称职的家庭主妇。她很少提出问题，完全接受了性伴侣和主妇的角色，这是格蕾斯为她安排的身份，也是詹姆斯所期望的。但是，这种生活似乎同格蕾斯早些年为她设计的身份——珍·哈露的替代品——背道而驰，人生前途的改变令她感到困惑。后来她说过："当时我完全不清楚自己身在何处，也不知道自己应该做什么。"[V]

后来，詹姆斯也坦言道：

> 她太敏感了，也太缺乏安全感了，我意识到自己还没有做好面对她的准备。我知道她太年轻了，她的内心很容易受伤。每一次告别时我要是不亲她的话，她就会认为我在生她的气。发生争执的时候——这是情况很多——我总是说："你给我闭嘴！"然后就睡在了沙发椅上。一个钟头后醒来的时候，我就看到她睡在我的旁边或者坐在旁边的地板上。她很宽容，她这一辈子从来不会记仇。我以为我知道她想要什么，其实我从来都猜不对她的心思。她似乎在演戏，在为我想象不到的未来进行排练。[VI]

这段话出现在了1952年的采访记录中，但是发表于1953年的文章《玛丽莲·梦露是我的妻子》没有采用这段话。这对夫妻在心理上存在本质的差异，詹姆斯的这段肺腑之言为外界了解导致他们分手的心理差异提供了线索，同时也对詹姆斯在后来出版的那本薄薄的小册子里巧妙但是不太诚实地描绘出的一位讨人喜欢、无忧无虑、激情四射的年轻新娘起到了重要的修正作用。

首先，詹姆斯一度意识到自己更像是诺玛·珍妮的父亲和保护者，而不是丈夫。"她管我叫'老爹'。她为我上班时准备的午餐袋里总是有一张字条，'最亲爱的老爹：当你读到这张字条时，我正在睡觉，正在梦到你。爱你，吻你，你的宝贝。'"[VII]

詹姆斯是一个爱交际的人，有很多朋友，喜欢游戏，喜欢外出，他觉得在舞场里或者聚会中跟漂亮女孩打情骂俏是无伤大雅、合情合理的事情。然而，诺玛·珍妮没有朋友，也几乎没有多少社交技巧，还总是担心在公共场合里自己的表现会将两个人都置于尴尬的境地。只要詹姆斯对其他女人有所注意，她就感到嫉妒、愤怒，担心自己被抛弃。詹姆斯更希望把一部分收入存起来，诺玛·珍妮却没完没了地管他要钱，花起钱来大手大脚，尤其是购买送给他的礼物时，如昂贵的"凡戴克"香烟或者新衬衫，仿佛她能够用他的薪水收买到他的忠诚似的。

那年夏天，他们在感情方面最关键的差异在结婚后不久就凸显了出来。自从10年前心爱的小狗蒂皮被邻居开枪打死之后，诺玛·珍妮就一直对虐待动物的事情极其敏感。埃莉诺·戈达德说过："她热爱所有动物，看到流浪的动物就试图将它们带回去。"[VIII]正如格蕾斯曾经指出的那样，珍·哈露也是如此，在一生中她养过一大群狗、猫和鸭子。一天晚上，詹姆斯带着一只死兔子回老家，打算给兔子剥了皮，诺玛·珍妮无法忍受那一幕，她几乎有些歇斯底里了。一想到要吃了这只可怜的小动物，她就感到一种难以言表的排斥。

提起这件事情时詹姆斯曾不满地表示"她都没有能力给爱人做顿饭"。[IX]诺玛·珍妮不太会做饭，也没有做好应付普通家务劳动的心理准备，她一直处在焦虑的状态中，非常害怕自己令丈夫感到不满，这样自己有可能就会被打发走——被打发到哪里去，她不知道。因此在结婚那天她固执地紧紧拉着他的胳膊也就不令人惊讶了。

所以她很容易在厨房里做错事：给滤煮好的咖啡里加了很多盐；给丈夫端上没有稀释的威士忌——装在12盎司（将近355毫升）的玻璃杯里；家里总是有吃不完的豌豆拌胡萝卜，因为有人曾经告诉她应当注意食物的色彩搭配；星期天丈夫带着钓上来的鱼回家时，她不知道该如何将鱼做熟。有一次，由于疏忽诺玛·珍妮将一条尚未烹制的鳟鱼端上了饭桌，丈夫小声挖苦道："你偶尔也应该做做饭吧。"[X]丈夫的埋怨促使她眼泪汪汪地回答道："你这个畜性。"随即两个人激烈地争吵了起来,到最后詹姆斯将她推到了冷水淋浴头下。"我出去溜达了一会儿,回来时她已经冷静下来了。"这样的待遇自然令诺玛·珍妮愈加感到自己的无能,也令她更加担心自己会被丈夫抛弃。

至于他们的私生活,詹姆斯常常在公开场合兴高采烈地谈论着这个话题:"我们的生活非常浪漫,性生活和其他方面都是如此。"[XI]同这种表现相吻合的是,外界认为正是他将诺玛·珍妮描述成了一个欲壑难填的小妖精,后者坐在车里的时候也会突然冲着他喊道:"停在这儿!就停在这儿!"[XII]随时随地需要性交的她为"自体性行为"(即手淫)这个词赋予了新的内涵。在詹姆斯为撰写回忆录所准备的比较谨慎的笔记中看不到类似的小故事,这种故事是花花公子出版社充满想象力的编辑们一手捏造的,他们一心想要为后来的通俗小报提供一个永远性感的玛丽莲·梦露。

更重要的是,詹姆斯的这种说法同玛丽莲·梦露在私下里向朋友们透露的说法截然不同。她曾经告诉导演伊利亚·卡赞[1]"无论吉姆(詹姆斯的昵称)对我做什么,我都不喜欢,除了他亲我这里的时候",[XIII]她一边说,一边轻轻地摸了一下自己的乳房。在得到满足后,詹姆斯基本上都会睡过去,一肚子委屈、满心困惑的她却久久无法入睡。她曾坦率地向其他朋友讲述自己同詹姆斯的婚姻,这些质朴但是经过了深思熟虑的回忆不是为了自我辩解,更不是为了报复:

> 当然,我对性了解得不多。就这么说吧,对我来说似乎有些事情就是比其他事情更自然一些。我只想讨好他,一开始我发现这种事情有些奇怪。我不知道自己做得究竟对不对。过了一阵子,婚姻本身就令我感到索然无味了。[XIV]

可以肯定的是,詹姆斯绝对不是一个冷酷无情的人,但是怀着青春的热血、具有大男子主义和独立精神的他或许同样也没有做好准备,无法面对婚姻提出的要求。正如他在比较坦诚的时候说过的那样:

> 我常常待在外面,跟兄弟们打撞球,一打就打很久,这种做法伤了她

---

[1] 伊利亚·卡赞(1909—2003),出生于土耳其的美国著名导演及编剧,作品有《君子协定》《欲望号街车》等。

的心。我知道自己不应该那么做。把她一个人留在家里的话,她就很容易哭起来,也许我这么干的次数太多了。[XV]

在婚后的头一年里,跟"老爹"在一起的生活完全没有让诺玛·珍妮获得安全感,婚后不久她就意识到从关键性的角度而言自己同这个男人的新关系令她熟悉——她再一次感到自己是一个无足轻重的人。

詹姆斯在私下里说过:"她的心态绝对超乎同龄人。由于艰难的生活,她的思想比我的成熟。"[XVI]但是考虑到詹姆斯对婚姻(尤其是对这段婚姻)的总体态度,他或许怨恨诺玛·珍妮的成熟,因此他逐渐疏远了她,有时候在无意间还会表现得很无情。在他看来,他们的结合是为了帮助一个温柔迷人的女孩——这种想法对他来说"很迷人"。[XVII]他们的结合也是一种表示,他能够给这个女孩一个家,他去前线打仗的时候,这个女孩可以跟他的母亲住在一起。

无论多么纯洁甚至是仁慈,这些想法也都不是促成婚姻的最佳动机,在婚姻这样的承诺面前,他显然也是一个过于感情用事、乳臭未干的孩子。他们两个人似乎都意识到了这些复杂的问题,因为他们在一个至关重要的问题上达成了一致意见而且态度非常坚定——不要孩子。不管怎样,诺玛·珍妮自己几乎还是一个孩子,她"一想到怀孕就感到恐惧……我们家族的女人只要当上母亲就总是把一切搞得一团糟,而且当时我还在尚未完全适应妻子这个角色。我觉得当母亲都是未来的事情。"[XVIII]詹姆斯意识到了这场婚姻(以及最终离开家去服兵役)存在的诸多问题以及两个人在思维方式上的差异,他曾直言不讳地说:"我一直坚持避孕。"[XIX]

* * *

在1943年的头几个月里,多尔蒂夫妇一直住在凡奈斯的阿奇伍德街14747号,这里是詹姆斯父母的住处,当时后者在洛杉矶以外的地方待了一段时间。詹姆斯继续在洛克希德航空公司上班,他的同事、后来成为演员的罗伯特·米彻姆注意到詹姆斯每天都带着同样的午餐去公司——一份冰冷的鸡蛋三明治。

"你老婆每天只给你做一样的三明治?"米彻姆问道。

"你真该见一见我老婆!"詹姆斯答道。

"但愿她长得比你的鸡蛋三明治强一些。"[XX]——典型的米彻姆式的回答。

第五章　1942年6月—1945年11月 | 85

几天后，詹姆斯带着妻子的一张照片去了公司。米彻姆承认多尔蒂夫人和詹姆斯的午餐毫无相似之处。几天后见到诺玛·珍妮的时候，米彻姆觉得她"很腼腆，很温柔，只是有人在身旁的时候不太自在"。[XXI]

1943年的年中，詹姆斯的父母回到了阿奇伍德街的住处，小夫妻搬到凡奈斯的贝西默街，在那里住了几个月。在这座房子里，他们终于结识了其他几对夫妻：一位年轻的艺术家和当会计的未婚妻、两名医学院的学生和他们的妻子。有几次晚上举办舞会的时候，除了自己收藏的唱片，诺玛·珍妮还叫朋友们拿来各自的唱片。令詹姆斯大吃一惊的是，诺玛·珍妮瞬间就彻底变了一个人，从一个恬静的家庭主妇变成了一个天生的表演家。她喜欢跳舞，从一个男人身边转到另一个男人身边，咯咯地笑个不停，不知疲倦地旋转着。看到诺玛·珍妮活力四射的魅力令一个个男客人看得出了神，詹姆斯感到了嫉妒。提起这件事情时，詹姆斯的姐姐说过："她太漂亮了。她无法控制自己，那些男人的妻子全都看着她，妒忌得直想拿石头砸她！"[XXII]据詹姆斯后来所述，1943年夏天他们经常会在周末去圣莫尼卡海滩或者威尼斯海滩，在海滩上诺玛·珍妮备受瞩目，"因为她穿着小两号的比基尼！"[XXIII]

住在凡奈斯的时候，诺玛·珍妮收留了一只流浪的柯利牧羊犬，她为它取名"玛济斯"。她对小狗的感情越来越深，每天都要花上好几个钟头为它梳理毛发、给它洗澡、训练它。即使不用照顾小狗，每天她也会在自己的身上花很多时间做类似的事情，试一试新的化妆品，在浴缸里泡很长时间，一遍又一遍地用肥皂和清水搓洗着脸，以免脸上还残留着污迹，同时也是为了改善血液循环（她相信洗脸具有这种功效）。她一直在努力改善自己的外貌，似乎试图达到一个不可能达到的理想状态——得到所有人的认可，成为所有人公认的大美女，这甚至超过了她在高中时的目标。詹姆斯说过："在自己的容貌问题上她是一个完美主义者。总之，她对自己太挑剔了。"[XXIV]

这一点并不出人意料，毕竟诺玛·珍妮依然没有亲近的女性朋友。能令她感到自在的伙伴就只有丈夫的几个小外甥和小外甥女，她喜欢照顾那几个蹒跚学步的孩子，帮他们洗澡，为他们洗衣服，跟他们一起玩耍，给他们读书，詹姆斯注意到"只要她待在房间里,他们似乎就很满足"。XXV但是他也记得当时回到家的时候自己常常会看到妻子用绝望无助、心烦意乱的目光盯着他,仿佛唯恐他不回家似的。

詹姆斯在洛克希德航空公司的工作对美国的国防工作至关重要,让他得以延迟服役的时间,然而他渴望同兄弟们一起去海外执行任务。诺玛·珍妮祈祷战争能够早日结束,苦苦哀求丈夫再等一等,加入驻守在国内的商船队[1],不要在1943年尚未结束的时候离开她。在圣卡塔利娜岛的海军新兵训练营里待了几个星期之后,詹姆斯奉命在海运勤务训练基地指导一个连的新兵,1943年底他的妻子和玛济斯也去了训练基地。

圣卡塔利娜岛位于圣佩德罗湾,距离海岸27英里(43.4千米),本身长28英里(45千米),最宽处有8英里(12.8千米)。口香糖制造业的巨头威廉·瑞格利从1919年开始将这座小岛开发成度假胜地,建造了一座大型赌场,推广深海捕鱼和其他一些娱乐消遣活动。自1930年代以来这里一直是热门旅游区,但是直到1943年岛上的大部分地区都尚未得到充分开发,常住的就只有几百个退休老人。小岛通过中型帆船、渡轮和直升机同大陆连通,岛上只有阿瓦隆这一个小镇有人居住,其余的地方游荡着野牛和山羊,遍布着山岗、峡谷和海湾,让人们有机会欣赏尚未遭到破坏的加利福尼亚原始风光。圣卡塔利娜岛一直保持着原始风貌,但是塞西尔·戴米尔、约瑟夫·申科、路易斯·梅耶和塞缪尔·高德温这些电影大亨在这儿建造了第一座安装有音效设备、专供播放有声电影使用的电影院。他们乘坐自己的豪华游艇跨过海峡来到岛上,试映讨论各式各样的新影片。

"二战"爆发后,圣卡塔利娜岛对公众关闭了,变成了一个军事训练基地。圣凯瑟琳酒店(同所在的岛屿都得名于圣凯瑟琳)被当作烹饪学校,军队里的厨师在酒店里接受培训,游艇俱乐部被改造成教室,海岸警卫队在图哈伯斯进行训练,战略情报局(中央情报局的前身)在托阳湾建立了一个办事处,通信兵团在仙人掌营地建立了雷达站。詹姆斯参加的商船队在阿瓦隆建立了指挥部,新

---

[1] 美国商船队战时经过紧急动员可以参加海上后勤保障任务,平时也可以支援海军后勤。

兵从那里出发开展野外训练，爬上海边的悬崖和山顶，在森林里茂密的灌木从中穿过，以适应海外更为险恶的前线环境。在1943年和1944年这两年里，多尔蒂夫妇在圣卡塔利娜岛上的婚姻生活也经常是一团乱麻、冲突不断，他们小心翼翼地渡过了一次又一次危机。

多年后，詹姆斯意味深长地说过："只要她对我还有依赖感，我们就相处得很不错。"[XXVI] 然而就在这一年，17岁的诺玛·珍妮慢慢地对丈夫主宰一切的生活有了新的想法，也开始考虑一些应变措施、以防不测了。

詹姆斯拿出半个月的薪水在阿瓦隆的山坡上租了一套公寓，带着自己的装备、妻子和狗搬了进去。他的工作就是训练商船队的新兵，提起往事时他说过："当然，女人在那里很稀有。"[XXVII]

就是在那个时候，男人的问题出现了。我一提起以前的女朋友，她就开始吃醋，其实那一年在圣卡塔利娜岛上我才更有理由吃醋。诺玛·珍妮清楚地意识到自己拥有美丽的身体，也知道男人都喜欢她的身体。带着玛济斯去遛弯的时候，她就穿着紧身的白衬衫和紧身的白短裤，为了提色，头上还扎着一根缎带。看上去就像是你的梦中情人走在大街上一样。

军队里的许多男人也都有同样的看法，据詹姆斯所述，在那些男人看来诺玛·珍妮非常喜欢穿着"十分暴露的泳装"找乐子，他对妻子抱怨过："海滩上的每一个家伙都在意淫你！"诺玛·珍妮理解不了丈夫的态度，她白天穿着比基尼、晚上穿着紧身毛衣又不是为了勾引他们，这么穿只是因为"她意识到自己拥有什么，她觉得这并不是一件坏事，也不介意将其展示出来"（后来詹姆斯也承认了这一点）。诺玛·珍妮也希望保持住这样的身材，因此她从军队教官哈罗德·卡林顿（曾经在举重比赛中得过冠军）那里借来了杠铃和哑铃，通过锻炼肌肉保持身材和姿态。住在军师基地里的其他女性都不会像诺玛·珍妮这样毫无顾忌、大大方方地展示自己的身体，诺玛·珍妮心急火燎地执行着一套严格的健身计划，用上了通常只有男性使用的健身器材。

那年冬天的一天晚上，美国爵士乐音乐家及指挥家史坦·肯顿带着自己那支著名的管弦乐队来到岛上，慰问当地驻军。军人们的女朋友、妻子和志愿者纷纷从大陆乘船赶到岛上，宽敞的卡塔利娜赌场舞厅充满了欢声笑语，一对对男女在舞池里，舞厅外面有一圈长廊，站在长廊里可以尽情欣赏月色中的大海和小镇。主办方准备了啤酒和鸡尾酒,但是诺玛·珍妮只喝了姜汁汽水和根汁汽水,她依然是安娜阿姨那个信仰基督教科学派、滴酒不沾的"外甥女"。

在长达7小时的舞会中,詹姆斯只跟妻子跳了一支舞,她成了当天晚上最受欢迎的舞伴。詹姆斯还记得当时自己站在舞池外面,听着其他男人谈论诺玛·珍妮的魅力,离婚多年后他说过:"我得承认当时我吃醋了,我没有为她感到骄傲。"XXVIII

音乐和舞蹈还在热热闹闹地继续,詹姆斯突然告诉妻子他们要走了。

"我跟你回家,可是我还想回来。我玩得很开心!"她说。

"你打算睡在哪儿,诺玛·珍妮?"

"你是什么意思?"

"好吧,要是你让我留在家里、自己回来的话,那你就再也用不着回家了!"

这一次詹姆斯赢了,然而他的妻子做了一次好笑但颇为有效的反击。在这次舞会后不久的一天下午,詹姆斯早早地从指挥部回家,结果他看到公寓的门一反常态地反锁起来。他敲了敲门,喊着妻子的名字,"是你吗,比尔?哦,稍等一下!"诺玛·珍妮答道。詹姆斯报出了自己的身份。"哦,抱歉!我不知道你会这么早回来,汤米!"她回答道。房间里传来了沉重的撞击声,显然是家具被挪动的声响,还有人在窃窃私语(詹姆斯坚信自己听到了谈话声)。他们的公寓没有后门,里面的情人无法立即溜走,詹姆斯以为自己人赃俱获,他最担心的事情终于发生了,他吃醋不是没有道理的。

盛怒之下他又嚷嚷起来,这时妻子才打开门,让他进了房间。诺玛·珍妮咧开嘴大笑了起来。家里只有她一个人,她的身上裹着一条浴巾,就在她洗澡洗到一半的时候詹姆斯回来了。詹姆斯毫无来由的怒气证明有时候他的确是一个不讲道理、幼稚、多疑的人,他不信任自己的妻子。相比于其他东西,诺玛·珍妮更需要丈夫的信任,引领她平稳度过危险丛生的青年时代。她为了报复丈夫制造的玩笑或许也在无意中暴露出更危险的心思,不难想象她应该的确有过跟其他男人在一起的念头,即使说"比尔"和"汤米"只是她一时兴起虚构出的人物。

詹姆斯说妻子依赖着他,从某种角度而言这种说法符合事实。无论诺玛·珍妮有着什么样的幼稚幻想,她都找不到其他人可以让她依靠。1944年的

春天,詹姆斯被派往太平洋和东南亚战区,诺玛·珍妮非常痛苦。詹姆斯说过:"她恳求我别走……"XXIX

我说我别无选择,她恳求跟我生一个孩子——孩子是她挽留我的工具。可是我知道养儿育女对她来说不是一件容易的事情,这不只是经济上的问题。她完全无法胜任母亲的角色。我说我们以后会有孩子的,等战争结束后。

无论诺玛·珍妮对丈夫以及他们的婚姻有着多么复杂的感觉,詹姆斯的离去都唤醒了她过往那种被遗弃的感觉。詹姆斯说过:"她需要一些东西,需要一个人能让她一直紧抓不放。"后来詹姆斯依然对自己出发那天诺玛·珍妮的眼泪和痛苦记忆犹新。

成了海外驻军家属的诺玛·珍妮搬到了北好莱坞的艾尔米塔什街5254号,跟婆婆住在一起。艾塞尔·多尔蒂在临近的城市伯班克上班,是无线电飞机公司里的一名护士,这家飞机制造公司的所有人是英国演员雷金纳德·丹尼,正是此人研发出了全世界第一款成型的无线电遥控飞机,用作定向及防空训练的无人机。1944年4月,艾塞尔在公司里为诺玛·珍妮也找到了一份工作,给机身织物喷涂一种臭烘烘的清漆(在所谓的"喷漆间"工作),这份工作令人厌恶,但是让她有了稳定的收入。立足于飞机制造和国防工业,南加利福尼亚的经济在二战期间蓬勃发展起来,因此成千上万的女性也有了就业机会。

跟婆婆住在一起的生活非常舒适、安逸,但是诺玛·珍妮还是非常需要丈夫的陪伴。不得不承认她之所以思念丈夫是因为后者不是一个永远那么温存、敏感的伴侣,这一点很荒谬。换言之,诺玛·珍妮同很多女人一样,在不断寻找怠慢甚至无意中会伤害她的男人,试图重温早些年自己被抛弃的情形,希望物极必反。在未来的日子里,这种状况愈演愈烈并且反复重演。

诺玛·珍妮给远在西弗吉尼亚的格蕾斯写了一封信(1944年6月15日),讲述了自己在那个夏天的生活状况。除了词句上的一些错误,她的这封信可以说非常生动、简练。后来,她承认出于对丈夫的忠诚以及取悦格蕾斯的根深蒂固的心态,她在那封信中对自己的婚姻做了一番美化:

……吉米(詹姆斯的另一种昵称)已经走了几周了,在生日前一天我终于收到了他的消息。他通过西部联合电报公司在夜里发来一封电报,电报上写着:"亲爱的,在你生日这一天我要把全世界的爱都送给你。"接到他的消息我都要激动死了。

我还从来没有真正写信告诉过你我们婚后在一起的生活。当然了,我知道要不是你,我们或许就不会结婚。我知道,除了其他无数的事情,单单为了这件事我就会对你感激不尽……我爱吉米,我想我对他的爱跟别人不一样,我知道只要活在这个世上,我跟其他任何人在一起都不会幸福的,我知道他对我也有着同样的感觉。你瞧,我们非常开心能在一起,当然了,也只有在一起的时候我们才会这么开心。我们非常想念彼此。6月19日,我们结婚就满两年了。我们真的过得很幸福。

我在无线电飞机公司上班,公司就在大都会机场(后来更名为"伯班克机场"),我每天工作10个小时。赚的每一分钱我几乎都存了起来(以便在战后补贴家用)。这份工作不轻松,一整天都得站着,不停地走来走去。

我原本打算在军队里找一份文职工作,所有的文件都填好了,一切都准备好了,结果我发现自己得跟部队里的人一起工作。我在部队待了一天,一起共事的色狼太多了,无线电飞机公司里的色狼就已经够多了,但是至少没有一整支部队那么多。人事部的主管说他可以雇佣我,但是为了我好,他建议我不要在那里上班,所以我还是回到了无线电飞机公司,心满意足…… *

深爱你的

诺玛·珍妮

1944年暑假,诺玛·珍妮(已经年满18岁)第一次走出加利福尼亚去探望格蕾斯,当时后者正在芝加哥的一家电影冲印厂当临时工。据"贝贝"所述,格蕾斯离开西弗吉尼亚是无奈之举,尽管她一直在上班,但是"她养成了酗酒的毛病,[这一点]不令人感到惊讶。我父亲的妻子全都有这个问题,这大概是因为他

---

* 事实上,无线电飞机公司的主管们都认为诺玛·珍妮的工作表现"高于平均水平"。

最主要的消遣活动就是每天寻欢作乐,她们也都形成了同样的习惯"。xxx

诺玛·珍妮还去西弗吉尼亚看望了贝贝,接着又去了田纳西州,跟同母异父的姐姐伯妮斯·贝克待了不长的一段时间,伯妮斯已经结了婚也有了孩子。对于她的最后一段行程外界一无所知,格拉迪斯的这两个女儿几乎不认识彼此,不过她们还是希望能成为朋友,由于长期不在彼此身边这个心愿也没有实现的可能。她们彼此很友好,但重逢时两个人总是有些尴尬。

回到加利福尼亚之后,诺玛·珍妮又去无线电飞机公司上班了,她的新工作是检查并叠好降落伞,她发现新工作并不比喷胶水有趣多少。她的薪水仍旧维持着全国最低薪资标准,每个星期工作60小时,收入是20美元。她兴高采烈地写信向格蕾斯表示感谢,因为后者送了她一条新裙子并且在她造访芝加哥期间热情款待了她。这封信的落款日期是1944年12月3日,詹姆斯将要在圣诞节休假期间回家,就在此之前诺玛·珍妮将信寄了出去。她在信中还提到了一件重要事情,拿到薪水后她就会给格蕾斯寄钱:

  真希望圣诞节的时候吉米能回家,没有他感觉太不正常了。我是那么地爱他,坦白说,我觉得世上没有任何一个男人能比得上他。他真是太温柔了。

  很快我就会给你再寄一些钱去。

  我难以说清楚这趟旅程对我来说有多么重要,我会永远感激你,格蕾斯。我太爱你和爸爸[即"医生"戈达德]了。我真的很想你,格蕾斯。

  爱你

诺玛·珍妮

另外,请向冲印厂的所有人问好。

在1944至1945年的圣诞节和新年期间,詹姆斯回了家,诺玛·珍妮得以从日复一日的劳作中解脱出来,享受了一段幸福的时光。她一如既往地紧紧抓着他,当詹姆斯动身的日子日渐临近,奇怪的事情发生了。

据詹姆斯所述,诺玛·珍妮突然宣布自己要给父亲打电话,一个她从未见过也从未联系过的男人。她拨通了电话,报上了自己的名字,还告诉对方自己是格拉迪斯的女儿。随即她又放下听筒,她告诉詹姆斯那个男人挂断了电话。那个男人真的是诺玛·珍妮的父亲吗?她真的找对人了吗?

多年来，所有人都相信她对这个电话所做的描述，然而即使人们能够轻易相信有人会对自己的女儿绝情到如此令人发指的程度，围绕着这个电话依然存在其他一些问题。首先，诺玛·珍妮承认自己拨打的不是某位"莫泰森先生"的电话，但是她始终没有告诉詹姆斯对方叫什么、住在哪里。其次，没有证据显示格拉迪斯提起过女儿的亲生父亲究竟是什么人（如果她知道的话），格蕾斯也从未公开做过推测。第三，詹姆斯根本没有听到那个男人的声音，诺玛·珍妮也没有具体说过电话是打给哪个地方的。从各个方面而言，在接下来的7年里这一幕至少重现过两次，每一次诺玛·珍妮都试图跟父亲取得联系，每一次都有旁人在场，她需要后者的同情和支持。在1944年圣诞节这一次，她叫詹姆斯将她在怀里搂了几个钟头。

很有可能这只是诺玛·珍妮为了唤起别人同情、诱使对方安慰她的"过家家"。同后来的情况一样，那段时间每当担心自己被抛弃，她就表现得好像一个不知所措的弃儿似的。她是一个私生子，在当时的社会这个身份仍旧是一种巨大的耻辱。尽管她早就承认了，但是直到生命的尽头她一直怀着自尊又耻辱的感觉忍受着它带来的压力。按照最后这种分析，她是否真的想要同所谓的父亲取得联系并不重要，实际上这个举动或许是她最有说服力的表演之一。真正重要的是，每当她担心自己被抛弃的时候，她就会"给她的父亲打电话"。无论是真是假，这样的表演见效了，她需要提醒其他人她早早就失去了至亲的亲人、她的生命中有一个巨大的空白，父亲的遗弃给她留下了永远的伤口。她的表现就是在说："安慰安慰我吧！"

詹姆斯说过："当她理智的时候，她也知道我必须回到部队去，去执行在海外的任务……可是她觉得我外出无异于再次抛弃她。"[xxxi]不过，诺玛·珍妮的孤独和哀伤没有持续太长时间，詹姆斯1945年1月再次动身前往太平洋战区之后不久，她就从无线电飞机公司辞职了。她已经看到了一种截然不同的生活。

在前一年的秋天，也就是她结束了那趟前往各地的旅行之后，她接受了新的安排，在公司里检查降落伞，当时陆军航空队电影小组的一批摄影师刚来到公司，他们的任务是拍摄各种战略物资生产线上的女工。他们要拍摄的不是那种典型的纪录片，不是穿着工装裤、一脸疲惫的女孩。被称为"摄影迷"的他们要带

第五章　1942年6月—1945年11月　| 93

回去适合广告和军事杂志使用的照片,他们要为公司里最迷人的女性拍摄一些精美照片和一些可以用在默片里的镜头,经过精心摆拍的女孩们要体现出国家最可爱的美人都是忙于生产的爱国者。

这批摄影师中间就有25岁的戴维·康诺弗,他第一次见到诺玛·珍妮是在1944年的下半年。在1945年6月4日写给格蕾斯的一封信中,诺玛·珍妮讲述了自己同这位摄影师初次见面时的情形:*

……我知道的第一件事情就是[摄影师们]要让我出去,给我拍照……他们全都在问我究竟去了哪里——之前我躲了起来……他们给我拍了很多动态画面,一些人还想约我出去,诸如此类(我自然拒绝了他们!)……等他们拍了一些照片后,一个名叫戴维·康诺弗的下士跟我说他有兴趣再给我拍一些彩色的静态图。他以前在日落[大道]的日落街[1]上有一间自己的照相馆。他说如果我同意的话,他会跟工厂主管商量一下时间,我说没问题。他告诉了我应该穿什么、应该用什么色调的口红之类的事情,接下来的几周里我给他当了好几次模特……他说所有照片都很理想。他还说我绝对干得了模特这一行……还说我特别上镜,他还想为我拍很多照片。他还说自己认识很多人,他希望我能认真了解一下。

我跟他说要是吉米回来的话我就不想上班了,他说他可以等着我。我太期待随时接到他的消息了。

他为人非常和气,已经结婚了,完全是一副公事公办的态度,我喜欢这样的态度。吉米似乎对我当模特的事情感到开心,我真开心他能这么想。

到了1945年的春天,诺玛·珍妮很快就被公认为摄影师梦想的那种模特。

---

* 戴维·康诺弗(奉上级军官罗纳德·里根之命执行这个任务)在回忆录《寻找玛丽莲》中指出他们两个人初次相识是在1945年6月26日,这种说法与事实不符。正如诺玛·珍在给格蕾斯的信中透露的那样,在之前的7个月里他们至少已经见过十几次面了。唉,《寻找玛丽莲》一书充满了不符合事实的描述,存在大量昧着良心编造的对话和充满想象力的捏造的事件。康诺弗(1919—1983)是一个颇有天赋的摄影师,但显然也是一个撒谎成性的人。

1 日落街是洛杉矶好莱坞日落大道的一部分,长2.4千米,东至好莱坞,西至贝弗利山庄。

她很配合摄影师的工作,充满热情,又很温顺,她扬起一头栗色的卷发,忽闪着蓝绿色的眼睛,露出灿烂的笑容,眼睛一眨不眨地盯着照相机镜头,甚至摆出一些令人看得面红耳赤的姿势,丝毫不会流露出不耐烦或者不舒服的情绪。同其他摄影师一样,在康诺弗看来诺玛·珍妮具有一种新鲜、充满活力的气质,当快门咔哒作响或者胶卷被装进相机的时候,这种气质似乎一下子就焕发出了生命力。她看上去就像是在跟照相机打情骂俏,在同不知道姓名的崇拜者沟通,按照自己的理解充分展示着自己,争取着新的崇拜者,完全就像是她在儿时梦想过的那样。当镜头对准自己,她逐渐学会了应当如何牢牢地吸引住镜头。

多年后康诺弗说过:"她的脸上带有一种光芒,脆弱,同时又有着令人惊讶的活力。"[XXXII]他想不起还有哪位模特能像诺玛·珍妮一样对自己那么挑剔,也不记得有谁会那么急切地仔细查看着每一份印样、每一张底片和成片,试图找到任何一点细微的瑕疵。诺玛·珍妮不断地问康诺弗:"我这里是怎么回事?"或者"太糟糕了,我究竟哪里出了问题?"[XXXIII]一切不完美的照片都令她感到不满意。曾经博朗代夫妇要求她出类拔萃,格蕾斯也调教过她,希望她成为一位超级明星,从某种程度而言,在展示自己的过程中她正自然而然地将他们灌输给她的信条付诸实践。她对自己的外貌非常关注、非常认真,随时都会详细询问有关照相机、灯光和电影胶片的各种问题,她希望自己的每一幅影像都光彩夺目。她也希望每一张照片都充满诱惑力,丰满的她会穿着小一两码的毛衣(她在1945年8月的三围尺寸分别是36—24—34英寸,约等于91—61—86厘米,这是公认的完美身材),在横条纹的T恤衫上穿着紧凑的吊带裤,以便更加凸显出坚挺的胸部(她还穿着半罩杯款式的胸罩撑起双乳)。

从1945年的盛夏开始,从巴斯托到河滨市,从死亡谷到贝克斯菲尔德,戴维·康诺弗一直辗转加利福尼亚各地为诺玛·珍妮·多尔蒂拍照。其中一部分成果被军队用作宣传材料,还有一些他交给了自己的模特。到了初秋,诺玛·珍妮的生活出现了两个重要的变化。

首先,艾塞尔对儿媳的行为提出了异议,她说这个女孩完全就是在跟康诺弗之流的年轻摄影师鬼混。后来詹姆斯说过:"妈妈渐渐地意识到我妻子在糊弄我,这时她对这件事情就有些冷淡了。"[XXXIV]艾塞尔抱怨说诺玛·珍妮想成为一名职业模特,她已经是一个已婚妇女了,等吉姆服役结束回家后她很快还会成为一个母亲，这样的愿望对她来说不合适。她也看不惯这个女孩独自在外抛头露面。那个夏天，匈牙利男演员埃里克·菲尔戴利陪着诺玛·珍妮参加了在男演员罗伯特·斯塔克家里举行的一场好莱坞泳池聚会，斯塔克还记得当时诺玛·珍妮穿着"一件非常合身的白色泳装……我记得她显得有些腼腆，跟聚会上出现的一切事物都有些格格不入。我努力扮演着好主人的角色，每次我问她需要什么的时候，她都说：'不需要，一切都很好。'"[xxxv]

诺玛·珍妮频频遭到艾塞尔不满的白眼，因此她又搬回了西洛杉矶的内布拉斯加大道，住在安娜阿姨那幢二层小楼的一楼。詹姆斯肯定不断收到母亲的汇报，了解到妻子最新培养起的兴趣，因为他在给诺玛·珍妮的信中写道："当模特的事情没有问题，但是等我退役之后，咱们就生个孩子，你就会安定下来。你只能有一个工作，女人不能同时身兼数职。"[xxxvi]之前诺玛·珍妮给丈夫的信很频繁，到了这年秋天她不再给丈夫写信了。她认为自己的婚姻实际上已经结束了，丈夫的脾气以及对她的期望不利于她蒸蒸日上的事业，他的态度也令她反感。10年后，诺玛·珍妮告诉朋友：

> 就我而言，这意味着我们的婚姻出了问题。如果你爱一个人，难道你不希望她开心吗？不希望她做自己喜欢的事情、自己擅长的事情吗？我想做的就是发现我是谁。吉米自以为了解我，以为我很满意。我不满意。在战争结束之前那场婚姻早就结束了。[xxxvii]

在1945年的炎炎夏日里诺玛·珍妮主动跟康诺弗谈了一场轰轰烈烈的恋爱，这段昙花一现的恋情证明了诺玛·珍妮的这种说法。不过，关于他们两个人谈过恋爱的说法完全是康诺弗的一面之词，没有其他人证明这件事情，康诺弗的回忆录里充满了细致入微的对话内容，能在时隔30后回忆出当年的谈话实属奇迹，因此外界很难对他的说法信以为真。令这部回忆录更加漏洞百出的是，康诺弗对各种事情的时间顺序交代得也不够准确，最糟糕的是给诺玛·珍妮添加了一副勾引人的腔调。"咱们就顺其自然吧。"她轻声耳语道。康诺弗忸怩地回答道："好吧。"

1945年8月2日，诺玛·珍妮的生活中出现了第二个重要的变化，（在康诺弗和另一位摄影师的建议下）她向蓝皮书经纪公司递交了求职申请。在好莱坞，渴望成为模特的女孩数以千计，而很多模特又渴望成为电影明星。蓝皮书经纪公司就是许许多多为了培养这种热望的模特经纪公司中的一家,公司的所有人是令人敬畏的埃米琳·斯尼夫利,公司的运营完全在她的监督下进行。埃米琳·斯尼夫利是一个身材矮小、举止得体的英国女人,将近50岁的她总是戴着帽子,70多岁的母亲艾玛也经常造访公司,母女俩以一种怀疑精神和幽默感杂糅的风格经营着公司,她们礼数周全,同时又对模特生活中存在的道德和经济风险保持着清醒,有时候还有些愤世嫉俗的现实主义态度。她们那副旧大陆(欧洲)的拘谨做派在随意休闲的洛杉矶显得水土不服,艾玛与埃米琳活像是从查尔斯·狄更斯的教育小说《尼古拉斯·尼克贝》中走出来的人物。

从1937年至1943年,斯尼夫利一直管理着韦斯特伍德村的模特学校,所谓的"乡村学校",这所学校"专职培训年轻女性成为摄影模特和时装模特"(正如公司宣传册上显示的那样)。1944年1月,斯尼夫利搬进坐落在日落大道的大使酒店,拓宽了业务,学校变成了"蓝皮书经纪公司",业务范围就是"对女孩进入电影、摄影模特和时装模特等行业进行职业培训,在魅力和体态、成功秘诀、美貌和个性化发展等方面进行个性化的指导"(借用她在新宣传手册上的广告语)——诺玛·珍妮认为这些正是自己需要掌握的知识。当时,斯尼夫利小姐的花名册上有大约20名模特,据1945至1946年也在蓝皮书经纪公司的莉迪娅·博德里奥(后来成为里德夫人)所述,其中很多模特都渴望成为电影明星,因为在洛杉矶模特的薪酬不太理想,离开斯尼夫利的公司之后,如果能得到电影合约或者搬到纽约——在那里模特能拿到更优厚的报酬——那么她们就算成功了。

从1945年8月起的整个秋天,蓝皮书经纪公司有了一名新学员及客户。咨询处工作人员留下的笔记显示诺玛·珍妮的身高(5英尺5英寸,1.65米)、体重(118磅,53.5千克)、三围尺寸(36—24—34英寸,12码)、头发颜色(中度金色,"太卷,难打理,建议漂染和烫发")[XXXVIII]、眼睛的颜色(蓝色)、"牙齿完美"[XXXIX](至少对模特业而言如此,她的牙齿白得很漂亮,但是有轻度覆咬合的问题,后来她不得不接受了牙齿矫形手术)。她花费25美元拍摄了用于公司宣传目录的照片,她说自己"对跳舞唱歌也略微会一些"。[XL]

在进入公司的头几个星期里,诺玛·珍妮上课时一丝不苟:加文·比尔兹利夫人的时装模特课、玛丽亚·史密斯的化妆造型课,斯尼夫利也亲自上阵,指导女孩们如何摆姿势。公司很快就为诺玛·珍妮接下了一项工作,工作所得抵消了一部分她为拍摄公司宣传目录里的照片花掉的钱以及培训费100美元。当年9月，霍尔加钢铁公司在泛太平洋礼堂举办了一场工业展览会，诺玛·珍妮担任10天的主持人，总共拿到了100美元的报酬。

多年后，斯尼夫利说过："我想那个孩子还从来没有进过顶级酒店。"[XLI]

> 她不停地打量着四周的一切，就好像那是新大陆似的……但是，我觉得我可以在很短的时间里将她改造成抢手货。她是一个轮廓清晰、健康的美国女孩，过于丰满，但是丰满得很漂亮。我们努力教她如何摆造型、如何控制自己的肢体。她总是在努力压抑着自己的笑容，因为她笑得太夸张了，这就让她的鼻子显得有些长。一开始，她对仪态、姿势、步态、坐姿和摆造型都一无所知。起步的时候，她比我认识的任何一个女孩知道得都少，但是她是最用功的一个……她比我曾经见过的任何一个人都更渴望学习，渴望出人头地。

工业展览会过后，诺玛·珍妮又为蒙哥马利·沃德百货公司拍了两天的服装目录广告照片，还在好莱坞的一场时装展上工作了4天。显然，她的强项并不是展示服装，而是摆出各种迷人的姿势拍摄广告照片，能给人留下深刻印象的、能将商品推销出去的是她本人，而不是她所穿的衣服。后来，她坦然承认了造成这种状况的原因：

> 问题——如果这的确是一个问题的话——在于我的体型。斯尼夫利小姐说谁都不会注意衣服，因为我穿的裙子、衬衫或者泳装都太紧绷了。换句话说，他们全都在看我，至于衣服，爱怎么着就怎么着吧。[XLII]

斯尼夫利派诺玛·珍妮去同杂志编辑见面，拍摄封面照片，或者去见摄影师、去广告公司。她的决定立竿见影收到了惊人的成效，到1946年春天诺玛·珍妮·多尔蒂（有时候在宣传过程中会被斯尼夫利称为"珍·诺玛"）至少已经在33个杂志封面上亮过相了，这些杂志包括《美国镜头》《大观》《魅力模特》《个人浪漫》《万象》《欢笑》《窥视》《看见》。

导师发现诺玛·珍妮的性格有些幼稚，这个女孩很容易傻笑起来，她对自己的工作很认真，但是她的表现同时又会让人觉得她的工作非常滑稽。

多年后，诺玛·珍说过：

> 等你不再想这件事情的时候，这件事情就显得的确有些好笑。你冲着

照相机露出笑容、一动不动,你表现得好像自己正玩得很开心,其实这一天你出现了剧烈的痉挛。我想我不应该这么说,可是有时候当模特似乎很假,我没法不笑出来。他们觉得这样很棒,拍到了你十分灿烂的笑容,他们只负责拍照,一边还心想,嗯,今天过得可真不错。没错,有时候的确挺有意思的。可是当模特同时也有些愚蠢,有一次我问他们为什么我必须穿着泳装拍一条牙膏的广告。他看着我,就好像我有些愚蠢似的!XLIII

莉迪娅·博德里奥还记得诺玛·珍妮"非常认真,野心勃勃,跟她相处总是令人感到愉快。她的问题只有一个——她拍的封面太多了。有一阵子我们甚至认为她'曝光过度'了,杂志和广告公司的人见她见得太多了,一年后她就得不到多少工作机会了"。XLIV据博德里奥所述,对于模特来说还存在另外一个危险,另一种曝光过度。"斯尼夫利小姐警告我们绝对不要'没有遮盖'(这是她的原话)地亮相,她告诉我们对模特而言裸体照片就是死亡之吻。"

斯尼夫利对诺玛·珍妮还提出了一条特殊的建议,将一头褐色头发漂染成淡色。深褐色头发的女人在照片中总是显得暗一些(斯尼夫利相信深褐色的头发会给一切都增添一些暗色调),金色头发的女人在拍照时适合任何服装和灯光。她提醒诺玛·珍妮,用剧本里的话来说,绅士都爱金发美女,她还举出了贝蒂·葛莱宝这个例子以及在她之前的珍·哈露。

因此,当年冬天斯尼夫利派诺玛·珍妮去和摄影师拉斐尔·沃尔夫见一面,后者碰巧是"医生"戈达德的老朋友。他同意用诺玛·珍妮为某个牌子的洗发水拍摄平面广告,只要她能将褐色的头发染成其他颜色(几乎可以肯定的是,在这件事情上他肯定与斯尼夫利串通一气)。没过多久,诺玛·珍妮便忐忑不安地坐在了弗兰克和约瑟夫美容院里。这家美发厅很受电影界人士的喜爱,在美容师西尔维娅·巴恩哈特的指导下,诺玛·珍妮的头发被拉直并且被漂染成了金色。要想维持这样的头发,她就得定期进行修复,而且一辈子都得精心保养,尤其后来她的发色变得更淡之后就更需要这样保养了,她的头发先是变成了十分有光泽的金色,最终彻底变成了闪着微光的白金色。

这个冬天,在斯尼夫利、沃尔夫和巴恩哈特三个人的努力下,格蕾斯梦寐以求的愿望——终有一天她的宝贝诺玛·珍妮会完全重现珍·哈露的风采——更接近实现的那一天了。那年夏天,戈达德一家又从西弗吉尼亚搬回加利福尼亚,面对诺玛·珍妮的新形象，最兴奋的人莫过于格蕾斯。等詹姆斯·多尔蒂也回到加利福尼亚后（结束了在海外的服役期），除了妻子的发色，他在她的身上还看到了更多的变化。蓝皮书经纪公司刚刚为诺玛·珍妮拍摄的一部无声短片令她格外激动，在中景和特写镜头中她冲着镜头露出笑容，她展示着一件泳装，她身着背心裙走来走去，她冲着镜头微笑、挥手，她告诉丈夫拍摄影片的那一天是她迄今为止度过的最激动的一天。原先诺玛·珍妮说过詹姆斯对她在模特事业上的抱负表示认可，但是现在面对她取得的成果詹姆斯却不以为意。

注　释

I 詹姆斯·多尔蒂，《玛丽莲·梦露是我的妻子》，（《电影故事》，1953年3月，pp.47—85）。

II 多尔蒂，《玛丽莲·梦露的秘密幸福》，p.37；另见丹尼斯·罗，《玛丽莲性冷淡的谎言被粉碎》，《星期日镜报》（伦敦），1976年5月30日。

III 罗，《玛丽莲·梦露冷淡的谎言被粉碎》。

IV MG2 XII，4，p.12。

V MG2 IX，3，p.34。

VI JWP 1，p.5。

VII 同上，p.13。

VIII 埃莉诺·戈达德向唐纳德·斯波托讲述，1992年2月20日。

IX JWP 1，p.4。

X 同上，p.5。

XI 《听众》周刊（英国），1979年8月30日，p.272；另见《人物》，第5卷，第21期（1976年5月31日）：38。

XII 多尔蒂，《秘密幸福》，p.46。

XIII 引自卡赞的书。

XIV MG2 XII，10，p.22。

XV 多尔蒂，《玛丽莲·梦露的秘密幸福》，p.46。

XVI WP 1，p.8。

XVII 沃尔珀，《传奇》。

XVIII MG2 XII，10，p.23。

XIX 詹姆斯·多尔蒂向唐纳德·斯波托讲述，1992年6月20日。

XX 厄尔·威尔逊，《无人了解的娱乐业》（芝加哥：考利斯图书公司，1971），p.281。

XXI 罗伯特·米彻姆在费尔德曼和温特摄制的纪录片电影《玛丽莲——超越传奇》中所述。

XXII 艾尔达·纳尔逊，之前引述过的文章，p.62。

XXIII 罗，之前引述过的文章。

XXIV JWP1，p.4。

XXV 多尔蒂，《秘密幸福》，p.53。

XXVI JWP1，p.1。

XXVII 引自《星期日快报》（伦敦），1987年8月9日。

XXVIII 同上。接下来多尔蒂夫妇的对话也来自同一出处。

XXIX 詹姆斯·多尔蒂向唐纳德·斯波托讲述，1992年6月20日。

XXX 埃莉诺·戈达德向唐纳德·斯波托讲述，1992年2月21日。

XXXI 多尔蒂，《秘密幸福》，p.80。

XXXII 戴维·康诺弗，《寻找玛丽莲》（纽约：格罗塞特和邓拉普出版社，1981），p.12。

XXXIII 同上。

XXXIV JWP1，p.6。

XXXV 罗伯特·斯戴克和马克·埃文斯，《弹无虚发》（纽约：麦克米伦出版公司，1980），p.84。

XXXVI 多尔蒂在JWP1中引述，p.7。

XXXVII MG2 XII，3，p.25。

XXXVIII 埃米琳·斯尼夫利，见《洛杉矶每日新闻》，1954年2月4日，p.14。

XXXIX 摘自蓝皮书公司的申请表，一位不具名的工作人员为"诺玛·珍[原文如此]·多尔蒂"填写了这份表格，落款日期为1945年8月2日。

XL 同上。

XLI 引自泰德·塞克里发表于《洛杉矶先驱考察家报》的文章，1962年8月7日；斯尼夫利也曾对着大卫·L.沃尔珀制片公司的摄影机镜头说过这番话。

XLII MG2 III，2，p.20。

XLIII MG2 III，2，p.22。

XLIV 莉迪娅·博德里奥·里德向唐纳德·斯波托讲述，1992年6月19日。

第六章　1945年12月—1946年8月

"只要她依赖我,我们就相处得很不错。"[1]詹姆斯·多尔蒂曾对自己的第一段婚姻做过这样的总结。

第一次离开家前往部队的时候,他最后看了一眼诺玛·珍妮,那完全就像是多愁善感的战时影片中常见的一幕。在港口,那个一心扑在他身上的"童养媳"紧紧地抓着他,当他的船缓缓驶离岸边、驶向圣佩德罗湾,最终消失在地平线,后者一直泪水涟涟地等在那里,冲他挥着一条粉色的围巾。

18个月后,即1945年12月,詹姆斯回到了家,他满心期待在这个圣诞节同妻子和家人好好地团聚一下,然而码头上没有人激动不安地等待他。多年后他提起过那一幕:

> 她迟到了一个钟头。她拥抱了我,亲吻了我,可是有点冷淡。再次回到船上沿着加利福尼亚海岸线工作之前我有两周的假期,但是我想在那段假期里我们一起度过的夜晚都不超过一个。她忙于模特的工作,忙着赚大钱。我第一次隐隐感觉到了她的野心。[II]

提到那个假期时,詹姆斯还有些犹豫地说过:"我压根没想过她对我不忠的问题。"按照他不久后得知的情况,这种说法令人难以置信。詹姆斯是一个聪明人,完全意识得到危险信号——妻子在感情上疏远了他,她对事业流露出明显的野心,而且就在他回家的当天她走掉了,趁着圣诞节假期跟一个英俊的陌生人外出工作去了。

32岁的安德烈·德·迪耶纳来自特兰西瓦尼亚[1],他有着一双蓝眼睛,肌肉

---

[1] 今天的罗马尼亚中西部地区。

结实。德·迪耶纳曾经旅居罗马、巴黎和伦敦，在当地经常出入咖啡馆的人群中颇受欢迎，最终他来到了好莱坞。他拥有摄影才华、魁梧的体格，有着匈牙利裔美国演员贝拉·卢戈西（以扮演吸血鬼德拉库拉伯爵而著名）的邪恶诱惑力，也有着法国演员查尔斯·博耶的拜伦式迷人做派和口音，凭借着这些特点他在好莱坞大受欢迎。这一年秋天，斯尼夫利安排德·迪耶纳和诺玛·珍妮见了一面。据斯尼夫利所述，"她看上去还是一个惊恐、漂亮、孤独的小孩子，大多数时候她都穿着白色的棉布裙子，她希望某个地方会有人承认她的价值"。[III]

一开始，德·迪耶纳的动机很单纯。在北好莱坞外面的101号公路上，他指导她如何摆姿势，叫她光着脚、露出笑容。阳光那么刺眼，诺玛·珍妮仍然一眨不眨地盯着快门。这次合作的结果令人感到非常振奋，因为合作的一方是诺玛·珍妮，扎着小辫子、穿着带有白色星星的红裙子和条纹针织衫的她显得很活泼，就像热爱运动、喜欢搭顺风车的人一样，毫不在意周围的车辆，皮肤也被晒伤了；合作的另一方则是一位想要什么效果就能得到什么效果的摄影师。接下来，德·迪耶纳又带着诺玛·珍妮去了一片草场，解掉了她的发带，让她脱掉紧身T恤衫，换上了一条带有荷叶边的白围裙，又从附近的草场借来一只刚出生的羊羔——现在她又变成了农夫的女儿，不谙世故但是又多少有些成熟，具有德·迪耶纳所说的"天真但是令人不安的魅力"。[*][IV]接着她又迅速换了一次服装，穿上了蓝色牛仔裤和红色衬衫，为了若隐若现地露出上腹部，她还将衬衫的衣角扎在胸部下方，这一次她的头发也被拢到脖颈上扎起来。她坐在篱笆上，冲着镜头露出笑容，仿佛就要进谷仓去了。在美国，戴西·梅对每一个莱尔·阿布纳[1]都颇有召唤力。

诺玛·珍妮将照片拿给詹姆斯，詹姆斯表现得十分漠然："在我看来，她正在变成另外一个人。她给我看她的照片、新裙子和新鞋，好像在意这些东西似的。她为自己上了杂志封面并且开始在'蓝皮书'大受欢迎的事实感到骄傲，

---

* 他们这一次拍摄的一张照片被刊登在了《家庭天地》杂志1946年4月那一期的封面上。
1 两者都是美国讽刺连环画《莱尔·阿布纳》中的主人公，莱尔·阿布纳是一个头脑简单、轻信他人、性格温柔的乡下青年，漂亮的戴西·梅是他的女朋友。

她还指望我也会为这些事情感到骄傲。她想要拥有自己的事业。"[V] 换言之，诺玛·珍妮不再是那个依赖着别人的弃儿了，而今的她是一个野心勃勃的年轻女子，身体健壮、颇有大男子主义的水兵詹姆斯接受不了这样的现实。

就在圣诞节到来之前，诺玛·珍妮再次跟着德·迪耶纳外出拍照去了，这一次他们出去的时间更长了。她的举动令安娜·罗尔与艾塞尔·多尔蒂（更不用说被她丢在家里、满腹怨气的丈夫）感到恐惧。她在多年后说过："事实上，刚开始的时候我的心里只想着工作[德·迪耶纳给她的报酬是固定的，一次200美元]。可是德·迪耶纳另有打算。"[VI] 无疑，由于詹姆斯的漠然、德·迪耶纳的渴望（"我很想让她成为我的情妇"[VII]）以及诺玛·珍妮自己的热情，她再一次全心全意地投入进了一场危险的爱情中。男演员亚历山大·达西认识这位摄影师，他说过："她被安德烈利用了，这是实话。他是一个十足的疯子，让她以为他是她生命中不可或缺的人。"[VIII]

德·迪耶纳与诺玛·珍妮的第一站是祖玛海滩。模特抛着排球、踩着海浪、招摇地穿上分体式泳装、在海滩上奔跑，摄影师不停地按着快门。接着他们前往莫哈维沙漠，只需要几套简简单单的服饰就体现出了两种各具特色的自然美景之间存在的联系。接着他们又继续北上，穿过了约塞米蒂国家公园，然后又去了内华达和华盛顿。德·迪耶纳在胡德山附近白雪皑皑的山坡上继续为模特拍着照，直到这时他对后者的热望还是没有冷却下来。一天晚上，他们在一间小木屋或者汽车旅馆住了下来，诺玛·珍妮一开始只跟德·迪耶纳保持着柏拉图式的关系，坚持两个人分别住在两个房间："她需要好好地睡一觉，这样第二天才能展现出最好的状态，[所以]她叫我乖乖的。"[IX] 德·迪耶纳从她的门底下塞进去一张字条，字条上草草地写着一行字："过来吧。咱们做爱吧。你不会失望的。"[X] 不过他暂时按捺住了性子，只是像遭到拒绝的追求者一样流露出沮丧和不满的情绪。然而，诺玛·珍妮给格蕾斯·戈达德打了一个电话，这个电话引发的一连串事情最终将模特送到了摄影师的床上。当时格拉迪斯住在俄勒冈州的港口城市波特兰，格蕾斯安排她们母女见了一面。

母女俩已经有六年多没有见过面了，不难想象这次团聚的场面有多么尴尬，这次见面也带给诺玛·珍妮难以承受的悲伤。当旧金山的医院看到格拉迪斯对自己和其他人都不再构成威胁，格拉迪斯领到了200美元和两条裙子，在太平洋西北地区[1]四处流浪了将近一年后（常常住在救世军组织开办的救济所里），这个可怜的女人在波特兰市中心一家破破烂烂的旅馆里住了下来。她早就习惯被别人当作精神病患者了，已经丧失了正常社交的能力，还患有厌食症，面无表情，她的那副模样吓坏了女儿。诺玛·珍妮给她带去了一些礼物，那天下午她的表现非常惊人。

诺玛·珍妮给了母亲一个拥抱，拿出德·迪耶纳拍的一些照片让她看，还给了她一包糖果。格拉迪斯没有对这一切表示感谢，也没显示出开心的样子，她甚至无法伸出手摸一摸女儿。母女俩陷入了令人尴尬的沉默（德·迪耶纳一直在一旁紧张地踱着步子）。过了很长时间，诺玛·珍妮终于在母亲的脚边跪了下来。

一瞬间，母女分离多年的阴云似乎裂开了。"诺玛·珍妮，我想跟你住到一起去。"格拉迪斯轻声说道。[XI]诺玛·珍妮对母亲几乎一无所知，而且在这个阶段她已经能想象自己的婚姻将走向何方，母亲的话令她感到害怕，她不愿承担起照顾格拉迪斯的重担。就在这时，德·迪耶纳开口了，他说等诺玛·珍妮离婚后他就要跟她结婚，他们要搬到纽约去。诺玛·珍妮想打断他，纠正他错误的期望，但是他突然说他们要走了。"妈妈，过不了多久我还会再来看望你的。"诺玛·珍妮说道。她强忍着泪水亲了亲母亲，将写有自己的地址和电话号码的字条连同带给母亲的礼物放在桌子上，然后便静悄悄地离去了。回到德·迪耶纳的车里，他们便一路向南回家去了。坐在车里，诺玛·珍妮伤心欲绝地哭了起来。

在一生中，诺玛·珍妮的心头一直萦绕着格拉迪斯的事情，后者在她逝世后继续活了22年。正如她后来说过的那样，她们之间始终没有机会建立起正常的母女关系，再加上她还担心自己也会患上家族遗传的精神病，这个念头进一步加剧了童年记忆在她心里激起的对母亲的强烈愤恨。成为女演员玛丽莲·梦露后，她始终不曾冒险为格拉迪斯创造过再一次抛弃她或者离开她的机会。在她的一生中出现过好几位"母亲"，但是对格拉迪斯的愤恨导致她在面对这些女性时都带

---

1 指美国西北部地区和加拿大的西南部地区。

有一种矛盾的情绪,她需要她们,同时又畏惧她们,为了避免自己受到伤害,她常常会先拒绝对方。诺玛·珍妮为自己的过去感到羞耻,她不愿面对能让她想起过去的东西,她一直徒劳地试图忘记自己的母亲。不过,在力所能及的时候她一直为格拉迪斯提供着物质保障,同时也一直保持着距离。

* * *

这天晚上,诺玛·珍妮与德·迪耶纳在一家乡村旅馆里住下来。就像以前被父亲挂断电话之后(无论这件事情是真是假)她会在詹姆斯的怀抱里寻求安慰一样,这天晚上她向一个比詹姆斯年长但是同样强壮的男人发出了求助信号。多年后,德·迪耶纳在战栗中写道:"之前我一直在梦里抚摸着她的身体,现实远远超出了我的想象……我[突然]意识到她正在哭泣。"[XII]德·迪耶纳明白诺玛·珍妮的眼泪只表明经历了紧张的夫妻关系以及同母亲的艰难重逢之后她在此刻有多么幸福、快乐、解脱。她没有深陷懊悔无法自拔,在剩下的返程路上她一直表现得那么"顽皮、性感"(德·迪耶纳所述),一个精力充沛、热情洋溢的情人,用床单和睡袍玩着躲猫猫的游戏,在满足爱人之前先将他戏弄一番。后来,诺玛·珍妮一直对这个夜晚以及1946年初发生的这段短暂婚外情闭口不谈。

和德·迪耶纳的恋情是一个转折点。德·迪耶纳是诺玛·珍妮在婚姻之外的第一个性伙伴(或者说是第二个,如果戴维·康诺弗可疑的描述得到承认的话)。除了他的肉体充满魅力、他的年龄比较大(同詹姆斯一样,对于诺玛·珍妮来说他也类似于父亲的替代品),他之所以能够赢得诺玛·珍妮的芳心只是因为他是一名摄影师,就像康诺弗一样。同诺玛·珍妮后来遇到的那些电影摄影师、制片人和经纪人一样,在她事业起步的最初几年里照相机背后的男人们能够用最美的光线将她呈现在世界面前。她需要他们,感激他们,觉得他们有恩于她,她奉献出自己以此报答他们,因为他们正在拍摄她的形象向无名大众推销。

一种全新的生活方式开始了,这样的生活对诺玛·珍妮来说很重要,拍摄照片的事情令她感到兴奋。跟照相机"做爱"很安全,又能令她心满意足。你尽可以幻想任何人甚至所有人,但是此时此刻不存在任何威胁。在模特和演员中间这种情形并不罕见,他们渴望被看到、被认出,渴望受到肯定和承认,取悦和满足他人的渴望是他们从业的基础。

从这一点而言，诺玛·珍妮同珍·哈露非常相似，后者也会同摄影师打情骂俏（有时候非常露骨）。例如，有一次跟摄影师泰德·艾伦进行外景拍摄的时候，别人递给珍·哈露一张渔网叫她套在白裙子上。珍·哈露立即脱得一丝不挂，套着渔网站在那里。"这样是不是效果更好一些？"她问艾伦。[XIII]后来，艾伦认为珍·哈露"以为要是我能被刺激得兴奋起来的话，我就能拍出更好的照片。我意识到她总是需要一种私密的感觉——被人喜欢的感觉。这种感觉令她感到安全"。诺玛·珍妮同这个一直被奉作她的偶像的女人没有多少区别。因为自己的身体受到关注和崇拜，无论是谁都会渴望取悦关注自己的人，对渴望得到自己的人心存感激。从童年起直至整个学生时代，她的性格有一个明显特征——试图博得他人的认可。对她而言，这个性格特征自然而然会延伸到性的方面。现在，这个一直梦想着自己赤裸的身体前有一群崇拜者的女孩能够献出自己了，能够向他们的崇拜和爱慕表示感谢了。对于诺玛·珍妮而言，这种事情并不淫秽或者不道德，她似乎从未产生过罪恶感。正如戴维·康诺弗说过的那样，她其实只是"顺其自然而已"。

诺玛·珍妮回到洛杉矶，年纪轻轻的她已经有了一些见识，她的行为举止肯定明显地透露出了这一点。出现在她面前的是一个怒火中烧的丈夫，后者逼着她做出选择，要丈夫还是要事业。诺玛·珍妮指出丈夫已经大约两年不在家了，她没有理由待在家里当家庭主妇，她斩钉截铁地质问他当模特有什么错？这个问题得到了两个答案：詹姆斯需要一个安静的家庭主妇，不需要一个冉冉升起的"万人迷"；詹姆斯还需要孩子。1946年的春天，多尔蒂夫妇遭到了一场新冷战的重创，尤其是当诺玛·珍妮"几乎气疯了——她以为自己怀孕了"[XIV]的时候（詹姆斯所述）。也许他们两个人都对孩子父亲的身份产生了怀疑，最终月经的出现让这场风波不了了之。

1月末，詹姆斯又接到命令重返太平洋战区执行任务，盟军取得胜利后商船队需要在太平洋战区协助运输工作，将部队和物资运回欧洲和美国。他说希望自己当年晚些时候回家时诺玛·珍妮会变得清醒一些。

听说诺玛·珍妮又独自在家后，格蕾斯偶尔会邀请她去凡奈斯一起吃顿饭或者周末一起出去逛一逛。诺玛·珍妮每次都拒绝格蕾斯的好意，之所以这么做

第六章　1945年12月—1946年8月 | 107

或许是因为她想进一步拉开自己同过去的距离，此外还有一个更加令人不安的原因也促使她疏远了格蕾斯。1946年的格蕾斯已经变成了一个酒鬼，有时候轻浮、啰唆得不正常，更多的时候会陷入沮丧，疏远所有人。同格拉迪斯一样，她也变得喜怒无常了。

诺玛·珍妮从安娜阿姨楼下那间小小的公寓走出去，成为了一名模特。埃米琳·斯尼夫利已经有了各式各样的照片供洛杉矶的艺术家和摄影师们传阅，几乎每天都有人打来电话要求聘用诺玛·珍妮。

2月，诺玛·珍妮为苏格兰摄影师威廉·伯恩赛德当了模特，后者被"隐藏在笑容中的迷茫目光"[XV]震撼了。同康诺弗与德·迪耶纳一样，这位摄影师也被诺玛·珍妮的合作精神、欣然讨好他的态度给迷住了。多年后伯恩赛德说过："花了两个星期的时间才得到了一个吻。"但是，接下来没花多长时间他就同诺玛·珍妮有了更亲密的交往。诺玛·珍妮先是爱上照相机，据伯恩赛德所述，"照相机令她感到安慰"，接着就爱上了拿照相机的人。诺玛·珍妮不是一个贪婪的小明星，无意用性来换取事业的进步，伯恩赛德还记得"她腼腆、没有安全感。她不喜欢别人太快地对她动手动脚。你压根别想用暴力征服她"。

诺玛·珍妮经历着一场飞速的蜕变。害羞、担心自己得不到认可、偶尔出现口吃和犹豫不决，这些问题都没有消失，但是她开始交出自己了——视觉上将自己交给照相机，肉体上毫不掩饰地将自己交给摄影师。伯恩赛德凭借着职业才华俘获了她的感激，或许其他人也是如此，她用自己的身体表达着对他的感激。不过，伯恩赛德很快就结束了和诺玛·珍妮的恋情。诺玛·珍妮还给他寄去一首抒情诗：

> 曾经我可以爱上你，甚至可以说出口
>
> 可是你走了，
>
> 走得那么远。
>
> 等你回头时，为时已晚
>
> 爱这个字已经被遗忘了，
>
> 记得吗？[XVI]

1946年的2月和3月，诺玛·珍妮为画家厄尔·莫兰与摄影师约瑟夫·贾斯古尔当了模特，她同这两个男人都打得火热，但是始终没有发生过肌肤之亲。莫兰给她支付的报酬是每小时10美元,拍下了她身着各种礼服和小礼服的照片、穿着一套很暴露的分体式泳装的"出水芙蓉"照、洗完澡擦干身子的照片、裸露着胸部晾起内衣的照片,然后他再参照这些照片创作炭笔画和粉笔画,这些画作都被卖给了美国最大的日历设计公司"布朗和比洛奇公司"。莫兰在多年后说过:"她喜欢当模特。对她来说这就是表演,她对情绪的把握很准确。"[XVII]

凭借着发表在《银幕》、《电影故事》和《好莱坞市民新闻》上的作品,贾斯古尔成了一位明星摄影师,在斯尼夫利小姐的请求下他同意为诺玛·珍妮试拍一次。一天下午,他打开自己在好莱坞的公寓工作室的大门,看到门外站着"一个羞涩的女孩,一点也不像通常的模特。她上气不接下气,显得那么紧张"。[XVIII] 令贾斯古尔惊讶的是,这个女孩来晚了一个多小时,这样的表现似乎不符合她对事业表露无遗的热诚。后来贾斯古尔认为她之所以迟到是因为"她不确定自己的模样是否拿得出手,或者说令人满意"。

诺玛·珍妮告诉贾斯古尔她付不起摄影费,甚至负担不起一顿像样的饭菜。考虑到她那年冬天被安排得满满的工作日程表,这种说法肯定夸大其词了。贾斯古尔是斯尼夫利的朋友,3月10日那天晚上等第一批底片晾干后,他还是请她吃了一顿晚饭。那个月他们一直保持着合作,爬上好莱坞的标志牌,徜徉在祖玛海滩,贾斯古尔拍了黑白照片也拍了彩色照片,她在湿漉漉沙滩上画出一颗颗桃心,他拍下了她欢蹦乱跳的模样。

在这一年,拉兹洛·维林格也为诺玛·珍妮拍摄了一些无与伦比的照片。

> 一看到照相机——任何一部照相机——她就变得神采飞扬起来,完全变了一个人。拍摄刚一结束,她就恢复了原先不太有趣的姿势。她有一种唤起他人同情的本事,她将这种天赋发挥到了最大限度,就连她身边的人以及了解模特的人也都对这种"救救我"的姿态信以为真。[XIX]

丈夫远在海外,认识的人越来越多——不难想象,对于来势汹汹的崇拜者而说,这个漂亮孤独、年仅19岁的女孩唾手可得。但是这一次的情况截然不同。男演员肯·杜梅因与诺玛·珍妮的同事莉迪娅·博德里奥都记得在1949年春天斯尼夫利手下的模特经常参加四人或六人约会。同诺玛·珍妮一起度过的夜晚或许包括一场电影,然后开车去海滩,或者在俱乐部里跳上几个钟头的舞。诺玛·珍妮没有放荡的名声,不过她跟好几个男青年都约会过不止一次。杜梅因记得自己曾陪着她去了日落街上的一家俱乐部,她特别喜欢这家俱乐部,"俱乐部里有一个名叫'雷·波旁'的女艺人吸引了很多崇拜者。她喜欢这种事情,跟她在一起也很开心。她天生就有一种可爱、正派的气质,任何环境或者玩笑话都无法改变这一点"。[XX]即使她愿意,她的生活中新出现的一个棘手问题也导致她躲开了各种机会。那年春天,诺玛·珍妮的信箱几乎每天都能收到可怜兮兮的来信。格拉迪斯恳求女儿允许自己搬来跟她一起生活,信誓旦旦地说自己不会给女儿惹麻烦,还会找一份工作。4月,诺玛·珍妮给母亲寄去了一笔用来支付旅费的现金,没过多久母女俩就合住在了内布拉斯加大道上那套只有两个小房间的公寓里,而且还睡在一张床上。这是诺玛·珍妮最后一次尝试同母亲培养起感情,这次努力很短暂,也很徒劳。

4月,趁着一次短假的机会詹姆斯回了家,迎接他的就是这种状况。回到公寓后,他看到格拉迪斯茫然地盯着他,多年后他依然记得到了这个阶段格拉迪斯显然已经无法照顾自己。她的女儿也没有承担起这份责任。

格拉迪斯在精神和情感方面究竟出了什么问题始终没有定论,家族里保存下来的不多几份医疗报告都没有明确的诊断结果。她思维敏捷,知道周围的环境和自己的身份,没有暴力倾向,没有产生幻觉和妄想,也没有出现精神分裂症的明显症状。相反,她在逃避日常生活,也就是说她似乎无法或者说无意维持正常的人际关系,更不用说稳定的工作。总体而言,她似乎失去了感情能力。埃莉诺·戈达德说过:"她总是走神,难以捉摸。她很听话,可就是一副魂不守舍的模样。"[XXI]许多年后出现的更复杂的身体检查或许能够查明格拉迪斯的问题在于生化系统失衡甚至是良性肿瘤,心理咨询或许能够发现她长期患有可以治愈的恐惧症或者具有负罪情结,药物治疗或许也能起到一定作用。然而,在1946年格拉迪斯在人力和财力上都找不到求助的对象。

格拉迪斯和诺玛·珍妮在一起的生活很快便显示出了注定的结果,这个家容纳不下三个人,詹姆斯在家里待了一会儿便去了母亲的家,在那里度过了两天的假期。考虑到他们之前围绕着妻子的事业和他对未来的打算发生的争执,他认为格拉迪斯的存在是妻子为了离婚创造的方便条件。在他看来诺玛·珍妮"很精明"[XXII],"她确保格拉迪斯会在内布拉斯加大道住下去,她的母亲会占住我在公寓里唯——张床上应该占据的位置"。这种判断也许有些草率,他对格拉迪斯之前在波特兰对女儿提出要求的事情一无所知。詹姆斯感到愤恨，随即也不再联系妻子，也不想同后者谈一谈他们的婚姻。对他而言，格拉迪斯完全是"一个没有多少感情的女人"，[XXIII]甚至是一个不受欢迎的闯入者。詹姆斯没有再和诺玛·珍妮见一面就返回商船队继续参加工作了。

4月末，格拉迪斯住进了北加利福尼亚的一家诊所，女儿尽力寄钱给诊所，以保证基本护理之外的额外费用。诺玛·珍妮一直没有停止对母亲的资助，但是她关注的焦点已经转移到了自己的事业上。[XXIV]

1946年初，诺玛·珍妮与埃米琳·斯尼夫利就自己参加电影拍摄的可能性商量过几次。康诺弗、德·迪耶纳、伯恩赛德与莫兰都跟她说过这种事情并非毫无希望，她天生就是成为电影公司小明星的材料。在好莱坞，每一年都有数百人接受试镜，签订低薪的合约。有时候他们会得到一个小角色，少数一些人在经过一番调教和培训之后还能得到有台词的小角色，极少数幸运儿最终会升级为配角。

在这些野心勃勃的年轻人中间，只有很少一些人成为了明星。电影公司知道公众的口味瞬息万变，大红大紫的明星很少能一直红下去。电影界必须随时保持一支学徒队伍，一个"人才"库，供制片人从中挑选出新的小明星。在这些公认的规则中，有一条不成文但是所有人都认为是理所当然的规则。由于电影运作时可能出现的问题，这个行业里未婚年轻女性会比较受重视。电影拍摄过程中，一旦女演员怀孕，电影公司就不得不取消拍摄计划或者更换演员，这样一来公司就会遭受巨大的损失。急于成功的小明星都必须准备做出各种各样的牺牲。

让诺玛·珍妮意识到电影世界这些现实问题的除了斯尼夫利和摄影师们，还有格蕾斯，这一年4月诺玛·珍妮同她至少见了一次面。如果诺玛·珍妮希望为成为明星做好准备的话，她和詹姆斯·多尔蒂的婚姻就必须正式结束。当初格蕾斯将格拉迪斯送入医院，争取到了对诺玛·珍妮的监护权，紧接着她又决定让这个女孩暂时住进孤儿院，这个女孩同詹姆斯的婚姻也是她一手包办的，现在她又开始怂恿她结束这场婚姻。正如詹姆斯后来所说，实际上"格蕾斯跟发生的所有事情都有着很大的关系"。5月14日，诺玛·珍妮从安娜阿姨家被打发到了格蕾斯的另外一位亲戚家，69岁的寡妇敏妮·威利特。敏妮住在拉斯维加斯南3街604

号,这为诺玛·珍妮提供了方便,在那里办理离婚手续几乎就像走进当地的赌场一样简单。

两个星期后,正在上海附近执行任务的詹姆斯收到一封盖着内华达邮戳的信,名叫C. 诺曼·康沃尔的律师宣布诺玛·珍妮·多尔蒂已经申请离婚了。"起初她觉得跟我在一起会找到安全感,现在她又觉得电影公司的合同能让她得到更多的东西。反正能歌善舞、容貌姣好的姑娘千千万,她想进电影圈,那就祝她好运吧。"[XXV]詹姆斯立即给洛杉矶当地的相关政府机构打去电话,不再给妻子提供每个月的生活费。

6月底,詹姆斯回到了加利福尼亚,安娜阿姨给了他一个电话号码。然而,诺玛·珍妮没有住在敏妮那里,由于口腔感染她正在拉斯维加斯的一家医院里接受治疗。

一开始,詹姆斯没有听出电话里那个低沉的声音就是诺玛·珍妮,不过随即他就明白了这种声音并不是疾病造成的。"他们跟我说在电影里我得压低音调。"诺玛·珍妮坦率地告诉丈夫,随即又说道,"几天前护士给我拿来一封信。你为什么要掐断给我的补贴?"

詹姆斯的答复也同样直率:"听着,小丫头,事情就是这样的。什么也得不到的话,那你就用不着掏一分钱。"诺玛·珍妮继续说自己不希望失去他,他们仍旧可以"约会",她只是为她的事业做了比较实际的考虑。[XXVI]詹姆斯的态度很坚决,多年后他说过:"她以为我们能在没有婚姻关系的情况下住在一起,以为我们还能像以前一样过日子。"[XXVII]诺玛·珍妮对自己的未来没有把握,她试图找到一个安全的妥协方案。

"你疯了吗?我要的是妻子和孩子,你要的是离婚,那咱们就离婚吧。那样一切就都结束了。"詹姆斯答道。

一切真的都结束了。诺玛·珍妮给詹姆斯安上了一个很空泛也很常见的罪名,"极端的精神虐待,对原告的健康造成了损害"。[XXVIII]她提起离婚诉讼,詹姆斯没有提出异议。1946年9月13日,下午2点,诺玛·珍妮与敏妮出现在最终听证会的法庭上,主审法官是洛杉矶的地方初审法院法官A. S. 亨德森。说出自己的姓名和在内华达州的居住地址后,原告回答了自己的律师提出的几个问题:

"你打算[在内华达]安家、永久居住在这里吗?"

"是的。"

"自5月来到这里后,你一直有这样的打算吗?"

"是的。"

"你打算无限期地住在这里吗?"

"是的。"

"你提出你的丈夫在没有正当理由、你也没有对他进行刺激的情况下对你实施了极端的精神虐待。你可以告诉法庭他有哪些表现促使你做出了这样的指控吗?"

"好的。首先,我丈夫不支持我,并且反对我参加工作,还为此指责我,他的脾气也很差,会突然发火,曾经有三次他把我一个人丢下,当着我朋友的面指责我、羞辱我,他也不曾努力为我创造一个家。"

"这些事情对你的健康造成了怎样的影响?"

"让我感到心烦意乱,让我感到焦虑。"

"以至于在这种情况下你无法跟他生活在一起、拥有健康?"

"是的。"

"还有和解的余地吗?"

"没有。"

不到5分钟,亨德森法官便敲起了手里的小木槌。"法院准予离婚。"话还没说完他就已经站了起来。就在这一刻,多尔蒂夫妇的婚姻结束了。两个星期后,詹姆斯在判决书上签了字,给了诺玛·珍妮自由,还有他那辆1935年出厂的"福特"跑车。从此以后,他们再也不曾见过面,也不曾说过话。4年后,诺玛·珍妮告诉一名记者:"我结过婚,然后又离了。这是一个错误,后来他又结婚了。"[XXIX]这是她最后一次在公开场合提到自己的第一段婚姻。

鉴于诺玛·珍妮的证词,内华达州或许可以以伪证罪的罪名起诉她,按照离婚法的规定,从5月14日到9月13日她必须一直住在内华达,然而她只是断断续续地住在那里。在那个夏天,她悄悄地溜回洛杉矶,因为斯尼夫利跟朋友海伦·安斯沃思取得了联系。海伦是一个严厉的经纪人,体重高达200磅(约为90千克),以"丘比特"的名字在业界为人所熟知,她管理着娱乐经纪公司"全国音乐会艺术家公司"的西海岸办事处。为了帮助老朋友斯尼夫利,海伦安排诺玛·珍妮同20世纪福克斯电影公司的一名主管见了一面,向后者引荐了这位模特。这家电影公司坐落在西洛杉矶的皮科大道。*

1946年7月17日,星期三,上午10:30,诺玛·珍妮如约准时赶到了本·利昂的办公室。45岁的利昂有着漫长的舞台及银幕生涯,最为人们所熟悉的经历就是曾在《地狱天使》一片中扮演男主角。这部影片拍摄于1930年,由集航空工程师、飞行员、企业家和电影导演于一身的好莱坞天才霍华德·休斯担任制片及导演,正是这部影片为珍·哈露的事业奠定了坚实的基础。利昂的妻子是女演员贝贝·丹尼尔斯,"二战"期间他们一直住在英格兰(战争中利昂加入了英国皇家空军,功勋卓著),回到美国后利昂立即进入了20世纪福克斯电影公司,负责征召新秀、指导角色分配的工作。利昂给了诺玛·珍妮《胜利女神》的一部分剧本,要求她朗读几句台词。在20世纪福克斯电影公司于1944年拍摄的这部战时情节剧中,这几句台词是朱迪·霍利德的道白。霍利德也是一位有些上气不接下气的金发美女,拥有很高的喜剧天赋。关于诺玛·珍妮与利昂第一次会面的具体情形以及诺玛·珍妮朗读剧本的效果,外界不得而知,但是利昂叫诺玛·珍妮再去公司参加一次试镜这一点是确定无疑的。

1946年6月19日,诺玛·珍妮被带到了为贝蒂·葛莱宝的新影片《素娥怨》搭建的一处布景前,并被介绍给了几位电影界的精英人物:伟大的摄影师利昂·沙姆洛伊(当时已经凭借《黑天鹅》《威尔逊总统传》和《狂恋》获得过3次奥斯卡最佳摄影奖,在1963年又凭借《埃及艳后》再次获奖)、资深化妆师艾伦·斯奈德(负责福克斯公司的大明星贝蒂·葛莱宝、吉恩·蒂尔尼、琳达·达内尔、艾丽丝·费伊以及其他一些演员的化妆工作)、导演沃尔特·朗(以拍摄浮华通俗的娱乐片著称)和服装设计师查尔斯·勒梅尔(一生中获得过3次奥斯卡最佳服装设计奖提名并3次获奖)。利昂还叫来了公司最出色的4位技师调整试镜布景。

---

* 斯尼夫利希望能为诺玛·珍妮接到拍摄电影的工作,她鼓励后者同海伦的全国音乐会艺术家公司签下了一份合约。其实,早在1946年3月11日诺玛·珍妮就已经签过这样的合同。

同人们普遍认识相左的是，这次试镜不是一个轻松的差事。提起往事时斯奈德说过："她一直在做模特的工作，出现在我们面前时她对一切都了如指掌，或者说她自以为是这样的。我还记得当时我心想这是一个很坚定、很有野心的女孩，尽管她显然很紧张。"XXX诺玛·珍妮要求斯奈德给她画一个浓妆，这种妆容完全不适合彩色影片的试镜。看到她的妆容时，沙姆洛伊放下了手里那根粗粗的雪茄，叫着斯奈德的昵称咆哮了起来："怀迪，你究竟往那张脸上涂了些什么玩意？从那个角度我们根本没法拍她！把这个姑娘带到楼下去，把该死的玩意洗掉去，按照你的理解去画她的脸，然后再把她领到这儿来！"

焦虑，再加上也清楚自己犯了怎样的策略性失误，诺玛·珍妮又出现了口吃的问题，还流起了汗，尴尬和唯恐失败的忧虑（一生中她常常受到这种情绪的困扰）导致她的脸上出现了一片片红斑。这次试镜不需要录音，只需要将她的容貌展现给达里尔·扎努克以争取得到这位制片主管的认可，这个消息令诺玛·珍妮如释重负。诺玛·珍妮得到了一连串简单的指令，几位传奇电影人组成的小型摄制组投入了工作。100英尺（30.5米）的彩色影片胶片被装进摄影机里，沃尔特·朗便大喊了一声"开始！"

现场鸦雀无声。诺玛·珍妮身着一条拖地衬裙来来回回地走了一会儿。接着，她在一把高脚凳上坐下来，点燃一根香烟，熄灭香烟，站起身，朝布景中的窗户那里走去。惊人的变化发生了。摄影机运转着，诺玛·珍妮没有流露出丝毫的焦虑，她的双手那么稳健，她的一举一动都不慌不忙，那么沉着。她似乎成了全世界最自信的女人。最令人难忘的是，她那光芒四射的笑容令站在一旁的人也都露出了笑容。

利昂·沙姆洛伊在时隔5年后说过：

第一次看着她的时候，我的心里就在想"这个女孩会成为又一个哈露！"她天生的美貌再加上她的自卑感为她赋予了一种神秘的神情……我突然感到一阵战栗。这个女孩有一种默片时代之后我就再也没有见到过的气质。她有一种和葛洛莉娅·斯旺森一样的难以置信的美……她又像珍·哈露一样能在电影胶片上激起性欲。试镜的每一帧都散发出性的气息。她不需要声轨——她创造出了视觉效果。她让我们看到在电影里她能让观众接受她的情绪。XXXI

在那个周末或者接下来的星期一，工作人员为扎努克播放了这段影片，诺玛·珍妮要想得到合约就必须得到这位制片人的认可。碰巧的是，扎努克对诺玛·珍妮没有太大的热情。首先，诺玛·珍妮完全没有电影表演的经历，一个角色都没有演过，甚至不曾在电影表演爱好者组织的表演会上参加过演出，她也没有上过表演课。扎努克个人比较偏爱琳达·达内尔这样有着一头深褐色秀发的女人，他觉得贝蒂·葛莱宝一个人为公司提供金发美女的性感魅力就足够了。不管怎么说，他不像同事们那样在诺玛·珍妮的身上看到令人激动的光芒。不过，听从利昂与沙姆洛伊的意见也不会为公司招致财务风险。公司的法律部门得到指示，起草了一份合同。7月23日，星期二，下午，海伦·安斯沃思指派同事哈里·利普顿代表全国音乐会艺术家公司做新客户的代理人。

诺玛·珍妮面对的是一份标准合同，合同里没有被排除在外的、例外的或者修订的条款。她的保底薪水是每周75美元，无论她是否参加演出，6个月之后公司有权决定是否以两倍薪水再续约半年。她的命运并不完全取决于她的才华，实际上更多取决于她能够令公司的媒体和宣传部门里90名工作人员对她产生多大的兴趣。所谓的"宣传员"能够激起公众对演员的好奇心，在报纸和影迷杂志上安插宣传性的报道，吸引当时最有影响力的专栏作家们的注意力，如赫达·霍珀、洛拉·帕森斯、沃尔特·温切尔和西德尼·斯科尔斯基。电影公司会想方设法说服或者劝诱这些专栏作家以及《电影故事》《当代屏幕》《银幕》和其他精美的出版物推动某些演员的事业发展。可以说，专栏作家掌握着无限的大权。

无论这份合同看起来多么不足为道，无论自己的前途有多么不确定，诺玛·珍妮还是感到极度兴奋。7月29日，她的名字第一次出现在好莱坞的一篇八卦专栏文章中，她也感到了同样的兴奋。赫达·霍珀在一篇供多家报纸刊载的电影新闻摘要中提到了诺玛·珍妮的名字：

> 霍华德·休斯正在康复中。*拿起一本杂志的时候他被封面上的女孩吸引住了，他立即吩咐助手跟这个女孩签下电影合同。这个女孩就是模特

---

* 7月7日，制片人及飞行员霍华德·休斯驾驶的飞机迫降在贝弗利山上，休斯身受重伤。

诺玛·珍妮·多尔蒂。

休斯出手太迟了。9月5日，好莱坞最主要的娱乐杂志《综艺》第一次提到了她的名字，在"新合约"专栏中指出"福克斯"同两名年轻女孩签订了合同，其中一名就是诺玛·珍妮。这个颇有潜力成为小明星的女孩当时只有20岁，按照加利福尼亚州的规定，她还没有达到签署具有法律效力的合同的法定年龄。格蕾斯仍旧是诺玛·珍妮的合法监护人，尽管两个人的关系已经变得有些尴尬和别扭，诺玛·珍妮还是再一次求助于她。在诺玛·珍妮生活中的每一个重要时刻，格蕾斯都占据着核心位置——她离开博朗代夫妇，搬去同格拉迪斯住在一起；格拉迪斯后来被关进精神病院；她在物质方面的各种需要以及她在孤儿之家度过的时光；她在康普顿同亲戚们住在一起的日子；她回到戈达德夫妇身边，当他们搬到东部时她震惊地发现自己被留在加州了；她同詹姆斯·多尔蒂的婚姻以及离婚过程中采取的各种措施。有时候，这个女孩感到自己只是一个可有可无的附属品，是监护人生命中一个可以随时被抛弃的物品，即使对监护人来说她充满了吸引力。但是，格蕾斯经常向她灌输一个概念，她的身上具有一个很理想的自我，一个光彩照人的新"珍·哈露"，现在就连专业人士也都带着欣赏的目光将她同那位巨星相提并论了。在诺玛·珍妮的生活中，格蕾斯一直扮演着大总管的角色，管理的模式就是培养诺玛·珍妮对她的依赖（就像在詹姆斯的事情上一样）。然而，一味服从会令两个人之间的关系变得乏味，长期的言听计从肯定会令一个女孩子感到痛苦，而这个女孩子正在迅速意识到自己有多大的本事，凭着自己的活力，一种少女特有的娇羞姿态，凭着自己的身体，她能够实现多么大的成就。

无论格蕾斯的保护、痴迷和控制在诺玛·珍妮的内心激起了多么复杂矛盾的情绪，毕竟两人一起面对过的危急时刻超过了其他任何人，格蕾斯对她的了解无人可比。而今，格蕾斯困守在没有爱情的婚姻中无法自拔，即使酒精也无法让她获得解脱，从某种程度而言，格蕾斯现在依赖着诺玛·珍妮，她需要后者改善一切，实现她自己的梦想。在"福克斯"的合约上，格蕾斯在"诺玛·珍妮·多尔蒂"这个名字的下方写下了自己变化无常的名字，就在那一刻她证明了自己当初的决定：争取到诺玛·珍妮的监护权、接着又让监护对象自生自灭——尽管后者前途未卜，但是这一切在所难免——是正确的。同之前解决多尔蒂夫妇婚姻问题的情况不同，现在她为诺玛·珍妮的成熟签下了一份保证书，她正在任由自己变得无足轻重，一个只属于过去的关键角色，未来她或许再也不会留在这个舞台上了。

* * *

在合同签订（1946年8月24日）的几天前，诺玛·珍妮被叫到了本·利昂的办公室。合同里只有一处细节尚未敲定，她的名字。利昂直截了当地说必须改掉前夫的姓氏，因为没有人知道这个名字究竟应该读作"多尔蒂"、"多雷蒂"还是"窦尔蒂"，甚至是"多弗尔蒂"。她有自己喜欢的姓氏吗？诺玛·珍妮毫不犹豫地做出了回答。"门罗"是她的娘家姓氏，母亲的家人是她唯一确定的亲人。（同珍·哈露一样，这位巨星也选择了母亲的娘家姓当作自己的姓氏。）利昂同意了这个选择，"门罗"这个姓氏简短、琅琅上口，而且很有美国特色，有一位总统就姓"门罗"。

名字的问题就没有这么简单了。"诺玛·珍妮·门罗"这个名字太拗口，"诺玛·门罗"又有些拗口。一开始，他们选择了"珍·门罗"，但是诺玛·珍妮不喜欢这个名字。如果他们打算改变什么的话，那么她就想改变一切。就在利昂继续琢磨的时候，她聊起了自己的出身。她一直不知道自己的父亲是谁……她的养父是一个挑三拣四、喜欢动粗的男人……在高中时候她被叫作"嗯嗯小妞"。

坐在椅子上的利昂将身体凑了过去："我知道你是谁了，你就是'玛丽莲'！"[XXXII]他大喊了起来。后来，提到这段往事的时候，利昂说过："我告诉她以前有一个可爱的女演员，她的名字就是'玛丽莲·米勒'[1]，她让我想起了那个女演员。"诺玛·珍妮坐在利昂的面前讲述着自己的过去，后者试图在两个女人之间建立一种合情合理的联系，他唯恐由于他们无法找到一个合适的名字导致她失去这次机会。利昂之所以想到玛丽莲·米勒不只是因为她也有着一头金发和一双蓝绿色的眼睛，就像他面前的这个女孩一样。很多年前利昂和米勒发生过一

---

[1] 玛丽莲·米勒（1898—1936），是1920年代和1930年代美国百老汇最受欢迎的音乐剧明星。

段恋情，在遇到贝贝·丹尼尔斯之前他曾经同米勒订过婚，他知道米勒小时候就被父亲遗弃了，后来有了一个暴君般的继父；1920年代，米勒成为了百老汇的音乐喜剧明星［参加了三部曲《萨莉》（1920）、《珊妮》（1925）和《萨莉》（1928）之类热门音乐剧的演出］，她还一度在电影界大获成功；后来她经历了三段婚姻，事业逐渐开始滑坡，身体也越来越差，最终在1936年告别了人世，去世时年仅37岁。利昂说自己正在凝望的那个女孩完全就是玛丽莲·米勒的化身——他也同意沙姆洛伊的看法，这个女孩还是珍·哈露的化身。

诺玛·珍妮·多尔蒂没有立即接受这种说法，"玛丽莲"（原本是"玛丽·林恩"的简写形式）听上去很奇怪，不太自然。利昂提醒她正是由于玛丽莲·米勒的缘故，自从第一次世界大战以来"玛丽莲"就成了美国女孩最喜欢的一个名字。

"说啊……"利昂轻声催促她。

"嗯嗯嗯……"诺玛·珍妮想要说出这个名字，可是一下子她口吃了起来。

他们两个人只能哈哈大笑起来。

"没错——'嗯嗯小姐！'"利昂一边喊，一边拍着巴掌，"你觉得怎么样，亲爱的？"

诺玛·珍妮露出了笑容。"嗯，我想我就叫'玛丽莲·**梦露**（门罗）'了。"XXXIII

注　释

I JWP1, p.1。

II JWP2, p.7。

III 引自塞克里的文章，之前引述过的文章。

IV 安德烈·德·迪耶纳，《玛丽莲，我的爱》（纽约：圣马丁出版社，1985），p.27。

Ⅴ JWP1，pp.7—8。

Ⅵ MG2 Ⅶ，4，没有页码。

Ⅶ 德·迪耶纳，p.51。

Ⅷ 亚历山大·达西向唐纳德·斯波托讲述，1992年6月18日。

Ⅸ 德·迪耶纳，p.71。

Ⅹ 同上，p.67。

Ⅺ MG2 Ⅻ，23，pp.11—12。

Ⅻ 德·迪耶纳，p.70。

ⅩⅢ 戈尔登，p.178。

ⅩⅣ JWP1，p.8。

ⅩⅤ 威廉·伯恩赛德，《我和小玛丽莲一起度过的生活》，《观察家报》，1975年5月11日；参见凯特·沃顿，《照片：应和一个悲伤的爱情故事》，《今日》（英国），1986年4月23日。

ⅩⅥ 这首小诗被转载在1984年5月6日的《观察家报》上，p.23；也被收录在MG2 Ⅶ，4，没有页码。

ⅩⅦ 厄尔·莫兰，《四季皆宜的玛丽莲》，《生活》，第6卷，第7期（1983年7月）：15。

ⅩⅧ 约瑟夫·贾斯古尔向唐纳德·斯波托讲述，1992年2月7日。

ⅩⅨ 拉兹洛·维林格在费尔德曼和温特摄制的纪录片电影《玛丽莲——超越传奇》中所述。

ⅩⅩ 肯·杜梅因向唐纳德·斯波托讲述，1992年2月21日。

ⅩⅪ 埃莉诺·戈达德向唐纳德·斯波托讲述，1992年2月21日。

ⅩⅫ 多尔蒂，p.105。

ⅩⅩⅢ JWP1，p.11。

ⅩⅩⅣ 关于玛丽莲·梦露对母亲的资助，根据后来担任她的业务经理的伊内兹·梅尔森所述，"玛丽莲从来不会推卸责任，即使是法定责任之外的事情。无论她的帮助有多么微不足道，她还是在母亲的护理工作上出了一份力，她在遗嘱中确保了即使自己逝世后母亲也依然能够继续得到护理。"见伊内兹·梅尔森，引自《听众》（伦敦），1979年8月30日。

ⅩⅩⅤ JWP1，p.8。

ⅩⅩⅥ 多尔蒂夫妇的这段对话是詹姆斯·多尔蒂向简·威尔基讲述的，JWP2，pp.1，11。

ⅩⅩⅦ 多尔蒂向唐纳德·斯波托讲述，1992年6月20日。

ⅩⅩⅧ 投诉，"原告：诺玛·珍妮·多尔蒂；被告：詹姆斯·爱德华·多尔蒂"，案件#31146，内华达州克拉克县第八地区法院，1946年7月5日归档。

XXIX 菲利普·K.舒伊尔，《为了玛丽莲·梦露这样的"外甥女"鬼哭狼嚎》，《洛杉矶时报》，1950年8月29日。

XXX 艾伦·斯奈德向唐纳德·斯波托讲述，1992年5月2日。接下来引述的利昂·沙姆洛伊所说的那番话也是斯奈德讲述给外界的。

XXXI 利昂·沙姆洛伊，引自罗伯特·卡恩撰写的《1951年的标准金发美女》一文，《科里尔》，1951年9月8日；另见佐洛托，pp.60—61。

XXXII 本·利昂向厄尔·威尔逊讲述的，引自《洛杉矶每日新闻》，1953年6月13日，p.10。

XXXIII 玛丽莲·梦露引述了这段对话，MG2X，8，pp.22—23。

第七章　1946年9月—1948年2月

电影公司为一位名叫"玛丽莲·梦露"的大有前途的新秀提供专业服务的历史可以追溯到威廉·弗里德。弗里德是一名来自匈牙利的移民，世纪交接时他在布鲁克林经营过一家以投币机为主业的游戏厅。第一次世界大战结束的时候，他为自己改名为"威廉·福克斯"，不久后他就创办了一家电影公司，迁居到了西部，开始在好莱坞摄制电影，同时还经营影片发行和放映业务。为他效力的明星包括蒂达·巴拉，大银幕上出现的神秘莫测的蛇蝎美人的雏形；游泳冠军安妮特·凯勒曼；牛仔汤姆·米克斯；首位奥斯卡最佳女主角奖得主，一副脆弱模样的小甜心珍妮·盖诺；以及在1930年代初期就已经在银幕上游刃有余的童星秀兰·邓波儿。

到了1935年，经济大萧条和一起严重的事故改变了福克斯的命运。[1]他宣布破产，他名下的福克斯电影公司同20世纪影片公司合并组成了一家新公司。20世纪影片公司是电影大亨约瑟夫·M. 申科（诺玛·塔尔梅奇的前夫）和华纳兄弟影业公司的首席制片人达里尔·F. 扎努克两年前联手创办的一家公司，两家公司合并后申科出任了20世纪福克斯电影公司的董事长，扎努克成为了负责制片工作的副总裁。到了1943年，新公司"三巨头"中就只有扎努克还没有因为偷税漏税、行贿或者非法联合支付酬劳的罪名而锒铛入狱。*

玛丽莲·梦露进入20世纪福克斯电影公司时公司收益恰好达到历史最高

---

* 出现在银幕上的公司标志、公司广告和电影院大多都将公司名称写作"20世纪－福克斯"，但是出于法律方面的原因，公司签订的合同、文件以及公函中都只能将公司名称写作"二十世纪－福克斯"。1984年，从1935年起使用的标志着两家公司合并的连字符"－"被删去了。

值,刚刚在银幕上大放异彩的《罗娜秘史》、《92街的房子》、《布鲁克林有棵树》、《天路历程》和《狂恋》为公司带来了2200多万美元的收入。凭借着精湛的摄制技术,再加上一系列光鲜浮华的音乐剧、根据文学作品改编的惊悚片、扣人心弦的剧情片都大获成功,以及麾下数量可观的明星和导演,[*]20世纪福克斯电影公司享有盛名、备受敬仰。然而,在市场的宣传推广下最早一批电视机进入了美国家庭,所有的电影公司都面临着利润大幅度下滑的危险。

20世纪福克斯电影公司的命运在很大程度上取决于一个人,这个人掌管该公司长达35年。1946年,出生于内布拉斯加州的达里尔·F.扎努克已经44岁了,他身材矮小、头脑敏锐,长着一口稀疏的牙齿,为人专横跋扈、精力充沛,最能体现他行为方式的莫过于他常常对员工吼叫的一句话——"我说完之前,不要附和我!"1923至1933年,他一直在华纳兄弟公司担任编剧,他参与制作的影片包括儿童冒险系列剧《雷丁丁》。事实上,正是在扎努克的指导下,德国牧羊犬雷丁丁成功地从默片走入有声影片。

编剧欧内斯特·莱曼对扎努克的记忆非常生动迷人,在他的记忆中扎努克是一个大嗓门的人,总是叼着一根粗大的雪茄,大步流星地在电影厂里走来走去,手里还拎着一根短马鞭。"扎努克有一位助理,他一边走,助理就一边朝空中扔着纸团,好让他挥舞马鞭抽打纸团。有一天,这个人被解雇了,传言因为他扔了三次都没让达里尔击中!"[11]莱曼还记得扎努克主持了一场又一场漫长的剧本讨论会,影片拍摄的各个环节他都会参与其中。

自从接管了福克斯公司的业务后(公司坐落于皮科大道10201号,距离玛丽莲·梦露的住处和学校只有10分钟车程),喜怒无常的扎努克就以对待同事的态度出了名,他面对同事们就如同面对狗一样,完全是一副高高在上的模样。同很多掌握着生杀大权的电影制片人一样,扎努克在工作中十分克制,在私生活中却

---

[*] 同公司签约的最受欢迎的明星包括唐·阿米奇、安妮·巴克斯、艾丽丝·费伊、亨利·方达、贝蒂·葛莱宝、卡门·米兰达、格利高里·派克、泰隆·鲍华、吉恩·蒂尔尼和洛丽泰·扬,导演包括亨利·哈撒韦、伊利亚·卡赞、安纳托尔·李维克、约瑟夫·L.曼凯维奇和奥托·普雷明格。

极其放纵，在傍晚同刚刚崭露头角、前途光明的新秀们举行的会议上就更是如此，有些会议是非常隐私的会面。根据扎努克的好朋友编剧菲利普·邓恩所述，扎努克是一个"精力十足、性生活混乱的情人，[但同时]在判断他人性格方面是一个天才。同一切伟大的经理人一样，他知道何时应当娇宠，何时应当威吓，何时应当劝导"。[III]

作为制片人，扎努克有着无可争辩、叹为观止的成就，为电影公司赢得了32尊奥斯卡金像奖奖杯。*1946年，他制作了以反犹太主义为主题的影片《君子协定》，这部讲述美国社会中存在的反犹太主义的影片获得了第20届奥斯卡最佳影片奖，影片的导演是伊利亚·卡赞。同时，每年扎努克还指导将近50部影片的剧本创作、预算、角色分配、剪辑和最终剪辑等各项环节的工作，公司签订的每一份新合同也都要经过他的批准。在好莱坞，他同意拍摄的彩色影片数量超过了任何一家电影公司，在留住老导演的同时他还为公司吸引来不少新导演。在公司里，扎努克享有极大的自由，很大程度上独立于总裁斯派罗斯·斯库拉斯，后者曾经在华纳兄弟公司和20世纪公司与他共事。反而是身为福克斯公司财务总监的斯库拉斯非常倚重扎努克在创意方面的直觉。

至于玛丽莲·梦露，扎努克则很少注意到她。玛丽莲只是公司名下众多签约职员之一，在为影片挑选演员的时候扎努克总是毫无兴趣地将她的照片匆匆翻过去。尽管如此，玛丽莲至少有了固定收入，9月她开办了一个活期存款账户。但是一年到头她也没有接到一项工作，就连群众场面中的小角色都没有得到。根据玛丽莲的经纪人哈里·利普顿所述，"她非常渴望参加工作"，[IV]利普顿还说有些人认为不参加演出就能拿到报酬可真是一份美差，但是玛丽莲不认同这种说法。尽管公司不做要求，但是艾伦·斯奈德记得她还是天天去公司报到。在这个时期，玛丽莲仍旧同安娜·罗尔住在一起，她坐公交车或者骑自行车去福克斯公司的服装部，学习历史服装和当代服装、面料和束身衣的知识。只要是拥有她渴

---

* 截至1946年，扎努克最著名的成果就包括《红盾家族传奇》《亚历山大的爵士乐队》《荡寇志》《青年林肯》《铁血金戈》《愤怒的葡萄》《烟草之路》《青山翠谷》。

望学到的知识的人，只要是能够在灯光、移动镜头、措辞或者发音方面给她讲解上5分钟的人，她都会向对方请教一番。

玛丽莲"极度渴望尽量多学一些东西"（斯奈德语）[V]，她还渴望掌握分别适合黑白影片和彩色影片的正确化妆技巧。斯奈德精湛的化妆技术在整个电影界（后来在电视界也是如此）都赫赫有名，他能够针对形形色色的角色为演员塑造妆容。很快，斯奈德就成为了这位年轻学徒的导师，玛丽莲信任他，相信他在化妆方面的指导，尽管她没有参加演出的任务，而他的日程又很繁忙，他依然耐心地向她讲解电影化妆术的秘密，对此她心存感激。

"我一下子就看出了她非常没有安全感，尽管她当过模特，但是她并不认为自己是一个美人。我费了很多口舌才说服她，让她意识到自己具有的那种天然的朝气和美丽，让她意识到自己能在片子[电影]里得到多么充分的利用。"玛丽莲显然严重缺乏自信，面对通过电影术所能展现的美丽、产生的改变她表现出幼稚的好奇心，这些特质打动了斯奈德。在玛丽莲的身上，斯奈德还看到了坚定的决心，以及面对每个星期都"得不到调遣"的失望时表现出的勇气，她固执地尽自己最大努力学习一切自己一无所知的知识，与此同时一直面对着这样的失望。同沙姆洛伊和利昂一样，斯奈德在她的身上看到了一种罕见、闪光的品质，一种模糊的、难以描述的品质，一种成熟女性的经验加上小孩子的需求所产生的品质。斯奈德与玛丽莲·梦露培养起深厚持久的友谊，从玛丽莲职业生涯的第一天直到她生命结束，这段感情维持了16年之久，而且始终不曾掺杂过爱情的成分。*

1946年末至1947年初，福克斯公司里的其他同事也发现了玛丽莲对工作的热忱、对参加公司拍摄工作的急切。对于玛丽莲而言，一次工作机会就意味着自己被接纳进了那个一直令她感到自己被排斥在外的圈子。公司里的公关人员约

---

* 多年后，斯奈德简单地讲述过为玛丽莲·梦露化妆的技巧：淡淡的粉底，接着在眼睛下方和周围、颧骨和周围区域加上高光。然后就需要确定眼影的色调，眼影淡淡地向发际线过渡，用眼线笔在眼睛周围画一圈眼线，眉毛略尖，以加宽额头，颧骨下方加一点颜色，根据服装和灯光画出精致的阴影。唇色根据实际情况决定，后来宽银幕的出现给唇色的选择带来了新的挑战。

翰·坎贝尔还记得玛丽莲每天都会在公司的新闻部门露面，她身着一件紧身毛衣，打听着公关宣传工作的细节。坎贝尔发现玛丽莲为人友善，不希望自己出现粗鲁的举止，然而管理层对她没有任何工作上的安排，因此在公关人员的眼中她有些讨人嫌。

不过，对于福克斯公司的剧照摄影师们来说她并不令人厌烦，这些摄影师经常接到指示，为杂志、报纸和广告公司提供精美的宣传资料，他们的拍摄对象就是公司充满魅力的签约演员。玛丽莲身着最暴露的泳装或者几乎和玻璃纸一样透明的长睡衣，开心地为剧照摄影师们摆着造型。不难想见，最大胆的照片都得不到采用，不过摄影师和拍摄对象都对这样的差事毫无怨言。福克斯公司的公关人员制作过一份宣传资料——一幅为1947年1月30日的《洛杉矶时报》增色不少的照片，照片中玛丽莲身着两件式的泳装，为照片配发的标题有些好笑——"保姆走进了电影里"。同时发表的宣传信息中将她的年龄减小了两岁，并解释说这位"18岁的金发保姆走进了公司一名星探的家"，随即便走上了星光大道。然而，这条路没有捷径可走。

1947年2月，福克斯公司行使了公司的权力，同玛丽莲续签了为期6个月的合约。几天后，玛丽莲终于接到了试镜的通知。玛丽莲·梦露的第一个银幕角色是无足轻重的影片《斯库达，嚯！斯库达，嗨！》中的一名高中女生，英国发行商明智地将影片更名为《夏日闪电》。这部彩色影片讲述的是生活在农场里的一家人，来自不同父母的两兄弟为了养殖骡子的最佳方式争执不休。* 在3月的几天里，玛丽莲去公司报到了，在F. 休·赫伯特的指导下她参加了两场戏的演出，全都极其乏味，只是在交代情节而已。其中一场戏里，玛丽莲同另一位刚刚崭露头角的女演员划着一条小船，最终剪辑出的成片中这一幕完全被剪掉。第二幕被保留了下来，这一幕中玛丽莲的镜头转瞬即逝，她的声音也只出现了一秒钟——她轻快地走在女主演琼·哈弗和年仅8岁的娜塔莉·伍德的身后，她冲哈弗喊了一声："嗨，拉德！"玛丽莲·梦露的名字没有出现在演职人员表中，可能只有最

---

* 影片在美国发行时的名字指的是农夫驱赶骡队时的喊叫声，相当于赶马时的"吁——驾！"。

专注的观众才会注意到她的存在。还没等哈弗回应一声"嗨，佩吉！"，她就已经退出了银幕。*

玛丽莲·梦露在福克斯公司拍摄的第二部影片也没有推动她的演艺事业。1947年5月，她在影片《危险年代》的三场戏中略微露了几面，这部沉闷、严肃的剧情片讲述的是青少年犯罪问题。玛丽莲扮演的是餐馆"地鼠洞"的女招待伊芙，这家餐馆是青少年的聚集点，伊芙不允许男孩子们在她的地盘上胡来。有一个男孩提出等她下班后跟她约会，她告诉对方他负担不起约会的钱。过了一会儿，这个自以为是的男孩给自己和另外一个女孩点了汽水，他向伊芙吹嘘道："我说过我有钱！"伊芙用不屑的目光冷冷地看着对方，甩了一下金色的长发，用低沉的嗓音无礼地回应了一句："没错，现在你买得起两杯可乐了！"一下子就杀掉了对方的威风。这一句堪比另一位伊芙（女演员伊芙·阿登）的道白。玛丽莲充满自信的尖刻为这部乏味冗长、很快就被观众淡忘的影片贡献了全片唯一一场令人欢笑的戏。《危险年代》（在片头字幕中，玛丽莲·梦露的名字被排在第14位）于1947年12月公映，也就是《斯库达，嚯！斯库达，嗨！》发行的4个月前。

这两部影片对玛丽莲·梦露和制片人都毫无帮助，1947年8月，福克斯公司没有同玛丽莲续约。提起往事时哈里·利普顿说过："当我告诉她'福克斯'不接受选择的时候，她的第一反应就是周围的世界崩溃了。不过，随即她就摇了摇头，露出坚毅的表情，说：'好吧，我估计这也没什么——只是供求关系出现了变化而已。'"[VI]无论她对演艺事业多么专注、她对成功的渴望多么强烈，她在本质上还是一个现实主义者，她承认自己属于不受公司重视的那一部分签约演员。公司出于财政方面的考虑对雇员重新进行了评估，之后一批没有价值的雇员就被解雇了，玛丽莲也在其中。她最后收到的一份薪水支票是税后104.30美元，日期是1947年8月31日。

---

* 也许想起自己的名字缩写和自封的"嗯哼小妞"，玛丽莲（1955年在爱德华·R. 默罗的电视访谈《人与人》中）错误地表示，她在所有电影中的第一句台词是《斯库达，嚯！斯库达，嗨！》中的"嗯哼"，"但它们被剪掉了"。

玛丽莲·梦露没有因为被解雇就过起无所事事的日子。从1月起，公司不断将一些青年演员派往演员实验室[1]（坐落在新月高地大道，即日落大道的南面）极其简陋的宿舍。通过实验室，来自百老汇的剧本作家、演员和导演们在加利福尼亚为自己的作品找到了展示空间。在1月的时候，玛丽莲在演员实验室观看了剧作家田纳西·威廉斯创作的一幕剧《一位妇人的肖像》，这部剧的导演是休姆·克罗宁，主演是克罗宁的妻子杰西卡·坦迪。经过一番修改和扩充，这部剧于当年12月在纽约上演了，剧名改为了《欲望号街车》。

1947年整整一年，玛丽莲·梦露一直参与非正式的学习，阅读剧本，同来自纽约的一大群经验丰富的演员们对一场场戏进行着仔细的研究。同福克斯公司的合约对她来说有着至关重要的价值，让她有机会接触到演员实验室剧院以及其中一些最具有争议、最富有头脑的剧院拥护者，而且在这个地方度过的时间还让她接触到了一些社会和政治问题，在她日后的职业生涯和私人生活中这些问题对她的一些重要选择起到了决定性的作用。"这远远不是你从'斯库达，嚯'能收获到的东西。这是我有生以来第一次了解到真正戏剧中的真正表演究竟是怎样一回事，我沉迷其中。"[VII]

玛丽莲的性格一直不太成熟，终其一生她的性格一直受到各种威胁，而这几个月时间的最重要价值就是在她的性格中催生出了一些新的特质。玛丽莲·梦露的身上有着强烈的矛盾性，作为演员她渴望得到认可和接受，同时她又十分希望获得知识和真正的艺术成就，这两种渴望令她左右为难。正规学习早早结束的经历令她感到羞愧，受过良好教育的男男女女总是对她充满了吸引力，通过这些人她有可能会学到文学、戏剧、历史方面的知识，了解到各种社会话题。此外，她对穷人、弱者、遭到遗弃的人、丧失了正当权利的人都有一种天生的强烈关切，无论是在现实生活还是幻想中，她一直认为自己就属于这些人。1947年，通过在演员实验室结识的演员们以及他们倡导的那种戏剧，玛丽莲的这些渴望和她所关心的问题都得到了体现。

---

[1] 演员实验室（1941—1950）是好莱坞的一所表演学校以及非营利性的剧团，它还是配角演员们的"避难所"。

演员实验室是纽约团体剧场的衍生物。在创始导演哈罗德·克鲁曼、谢里尔·克劳福德和李·斯特拉斯伯格的领导下，团体剧场——以及这个团体中在抗议社会问题方面最突出的剧作家克利福德·奥德茨——为社会贡献了一批作品，这些作品或者对贫困人群的困境表示了同情，或者带有旗帜鲜明的反资本主义的左翼内容。剧团于1940年正式解散，十年后其成员依然是美国戏剧发展过程中的主力军，剧团的几位演员——莫里斯·卡诺夫斯基、菲比·布兰德、J.爱德华·布朗伯格和罗曼·博赫南——在接下来的十年里还指导了一批学生，领导了情境研究（一种表演课），为洛杉矶的学生和戏剧爱好者们呈现了一批剧目。

玛丽莲接触到这批来自纽约戏剧界的精英，见识了这些得到仔细研究并公演的剧作，结识了一批专业人士——可以算是电影界的下层人民，但是他们充满了新观念——这样的经历对她产生的冲击力难以估量。在1947年十个多月的时间里，在菲比·布兰德及其同事的辅导下，玛丽莲至少阅读和仔细研究过下列剧作中的一部分，即使她只是偶尔才会这样，而且阅读的也不充分，也没有固定的学习时间。这些剧作都是纽约的团体剧团在早些年创作的：

- 《1931》，作者是克莱尔·西夫顿和保罗·西夫顿，首演于剧作标题的这一年。这部剧探讨了一名在大萧条中失业的工人及其女友遭遇的各种问题，最终这对情侣加入了纽约共产党同情者的队伍。玛丽莲得知这部诞生在纽约的剧作是由卡诺夫斯基、布朗伯格、布兰德与奥德茨主演的，阅读这部剧作之后，她在6月里的一个夜晚见到了这四个人。

- 《夜幕降临陶斯》（1932），作者是麦克斯韦尔·安德森，这部剧讲述的是针对强占土地者的一场抗争。除了《1931》中的同样一批演员，参演这部剧的还有女演员宝拉·米勒，没过多久她就同首位执导这部剧的导演李·斯特拉斯伯格结婚了。最终，斯特拉斯伯格夫妇对玛丽莲·梦露表演生涯的影响无与伦比。

- 《白衣人》（1933），作者是西德尼·金斯利，这部剧讲述了一名年轻医生面对理想主义的挣扎。除了前两部戏剧的演出阵容，这部戏还多了一位名叫伊利亚·卡赞的年轻演员。玛丽莲认识卡赞，在她进入福克斯公司的时候，后者已经加入公司并且执导了《君子协定》。在演员实验室里，每当人们提到卡赞，语调中几乎总是充满了敬仰之情，他被称作戏剧界和电影界的天才，一位杰出的演员、导演和制片人。这一年，卡赞38岁，他已经回到纽约，同其他人一起创办了一所新的学校——演员工作室。[1]卡赞和工作室日后也都在玛丽莲的私生活和职业生涯中发挥了极其重要的作用。

·《醒来歌唱！》（1935），作者是克利福德·奥德茨，同一批演员扮演了布朗克斯一家人，这家人挣扎着熬过大萧条的苦难岁月，在剧终，主人公变成了一名左翼煽动者。多年后，玛丽莲依然记得看到剧中"这个被毁灭的疯狂的家庭，尤其是看到那种老祖父自杀的情景时"[VIII]她流下了眼泪，这家人很有可能让她想起了自己的家庭和蒂尔福德·霍根。

·《为处女哭泣》（1935），作者是奈利斯·柴尔德，导演是谢里尔·克劳福德，这部戏讲述了圣迭戈的一家人在大萧条时期逃离一所毫无生机的鱼肉罐头厂的故事，菲比·布兰德和宝拉·米勒在剧中扮演了两名家庭成员。

·《克莱德·格里菲思之谜》（1936），作者是欧文·皮斯卡托和莉娜·戈尔德施密特，在这部剧中布兰德、卡诺夫斯基、博赫南与卡赞从美国阶级斗争的角度重新阐释了西奥多·德莱塞的长篇小说《美国的悲剧》。

·《骄子》（1937），在这部剧中同一批演员（导演仍旧是斯特拉斯伯格）展现了奥德茨笔下一个男人面对选择——当小提琴手，还是职业拳击手——时的情景。

讨论这部剧作的时候，菲比·布兰德提醒学生们面对事业，每一位严肃的演员、每一位严肃的艺术家的心中都会存在这样的矛盾。实际上，奥德茨本人也是如此，他就痛苦地挣扎着，在百老汇这种高标准的写作和好莱坞这种获利丰厚的写作之间举棋不定。后来，玛丽莲说过："她叫我们读他的剧本《夜间

---

[1] 演员工作室是由伊利亚·卡赞、罗伯特·刘易斯和谢里尔·克劳福德于1947年在纽约成立的职业演员训练场所，以"方法派"而著名，对1950年代的美国戏剧和电影发展产生了重要影响。著名演员马龙·白兰度、罗伯特·德尼罗、玛丽莲·梦露、保罗·纽曼、艾尔·帕西诺、茱莉亚·罗伯茨等人都接受过演员工作室的辅导。

冲突》，这部在百老汇上演的戏剧是塔卢拉赫·班克黑德主演的。我觉得我能演的戏为数不多，这部就是其中之一，因为剧中有一个女孩，这个女孩让我想起了我自己。"[IX]

在参加表演课程、研究戏剧、提出问题的过程中，同样一些主题（社会不满和丧失了权利的贫困人口的困境）又出现在玛丽莲的眼前，同样的一些名字也反复出现着——奥德茨与斯特拉斯伯格夫妇、谢里尔·克劳福德、伊利亚·卡赞。但是眼下这个阶段，她只认识了菲比·布兰德和她的丈夫莫里斯·卡诺夫斯基。在演员实验室里，卡诺夫斯基在排演和辅导课时迟到已经成了家常便饭，他的妻子却一直在叮嘱学生们准时到场。

对在大萧条时期度过童年的玛丽莲来说，这些剧作和讨论会具有一种力量和意义，这是她参演过的电影、在福克斯公司亲眼看着拍摄制作的影片或者在电影院里看到过的影片所不具有的力量和意义。

我能想到的就只有那个叫作"纽约"的很远很远的地方，在那里演员们和导演们做的事情远非一天到晚无所事事地站在那里，为了一个特写镜头或者摄影角度争执不下。我以前从来没有看过戏剧，我想我都不知道该如何充分地理解剧本。然而，菲比和他们那群人竟然让那一切显得那么真实。在我看来，那一切似乎很令人激动，我想要参与进那种生活。可是，我连加利福尼亚都还没有走出去过。*[X]

在演员实验室工作人员的眼中，玛丽莲看起来是一个羞涩、忸怩的女孩。根据菲比·布兰德所述，"她一丝不苟地完成着作业"，[XI]可是却没有给人留下太深刻的印象：

我记得她是因为她有一头漂亮的金色长发……我试图理解她，对她有更深入的了解，可是我失败了。她非常害羞。在她的表演中我没能看到智慧和幽默感的存在。其实它一直存在着——这种可爱的喜剧风格，只是我

---

* 她肯定已经数次走出过加利福尼亚了。

一直没有看到。*

在演员实验室,玛丽莲有生以来第一次接触到了需要经过训练、要求苛刻的表演工作,这样的表演需要演员严肃认真地投入其中。她已经忘记了自己在福克斯公司表演的那两个角色,通过在拍摄过程中观看别人的表演,她认识到电影演员每次只需要记住一两句台词。片场的一个工作日有可能会长达10个小时,甚至是12个小时(在1947年,工作时间是每周6天),不过实际工作时间却很短。演员们姗姗来迟,工作人员得重新调整灯光,摄影机时不时会出现故障,剧本需要重写,在这种需要多方协作的媒体中,如果一天的工作能拍摄完成4分钟的影片,电影公司的主管们都会感到十分开心。(在好莱坞工作过的小说家弗朗西斯·斯科特·菲茨杰拉德说过拍电影就是许许多多的人站上很长时间,什么事情也不做。)

然而,舞台剧的从业者则需要阅读剧本,将台词背下来,分解和分析对一幕幕戏,并且同导演和设计师讨论,在玛丽莲看来,这些演员大多都沉迷于这个收入远远不如电影、要求却远远高于后者的行业。玛丽莲说过:"电影明星收入丰厚,当然,演员实验室的人毫不掩饰自己对这种情况有多么不满。"[XII]她还说自己也感到了矛盾,这种心态同奥德茨的《骄子》中体现的心态很相似——她的目标应该是艺术,还是成为明星?

玛丽莲不想重操旧业,继续当模特(更不用说其他职业),被福克斯公司从职员名单中除名后,要不是8月初无意中碰到了一对慷慨的夫妇,她原本没有能力继续参加演员实验室的课程,甚至没有能力养活自己,靠自己的力量解决穿衣吃饭和住宿的问题。

这次偶遇发生在一年一度的名人高尔夫球锦标赛上,这场赛事是在切维厄特丘陵乡村俱乐部举办的,俱乐部和福克斯公司之间仅仅隔着一条主干道。福克斯公司里年轻貌美的签约女演员们都受到邀请,背着男演员们的球杆和球袋,取

---

* 演员实验室的课堂作业和情境研究没有留下资料记录,玛丽莲也从未记下她参演的不多的几部戏剧。

悦亨利·方达、詹姆斯·史都华、约翰·韦恩和泰隆·鲍华之类的大明星。在这一年夏天，就在距离合约期满还剩两个星期的时候，玛丽莲也得到20世纪福克斯公司的青睐，被派去当了一名球童。

玛丽莲被分派给了约翰·卡罗尔，这位电影演员仪表堂堂、身高6英尺4英寸（1.92米），当时只有24岁，人们常常将他阳刚英俊的外貌同克拉克·盖博或者乔治·布伦特相提并论。卡罗尔是一个富翁，他做过一些明智的投资，同米高梅公司人才部的主管露西尔·莱曼结了婚。露西尔的工作包括发掘具有明星潜质的新秀，无论男女（她负责签下的演员包括拉娜·特纳、琼·阿里森、珍妮特·利），然后帮助这些新秀找到优质的剧本，监督指导他们在电影厂参加戏剧、舞蹈、剑术和发音等课程。众所周知，卡罗尔夫妇还为几位年轻、一文不名的门生提供过帮助（在专业咨询和资金两方面），这些人都展露出了一定的电影才华，卡罗尔夫妇因此也受到了人们的敬仰。

多年后，露西尔还清楚地记得来参加锦标赛的时候玛丽莲穿着一件紧身毛衣和一条白色喇叭短裤，可是她背不动卡罗尔沉重的高尔夫球袋，只抱起了几根球杆。比赛期间她还时不时地为在场的媒体摆出一些迷人的姿势。玛丽莲显然充满魅力，她显然也知道这一点，除此之外，露西尔还发现她的身上有着一种孩童般的单纯，"一副迷路的流浪儿的模样"。[XIII]她的性感、她对自己的喜爱、她吸引目光的能力竟然不令人感到厌烦，也不显得无礼。露西尔说过："她是一个那么可爱的小球童。我记得当时我心想'噢，这个小可怜，这只小流浪猫'。"

在这一天将近结束的时候，所有人都聚集在俱乐部的酒吧喝酒，最终玛丽莲——她吸引了大量男性的目光——悄悄地告诉卡罗尔夫妇她没有办法回家，而且从前一天起她就没有吃过饭了。这天晚上，露西尔必须同公司的一名同事离开俱乐部，去观看在市中心演出的一出戏剧，她提议约翰与玛丽莲出去吃顿晚餐，然后他开车送她回家。

据露西尔所述，约翰照办了。后来，约翰告诉妻子送玛丽莲返回公寓的一路上自己和她的谈话。玛丽莲的公寓不在内布拉斯加大道，6月她搬到好莱坞一处破破烂烂的社区。她邀请约翰进去坐坐，约翰告诉她经过这么漫长的一天自己已经很累了，只想赶紧回家。

"要是你不进来的话，我该怎么向你表达谢意呢？"玛丽莲问道。约翰明白她指的是什么，但他还是表示了拒绝。

据露西尔所述："她很快就开始勾引他了，但是她没有考虑到约翰的一个非常重要的特点——他不喜欢如此赤裸裸的举动。"

露西尔认为玛丽莲不适合米高梅公司。"她非常可爱、性感，但是她不具备梅耶先生在1947年签下的适合当主演的女演员的特质。"尽管如此，卡罗尔夫妇偶尔还是会帮助年轻的演员开启电影事业，因此在9月初的一天，他们邀请玛丽莲同他们一起共进晚餐。玛丽莲告诉卡罗尔夫妇自己对表演事业的态度有多么认真，有多么热爱演员实验室，她还说自己是一个一贫如洗的孤儿，安娜阿姨进了医院、新的房客住进内布拉斯加大道的房子后，她就不得不搬出来了。

玛丽莲还十分平静地告诉卡罗尔夫妇自己把钱全都花在课程、房租和汽车保养上了，为了解决吃饭的问题，她会在好莱坞或者圣莫尼卡大道附近的小巷子里主动跟男人在车上来一场短暂的性交。据露西尔所述，"她真的是为了吃饭干这种事情。不是为了钱。跟我们讲述这些事情的时候，她丝毫不为自己做了这种事情感到骄傲或者羞愧——做了就做了，然后她的顾客就会掏钱请她吃一顿早餐或者午餐。"几年后，玛丽莲同自己的表演老师李·斯特拉斯伯格也探讨过自己的这段生活。"玛丽莲当过应召女郎……应召女郎的经历对她很不利。"XIV

还没等卡罗尔夫妇发表任何意见，玛丽莲又告诉他们自己很害怕回到那间小小的公寓。她想要兑现从福克斯公司领到的最后一张薪水支票，于是她向好莱坞的一位警察问过在她没有账户的情况下当地银行是否可以提供帮助。对方问了她的名字和电话号码，替她兑现了支票，拿到钱之后，她向对方表示感谢，然后就走了。当天晚上，那个人闯进她的公寓试图侵犯她。幸亏她大声尖叫起来，一位邻居从前门进屋，那个人才从后门逃走了。最后，玛丽莲说道："我不知道，我得找个地方睡觉。我得吃饭，得有一辆车，得支付课程的费用。我猜我还是得继续在[圣莫尼卡]大道上干活。"说到这里她停顿了一下，"我已经决定改名了。改成'朱妮·埃弗斯'。"

卡罗尔夫妇是真正的善人，他们立即采取了行动。他们大部分时间都住在位于圣费尔南多谷格兰纳达山的马场上，不过他们在城里的埃尔帕拉西奥公寓楼还有一套顶层公寓，这座雅致的西班牙式大楼坐落在拉辛尼伦吉大道和喷泉路交界处的东北角。就这样，玛丽莲终于能够继续上表演课了，在接到哈里·利普顿的通知时也能够参加试镜,无须"继续在大道上干活",卡罗尔夫妇让她免费住在他们那套公寓的第二个套间里。正如露西尔日后说过的那样,"她说自己在9岁的时候就遭到过强奸,在11岁的时候每天都得做爱,后来她承认这些说法全都是捏造的。她只是用这样的方法说服我们接纳她,让她远离好莱坞的大街小巷。她的手段见效了。"诚然,玛丽莲·梦露是一个内心脆弱的人,但是她非常有头脑,知道面对不同的人,什么样的故事能够激起对方的同情心。

根据卡罗尔夫妇的记录,这一年9月他们源源不断地为玛丽莲提供资金方面的支持(9月2日,80美元;15日,50美元;26日,又是80美元;27日,75美元)。在这个秋天,他们请自己的代理人艾伯特·布卢姆草拟了一份协议。他们将定期为"朱妮·埃弗斯,又名诺玛·珍妮·多尔蒂"提供资助,资助金额为每周100美元,供"个人经营"之用。一旦通过布卢姆或者卡罗尔夫妇找到工作,她就能够偿还卡罗尔夫妇,并且应当为自己的经纪人哈里·利普顿支付10%的佣金。如此慷慨的帮助,格拉迪斯的女儿还从未听说过。

在这个9月,一切转眼间就发生了。21日,露西尔注意到了一次学生演出的试镜机会。剧目是1940年出品的喜剧《魅力首选》,演出将在坐落于罗伯逊大道上的布利斯—海登小型剧院(后来在原址上建起了"贝弗利山剧院")进行。她立即给莉拉·布里斯及其丈夫哈里·海登打去电话,后者一直欢迎露西尔的门生参加他们的表演课程,还允许后者登台表演,而且分文不收,因为露西尔偶尔会将他们的一名学生介绍进米高梅公司。海登夫妇见到了玛丽莲,几天后就为她安排了一个角色(考虑到她向约翰·卡罗尔发出的邀请,这个角色十分适合她),在剧中这个配角对富有魅力的男主角进行了一番勾引,但是男主角那位理智而出众的妻子挫败了她的伎俩。

按照计划,这部业余剧目将从10月12日开始上演,可是玛丽莲习惯性地迟到,再加上她背台词的能力明显不足,排演的过程受到了拖延。经过同玛丽莲长时间的探讨,露西尔发现这两个问题源自于这个女孩对着装问题和相貌的担忧,她唯恐自己穿得不够得体(她要换好几次衣服才能走出公寓),唯恐自己的相貌不令人满意(她会花上几个钟头的时间修饰自己的妆容),同时也来源于她对失败的恐惧。事实上,她对台词非常熟悉,可是在排演时她口吃得非常厉害,总是会停顿下来,令其他学生演员完全摸不着头脑。玛丽莲最终还是磕磕绊绊地参加了两场演出，幸运的是，洛杉矶的媒体没有对这两场演出发表评论。* 几年后，玛丽莲说过无论从哪个角度看这部戏都非常糟糕，她只是迫于卡罗尔夫妇的人情才接受了这个角色。[xv] 她的这番解释无法证明她拖沓的表现是合理的，不过她最关键的一句评价说得很在理——在百老汇最早上演了11场之后，《魅力首选》就退出了观众的视野，到现在这部戏已经彻底被遗忘了（要不是海登夫妇的话）。**

秋天过去了，卡罗尔夫妇发现自己一直在娇惯纵容玛丽莲这个"养女"，后者已经开始央求他们同意她去马场跟他们共度周末时光，以免她孤零零一个人待在公寓里。卡罗尔夫妇十分珍视自己的私人空间，而且他们的马场正在扩建，他们还有很多工作需要完成。一天晚上，露西尔去了公寓，她看到玛丽莲对着25件胸罩举棋不定，为了这些胸罩她花光了整整一个星期的补贴。玛丽莲给每一件胸罩里都塞了一团纸巾，这样一来她的胸部就会显得更加坚挺了。后来，露西尔依然记得当时的情景："我叫她坐下，告诉她这么做很愚蠢。"玛丽莲的回答很简单："可是，所有人只看得见这个地方！现在，走在好莱坞大道上的时候，每个人都会注意到我了！"

11月，一个星期五的晚上，卡罗尔夫妇在马场接到一个电话。玛丽莲在电话里紧张兮兮地小声告诉他们十几岁的男孩皮平·汤姆顺着一把梯子爬了上来，正在透过她的卧室窗户偷窥她。卡罗尔夫妇知道没有梯子能伸到3楼，玛丽莲只是试图用这样的伎俩躲避孤单，去马场同他们待在一起。不过，她在不久之前提到自己走在好莱坞大道上的事情同她想象的"皮平·汤姆"一样提醒了他们，露西尔担心他们照顾的这只小流浪猫会变成一只永远在外游荡的野猫，她担心由于

---

* 有几名学生经常扮演同一个角色，他们每个人都会参加所有保留剧目的演出，这样在日后的课堂讨论中学生们就能对不同的表演进行比较。其他一些电影演员偶尔也会在海登夫妇的剧目中亮相，其中包括维罗妮卡·莱克、乔恩·霍尔、多丽丝·戴、克雷格·史蒂文斯和黛比·雷诺斯。

** 1940年的首演之后，纽约的一位批评家在文章中写道"一个接一个毫无新意的玩笑从石棺和裹尸布里蹦了出来，到最后舞台上落满了言语上的干尸"。（《纽约邮报》，1940年11月16日）

根本无从体会父亲在家所能给予她的那种可靠稳定的爱，玛丽莲有可能会一直从那些只想片刻拥有她肉体的男人那里寻求自我肯定。21岁的玛丽莲渴望拥有稳定的事业和私生活，然而她依然过着居无定所的生活。因此从12月开始，露西尔便欢迎玛丽莲去格兰纳达山的马场过周末了。

与此同时，玛丽莲还在不断要求卡罗尔夫妇反复证明自己对她的关爱，向她保证他们不会抛弃她，因为他们实际上已经成为了她的养父母。然而，她的表现并非永远那么得体。在卡罗尔夫妇的家里，她总是穿得很单薄，睡觉的时候会全身赤裸，还敞着卧室的门，而且还总是诋毁时常来访的卡罗尔夫人——约翰的母亲。正如露西尔多年后总结的那样，到了1948年初，

> 玛丽莲成了我们的大麻烦。她给我的办公室打去电话，给约翰在电影公司的办公室打去电话，有时候一天能打四通电话，尽管我们一而再再而三地要求她不要这么做。我们在不经意间走进了一个圈套。最终，我们完全控制不住她了——她控制了我们。

玛丽莲完全无视既定的日程安排（无论是自己的，还是其他人的），偶尔她还喜欢摆出一副神秘兮兮、难以捉摸的态度，通过这样的方式她对卡罗尔夫妇实现了一定的控制。有几个周五的晚上，卡罗尔夫妇在马场里等了她几个钟头，结果只接到她的一通电话。"这个周末我要跟别人一起过了。"她含糊其词地告诉他们。其实，玛丽莲根本用不着遮遮掩掩。根据露西尔所述，"'跟别人一起过'就意味着她要跟一位摄影师一起待上两三天。到了周一，我们会看到她的房间里满是她自己的照片，她没日没夜地研究着自己。"

接下来，玛丽莲产生了一个奇怪的想法，她觉得自己同卡罗尔夫妇的生活就要发生巨大的改变了。根据露西尔所述：

> 有一个周末，邀请她来牧场的人是约翰，而不是我，她竟然以为这就意味着自己要跟他发生一段婚外情了。她找到我，说："露西尔，我想问问你，能不能同意跟约翰离婚。我觉得你不爱他——要是爱他的话，你就不会对工作那么卖力了，每天晚上你就会跟他待在一起，而不是出去看演出或者电影。我觉得他爱我。他没有说过他爱我，可是他那么耐心，给我提供了那么多的帮助。要是他不爱我的话，就不会这么做了。"

露西尔平心静气地回答道：若是约翰想离婚，他只要开开口就行了。玛丽

莲找到了约翰，他解释说自己对她的感情仅限于导师对学生的感情，他只希望帮助她在事业上取得进展，为她提供物质上的帮助。据露西尔所述，"不可思议的是，约翰的这番话似乎对玛丽莲毫无影响。她没有产生强烈的爱遭到拒绝后应该产生的那种心碎感。"事实上，她有可能反而如释重负。由于在成长过程中经历的一切，她不太有能力理解正常的社交信号，她对很多信息的理解都服从于她对男性接纳和认可她的需要。

正如露西尔所说的那样，经过了5个月日日夜夜对玛丽莲的照顾之后，她和丈夫发现显然"我们陷得太深了，必须抽身出来"。没过多久，他们常常带着她参与的社会生活就加速了这个过程。在1948年2月的一场聚会中，约翰将玛丽莲介绍给了商人帕特·德西科。德西科靠着一种名为夹心糖的产品在商业领域大获成功，这是一种糖果大小的冰淇淋甜品，主要销售渠道就是电影院。德西科同福克斯公司的执行制片人约瑟夫·申科成了朋友，当时玛丽莲只是在公司里同申科有过短暂的谋面。

申科坐落在南卡罗尔伍德路141号的豪宅糅合了西班牙风格和意大利文艺复兴风格，是传奇的周六夜扑克牌局的举办地点，他会邀请迷人的年轻女性参加这样的聚会，不断地为他和朋友们斟满高高的酒杯、将烟灰缸清理干净。德西科邀请玛丽莲同他一起参加下一个周六的聚会。结果，这位曾经在福克斯公司供职的小明星被再次引介给了公司在任的大人物。玛丽莲说过："我受邀去为聚会增色，就是为聚会助兴的那种角色。"[XVI]她的确为这场聚会增色不少，尤其是在申科看来，（几天后露西尔得知）他"对玛丽莲产生了兴趣，就好像她是100万美元似的"。

当时已经69岁的申科有着漫长而显赫的职业生涯。他和弟弟尼古拉斯·申科出生在俄国，儿时就移民到了纽约，在和一家连锁剧院的总经理马库斯·洛联手之前他们拥有几家药店，还经营着几座游乐场，米高梅就诞生自这家连锁剧院。尼古拉斯一直同洛一起共事，约瑟夫则在1917年成为了一名独立制片人，凭借着妻子诺玛·塔尔梅奇、妹夫"冷面笑匠"巴斯特·基顿（他的妻子是塔尔梅奇的妹妹娜塔莉）和"胖子"罗斯科·阿巴寇主演的影片以及其他一些影片，他在电影界取得了成功。到了1948年，约瑟夫·申科已经先后出任过联美电影公司[1]的董事长、20世纪影片公司的总裁，之后还出任了20世纪福克斯电影公司的董事长，在这家公司里他依然大权在握。秃顶的约瑟夫·申科有着粗大的五官，一双洞穿人心的灰色眼睛，还长了一张看似严厉的嘴巴，掩藏在这张嘴巴背后的是他强烈的幽默感和敏锐的商业头脑，他给一位朋友提供的一条建议就充分体现出了他的这两个特质："要是四五个人跟你说你已经喝醉了，你至少也要躺上一小会儿，哪怕你知道自己根本就没有酒可喝。"[XVII]约瑟夫·申科习惯于别人对他毕恭毕敬，有时候他会表现得很粗鲁、咄咄逼人，也会表现出一副乐于帮助人的温柔姿态，他的态度取决于他认为对方对他持何种看法。

参加那个周六牌局的年轻女性不止玛丽莲一个人，一些模特、小明星和希望进入电影界或者在这一行里有所提升的年轻漂亮女性也都出现在了聚会上。除了分发饮料和雪茄，在牌局的间隙，一些女性还愿意为牌桌上的某个人提供更为亲密的服务。这天晚上，玛丽莲一直同德西科保持着亲密的关系，竭力地以优雅的姿态忽视宴会主人向她发出的颇有暗示性的眼神。

第二天，一辆豪华轿车奉命去接玛丽莲，要将她送到约瑟夫·申科的餐桌旁。玛丽莲知道拒绝这个邀请是愚蠢的，她问露西尔："吃完饭之后，等他提出真正的要求时，我该怎么办？"露西尔重复了一遍自己经常对米高梅公司的小明星们提供的建议："就跟他说你还是一个处女，你守着童贞等待着自己的真命天子。"这天夜里，露西尔被焦躁不安的玛丽莲唤醒了，后者拿着申科家里的私人电话小声告诉她："他知道我已经结过婚了！这会儿，我该怎么跟他说？"在这个夜晚，玛丽莲最终还是顺从了对方，这种结局或许是意料之中的。

后来，玛丽莲向露西尔和其他一些知心朋友透露过一生中她无数次跪倒在公司主管面前，但这个夜晚是她第一次这么做——这个姿势应该不是在进行虔诚的祷告。她极度渴望得到工作，渴望成为电影明星，她承认有时候工作条件需要经过私下的协商，而不是在经纪人的办公室里进行谈判，她接受了这个现实。后来同她交往密切的艾米·格林说过："玛丽莲对自己和申科的风流韵事相当公

---

[1] 联美电影公司是著名导演及演员卓别林、范朋克、毕克馥和格里菲斯于1919年出资创办的，后来逐步发展成控制美国电影生产和发行的八大公司之一。

开。他在事业上帮助了她,她满足了他提出的要求。"[XVIII]

约瑟夫·申科是一个好色成瘾的老色鬼,玛丽莲只是他征服的众多女性中的一个,不过在征服她之后他并没有对她置之不理,实际上玛丽莲对他的好感越来越强烈。在此之前,申科同扎努克达成了一项协议,他不会强求后者优待他的女朋友,然而他还是给牌桌上的伙伴、哥伦比亚影业公司的负责人哈里·科恩打去了电话。2月底,玛丽莲去了科恩位于日落大道和高尔大街交接处的办公室。科恩是好莱坞历史上最令人畏惧和反感的一位人物,一名叫玛格丽塔·坎西诺的舞者的电影生涯就是他一手打造的,这名舞者后来改名为丽塔·海华丝。科恩表示愿意同玛丽莲签订为期6个月的合约,薪水是每周125美元,合约自3月9日起生效。但是,他提出了一个条件——一个出乎玛丽莲意料的条件。

在接下来的一个星期里,通过电蚀脱毛的方法,在敷用了几次双氧水和氨水之后,玛丽莲的发际线被永久性地提高了,她用廉价药水漂染的一头金发的褐色发根被彻底清除掉了。出现在镜子里的那个女人越来越接近她在儿时最喜爱的偶像珍·哈露了。在1932年出品的影片《红发美人》中,珍·哈露凝视着手中的镜子,自问道:"绅士都更喜欢金发美女,是吧?"然后她将脸转向镜头,露出笑容,回答道:"没错,他们就是这样的!"

哈里·科恩不是一位绅士,不过他还是更喜欢玛丽莲拥有一头金发的模样。玛丽莲的新造型得到了他的认可,他叫她去了公司的三个办公室。人才部的马克斯·阿诺为公司刚刚签下的这名演员填写了一份数据表,宣传部的工作人员安排摄影师为她进行了试拍,然后她又去了哥伦比亚公司戏剧指导那间舒适的小屋,这位名叫娜塔莎·莱特斯的令人敬畏的女士对玛丽莲的兴趣远比染发这种事情严肃。

注 释

[I] 本页及下文:有关20世纪福克斯公司的历史,见乔尔·W. 芬勒所著的《好莱坞故事》(伦敦:章鱼出版社;纽约:皇冠出版社,1988),pp.88—113。在马莱斯·J.哈里斯

所著的《好莱坞的扎努克王朝》（纽约：皇冠出版社，1989）中或许能找到对达里尔·F.扎努克受到的公正待遇的记述。

II 欧内斯特·莱曼向唐纳德·斯波托讲述，1992年8月29日。

III 菲利普·邓恩，《达里尔全解》，《美国电影》，第ix卷，第9期（1984年7—8月）：50。

IV 哈里·利普顿，见沃尔珀，《传奇》。

V 艾伦·斯奈德向唐纳德·斯波托讲述，1992年5月2日。

VI 哈里·利普顿，见沃尔珀，《传奇》。

VII MG2 XVI, 4, p.12。

VIII MG2 XVI, 4, p.17。

IX 同上。

X MG2 XVI, 4, p.19。

XI 菲比·布兰德，佐洛托引述，p.72。

XII MG2 XII, 3。

XIII 露西尔·莱曼·卡罗尔向唐纳德·斯波托讲述，1992年2月20日。

XIV 李·斯特拉斯伯格，辛迪·亚当斯引述，《李·斯特拉斯伯格：演员工作室里不完美的天才》（纽约加登城：双日出版社，1980），p.153。

XV 玛丽莲·梦露针对《魅力首选》发表的评论，记录于MG2 II, 5, p.26。

XVI MG VIII, 4，没有页码；参见梅里曼，33；另见梅里曼后来扩充内容之后发表在《生活》（第15卷，第8期，1992年8月）的文章。

XVII 尼尔·盖布勒引述，《他们自己的帝国——犹太人如何缔造了好莱坞》（纽约：皇冠出版社，1988年），p.113。

XVIII 艾米·格林向唐纳德·斯波托讲述，1992年5月5日。

第八章　1948年2月—1949年5月

提起为玛丽莲·梦露指导过6年戏剧表演的娜塔莎·莱特斯时,记者简·威尔基说过:"她总是处在爆炸或者将要爆炸的状态中——她是我见过的最阴晴不定的女人。"[1]

1948年,娜塔莎将近35岁,她身材瘦削高挑,留着一头夹杂着灰色的棕色短发,她的五官棱角分明,情绪总是十分亢奋,有时候她就像是一只防范着麻烦事的狂躁不安的鹳。她出生在柏林(而不是俄国,她之所以这么说只是在移居美国时避免自己受到反德情绪的伤害),曾经师从于杰出的奥地利导演马克斯·莱因哈特,参加过轮演剧场[1]的演出,同小说家布鲁诺·弗兰克结了婚。在纳粹主义得势的时候,她和丈夫移居到了巴黎,然后又来到了美国,在美国他们结识了一群避难的艺术家,其中有很多艺术家都定居在了洛杉矶。[*]在第二次世界大战期间,娜塔莎在好莱坞出品的两部影片中扮演过无足轻重的小角色,同塞缪尔·高德温签约的演员共事过,担任过他们的戏剧指导,后来她又接受了哥伦比亚影业公司的类似职务。1947年,娜塔莎的丈夫回到了德国,把他们尚在襁褓里

---

[1] 由固定剧团定期更换一批保留剧目的剧场。

[*] 其中最著名的艺术家包括:建筑设计师瓦尔特·格罗皮乌斯;设计师马塞尔·布劳耶;哲学家汉娜·阿伦特,保罗·田立克,赫伯特·马尔库塞,克洛德·列维-斯特劳斯;指挥家奥托·克伦佩勒,弗立兹·莱纳,乔治·塞尔,埃里希·莱因斯多夫,布鲁诺·瓦尔特;作曲家阿诺尔德·勋伯格,埃里希·沃尔夫冈·科恩戈尔德,库尔特·魏尔,保罗·欣德米特;作家贝尔托·布莱希特,曼氏兄弟(亨利希和托马斯);科学家阿尔伯特·爱因斯坦,汉斯·贝特,爱德华·泰勒;电影制作人比利·怀尔德,弗雷德·金尼曼,弗里茨·朗,德特勒夫·谢尔克(后改名为道格拉斯·塞尔克)。

的女儿留给她一个人抚养。

娜塔莎独断专行、严厉苛刻,给电影公司的主管们和演员们都留下了深刻的印象,她口若悬河的口才、在艺术和文学领域的知识素养、对年轻演员一丝不苟的纠正——在她看来表演能力不如她在其他国家认识的那些演员——常常会令主管和演员们对她感到畏惧。无论她对演员们能力限度的判断有多么准确,她在他们面前采用的那副高高在上的腔调还是令人感到费解,她一贯的做派透露出她有可能是一位从其他国家流亡到好莱坞的女男爵。

娜塔莎写给朋友和学生们的亲笔信或许最能体现出她的个性。在这些信中,字里行间充斥着表示强调的下划线,感叹号就如同漫画中的标点符号一样满篇都是。一切都有着最重大的意义,她对演员的单独辅导就如同她与制片人和导演举行的会议一样,其间她绝不允许对方提出自己的观点或者异议。在电影公司里,她的名字会激起同事们的敬意,但是不会唤起他们对她的热情,无论是在男性还是女性的眼中,她那种老处女式的严厉做派都令人厌烦。凭着哈里·科恩对她勉强维持的钦佩和几位移民导演的坚持,她才一直没有从哥伦比亚公司职工名单中被除名。如果让公司签约演员投票的话,她或许已经回到米高梅公司去了,以一个出身不明的外国人的身份苦苦争取着扮演无名小角色的机会。

然而,掩盖在这副做派之下的只是她心中强烈的失望。娜塔莎曾经一心渴望拥有一场伟大的舞台表演生涯,可是在洛杉矶她只能找到跟电影有关的工作(就连这样的工作机会也不太多),她的口音以及多少有些冷峻的外貌都限制了她能扮演的角色。因此,她成为了一名戏剧指导,这种状况意味着她不得不放弃自己的梦想,开始帮助更年轻迷人但是天赋不足的演员们争取表演事业上的成功。自相识的第一天起,娜塔莎和玛丽莲的交往就出现了危险的信号。

在没有发表的采访文章中,以及回忆作为玛丽莲老师和临时室友那几年时,娜塔莎的语气中带着几乎毫不掩饰的怨恨之情,造成这种状况的原因不只是她们两个人的交往最终陷入了混乱而可悲的境地。从两个人被介绍认识时起,娜塔莎就憎恨玛丽莲的美貌和吸引力,尽管同时她也对此感到羡慕并竭力地对其加以改善。伴随着这种矛盾的情绪还出现了最可悲的变化,没过多久,老师便不可救药地爱上了自己的学生。这种激情对娜塔莎来说几乎是毁灭性的,对玛丽莲则创造了充分的便利条件,她本能地知道应该如何将别人对她的忠诚转化为对自己最有利的优势，同时忽视或者转移在性方面令她反感的表示。

在第一次见面（1948年3月10日）的过程中，玛丽莲被娜塔莎的经验和学识折服了，她意识到仅仅从这个女人的身上自己就能够学到很多东西。她向娜塔莎讲述了自己在演员实验室度过的时光，作为回应，娜塔莎对莫斯科艺术剧院、伟大的演员及戏剧理论家康斯坦丁·斯坦尼斯拉夫斯基以及剧作家安东·契诃夫对当代戏剧的影响进行了一番简要的讲解。玛丽莲说过："她在那一天说的话没有多少留在我的记忆中。"

> 她就像一道瀑布，源源不断地喷涌出各种形象和画面。我只是坐在那里，看着她那两只充满表现力的手、闪烁着光芒的双眼，听着她用充满自信的声音讲述俄罗斯的精神。她向我讲述了自己的遭遇，也向我展示了她懂得的事情有多么多。但是，她同时也让我感到我是一个特别的人。[II]

当时，玛丽莲没有给娜塔莎留下太深刻的印象：

> 玛丽莲克制而拘谨，她根本无法自如地说出一个字。说话的时候她只会翻动嘴唇，这种习惯很做作。人类声音这个键盘覆盖了所有的情绪音域，每一种情绪都有着相应的调子。我试图把这些道理全都讲给玛丽莲。可是，她知道自己的性魅力是屡试不爽的万灵丹，是她可以仰仗的东西。[III]

后来，玛丽莲说过："有一段日子，我一直想不明白她为什么一直把我当做学生，她让我觉得自己那么肤浅，毫无才华。在她看来，我似乎属于倒数一百名的学生，她总是抱着这样的态度。"[IV]

娜塔莎只是在不断地指出玛丽莲身上存在的缺点，然而她的做法反而促使玛丽莲更加相信自己的肉体、自己的性魅力和性能力是自己最重要的（实际上也是仅有的）资源。此外，这对师生之间还存在巨大的文化鸿沟，娜塔莎利用这种差距对玛丽莲实施了一种精神上的控制——在失望的情人身上这种微妙的手段一点也不罕见。就这样，她们之间立即形成了一种复杂的皮格马利翁和加拉泰亚式的关系。[1]

1　皮格马利翁是希腊神话中的塞浦路斯国王，爱上了自己雕刻的少女"加拉泰亚"。爱神阿芙洛狄忒被他打动，赐予雕像生命，让他们结为夫妻。心理学用"皮格马利翁效应"指代教师对学生的期待不同，对他们施加的方法不同，学生受到的影响也不一样。

娜塔莎说过:"有一天,我抱住了她,告诉她:'我想要爱你。'我记得她看着我,说:'娜塔莎,你用不着爱我——你只要跟我共事就好。'"ⅴ两个女人都十分坦诚,但是只有一方感受到了绝望的爱恋带来的巨大痛苦。娜塔莎的痛苦完全就像是俄国小说中描述的那种痛苦,因为她的爱具有一种悲剧的因素,她无法得到满意的回应,也无法割舍这份爱。对于她的爱,后来玛丽莲只说过:"她想跟我恋爱,她想让我爱她。"ⅵ

在去世前不久,娜塔莎更加畅所欲言了:

真希望我拥有玛丽莲十分之一的聪明。事实上,我的生活和情感在很大程度上都被她捏在手心里。我比她年长,我是她的老师,可是她知道我对她的依恋有多么强烈,她就如同任何一个年轻的美人那样充分利用了我对她的情感。她说过自己是一个可怜人。唉,事实正好相反,跟她在一起,我就在不断地否定自己。

娜塔莎说得没有错。从表面上看玛丽莲依靠着娜塔莎,实际上她很独立,也不乏勇气,而且还有着帮她克服了无数次失望、孤独和挫折的不可撼动的野心。可悲的是,娜塔莎对玛丽莲以及玛丽莲对她的需要有着更强烈的依赖感,或许正是因为这一点,她才经历了长达6年之久的情感危机。尽管自己的爱情注定会遭到打击,娜塔莎还是深陷于这份爱中无法自拔——她无法摆脱玛丽莲。

无独有偶,就在她们开始第一个星期的表演和发声课的同时,安娜·罗尔因心脏病于3月14日过世了,终年68岁,逝世前两年多的时间里她的身体状况一直很糟糕。4天后,安娜·罗尔被火化了,骨灰被安葬于韦斯特伍德公墓,就在安娜和诺玛·珍妮曾经一起居住过的房子附近。据詹姆斯·多尔蒂所述,玛丽莲没有参加追悼会,她唯恐错过娜塔莎的课,所以她对安娜的逝世只字未提。直到很久之后,她才告诉自己的老师格蕾斯的姑妈是"唯一一个让我知道什么是爱的人",ⅶ这番话必然令娜塔莎感到万分痛苦。

每天,娜塔莎都要对玛丽莲的气息和吐字问题进行辅导,她的辅导很快就对玛丽莲的言谈产生了影响,尽管并不总是恰到好处,后来玛丽莲在镜头前念台词的技巧也同样受到了这些课程的影响。在吐字清晰的问题上,娜塔莎十分固执,她强迫玛丽莲不断地重复每一句话,直到她能清晰地发出句子中的每一个音节，接着又要求她做到在说话之前先让口形到位。对于句子末尾的齿音，娜塔莎格外执着地要求学生能够做到吐字清晰，因此玛丽莲不得不一遍遍地重复着"我不想抚摸可爱柔软的猫（cat）"这样的句子，直到每一个"d"和"t"都能被重读到不自然的程度，每一个词都和前后相邻的词清楚地区分开。

不幸的是，这种练习很快就失去了活力，让说话变成了在镜头前的做作演说，玛丽莲需要花上很多年时间才能克服这种缺点。夸张的吐字方式，在说话之前先摆好口形，对每一个音节的过分强调，由于这些讲话怪癖，玛丽莲常常招致评论家们的诟病——多亏了娜塔莎的指导。很快，娜塔莎的这套发音方式就清楚地显示出对喜剧角色的强大功效，玛丽莲的第二位戏剧指导不得不花费双倍的时间帮助玛丽莲放松下来，以便让她的讲话方式适应更严肃成熟的角色。娜塔莎令人窒息、有些神经质的感情对玛丽莲在银幕上的讲话方式最终还是没有留下任何印记。

如同许多沉浸在绝望中的单相思爱人一样，娜塔莎不放过每一个接近情感对象的机会，塑造她、训练她、影响她，这种教导已经超出了她迫切需要掌握的电影表演技巧。多年后，娜塔莎说过："我开始充实她的头脑。"[VIII]她还说自己给玛丽莲介绍了一批诗人和作曲家的作品。据她所述，玛丽莲其实没有多少头脑，她"在精神上就是一个拾荒者，捡着别人的思想，大把大把捧起别人的知识和观点"。娜塔莎在文化方面对玛丽莲进行了一场她从未见识过的启迪。然而，在情感上这两个女人却始终背道而驰，两个人的需求都同样没有得到充分的满足。

1948年春末，玛丽莲开始从公司领取薪水，但是卡罗尔夫妇依然为她提供补贴，以便让她有条件接受娜塔莎更多的单独辅导。根据露西尔的回忆，此时玛丽莲已经彻底退出了站街女的世界。在露西尔的安排下，玛丽莲于6月9日搬进了位于好莱坞北洛迪大街1215号的电影公司俱乐部，这里距离洛杉矶孤儿之家只有步行2分钟的路程。俱乐部是一座兼具着西班牙和摩尔风格的建筑物，里面生长着茂盛的棕榈树，还有一个宽敞的庭院，这里长期居住着一些渴望在艺术领域有所发展的年轻女性，俱乐部的管理人员对这里实行着大学宿舍或者说是基督教女青年会分会式的管理。这里有严格的宵禁制度，男士只能在开放的天井式公共休息室里探望住客。露西尔预先支付了6个月的房租，玛丽莲住进了334号房间。*

玛丽莲拿到了薪水，还享受着卡罗尔夫妇给她的资助，于是她尽情享受了一番，以分期付款的方式为自己购买了一辆全新的福特敞篷车，还购置了昂贵笨重的专业吹风机、一大堆化妆品、一些书籍、一部留声机和一些古典音乐唱片。后来，玛丽莲说过："我感到自己有生以来第一次过上了自力更生的生活。电影公司俱乐部有规章制度，但是女管理员们都很和善，要是在十点半关门之后你才回来，笑一笑、道一声歉通常就能哄得她们开心了。"[IX]换言之，俱乐部的管理员们很聪明，不会向女孩们问出切中要害的问题。

但是，面对花在领着薪水却没有参加任何演出的签约演员身上的钱，哥伦比亚影业公司就不会如此沉默了。最先接到公司财务人员电话的往往都是人才部主管马克斯·阿诺，6月他就接到了一个有关玛丽莲·梦露的电话。几天后，阿诺告诉娜塔莎到月底她的学员名单上就要减少一个人了，因为他们不想继续资助她在公司的私人辅导课程了。娜塔莎恳求对方："求求你们不要这样做。她的表现很不错。她热爱这份工作，我相信我能帮她达到你们的标准。"[X]就在当天，娜塔莎给制片人哈里·罗姆打去电话，后者当时正在拍摄B级片《热女郎》。好的，还有一个主要角色没有确定演员，罗姆说。

7月初，玛丽莲进行了一次令人难忘的试镜，其间她唱了一首影片里的插曲，然后她就得到了这个角色。这部影片的成本很低，只花了10天就拍摄完成了。玛丽莲饰演的角色是合唱团的女演员佩吉·马丁，佩吉的母亲（阿黛尔·杰金斯饰）试图说服她打消嫁给一位英俊的社交名流的念头。母亲固执地认为这样的婚姻只会以悲剧告终，她自己的婚姻就因为"阶层差异"落得了这样的结局。这部时长1个小时的影片采取了好莱坞包括爱情歌舞片在内的所有影片一贯秉承的民主态度，最终真正的爱情赢得了胜利（即使缺少了叙述的真实性和对社会现实的反映），男女主人公拥有了一个幸福的结局。

玛丽莲一头飘逸光滑的长发被染成了亮闪闪的金色，发型做得就像丽

---

* 许多成功的女演员都先后入住过电影公司俱乐部，其中包括伊夫林·凯耶斯、琳达·达内尔、唐娜·里德、多萝西·马隆和金·诺瓦克。

第八章　1948年2月—1949年5月

塔·海华丝一样，这样的造型为乏味陈旧的剧本增色不少。在娜塔莎的指导下，玛丽莲的谈吐总是显得过于谨慎，一举一动也都像是排练过度，因此镜头前她的言谈举止常常显得有些呆板，但是这部影片中她似乎散发着光芒，尤其是在同男主角（兰德·布鲁克斯饰）的对手戏中，后者的紧张为她增加了掌控现场的勇气。扬一扬眉毛，声调陡然降下，她对人物的刻画潜藏着一股浓郁的女性魅力。尤其是通过自己演唱的两首插曲（《谁都看得出我爱你》和《人人都需要爸——爸——爸爸》），玛丽莲更是证明自己的才华超过了这部电影需要的范围。有生以来第一次她在电影里唱了歌——而且唱得非常精彩，她用有些沙哑而又醇厚圆润的嗓音将少女的纯真和成熟女性的抱负糅合在一起，听上去那么迷人。

　　同玛丽莲配戏的其他演员都对她颇有好感，公司里人人纷纷说她在工作时就是一道赏心悦目的风景。这一年同玛丽莲结识的米尔顿·伯利说过，她丝毫不会装腔作势，不摆架子，也不装假。后来，伯利说过她很想成为大明星，"但是她最希望的还是让自己属于自己"。[XI]阿黛尔·杰金斯也认为玛丽莲对《热女郎》充满了热情，急于讨好所有人，她总是早早就赶到摄影棚，每次轮到她的戏开拍时，她都把台词背得一字不差。"她眼泪汪汪地告诉我她没有了母亲，就像这个故事里的合唱团女孩们一样，她知道在社会中遭到排斥是怎样一种滋味。玛丽莲是那种令你出于本能就想保护的女孩，尽管她显然很有头脑，很有可能也不需要太多的保护。"[XII]

　　在这一点上，杰金斯的看法没有错，为《热女郎》进行排练时，玛丽莲见到了公司的编曲和声乐教练弗雷德·卡尔格，随即便同他产生了恋情。卡尔格比玛丽莲年长10岁，已经32岁的他相貌英俊，长着一头金发，喜欢拈花惹草，面对同事他为人温和、彬彬有礼，但是由于刚刚同妻子离婚，他对女性充满了怨恨。不过，还是会有女人一味地讨好他，给予他慰藉。拍摄《热女郎》时，卡尔格过着安逸的生活，他同母亲、年幼的女儿住在一座凌乱的房子里，他离异的妹妹也带着孩子住在家里，很快玛丽莲就对这个大家庭产生了感情。玛丽莲向娜塔莎道出了自己的心声："我唯一希望得到的安全感就是结婚，弗雷迪（弗雷德的昵称）就是我梦寐以求的男人。"[XIII]

　　1948年9月9日，《热女郎》拍完了，玛丽莲和哥伦比亚公司的合约也到期了，公司没有提出续约的要求——在接下来的一个月，科恩和阿诺应该就已经为放弃玛丽莲的决定感到追悔莫及了。10月，玛丽莲得到了行业报纸《电影先驱报》的好评。影评家蒂博尔·克里克斯在文章中写道："[《热女郎》中]最精彩的镜头之一就是梦露小姐唱歌的片段。她很漂亮，凭借着美妙的歌声和做派，她展示出了一片光明的前途。"——这番点评算不上是盛赞，但它是玛丽莲第一次得到肯定，可惜这篇评论没能改变科恩的决定。福克斯公司拥有贝蒂·葛莱宝，米高梅公司拥有拉娜·特纳，同样地，科恩手里的头牌女明星是丽塔·海华丝，当哈里·利普顿或者露西尔·莱曼告诉公司总裁一位名叫"玛丽莲·梦露"的女演员具有成为大明星的潜力，有可能会红极一时，她有着能够得到他们认可的不同寻常的特质和决心，然而总裁们却都对此置若罔闻。露西尔做过一番评价："在如同布娃娃和小猫一样的外表之下，玛丽莲[是一个]强悍、泼辣、精明的女人。"XIV然而，这样的评价不足以加速玛丽莲在事业上的脚步。没有人看到她在喜剧表演方面的潜力，没有人估量过她与生俱来的才华，人们对她的潜力和才华视而不见的一定程度上是因为社会对迷人年轻的金发美女持有的刻板成见。

接下来，玛丽莲的电影生涯出现了第二次间歇期，毫无向前发展的迹象。据露西尔所述，这种状况促使玛丽莲产生了一个独到的想法，不过她的想法最终还是落空了。她打算彻底离开电影公司俱乐部，同卡尔格一家人住到一起去，以便让婚姻的前景变得更加清晰。她无意用婚姻取代工作，只是渴望在这个气氛融洽和睦的家庭里继续为工作而努力。因此，在第一次约会之后卡尔格开车送玛丽莲回家的时候，玛丽莲告诉他不要去电影公司俱乐部，而是叫他把车开到了好莱坞一套跳蚤滋生、肮脏不堪的公寓（哥伦比亚公司的另一位小明星刚刚搬了出去），她沮丧地告诉卡尔格自己只能租得起这样的公寓。很快，玛丽莲的计策就得手了，她在日落大道以南的哈珀街同卡尔格一家人一起生活了3个星期。

同她对卡罗尔夫妇耍的手段一样，她对卡尔格的欺骗只是她生命中的一个小插曲而已，纯粹是这个精明的年轻女人虚构出来的说辞，这个女人一眼就能看出自己应当在什么时候摆出一副戏剧性的姿态——在关键时刻如果缺少素材，她就会对利用眼前的境况加以利用，或者根据过去的经历编造一套说辞。这种行为有些可悲，她对加入某个家庭的渴望很幼稚，同时又令人动容。卡尔格的母亲和妹妹都非常喜欢玛丽莲，她充分利用了她们对她的爱，再一次为自己找到了家庭的替代品，并且通过家务劳动证明了自己能够成为卡格尔的好妻子、他女儿的好继母。

然而，没过多久电影公司俱乐部就给哥伦比亚公司的人才部打去电话，询问玛丽莲的下落。第二天下午，卡尔格便将玛丽莲送回了俱乐部。后来，玛丽莲提起过这段往事："他说我在这件事情上撒了谎，所以他无法再相信我说的任何事情了。他觉得我不会给他们家的孩子树立好的榜样。他的话令我感到自己糟糕透顶了。"[XV]考虑到玛丽莲在心理上的需要以及卡尔格拒绝满足她的这些需要，他们两个人接下来的反应似乎都有些过激了。尽管发生了这种事情，他们的恋情还是持续到1948年底才画上句号，不过在将玛丽莲送回俱乐部之后，卡尔格就坚持宣称自己不打算同她结婚。* 据娜塔莎所述，"这令她感到万分痛苦。有很多次，在与他见面之后她都是一副眼泪汪汪的模样。"不难想见，娜塔莎建议玛丽莲结束这场偷偷摸摸的恋情（实际上，这个建议很明智）。

卡尔格情感上的疏远将他们之间的关系完全变成了肉体上的交往，令玛丽莲的期望受到了限制，但是在工作中他丝毫不会减少在她身上花费的心血。除了继续对玛丽莲进行声乐指导，他还在着装和礼仪方面为她提供建议。对于他的意见，玛丽莲一贯言听计从。这一年冬天，卡尔格还带着玛丽莲找到了矫形牙医沃尔特·泰勒，为她支付了矫正一颗龅牙的费用，同时她的牙齿也被漂白了，这样一来她的牙齿就好看多了，完全有条件拍摄模特照了，不过电影镜头还是得另当别论。玛丽莲戴上了矫正牙箍和稳定牙胶，到了年底她的上颌轮廓变得平整，她的笑容变得更加灿烂了。取得了这样的进步之后，玛丽莲对卡尔格就更是纠缠不休了。卡尔格会接受玛丽莲的拥抱，但是依然拒绝同她谈及婚姻大事。

卡尔格在各个方面对玛丽莲提供帮助，他对待她的态度还有着残忍、自相矛盾的一面。他们之间的交往具有一种虐待的性质，这种状况同玛丽莲的经历一脉相承，这一点令人感到悲哀。当时，玛丽莲向娜塔莎透露（3年后跟导演伊利亚·卡赞也说起过）卡尔格总是在批评她，他嘲笑她的衣服和谈吐，还说她只有在床上的时候才会展示出真正的天赋。然而，卡尔格对玛丽莲的贬低恰好符合玛

---

* 弗雷德·卡尔格后来同简·怀曼（美国前总统罗纳德·里根的前妻）结了婚，之后两个人又离婚了，复合之后两个人还是再度分手了。卡尔格于1979年逝世，生前他又娶了一位妻子。

丽莲的自我认知，因此她几乎痴迷地爱着他。她一直渴望彻底改变他的看法，向他证明自己是正派的女人，值得他的爱，因此她实际上在不断地贬低自己，苦苦乞求着他的认可，在性的方面随叫随到。卡尔格越是带着略加掩饰的鄙夷摆出一副高人一等的姿态，玛丽莲就越是会尽心尽力地讨好他。卡尔格扮演着父亲、情人和艺术导师的角色，充分满足了玛丽莲热切的需要——她以为自己渴望得到这些。卡尔格疏远她，盛气凌人地对待她，这就是她在过去的生活中熟悉的那种男性。在这种情况下（就像同多尔蒂在一起的时候），她变成了一个小女孩，面对有能力保护她的"老"男人，她一心想要讨得对方的欢心，取悦对方，赢得对方的爱。同样地，一直耐心地渴望着她的娜塔莎也是她所渴望拥有的那种"母亲"，从后者那里她能够得到母亲般的支持。然而，由于在感情上存在几乎难以估量的不平等，玛丽莲·梦露同弗雷德·卡尔格的恋情以及同娜塔莎·莱特斯的交往都注定会落得不欢而散的结局。玛丽莲对卡尔格的爱远远超过了卡尔格对她的渴望，娜塔莎对玛丽莲的渴望则远远超过了玛丽莲回报给她的爱。

多亏了卡罗尔夫妇，玛丽莲才没有因为在1948年秋天失去工作而陷入贫困。不过，卡罗尔夫妇坚持要求她继续跟娜塔莎学习表演（学费由他们支付），并且继续参加布利斯—海登小型剧院挑选角色的试演。

10月玛丽莲参加了一次试演，就在前往剧院的半路上她遭遇了一起"幸运"的意外。玛丽莲开车一贯不太小心，不太留意路上的情况，这一天她在日落大道上追尾前面一辆轿车，随即一大群人就围了上来。她和驾驶另一辆车的人都没有受伤，但是她引发了一场小小的轰动——当时她穿着一双红色的细高跟鞋，身上穿着一条红白相间的圆点背心裙，裙子的尺寸比她的身材小了两码。曾经供职于美联社的摄影师汤姆·凯利也在围观人群中，当时他已经成为了一位以高品质摄影作品闻名的独立摄影师，他的拍摄对象大多都是好莱坞最上镜的模特。当时，玛丽莲说自己正赶着去参加一次非常重要的会面，她已经晚了，可是她又没有钱搭乘出租车，凯利给了她5美元还有自己的名片。玛丽莲对凯利表示了感谢，给哈里·利普顿打了一个电话，请后者处理车祸的事情，然后便匆匆忙忙地去赴约。这次试镜没有产生令人满意的结果，相比于试镜，玛丽莲同凯利的谋面给她带来了更乐观的前景。

玛丽莲同弗雷德·卡尔格的恋情也同样没有开花结果。他们的关系在圣诞节已经彻底结束了，多年后娜塔莎说过："当时，玛丽莲已经逐渐认识到跟他在一起对自己造成了多么大的伤害。她爱上了一个对她很糟糕的人，那个人跟她交往只是为了图个方便，而她自始至终一直对他的家人和他的女儿那么好。玛丽莲原本爱他爱得都愿意嫁给他了，即使他令人无法忍受。她觉得自己的爱会改变他。我希望她能够分分心，不要那么专注于这场恋情。"XVI

娜塔莎的心愿实现了，不过一切完全出乎她的预料。新年前夜，制片人山姆·史匹格举办了一场聚会，在聚会上玛丽莲被引介给了威廉·莫里斯经纪公司的副总裁约翰尼·海德，好莱坞最有权有势的演员代理人之一。这个夜晚尚未结束海德已经醉了，让他醉倒的不是酒精。在1949年1月的第一个星期里，他说服玛丽莲陪着他度了一场短假。他们去了加利福尼亚的棕榈泉，在这里他提到了她的前途问题，也说服她跟他上了床。从第一次见到玛丽莲的那个夜晚开始，海德就疯狂地爱上了她。可是玛丽莲没有产生同样的感觉，再次见面时她把这件事情告诉了娜塔莎，她的这位老师耸了耸肩，嘟囔了一句法国谚语，"Un clou chasse l'autre"——旧的不去，新的不来。

卡尔格的继任者跟他没有什么不同。在这个冬天，玛丽莲22岁，海德53岁。海德出生在俄国，原名是伊万·海德布拉，在10岁那年他和家人——一个杂技剧团——移民到了美国。小时候海德的身体一直比较羸弱，到了青年时期身体状况也不太好，患过各种心肺疾病。他在纽约成为了一名经纪人，1935年他来到好莱坞，目光敏锐地成功挖掘出了一批新星，并成为他们的经纪人，他的客户包括拉娜·特纳、贝蒂·赫顿、鲍勃·霍普以及丽塔·海华丝。海德的个头只有5英尺高（1.52米），五官清晰，头发稀薄，总是一副病恹恹的模样，丝毫不像一个长期浸淫电影界、魅力非凡的人。然而，他在电影界的名望很高，拥有相当大的影响力。丈夫和父亲的身份从来不会阻止海德一次次涉足短暂的爱情或者只是纯粹占有对方的肉体，即使他还患有严重的心脏疾病，50多岁的他因此每个星期都需要接受医生的观察。

从见到玛丽莲的那个夜晚开始，海德就彻底沦陷了，他对这位魅力过人的年轻新情人的肉体痴迷得不可自拔。对玛丽莲而言，她对海德的爱就如同她对失去的父亲的感情。她向他学习着知识和经验，尤其是她渐渐地同哈里·利普顿没有什么进展的时候,她更是希望海德帮她代理业务,好让她从中获益——在海德买下她同利普顿签订的合约后,经纪人的改变就是自然而然的事情了。连续几个星期,海德将工作时间和私人时间全都花在了玛丽莲的身上。

在1949年夏天来临之前,海德离开了自己的家庭。他打定主意要让玛丽莲成为第二任海德夫人。他让玛丽莲搬出电影公司俱乐部,同他住进自己租下的贝弗利山北棕榈路718号住宅。为了避免来自媒体的麻烦,玛丽莲同意在坐落于奥林匹克大道的简陋的贝弗利卡尔顿酒店保留一套只有一个房间的公寓,以便接收邮件和工作方面的通知。根据伊利亚·卡赞和娜塔莎·莱特斯所述,尽管玛丽莲不断地通过肉体表达着自己对海德的感激,但是她坚决不答应嫁给他。她拒绝了海德的求婚,同时也拒绝了财富的诱惑,这种态度却令海德变得更加执着。他反复告诉她:"玛丽莲,我活不了多久了。嫁给我吧,你会成为一个非常富有的女人。"[XVII]这样的诱惑没能改变玛丽莲的主意,按照她自己的做人原则,她不会嫁给自己不爱的人。出于实际的考虑,她拒绝了海德对婚姻的要求,因为她已经预见到一旦结婚她将遭受的侮辱——她会被外界称为"拜金女郎",谈情说爱是为了事业,甚至还嫁给了一个所有人都知道重病缠身的男人。

根据后来同玛丽莲共事过的彼得·伦纳迪所述,大约就在这个时候约翰尼·海德敦促玛丽莲接受输卵管结扎手术。伦纳迪几年后同玛丽莲结识并成为她的私人助理,他说过:"约翰尼·海德清楚好莱坞的姑娘们常常都会在无奈之下跟别人上床。那会儿还没有[避孕]药,他不希望她受到孩子的拖累。"[XVIII]玛丽莲一开始同意接受手术,但是后来又反悔了。据她的妇科医生利昂·克罗恩所述,"她始终没有接受手术。有关她多次堕胎的传言也都纯属胡扯。她从来没有堕过胎。后来,她流产过两次,还出现过一次妊娠异位,因此不得不紧急终止[妊娠],但是她从来没有过堕胎的经历。"[XIX]

*　*　*

22岁的玛丽莲一心想要在事业上取得成功,并且过上正派体面的生活。她说过:"他愿意当我的经纪人,即使我就只有一件破破烂烂的波罗外套(一种轻便的短外套),我接受采访的时候都没有穿长筒袜,那会儿不穿长筒袜还不是什么时髦做法,我没穿袜子只是因为我买不起……[约翰尼]鼓励我读一些好书,鼓

励我欣赏好音乐,他让我重新开口说话了。小时候,我以为只要不开口的话,任何事情就都怪不到我的头上了。"[XX]

玛丽莲熟稔好莱坞已经根深蒂固的"物物交换"原则,她希望从自己有能力吸引到的人那里得到承认和赞许。由于海德身体羸弱,玛丽莲感到自己的存在对于海德的幸福来说至关重要——这种作用或许是前所未有的。针对这种想法,她用自己最突出的天赋做出了回应,顺从于他在肉体方面的要求,尽管她自己得不到任何愉悦或者满足。玛丽莲曾对娜塔莎透露过:"我知道谁都不可能像约翰尼·海德这样帮助我。可是,我为他感到难过,他对我简直疯狂了。我从来没有对他撒过谎,我觉得任由他像现在这样爱我也没有什么错。性对他来说有着很重要的意义,但是对我来说就没有那么重要了。"[XXI]这绝对不是一个铁石心肠、掠夺成性的"拜金女郎"所能产生的想法。

然而,同很多同样纠缠复杂的恋情一样,玛丽莲同海德的交往也并非一帆风顺,由于双方在观点和期望值方面存在差异,他们的感情也涌动着黑暗危险的暗流。在一年多的时间里,玛丽莲极其忠诚于海德,根本无视有权有势的约瑟夫·申科和更有魅力的弗雷德·卡尔格不断抛来的媚眼。出于嫉妒,卡尔格显然改变了当初的想法。尽管玛丽莲态度坚定,海德却当着她的面说过她是一个"傻瓜",[XXII]他口中的傻瓜就是放荡愚蠢的女人,在他的口中几乎所有女人都是"妓女和容易上当受骗的蠢货"。[XXIII]同卡尔格一样,海德也会公然凌辱玛丽莲。玛丽莲又一次因为对方对她的评价同她的自我评价相契合而迷恋上了一个男人。

这种复杂的反应同她的模特和演艺工作有着直接的关系。以诺玛·珍妮的身份同博朗代夫妇、格蕾斯·麦基和詹姆斯·多尔蒂生活在一起时,她一直在他们的要求下努力满足着他们对她的期望,以至于她自己的欲望、自然而然出现的个性、自己的行为举止和容貌全都受到他们的控制。卡尔格为她支付了牙医的费用,因为他不喜欢她的龅牙;现在,海德更始变本加厉了。他安排在贝弗利山行医的外科医生迈克尔·古尔丁从她的鼻尖上切除了一小块隆起的软骨,在她的下颌里插入了一块新月形的硅胶假体,假体位于她的下齿龈下方,这样就让她的面部轮廓变得柔和了一些。由于这些改变,玛丽莲的容貌在1949年之后拍摄的影片中同之前不一样了。她一心想要变得更加令人满意,急于赢得自己渴望得到的认可,她冲着摄影师们露出魅力的笑容,朝着电影明星的方向努力,对于一个经过调教随时准备取悦别人的人来说，这些手段都是她自然而然的选择。

为了利用玛丽莲天生的性感，约翰尼·海德很快就将自己这位新任女友介绍给了独立制片人莱斯特·考恩，后者当时正拿着"美国甜心"玛丽·毕克馥的一些钱投资拍摄马克斯兄弟[1]主演的闹剧《快乐爱情》。影片于1949年2月开机，片头字幕中写着"特别推荐玛丽莲·梦露"的这部影片迅速为玛丽莲设计了一个小角色。马克斯四兄弟的影片总是充满了五花八门疯疯癫癫的即兴发挥，玛丽莲的这个角色纯粹是他们的附属品。眼睛大睁、一脸淫笑的格劳乔·马克斯扮演一名侦探，听到有人敲门他就开了门，让玛丽莲进了办公室，玛丽莲不声不响地溜进格劳乔的办公室。她穿着一条色彩斑斓、没有肩带的礼服。

"有什么可以帮忙的吗？"格劳乔问道，一边转向了观众，然后又说了一句，"真是个荒唐的问题。"

玛丽莲将一只充满诱惑力的手搭在了格劳乔的肩膀上，轻声说道："格拉尼恩先生，我希望您能帮我一个忙。"

"有什么事情让你觉得有问题？"格劳乔问道，说话间他翻了翻眼睛，将两道粗重的眉毛扬了扬，这都是他标志性的小动作。

玛丽莲不慌不忙地从他的身边走开了，退到了镜头之外。"有人在跟踪我。"她答道。

"真的？"格劳乔继续说着，目光追随着渐渐走远的玛丽莲。"真不明白怎么会发生这种事情！"这个出场时间不足一分钟的小角色的戏结束了。

拍摄结束后，格劳乔向媒体发表了一番评论："不可思议！她就是梅·韦斯特、蒂达·巴拉和小牧羊女波·皮普的综合体！"[XXIV]仅仅一个下午的工作，玛丽莲得到了500美元的报酬，此外为了拍摄宣传推广照片还得到了300美元。她花了一多半的钱为卡尔格家的几个女人买了礼物，还为卡尔格买了一块金表，她也

---

[1] 美国早期著名喜剧演员，被称为"无政府主义四贱客"，是电影史最成功的喜剧团体之一，热衷于塑造或癫狂或装傻充愣的人物，表现荒诞不经的内容，堪称无厘头的鼻祖，代表作有《鸭羹》《歌剧院之夜》。

送了卡罗尔夫妇一件礼物。不久之后，卡罗尔夫妇就知道了她同海德的关系，他们突然觉得自己用不着再继续为玛丽莲花冤枉钱了。1949年的春天，玛丽莲告诉卡罗尔夫妇自己用他们给的补贴分期付款购买了一辆敞篷车，他们便终止了对玛丽莲的资助。

* * *

《快乐爱情》是玛丽莲参演的第四部影片，尽管在电影公司当了两年的学徒，又师从娜塔莎一年，她的事业却毫无进展，成为明星似乎是遥不可及的事情，或许都不是一个现实的目标。除了取代卡罗尔夫妇、扮演她的新一任养父母的约翰尼·海德和娜塔莎·莱特斯，没有人会过于关注她。

跟随娜塔莎学习戏剧表演的过程无论产生了多么复杂的结果，这位老师对玛丽莲在文化方面的影响怎么说都不为过，因为她通过一种重要的方式帮助玛丽莲坚定了她在演员实验室时迸发的对俄罗斯文化和文学的爱，海德对玛丽莲也产生了同样的影响。对于俄罗斯的文化和文学，娜塔莎比海德具有更深厚的素养，但是几杯鸡尾酒下肚之后，海德也能聊一聊伟大的俄罗斯作家，背上几行普希金的诗歌或者几句安德烈耶夫[1]的小说。就在这一年，玛丽莲开始了一场漫长而仔细的俄国诗歌之旅。在这一年，娜塔莎写道："我终于在她身上看到了希望。"

> 她没有纪律性，她很懒惰，但是我在敲打她。她毫无准备地来上课时，我会大发雷霆。我就像对自己的女儿一样狠狠地斥责她。而玛丽莲看着我的眼神永远就像是我背叛了她似的。[xxv]

娜塔莎自相矛盾的愿望和态度——谆谆教导但是严厉至极，慷慨大度但是霸道专横——令玛丽莲难以理解，因为她对别人的批评永远那么敏感，永远极度需要别人的认可。即使玛丽莲清楚娜塔莎在心里不赞成她对海德的依赖与日俱增的事实，她当时也没有流露出丝毫的情绪。几年后，她曾简单地发表过一番看法："娜塔莎嫉妒所有跟我接近的人。"[xxvi]她没有交代更多的细节问题。

除此以外，1949年最初的几个月玛丽莲都一直同海德（在他方便的时候）

---

[1] 列昂尼德·安德烈耶夫（1871—1919），俄罗斯小说家，代表作《七个被绞死的人》。

和娜塔莎（在玛丽莲方便的时候）守在一起，在她的生活中似乎其他人都不重要了，她也没有再和旧相识联系过。娜塔莎帮助她纠正着谈吐和举止，海德增强她对政治问题的触觉。海德坚信共产主义的本质存在孕育出希望的核心条件，他的这种信念以及他对俄国沙皇在世的最后一段日子和1917年震惊世界的俄国革命所发表的见解正是玛丽莲最早接受的全球政治教育。据娜塔莎所述，"这一切都令她着迷，她渐渐地开始折射出他的政治立场"，不过她几乎只是在聊天时偶尔提及海德对俄罗斯与生俱来的爱以及他对民主政治的理解。玛丽莲最欣赏的其实还是海德为农奴和贱民、穷人和弱势群体所做的辩护。

玛丽莲天生就具有同情心，海德持有的这种自由主义观点在她的心中唤起了共鸣，或许这多少与她自己的出身背景有关。她在演员实验室接触到的关注社会问题的戏剧作品、总是一副夸张姿态的娜塔莎展现出的炽烈的俄罗斯文化，海德有些迷醉的浪漫主义——他热爱旧时代的俄国，但是他清楚那个俄国需要进行改革——这些对俄罗斯精神的展示都深深地触动了玛丽莲。她常常告诉娜塔莎自己伴着留声机里传来的柴可夫斯基的《胡桃夹子》读了托尔斯泰的短篇小说。无论这样的组合有多么不协调，她受到吸引时渴望全身心沉浸在学习中的态度都不应当受到任何人的指摘。

事实上，玛丽莲开始对自己以及自己的生活产生了一种全新的看法，与此同时她和以格蕾斯为代表的那些旧相识的交流也越来越少了。例如，格蕾斯于4月20日给她发来了一封信，告诉她格拉迪斯暂时搬出州立医院期间同一个名叫约翰·斯图尔特·伊利的男人结婚了，但是没有记录显示她曾回复对方。这场短暂婚姻的细节丝毫不为外人所知，此后这对母女俩也再没有过私人交流，不过玛丽莲还是继续给格拉迪斯寄去一笔笔小钱（在她自己的经济状况有了很大改善之后，补贴数额也随之增加了）。

面对成为电影明星的目标，玛丽莲毫不动摇，但是在拍摄完《快乐爱情》之后她就没有得到更多的工作机会了。除了同海德外出过夜的费用，她一直坚持用自己的钱支付贝弗利卡尔顿酒店的租金，用《快乐爱情》剩余的报酬养活自己。考虑到自己将在1949年9月为了这部电影参加全国巡回推广，在活动开始之前她便一直过着无所事事的生活。但是，她有一些不同寻常的开销，包括书籍和轿车的账单，因此她决定翻一翻一直被丢在角落里的摄影师们的名片。结果，她找到了汤姆·凯利的通讯地址,他就是她在日落大道遭遇交通事故那天出手解救她的那个男人。

汤姆·凯利的摄影室位于好莱坞北西沃德街736号,他就在一大堆照相机、摄影灯、家具、道具、塑料树和绘制的背景中间为广告公司的工作忙碌着。在妻子纳塔莉和兄弟比尔的协助下,凯利拍下了那个时期最具有视觉美感的一批摄影作品,它们的出众之处就在于充满想象力的灯光、夸张的角度,以及在商业摄影诸多限制条件下对人和商品新颖独到的展现方式。

5月初,玛丽莲不声不响地带着自己的相册去了凯利的摄影室。她化着夸张的妆容,穿着一件暴露的白色衬衫和一条红色紧身裙,脚上穿着一双红色的细高跟鞋,这样的装束限制了她的行动,令她的步伐有些不自然。她不是戴维·康诺弗或者约瑟夫·贾斯古尔镜头里的美国小姐,而是一名急于得到工作的模特。凯利说,的确,手头就有一个小活儿。有一名模特请了病假,而拍摄一条啤酒广告的日期又是确定的。纳塔莉·凯利带着玛丽莲去了更衣室,为她修改了妆容,又递给她一件连体式泳装和一个彩色的沙滩球。等她们俩从更衣室出来后,汤姆说:"我想我看到了一些东西。"[XXVII]

不到两个星期,贝斯特啤酒(被美国人昵称为"蓝带啤酒")就拿到了新的宣传海报,公司的代理人告诉汤姆·凯利海报中的模特是他起用过的最漂亮的模特,不管这个女孩究竟是什么人。汤姆在私下里对纳塔莉和比尔都说过他也认同这种说法,不过他还是不太明白怎么会产生这样的效果。一旦化对了妆容,玛丽莲本人就已经十分迷人了。但是当她摆好造型后,就在快门合住之前的一刹那她身上迸发出了一种东西。在胶片中,玛丽莲散发着十足的性魅力。

就这样,在5月25日,凯利通过贝弗利卡尔顿酒店的留言处签下了玛丽莲。贝斯特啤酒的新海报引起了一个名叫约翰·鲍姆格拉斯的男人的注意,此人是芝加哥的一位日历制造商,他问凯利这位新模特是否会乐意为下一批日历当模特。鲍姆格拉斯的想法是一张裸体艺术照片。玛丽莲已经在厄尔·莫兰的镜头前裸露过双乳,况且无论是在家里、海滩上,还是在摄影师的工作室里,她都能随随便便地半裸着身子,因此她立即接受了这个提议。两个夜晚之后,也就是在1949年5月27日这一天,她回到了凯利的摄影室,以"莫娜·梦露"的名字在一份同意书上签了字。

面对这次拍摄，37岁的汤姆·凯利非常镇定严肃，他用自己的便携式留声机播放了玛丽莲最喜欢的一张唱片——单簧管大师艾特·肖吹奏的《跳起比根舞》。摄影室的地板上铺着一条红色的天鹅绒帷幕，玛丽莲赤身裸体地在镜头前摆了两个小时的造型，摄影师坐在一把梯子上，就在高出她10英尺（3米）的地方摁着快门，她轻轻松松地变换着姿势，言听计从地转动着身子……弓起腰……面朝镜头……侧对着镜头伸展肢体。

在几十张照片中，只有两张清晰的照片被保留下来。其中一张是她侧身站在随意皱起的帷幕前，鲍姆格拉斯公司为这张照片拟定的标题是"新惊喜"。在名为"金色梦想"的那张照片中突出显示了玛丽莲丰满的胸部，她的两条腿小心翼翼地摆出了一个得体的角度。鲍姆格拉斯给凯利支付了500美元，买断了日后的出版权。通过这次拍摄，玛丽莲赚到了50美元。此后，她再也没有同凯利见过面。

3年后，这些照片变得举世闻名，为了转移外界对这桩丑闻的注意力，玛丽莲精心策划了一场出色的宣传活动，充分利用了当年的举动，如果不采取这样的措施，好莱坞和全国人民应该都会认为名人做出这样的举动是无法容忍的。玛丽莲宣称自己当时饿着肚子——没有工作，等待着参加电影拍摄的机会。有时候她也会说当时自己的车被信贷公司收回了，没有了车，她怎么在洛杉矶找工作？（这个理由很快就失效了，对于一辆昂贵全新的敞篷轿车的分期贷款过期未付这种说法公众不太买账。）不管怎样，当时的环境很私密，摄影师的妻子也在场。他们拍摄的是艺术照。这有什么错？丝毫没错，但是她的"导师们"后来暗示过的一部分细节同事实有所出入。[xxviii]

事实很简单，玛丽莲拍摄裸体照片只是因为她喜欢这么做。这个腼腆的女孩最初几次在片场拍摄影片时总是容易出现口吃的现象，她依然记得（或者说编造的）自己儿时做过的那个梦——她赤身裸体地站在崇拜者的面前，丝毫不感到难为情。她为自己的身体感到骄傲，她在家里常常会一丝不挂地走来走去。无意中造访棕榈路的人甚至有可能会瞥见她光着身子从卧室走到浴室的情景，或者从游泳池朝凉亭走去。玛丽莲曾经对记者厄尔·威尔逊说过："只有裸体的时候我才会感到舒服。"[xxix]然而，赤裸的她既单纯，又精明。同她在《快乐爱情》中的形象一样，这份日历展示的只有她的肉体，对于所有人而言似乎这才是唯一有价值的东西。

在这种事情上,玛丽莲之前早有先例,故事主角依然是她效仿的珍·哈露。1929年,摄影师埃德温·鲍尔·海瑟尔在洛杉矶的格里菲斯公园为哈露拍摄了一批著名的照片。哈露赤裸的身体上只披着一块透明的雪纺绸,照片中的她有着仙女的姿态,就如同她在泰德·艾伦的镜头前只套着一张渔网一样。哈露的丈夫对海瑟尔拍摄的这批照片火冒三丈,他最终同妻子离了婚。他指出一个女人对丈夫最大的羞辱莫过于此,在日常生活中就如同在电影里一样向所有人展示着自己的肉体。在《红发美人》中,哈露向一个女人问道:"看得到这条裙子里面的东西吗?"对方回答道:"亲爱的,恐怕能看得到。""好的,那就穿这条了!"哈露宣布,她的脸上露出了胜利的笑容。

在摄影史上,玛丽莲·梦露在1949年拍摄的这几张裸体照片压倒了其他一切裸体女性照片,成为了真正的偶像符号,无论放在哪里都很醒目,也永远有着市场需求。这批照片成为了艺术和商业相结合的里程碑,它们出现在日历、扑克牌、钥匙链、钢笔、服装、配饰、床单枕套和其他家居用品上,在数十年里不少人通过借用或者购买这批照片的使用权获得了大笔的财富。例如,《金色梦想》就登上了《花花公子》杂志于1953年12月发行的创刊号的中间插页上。

由于汤姆·凯利高超的摄影技术,这些照片丝毫不带有淫秽的色彩。相反,玛丽莲公然展示出的肉欲中存在一种古典的镇定姿态,她在展现着一种毫不做作的女性气质。玛丽莲是一个容易紧张的人,但是一旦赤身裸体地出现在镜头前和灯光下,她便立即变得镇定自若了。因此,她所呈现的性感也显得十分自然,丝毫没有粗鄙下流的意味。她性感,同时又显得不可撼动;那么天真,却又透露出成熟的宁静;年轻迷人的她展示出了一种对男人和女人都同样具有吸引力的纯真。没有多少照片能像凯利和梦露在1949年5月那个晚上拍摄的照片一样将赤裸的人体表现得如此令人惊叹。

注 释

Ⅰ 简·威尔基向唐纳德·斯波托讲述，1992年10月20日。

Ⅱ MG2 XIV, 3，p.2。

Ⅲ JWP/NL 1, p.5。

Ⅳ MG2 II, 8, p.12。

Ⅴ JWP/NL 1, p.5；2, p.9。

Ⅵ MG2 II, 8, p.2。

Ⅶ 同上, p.3。

Ⅷ JWP/NL 2, pp.8—9。

Ⅸ MG2 XIV, 3, p.24。

Ⅹ JWP/NL 2, p.5。

Ⅺ 米尔顿·伯利向唐纳德·斯波托讲述，1992年4月2日。

Ⅻ 阿黛尔·杰金斯向唐纳德·斯波托讲述，1992年4月9日。

ⅩⅢ JWP/NL 1, p.10。

ⅩⅣ 埃兹拉·古德曼，《好莱坞五十年的衰落与沉沦》（纽约：西蒙和舒斯特出版社，1961），p.234。

ⅩⅤ MG2 III, 7, p.24。

ⅩⅥ JWP/NL 2, p.10。

ⅩⅦ 同上, p.11；又见MG2 III, 4, p.15；鲁伯特·艾伦、露西尔·莱曼·卡罗尔和艾米·格林都向唐纳德·斯波托表达过类似的观点。

ⅩⅧ 彼得·伦纳迪向厄尔·威尔逊讲述，威尔逊引自《揭秘演艺业》（纽约：帕特南出版社，1974）中，p.67。

ⅩⅨ 利昂·克罗恩（医学博士）向制片人泰德·兰德雷斯讲述，见后者于1984年为英国广播公司摄制的纪录片《玛丽莲——向总统道别》。

ⅩⅩ 玛丽莲·梦露，简·科温引述，《穿着貂皮的孤儿》，《电影故事》，第45卷，第3期（1954年3月）：109。

ⅩⅪ JWP/NL 1, p.4。

ⅩⅫ 伊利亚·卡赞，《一生》（纽约：克诺夫出版，1988），p.403。

ⅩⅩⅢ 同上, p.406。

ⅩⅩⅣ 引述于罗杰·G.泰勒，《艺术品中的玛丽莲》（新罕布什尔，塞勒姆：塞勒姆出版社，1984），出处不详。

XXV JWP/NL 2，p.8。

XXVI MG2 VIII，2，p.1。

XXVII 汤姆·凯利，引述于《玛丽莲——赤裸的真相》，《洛杉矶杂志》，第36卷第6期（1991年6月）：90。

XXVIII 无论何时出现有关这批日历的问题时，玛丽莲不是宣称自己当时"破产了，拖欠着房租"，就是说自己当时"饿着肚子，拖欠着房租"。见贝尔蒙特（p.18）等人的著作。

XXIX 威尔逊，《揭秘演艺业》，p.67。

第九章 1949年6月—1950年12月

同汤姆·凯利在5月拍摄的照片相比，在1949年4月末和7月初拍摄的照片中玛丽莲·梦露几乎裹得有些过于严实了。

莱斯特·考恩的角色不止是《快乐爱情》的制片人，他还是一位行销专家，知道让电影首映获利最多的因素莫过于影片中有一位身材优美、性感的金发美女。因此，按照合约规定，在这一年的夏天玛丽莲必须以代言人的身份亲自参加一轮巡回推广活动，尽管在《快乐爱情》一片中她亮相的时间极为短暂，然而她才是整部影片最迷人的元素。考恩为玛丽莲连续5个星期的工作开出了每个星期100美元的价格，此外在每个城市还会为她配备随行的宣传人员和采购新服装的款项。后来，玛丽莲说过："我买了好莱坞百货商店里最好的东西。没有一样是便宜货，也没有过于大胆突兀的东西。约翰尼和娜塔莎都跟我说我外出的时候应该像一位淑女一样，我猜他们俩都觉得我不是淑女。于是，我买了几套羊毛套装和毛衣、高领衬衣，还有一件夹克衫。"[1]

玛丽莲不知道芝加哥和纽约的夏天通常都不如南加利福尼亚那么舒适宜人，当这些地方的气温攀升到90度（约为32摄氏度）、湿度超过70%，她发现自己的衣服都热得有些出奇了。在曼哈顿，痛苦地熬过4场拍摄和两场短暂的公众见面会，她便夺门而出，脱掉了羊毛衣物，换上了如同空调的夏装——露背、无袖、胸口也几乎无遮无拦。新闻摄影师们的相机飞快地转动着，快门不停地咔哒作响，凭借着自己独特而迷人的矛盾性，玛丽莲用一双优雅的白色长手套就弥补了衣着暴露的缺陷。

正如奥菲利娅对哈姆雷特的评价一样，在整个巡回宣传活动中玛丽莲始终是"举世瞩目的中心"，她巧妙地将自己通过模特和电影工作积累的经验同自己从娜塔莎·莱特斯和约翰尼·海德那里学到的知识和经验结合起来。娜塔莎说过:"她的机灵劲儿显而易见,她很清楚什么时候说什么话。提到别人的时候,她天生就知道怎样说才是正确的。"玛丽莲冲着观众们挥手、微笑、隔空抛飞吻;观看《快乐爱情》试映的观众走进电影院时,她为他们签名留念;她还参观了一所医院,探望了残疾儿童。

这些亮相活动纯粹只是为了给影片做广告。电影明星的出场一贯都像是到访的皇室成员一样,他们是电影女王和君主,但同时也暗示着他们也只是普通人,永远都是,而且他们永远牵挂着小老百姓。但是,玛丽莲的露面同其他明星有着截然不同的差别,比起崇拜明星的公众或者转来转去的记者们,她在患病和残疾儿童中间花的时间更多。在伊利诺伊州的奥克帕克和新泽西州的纽瓦克,她都令极度忠于行程表的公关人员们忙乱不堪,因为在参观一所州立孤儿院和一家专为残疾贫困人口开办的诊所时她执意同每一个孩子、所有的男人和女人见面。这样的举动并非是假慈悲的表演,事实上她还劝阻摄影师们不要记录下这些体贴的额外活动。

到了夜晚,玛丽莲在酒店房间里专注地读着马塞尔·普鲁斯特和托马斯·沃尔夫的大部头作品,或者弗洛伊德针对梦所做的论述。读上几个钟头之后,她就拨通电话,在深夜同娜塔莎聊上一会儿,她不停地向后者请教,以便弥补自己受教育的不足。最重要的是,她想和娜塔莎讨论一下《卡拉马佐夫兄弟》中的格露莘卡(阿格拉菲娜·亚历山德罗芙娜·斯维特洛娃)这个人物(娜塔莎告诉玛丽莲,请把"格露莘卡"的重音放在第一个音节上)。约翰尼·海德最先将玛丽莲比作陀思妥耶夫斯基笔下这个精力充沛、性格复杂的人物,他甚至说过在米高梅公司计划拍摄的影片中玛丽莲是这个角色的合适人选,当时双胞胎兄弟朱利叶斯·爱波斯坦和菲利普·爱波斯坦正在撰写剧本。海德可能对此事并不当真,但是玛丽莲却十分重视他的这番评价,很快她便对这个女孩的风流史和开明的思想、宽广的胸怀变得几乎有些痴迷了。格露莘卡时而狡诈,时而充满同情心,在对她充满爱意的德米特里·卡拉马佐夫(老卡拉马佐夫的长子)的影响下,她渐渐地变得有些纯洁无私了,在小说的结尾她做出了高贵的牺牲,由此得到了救赎。(从这个角度而言,外界有理由认为海德从陀思妥耶夫斯基笔下的这些人物身上找到了同自己和玛丽莲的相同点。)后来,玛丽莲说过:"这是我读过和听说过的最打动人的作品。我问娜塔莎这部小说能不能被拍成一部好电影。她说可以,但不适合我——暂时不适合我。"玛丽莲和海德在电话里的交谈就没有涉及过多的文学内容了,当她提起俄罗斯古典名著的时候,他只会跟她调侃一番,他最想知道的只是她是否忠诚于他。

海德其实没有什么可担心的。那个夏天,安德烈·德·迪耶纳碰巧在纽约工作,他在荷兰雪梨酒店找到玛丽莲,在一个星期六的早上带着她去了长岛的海滩。后来,提起这段往事时德·迪耶纳说道:"她具有成熟明星才有的风度和自在。她光芒四射。"[IV] 他的照片记录下了玛丽莲在那个夏日身着连体式白色泳装在海滩上跃起的身影,她那一头金色的长发湿漉漉地纠缠在一起。玛丽莲蹦跶着,舞动着,高高地跳起,在海浪中迈着脚步,坐在沙滩上画着傻乎乎的画,转动着一把带有斑点图案的太阳伞。她就是萨布丽娜或者奥丁——突然焕发了生命的水中仙子,那么迷人。

令这位摄影师懊恼的是,玛丽莲对海德非常忠诚,面对他在当晚试图旧情复燃的诱惑毫不动摇。玛丽莲还说次日自己要接受一场重要的采访,她想好好地做一下准备,因为她知道记者会问她正在读什么书、工作之余她有什么爱好。

玛丽莲对媒体抱有很高的期望,然而,见到记者后她的期望很快就被粉碎了。7月24日,星期日,厄尔·威尔逊带着同公关人员所说的"嗯女孩"见面的任务来到了荷兰雪梨酒店。玛丽莲解释说因为不能吹口哨,"有些人就改为'嗯——'了"。[V] 威尔逊发现对玛丽莲的采访"极其无聊",[VI] 撰写专栏文章时他只参考了宣传材料,然后写了一篇乏味的报道。他在文章中写道:玛丽莲·梦露是来自凡奈斯的默默无闻的女孩,今年21岁(实际上是22岁),"拥有纤细的腰肢,36.6英寸(93厘米)的胸围,和两条纤长漂亮的腿"。这些便是威尔逊最深入的观察,正如威尔逊在这篇专栏文章中指出的那样,玛丽莲被他视作一个"根本没有资格宣称自己是表演天才"的女人,他完全无视一点事实——截至当时她还没有多少充分展示自己的机会。在这次采访中,每当她谈到严肃话题和自己的动机时,威尔逊就表现得很漠然,那副模样就像是电影公司有权有势的大人物看到了又一个性感的金发女郎一样,他不像剧照摄影师们那样会花时间去发现除了性感的魅力之外,玛丽莲的身上还具有一种真正的喜剧天赋。

8月初,玛丽莲回到了好莱坞,海德带着她去了福克斯公司参加一次试镜。她把一首流行歌曲唱了几段,又穿着短裙拍了一些照片,然后便被聘用了。她要在一部西部歌舞片中扮演一名合唱团的女孩，只出演一场戏。在这个8月，她只是为毫无新意、纯粹是在浪费时间的《前往托马霍克的车票》一片工作了几天，但是她参演的唯一一场戏（同其他3个女孩一起唱着《噢，好一个冒失的年轻人！》，同时还跳着舞）显示出了她的多才多艺，跳舞的时候活力四射，同时还是一位可敬的歌手。在《斯库达，嚯！斯库达，嗨！》中她根本就是一个隐形人，因此《前往托马霍克的车票》实际上才是她在彩色电影中的首次亮相。正如化妆大师艾伦·斯奈德后来所说，为她化妆不像为其他几个女孩化妆那么费工夫，出来的效果还比后者好，身着黄色服装的她显得光彩照人。然而，当影片进入制作阶段后，福克斯公司的另一部彩色影片，由公司头号金发女星贝蒂·葛莱宝主演的喜剧西部片《巴士弗班德的金发美女》遭遇了彻底的失败。因此《前往托马霍克的车票》有些生不逢时，无论是负责挑选演员还是摄制影片的主管对影片和玛丽莲的出现都没有流露出多少兴趣。

事实上，影片还在拍摄的时候，剧组就听说了公司的冷漠态度，包括玛丽莲在内的所有人似乎都对这部影片产生了厌烦情绪。一天下午，在拍摄室外一个远景镜头时玛丽莲迟到了半个小时，助理导演不满地说："你也清楚，你可以被替换掉。"[VII]

"你也可以被替换掉，不过他们倒是用不着[再雇一个助理导演]把你的戏再重新拍一遍。"玛丽莲冷静地回答。

1949年9月初，玛丽莲的生活加快了节奏。她遇到了两个男人，这两个男人后来都成为了她一生中最亲密也是对她影响最大的人。在这一年，36岁的鲁伯特·艾伦既是作家，又担任着《看》杂志的编辑，他的工作内容包括安排采访和图片报道，采访内容既包括已经功成名就的大明星，也包括具有明星潜质的新秀。艾伦出生在圣路易斯，在英国接受了教育，他身材高挑、温文尔雅，受过良好的教育，充满智慧，以谨慎和忠诚而著称。就在遇到玛丽莲后不久，他改了行，成为好莱坞最受尊敬的私人公关，他的客户包括玛琳·黛德丽、贝蒂·戴维斯、格利高里·派克、黛博拉·蔻儿和格蕾丝·凯利，在凯利成为摩纳哥王妃后，他也成为了美国驻摩纳哥的总领事。在好莱坞的社交圈里，受邀参加鲁伯特·艾伦及其伴侣弗兰克·麦卡锡的家宴被视作一种巨大的胜利，麦卡锡曾经当过巴顿将军的副官，后来还客串过电影制片人（1970年摄制的以巴顿将军的名字命名的影片）。

艾伦和麦卡锡的家"希布莱特府"高高地坐落于贝弗利山蜿蜒的峡谷上，9月初的一个晚上，玛丽莲受邀（多亏了约翰尼·海德）前往希布莱特府，在那里见到了一群准备为好莱坞的新秀们制作一篇图片报道的纽约摄影师。其中就有玛丽莲在这一年里遇到的第二位贵人，这个人日后彻底改变了她的生活轨迹。

1949年，米尔顿·格林（原名为格林霍尔兹）迅速赢得了全美最富有天赋的时尚及名流摄影师的美名。后来，玛丽莲说过："他们给我看了一本影集，里面的照片是我见过的最美的照片。我问他们：'这都是谁拍的？'"[VIII]在被引介给格林后，她说："天呐，你竟然还是个小男孩！"格林毫不慌张地回应道："嗯，你也只是个小女孩啊！"[IX]

当时年仅27岁的格林已经离过婚，他身材矮小，长着一头黑发，性格热烈，凭借着自己掌握的专业知识他很快便给玛丽莲留下了深刻的印象。他提到"用摄影机"在电影里描绘五彩斑斓、瑰丽迷人的画卷，对女性进行歌颂。[X]玛丽莲一直对格林的职业感到着迷，同时又急于了解到自己如何才能从他那里获益，因此她一直守在格林的身旁，就好像其他人都不存在似的。"我说我的日程很紧张，但是我愿意让他拍上一整个晚上。"

从某种角度而言，玛丽莲兑现了自己的诺言。她与格林离开了聚会，整个晚上以及次日清晨一直待在格林所说的自己在"西海岸的家"。其实，这个家就是日落大道马蒙特城堡酒店里的一个房间。在格林逗留好莱坞余下的短暂时间里（恰好当时约翰尼·海德独自前往棕榈泉度过了一个星期的假期，为他们创造了方便的条件），就在这个房间里发生了一场恋情。1949年9月14日，格林返回纽约，在好莱坞期间他没有为玛丽莲拍下一幅照片。[*]就在回到纽约的这一天，他在自己位于莱克星顿大道的摄影室收到了一封电报。[XI]电报上醒目地写着"收信人：'热快门'米尔顿·格林"。

---

[*] 格林的机会还在后面。在1949年10月10日出版的《生活》杂志中，菲利普·哈尔斯曼为一篇图片报道拍摄了7位新演员和1名曾经当过模特的女孩，这篇报道的标题是"8个女孩摆拍多种情绪"。报道称玛丽莲只在《快乐爱情》一部影片中出现过，这种说法不符合事实。照片中的她"见到了恶棍……听到了笑话……拥抱了爱人……品了品一种饮料"，然而有说服力的就只有哈哈大笑的模样；日后，8个女孩中也只有玛丽莲在电影界有所发展。

> 米尔顿·格林，我深深地爱着你
> 不只是因为你的"家"和你的款待。
> 还因为我觉得你无与伦比——
> 亲爱的，这可不是自我推销的广告
> 爱你的
>
> 玛丽莲

他们两个人都毫不动摇地谋求着事业的发展，他们所在的两个城市相距3000英里（4828千米）之遥，因此在度过了这场为期10天的夏日幽会之后，他们都没有指望会有重逢的那一天。

像米尔顿·格林这样年轻、健康、聪明的情人，无论在玛丽莲的生命中存在的时间多么短暂，对她来说都是一种令人开心的消遣品。一些如实记录玛丽莲一生的人声称在1949年和1950年里玛丽莲遇到了很多这样的情人，不过没有证据支持这种说法。事实上，格林只是她同海德的交往中出现的一段露水情缘而已。不过，当她"看到米尔顿回了纽约的时候，还是感到了伤心"[XII]（正如她自己对鲁伯特·艾伦说过的那样）。

玛丽莲没有多少空闲时间为爱情感到伤感。凭借着影片《碧血金沙》获得奥斯卡编剧奖和导演奖的约翰·休斯敦当时正在为新影片《夜阑人未静》寻找演员。这部影片是一部低调的黑色电影，讲述的是一伙迷失了灵魂的男人和女人——社会中的失败者——卷入一起不成功的珠宝盗窃案的故事。在剧中，一位有违法行为的中年律师有一个年轻的情妇安吉拉·芬雷，这个角色还尚未确定演员人选。到了10月底，米高梅公司同玛丽莲签订了饰演这个角色的合约。玛丽莲第六次得到了参加电影拍摄的机会，这一次让她的命运产生了天翻地覆的变化。影片是休斯敦根据W. R.博内特的一部小说改编的，博内特在自己的作品中将安吉拉描述为一个"丰满性感"的女人，"她走路时的模样有些特别——有些慵懒、漫不经心、张狂——令人无法视而不见"。[XIII]

有关玛丽莲如何争取到这个角色，社会上流传着一则传言，在有关玛丽莲电影生涯的许多常见谣言中，没有几则谣言能有如此顽强的生命力但是纯属捏造。休斯敦在自传中简单记述了外界普遍接受的虚构说法，他在书中一如既往地宣称是自己发掘了玛丽莲的才华,在约翰尼·海德将其带到公司、经过了很短的试镜之后,他就立即确定了由她来饰演这个角色。据休斯敦所述:"等她结束后,阿瑟[霍恩布洛,制片人]和我互相看了一眼对方,然后就点了点头。她就是'完美'的安吉拉。"[XIV]其实,玛丽莲得到这个角色的经过同休斯敦的描述截然不同,米高梅公司的档案以及公司人才部主管露西尔·莱曼·卡罗尔都证实了这一点。

海德的确带着玛丽莲同霍恩布洛与休斯敦见了面。霍恩布洛后来说过:"可是她很差劲。她之前已经听说我们想找一个性感尤物,因此她选择了相应的穿着——在各个方面都过分强调着她的身材。"[XV]玛丽莲深信只有自己的身体能为自己争取到这个角色,在霍恩布洛的眼中她显得就像是一个"紧张不安的小女孩,都快害怕死了"。玛丽莲在霍恩布洛与休斯敦面前读了几句台词,然后便和海德告辞了。

实际上,休斯敦已经为这个角色确定了人选,有着一头金发的女演员洛拉·奥尔布赖特。露西尔告诉休斯敦这位女演员(同柯克·道格拉斯联袂主演了影片《锦标》之后奥尔布赖特一炮而红)的薪水是每周1500美元,可是安吉拉这个角色只是一个小角色,最多只能拿到这个价格的五分之一。何不重新考虑一下玛丽莲呢?休斯敦态度很坚定,摆出一副敷衍的态度,继续为至少8名新演员试镜,他很清楚这些女演员都会遭到米高梅公司的否决。与此同时,露西尔对海德的观点表示认可,玛丽莲其实完全有能力"完美地"饰演安吉拉。

最终,露西尔强逼着休斯敦做出了决定。休斯敦是一个张扬的人,很喜欢养马,他拥有一批爱尔兰种马,他寄养和训练马匹的地方就是卡罗尔夫妇的牧场。休斯敦是一位成功的作家和电影制作人,同时他也是一个花花公子,一个赌鬼,一个因为很少会拿自己的债务当回事而声名远扬的人。就在这一年,他已经拖欠卡罗尔夫妇1.8万美元的债务了。在9月的一个星期日下午,卡罗尔夫妇邀请休斯敦前往牧场,卡罗尔直截了当地告诉休斯敦要是他不同意让玛丽莲再进行一次试镜,那么他就得卖掉那些种马,筹集拖欠的费用了。问题很快就得到了解决,结果对玛丽莲很有利。

第二天早上,露西尔给发型设计师西德尼·古拉罗夫打去电话,并提醒公司的总经理路易斯·梅耶星期三下午有一场重要的试镜。提起那段往事,娜塔莎·莱特斯说过:"接下来三天三夜的大部分时间我们都在排练。"[XVI]这场试镜取得了很好的效果，玛丽莲在片场朗读台词的表现给梅耶留下了不错的印象，他对休斯敦与霍恩布洛也是这么说的，休斯敦与霍恩布洛很不情愿地接受了这个无异于命令的决定。休斯敦说过："她在镜头之外留给我的印象要胜于她在镜头前。她具有一种打动人心又迷人的东西。"[XVII]其实，直到几年后玛丽莲突然大红大紫起来，休斯敦才同样热情地认可了她的才华，而且他还一如既往地将伯乐的功劳算在了自己的头上。实际上，发现玛丽莲才华的部分功劳属于颇有天赋的摄影师哈尔·罗森——玛丽莲得知这位摄影师曾经和珍·哈露有过一段短暂的婚姻。

这一年秋季拍摄《夜阑人未静》期间，玛丽莲要求娜塔莎在拍摄现场指导自己。后来，娜塔莎说过："这是我第一次看到她证明自己的勇气，没有哪位导演能够由衷地接受让戏剧指导出现在拍片现场的建议，因为后者有可能会干涉他的工作。可是，休斯敦同意了，那还是我第一次担任玛丽莲的专职指导。"[XVIII]玛丽莲的表演产生了令人难忘的效果——这倒不是因为娜塔莎的在场，实际上这并没有什么帮助。正如休斯敦与霍恩布洛后来说过的那样，每拍完一条之后玛丽莲都要瞟一眼自己的老师，娜塔莎的点头或者摇头表示对她的认可或者不满。如果这个角色的戏份多一些的话，休斯敦肯定不会忍受这样的干涉，因为娜塔莎的存在令玛丽莲很不自在，加剧了她的紧张。（在拍摄完的影片中，就在玛丽莲的第一场戏结束的时候，观众或许可以看到在走出镜头时她的目光瞟向了自己的指导。）玛丽莲严重依赖着娜塔莎，她在《夜阑人未静》中的表演还是非常出色，显示出了她的表演才能发生了巨大的飞跃。

这部影片中玛丽莲总共露了三次面，第一次出现在影片的第23分钟。这场戏中，一只小猫正在沙发上睡觉，玛丽莲抬起眼睛，瞟了一眼自己的大款老相好，温柔地问道："朗叔叔，你在打什么鬼主意？站在那儿，一个劲地盯着我。"她的脸上带着一丝笑容，又有一些恐惧的神色。对方抱了抱她，又吻了一下她，向她道了晚安，然后就打发她去睡觉了，其间她的脸上出现了一抹懊悔的神色，一个纯粹为了物质利益而跟一个老男人生活在一起的被包养的女人才有的那种倦容。在这幕75秒的戏中，玛丽莲清晰地刻画出了一个可怜又可怕的形象。

在第二次亮相的过程中，玛丽莲饰演的安吉拉显得比较天真，同时也显示出更强烈的肉欲。她穿着一件黑色的无肩带礼服，想到自己可能被抛弃时露出了一脸的忧郁，得知自己有可能会被打发去享受一次豪华海上旅行时又是一副喜气洋洋的模样。她上气不接下气地对情人说："想象一下，我穿着我那件绿色的泳衣在这片海滩上。天哪！我差点就买成白色了，可是白色不够极端。你可别误解我的意思！要是我想达到极其极端的效果，那我就会买法国泳衣了！姑娘们，为你们自己的生活做好准备吧，船队已经开来了！"为了这场戏玛丽莲彩排了一次，正式拍摄她只拍了一条就通过，她对拜金女郎的执着和少女般的兴奋这两种情绪的展现都很适度。

没过多久，在自己的最后一场戏中，玛丽莲呈现出自己在这部影片中最丰富的一次表演。她先是对着突然闯进来的一名警察感到气愤，接着就变成了一个被吓坏了的孩子，警察识破了她为了给违法犯罪的情夫提供不在场证明而编造的谎言。这场两分半钟的戏只拍了两遍，玛丽莲创造出的安吉拉不是一个卡通人物式的傻瓜，而是一个沉溺于物质享受，深陷在恐惧、幼稚的忠诚、厚颜无耻的自私和令人生厌的自我厌恶情绪中的丰富立体的女人。

在《夜阑人未静》中，玛丽莲通过一个戏份有限但是具有关键性作用的角色彻底从一名电影模特转变成了一位真正的女演员。然而，有可能由于在长达两小时的影片中她的出场时间总共只有短短的5分钟，因此"玛丽莲·梦露"这个名字没有出现在片头字幕里，只出现在了片尾字幕中，而且在15个名字中被排在了第11位。丽莎·威尔逊在发表于《电影故事》的影评中写道："影片中有一位金发美女，她的名字叫玛丽莲·梦露。她充分利用了自己的镜头。"在众多影评人中，几乎只有她一个人持有这种看法，其他人基本上都对这个角色——玛丽莲后来认为这是自己演过的最精彩的角色之一——闭口不谈。在拍完最后一场戏之后，玛丽莲告诉娜塔莎："我不清楚自己做了什么，但是我知道我的感觉好极了！"[XIX]她的戏剧指导是那种认为明确的赞扬不利于学生自我评价的导师，她只是含蓄地表示玛丽莲的表现令人满意。

* * *

新的一年（1950年）在期待、骄傲和失望混杂的不安情绪中拉开了序幕。

娜塔莎·莱特斯现在开始着重于姿态的问题了。"身体控制，身体控制，身体控制！"[XX]她如同做仪式一样充满抑扬顿挫地念叨着，仿佛她在跟自己以及自

第九章　1949年6月—1950年12月　| 171

己压抑的欲望对话。与此同时，约翰尼·海德软磨硬泡地要求制片主管们尽可能地起用玛丽莲。1月，玛丽莲仓促地参加了小米基·鲁尼在福克斯公司拍摄的影片《火球》，她在影片中只出现了几秒钟，饰演的角色最重要的身份就是轮滑竞赛迷。

这项拍摄任务唯一值得记忆的就是在此期间玛丽莲遇到了福克斯公司的发型师——充满母爱、心地善良的艾格尼丝·弗拉纳根，接下来的数年里弗拉纳根多次为玛丽莲打理发型。如果说海德扮演着父亲的角色（至少在一定程度上），那么可以说弗拉纳根比严厉的娜塔莎更接近母亲的角色，玛丽莲经常探望弗拉纳根夫妇和他们的两个孩子，有时候甚至像家人一样依恋着他们。弗拉纳根于1985年逝世，就在临终前她说过跟玛丽莲提起自己喜欢某件衣服或者其他东西时必须十分小心，因为那样东西往往第二天就会出现在她的家里。这样大手大脚的行为一直持续到1962年，这一年玛丽莲给弗拉纳根送去了一座花园秋千——跟后者喜欢的款式一模一样。这种自发的慷慨举动是玛丽莲的典型做派，甚至在她的经济条件有限的时候也不例外。[XXI]事实上，终其一生玛丽莲一直认为钱的意义就是花在自己喜欢的人身上。

这个冬天即将结束，玛丽莲在米高梅公司拍摄的两部令人过目即忘的影片中又饰演了两个小角色。在《铁臂金刚》中，她的台词不足20个字，片头或者片尾的字幕里也没有出现她的名字。玛丽莲在剧中只是短短地露了一面，饰演的是剧本中所说的"一位新模特"达丝基·勒考克斯，这个角色同她在《夜阑人未静》中饰演的"外甥女"有着相同的内涵。在酒店的酒吧里，一名陌生人（迪克·鲍威尔饰）来到她的跟前，邀请她去他的公寓吃一顿他自己做的晚餐，并信誓旦旦地告诉她："要是你没问题的话，我就把食谱告诉你。"听到对方的话，她带着讽刺的语气回答道："我清楚都需要哪些原料。"

到了初春，玛丽莲又被选中，参加了一部奇怪的影片的拍摄。影片公映后不久便消失了，直到她逝世多年后又突然在澳大利亚出现。《家乡的故事》得到了企业的赞助，是为战后美国企业界的创造力所唱的一首赞歌。玛丽莲饰演的是一家报社的接待员艾里丝，她无法容忍老板令人恶心的色迷迷的目光。

在饰演了这两个小角色之后，约翰尼·海德一直向米高梅公司大力推荐玛丽莲，但是公司的制片主管多尔·沙里始终没有为玛丽莲提供更多的工作机会。

沙里的理由是公司已经跟拉娜·特纳签了合约，因此没有必要再多一名相匹敌的金发美女。面对露西尔等同事，他对海德和梦露的恋情表示过离奇的愤慨。截至4月，玛丽莲在3年的时间里已经饰演过9个电影角色了，但是没有一个角色让她距离成为大明星的那一天更近了一些。她参演的第二部故事片《热女郎》已经被世人遗忘。《夜阑人未静》虽然得到了一定的好评，但是影片的色调过于晦暗，无法得到多少人的喜爱。

不在娜塔莎那里上课的时候，玛丽莲就穿着晚礼服或者泳装拍摄一些招贴画，仔细地查看着行业日报，同海德一起在电影人聚集的晚宴圈子里露面。海德的健康状况日益恶化，玛丽莲同他在一起的生活也变得越来越艰难了。尽管如此，海德还是不愿限制自己的行动，依然陪着玛丽莲参加没完没了的社交聚会和企业活动，骄傲地告诉众人她是一个宝贵的人才，现在有时间拍戏。更令玛丽莲感到痛苦的是，海德还想让所有人都知道玛丽莲是他的未婚妻。直到此时，他依然希望同这个迷人的年轻女子结婚。

海德唯恐自己令玛丽莲感到厌烦或者与她疏远，因此他表现得就如同一个紧张无知的爱人一样，在身体状况不尽如人意的时候依然做着一些危险的事情，以20岁青年的激情努力满足着他自以为玛丽莲在性方面存在的需求，事后他总是上气不接下气，一副痛苦的模样。然而，正如玛丽莲曾经向露西尔透露过的那样，她觉得对于自己的事业来说海德的影响实际上消极大于积极，一旦同他结婚，她的事业肯定就被彻底毁掉了，根本没有东山再起的希望。尽管遭到了海德朋友们的诅咒，她还是毫不妥协。她直言不讳地告诉鲁伯特·艾伦："要是装成约翰尼·海德夫人的样子，我就更不会受到重视了。"

实际上，这才是她的首要目标——超越经纪人情妇的身份和无足轻重的影片里的曲线动人、装点门面的角色。娜塔莎告诉过她，要想成为一位杰出的女演员，她首先必须拥有高难度、高标准的演技，她还说玛丽莲必须不断地提高吐字发音的清晰度，让自己的举止变得更加低调。海德的观点更偏重生意方面的考虑，他说玛丽莲只需要找到合适的影片和制片人，其他的都可以交给摄影机完成，摄影机会捕捉到她那种兼具孩子般的纯真和光芒四射的性感魅力的罕见气质。他坚持认为表演艺术是值得尊敬的，但并不是成为明星的必要条件。在电影里，演员的形象才是最重要的因素，而灯光和镜头、化妆和拍摄角度、演员的位置和服装都可以让演员的形象产生神奇的变化。身材矮小的演员可以显得很高大，细弱的声音可以得到弥补，重拍一遍就完全可以纠正错误。剪辑人员的工作台、音效室、冲印厂都在创造着奇迹。

两位顾问的看法大相径庭。娜塔莎强调古典发音和低调的举止，海德说这些都没有问题，但是对玛丽莲来说最重要的是保持身材。不无讽刺的是，这两种截然不同的观点恰好完全符合玛丽莲在一生中始终没能克服的矛盾态度。她渴望超越自己的出身和早年的经历，同时又倾向于充分利用这些经历对自己造成的限制。海德认清了她的本质，娜塔莎在意的是她的潜质。

玛丽莲没有接受过智力方面的训练，也没有培养起学习的习惯，但是她还是一心想要弥补自己在学历方面的不足。有一天，和鲁伯特·艾伦在贝弗利山一家书店里浏览了一会儿之后，她买了几本艺术方面的书籍，将书中印有的弗拉·安杰利科、丢勒和波提切利[1]的作品剪了下来。在棕榈路的家中，她将这些复制品贴在厨房和卧室的墙上，还在自己的床边挂了一幅装在相框里的照片，照片里的人是伟大的意大利女演员埃莉诺拉·杜丝。玛丽莲对杜丝的情况知之甚少，她只知道这位女演员在戏剧史上占有极其突出的位置，提到杜丝时娜塔莎总是满怀敬意，在她看来每一位真正的女演员都应当将其视作自己的楷模。

玛丽莲在这天下午买到的书里还有一本有关文艺复兴时期解剖学家维萨里[2]的著作，作者呈现人体肌肉组织的艺术一下子就迷住了她。没过多久，玛丽莲就恢复了以前在圣卡塔利娜岛上进行的身体锻炼，通过举重增强力量、扩大胸围。据鲁伯特·艾伦所述，"她十分重视锻炼。"

没过多久，她就开始拿维萨里的作品和其他明星以及自己的照片做对

---

1 弗拉·安杰利科（约1395—1455），意大利文艺复兴早期画家。阿尔布雷特·丢勒（1471—1528），德国画家、版画家及木版画设计家。桑德罗·波提切利（1446—1510），15世纪末佛罗伦萨的著名画家。

2 安德雷亚斯·维萨里（1514—1564），佛兰德斯人，近代人体解剖学创始人，与哥白尼齐名被并称为科学革命的两大代表人物，他1543年发表的《人体构造》一书概述了当时解剖学的成就。

比。例如，她会固执地宣称自己不希望拥有一副像琼·克劳馥那样宽阔的肩膀。当然，她也知道自己的身材很好，她渴望知道如何才能让身材达到极致完美的状态，如何才能最大限度地利用自己的身材发展事业。

此外，人们还会看到玛丽莲每天清晨都在贝弗利山上服务场所林立的小巷子里慢跑着，同举重一样，在1950年很少会有女性参加慢跑这项运动。

这一年春天，玛丽莲离开棕榈路一段时间，回到了自己对外公布的住处，贝弗利卡尔顿酒店里的一套经济型公寓。公寓只有一个房间，墙壁是用空心砖建成的。玛丽莲宣称之所以搬出来是因为自己对海德的健康产生了不利的影响，其实她这次搬家并非毫无私心。她一心想要工作，这时她已经同约瑟夫·申科重新签订了合同，有几个晚上还应邀前往后者的家中同其会面。1950年的小明星没有多少人比玛丽莲更有野心，耀眼成功的前景令她头晕目眩，只要是有能力帮助她实现这些目标的人，她都乐于配合对方的脚步翩然起舞。

从这个意义上而言，终其一生玛丽莲·梦露始终具有一种固定的情感模式，这种模式就如同她生命的主旋律。她对名人的认可有着无尽的需要，同时又极度缺乏普通人的支持，面对表演事业她又做好了最充分的准备，因此为了在事业上有所发展她几乎甘愿牺牲掉其他的一切。玛丽莲对男人不加选择、作风下流，这种说法是不符合事实的（她根本不是那种见了男人就把持不住自己的慕男狂），不过有时候她的确会向有可能帮助她的男人贡献出自己的肉体，以及自己的时间和精力。

例如，编剧南纳利·约翰逊就曾含蓄地提到过玛丽莲同申科的关系，他认为她也属于好莱坞遍地都是的那种"心急火燎的年轻娼妓"。[XXII] 从"心急火燎的年轻娼妓"蜕变为成熟女性，1955年至关重要，当时玛丽莲曾在私下里说过："几乎所有人都以为我试图欺骗他们。我估计没有人会信任电影明星。至少是这一位电影明星。或许在头几年里，我做的所有事情的确不值得别人的信任。我不太清楚这些事情。我只是努力不去伤害任何人，努力帮助我自己。"[XXIII]

玛丽莲当然非常清楚自己做的所有事情，至少她精通都市生存之道（或者说精通电影公司的生存之道），她说的这番话代表着她最主要的自我评价，这种认识恰好同外界长期以来认为她不具有思考能力的看法相抵触。1950年的玛丽莲非常清楚自己被外界视作"心急火燎的年轻娼妓"，从某种角度而言她的确如此。但是，她同时也清楚利用别人是一条双行道，她也在被别人利用着。实际上，并不只有好莱坞存在这种相互操纵的社交方式，但是在好莱坞这种社交方式常常被上升到一种高级水平。约翰尼·海德爱慕玛丽莲，渴望同她建立起正常的恋爱关系，而玛丽莲只是出于感激之情对他有求必应。同样地，不久后就将为她的下一份工作铺平道路的约瑟夫·申科也会享受到她的眷顾。制片人戴维·布朗于1951年以福克斯公司执行剧本编审的身份开始了漫长而颇具声望的职业生涯，他曾说过："约瑟夫喜欢帮助女人。他帮着她们做好准备服侍其他男人，接受其他生活方式——甚至有可能是婚姻。他照顾她们，打理她们的事业，可以说，自始至终他只要求得到一丁点回报。对于玛丽莲的事业而言，他当然起到了重要的影响。"[XXIV]娜塔莎也以自己的方式有所获益，玛丽莲给她支付了一小笔酬劳，并且向她许诺在以后参演的影片中依然让她担任自己的私人戏剧指导，至少玛丽莲的严重依赖满足了她的自尊心。

但是，这种人际交往方式存在许多问题。直到生命的末期，她一直非常热衷于培养和维持名叫"玛丽莲·梦露"的这位偶像，因此除了事业方面，她没有其他友情，她的生活中往往缺乏来自女性的友情。和同行建立起积极的关系需要和对方产生一定的互动，而玛丽莲始终认为自己低人一等、配不上别人，因此大部分人生里她都远离了人类交流的一种重要渠道，之所以会形成这种状况并不是因为她极度自私。残酷而讽刺的是，这种状况最终陷入了一种充满恶意的循环，她和其他人的关系因此全都像是她在精心利用别人。

就像面对艾格尼丝·弗拉纳根、经纪人、导演和制片人这样的熟人，玛丽莲总是感觉自己只有通过交换才能获得他们的爱，不只是对个别人她有着这样的想法，在她看来为了得到成千上万观众的认可自己也必须有所付出。这种思维习惯往往会产生令人痛苦的结果，在23岁这一年她既不相信别人对她的爱，也不相信自己拥有才华。这种不信任促使她在情感上疏远了所有人，她一边培养着自己对事业的强烈渴望，一边却怀疑作为女性自己没有能力凭借自己的条件得到别人的接纳。强烈的欲望和内心最深处对情感和精神的需求产生了冲撞。玛丽莲有着丰富的内心世界，但是对得到外界承认的渴望却催生出了外向的人生，从这个意义上而言，或许可以说玛丽莲·梦露的确是一位最极致的电影女演员。

玛丽莲同约瑟夫·申科的交往非常重要，约翰尼·海德决定利用这层关系为玛丽莲谋求最大的利益。4月初，海德带着玛丽莲同作家及导演约瑟夫·L.曼凯维奇见了面，后者当时刚刚凭借编写的剧本《三妻艳史》赢得了一尊奥斯卡奖，正在筹备由扎努克监制的一部新影片。这部暂定名称为"最佳演出"的影片讲述了一个引人入胜、充满智慧、尖锐犀利的故事，故事的主人公是一位事业有成的40岁舞台剧女演员和年轻的竞争对手。剧本非常有趣，人物塑造得很饱满，描述了戏剧界长期存在的超乎寻常的嫉妒、恐惧和野心。进入拍摄之后，影片被更名为《彗星美人》。

这部影片有一个适合玛丽莲的角色，戏份不多但是作用重要，读剧本的时候海德就意识到了这一点，曼凯维奇也立即接受了他的看法。这个角色就是"卡斯维尔小姐"，一位迷人的新戏剧演员，她一心渴望成功，但是显然没有多少才华，为了自己的事业甘心情愿地讨好老男人（例如影评家和制片人）。在这部可以说是《夜阑人未静》升级版的影片中，卡斯维尔小姐的身份被设定为"毕业于科帕卡瓦纳戏剧表演学校"，她只在两场戏中露了面，但是她的形象对女主角艾娃起到了强烈的烘托作用，因此在影片中占据着至关重要的地位。

曼凯维奇已经对其他一些女演员进行了试镜，但是他觉得玛丽莲"已经出色地完成约翰·休斯敦的片子，[又具有一种]令人无法呼吸、多少有点和她无法分割的纯真，这种气质刚好适合这个角色"。[xxv]得到曼凯维奇的认可，再加上海德的全力支持，玛丽莲以每周500美元的价格签下演出合同，她又回到了福克斯公司，无论这一次多么短暂。

玛丽莲参演的两场戏拍摄了一个多月的时间。剧组首先去了旧金山的柯伦剧院，在剧院大厅拍摄了外景戏，由于剧院外大街小巷传来的噪声，剧组后来不得不重新录制了玛丽莲、乔治·桑德斯和贝蒂·戴维斯之间的对话，接着他们又在电影公司拍摄接下来一场复杂聚会的镜头。[*]曼凯维奇后来说过玛丽莲带着一本里尔克的《给青年诗人的信》出现在拍摄现场，但是他不得不向她解释了一番

---

[*] 在剧院大厅的那场戏中，玛丽莲（在征得扎努克与曼凯维奇的同意后）挑选了自己的一件衣服——一条紧身毛衣裙。这条裙子在《火球》和《家乡的故事》中也同样衬托了她的身材。

这位德国诗人的身份和出身，以及他在文学史上的地位。有人建议她带上这本书吗？没有人，玛丽莲回答道，之所以会带上这本书只是因为她读的书太少了，她不知道自己还需要学习多少知识。"我时不时地就会去一趟匹克威克[书店，当时还在贝弗利山]，只是四处看看。走的时候总是会带着几本书，只要读到能令我感兴趣的内容，我就会把书买下来。昨天晚上，我就买了这一本。"[XXVI]随即，她带着几乎有些幼稚的负疚感，问道："这么做，有问题吗？"没有问题，曼凯维奇回答道，这差不多是挑选书籍的最佳方式。在曼凯维奇看来，似乎"她还不习惯听到别人说她做的是对的"。第二天，玛丽莲给曼凯维奇送了一本《给青年诗人的信》。

玛丽莲在这部影片中的对白都是同乔治·桑德斯完成的，后者也认为她

> 非常好学，非常缺乏自信——谦卑、守时、毫不任性。她希望大家喜欢她，她的言谈有着出人意料的深度。她显示出了对知识性话题的兴趣，至少可以说她的这种兴趣令人感到不安。有她在身旁，你很难集中注意力。[XXVII]

桑德斯清楚地感觉到有朝一日玛丽莲会获得巨大的成功，因为"她需要成为明星，这一点太明显了"（很像剧中的艾娃）。但是，他同时还说过玛丽莲不像很多见多识广的新星那样精通人情世故，曼凯维奇就记得当时他觉得玛丽莲是他见过的最孤独的一个人。在旧金山的外景地，当剧组成员邀请玛丽莲跟他们一起吃饭或者喝酒，她都会很开心，"但是不知道为什么她就是不明白或者说不接受大家默认的一个事实——她是我们中间的一分子。她始终都独来独往。她是一个孤独的人。她完全是自己一个人[曼凯维奇也是如此]"。[XXVIII]

玛丽莲在《彗星美人》中的表演完全忠于剧本的规定。她身着白色的无肩带礼服、戴着一顶优雅的头饰，言行举止都透着几分自信，淡化了自己的魅力。可是，这个角色的出场时间过于短暂，同《夜阑人未静》中的安吉拉过于相似，只是进一步强化了玛丽莲作为一个诱人点缀物的形象，玛丽莲丝毫没有受到影评家们的注意。海德原本期望着玛丽莲的表演能够说服扎努克同她签一份长期合同，结果他的希望暂时破灭了，扎努克看到的依然是一次平庸的表演。

海德不顾威廉·莫里斯经纪公司同事们的反对，继续充当着玛丽莲一个人的经纪人。他为玛丽莲安排了一场商业广告的拍摄，为电动机润滑油拍摄的电

视广告。(玛丽莲轻声对加油站的工作人员说道："请把皇家特莱顿加进辛西亚的小肚子里。")这成了玛丽莲一生中拍过的唯一一支广告。海德还邀请记者弗雷达·达德利为她撰写了一篇报道，《明星是如何诞生的》一文发表在当年9月的《电影故事》杂志上。根据达德利的描述，玛丽莲"说起话来柔声细气，性格有些犹豫不决，长着一双水汪汪的眼睛。她看上去充满野性，又惊恐万分，就像是一头鹿。只要有人走得快一点，她肯定就会一下子蹦到栅栏的另一面"。[XXIX]玛丽莲总是对采访充满恐惧，也总是拒绝参加新闻发布会，不过她清楚这些工作都是必不可少的，只是她一直没有适应，总是尽量回避问题。由于羞涩的性格和有时还会复发的口吃问题，她始终不愿即兴发表意见，即使在私人聚会上也不例外。

这一年的秋天，"因为我想提高自己的思想，学会如何以更好的方式同一群人打交道"，[XXX]玛丽莲报名参加了加利福尼亚大学洛杉矶分校的世界文学课程，她读的是不计算学分的晚间课程。去上课的时候，她不施粉黛，身上穿的是自己从军用品商店买来的蓝色牛仔服，那副模样看上去更像是一名售货员，而不是来自电影公司的野心勃勃的小明星。她的同班同学只记得她的牛仔服有些不同寻常，因为在1950年这样的服装对女性来说还不太常见。教授世界文学的讲师克莱尔·西伊记得玛丽莲非常专注、谦逊，她喜欢上课，每个星期二都风雨无阻地去上课，一连坚持了10个星期。

也是在这个秋天，玛丽莲接受了娜塔莎（靠着私人教学她有了比较丰厚的收入）的提议，搬进了后者位于哈珀街的住宅，通过这样的方式缩减了开支。娜塔莎的房子不大，只有一间卧室，但是房子很迷人，距离西好莱坞的喷泉路只有几步之遥。玛丽莲睡在客厅里的两用沙发椅上，还帮着照看娜塔莎的女儿芭芭拉，她读书，学习戏剧，常常把娜塔莎洁净整洁的家搞得乱七八糟。玛丽莲还带来了一只小母狗，她根据约瑟夫·申科的名字为这只吉娃娃取名为"约瑟法"，小狗是申科在6月为了庆祝她的24岁生日送给她的。（在娜塔莎看来）玛丽莲在这个小家伙的身上花费了过多的时间、精力和金钱。"她用昂贵的小牛肝喂约瑟法，给她买了被子，供她睡觉用。可是这只狗没有接受过室内生活的训练，家里到处都是她的屎尿，玛丽莲根本应付不了打扫房间的工作。"[XXXI]

娜塔莎对家里又脏又乱的状况表示不满的时候，玛丽莲就摆出一副受伤的模样:"她的眉毛变了位置,肩膀垂了下去,脸上露出了一副令人无法忍受的负疚神情。面对最严重的指责,她只会略微改正一下。"然而,正如娜塔莎向玛丽莲指出的那样,她把自己倒是照顾得非常细心,没完没了地洗脸,以免毛孔被堵塞,洗澡一洗就是很长时间,虽然没有多少钱,她还是一趟又一趟地往牙医那里跑,以确保自己没有蛀牙。当被问到跟牙医见面是否过于频繁,她就嚷嚷道:"娜塔莎,这是我的牙齿!"

可是,娜塔莎爱着玛丽莲,玛丽莲"是我宣泄情感的通道,而且我们俩的未来看起来很有希望"[XXXII]——考虑到她们眼前的境况,这样的乐观情绪似乎有些匪夷所思——所以娜塔莎一直忍受着各种不便,忍受着约瑟法,在夜晚花时间同玛丽莲一起分析剧本。为了做好准备迎接接下来的角色,两个女人设计了一套复杂的信号,类似于棒球接球手和投手之间使用的一套特殊手势。当玛丽莲的声音过于低沉,娜塔莎就会打出一个手势;如果她认为玛丽莲走台位置不合适,她又会打出另一种手势;当玛丽莲显得内心有些不镇定,她又有另外的手势。

"如果她转身太快的话,或者转身太'空洞'的话,我会向她示意,因为她对自己和角色没有适当的思考就做出了这样的转身。"[XXXIII]对动机和思考的强调令玛丽莲感到迷惑,因为娜塔莎似乎要求开展一种头脑活动,而她的这名学生却对这种头脑活动产生了畏难的情绪。玛丽莲说约翰·休斯敦从来不提动机的问题,约瑟夫·曼凯维奇也是如此。然而,娜塔莎坚定地认为真正的表演——就像莫斯科艺术剧院里展现的那种技艺——不可能没有大量头脑的付出。

因此,玛丽莲对夜里进行的这种表演练习投入了极大的热情,她需要试着去理解角色的动机以及角色同自己的经历之间存在的联系。这种表演练习帮助她做好了热身活动,以便迎接日后重要的学习,同时也让她在长达十年的时间里一直和各位电影导演争执不下,他们大多都不赞成演员进行这样的自我反省。更重要的是,这种练习方法是一种愚蠢的建议,因为玛丽莲本身就是一个知道内省、敏感、腼腆、缺乏安全感的年轻女性,一直在试图预见自己的未来。在接下来的4年里,过多的分析一点点消除了她大部分的自发性发挥,而这些发挥原本能够保证她完成令人信服的表演。

这个秋天,无论是在学校里还是在家里学习,玛丽莲都能抽空偶尔去拜访一下约瑟夫·申科，但是她将约翰尼·海德冷落了几个星期。她偶尔会给海德打去电话，但是一直没有去看望过他，这样的冷漠甚至令娜塔莎感到恼怒，她威胁说要是玛丽莲不去探望一下患病的约翰尼的话，她就要亲自把玛丽莲送到棕榈路去。到了11月，由于心脏方面的疾病海德卧床不起，他几乎只能通过电话帮着玛丽莲打理业务。无论他有着怎样的想法，他始终全心全意地等待，无论玛丽莲做出怎样的决定。他依然竭尽全力地帮助玛丽莲发展事业，也依然希望让她成为海德夫人，哪怕是在自己临死之前。

占据玛丽莲的时间和注意力的不只有约瑟夫·申科一个人。玛丽莲野心勃勃地想要同每一个能够帮到自己的人见面，她去了坐落在日落大道8024号的颇有传奇色彩的施瓦布药店，[1]同电影记者西德尼·斯科尔斯基见了面。[*]

斯科尔斯基的身高刚过5英尺（1.52米），这个头脑聪明、精力充沛的男人有着俄罗斯犹太人的血统和伯乐的天赋，换句话说，他同约翰尼·海德很相似。出生于1905年的斯科尔斯基在1920年代为纽约一家报社当过代理人，他的客户包括夜总会经理厄尔·卡罗尔。卡罗尔经营的夜总会在入口处悬挂着一句著名而耀眼的箴言，"走进这几扇门的都是世界上最美丽的女人"，这句话正是斯科尔斯基构思出来的。斯科尔斯基后来成为了一名娱乐记者，先是供职于《纽约每日新闻》，后来又为威廉·伦道夫·赫斯特的报业集团供稿，《纽约邮报》和《好莱坞市民新闻》都属于该集团。身为电影界记者的斯科尔斯基永久定居在洛杉矶，他创造了"牛肉饼"（意为"肌肉发达的猛男照片"）这个词来形容男性"奶酪蛋糕"（意为"性感女郎照片"），发明了"偷偷提前看"（意为"试映"）这种说法，还构想出了在影片公开首映之前先面向媒体放映的概念。他的女儿施特菲·西德尼·斯布拉沃说过："他容易对贝蒂·葛莱宝、卡洛尔·隆巴德和拉

---

[1] 施瓦布药店在1930—1950年代一直是好莱坞电影演员和电影商人们的聚会场所。同20世纪中期美国许多药店一样，施瓦布药店除了销售药品之外，还有提供冰淇淋和小吃的柜台。

[*] 斯科尔斯基在回忆录中说，1975年他第一次见到玛丽莲是在摄影棚的饮水机旁边；她直接去施瓦布家见他的说法有以下支持者：娜塔莎·莱特斯、露西尔·莱曼、卡罗尔和鲁珀特·艾伦（斯科尔斯基本人以前也主张这种说法）。

娜·特纳这样的金发女郎产生浓厚的兴趣,他将她们称作'毛衣女郎'。"[xxxiv]

斯科尔斯基针对好莱坞撰写的新闻专栏文章比洛拉·帕森斯和赫达·霍珀的文章有深度,他常常能为读者提供有关电影制作技术和交易的内幕,而不只是有关电影明星日常生活和爱情的八卦新闻。斯科尔斯基患有臆想症,从猫狗到游泳无数事情都令他感到害怕,他还存在令人难以理解的抑郁问题。"玛丽莲在我父亲的身上找到了同病相怜的灵魂。他们两个人都喜欢受到惊吓的小狗,也都没有充分意识到自己有多么聪明。当然了,玛丽莲还特别偏爱慈父般的有头脑的犹太男人。"

斯科尔斯基后来兼职当过电影制片人(例如在《一代歌王》和《埃迪·坎特传》),对电影公司的公关人员永远有着极大的影响力,他是一个丰富多彩、古里古怪的人,一直把施瓦布药店的夹层楼当作自己的办公室。就像小佛罗伦兹·齐格飞[1]从剧院的楼顶办公室审视着舞台一样,斯科尔斯基在这间舒适的办公室里打量着楼下的动静,审视着药店里来来往往的名人或者默默无闻的普通人。他之所以将药店当作办公室的原因很简单,这家药店能够悄悄地为这位对药物成瘾的住户提供他需要或者想要试一试的各种药品。后来人们才认识到容易让人体产生恶习的药品在1950年代一直远比后来容易买到,当时的社会不认为持续使用这些药品是一种罪恶的行为,对于危险的巴比妥酸盐、安非他命和麻醉药政府都没有进行严格的管控。斯科尔斯基在施瓦布药店收邮件、接电话,开车也属于他恐惧的因素,在药店里他很容易就找到认识的人陪他出门。例如,很多人都知道他的司机至少都是玛琳·黛德丽这样的大明星,他们都清楚同斯科尔斯基的友谊有多么重要。

在不搭车外出、也不尝试新药品的日子里,斯科尔斯基常常会现身自己最喜欢的20世纪福克斯电影公司,在这里他能搞到免费午餐,还能享受到免费理发的服务,福克斯公司的资深公关人员哈里·布兰德和罗伊·克拉弗特都是他的密友。一天下午,在施瓦布药店玛丽莲羞涩地向斯科尔斯基问道:"你觉得我的照片能登上这些杂志中的某一本吗?"[xxxv]斯科尔斯基非常清楚玛丽莲已经有了这

---

1 小佛罗伦兹·齐格飞(1867—1932),20世纪初百老汇王牌歌舞秀制作人,被称为"歌舞大王"。

样的成绩了，但是他觉得对方这么问是发自内心的，他也看到在真诚的背后有着令人同情的脆弱。

在玛丽莲逝世的多年后，斯科尔斯基在文章中写道："从那时起，我们就成了朋友。"

> 她总是会征求我的意见，[尽管]她装得好像没有那么聪明。她不是在各大电影公司都见得到的那种普普通通的金发小明星……她显得友善、温柔、无助。几乎所有人都想帮帮她。玛丽莲在众人眼中的无助正是她最大的优势。[xxxvi]

斯科尔斯基对玛丽莲一往情深是毋庸置疑的，也是众所周知的事实（他的妻子和孩子都知道这一点，很快整个好莱坞也都知道了这个秘密），但是他们始终保持着柏拉图式的友谊，是一种父女般的感情，两个人从未越雷池半步。

玛丽莲说过："从一开始他就对我坦诚相待。我常常跟他一聊就是很久。我一直对他很放心，什么事情都能跟他说。"[xxxvii]她的确如此。两个人相识的当天，玛丽莲告诉斯科尔斯基别人一直拿她和珍·哈露做比较，从她记事起别人就一直拿珍·哈露当作她的榜样和偶像。斯科尔斯基认为成为珍·哈露的渴望很不现实，玛丽莲也不可能实现这个目标。他认识珍·哈露，他一眼就看出了这两个女人都有着一种罕见的复杂特质，她们都野心勃勃，同时也都很谦逊，她们表达过的一个心愿就突出地体现出了这一点——即使到了声名显赫的时候，她们都宣称自己想成为女演员。

与此同时，闭门不出一段时间之后约翰尼·海德的身体似乎有所恢复，尤其是在玛丽莲于11月底探望过他之后。12月5日，玛丽莲同威廉·莫里斯经纪公司签订了一份符合电影演员工会标准的为期3年的正规委托代理合同，在此之前，在没有通常的书面委托合同的情况下，海德已经充当她的经纪人有一年多的时间了。两天后，海德告诉玛丽莲自己动用了一切关系，利用了福克斯公司无论是公事还是私事方面欠下他的所有人情债，终于为她争取到了在福克斯公司的一次试镜机会。这次试镜不只关系到是否能跟福克斯公司签订一份为期6个月的合同，得到影片《闭门羹》里的一个角色，有可能还有参演另外一两部影片的机会，而且很有可能还会跟福克斯公司签订一份长期合同。

玛丽莲惊喜万分。她立即赶到施瓦布药店，把这个喜讯告诉了斯科尔斯基，后者给了她3片安眠药，以免在试镜之前她被准备过程中产生的焦虑搞得筋疲力尽。接着，玛丽莲就开始跟娜塔莎进行准备。读了玛丽莲将要出演的一幕短戏之后，娜塔莎说这段戏就是垃圾，她一边叹着气，一边着手设计能够打动人心的表演。

12月10日，玛丽莲穿着在《火球》、《家乡的故事》和《彗星美人》中穿过的那件凸显身材的毛衣裙，表演了很短但是充满戏剧性的戏，她饰演的角色是匪徒的情妇。匪徒的扮演者是男演员理查德·康特，多年后康特提起过这段往事，他说玛丽莲在现场全神贯注、非常认真，娜塔莎站在旁边给她打气。

玛丽莲面对着镜头说道："本尼，我来是要告诉你，你不能待在这儿。"她的声音有些紧张慌恐，同这段戏的气氛很和谐。"要是这些恶棍来这里找到你，会有什么结果？你不能冒这个险！"康特饰演的角色显然认为玛丽莲在诱使自己钻进一个圈套，他扬起手，扇了她一巴掌。玛丽莲用颤抖的声音说："走吧。这也不是我今天第一次被揍了，我都快要习惯这种事情了。"片刻之后，镜头捕捉到玛丽莲眼睛里的泪光，她真的流泪了。在她的泪水中，这一幕渐渐淡出。

结果，福克斯公司最终没有拍摄《闭门羹》这部影片，海德得知当时扎努克觉得计划在下一个月里拍摄的影片中只有一个小角色适合玛丽莲——喜剧《豆蔻年华》中的一名秘书。他接受了提议。

这是海德达成的最后一笔交易。12月16日，他和自己的秘书前往棕榈泉休假，在他的请求下，玛丽莲和娜塔莎从棕榈泉出发，去墨西哥的蒂华纳为圣诞节采购，费用都是由他支付的。玛丽莲没有等到自己的25岁生日，在蒂华纳期间她几乎花光了手头的所有钱给娜塔莎买了一件礼物，一枚镶着金边的象牙浮雕胸针，因为她看到娜塔莎非常喜欢那枚胸针。就在她们俩还在墨西哥的时候，海德心脏病严重发作，他被救护车急匆匆地送回洛杉矶。12月18日，星期一，玛丽莲终于在晚上赶回海德身边，这时海德已经告别人世几个小时了。

约翰尼·海德没有机会同玛丽莲化解隐藏在他单方面爱情背后的怨恨和矛盾，玛丽莲也没有机会向他表达自己的感激之情。她曾在1955年说过："我不知道还有没有哪个男人能如此爱我。我认识的每个男人似乎都只想从我这里得到一样东西。约翰尼也想，但是他还想娶我，只是我做不到。我知道，即使

在遭到我的拒绝而生我的气的时候，他对我的爱也从未消失，他也从未放弃为我卖力。"XXXVIII

被海德疏远的妻子和孩子不准玛丽莲参加在森林草坪公墓举行的追悼会，然而玛丽莲和娜塔莎还是蒙着面纱，以出色的表演说服守卫相信她们是家里的用人。等到参加追悼会的众人离去一个钟头之后，玛丽莲悄悄地走到海德的坟墓跟前，伸出手，从落满鲜花的灵柩上取了一朵白色的玫瑰，她将这朵玫瑰夹在一本《圣经》里，珍藏了许多年。按照外界普遍接受的说法，玛丽莲在追悼会上大闹了一场，叫喊着约翰尼的名字，一头扑在棺材上。事实上，正如娜塔莎多年后说过的那样，当时玛丽莲在悲痛之余保持着尊严。"那天下午，我在她的身上看到了一种我还从来没有见到过的东西。也许是悔恨吧——懊悔，一种强烈的失落感——随便你怎么说。"XXXIX

玛丽莲在墓园里坐了很长时间，直到黄昏时管理员轻声请她离去。在接下来的一个月里，无论在工作还是在家里，她都常常失声痛哭起来，既是为自己，也是为坚持不懈深爱着她的海德而落泪。没有了海德尽心尽力维护她的利益，没有了他对她的保护和爱慕，她感到自己痛失了一位盟友、一位父亲、一位温柔的朋友。在此之前，她也曾失去过亲人，她的生活也曾出现过如此突然的变化——母亲的离去，她住进孤儿院，被人包办的婚姻，安娜·罗尔的逝世，约瑟法在这一年秋末也死去了——但是没有什么能像海德的离去这样给她造成了如此强烈的痛苦。

几天后（玛丽莲曾说过是几个小时后），玛丽莲接到约瑟夫·申科的电话，后者向她表示慰问，并告诉她只要开口，她随时可以享用他家的客房（大概他也可以享用）。纽约的摄影师萨姆·肖说过："乔·申科为她痴狂。"XL肖常常接受委托为福克斯公司摄制的影片设计广告，就在海德逝世后不久他见到了玛丽莲。"很久之前她还不是大明星的时候，乔·申科就成了她的保护人。无论是饿了，想吃顿好的，还是伤心了，想痛痛快快地哭一场，她都会给他打去电话。"

在圣诞节假期里的一天上午，娜塔莎看到玛丽莲还在睡觉，她的床边放着施瓦布药店的一瓶药片。看到玛丽莲的嘴角上沾着一些胶囊的粉末，她想到了最糟糕的事情。娜塔莎一下子慌了神，她歇斯底里地把"睡美人"喊醒了。玛丽莲解释说自己没喝水就吃了一片药,然后就睡着了,药在她的嘴里慢慢地溶解了。

后来,玛丽莲对米尔顿·格林说过:"娜塔莎经常指责我反应过度,可是这一次这种话正适合用在她自己的身上。我从来不会干那种浪漫的事情,追随爱人进了坟墓。我记得约翰尼死时我感到伤心,我感到内疚,我产生了许许多多等着我琢磨清楚的感觉,可是,噢,乖乖,我绝对不想死。"[XLI]说完,她露出了一个充满感激的灿烂的笑容,"事实上,他让我知道没有什么值得我去死"。

玛丽莲或许还会说,实际上有很多东西值得自己活下去。海德已经为她准备了一份独一无二的圣诞节礼物,一份她十分期待的礼物——一份合约。合约是由福克斯公司公关人员哈里·布兰德经办的,按照合约规定,福克斯公司将在《生活》杂志的元旦影星特刊中将她作为公司大有前途的年轻演员进行一番推介。玛丽莲身着一条黑裙子,戴着一双黑色的长手套,以侧身形象出现在照片中,低低的领口充分说明了配图标题"胸部丰满的伯恩哈特"[1]。她的前途毫无问题,照片还配发了两句说明文字,"只要一动不动地站在那里喘喘气,她就能将四面八方的男人吸引来。在《夜阑人未静》和《彗星美人》中扮演了两个戏份不多但是很尖锐的角色后,公司深信她也会成为一名出色的戏剧演员。"[XLII]

这些文字都是由海德亲自执笔,表达了他对玛丽莲的信心和希望。然而,在位于皮科大道的办公室里,扎努克和自己的同事们其实都无意将玛丽莲·梦露培养成"出色的戏剧演员"。毕竟,一个乳房丰满的金发美人为何会立志达到伯恩哈特的水平?

---

1 莎拉·伯恩哈特(1844—1923),法国戏剧演员,是19世纪和20世纪初最有名、最有成就的女演员。

注　释

Ⅰ MG Ⅵ，3，p.25。

Ⅱ JWP/NL 1，p.9。

Ⅲ 同上，6，p.29。

Ⅳ 德·迪耶纳，p.91。

Ⅴ 厄尔·威尔逊1949年7月30日为多家报刊撰写的专栏文章（例如《洛杉矶每日新闻》）。

Ⅵ 厄尔·威尔逊，《无人了解的娱乐业》（芝加哥：考利斯图书公司，1971），p.288。

Ⅶ 引自西德尼·斯科尔斯基发表于《洛杉矶市民新闻》（1952年9月30日）的专栏文章。

Ⅷ 《令我产生兴趣的男人们——乔·迪马吉奥夫人撰文》，《万象》，第9卷，第10期（1954年4月）：53。

Ⅸ 这段简短的对话被认为发生在1953年，也就是米尔顿和玛丽莲正式承认的结交时间，包括艾米·格林（1953年同米尔顿结婚）在内的大多数人也都接受了这种说法。然而，鲁伯特·艾伦是1949年在自己家中听到的这段话。

Ⅹ 频频出现在MG中，例如，1，4，p.31；又见阿尔·毛奇，《拍摄玛丽莲·梦露的摄影师》，《旧金山观察家报》，1981年7月13日，p.D5。

Ⅺ 玛丽莲·梦露发给米尔顿·格林的电报，被保存在MG1，1中。

Ⅻ 鲁伯特·艾伦向唐纳德·斯波托讲述，1991年6月17日。

ⅩⅢ 引自劳伦斯·格罗贝尔所著《休斯敦家族》（纽约：埃文出版社，1989），p.334。

ⅩⅣ 约翰·休斯敦，《一本坦诚的书》（纽约：克诺夫出版，1980），pp.286—287。格罗贝尔、阿克塞尔·马德森和杰拉尔德·普拉特利也做过略有出入的报道（见参考文献）。

ⅩⅤ 引自《每日镜报》（伦敦），1980年4月1日。

ⅩⅥ JWP/NL 2，p.9。

ⅩⅦ 约翰·赫斯特，见沃尔珀，《传奇》。

ⅩⅧ JWP/NL 2，p.10。

ⅩⅨ 同上，p.9。

ⅩⅩ 乔治·马斯特斯向唐纳德·斯波托讲述，1992年8月8日。

ⅩⅪ 有关艾格尼丝·弗拉纳根的回忆，见克里维罗，p.250。

XXII 南纳利·约翰逊,引自小卡尔·E.罗利森,p.22。

XXIII MG XII, 3, p.14

XXIV 戴维·布朗讲向唐纳德·斯波托讲述,1992年11月11日

XXV 约瑟夫·L.曼凯维奇,《〈彗星美人〉更多内幕》(纽约:兰登书屋,1972),pp.76—77。

XXVI 同上,p.78。

XXVII 乔治·桑德斯,《职业流氓回忆录》(纽约:帕特南出版社,1960),pp.70—71。

XXVIII 曼凯维奇,p.79。

XXIX 弗雷达·达德利·鲍灵向康斯坦斯·麦考密克讲述,引自南加利福尼亚大学电影档案馆康斯坦斯·麦考密克文献。

XXX MG2 IV, 3, p.22。

XXXI JWP/NL 1, p.11。

XXXII JWP/NL 2, p.10。

XXXIII 同上,p.11。

XXXIV 施特菲·西德尼·斯布拉沃向唐纳德·斯波托讲述,1992年6月5日。古德曼在著作中对西德尼·斯科尔斯基在好莱坞历史上的地位做了有趣的描述,见pp.46—49,392—395。

XXXV 西德尼·斯科尔斯基引述,见古德曼,p.394。

XXXVI 西德尼·斯科尔斯基,《别误解我——我爱好莱坞》(纽约:帕特南出版社,1975),p.214。

XXXVII 《令我产生兴趣的男人们——乔·迪马吉奥夫人撰文》,《万象》,第9卷,第10期(1954年4月):53。

XXXVIII MG2 VIII, 5。

XXXIX JWP/NL 1, p.13。

XL 萨姆·肖向唐纳德·斯波托讲述,1992年3月8日。

XLI MG2 III, 3, p.9。

XLII 《生活》,第30卷,第1期(1951年1月1日):37。

第十章 1951年1月—1952年3月

1951年1月，娜塔莎在哈珀街租住的公寓合约到期了。她决定在好莱坞买一座小房子，玛丽莲又搬回了贝弗利卡尔顿酒店，她说酒店距离福克斯公司近一些，自己也多了一些私人空间。娜塔莎不了解抵押贷款的事情有多复杂，很快她就发现自己还需要1000美元的现金才能办理房屋买卖的交易。得知这件事情后，玛丽莲第二天就带着钱赶到了娜塔莎的家里。娜塔莎说："没过多久我就知道了她是怎么凑到钱的。她把约翰尼·海德送给她的一条水貂皮披肩给卖掉了。这可是她手里一样值钱的东西。"[1]这条披肩也是玛丽莲拥有的所有物品里唯一一件具有实际价值和情感价值的东西。这笔钱和圣诞节购买的那枚浮雕胸针一样，都是玛丽莲送给"母亲"的礼物，无论她们之间的关系有多么矛盾复杂。

这一年，玛丽莲·梦露遇到了三个男人——一位著名导演、一位编剧和一位戏剧指导，戏剧指导的出现进一步强化了她对俄罗斯艺术传统和剧作家的兴趣。这三个人以不同的方式在她的生命中起到了重要作用，但是这段日子里编剧和她只有过短暂的交往。和这三个人结识之前，玛丽莲又上演了一次自己最精彩的表演，再一次试图同失散已久的父亲取得联系。

海德逝世不到两个星期，最初发生在詹姆斯·多尔蒂身上的一幕又重现了。一天早上，玛丽莲给娜塔莎打去电话。后来，娜塔莎提起往事时说："她说自己刚刚得知了生父的身份，她想让我开车带她去看望他。"[II]说出这番话的时候，娜塔莎并不知道玛丽莲当着多尔蒂的面打过的那通电话。就这样，玛丽莲和自己的"代理母亲"出发了，显然她就要见到自己的亲生父亲了。她们开着车赶往棕榈泉，接着又一直开到沙漠里，玛丽莲叫娜塔莎把车停在一座加油站，她要先给对方打一个电话，确定对方会欢迎她的到来。打完电话她回到娜塔莎的身旁，告诉后者她们只能返回洛杉矶了，她说自己的父亲拒绝同她见面。同当初面对多尔蒂时的情形一样，她没有向娜塔莎交代详细情况。后来，娜塔莎也回想不起这个男人的名字，也没有证据显示她在当时或者后来同这个男人取得了联系。从某种程度上而言，这一天的目的还是达到了——娜塔莎向她倾注了更体贴的关心，给了她更多的时间让她为接下来将要饰演的角色做准备，让她感觉到自己成了一个受人欢迎、受到保护的孩子。*

几乎一眨眼的工夫，生活的节奏变快，质量也提高了。但是尽管同福克斯公司签了合约（合约终于在当年春天准备妥当，只需她签字了），玛丽莲在电影里的形象仍旧被限制在一系列模式化的"花瓶"角色上。她的名气越来越大，魅力也得到了普遍的认可，但是本质上她只是一个当点缀的性感尤物，在一个个任何一位漂亮的小明星或许都能胜任的角色里摸爬滚打。《夜阑人未静》、《彗星美人》以及在1951年出品的无足轻重的三部系列影片中的短暂亮相都显示出她既有诱惑力，又不乏才华。然而，无论是好莱坞还是全美国都对一个年轻漂亮的女性面临的难题没有多少兴趣，这个女人或许除了肉体魅力之外，还能向外界展现更多的才能。

《豆蔻年华》恰好简明扼要地展现了玛丽莲遭遇到的难题，这部影片的拍摄过程令玛丽莲感到很痛苦。这部电影根据帕迪·查耶夫斯基创作的小说改编而成，讲述的是一位被迫退休的65岁商人的故事，为了更改歧视老年人的公司制度他乔装改扮成充满活力但是年事已高的总公司总裁。玛丽莲的名字第一次出现在演职员表中（第6位），但是除此以外她扮演的令人分神的性感秘书哈丽雅特就没有任何值得称道的地方了。同往常一样，为玛丽莲化妆的是艾伦·斯奈德，他的存在一如既往地令玛丽莲感到安心。当时他就说过："她对观众害怕得要死，生怕他们觉得她太性感了。天哪，但愿他们能知道对她来说这有多难！"[III]这一次尤其艰难，任何事情都无法补偿她面对影片中毫无价值的愚蠢角

---

* 在自己的回忆录中（pp.220—222），西德尼·斯科尔斯基记述自己和玛丽莲一次外出时也发生了一模一样的情况。

色时感到的失望。

这一年的1月,令玛丽莲抑郁的不只是约翰尼·海德的逝世,尽管大部分人都以为这是唯一令她伤心的事情。"她哭个不停。"[IV]《豆蔻年华》的导演哈蒙·琼斯向朋友伊利亚·卡赞抱怨道,以舞台剧导演及演员工作室联合创办人而出名的卡赞此时已经凭借着影片《君子协定》、《碧姬》和田纳西·威廉斯的《欲望号街车》在好莱坞获得了知名度。琼斯还说:"每次我需要她的时候,她都在哭。哭得眼睛都肿了!"[V]别人只能在摄影棚里光线暗淡的角落里找到玛丽莲,她满脸忧郁地坐在那里,或许更多的是为了自己的前途感到伤神,而不是海德的去世。

卡赞全身心投入在舞台和电影的导演艺术上,同时也十分积极地进行着一次次性冒险(正如他在出版的回忆录中坦白交代的细节一样)。这一天他正是特意来摄影棚探望玛丽莲,之前他只同她偶然见过一面,当时海德还陪在他的身边。后来,卡赞说过:"[自从约翰尼去世后]她没有跟任何人出去过,所以我也没有把握自己究竟应不应该来看望这个女孩……在那个时候、那种地方,所有的年轻女演员都被当作猎物,都会被男人搞得晕头转向、收入囊中。真心实意的热情——我有这样的热情——会产生结果的。"[VI]卡赞的欲望很快就得到了满足,玛丽莲接受了同他一起吃饭的邀请。当时卡赞正好待在加利福尼亚指导电影《萨巴达传》的拍摄,没过多久,他的目的就达到了。

萨姆·肖提起过那段往事:"一切都发生在拍摄期间。"

> 玛丽莲跟卡赞热恋了一场,那年春天大部分时间里她都无事可做,所以她跟我和卡赞经常开车去"福克斯"的拍摄基地,他就在那里拍片子。通常,在晚上返程的半路上我们都会在公路边的餐馆停留一会儿,喝点啤酒,摆弄一下自动电唱机,跳跳舞。

肖还说在每当这种时候没有任何一个朋友能比玛丽莲更开心、更令人感到投缘了。"所有人都知道她缺少安全感,但是并非所有人多知道她多么有趣、她从不抱怨普普通通的生活琐事,她从不会说任何人的一句坏话,她有着很不可思议的幽默感,发自内心的幽默感。"

玛丽莲发现已经42岁并且结了婚的卡赞充满同情心、善于倾听(卡赞说过这是真正的"勾引术"[VII]),还是一个才智超群的人。而卡赞则认为玛丽莲是一个"简单、心地淳厚的小孩子,但是被好莱坞给污染了,把腿叉开了",[VIII]除了个人

第十章 1951年1月—1952年3月

经历她对外界一无所知，她试图通过自己能够吸引到的男性获得自尊，她之所以甘愿接受他们的糟蹋基本上都是由于他们对她不屑的态度符合她的自我认知。

这段恋情持续了一整年。一开始，这对情人就在玛丽莲的小公寓里幽会，但是后来玛丽莲以分期付款的方式购买了一架袖珍三角钢琴，她还将钢琴刷成了白色——住在阿博尔路的时候，一度对她和母亲来说极其重要但是最终被格蕾斯卖掉的那架时髦钢琴的复制品。这样一来，原本就不宽敞的公寓就变得更逼仄了，因此她和卡赞常常会在经纪人查尔斯·费尔德曼的家里过夜，费尔德曼的妻子是演员及摄影师吉恩·霍华德。到了早上，卡赞再开车将玛丽莲送回到贝弗利卡尔顿酒店，他的身上只穿着一件睡袍。他们收起敞篷车的车顶，又唱又笑地穿过冷水峡谷的晨雾。

这段恋情或许是玛丽莲一生中第一场单纯、令她心满意足的爱情。她知道他们没有结婚的可能，但是这并没有阻挡住她的脚步，实际上这一点似乎反而令她感到自由。多年后，卡赞在文章中提到过"玛丽莲完全不是当妻子的料。任何人都能看到这一点"。但她是"一个令人开心的伴侣"。[IX]

通过卡赞，玛丽莲结识了费尔德曼，她的事业很快就因此获益了。由于之前海德无视其他客户，一门心思扑在玛丽莲的身上，在他过世后威廉·莫里斯经纪公司一直没有兴趣代理玛丽莲的业务。公司代表她完成了同福克斯公司的谈判，但是他们的冷漠是显而易见的，到了3月所有文件已经准备就绪，只等着玛丽莲签字了，然而文件却在公司办公桌上被搁置了三个星期。发生这种事情后（尽管公司还在继续向她收取一部分代理费），玛丽莲便将代理公司换成了知名艺人经纪公司，这家公司的老板正是气宇轩昂、温文尔雅的费尔德曼。在接下来的几年里，玛丽莲的事业一直由费尔德曼和一个名叫休·弗兰奇的男人共同打理。[*]

福克斯公司同玛丽莲签订的是标准合同。公司保证全年向玛丽莲支付40个

---

[*] 他们必须等上3年的时间才能彻底解决玛丽莲和威廉·莫里斯经纪公司的合约问题。直到1953年3月12日，玛丽莲才正式由知名艺人经纪公司代理业务，直到1954年3月她才同这家公司签订了合约——不久之后就终止了。

星期的薪酬，无论她是否参加电影拍摄，第一年周薪是500美元，公司有权续约。如果公司决定续约，第二年玛丽莲就能拿到750美元的周薪，到了第三年周薪就变成了1250美元，第四年是1500美元，第五年是2000美元，第六年是2500美元，如果到了1957年她还在福克斯公司的话，那么她在这一年里就能拿到3500美元的周薪。*

这样一来，连续7年玛丽莲·梦露只能为20世纪福克斯公司工作，无论公司分配给她什么角色，她都必须接受。在每一年的年底，公司都可以无理由地取消合同，将她解雇；公司还可以随时将她租借给其他公司，由此赚取高额利润（她还是只能拿到按照合同规定她应当从福克斯公司得到的报酬）。此外，公司还禁止她接受其他一切营利性的工作（包括舞台、广播、电视演出或者录制唱片），即使她当时没有参演福克斯公司的影片。在美国电影界，大部分演员都不得不忍受这样的7年合同，这种"契约奴役制"赋予了电影公司一切实际的权利，艺人却享受不到多少权利。直到电影公司制本身消亡之后，这种状况才宣告结束。而对于电影公司制消亡这一根本性变革，玛丽莲·梦露发挥了很大的作用。

签订合同时（合同于1951年5月11日生效），玛丽莲竟然争取到了一项重要的特权。当时，扎努克依然认为玛丽莲的加入对自己掌管的演员队伍无足轻重，只是因为申科、海德、威廉·莫里斯经纪公司方面和斯库拉斯略微施压他才妥协了，但是他同意让娜塔莎·莱特斯担任玛丽莲的戏剧指导，甚至一有机会就会请她指导公司里其他签约演员。娜塔莎成为了福克斯公司的职员，拿到了500美元的周薪（逐年增长），玛丽莲还会另外支付给她250美元，作为她单独辅导的酬劳。结果，玛丽莲这位演员的薪水还不如老师，这种状况令人感到啼笑皆非，不过娜塔莎从来没有为此感到过难为情，玛丽莲也从来没有产生过嫉妒的心理。无论是对自己的收入还是娜塔莎的收入，玛丽莲都无动于衷，她说过："我对钱没有兴趣。我只想成为一个了不起的人。"[x]

---

* 在几十年里，外界一直错误地宣称玛丽莲按照合同在福克斯公司拿到的最高薪水是每周1500美元。事实上，这个数字是她在1955年解除合同时拿到的薪水，如果她继续留在福克斯公司，那么她的薪水就会按照作者在文中列出的这个标准继续增加。

合同已经到位，福克斯公司就理应也有权派遣公司最漂亮的演员去参加一年一度的春季盛会。3月29日，玛丽莲第一次也是唯一一次出现在了学院奖（奥斯卡奖）的庆典上，颁发了奥斯卡最佳音响效果奖。当时玛丽莲穿着从公司服装部借来的一条深紫色雪纺露肩礼服，准备走上颁奖台的时候她注意到礼服上有一道小小的裂口。她一下子哭了起来，一边哭一边说自己没法登台亮相了，服务员立即冲到她跟前寻找补救措施，与此同时来自福克斯公司的其他年轻女士帮着她修补妆容、为她打气。最终，由于怯场几乎说不出话的玛丽莲还是努力走向了颁奖台，将小塑像颁发给了获奖者（碰巧获奖人就是《彗星美人》的音效师托马斯·莫尔顿）。

在自己的回忆录里提起在《豆蔻年华》拍摄现场见到泪眼婆娑的玛丽莲·梦露时，伊利亚·卡赞没有说当时还有一个人陪着他。这个人就是剧作家阿瑟·米勒，当时卡赞希望能够执导米勒创作的剧本《钩子》。这部戏在政治方面比较敏感，讲述的是布鲁克林的码头工人反抗剥削他们的骗子的故事。同卡赞一样，米勒也记得1月那一天玛丽莲在电影公司里表现得有些忧郁，他同时还记得"身处准备拍摄新一幕的迷人而忙碌的一团混乱和各种技术设备中间"，就在他们握手的时候，"她的身体移动时产生的冲击力迅速传递到了我的身上，那种感觉跟她的悲伤很不协调"。[XI]

第二天，在卡赞的邀请下，玛丽莲陪着这两位男士参观了哈里·科恩的办公室，科恩当时正在考虑为哥伦比亚影业公司拍摄《钩子》（他没能一眼认出这位原先跟他的公司签约的女演员）。这次会面引发了一连串的事情，最终导致《钩子》的拍摄计划被放弃，其中的原因对不久之后玛丽莲和米勒之间逐步深化的关系产生了重要的影响。

---

* 据卡赞所述（p.408），米勒同玛丽莲的初次见面是那一年冬末查尔斯·费尔德曼设宴招待剧作家的时候。米勒本人宣称此前他们就已经在《豆蔻年华》的拍摄现场见过面了，萨姆·肖和鲁伯特·艾伦等人都证实了米勒的说法。卡赞妙趣横生、充满真情实感、令人眼花缭乱的自传中有不少地方都把日期或者事实混在一起或者进行了重新安排，甚至完全搞错了。例如，他宣称自己和米勒于次日带着玛丽莲去哥伦比亚公司的时候，玛丽莲的合约是跟哈里·科恩签订的。

在科恩的一再坚持下，米勒的剧本被提交给了好莱坞的舞台工作人员工会负责人罗伊·布鲁尔，布鲁尔同国际码头工人协会的负责人乔·瑞安有着私交。没过多久，布鲁尔就告知科恩他要求联邦调查局对剧本进行审读，结果剧本立即就被列为具有煽动性和危害性的反美（甚至是叛国）作品，而当时正值朝鲜战争期间，美国需要将军队和武器被万无一失地运输到亚洲。布鲁尔还宣布除非米勒的剧本接受修改，将共产党人变成反面人物、将主旨变成反共主义，否则他们将勒令所有接受影片拷贝的剧院里隶属于工会的放映员罢工。在这个问题上，布鲁尔自己实际上更具有"反美"色彩，对于受到宪法保护的自由权利表现出了更强烈的煽动性。米勒没有遵从如此荒谬的要求，他收回了自己的剧本，这番维护艺术操守的表现赢得了玛丽莲对他的仰慕。[XII]

玛丽莲对弱者的亲近感常常清晰可见。她对残疾儿童有着强烈的同情心，为了他们，她宁愿扰乱既定的巡回宣传计划，她曾不止一次给别人制造麻烦，因为她想停下脚步照顾一只残疾或者流浪街头的动物。看到好莱坞大道上那些无家可归的醉汉，听说黑人演员被拦在剧院或者餐馆外面，徘徊传统社会边缘的人遭受的苦难（就像她的母亲一样），这一切都会令她潸然泪下，促使她做出很实际的反应，有时候就是直接掏钱。现在，在她的眼中，米勒似乎就是捍卫失败者、受到伤害的人、无力为自己辩护的那些人的斗士，就这样他赢得了她的尊敬。有了这样的感情土壤，爱情很快就会生根，但是直到5年后爱情的花朵才盛开了。

相遇时，玛丽莲25岁，米勒比她年长10岁。他于1915年11月出生在纽约的黑人聚居区哈莱姆，和家人经历了大萧条时期的各种艰难困苦。高中毕业后，他就开始在一座仓库打工，之后进入密歇根大学就读，在校期间获得了一项剧本创作奖。遇到玛丽莲的时候，他已经跟大学时代的恋人玛丽·格蕾斯·斯莱特里结了婚并且有了两个孩子。他的履历表上包括一部失败的百老汇戏剧（《福星高照的人》）和一部成功的小说（《小说》），之后他便凭借两部大获成功的戏剧——《都是我的儿子》（1947）和《推销员之死》（1948）——声名鹊起，获得了各种奖项。阿瑟·米勒与尤金·奥尼尔、田纳西·威廉斯被并称为美国的戏剧三杰。米勒身材瘦瘦高高，戴着眼镜，他的举手投足都透着一股羞涩，甚至有些内向，一些人会误以为这都是知识分子应该具有的表现。其实，从1940年代起书本就不再是米勒唯一的（甚至不再是最主要的）兴趣所在了，不过他还是热衷于阅读一些有关社会和家庭主题的作品。他成了一名运动员，尤其喜欢户外运动，相比探讨美学理论——等时机成熟的时候，他也开始了美元理论的研究——他更喜欢园艺和木工活。

米勒与玛丽莲初次见面之后的几个星期里，卡赞和玛丽莲悄悄地燃起了爱的火花，米勒经常跟他们一起去拜访各位作家或者作曲家。他们三个人徜徉在书店里，一起去户外享用午餐，开车去海边或者穿越峡谷。米勒感到"她四周的空气都充满了感情"，[XIII]有她在身边，打动你的"不只是她的美丽，还有她作为孤儿的经历——她根本无处可去，无人可依"。[XIV]他永远忘不了她读书时脸上浮现出的那种不安的神色，仿佛唯恐自己在教育方面的缺陷会招致别人的奚落。米勒感到自己和玛丽莲之间隐隐约约地产生了一种"隐秘的感觉……一丝亲密的感情"，[XV]他不愿做出对妻子不忠的事情，于是决定立即离开洛杉矶。

多年后，每当回想起自己同玛丽莲最初的会面，米勒的文字就变得十分华丽，甚至散发出一股芬芳甜美的气息。在1951年见到她的那一刻

> 有些令人心痛，我知道自己必须逃走，否则我就只能走向无人知晓的命运……我的羞涩，[让]她找到了一些安全感，帮助她逃离了外界一直给予她的那种冷漠的、缺少中心的、受到侵犯的生活。[在机场]告别的时候，我吻了她的面颊，她吃惊地吸了一口气。看到她如此夸张的反应，我笑了起来，直到她眼睛里流露出的严肃的感觉震惊了我，令我感到懊悔……我必须远离她孩童般的贪婪……她的气息仍旧留在我的手心里……这个新奇的秘密就如同一股辐射的力量钻进了我的心里，我将其视作我将重新开始写作的证明……[她]在我的想象中具有一种与生俱来的气质，一种令人无法理解但是似乎即将有能力照亮周围一大片黑暗世界的生命力。

娜塔莎一如既往地一语道出了本质："她爱上了他，他也爱上了她，这一点毫无疑问。那年，他们始终没有上床，不过她很兴奋地告诉我这就是她会永远爱下去的那种男人。"[XVI]米勒则坦诚地说过："要是我留下的话，只可能是为了她。我不想这么做。所以我就离去了，走掉了。不过，她绝对扰乱了我的心思。"[XVII]

卡赞也知道他们两个人悄无声息地陷入了纯洁的爱情，即使跟他在床上的时候，玛丽莲也会满怀热情地聊着米勒的事情，因此卡赞对自己的想法深信不

疑。玛丽莲崇拜米勒的著作以及他的道德准则，她还在房间里挂起了他的一幅照片，米勒同妻子的不幸婚姻也令她感到不安。接下来的4年，玛丽莲给米勒写过不多的几封信，在其中一封信里她写道："大部分人都会崇拜自己的父亲，可是我始终没有父亲可崇拜。我需要一个让我崇拜的人。"[XVIII]米勒在回信中写道："如果你需要崇拜什么人，那何不崇拜亚伯拉罕·林肯？卡尔·桑德堡[1]为他写过一部非常棒的传记。"[XIX]收到这封信的当天，玛丽莲就买到了桑德堡的著作，同时还买了一幅带有镜框的林肯肖像。在余生中，她一直保留着这套传记和这幅画。

卡赞很快就离去了，不过首先还是玛丽莲告诉他自己觉得怀上了他的孩子，其实她并没有怀孕。"这个消息把我给吓死了。我知道她很想要一个孩子……[可是]她又那么痴迷地爱着[阿瑟]，爱得都顾不上其他任何话题……就像任何一个无耻之徒一样，我决定停止正在发展的恋情。很快，我就下定了决心。"[XX]到了1951年夏天，卡赞和玛丽莲的恋情就成为了过眼云烟。

* * *

这一年的春天和初夏，玛丽莲在影片《爱巢》中饰演了一个充满挑逗性的金发美女，这一次她是一位参加过陆军妇女队的女性，现在租住在曼哈顿一幢高档住宅，房东是她原先的战友，已经结婚了。玛丽莲依然只是影片中的点缀而已，剧中插入这么一个奇怪的角色只是为了给苍白的剧本增添一抹色彩。

在5月2日发表的专栏文章中，西德尼·斯科尔斯基对剧组选用玛丽莲的决定表示了适当的肯定，他指出当玛丽莲脱掉裙子、准备拍摄淋浴的一场戏时，现场挤满了人但是鸦雀无声，"你甚至听得到电流声"。[XXI]在另一场戏中，她按照剧本的描述穿着一套分体式的圆点泳衣走到镜头里，正如现场一个喜欢开玩笑的人看到的那样，那套泳衣"几乎连圆点都几乎装不下"。[XXII]领衔主演的琼·哈弗还记得"剧组所有人都喘不过气来，全都看得目瞪口呆，几乎都石化了"。[XXIII]实际上，比起暴露身体，玛丽莲的表演就比较克制了。她的这场戏既显得优雅，又充满了

---

[1] 卡尔·桑德堡（1878—1967），瑞典裔的美国传记作家及诗人。

诱惑力。和她在另一场戏中演过短短一段对手戏的杰克·帕尔认为她的羞涩显示出了她的傲慢和自私,不过他同时也承认即使是这样一个小角色"她也能在整部影片中凸显出来"。[XXIV]记者埃兹拉·古德曼忽视了《爱巢》这部影片本身的乏味,称赞玛丽莲是"十分耀眼、大有前途的一位[女演员]"。[XXV]他的看法很准确。

尽管玛丽莲得到了媒体和同事们的肯定(并且同申科和斯库拉斯都保持着私交),扎努克还是无视她作为喜剧演员的潜质。直到这一年的年底,在纽约召开的一次福克斯公司股东会议上,参加会议的股东们纷纷提起了一位甚至能在《爱巢》这样沉闷的喜剧中掀起高潮的金发美女,玛丽莲终于朝着主角的方向进发了。股东们的热情同《纽约时报》上刊登的一篇针对《豆蔻年华》的影评文章不谋而合,"玛丽莲·梦露扮演的秘书非常出彩。"[XXVI]影评人博斯利·克劳瑟在文章中写道。玛丽莲的存在一点点地得到了承认,终于,就连扎努克都不得不顺从大多数人的主张。

玛丽莲向世界展现了一种新类型的纯真少女的面孔,一个完全成熟的女性同时又具有天真孩童般的率真,毫不做作地喜爱自己真实的肉体。然而,她的事业和私生活都突然止步不前了。从某种程度而言,她渐渐地被困在了一种形象中无力脱身,从当上模特的那个时候起她就一直全心全意地配合着制造这个形象的需要。亲密关系基本上都意味着性关系,就在这一阶段的晚些时候她说过:"我认识很多我不喜欢的人,"

> 可是我没有一个朋友。我有老师,有可以仰慕的人,可是却没有可以让我平视、让我仔细审视的人。我一直觉得自己是一个无足轻重的人,对我来说成为大人物的唯一途径就是——嗯,成为别人。大概这就是我想要演戏的原因。

这一年秋天,玛丽莲认识了演员及表演教练迈克尔·契诃夫——显然是经由娜塔莎·莱特斯的朋友们认识的。迈克尔·契诃夫是俄国戏剧家安东·契诃夫的侄子(他的父亲是后者的哥哥),曾经和康斯坦丁·斯坦尼斯拉夫斯基共事于莫斯科艺术剧院。继续接受娜塔莎指导的同时,玛丽莲开始接受契诃夫在戏剧表演方面的单独辅导。已经60岁的契诃夫是玛丽莲迄今为止遇到的最善良的男人,他既是导师,又扮演着慈父的角色,同时还是沟通玛丽莲和演员实验室以及娜塔莎所珍视的俄罗斯传统之间的桥梁。身为戏剧教师的契诃夫在欧洲和英国都备受推崇，他曾经和马克斯·莱因哈特（奥地利导演及戏剧家）、费奥多·夏里亚宾（俄国歌剧演员）、路易·茹韦（法国演员及导演）和约翰·吉尔古德（英国演员及戏剧导演）这些戏剧精英合作过。第二次世界大战期间，契诃夫在好莱坞安家落户了，他扮演过众多角色，其中最为人们熟知的就是他在大卫·O. 塞尔兹尼克监制、阿尔弗雷德·希区柯克执导的影片《爱德华大夫》中对年迈的精神分析学家阿利克森·布鲁诺夫医生的精彩刻画。1951年遇到玛丽莲的时候，契诃夫正在对自己的经典著作《致演员——表演的技术》进行最后的润色。接下来许多年里，玛丽莲一直将这本书视若自己的《圣经》。

第一次见面契诃夫就告诉玛丽莲："我们的身体可以成为我们最要好的朋友，也可以成为我们最难对付的敌人。你必须试着将自己的身体当作一件表达创造性想法的工具。你必须努力达到身心合一的状态。"[XXVII]契诃夫阐述的一些概念无疑会令人联想到娜塔莎有些强调过头的一个问题——用身体去感知头脑所感知到的东西，以达到身心合一的境界，然而他的教学和娜塔莎是不一样的。娜塔莎似乎永远都对玛丽莲没有耐心（因为她的心里压抑着对玛丽莲的欲望和怒火），契诃夫则很从容地安排玛丽莲进行了一系列含蓄内敛的练习，这些练习和电影拍摄现场以及娜塔莎表演课程的气氛有着本质的区别。他说玛丽莲的身体——这件工具被那么多人仅仅视作一样物体——必须转变成一层敏感的薄膜，能够传输出有着细微差别的形象、感觉和突如其来的念头。

契诃夫对玛丽莲进行的最重要训练或许应该就是他鼓励玛丽莲超越自己的参照标准。他建议她扩大兴趣范围，这样她就越来越能够表现出其他角色的心理特点，而无须将自己的思维方式强加在他们的身上。这正是莫斯科艺术剧院坚持的基本理念，不过多年后这套理念被李·斯特拉斯伯格改造成了一套截然不同的体系。

契诃夫为玛丽莲安排的练习强度很大，但是目标很简单。他要求她伸展双臂，两条腿分开站立，想象自己变得越来越大。她必须告诉自己"我要唤醒身体上沉睡的肌肉。我要让它们复活，使用它们"。[XXVIII]接着，她要跪在地上，想象自己越变越小，收缩身体，仿佛自己就要消失了。之后又是伸展练习，同时还要调整呼吸（因此也要调整自然状态下的吐字发音），这些练习的用意都在于增强玛丽莲对自由的感知，契诃夫认为她的自由感受到了严重的束缚。

老师告诉玛丽莲通过这种新获得的自由，她最终会清空自己，通过一个戏剧角色改变自己——被这个角色所占领,他强调:"单单靠讨论角色、在脑袋里分析角色是无法实现预期效果的,即将演员变成另外一个人。理性的头脑会让你保持冷静、被动的状态。但是,只要你能够形成一个假想的身体[他指的似乎是利用创造性的想象力、让自己的身体保持谦卑],你的意志和感觉就会渴望成为另外一个人。"[XXIX]但是,最令玛丽莲感兴趣和激动的是契诃夫所说的"创造性的个性",即想象中的自主感,这种感觉能够帮助她超越自己——超越有限的自我,这正是她渴望已久的事情。

契诃夫一度要求玛丽莲读一读《推销员之死》,一个星期后又要求她读一读他的文章——《阿瑟·米勒和伊利亚·卡赞之类的重量级艺术家及其魔力。这是美国原住民以及全人类的悲剧》[XXX]——玛丽莲从未跟契诃夫谈论过自己的私生活,面对这些"作业"她肯定感到自己获得了一份特殊的祝福。

对于玛丽莲而言,契诃夫强调的问题和采取的教学方法都非常了不起,同时也非常脱离实际,有时候几乎有些神秘。当契诃夫要求她向他汇报自己在家里进行的思考和练习时,尽管他的态度那么温柔,她还是被吓得魂不附体,根本忍受不了令他失望的可能性,这种状况是自然而然的事情。面对这位老师,玛丽莲对失败的恐惧变得越来越神经质,她唯恐将自己和其他人置于尴尬的境地,这种恐惧也变得越来越令人无法理解,她产生了一种几乎有些疯狂的渴望,就像艾达·博朗代原先对她提出的强烈要求那样,她想让一切都完美无缺。

奇怪的是,玛丽莲坚定的决心产生了一些可悲的副作用。娜塔莎对完美坚持不懈的追求已经将玛丽莲原本自然的谈吐改造成了做作夸张的咬字发音风格,契诃夫的课程更是令她担心自己呈现在外人面前的形象不尽如人意。契诃夫叫她读一读梅布尔·埃尔斯沃思·托德[1]庞杂深奥的著作《思考的身体》,她花了好几年的时间试图搞明白托德针对解剖、心理和情感这三者内在关系提出的学说和理论,但最终还是感到自己的学识不足以理解书中怪异的语言(在她前后的很多读

---

[1] 梅布尔·埃尔斯沃思·托德(1880—1956),以创造了强调身体教育"意动法"而著名,在1930年代受到舞蹈演员和保健工作者的欢迎。她于1937年出版的《思考的身体》一书被众多当代舞蹈学校当作关于人体运动生理机能和心理机能的经典读本。

者也都如此）。

这就是玛丽莲·梦露在生活和事业上面临的一个最令人同情的悖论，用来帮助她增强自信心的专业手段起到了反作用。面对角色扮演的工作，她始终无法充分掌握科学的分析方法，她也无法达到别人在智力方面为她设定的标准。但是，玛丽莲那么温顺迷人、打动人心，而且对一点一滴获得的教育和知识都心存感激，因此每一个对她有影响力的人都趁机控制了她，无论他们的出发点有多么积极。她越是努力，就越发感到畏惧，而不是变得更加大胆。

要求完成的作业促使玛丽莲在表演时变得更加拘谨、更加不自在，甚至让她陷入了一种瘫痪状态。她不会从自己的身上寻找角色，她只会在老师的催促下在角色的身上寻找自己，通过这种表演方法她又陷入了原先那个没有安全感的贫乏的世界。每一次表演都增强了她的恐惧感，她成了一个充满焦虑的表演者，坚信自己根本无法令老师和导演感到满意——一个上班前吃了早饭开拍前必然会呕吐的女人。*

值得称道的是，凭借着一批那么平庸的剧作，玛丽莲还是获得了那么大的成就。她还是设法找到了勇气，从一个毫无经验的新秀成长为一名合格的女演员，最终变成了一位炉火纯青的专家，擅长于碧莉·伯克与艾娜·克莱尔式的轻喜剧。但是，由于各种因素的限制——电影公司制、分派给她的角色、往往出于好意但是过于不切实际的顾问们，她脆弱的情感，最后还有羸弱的身体——玛丽莲一直没有多少机会。首先，最直接的结果就是她养成了可悲的迟到恶习，最终这个习惯变成了她的顽疾。

例如，7月接受记者罗伯特·卡恩采访时，玛丽莲就迟到了一个多小时，当时卡恩要为她撰写一篇全面报道，这将是第一篇刊登在国家级杂志上的玛丽莲·梦露专题报道（最终，文章发表在了1951年9月8日出版的《科里尔》杂志上）。卡恩在文章中写道："她格外重视如何展现出自己最佳状态的问题，会在

---

* 根据记者洛拉·帕森斯所述，有几次以嘉宾身份参加她的广播节目时，玛丽莲在即将开始播音的时候呕吐了——这无疑是紧张之下产生的反应，而不是她对帕森斯这档节目的态度［参见洛拉·O.帕森斯，《告诉洛拉》（纽约：帕特南出版社，1961），p.225］。

梳妆台前花上好几个小时。她总是迟到，无论提前多久接到通知。'马上就来'这句话所指的时间从二十分钟到两小时不等。"[XXXI]尽管有这样的评价，这篇文章还是出人意料地对玛丽莲盛赞了一番，而且不乏见地，之所以会出现这样的结果还得归功于福克斯公司的公关哈里·布兰德，他对卡恩略微施加了一些压力。

卡恩全盘接受了福克斯公司以及这位女演员本人兜售给他的各种言过其实的说法，为玛丽莲神话形成并发展成不可撼动的"事实"推波助澜。当时，布兰德告诉卡恩："她是继秀兰·邓波儿和贝蒂·葛莱宝之后，我们公司最大牌的明星。"*[XXXII] 他还讲述了公关部职员们根据一定事实加工出来的一些故事，他们时不时地就会镇定自若地向媒体透露这些故事，以便巩固公众对福克斯公司明星们的兴趣。"对于邓波儿，每年我们都要放出二十条有关她遭到绑架的消息；对于葛莱宝，每年我们要放出二十条有关她遭到强奸的消息；至于梦露，每年我们都要放出二十条有关她遭到强奸并被绑架的消息。"

玛丽莲和布兰德（后来还有作家本·赫克特）制造了颇富戏剧性的玛丽莲神话的过程中，西德尼·斯科尔斯基也出了一份力，据他所述，真相平淡无奇。多年后，提到玛丽莲神话时他罕见地摆出了一副有所保留的态度："对于她度过了一个凄凉童年的说法有多少成分是千真万确的，真的没法说。

> 她并不像自己一直宣称的那样是一个无家可归可怜兮兮的孩子。我第一次见到她那会儿，她应该经历过三个寄养家庭了。随着时间的推移，这个数字变成了五个、八个、十个，因为她清楚这是一个很好的卖点。[XXXIII]

正如斯科尔斯基所了解的那样，玛丽莲不知道自己是谁，但是她知道自己应该成为什么样的人。她清楚精彩的电影故事都需要具备哪些元素，她觉得自己的人生履历也应该具备一部精彩影片拥有的那些元素。就在接下来的一年里，她的愿望逐渐变成了一种文学创作练习，她提供了素材，斯科尔斯基与赫克特完成了叙述。

卡恩以近似于电影脚本的细腻笔触描述了玛丽莲在福克斯公司一场宴席上展现出的惊艳外貌，并且提到她就坐在斯派罗斯·斯库拉斯右边。文章自然也提

---

* 这种说法当然符合事实，但是这实际上是扎努克低估玛丽莲的时候说过的话。

到了她的各项身体数据（身高：5英尺5英寸；体重：118英镑；三围：37—23—34英寸），接着卡恩就讲述了一番她的童年，并且含蓄地表示观众们多么渴望看到她经常露露面。

在《夜阑人未静》和《彗星美人》公映以来，影迷们的来信不断地向福克斯电影公司涌来，公司每个星期都能收到两三千封写给玛丽莲的信，比苏珊·海华德、琳达·达内尔、贝蒂·葛莱宝、琼·哈弗、泰隆·鲍华和格利高里·派克收到的信都多。自1月以来，公司的新闻部已经给各家报社寄出了三千多张她的照片。军方报纸《星条旗报》将她称为"1951年度性感小姐"，在朝鲜的军人将她的海报招贴画视为最好的墙纸。正如玛丽莲在逝世前几个星期说过的那样，"公司没有把我打造成明星。如果说我的确是一个明星的话，那也是人民把我打造出来的。"[XXXIV]卡恩在文章中还写道："同著名的前辈珍·哈露一样，玛丽莲的名字很快就将成为好莱坞对性感的最新定义……['福克斯'的管理层]都希望他们能够拥有又一个哈露。"[XXXV]造访了玛丽莲的公寓后，卡恩又补充道：这位白金色头发美女对文学具有真正的（而不是公司虚构的）兴趣，在她的书架上他看到了惠特曼、里尔克、托尔斯泰、桑德堡和阿瑟·米勒的著作，书页间露出了一张张书签和便笺纸。

与此同时，鲁伯特·艾伦也为一篇类似（但是非常简短）的报道做着最后的润色，这篇文章发表在了《看》杂志上。他也提到参加公司试镜的时候，

> 她姗姗来迟，比既定的时间晚了一个钟头，然后又去补妆、换衣服。所有的工作都被推迟，直到她终于能够集中精力开始表演，尽管如此，她还是紧张得像只猫。玛丽莲始终不会对自己感到满意。一种新产生的自我意识支配着她，一拿起小镜子，她就会看到一大堆必须掩盖的缺点。[XXXVI]

艾伦的文章大获成功。他和同事们配发了14张玛丽莲的照片（读书、举重、慢跑、为电影拍摄剧照时的照片），他还宣称她是"自拉娜·特纳之后所有金发美女中最有明星潜质的一位女演员"。[XXXVII]在一个星期后发表的专栏文章中，斯科尔斯基继续将玛丽莲同拉娜·特纳相提并论，他还说玛丽莲同时还具有琼·克劳馥的头脑和社会影响力。（这番盛赞最多也只能说是含糊其词，毕竟克劳馥连五年级都没有读完，最多只是假装自己很有所谓的"街头智慧"而已，而

且在大部分人眼中她只是一个令人生畏的女演员，并不惹人喜爱。*）

这一年的夏天，玛丽莲又在影片《让我们光明正大地结婚吧》中亮相了。玛丽莲有可能会认为这部影片很倒霉，尽管影片以喜剧的形式出现，但是可以说这是她在职业生涯中参演的最无趣、最一本正经的一部影片。她饰演的金发拜金女郎完全就是一个多余的角色，她的出场时间很短，总共不到两分钟，但是在片头字幕之后的演职员表中她的名字被排在了第三位。福克斯公司的另一位演员，在影片中饰演了一个配角的罗伯特·瓦格纳后来说过："对玛丽莲来说，所有的结果都来之不易。她花了很长时间和很大的努力才创造出了这个如此出名的形象。"XXXVIII 在《让我们光明正大地结婚吧》中，她也付出了很大的努力，但是没有产生多少效果。

这部影片的编剧F. 休·赫伯特和I. A. L. 戴蒙德都喜欢玛丽莲，他们必须为她安排一个角色，他们也乐于这样做。就这样，前者为她设计了一个角色，后者撰写剧本时又对她的个人经历格外关注。影片中的另一个角色先是说她饰演的这个姑娘"赢了一场选美比赛、成了'库卡蒙加小姐'，还成了签约的模特。她来这儿[洛杉矶]是为了拍性感照片，试图改善自己的生活"，她在高尔夫球场上主动追求了一个英俊的富豪——这个角色带有约翰·卡罗尔的影子——从而实现了自己改善生活的目标。在影片中出现的最后几秒里，玛丽莲的形象只是约瑟夫·申科的宴会客人，这段戏的场景是一个男人举办的牌局聚会，玛丽莲饰演的这位野心勃勃的模特倒着酒，赢了牌，讨好着权贵们。在两场戏中，她都穿着福克斯公司最暴露的服装，她的角色只是剧中的一个点缀，但是她成为了这部喜剧唯一的亮点。影评家们也同意这种看法，其中大部分人都认为这部戏"很平庸"，只有玛丽莲"能够引人发笑"。XXXIX

玛丽莲接下来拍摄的影片（她在1951年里参演的第4部影片）也毫无新意，

---

* 玛丽莲登上了《快》杂志（1951年11月19日）的封面，这篇报道为她安上了"新珍·哈露"的头衔。当年12月出版的《焦点》也是如此，并且还说玛丽莲和特纳、葛莱宝和海华丝等人实力相当。

影片改编自克利福德·奥德茨的剧本《夜间冲突》,导演是令人生畏的德国移民弗里茨·朗。这部影片是雷电华电影公司出品的,玛丽莲被福克斯公司出借给了这家公司,因为公司暂时没有为她安排工作。《夜间冲突》的故事背景是加利福尼亚州蒙特雷市的渔夫和罐头食品厂,影片讲述了一位不幸的已婚妇女(芭芭拉·斯坦威克饰)的故事,在同一名电影放映员(罗伯特·瑞安饰)发生婚外情之后,她又回到了渔夫丈夫(保罗·道格拉斯饰)的身边。玛丽莲饰演的是沙丁鱼罐头包装工佩吉,同斯坦威克的弟弟(基斯·安德斯饰)订了婚。

这部影片的制片人杰里·沃尔德给西德尼·斯科尔斯基写过一封信,在信中表达了自己的谢意。据他所述,玛丽莲之所以能够得到这个角色只是因为斯科尔斯基竭力为她说好话,甚至到了疯狂地要挟对方的地步。沃尔德对他的"恫吓"将永远心存感激,因为吸引观众去电影院观看这部严肃静态的影片的正是玛丽莲本人,她的表演为这次令人生厌的拍摄注入了活力。

取得这样的成功并不是一件容易的事情,对于玛丽莲和她的同事们来说,这部影片的拍摄过程非常艰难。西德尼·斯科尔斯基与娜塔莎·莱特斯都清楚地记得,一开始玛丽莲在拍摄过程中非常紧张——就像在广播节目中一样——几乎每场戏开拍之前她都会呕吐,她的手上和脸上还出现了一块块红斑。完全是靠着坚定的决心,她才能够走到镜头前。走向片场的时候,她一遍又一遍地小声对自己的戏剧指导说道:"多想想我的优点吧。"[XL]就这样惶恐不安、哆哆嗦嗦地参加了拍摄。在《夜间冲突》剧组负责服装的玛乔里·普莱彻(后来成为艾伦·斯奈德夫人)还记得玛丽莲对完美的追求导致很多人都觉得她是一个很难相处的人。"一切都得这样,不只是她的表演,她的服装和道具也得这样。她觉得给她的角色准备的用人造珠宝做的订婚戒指不合适,她喜欢的是我的戒指,所以在影片中她戴的就是我的戒指。"[XLI]

玛丽莲十分需要别人的友善。可是,导演弗里茨·朗一向不太能忍受演员们的各种小癖好(哪怕是意志薄弱或者默默无闻的演员),提起这位年轻的联合主演他只是简单地说她"来摄影棚的时候吓得要死,总是迟到,记不住台词,拖慢拍摄进度绝对有她的责任"。[XLII]朗尤其反感娜塔莎的干预,后者每天都会出现在拍摄现场和公司里。据娜塔莎所述:"为了我能待在那里,她跟朗发生了争执。我如影随形地跟着她,一整天都在她那间小小的化妆间里忙碌着。她太紧

张，把很多台词都忘记了，结果朗就把她当成了一个疯子。"[XLIII]

但是，芭芭拉·斯坦威克对玛丽莲表现得格外友善。这位女演员已经功成名就，乐于耐心地对待一位被渲染成有潜力成为大明星但是焦虑不安的新手。据她所述，玛丽莲"没有纪律观念，总是迟到，但是她具有一种魔力，所有人一眼就看出了这一点"。[XLIV]当各家媒体的记者以及其他人来片场观看《夜间冲突》的拍摄时，玛丽莲就是众人瞩目的焦点。朗还记得自己不止一次听到有人说"我们不想[跟斯坦威克或者那两位男主演]谈话。我们想跟那个乳房丰满的姑娘聊一聊"。[XLV]玛丽莲依然为自己的身体感到骄傲，但是她很反感媒体只想给她拍照片，只想打听有关她的私生活和各位男友的充满刺激的轶事，她很想谈一谈自己的事业，但是记者们根本不愿提起这个话题，就好像这无关紧要。罗伯特·瑞安说过记者们这种态度令玛丽莲感到沮丧，让她担心自己这个严肃的新手在电影这条路上肯定走不了多远。

《夜间冲突》于1952年公映，玛丽莲因此得到了一些积极的关注。为《纽约世界电讯太阳报》撰稿的阿尔顿·库克就表示她在这部影片中的表现值得称道："一位能够打动人的女演员，一位有颇有天分的新星，值得媒体对她进行大肆宣传。她饰演的角色戏份不多，但是她让这个角色在影片中占据了举足轻重的位置。"[XLVI]玛丽莲的确实现了这样的效果，她为佩吉不多的几场戏赋予了一种强硬的情色意味和扭曲的受虐色彩——当她的未婚夫掐着她的脖子威胁她（并不完全是在开玩笑），她一拳揣在了他的下巴上。这个举动令对方和观众对这位一向温顺的性感女人有了新的认识。

* * *

1951年尚未过去，玛丽又回到了自己的公司。电影参展商们看了弗里茨·朗的样片，随即在福克斯公司里人们就开始议论纷纷，大家都说公司出借的这位演员不应该被如此轻视，也不应该偶尔才被起用一次。在纽约的办公室，股东们质问斯派罗斯·斯库拉斯公司何时才能为玛丽莲安排一部新影片，斯库拉斯又将这个问题丢给扎努克。公司终于必须直面这个问题了。

事实上，福克斯公司有一部现成的剧本。剧本根据美国作家夏洛特·阿姆斯特朗的一部恐怖小说改编而成，讲述的是一个心理不稳定的年轻女子的故事，战争期间她的爱人由于飞机失事身亡了。在精神病院住了几年后，这名女子出院了，一家饭店雇佣了她照看孩子。在酒店里，她再一次被推向精神失常的边缘，她幻想一位善于利用人、举止粗鲁的酒店客人（理查德·韦德马克饰）就是她死去的爱人，对方使劲地利用着她，这个女孩很快就失控了，将自己和自己照看的孩子都置于险境。

这是玛丽莲·梦露第一次在严肃的故事片中扮演主角。*犹豫了很长时间之后，福克斯公司最终为影片定名为《无需敲门》，这部影片证明玛丽莲有能力扮演并且取得不俗效果的角色不只有漂亮的配角。她的确做到了，尽管剧本充满陈词滥调，制作成本低得肯定创下了好莱坞的新纪录，而且导演甚至比弗里茨·朗对她更不屑一顾（英国人罗伊·贝克，他不是喝着浓茶，就是大吼大叫地下达着令人费解的指令）。

扎努克要求在正式确定演员人选之前先进行一次试镜。那天夜里，玛丽莲事先没有打招呼就突然来到戏剧指导的家里，她上气不接下气地说："娜塔莎，我很害怕。"[XLVII]玛丽莲激起了娜塔莎对她一贯的矛盾情绪，既渴望又畏惧，她完全依赖于娜塔莎的耐心，两个人整整忙活了两天两夜，中间只短暂地休息了几次。"我觉得她还没有做好接受如此艰巨角色的准备，不过她完成了一次出色的试镜，以至于扎努克在给她的信中只能将她盛赞了一番。"[XLVIII]玛丽莲在影片中的表演更是不俗。影片拍摄的进度很快，而且一气呵成。尽管玛丽莲提出了抗议，贝克还是将每场戏拍的第一条片子都冲印出来，因此在1952年初拍摄完成的《无需敲门》呈现了玛丽莲令人惊讶的即兴表演。娜塔莎还说过："实际上，我的贡献少之又少。她对整个拍摄计划都感到畏惧，但是她非常清楚这个角色需要什么、怎样做才能满足这些需要。我只是努力帮她提高自信心而已。"

从影片中的初次亮相——走进纽约一家饭店的旋转门——玛丽莲表现的内尔·福布斯始终如同一只胆怯的雌鹿，没有自信，也不清楚自己属于哪个社会阶层。穿着一条纯灰色的裙子、黑色的开襟羊毛衫，头上戴着配套的苏格兰圆扁

---

* 《热女郎》是所谓的B级片（低成本影片），1951年这部影片已经彻底被人们遗忘了。

帽，飘忽的眼神和举手投足都透露出一种错位的感觉，仿佛她是一个在战争年代失去了双亲的孤儿，或者是背井离乡的孩子。她浑身上下都显得很柔和，头发几乎没有梳理过，脸上只带了一点点妆容——这个女人毫无迷人之处，她的美就如同被弄脏的瓷器一样。

在照顾小女孩的酒店套房里，她给自己的身上喷了一些香水，然后又试着戴上雇主的耳环和手镯。凝望着镜子，她缓缓地露出笑容，可是飞机的噪声将她吸引到窗户跟前，这时她的神色从喜悦变成了恐惧，她望着窗外，一滴眼泪顺颊而下，完全沉浸在模糊的回忆中。在这些特写镜头里，玛丽莲的一举一动都稳稳当当，两只手和双肩摆放的位置恰当地表现出忧虑和期望这两种情绪，比如韦德马克从饭店院子另一头望着她的大远景镜头。

事实上，玛丽莲的表演自始至终没有出现犹豫不决的迹象。在影片中，她坚定地认为韦德马克就是她一直哀悼的未婚夫，她凝视着他的眼神传达出强烈又温柔地哀求对方庇护她的心思，精心修饰过的措辞令一段长长的道白打动人心、令人怜悯。"你想要我怎样都行，我属于你。你不觉得吗，要是你任由别人离你而去，你就会迷失自己——都不知道该走向何方了，也找不到能够代替他们的人？"她用嘶哑的声音轻轻说道，几乎都要哽咽了。

玛丽莲没有将内尔表现成一个典型的疯女人，而是清晰地显示出她出现的症状是城市生活里一种更宽泛的精神失常，代表着支离破碎的人格，在影片中的酒店里这种形象随处可见。当她在这一年冬天说出自己的台词时（"读高中的时候，我连一条属于自己的漂亮裙子都没有"），她或许想起了自己的少女时代；提到内尔在俄勒冈的精神病院里有多么孤独时，她的脑海中或许浮现出了自己去波特兰探望格拉迪斯的情形。她的表演非常深刻，又极其细微，从而充分刻画出了内尔这个人物——一个精神受到战争摧残的女性，由于失去了爱人而精神崩溃，这个女人试图自杀，但是又强烈渴望找到一个活下去的理由。在自己的最后一场戏中，她被包围在一群酒店客人的中间，在他们的注视下，她就如同一头受到惊吓的野兽；被带走时她伤感地瞟了韦德马克一眼，这时后者已经同疏远了一段时间的女朋友（安妮·班克罗夫特饰）和好了，她说："人们就应该相亲相爱。"她为这句台词赋予了祈祷般的敬意。她在微妙的戏剧表演方面的天赋再也不可能受到质疑了。影片于当年夏天公映，行业报纸《电影先驱报》盛赞玛丽莲正是"参展商们一直寻找的那种新一代巨星",《综艺》宣称玛丽莲是"百分之百的摇钱树",[XLIX]纽约的《每日镜报》更是表示她"充分把握住了自己的角色"。

多年后,理查德·韦德马克说过:"我们一度费了很大的劲儿说服她走出化妆间来到拍摄现场。一开始,我们都以为她什么都做不好,我们嘟囔着'唉,根本不可能——这条可没法冲印出来!'[L]然而,从一个个镜头到最后的电影,这中间发生了奇迹,看着样片,我们发现她让我们所有人都在银幕上消失了!"安妮·班克罗夫特、吉姆·巴克斯和其他人也同样对玛丽莲的表演充满了热情。

面对同事们的赞扬,玛丽莲茫然无措,同时又很谦虚——自己的表演原本应该比目前的出色得多——她的谦虚是发自内心的。受到玛丽莲信赖的美联社记者艾琳·莫斯比对她表示了祝贺,也安慰了她一番,她只告诉对方:"现在,我要努力发现自我了,成为一名好演员,一个好人。有时候,我感到自己的内心很强大,但是我必须深入进去,将我的内心拉上来。这不是一件容易的事情。没有什么事情是容易的。可是,你还是得走下去。"然后,她又补充了一句:"我不喜欢谈论自己的过去,那都是些不愉快的经历,我在努力忘记那段经历。"[LI]跟随迈克尔·契诃夫与娜塔莎·莱特斯学习表演,为自己创造一副新形象,饰演内尔·福布斯这种高难度高标准的角色,通过这些方式她就能够逃离自己那些不幸的经历。然而,成为"一个好人"指的是她渴望成为一个全新的人,一个跟从前不一样的人。在1952年,她对这个愿望已经发展到了痴迷的地步,福克斯公司的公关人员极其乐于配合她的这种想法。

玛丽莲对自己的历史讳莫如深,但是她始终无法忘记最辛酸的事实——身份不详的父亲,陌生的母亲。从1952年的新年伊始,她就为一个名叫"伊内兹·梅尔森"的女人制订了一套计划,她让梅尔森担任自己的业务经理,同时也充当格拉迪斯的监管人。玛丽莲从自己的收入抽出固定的一笔钱,将这笔钱用于照顾母亲,梅尔森每个月都要去医院看望格拉迪斯几次,无论她住在哪一所州立医院里。母女俩已经有5年没有见过面了,也没有通过电话或者书信。更重要的是,玛丽莲从未提起过格拉迪斯,福克斯公司的公关人员长期以来一直按照她的说法告诉外界这位女演员是一个孤儿。因此,目前格拉迪斯·门罗仍旧处于女儿记忆的边缘,只是一个模模糊糊的形象,是令女儿感到耻辱的潜在因素,玛丽莲只会悄悄地帮助她。

在1952年,格拉迪斯至少换过三个住址,位于西好莱坞希尔代尔大道和两条街之外的多希尼街上的两套配有家具的公寓,接着又住进了贝莱尔酒店一套舒适的套房,这家酒店坐落在质朴偏僻的石头峡谷。这时,玛丽莲又一如既往地像一叶浮萍一样,觉得自己不属于任何人,所以,她的目标是让自己属于所有人,但是她没有向别人透露过(或许也不承认)这个目标。

玛丽莲永远不缺少父母的替代品,在1952年娜塔莎·莱特斯与迈克尔·契诃夫完美地扮演了这两个角色。从这一点而言,玛丽莲显然有基础重新产生在电影《卡拉马佐夫兄弟》中饰演格露莘卡这个角色的渴望,这么一来她就可以变成这对充满异国情调的俄罗斯"夫妇"的俄罗斯养女了。娜塔莎与契诃夫都坚信这种可能性是存在的。阿瑟·米勒也是如此,玛丽莲给他写了信,他在回信中写道:自大学时代以来自己一直"对《卡拉马佐夫兄弟》丰富饱满的程度叹服不已"。[LII]

然而,玛丽莲有时候又很倔强,毫无合作精神,赴约时常常出于私人理由迟到,将别人的慷慨当作天经地义的事情。契诃夫告诉玛丽莲她的迟到扰乱了他的时间表,也许他们应当将辅导课暂停一段时间。结果,契诃夫收到了一封不容反驳的信:

> 亲爱的契诃夫先生:
> 请您暂时不要放弃我——我知道(很心痛地知道)我在考验您的耐心。
> 我极度需要工作和您的友情。不久我会致电给您的。
> 爱您的,
>
> 玛丽莲·梦露[LIII]

契诃夫当即就被说服了。

至于娜塔莎,她对玛丽莲的感情始终很不稳定。玛丽莲想当她的门徒、女儿,总体而言她想成为娜塔莎生命中最重要的人,但是一切只能由她来决定,而且她对娜塔莎的痛苦完全视而不见,尽管她肯定清楚自己的做法给老师带来了多少痛苦。娜塔莎之所以忍受这一切除了考虑到收入和影响力这两个因素之外,还有一个原因就是她仍旧爱着这个受过创伤但是越来越老练的学生。

在《无需敲门》之后，扎努克又安排玛丽莲饰演了两个难度不大、纯属点缀的角色。第一个角色是《妙药春情》中身材曼妙、头脑迟钝的金发秘书，在影片中加里·格兰特扮演的科学家发明了一种返老还童的神药。接着，玛丽莲又在《我们没有结婚！》中出现了5分钟，她饰演的是一位妻子及母亲，这个女人参加了一场"密西西比夫人"选美大赛并且获得胜利，却发现自己的婚姻严格说来并不合法，她完全可以将自己称作"小姐"。据影片的编剧南纳利·约翰逊所述，之所以设计这么一个角色只是为了让玛丽莲穿两套泳装亮相于观众面前。[LIV]

在拍摄《妙药春情》的时候，为玛丽莲化妆的依然是艾伦·斯奈德，他认同影片导演霍华德·霍克斯的说法。霍克斯认为很少有女演员会显得如此害怕来到片场。霍克斯说，其实玛丽莲终于来到片场之后，摄影机就很喜欢她。他还说"她占据的位置越重要，她的恐惧感就越强……她不相信自己的能力"，[LV]这一点很奇怪。已经跟玛丽莲合作了将近六年的斯奈德明白其中的原因——玛丽莲只是担心自己的容貌不够完美。

　　她知道化妆的所有诀窍——如何画眼线，应该用什么油、什么底色，如何选择正确的唇色。她看上去当然棒极了，可是这一切全都是幻觉——没有化妆的她非常漂亮，但是很普通，她清楚这一点。

由于一场危机的出现，《妙药春情》的拍摄和《我们没有结婚！》的前期准备工作都一度中断过。1952年3月1日，埃利奥特·考戴医生断定玛丽莲长时间的腹痛和发烧是阑尾炎造成的。玛丽莲恳求考戴推迟手术时间，她在黎巴嫩雪松医院躺了几天，抗生素消除了炎症。最终，玛丽莲还是没有接受手术，一个星期后她便恢复了工作。

玛丽莲对考戴医生的请求并不表示她一心扑在了《妙药春情》和《我们没有结婚！》的拍摄工作上，这两部影片她都可以轻易放手。相反，她这么做只是出于完全私人的理由。2月初她被介绍给了一位世界著名棒球手，到了那个月底他们两个人已经开始持续约会了。当一位怀疑《妙药春情》无法继续拍下去的记者向她打听情况时，她告诉对方："但是我们没有结婚！"[LVI]

第十章　1951年1月—1952年3月

注　释

I JWP/NL 2，p.16。

II 同上。

III 引自《玛丽莲·梦露的回忆》,《花花公子》,第11卷,第1期（1964年1月）：191。

IV 引自卡赞的著作,p.404。

V 同上。

VI 同上,p.403。

VII 同上,p.404。

VIII 同上,pp.404—405。

IX 卡赞,p.415。

X 她在一生中多次说过这种话,此处提到的引自彼得·马丁,《新的玛丽莲·梦露》,《星期六晚邮报》,1956年5月5日,p.150。

XI 阿瑟·米勒,《时移世变》（纽约：格罗夫出版社,1987）,p.303。

XII 从好莱坞收回自己的剧本而不是修改故事背景之后,米勒收到了哈里·科恩发来的一封电报,他在电报中抱怨道："我们在努力为剧本增强支持美国的色彩,你却退出了"（见米勒,p.308）。这时,对方已经开始着手为阿瑟·米勒安上反美倾向的荒谬罪名了。

XIII 米勒,p.306。

XIV 同上。

XV 同上,p.307,p.327。

XVI JWP/NL 1,p.9。

XVII 阿瑟·米勒,引自詹姆斯·卡普兰的《米勒的十字路口》一文中,《名利场》,第54卷,第11期（1991年11月）：241。

XVIII 玛丽莲·梦露写给阿瑟·米勒的信,1951年3月9日,她保留了一份副本（MG2 III，3）。

XIX 阿瑟·米勒写给玛丽莲·梦露的信,1951年3月13日,引自弗雷德·劳伦斯·吉莱斯,《传奇——玛丽莲·梦露的一生和死亡》（纽约：斯坦和戴伊出版社,1984）,p.173。

XX 卡赞,p.427。

XXI 西德尼·斯科尔斯基,《好莱坞是我的地盘》,《好莱坞市民新闻》,1951年5月2日。

XXII 引自罗伯特·卡恩的《1951年度模范金发美人》一文,《科里尔》,1951年9月8日,p.50。

XXIII 琼·哈弗，引自《玛丽莲·梦露的回忆》，《花花公子》，第11卷，第1期（1964年1月）：190。

XXIV 杰克·帕尔，在电视节目《唐纳休脱口秀》中，1983年5月5日。

XXV 埃兹拉·古德曼发表在《洛杉矶每日新闻》上的文章，1951年6月6日。

XXVI 《纽约时报》，1951年8月3日，p.10。

XXVII 他在自己著作的第一章就提到了这段话。参见迈克尔·契诃夫，《致演员——表演的技术》（纽约：哈珀与罗出版社，1953），p.1。

XXXVIII 契诃夫，p.6。

XXIX 同上。

XXX 契诃夫，pp.163—166。

XXXI 卡恩，前文引述的文章。

XXXII 引自古德曼德的著作，p.234。

XXXIII 斯科尔斯基，p.220。

XXXIV 理查德·梅里曼，《与一个孤独女孩的最后一次长谈》，《生活》，第53卷，第7期（1962年8月17日）：33。

XXXV 卡恩，前文引述的文章。

XXXVI 鲁伯特·艾伦向唐纳德·斯波托讲述，1991年8月1日。

XXXVII 鲁伯特·艾伦，《玛丽莲·梦露……有演技的严肃的金发美人》，《看》，第15卷（1951年10月23日）：40。

XXXVIII 罗伯特·瓦格纳，引自1988年拍摄的电视纪录片《追忆玛丽莲》，由李·雷米克叙述；导演：安德鲁·索尔特；韦斯特伦录影公司／图像娱乐镭射影碟公司。

XXXIX 例如，旺达·黑尔发表在《纽约每日新闻》（1951年11月7日）上的文章。

XL 例如，西德尼·斯科尔斯基，p.216；又见苏珊·斯特拉斯伯格向唐纳德·斯波托讲述，1992年8月29日。

XLI 玛乔里·普莱彻·斯奈德向唐纳德·斯波托讲述，1992年5月2日。

XLII 引自彼得·博格丹诺维奇所著的《弗里茨·朗在美国》（纽约：普雷格出版社，1967）一书，p.81。

XLIII JWP/NL1，p.20。

XLIV 引自艾拉·史密斯所著的《星辉闪耀的芭芭拉·斯坦威克小姐主演》（纽约：皇冠出版社，1985）一书，p.233。

XLV 博格丹诺维奇，p.82。

XLVI 阿尔顿·库克，《纽约世界电讯太阳报》，1952年6月20日。

XLVII JWP/NL1，p.15。

XLVIII 同上。

XLIX 《综艺》，1952年8月13。

L 引自《好莱坞电影公司杂志》，第20卷，第8期（1987年8月）：35。

LI 艾琳·莫斯比，《女演员心碎的记忆》，《洛杉矶每日新闻》，1952年1月7日。

LII 米勒向《当代人物志》的编辑们讲述，1973，p.297。

LIII 副本，收录于MG2 III，4，p.2。

LIV 有关南纳利·约翰逊对玛丽莲·梦露的追忆，参见汤姆·斯坦普尔，《编剧家——南纳利·约翰逊的一生和他的时代》（圣迭戈：A.S.巴恩斯出版社，1980），pp.168—174。

LV 霍华德·霍克斯，引自帕梅拉·特雷斯科特所著的《加里·格兰特的影片和他的一生》（华盛顿：卫城出版社，1987）一书，p.144。

LVI 玛丽莲·梦露向莫特·杰林讲述，《洛杉矶每日新闻》，1952年2月26日。

第十一章　1952年3—12月

　　1952年初遇见乔·迪马吉奥的时候，玛丽莲·梦露25岁，对方37岁。尽管内心充满了矛盾的想法，恐惧感也始终如影随形，玛丽莲还是逐渐成长为好莱坞历史上最有名的明星，而这时迪马吉奥已经退役了。

　　约瑟夫·保罗·迪马吉奥1914年11月25日出生在一个来自西西里的移民家庭里，在九个孩子中排行第八，也是五个男孩中的老四。一年后，全家人移居到了旧金山，在这里朱塞佩·迪马吉奥用来养家糊口的捕蟹生意有着更好的前景，他的捕捞船"罗莎丽"号（以妻子的名字命名）就停泊在旧金山东北部的北滩。[1]

　　年幼的乔（约瑟夫的昵称）生长在一个严格的天主教家庭里，纪律、谦逊和牺牲都是理所当然应当遵守的原则，迪马吉奥家的孩子们要做的事情仅限于关心家人、完成作业、参加圣彼得教堂和圣保罗教堂的布道。父母一直教导乔礼貌和脚踏实地的工作有多么重要，但是也会反复提醒他不要被任何人占了便宜。当迪马吉奥一家人进入美国主流社会的时候，任何人都不可能认为他们没有资格。

　　乔的脚踝先天就存在缺陷，医生无法查明原因究竟是什么，为了矫正脚踝，在6岁至8岁的三年里乔不得不戴上一副笨重的支架。乔原本就是一个孤僻的孩子，而这三年的时光更是强化了他的这种性格，同时也让他更加坚定了自己的决心——在身体方面超过别人。摘掉支架后，乔很快就同三哥文森特和唯一的弟弟多米尼克一起打起了棒球，当时兄弟三人已经谈到了成为职业棒球手的事情。

---

[1] 北滩是旧金山东北部的一个街区，毗邻唐人街和渔人码头，号称旧金山的"小意大利"，因为意大利裔移民曾经占该地区人口的大多数。

最终，他们都实现了自己的目标。

同许多来自移民家庭的孩子一样，乔也被父母灌输了对自己的根——西西里文化传统——的自豪，但是这个传统也令他感到有些害臊，他渴望成为一个地地道道、事业有成的美国人。玛丽莲·梦露也一直对自己早年的历史感到难为情，努力消除着那段经历带给自己的影响，这种心态成为联结她和乔的一条纽带。在青春期，他们两个人都很腼腆，同时又颇有吸引力，在异性面前很矜持，但是显然都很喜欢得到异性的注视和恭维。乔喜欢的是棒球，在14岁那一年就帮着少年俱乐部赢得了一场锦标赛。

到了16岁，乔的身高已经达到了6英尺1英寸（即成年后的身高，1.85米），他身材瘦削（成年后他的体重从未超过190磅，即86千克），但是很结实，天生就有一种优雅的风度。同玛丽莲一样，他在高中一年级就辍学了，不过他并不是为了结婚，他放弃学业是为了去一家橙汁灌装厂上班，帮着父母养活一大家人。到了周末，他就在公园里打棒球；在工作日的白天，只要一有空，他也去打棒球。还不到18岁他就已经靠着打棒球赚到了收入——旧金山海豹队的游击手。1935年，21岁的乔在经理及朋友"左撇子"弗朗西斯·约瑟夫·奥杜尔的指导下就已经打出了.398的安打率。[1]

次年，乔跟纽约扬基队签订了一份合同，很快他以右外野手的身份跻身球队的全明星阵容，也是25年来球队宣传力度最大的新球员。他的薪水高达1.5万美元，他拿出其中的一大笔钱让全家人搬进了海滩路一幢舒适的房子。他还投资在渔人码头开了一家海鲜餐馆"乔·迪马吉奥岩洞"，自己也穿起了昂贵的衣服，开上了"凯迪拉克"，出现在旧金山和纽约时身边总陪伴着漂亮的歌舞女郎。年满22岁的乔·迪马吉奥已经成了来自民间的英雄，此时正深陷于经济大萧条的美国极度需要偶像和典范人物。乔受到男人们的仰慕、少年们的崇拜，也是女人们梦寐以求的对象。这个男人身体强健、举止优雅，无论是在球场上还是球场外，他永远都是一脸的漠然，这样的表情令他显得更加吸引人，也更加令人感

---

[1] 安打指击球手将投手投出来的球击打到界内，保证自己至少安全上到一垒。安打率为选手击出的安打数除以打击次数，高于.300可称之为优秀，高于.400可称之为伟大。

到好奇。

同玛丽莲工作时的状态一样，乔打球时也是一个严肃、正直的人，受到队友们尊敬；和玛丽莲的另一个相似之处就是，他也只看重结果，似乎对付出的过程毫不在意。朋友和队友们都发现尽管棒球赋予了乔快乐，但是他似乎从来不是为了快乐而打球。对他来说，打球是一件关乎成就和尊严的事情，他是为了金钱而打球的（和玛丽莲的动机不一样）。例如，在1938年的赛季中，他迟迟没有参加比赛，因为他希望球队能开出高于2.5万美元的薪水（最终他还是接受了2.5万美元的报价）。类似的，1939年8月2日，扬基队跟底特律队打到第九局，他在距离本垒将近500英尺（152米）的地方接到了一个高飞球，这是一个十分了不起的成绩，记者们都对其赞不绝口，几乎无视扬基队输了比赛的事实。乔以一贯的态度发表了自己的看法："我可兴奋不起来。"[1]实际上，他似乎从来不为自己的好运气感到欣喜，就连被冠以美国职业棒球联盟"最有价值的球员"这一称号时——他三次获得这项殊荣——他也不会露出喜悦的神色。乔·迪马吉奥为人清高，颇有贵族气质（一些记者语），25岁的他在外形上像极了新一任教皇庇护十二世。

但是，二者有着明显的不同。1937年，乔当选为全美国最佳着装男士之一，在电影《曼哈顿旋转木马》中饰演了一个重要角色。这部影片的演员包括性格开朗的金发歌舞女郎多萝西·阿诺尔迪·奥尔森。1939年11月19日，他们结婚了。

乔告诉媒体到了冬天他们会住在旧金山，在赛季里则跟着扬基队去各地参加比赛，多萝西说自己更愿意住在洛杉矶和纽约。乔希望拥有一个居家的女人，就像他一心扑在全家人身上的母亲和几位宠爱他的姐姐，而多萝西却渴望拥有属于自己的事业。从一开始，这对夫妻就只能不断地向彼此妥协。在1940年的赛季里，乔租下了位于曼哈顿西区大道的一套顶层豪华公寓。没过多久，多萝西就开始向朋友们抱怨说大多数夜晚丈夫都会跟好朋友去体育俱乐部或者餐馆享受夜生活。直到多萝西在1941年初怀孕，乔依然觉得没有必要改变自己的这种习惯，他们的儿子小乔于10月23日出生后他也依然如此。到了1942年，这场婚姻就已经摇摇欲坠了，不过媒体上很少会出现这类事情，当时媒体关注的是远比这些事情重要得多的世界大事。

1942年，乔的安打率出现了下滑，他的表现令球迷们感到迷惑不解，他的

第十一章　1952年3—12月 | 217

妻子对他更是感到不满，最终他放弃了4.35万美元的高薪。1943年2月，乔加入了陆军航空队，被指派为体能训练指导员，工作场地就是加利福尼亚、新泽西和夏威夷的棒球场。然而，由于胃溃疡，服役的大部分时间他都是在医院度过的。

乔于1945年9月退役，这时他的妻子已经答应了离婚官司，这场诉讼没有产生丝毫的异议。次年，多萝西嫁给了纽约的一名股票经纪人。多萝西1950年再度离婚后，乔曾试图与她和解，但是休赛期间他仍旧在旧金山跟家人住在一起，一直没有嫁人的姐姐玛丽负责为他洗衣做饭、缝缝补补，照顾着他在家里的一切需要；其他时间，他就住在纽约的酒店里。回归扬基队的"快闪乔"迪马吉奥（也被昵称为"扬基快船"）孤独、犹豫，显然创造了历史纪录的10万美元高薪也没能让他提起太大的兴致。不过，他依然是球队的中坚力量，在队友中间颇有权威，还常常做出违背医嘱的事情。

乔的一部分性格似乎停留在了内敛的少年状态，自从离婚后，他和女性之间的交往基本上都很短暂，而且令他感到很不自在，他对她们的态度也比较冷淡。他对别人利用他的名声牟利的担心几乎发展到了多疑的程度，他时常抱怨说"给我打来电话的人全都是想从我这里搞到点什么"。艾伦·斯奈德后来还记得，在社交场合乔有时非常令人头疼，尤其是玛丽莲也在场的时候，表现得很粗暴，对所有人的一言一行都充满怀疑。

在纽约，乔最喜欢去的地方是"嘟嘟"伯纳德·绍尔经营的餐馆，一个专属于男性的地方，曾经有一个女人将其称为提供客饭服务的健身馆。这家餐馆里充满了大男子主义气氛，客人们在这里开着各种各样的玩笑，大部分谈话都围绕着体育运动、年轻女性和连环漫画。多年里，出没于这里的常客包括"全垒打王"贝比·鲁斯、拳王杰克·登普西、著名记者及作家达蒙·鲁尼恩和欧内斯特·海明威、专栏作家鲍勃·康西丁，以及乔治·索罗泰尔。身材矮胖、一贯话多的索罗泰尔经营着阿德尔菲剧院票务代理公司，他可以为乔搞到最好的演出票，也能够为他和迷人的歌舞女郎牵线搭桥，据说用来描述无聊演出的"dullsville"和离婚的代名词"splitsville"都是由他创造的，外界很容易认为这样的造词才能得益于他成功的个人奋斗史，因为他从布鲁克林的贫民区布朗斯维尔（Bronsville）一路走到了威彻斯特的富人区布朗克斯维尔（BronXVIlle）。"左撇子"奥杜尔与索罗泰尔都是乔的终生好友。

1949年接受足跟手术之后，乔陷入了深深的抑郁和焦虑状态中，正如自己所说，他"几乎要得精神病了"，[III]此后他就变得比以往更加沉默寡言、更不喜欢社交了，同时也更加强烈地想要证明自己的价值。在同波士顿红袜队的3场比赛中，乔打出了4次本垒打（在两支队伍此前的11次交锋中，波士顿红袜队取得了10次胜利）。《生活》杂志的文中指出"这是体育史上最感人的一次复出"，这样的表现令乔·迪马吉奥"一跃成为民族英雄……就连一辈子从来不看体育比赛的人也都开始崇拜他了"。在1950年，他打了139场比赛，在最后6个星期里他的安打率高达.370，得了114分，还创造了单场比赛打出3次本垒打的成绩。[IV]

　　然而，在1951年的夏天，不断受伤和病痛反复发作终于造成了严重后果，一名记者一语道破当时外界普遍持有的看法，他指出乔在赛场上"非常迟钝。连一个快球都拉打不到。他跑不动了，也无法完成短打"。[V][1]这一年，就在刚刚度过37岁生日的几个星期后，饱受关节炎、溃疡、投球的那只手臂肘部钙沉积、双脚脚根骨刺等症状困扰的乔·迪马吉奥退役了。两天后，即1951年12月13日，他签订了一份演出合同，将担任纽约一档电视节目的主持人，这档节目被安排在扬基队每一场比赛的前后播出。这份工作不太适合在镜头前很羞涩的他，不过他还是拿到了5万美元的报酬。此外，他还担任了各种产品的代言人，这部分收入足以保证他在余生中都可以过着富有的生活。乔对自己的钱很小心，投资了大量的项目。他是体育界的元老，在"嘟嘟"绍尔餐馆拥有一大批极其仰慕他的崇拜者，然而就连身边的人都认为他是一个"独行侠……和更衣室里的狂欢保持着距离，喜怒不形于色，从来不说其他球员的坏话，但是他的情绪很紧张，而且阴晴不定"。[VI]

　　1951年至1952年的那个冬天，乔看到了玛丽莲·梦露的一张新照片，在照片中身着超短裙式棒球服的玛丽莲摆了一个性感的姿势——瞄准目标，准备击球。看到这张照片后，乔产生了同玛丽莲见面的念头，他以为照片中的形象代表

1　拉打指挥棒幅较大、击球点距身体较远的击球方式；短打又称触击，指横握球棒轻触球的击球方式。

着玛丽莲在现实生活中的兴趣。从一位朋友那里得知这位轮廓优美的金发姑娘是一个正在迅速蹿红的电影明星后,他说没关系,自己还是想见见她。经人介绍,乔在日落大道的一家意大利餐馆认识了玛丽莲(她害得他等了两个钟头),他发现对方从来没看过棒球比赛,对体育方面的话题一无所知。而他自己又对拍电影的事情毫无兴趣,他不信任好莱坞以及伴随着好莱坞产生的崇拜文化,在他看来外界崇拜的都是虚假的魅力。

两个人之间存在的差异原本应该彻底摧毁相爱的任何一点可能性,然而他们还是产生了交谈无法产生的化学反应。玛丽莲喜欢这个安静、高大、英俊的男人,在她看来后者的欧洲大陆做派是一种十分尊重她的表现。

> 我惊讶地发现自己竟然对乔那么着迷。我原本以为自己见到的将是一个招摇的纽约运动员,结果我见到的是这个内向的家伙,他没有立即开始追求我。整整两个星期,我几乎每天晚上都要跟他一起吃饭。他把我当作一个特殊的人来对待。乔是一个非常正派的男人,他令别人也觉得自己很正派。[VII]

乔畅所欲言地给玛丽莲出着主意,玛丽莲仔仔细细地听着对方的每一句话。他坚定地认为她绝对不能沾染上好莱坞的虚假习气。她必须对记者们保持警惕。她必须尽量多赚些钱,把大部分钱都存起来。这些话,玛丽莲全都听进去了,但是比起他提建议时平静、慈爱的说话方式和他迷人的身体,这些建议就显得不太重要了。

这一年2月,一场激情似火的爱情点燃了,很快媒体就准确地注意到这两位全国曝光度最高的名人走得很近了。乔答应在《妙药春情》杀青那一天去片场探班,他兑现了诺言,但是相比玛丽莲观看平生第一场棒球赛时的态度,他显得很勉强。"乔望着玛丽莲·梦露的曲线,没完没了地评论了一番。"[VIII]西德尼·斯科尔斯基调侃道。

这种相互吸引不难理解,其中的原因不只是他们两个人在外形上都极其富有魅力。

他们两个人都很清楚自己的事业依赖于自己的身体,也都对自己的性魅力感到自豪。玛丽莲一直偏好家长式的男性,而不是单纯的花花公子,她同弗雷德·卡尔格、约翰尼·海德和伊利亚·卡赞的交往(以及对阿瑟·米勒的吸引)

都证明了这一点。她发现乔是一个强大沉默的守护者，一个愿意坚定不移、全心全意保护她、爱她的男人。同样重要的是，同乔在一起，玛丽莲就得到了更广泛的接受，接受她的人不再只有电影爱好者了，她已经上升到了同一位民族英雄交往的高度。

乔对这位演艺界的金发美女做出了回应，后者或许会扮演好贤妻良母的双重角色，自从选择多萝西成为自己的妻子以来，他一直心仪这种类型的女性，只是他基本上不曾找到过能够替代前妻的人（这一点并不令人感到奇怪）。然而，乔选择的玛丽莲却是一个声名鹊起、刚刚走上星光大道的性感女人。玛丽莲展示给公众的是一副充满诱惑力、喜欢暴露身体的形象，然而乔相信她真正的愿望是安定下来，拥有一个家，他将拥有世上最迷人的家庭主妇了。乔说过他们的结合"就像是一对出色的双打组合"。[IX]

乔和玛丽莲有着一个相同的特点，他们都极其畏惧接受爱情。乔不断态度鲜明地叮嘱她防范被别人利用的危险，玛丽莲对他的提醒立即做出了回应。从这个方面而言，他们两个人都深信自己的价值完全来源于自己在公众中间的成功。然而，从一个重要的方面而言，两个人明显的相似性并不意味着他们必然拥有美好的结局。乔的辉煌已经成为历史，现在他完全是在吃老本，而玛丽莲却尚未达到事业的巅峰。

从一开始，他们两个人之间就存在明显的差距，但是采取聪明的策略，没有什么鸿沟是填补不了的（至少看起来如此）。乔具有旧大陆的女性观，他认为女性就应该谦逊、服从丈夫，后一点是天经地义的事情。他为玛丽莲的美貌感到骄傲，也欣喜于她受到别人的崇拜和爱慕，但是后者必须同她保持适当的距离，一旦玛丽莲和其他男人出现一丝相互吸引的迹象（即使是友情），他都会被激起近乎荒谬的嫉妒。不仅如此，他还告诉玛丽莲最好的职业莫过于妻子和母亲——她何不考虑一下息影的可能性，这样他们就能组建家庭，享受属于自己的生活了？对于乔的这种建议，玛丽莲不会做出任何承诺，她只告诉他没错，养家糊口是她最美好的梦想。

乔习惯于生活在整洁的意大利家庭里，对整洁的需求几乎到了过分的程度；而玛丽莲却和很多心烦意乱忙忙碌碌的演员一样，在保持懒散的生活习惯方面堪称一个天才。从很多方面而言，乔都是一个真挚、忠诚的男人，也许在情感方面他一直压抑着自己，和自己的真实感情保持着距离；玛丽莲却常常十分活跃，变化不定。玛丽莲只能住在洛杉矶，乔更偏向旧金山。他在赚钱的事情上会花费大量的时间，而她则对这种事情不太在意。眼下，这些差异似乎都可以忽略不计。令他们的交往更加顺利的是，玛丽莲毫不费力地就和乔12岁的儿子交上了朋友，在小男孩面前她表现得活泼大方，她会鼓励小乔跟父亲一起来探望她，不过她从未产生过取代多萝西的野心。

娜塔莎的态度和玛丽莲的截然不同，这应该也是意料中事。这一年2月，玛丽莲的戏剧指导和爱人明显表现出了对彼此的反感，就像是一对竞争对手会公然流露的那种情绪。几年后，玛丽莲说过："她对我约会的男人真的很嫉妒。她以为她才是我的丈夫。" X

至于娜塔莎，后来提起往事时她说过："一天晚上，我去了她在多希尼街的公寓，那是我第一次见到他。我一下子就对他产生了反感。他看起来缄默、乏味。玛丽莲为我们做了介绍，说我是她的教练，听到这句话他无动于衷。一个星期后，我给她打了一个电话，电话是乔接的：'我想，要是你想找梦露小姐的话'——梦露小姐！——'那你最好给她的经纪人打电话。'" XI

玛丽莲立即充当起了精明的调解人。第二天，她去了福克斯公司，要求公司聘用娜塔莎担任首席戏剧指导。她的要求立即得到了满足，娜塔莎拿到了一份为期两年的合同，因为公司急于讨好玛丽莲，同时也乐于趁机确保她的这位老师会得到其他工作，不会一直守在她的剧组。然而，玛丽莲充当和平使者的努力和她对占有欲的不理解在这个月产生了负面影响。福克斯公司为她安排的服装设计师威廉·特拉维尔记得当时玛丽莲躲在《妙药春情》布景背后落泪的情形，她说自己对所有人都无能为力，无论多努力，她还是会令自己爱的人失望。特拉维尔告诉她观众没有失望，玛丽莲一下子就破涕为笑了。

没过几天，特拉维尔的话就得到了证实。在此之前有传言称玛丽莲郑重其事地跟随公司的签约音乐家哈尔·沙弗学习唱歌，因此有人邀请她参加在彭德尔顿营举办的一场演出，献上自己的歌声。在这个驻扎于洛杉矶南部的军事基地，玛丽莲翻唱了《再来一次》，她专业、迷离的歌声让几千名战士起身为她喝彩。她的演唱清楚地表明了歌名所说的再来一次指的是什么事情，当她发出"来吧，拿走它吧，你不会后悔的"的邀请时，她就是在发出性的呼唤，以及渴望和欢愉的呻吟。她操纵着一副坚定而慵懒的腔调，她的气息控制得十分完美，那种感觉就像是她的思绪从公司冲向了卧室。对于在临时搭建的露天剧场里举办的演出，从来没有哪一个节目能像玛丽莲那天在彭德尔顿营的演出一样，让全场突然鸦雀无声。等她唱完后，过了片刻"剧场"突然爆发出雷鸣般的掌声，战士们争先恐后地涌向了舞台。

这首歌由乔治·格什温作曲、巴迪·G.德席尔瓦填词，最初由科西嘉裔美国女演员及歌唱家艾琳·博多尼在1922年上演的百老汇舞台剧《法国玩偶》中演唱。玛丽莲1953年1月7日录制了这首歌，从此以后这首歌就专属于她和每一位幻想中的爱人了。由于一度禁售，这张唱片更是升值了，因为总是有人愿意付出高额成本盗版唱片——崇拜者们愿意接受这样的价格。多年后，当终于向市场发售时，《再来一次》听起来依然具有很高的水准，依然那么有趣又撩人。

玛丽莲穿着一件山羊绒毛衣和一条紧身裙，远离了导演、戏剧指导、摄影师和宣传主管的她非常从容自在。她表现出十足的幽默感，面对男人她的一举一动都非常得体。他们冲她打着口哨，狠狠地跺着脚，欢呼着，鼓着掌。节目主持人来到舞台上，向玛丽莲表示感谢，还说她看上去太棒了、是他们在彭德尔顿营见过的最漂亮的毛衣女郎。玛丽莲毫不迟疑地转向观众，对着话筒说道："你们这些家伙一向喜欢冲着毛衣女郎吹口哨。我可不会大惊小怪。把毛衣拿去吧，可是你们得到了什么呢？"当她说出这番话的时候，现场出现了一阵骚动，她肯定已经预料到了这样的结果。她的机智也没有忽略后台。一名记者冒昧地问她是否戴了胸垫，她就像在电影里一样回答道："更懂我的人，更懂事一些。"

玛丽莲·梦露迅速成为了1952年曝光度最高的女人。玛丽莲至为重要的长处就是应对危机、将劣势转化为优势，如果说外界对她的这一能力心存怀疑，那么她对"日历丑闻"的处理则彻底打消了这种疑虑。

大约就在3月1日，福克斯公司新闻部接到了一则消息，通过约翰·鲍姆格拉斯公司印制的1951年日历在全国各地流传的裸女照片被翻印在了1952年的日历上（顾客定制）。现在，至少穿着一些衣物的玛丽莲比以往更频繁地出现在电影、杂志和报纸上，尤其是同伟大的迪马吉奥产生了社交关系之后，那么用不了多长时间就会有人认出《金色梦想》那张照片中的裸体女人就是她。因此，哈里·布兰德、罗伊·克拉弗特以及福克斯公司新闻部的全体职员都有可能在自家大门口受到全国人民的耻笑。

尽管社会上传闻不断,但是没有证据显示美国国内有哪位电影明星干过同样出格的事情。好莱坞一贯在贩卖充满暗示性、手法巧妙的挑逗内容,但是自从1934年推行审查制度以来,迫于得到政府强烈认可的道德监督员们的压力,电影公司制造明星一直不得不放弃那些通过拍摄裸体照片之类恶劣行径威胁国家纯洁性的演员。毕竟,1952年属于参议员约瑟夫·麦卡锡信口雌黄、疯狂预警的时代——俄罗斯人随时都有可能从千家万户的窗台上悄悄爬进屋——他和支持者都警告美国人出现这样的入侵完全是因为全国人民道德沦丧。美国就像一个精神分裂的青春期少年,盟军在"二战"中的伟大胜利带给这个国家的阵痛尚未消失,同时它又有可能已经对自己成为"自由世界领袖"的事实感到极度自豪,这个身份不仅意味着美国拥有无可争辩的极大的自由度,同时也意味着美国是世界上经济最富裕、武器存量最多的国家。

与此同时,面对一伙仰仗着《电影制作法典》[1]自封为道德卫士的人——约瑟夫·布林及其亲信之类的少数一些人——施加的压力,好莱坞的电影公司都屈服了。前一天他们还开开心心地跟犯罪组织成员做买卖,第二天他们就用放大镜对准了剧本和成片,删除影片里一切通过影像或者语言对通常发生在卧室和浴室里的人类活动有所暗示的镜头。就连接吻镜头的时间都受到了规定,已婚夫妻不得同床共枕(影片中自然不可能出现未婚夫妇)。换言之,这就是一个伪善盛行、压抑到了危险程度的时代。对于这种状况的存在和发展,全美宗教组织"道德联盟"(俗称"天主教道德联盟")之类的组织起到了很大的推动作用。"道德联盟"这个名称本身就暗示出该组织秉承的自视清高、古板伪善的维多利亚主义,这个卫道士组织的工作得到了美国罗马天主教主教们的加持,对促进社会的宽容(更不用说艺术和基督教的发展)毫无帮助。按照联盟的暗示,他们的对手

---

[1] 《电影制作法典》是美国电影审查史上影响最大、持续时间最长(1930年至1960年)的一部法规,直至"分级制"出台才被废止。它由全美电影制片人和发行人协会主席威尔·海斯与耶稣会教士D.洛德等人起草制定,因此又被称为"海斯法典"。

就是毫无原则的放荡之人。直到十多年后这个组织才终于被教会中比较宽容柔和的力量拂去了，但是在此之前联盟神经紧张、奉行禁欲的高层人物仅仅因为影片中出现了"处女"（《蓝色的月亮》）这个词就有权对影片进行谴责。这种做法将他们自己置于一种匪夷所思的境地，一个通过日常祈祷已经被赋予了神圣色彩的词汇在他们眼中竟然是令人无法容忍的。由于遭到道德联盟谴责，这部尖锐、讽刺的成人喜剧片受到了大面积的抵制。联盟打一个喷嚏，好莱坞就会感冒。1950年代，文化领域如此令人惊讶的精神分裂现象（甚至是道德伪善现象）在美国的社会生活中比比皆是。

这一年3月，福克斯公司的人惊慌失措，纽约和加利福尼亚的经理们每个小时都要互通电话。玛丽莲被叫到董事会面前，后者拿着《金色梦想》问她外界的传言是否属实。玛丽莲毫不迟疑地点了点头，丝毫没有流露出难为情的神色，"可是，我真的觉得汤姆[·凯利]没有拍到我的最佳角度"。[XII]

通过有效的策略，玛丽莲避免了一场危机，这次被曝光的负面新闻丝毫没有损害她的形象，实际上她的形象还得到了极大的提高。玛丽莲逝世多年后，无数男男女女都宣称自己有功于这场危机的化解，其实想出这套策略的人是玛丽莲自己。

按照安排，玛丽莲在接下来的一个星期里接受了美联社记者艾琳·莫斯比的专访。[XIII]她老老实实地回答了莫斯比的所有问题，还让摄影师拍了一张照片，然后她请求莫斯比和她单独待一会儿。这时，她压低了声音，看上去都显得有些鬼鬼祟祟了，她对莫斯比说："艾琳，亲爱的，我碰到了一个麻烦。我不知道该怎么办。"说着，她就拿起一张面巾纸，轻轻地擦了擦眼睛。她的眼眶里已经泛起了泪光。

几年前，那会儿我没钱买吃的，也没钱交房租，我认识的一位摄影师叫我为一本艺术日历拍几张裸照。他的妻子也在场，他们俩都很和气，我赚到了救命的50块钱。这不是一件坏事，对不对？我根本没想到会有人认出我，现在他们都说这件事情会毁了我的事业。我需要你帮我出出主意。他们希望我说那个不是我，可是我撒不了谎。我该怎么办啊？

1952年3月13日，艾琳·莫斯比的报道出现在了《洛杉矶先驱观察报》上，标题是《玛丽莲·梦露承认自己就是日历上的裸体金发女子》。玛丽莲先发制人,她就如同《无需敲门》里的小内尔一样主动将自己交给媒体和公众发落,结果避免了后者的谴责——她早就准确地预料到了这样的结果。不出几天时间,美国全国各地以及欧洲的许多通讯社、杂志和报纸纷纷转载了这篇报道。

就这样,玛丽莲利用一场潜在的灾难——无论对她本人还是对她的事业而言都是如此——打了一场大胜仗,凭着这次史无前例的举动拉近了同媒体的关系,为自己和公司争取到了一场有利的全方位的宣传攻势,这种规模的宣传是她和公司花钱也买不到的。玛丽莲自编自导了一场精彩的曝光活动,这一次她暴露的不是自己赤裸的身体,而是她坦荡、显然也纯洁无瑕的心灵,她导演了一出短短的感人可信的戏,就在几天前这出戏还显得那么难以完成(对于这一点,几乎所有人都难以做到无动于衷)。她用最坦诚的方式为自己的身体和性感的魅力做了宣传,同时她又如同文艺复兴时期画作中的小天使一样纯真。连续几个星期,玛丽莲不断地同媒体见面,始终是一副毕恭毕敬的谦卑姿态,那副模样活像是一个成年版的小乞丐,完全就像是从狄更斯作品中走出来的人,一个纯真无辜的人,只有心理变态的人才会指责她的肉体。她恳求大家理解她原先的困境——必须指出的是,她并不是在恳求大家宽恕她。她展示在众人面前的是一个出身贫寒、脚踏实地的劳动女性,人们当然都会对这样的女孩产生同情,不是吗?即使救世军有自己的媒体代理人,他们也想不出更有效的方案为街头流浪儿或者失足妇女争取社会支持。她不为自己感到羞愧——玛丽莲一遍又一遍地强调着这一点。

> 我出现在了日历上,我不希望只有少数一些人看到,我希望许许多多的人都看得到,希望我那个阶层的人都看得到。我希望男人们在经过了一天的辛苦劳动、下班回家后,能看到这张照片,振奋地说一声"哇!"[XIV]

正如记者乔·海姆斯所说,玛丽莲实际上让自己成为了"当日头号新闻"。[XV]这种说法没有错。玛丽莲登上了4月7日的《生活》杂志的封面,照片是菲利普·哈尔斯曼拍摄。照片中的玛丽莲穿着一条白色的露肩裙,双眼微闭,朱唇微张,一如既往地摆出一副几乎有些哆嗦的模样,充分展现出她标志性的气质,既有天真的吃惊模样,又散发着性的欲望。她被安排在图像的一个角落里,夹在一个柜子和一扇门之间,这样的构图为照片渲染上了一种亲密的气氛。

哈尔斯曼之前已经为《生活》杂志拍摄过玛丽莲,除了玛丽莲,当时他还拍摄了其他几位怀着满腔抱负的新星。现在,他看到玛丽莲已经远没有以前那么拘束了，而且她的周围摆满了运动器械、各种照片、书籍（萧伯纳、约翰·斯坦贝克、亨利克·易卜生、奥斯卡·王尔德、爱弥尔·左拉，以及俄国的许多小说家）和艺术专著（戈雅、波提切利和达芬奇的画作）。在他工作的时候，玛丽莲的一举一动都散发对异性的吸引力，其中既有她主动表现的成分，也有着她不自觉散发出的魅力——"她咯咯发笑的样子，她站在角落里冲镜头抛着媚眼的样子，尤其是她走路时的样子"。[XVI]

《生活》杂志的封面上写着"玛丽莲·梦露——好莱坞的话题"。在内页的报道中，她在家里拍摄的一张照片（衣着整齐，出神地听着古典音乐）旁边配发了那张裸体日历照片的小幅翻拍图，美国最传统的周刊以这样的方式对玛丽莲·梦露表示了认可。杂志在报道中指出，一个星期的时间，玛丽莲就收到了5000封崇拜者的来信，"玛丽莲天真、老实，但是很聪明，她知道如何才能在竞争残酷的魅力世界里取得成功"。以适度花哨的手法讲述了一番她的童年时代之后，文章总结道："好莱坞已经完全臣服在她的脚下了……未来，玛丽莲有可能会拍摄一部哈露的传记片。"这正是玛丽莲本人和西德尼·斯科尔斯基向《生活》透露的拍摄计划。在这一年里，玛丽莲频频被外界称为"哈露的继承人"，[XVII]这个称呼也是他们两个人暗中散布的。

此外，玛丽莲在每一次采访中向记者透露的信息和她表示认可的传言都经过了精心的策划，她之所以这么做并不是在故意欺骗外界，而是为了改善自己的处境，对抗好莱坞盛行的虚伪气氛。至于其中少量一些虚构的成分（给凯利当模特的时候，她并没有忍饥挨饿，也不是无家可归），玛丽莲一直坚信这些都是次要的。

这一次，向玛丽莲汹涌而来的是人们的崇拜、谅解和同情，她同西德尼·斯科尔斯基见面的次数越来越多了，他强烈主张她继续渲染这个传说，并且还亲力亲为地参与了这件事情。正如制片人戴维·布朗说过的那样，"明星的档案中存在的'问题'会被公关部或者明星精明的导师纠正的。改名字，给他安上新的年龄、出生地和新的爹娘——一切都有可能，只要有助于制造神话。"[XVIII]

他们针对诺玛·珍妮的早年生活编造了一些老掉牙的故事，其中一个故事就是一个疯女人（有时候被说成是她的母亲，很多时候又成了她的祖母，还经常被说成是一位邻居）干下的一桩令人难以置信的事情。在诺玛·珍妮1岁大的时候，这个女人试图用一只枕头将她捂死，最后这个女人被强行带走了。这个荒诞不经的虚构故事似乎受到了她在不久前参演的影片《无需敲门》（当时还尚未公映）的启发，在影片的高潮戏里，内尔捆住了小女孩，捂住了她的嘴巴，差一点就将她捂死了。玛丽莲模糊了现实中的自己和电影里的自己之间的界限，让自己成为了电影里那个受害的小女孩。

玛丽莲肩负起了一项艰巨任务，为了为自己的经历辩护，她时常需要言过其实一番，她会说"我的童年就如同今年晚些时候你们能看到的这部电影，但是我熬下来了"。她宣称自己当年饿着肚子、几乎无家可归，所以才拍了裸体照片，就这样摆脱了外界对她迎合低俗口味的指责，她为自己的童年编造的越来越多的故事（例如，经历过14个寄养家庭）也起到了同样的效果。这个茫然的小女孩——实际上的确来源于她的一部分现实生活——逐步成了确保她博得外界喜爱的唯一一个关键因素。

不出玛丽莲所料，乔·迪马吉奥对她的裸体日历极其反感，这时日历已经传遍了全世界。这一点，玛丽莲早已经对娜塔莎说过了。乔也许不曾跟玛丽莲讨论过这件事情，但是在3月底和4月初（乔正在为扬基队新赛季比赛的电视节目做准备）的大部分时间里，乔一直没有怎么联系她。这年春天，玛丽莲的历史再度遭到揭露，乔终于打破沉默立即赶到她的身边。当时媒体得知玛丽莲的母亲尚在人世，跟她在此之前宣称自己从小就是一个孤儿的说法相左，实际上她的母亲还很健康，原先住在阿格纽州立医院的她已经被批准出院了，暂时在洛杉矶的私立疗养院"农场小屋"当助理，这家疗养院位于鹰岩区科罗拉多大道，毗邻帕萨迪纳。格拉迪斯已经很多年没有所谓的正常生活了，她的行为有些古怪（尤其是跟其他精神病患者待在一起的时候）。

在此期间，格拉迪斯同一个名叫"约翰·斯图尔特·伊利"的男人有过一段短暂的婚姻，由于后者的去世，她的问题又凸显了出来。伊利是一名电工，住在西洛杉矶，由于心脏病发作于1952年4月23日去世，终年62岁。大约就在这个时候，格拉迪斯给女儿写了一封信，称呼用的是她的新名字。

亲爱的玛丽莲：

亲爱的孩子，求求你，我想收到你的来信。这里的情况很糟糕，我想尽快搬过去。从我的孩子那里,我想得到的是爱,而不是恨。

爱你的

母亲[XIX]

直到逝世,玛丽莲一直保留着这封信,但是这封信深深地刺痛了她,毕竟她从未对格拉迪斯表现出恶意。不过,她一直拒绝探望母亲,尽管伊内兹·梅尔森一次次地向她转达格拉迪斯的请求,她似乎也从未以任何方式联系过母亲。玛丽莲的这种表现反映出了她复杂性格中的另一个矛盾之处。她帮助母亲,给母亲开支票、给她安排护理人员,最终还为她设立了信托基金,但是她必须同母亲保持着一定的距离。不过,1952年她的生活似乎进入到了一个新阶段,她把全部精力和才华都用来制造和维持一个全新的人,她想要扮演这个人——更准确地说,她想变成这个人。格拉迪斯的存在让她永远无法忘记自己不幸的过去:从格蕾斯·麦基·戈达德那里得知的家族历史,她的家族充满了黑暗危险的疾病,这些疾病完全有可能被遗传给了她。她最好还是成为另一个人,拥有全新的身份——新一代的珍·哈露,也许只当玛丽莲·梦露就好。

玛丽莲很少谈论自己的母亲,多年后有一次提到母亲时,她为自己做了一番辩护:"我知道我们之间其实没有什么,我也知道我能为她做的少之又少。我们是陌生人。我们在洛杉矶度过的时光非常艰难,就连她也意识到我们彼此并不了解。"[XX]最后,她又说了一句很生动的话,为有关母亲的这番声明画上了句号:"我只想把不幸的经历——她一生中的悲惨经历、我自己的悲惨经历——统统忘光。这一切我无法忘记,我只想尽力去忘掉。当我的玛丽莲·梦露、不去想诺玛·珍妮的事情,有时候这么做挺管用的。"

玛丽莲·梦露在接下来岁月里遭受的大部分精神痛苦正是因为她无法忘记一切,她接受的大部分心理治疗也没能立即消除她的负疚感及其后果。*[XXI]

格拉迪斯尚在人世的事情被揭露之后,福克斯公司在这一年里不得不第二

---

* 1952年10月28日,由于注意到格拉迪斯没有"[被基督教科学派]全面治愈",格蕾斯·麦基·戈达德写信敦促玛丽莲·梦露安排母亲转回阿格纽的医院或者住进沃杜戈市的罗克黑文疗养院。格蕾斯的建议一如既往地被采纳了。次年2月9日,格拉迪斯被转入罗克黑文疗养院,从此玛丽莲每个月都要为母亲支付250美元的护理费。[XXI]

次冥思苦想，努力琢磨应对媒体和舆论的策略。玛丽莲再一次被叫到经理办公室，她也再一次找到了转移外界对她之前说过的谎言的不满情绪、化被动为主动的办法。专栏作家厄斯金·约翰逊应邀对玛丽莲进行了一次专访，在采访中玛丽莲一反常态地操着颇为古典的腔调（采访稿是由西德尼·斯科尔斯基执笔的）："儿时，我并不知道母亲的存在，"

> 她在一所州立医院住了多年，接受治疗。我在监护人安排的分布于洛杉矶郡各地的一连串寄养家庭里长大成人，并且在洛杉矶孤儿之家住了一年多。我并不熟悉母亲，然而，自成人后并且有了帮助她的能力以来，我一直同她保持着联系。而今，我依然在帮助她，只要她还需要我，我就还要继续帮助她。XXII

不仅如此，在7月里她还给《红皮书》的编辑写了一封信，在信中她宣称自己

> 之前所说的就是小时候听到的事情，即使得知了母亲的存在后，我还是一直尽量尊重她希望不被外界所认识的愿望……我们对彼此一直都不太熟悉，也从未拥有过正常的母女关系。如果说隐瞒了这些事实有什么不对的话，请接受我最深的歉意，也请相信我的出发点是对一个我认为自己对其负有重要责任的人的体谅。

玛丽莲所谓的母亲希望不被外界所认识的愿望是一种含糊不清的说法，关于她对格拉迪斯的态度，唯一可以肯定的是出于恐惧她显得有些铁石心肠。她痛恨自己的过去，她在努力掩盖那段历史。

更重要的是，这时她的私生子身份还不为外界所知。厄斯金·约翰逊在文章中写道："玛丽莲的父亲在一场车祸中身亡，随后她的母亲就精神崩溃了。"福克斯公司的经理们没有什么可担心了，他们开心地看到围绕玛丽莲母亲产生的问题被化解了，当年一大堆女人主动站出来宣称自己就是她的母亲。

玛丽莲在福克斯公司1952年出品的另一部短片集锦中只露了一分钟的面，但是影片上映时她在宣传活动中享受到了明星的待遇。《锦绣人生》以"警察与赞美诗"开篇，这一段戏里查尔斯·劳顿扮演一个自大得令人感到好笑的流浪汉，为了能在冬天睡上温暖的床铺、吃上热乎饭就故意制造麻烦，好让警察逮捕

自己。在最后一次出手的时候，他走到玛丽莲扮演的衣着考究的街头妓女跟前，提出要跟她玩一玩，他知道这会儿一名巡警正盯着自己。他压低声音，告诉她自己没钱给她，也没钱给她买酒喝，可是她的美貌和单纯的模样打动了他，他想把自己拥有的唯一一样东西——他的雨伞——送给"一位迷人、令人开心的年轻女士"，他一边说，一边扬了扬自己的圆顶礼帽，向她表示致意。流浪汉匆匆离去了，玛丽莲用悲伤的目光久久地凝望着他。警察走上前来："怎么了？出什么事儿了？"

"他管我叫'女士'！"玛丽莲用感激又惊讶的语气回答道，当这一幕淡去时她哭了起来，她的表演含蓄地体现出她是为自己流泪，而不是为那个流浪汉。这是玛丽莲银幕生涯中最打动人心的一段戏，一段表演细致入微、完美无缺的小插曲。

乔·迪马吉奥频频造访洛杉矶，处理玛丽莲和媒体的关系；此外，在玛丽莲遭遇一起丑闻的时候，他也一直陪在她的左右，由于这起事件玛丽莲博得了更多的同情。洛杉矶的两个骗子被逮捕并受到起诉，因为有证据显示他们兜售的裸女照片正是玛丽莲的照片。玛丽莲每个星期的生活似乎都值得报道：每一场恋情、每一段历史，过去、现在和潜在的一切，尤其是眼下外界经常看到她和乔·迪马吉奥在一起并且被拍下了照片。在好莱坞和其他地方，随即就出现了他们很快就要结婚的传言。

4月18日，福克斯公司凭着合约赋予的特权以低廉的价格同她续签了合约，从5月11日起的一年里她的周薪是750美元，在所有的大明星里，这个价格属于最低的周薪标准。对于所有人来说，这都是意料之中的事情。此时她还没有正式同费尔德曼以及知名艺人经纪公司签约，而她同威廉·莫里斯经纪公司之间的关系又不太明朗，即使有代理人愿意凭着她已经提高的身价去同福克斯公司谈判，劝说对方修改合约或者签订新合约，他们成功的机会也很渺茫。一份为期7年的合同才是有效的合同，而眼下这样的合同还遥遥无期。

由于阑尾炎断断续续地疼痛了几个月之后，玛丽莲于4月28日在黎巴嫩雪松医院接受了阑尾切除手术。掀起病床的盖被开始手术的时候，马库斯·拉布文医生吃惊地看到玛丽莲用胶带纸在自己的肚皮上贴了一张手写的字条。

拉布文医生——手术前必读！

亲爱的拉布文医生：

切口尽可能小一些。我知道这么做显得很徒劳，不过也没有什么影响。我是一个女人的事实很重要，对我来说意味着很多。

请您能保住多少，就尽量保住多少（我不能要求太多）——我把自己完全交给了您。您有孩子，您肯定知道这意味着什么——拉布文医生，拜托您了——我知道您怎么都会做到的！谢谢您——谢谢您——谢谢您。看在上帝的分上，亲爱的医生，不要切除卵巢——再次恳求您，尽一切可能避免太大的伤疤出现。

衷心感谢您。

玛丽莲·梦露[XXIII]

这番恳求暴露了玛丽莲对无法生育的恐惧。

拉布文的怒气被打消了一些，他觉得在手术期间最好有一名妇科医生在场，于是利昂·克罗恩被请来协助他。从这一天起，克罗恩就成为了玛丽莲的专业顾问，一直负责诊治长期困扰她的月经和生殖问题，直到她逝世。5月6日，玛丽莲回家了，她的身上只留下了一道小小的伤疤，她开心地告诉乔自己的生育能力完好无损。

5月里，玛丽莲住在位于多希尼街的公寓调养身体，不过月底她决定在乔的帮助下搬到贝莱尔酒店的一套小套房里，因为影迷已经知道了她的住址，开始给她寄来大量的信件（家附近还出现了很多不速之客）。

1952年是玛丽莲成为全球瞩目大明星的第一年。从裸体日历到有关她的母亲以及她同乔的恋情的新闻，有5部而不是1部影片公映（6月：《夜间冲突》；7月：《我们没有结婚！》和《无需敲门》；9月：《妙药春情》；10月：《锦绣人生》），从频频出现在西德尼·斯科尔斯基的专栏文章中到每个星期至少三度登上杂志封面或者出现在新闻报道中，有时候还不止三次，除了伟大的领导人或者国家元首，还从来没有人得到过如此大规模的传颂，或许古往今来全世界都没有过这样的先例。

6月1日，玛丽莲年满26岁了，福克斯公司通知她一周前参加的一部彩色影片的试镜通过了。这年夏天，公司已经为她安排了一部彩色影片，即将于当年秋天首先拍摄外景的惊悚片《飞瀑欲潮》。现在，在她生日当天公司又宣布这个秋天她将在音乐喜剧片《绅士爱美人》中担任主演，这是她梦寐以求的机会。这部影片根据安尼塔·卢斯连载在《时尚芭莎》杂志上的系列故事改编而成，在此之前这些故事已经结集出版了，并且被改编为一部默片和一部百老汇音乐剧。影片原定的主演是贝蒂·葛莱宝，由于玛丽莲人气渐涨，原本属于葛莱宝的机会就归她所有了。由于按照合约规定的周薪，她比葛莱宝便宜了很多，由于她比葛莱宝年轻10岁，由于没能发行的唱片《再来一次》说服扎努克相信她应付得了影片中的插曲，或许最重要的是由于朱尔·斯泰安支持由她担任第一主角的方案，那部百老汇音乐剧中的歌曲正是斯泰安创作的，其中就包括后来成为她经典曲目的《钻石是女人最好的朋友》。

6月8日，玛丽莲给施瓦布药店的西德尼·斯科尔斯基寄去一封告别信，然后便飞往纽约。斯科尔斯基将这个消息告诉了读者，在6月10日发表的文章中他感慨道："天哪，这几个月过得多快啊——日历也是如此！"两天后，他用整整一篇文章专门介绍了玛丽莲的生活和事业。

这一次，玛丽莲和《飞瀑欲潮》里的其他几位明星——包括约瑟夫·科顿、饰演配角的简·皮特斯和马克斯·肖沃尔特（当时名为凯西·亚当斯）——都将忍受尼亚加拉大瀑布的巨响和亨利·哈撒韦的暴躁脾气，这位导演素来有着对演员不太友好的名声。哈撒韦带着几位主演熟悉了查尔斯·布雷克特、沃尔特·瑞奇和理查德·布林创作的剧本，故事讲述的是曾经饱受精神疾病折磨的乔治·卢米斯（科顿饰）面临着风骚放荡的妻子罗斯（玛丽莲饰）及其年轻的情人帕特里克（理查德·艾伦饰）合谋杀害他的危险。大瀑布咆哮着，每个人的情绪也同样激昂：乔治嫉妒得丧失了理智，罗斯欲壑难填，帕特里克心急火燎地想为情人杀人。到了剧终，乔治挫败了阴谋，将妻子及其情人都杀死了，随后他也纵身跳下尼亚加拉瀑布自杀身亡。

令许多人惊讶的是，玛丽莲与哈撒韦的合作严肃认真、充满热情，只是当年夏天在纽约和加利福尼亚拍摄期间她一直充满了恐惧。据哈撒韦所述，"她始终没有信心，始终不相信自己是一名优秀的女演员。可悲的是，别人从来不允许她成为优秀的女演员。"XXIV《飞瀑欲潮》的情况略有不同,这部影片给了玛丽莲成为优秀女演员的机会,她对罗斯的刻画令人信服,充分表现出了这个角色的放荡,只是由于镜头过度关注她的步态和睡衣之下赤裸的胴体,她的演技被很多人忽视了。在这部影片中,她完全不是那种令人屏气凝神、天真、同时又性感而好笑的懵懂少女,而是一个脾气暴躁、自私自利的荡妇,相信自己有能力勾引男人,也能毁灭男人,她的声音都蒙着一层对羸弱、无能、不愿自立的丈夫的鄙夷。

约瑟夫·科顿发现在工作中玛丽莲很随和,作为同事她令人感到亲切。"要是你想聊一聊自己的事情,她愿意侧耳倾听;要是你想聊一聊她的事情,她就会脸红害臊。我发现她就是一个非常茫然的小姑娘。"XXV至于玛丽莲迟到的习惯,科顿还记得面对部门经理的质问,她说过:"我是来拍电影的,还是来打卡的?"XXVI

同《无需敲门》中的内尔·福布斯一样,罗斯(正如玛丽莲所刻画的那样)完全不是那种能令福克斯公司和全国观众都感到舒服的那种类型,不是令人感到安全的性感美女。在这两部影片中,玛丽莲的魅力是危险的,她不值得信任,她的诱惑力是致命的。这两个角色同她在《绅士爱美人》和《愿嫁金龟婿》中饰演的忸怩作态、很有手腕、必要时会装聋作哑的拜金女郎相差无几,后面这两个角色促使她更加坚定地想要回避模式化的角色。不过,在《飞瀑欲潮》中她还是拥有了略微大一些的施展空间,她也正是凭借着这部影片跻身巨星的行列。

在影片前半段的一幕中,玛丽莲扮演的罗斯身着一条红色紧身裙出现在尼亚加拉大瀑布的游客聚会上,她没精打采地斜靠在那里,哼了几句自己点的曲子《吻》。她立即成了每一位男士性幻想的对象,在接下来的一幕中所有的年轻男士都抛弃了自己的女伴,痴痴地欣赏着这股自然的力量。当罗斯的丈夫砸烂唱片的时候,歌声戛然而止,更加无辜的人群也散开了。这场戏是剧组直到最后一刻才在片场即兴创作的,当时来自美国妇女俱乐部(隶属于基督教会的组织)的一位气势汹汹的代表观看了影片的拍摄后,之后福克斯公司的审查员们感到有必要宣布玛丽莲的演唱具有过于强烈的性暗示了。

《吻》这首歌是由莱昂内尔·纽曼和黑文·吉莱斯皮创作的,在保存完好的唱片中，玛丽莲作为歌手的惊人才华显而易见。音高和气息的控制都很稳定，对每一句的处理都那么优雅镇定，从中体现出一种想要什么就能得到什么的自信。换言之，她令创作于1950年、充满陈词滥调的歌词变得充满诱惑力："吻我……让我颤抖……将我拥入你的怀中……现在正是时候……"从她朦胧的颤音中，你听得到爵士女歌手艾拉·费兹杰拉的影响（每天晚上玛丽莲都在家里跟着唱片模仿着她的演唱），甚至朱莉·威尔逊、乔·斯塔夫德和多丽丝·戴等同时代歌手的演唱风格。但是，玛丽莲的演唱绝非只是模仿各种风格的大杂烩。如果在1950年代发行一批唱片的话，她肯定会被誉为那个年代最杰出的一位民谣歌手。

哈撒韦说过玛丽莲是"我执导过的最自然的女演员"，[XXVII]但是这种说法没有得到多少影评家的认同（不过，《时代》和《新闻周刊》都注意到了玛丽莲在表演能力方面的进步）。她细腻的表情、焦躁的情绪、活力四射虚张声势的举动都令这部彩色的黑色电影——阴差阳错的爱人在浪漫的尼亚加拉大瀑布发生的故事——始终沉浸在一种令人不安的气氛中。她的表演透露出的欲望几乎就像湍急的水流一样危险。正如艾伦·斯奈德记得的那样，就是在这部影片中玛丽莲无意中学会了她著名的摆臀步。当时，剧组正在拍摄她从镜头前走向远处的一场戏，由于用鹅卵石铺成的街道很不平坦，她便脱掉了高跟鞋，结果就出现了她后来一直采用的充满诱惑力的转身动作。

在哈撒韦看来，玛丽莲是

> 非常好的合作伙伴，执导她很轻松，她自己也强烈渴望做出更出色的表现。聪明，真的很聪明。她可能没有接受过教育，但是她天生就很聪明。只是她一直被屁股给拖累住了，我想从来没有人正视过她的水平。她会令大多数男人都感到惭愧——就连乔·迪马吉奥也不例外。[XXVIII]

哈撒韦说得没有错。在6月和7月里，每逢周末玛丽莲都要去曼哈顿同乔待在一起，后者当时正在主持扬基队的揭幕。无论是在体育场还是在电视台，乔在话筒和镜头前都很紧张，缺乏自信，只能很勉强地采访着球员、笨嘴拙舌地念着提词卡和啤酒广告。玛丽莲告诉了乔自己掌握的一些小窍门，例如她从娜塔莎那里学到的呼吸练习，契诃夫教给她的迅速集中精力的技巧，可是他从来不会接受玛丽莲的建议。

扬基队的球员费里·里兹图说过："[电视]公司附近常常会聚着很多人等着看她。开赛前，她就坐在看台上，跟某个球员聊着天。他们都只是些孩子，只不过喜欢回家告诉朋友们自己认识一位电影明星罢了。"[XXIX]然而，乔对这种情形却不太喜欢，他痛恨玛丽莲的低领衣服和紧身裙，同样地，他也十分反感其他人对她的关注。里兹图还说："乔爱她，这一点我是知道的。"可是，问题在于乔是一个"爱吃醋的家伙，不喜欢男人们都盯着她看"。他还不如命令尼亚加拉大瀑布不再落下。

玛丽莲知道如何才能减弱乔的不满。她提议在德雷克酒店定两个单独的房间，但是他们只住一个房间，这么做是为了保持正派一些的形象。当着外人的面，这对情侣出入于亭园餐厅之类的豪华餐馆，走到哪里都会为大家签名。西德尼·斯科尔斯基告诉外界："玛丽莲·梦露和乔·迪马吉奥的爱情赛已经进入到了第7局的休息时间。"[XXX]然而，这场比赛注定会超时。

玛丽莲返回好莱坞继续参加福克斯公司《飞瀑欲潮》的拍摄，乔只能继续留在纽约报道扬基队的比赛。哈撒韦极力主张玛丽莲退掉贝莱尔酒店的房间，还建议她放弃娜塔莎·莱特斯的表演课程（这项建议纯属徒劳），他觉得娜塔莎的教育只会让玛丽莲变得更加不自在，更加觉得自己不如别人。在拍摄《飞瀑欲潮》的几场戏的时候，哈撒韦要求玛丽莲穿上自己的衣服，玛丽莲毫不害臊地告诉他自己只有家居裤、毛衣和一套黑套装，那套套装还是她为了参加约翰尼·海德的葬礼购置的。她解释说："所以，外出的时候我就只能借用公司的服装。我自己一件都没有。"[XXXI]

原因在于省钱。扣完税后，750美元的周薪玛丽莲能拿到的还不足500美元。这笔钱的10%她要支付给威廉·莫里斯经纪公司，为了每个星期的表演、发音和声乐辅导课她还要花掉将近200美元，每个月至少给伊内兹·梅尔森支付五六十美元的劳务费，给格拉迪斯的补贴就更多了。

7月底，乔回到了加利福尼亚，他叫玛丽莲去旧金山同他会面，他要把她介绍给自己的家人。在乔的家里，玛丽莲隐约感觉到迪马吉奥家的女人必须精通家务活——洗衣、做饭、熨衣服、操持家务。后来，玛丽莲跟乔和记者都说过自己渴望成为一位家庭主妇，她还说："我想等我有了家之后，我会有所进步的。"[XXXII]

这一年的夏天尚未结束，乔要求玛丽莲考虑一下放弃电影事业的选择——毕竟，这种工作不是只会令她感到焦虑吗？玛丽莲没有这样的打算，但是她也不愿意同乔分手，于是她让乔给她一些时间。玛丽莲的答复令乔变得更加咄咄逼人了。后来，玛丽莲说过："我不想放弃自己的事业，而乔却希望我这么做。他想让我成为漂亮的前演员，就像他自己一样，伟大的前球员。我们会一起开车奔向夕阳。可是我还没打算享受那样的旅程。天哪，我都不到三十岁！"[XXXIII]

* * *

为了保证自己在全国性的媒体上始终位居榜首，玛丽莲不断地给外界送上"惊喜"。例如，在事先丝毫没有透露风声的情况下，她突然于当年夏天在《好莱坞明星剧院》中完成了自己的广播直播处女秀，在节目中泰然自若、充满自信地诵读了一个角色的台词，这个角色出自于一部毫无特色的一幕剧。10月26日，听众又在口技大师埃德加·伯根的广播节目中听到了她的声音，她和伯根操控的木偶查理·麦卡锡和莫蒂然·斯纳法你一言我一语地调侃着。

玛丽莲还冒险给线人透露了令人震惊的消息。她向专栏作家厄尔·威尔逊透露了新的消息——除了外套，她里面"什么也没穿，裤子、衬裙、紧身褡和胸罩统统没穿"，[XXXIV]1952年这种穿着方式十分罕见。她解释说："我喜欢毫无束缚的感觉。"在这一年剩下的时间里，玛丽莲一丝不挂的消息一直被人们挂在嘴边。例如，在洛杉矶举办的一场慈善棒球赛上，一群女演员身着运动衫和短裤，"可是梦露女士亮相了，扔出比赛开场球的正是穿着一条紧身裙的她，裙子底下绝对什么也没穿"。[XXXV]大约就在这个阶段，摄影师乔治·赫里尔在工作室里为玛丽莲拍了一次照片，提起那段往事时他说过："她干了跟哈露一样的事情。[来的时候]身上裹着些东西，突然，她脱掉了身上的东西。我猜她就是想让我兴奋起来。好吧，她们那群人都有裸露癖。"* [XXXVI]

同样大胆的是，在这一年夏天开展的《妙药春情》巡回宣传活动中，玛丽

---

* 1929年，珍·哈露身穿一条黑色的勾花裙子来到好莱坞的一座摄影棚，据导演阿瑟·雅各布森所述，"里面一丝不挂。你都看不出那条裙子究竟是穿上去的，还是画上去的"。[XXXVII]

莲穿着一条极其暴露的裙子,从肩膀到肚脐全都露了出来,显然她没有穿衬裙,也没有穿胸罩。影片在新泽西的大西洋城举行首映,在福克斯公司的公关人员和美国小姐选美比赛组委会官员的安排下,玛丽莲成为了大游行有史以来的第一位女性总指挥。

当这个消息传开后,美国政府的一个部门也希望从她的造访中获益。9月1日,星期一,玛丽莲应邀同身着军装的女军人合了影,这是军方为了征募更多女性参军入伍而开展的一部分宣传活动。在几位身着深色军装、打着领带的女军人的陪伴下,玛丽莲身穿白底红点的低领背心裙、笑容洋溢地出现在镜头前。摄影师坚持在阳台上拍照,他叫玛丽莲稍稍向前倾斜身子,这样她饱满的胸部就显得更加突出了。在最终确定的照片中,玛丽莲的胸部几乎暴露无遗。3个小时后,合众社向全国发出了这张照片,军方的一名高级官员要求将这张照片撤回,并且不准玛丽莲继续参与征兵宣传工作。"这张照片或许会让有可能入伍的女孩们的父母[对军队生活]产生错误的印象。"[XXXVIII]这位没有留下姓名的军官极其严肃地指出。玛丽莲立即做出了反应:"我太吃惊、太伤心了。"[XXXIX]

次日,即9月2日,在领衔带队美国小姐游行的时候,玛丽莲穿得更暴露了。一连几天,全国各地的报纸展示着光彩照人的玛丽莲,她穿着一件很单薄的黑色衣服,衣服一处比一处节省布料,领口一直开到了腰部,开口看上去还有继续往下延伸的可能。与此同时,某个教会和一些妇女组织都声势浩大、义愤填膺地发表着对玛丽莲的谴责。结果不难想见,玛丽莲比对手得到了更多的关注。时隔几天之后,她天真地说:"大家一整天上上下下地打量着我,不过我觉得他们是在欣赏我的总指挥徽章。"[XL]乔在洛杉矶见到了玛丽莲,火冒三丈地向她表达了自己对这种公开展示行为的反感,在此之后玛丽莲找来一名记者,她告诉对方:"那条裙子原本是为了追求平视效果设计的,不是为了从上往下拍摄的摄影师设计的。我感到很尴尬、伤心。"[XLI]西德尼·斯科尔斯基也帮忙平息这股激流,他愤愤不平地在文章中写道:"摄影师们站在高台上进行俯拍。他们巴望着看到什么呢?"[XLII]

对于演艺界的人来说,这种旨在引起震惊从而吸引外界关注的大胆举动并不稀奇,他们需要不断的宣传来维持自己的事业,在一定程度上所有演员都是暴露狂,只不过某些人比其他人更名副其实。这种对关注度的需求和私生活中表现出的极度腼腆或者缄默的性格并不矛盾,毕竟,演员的真实性格往往同他们在公众面前的形象存在极大的差异。

对于玛丽莲来说,"玛丽莲·梦露"实际上已经逐渐成为她所饰演的一个经过精心策划的角色——一个胆大妄为、极度性感,拥有一头永恒的金发(最后变成了淡淡的铂金色)和湿润的双唇,冲着人们露出笑容,面对许多人傲慢地唱着歌的女人。玛丽莲说过自己自幼便梦想着暴露身体、博得大众的爱慕,从某种角度而言,"玛丽莲·梦露"这个角色让她实现并展示出了一部分自我。自从她在这个阶段第一次向外界提起自己儿时的那个梦,这个角色或许就注定会出现。投身于电影事业有时候会支持并强化这种自我形象,但是从长远看却会阻碍她获得赖以为生的坚实内在基础,她所强烈渴望的——换言之就是,逼真地刻画其他人——对于一个对自己的身份没有多少认知的人来说反而构成了一种妨碍,这些危险都会变得越来越严重。

在一生中,玛丽莲总是能够毫不迟疑地以几乎赤裸的形象出现在某些公共活动中,但是从这段日子开始,她就一直不像同时代同样知名的女演员们那样频频在好莱坞的夜总会、聚会、餐馆和首映式上亮相。外界可以通过银幕、杂志和报纸看到她、崇拜她,但是人们很少能看到她本人,只有少数一些名流有机会在私人聚会上见到她。在1952年底就出现了一次广为人知的例外情况。当时,为了庆祝乐队指挥雷·安东尼录制完成由伊文·德雷克和吉米·谢尔谱写的歌曲《玛丽莲》,福克斯公司在安东尼的家中举办了一场聚会。玛丽莲也出现在了这场聚会中,宾客们开心地看着她在米基·鲁尼的指挥下打着鼓。

除了这些特殊场合,玛丽莲在社交场合中就很少亮相了,造成这种状况的有两个原因。第一,尽管已经习惯受到众人的瞩目,无论是唱歌、微笑还是挥手致意,她还是不太敢在公开场合开口说话。她一直很讨厌临时安排的采访和新闻发布会,面对这样的活动她觉得自己毫无准备,唯恐自己显得笨手笨脚、没有社交能力,因此会给外界留下糟糕的印象。此外,将亮相活动限制在好莱坞,她实际上就将自己塑造成了名流中的名流,在影迷们和全世界的眼中保持着一副迷人神秘的形象。

这一年的秋天,玛丽莲把大部分时间都花费在了服装的问题上。《飞瀑欲潮》剧组在福克斯公司的摄影棚里拍摄了室内戏,补拍了部分片段,重新录制对白，与此同时玛丽莲完成了一项重要的工作。乔强烈认可导演哈撒韦的意见，玛丽莲的衣橱需要补充大量新衣服了。他陪着玛丽莲在洛杉矶逛着一家家服装店，从一位位吃惊的店员那里采购衬衫、裙子和套装，不停地为她出主意、将她点评一番。

在一家服装店里，令店员感到震惊的并不是大明星购物这种事情（毕竟这在洛杉矶司空见惯），而是玛丽莲挑选的衣服：一条紧身裤，给上身配的是同样紧身的露脐衬衣。另一家店里，玛丽莲在试衣间里也令身旁帮忙的店员大吃一惊，在试穿一条白色的大低领无袖裙之前，她先脱掉了身上的牛仔裤和毛衣，结果她就一丝不挂地站在了店员面前。*

玛丽莲的举动招致了乔的强烈不满，在这一年秋天不止一次出现了美国最受喜爱的未婚夫妇"有些疏远"和"出现不和"[XLIV]的新闻报道，这种结果或许玛丽莲早就预料到了。10月1日，在玛丽莲后来所说的"大肆谩骂了一番"之后，乔离开了洛杉矶，有关他们二人失和的传言愈演愈烈。于是，玛丽莲在10月4日星期六的下午叫娜塔莎陪着她去威尔夏大道贾克斯服装店采购。在这家女装店里，她挑中了几条家居裤、汗衫、衬衣和配饰，用美国银行的户头开了一张313.13美元的支票。在签名下方，她写上当时的住址，卡斯蒂利亚路2393号，由于经常有烦人的记者蹲守在贝莱尔酒店附近等着他俩，他们就从其他租客手里将那座房子租了两个月。**

---

* 服装设计师赛尔·查普曼也讲述过类似的事情。拍摄《飞瀑欲潮》期间，玛丽莲趁着假期去了纽约，萨克斯第五大道百货商店的一位女店员对查普曼感到十分气愤，因为他"领来了一个没有穿内衣和长袜就想试衣服的姑娘"。[XLIII]

** 要不是一个见到过玛丽莲·梦露本人的最奇怪的影迷说出一些令人震惊的话，这些细节原本没有什么特殊之处。当年夏天，在尼亚加拉瀑布拍摄的时候，来自俄亥俄州的25岁游客罗伯特·斯雷泽尔请求玛丽莲跟她合张影。面对这种突然冒出来要求合影、死缠烂打要索要签名的崇拜者和陌生人，没有哪位公众人物比玛丽莲更慷慨、更配合对方，无论是在她生前和身后也没有哪位公众人物比她受到更多的利用。这一次，玛丽莲在不知情的情况下成就了斯雷泽尔的名声。没有证据显示此后玛丽莲·梦露和罗伯特·斯雷泽尔还见过面，他们二人也不曾有过书信往来或者互赠过照片，没有任何资料证明他们有过交往。可是，多年后却出现了美国的流行文化史上最荒诞不经的一种说法。

1972年——此时玛丽莲已经没有机会亲口驳斥了——斯雷泽尔拿着一篇尚未完成的短文章

主动找到记者威尔·福勒,他在文章中猜测玛丽莲·梦露的身亡是由一起政治阴谋造成的。他的解释就是得到广泛接受的一种假说,其依据就是绕着约翰·肯尼迪总统、约翰的弟弟司法部长罗伯特·肯尼迪、民权领袖小马丁·路德·金和其他一些人遇刺身亡事件产生的诸多传言。福勒说过:"太不幸了,你没有跟玛丽莲结婚。不然,这个消息真的能变成一本好书。"[XLV]福勒的提议没有打动他。不久后,斯雷泽尔再次联系了福勒,他说上一次忘了告诉福勒自己的确跟玛丽莲结婚。按照福勒的说法,"斯雷泽尔把扯谎当成了职业,向脱口秀节目的制片人们兜售他跟玛丽莲结婚的谎言,这些制片人很容易轻信别人,根本不会好好调查一下他的说法。他压根就没跟她结过婚。他跟这位明星只见过一次面,就是在尼亚加拉瀑布那次……此前和此后他都没有见过玛丽莲"。[XLVI]最终,福勒彻底不再理会这件事情了。

然而,斯雷泽尔还是继续推进,最终以自己的名字出版了《玛丽莲·梦露的一生及其离奇的死亡》一书。在他提出的断言中,生命力最持久也是最浅薄的就是他荒唐地宣称在1952年10月3日至6日那个周末自己是和玛丽莲·梦露一起在墨西哥的蒂华纳度过的,而且他们于10月4日结了婚。据斯雷泽尔所述,这场婚姻几天后就被宣布结束了,因为玛丽莲"害怕乔,害怕公司会说,害怕娜塔莎·莱特斯,她的嫉妒心和占有欲很强,对她的影响力又很大"。[XLVII]除了那个周末玛丽莲一直待在洛杉矶,斯雷泽尔一直没能拿出任何书面证据证明这场婚姻和离婚,他宣称在蒂华纳时结婚证就被一个小官员给烧掉了。

重要的是,自从斯雷泽尔的这本书于1974年出版以来,始终没有出现一位证人证实他所说的这场婚姻的真实性。一个名叫诺布尔·奇泽尔的男人说过一次自己当时在场,但是在逝世前他又向威尔·福勒坦白自己"只是想帮朋友"[XLVIII]证实那番虚假的说法。此外,奇泽尔还跟摄影师约瑟夫·贾斯古尔说过斯雷泽尔答应给他一百美元,只要他能帮着一起撒这个谎,当时他急需这一笔钱。艾伦·斯奈德同玛丽莲交往甚密,后者向他吐露过许多秘密,1952年拍摄每一部电影的时候他们都在一起。"我绝不相信斯雷泽尔跟玛丽莲结过婚。没有证据能证明这种说法,而且还总有迹象让我确定这种事情从未发生过。"[XLIX]1954年至1956年和斯雷泽尔结过婚的凯·埃切尔只要一听到有人提起这种说法,就会哈哈大笑起来,跟其他人一样,她也证实斯雷泽尔跟玛丽莲只见过一次面,就是在尼亚加拉瀑布那一次,那张临时索要的合影就是在那一次拍下的。埃切尔说过:"他就一直拿着那张照片给大家讲他的故事。他把人们愚弄得太久了。"[L]斯雷泽尔当然一直等到玛丽莲逝世很久之后才提出了自己跟她结过婚这种说法,他对时间的选择很明智,一旦玛丽莲立即做出反驳,他的这项大计划就会被扼杀。

斯雷泽尔并不只满足于这场"婚姻",他还宣称直到玛丽莲告别人世,他一直是她最贴心的知己——知道她的事业和爱情生活的很多秘密并一直为她保守着这些秘密的男人。这种说法很大胆,在玛丽莲的朋友、亲友、合作伙伴、同事、配偶和情人中没有一个人记得自己曾见过这个人(更不用说,玛丽莲本人也从未提到过这个人),玛丽莲的私人通讯录中也找不到这个人的电话和地址。实际上,在玛丽莲身前身后,同她关系亲密的人都不曾听说过"罗伯特·斯雷泽尔"这个名字,直到后者的那本书问世。最糟糕的是,斯雷泽尔对整理编纂玛

※ ※ ※

　　1952年尚未结束,玛丽莲已经开始参加从影以来第20部影片的拍摄工作了,这也是她那一年拍摄的第6部影片。这部影片就是彩色喜剧音乐片《绅士爱美人》(编剧是查尔斯·莱德勒),正是这部音乐片让玛丽莲在人们的记忆中留下了永恒的拜金女郎形象——极其甜美性感,看似愚蠢实则非常了解男人的思维方式,无论是可怜鬼还是百万富翁。在影片中,她那个阔少男友的父亲对她说道:"我觉得你就是一个傻瓜!""必要的时候,我也会聪明起来,只是大多数男人都不喜欢我这样。"这一小段至关重要的对话是在玛丽莲本人的提议下添加的(剧本助理的笔迹显示了这一点),同往常一样,她比其他人都更理解这个角色,她添加的这段对话是她对1950年代盛行的男性至上主义的巧妙反击。在《绅士爱美人》中,玛丽莲扮演的是罗莉拉·李,简·拉塞尔扮演的是长着一头褐色头发、喜欢调侃的死党多萝西·肖。(按照合约,玛丽莲的周薪是1250美元,通过这部片子她拿到了大约1.5万美元的收入;简·拉塞尔拿到了15万美元。她仍旧受制于现有的合同,她同威廉·莫里斯经纪公司、知名艺人经纪公司错综复杂的关系还尚未理出头绪。)

　　罗莉拉和多萝西从美国乘船前往巴黎,她们遇到了百万富翁,她们在一家夜总会找到了工作,她们应对着各种各样愚蠢的倒霉事,这些不幸的遭遇都是因为罗莉拉一见到有钱的男人就犯糊涂、对懦弱的未婚夫心软又忠诚,这个单薄的

丽莲·梦露生平年表的作者们产生了影响。有关她和罗伯特·肯尼迪发生过婚外情的无稽之谈、斯雷泽尔宣称肯尼迪对她的死亡负有直接责任,这些说法在很大程度上都是斯雷泽尔临时捏造的。多年里,斯雷泽尔通过出版物和电视脱口秀节目赚到了巨额收益。他还贩卖了一些照片,他宣称这些照片都是自己1962年在她拍摄最后一部影片——没有完成的影片《濒于崩溃》——期间为她拍摄的,从而进一步巩固了自己和玛丽莲有过亲密交往的无稽之谈。但是他出售的照片底片和印样都证明拍摄照片的不是斯雷泽尔(没人记得他去过导演乔治·丘克的封闭片场),而是福克斯公司指派为这部影片拍摄剧照的摄影师詹姆斯·米歇尔。没有多少人能像斯雷泽尔这样获利巨大却毫无获益的资格,他提出的那些说法完全不应受到理会,人们只应当记住一个事实——他们一伙人在贪婪的支配下开创了一个持续数十年的恶毒产业,人们还应当记住有一个人的名誉遭到了有计划有步骤的故意严重破坏。有关整个事件,详见后记《大骗局》。

故事之所以没有以失败告终得完全归功于两位明星在几段歌舞表演（这些歌舞表演实际上应该被称为"花式慢步舞"）中卖力的表演。

不过，影片中最突出的还是玛丽莲对朱尔·斯泰安和利奥·罗宾创作的歌曲《钻石是女人最好的朋友》传奇般的演绎。几十名扎着黑领结、身着燕尾服的男子环绕着玛丽莲，她穿着威廉·特拉维尔设计的一件粉红色无肩带礼服，浑身上下星光闪烁，她的身后是大红色的环形布景。同其他歌舞片段一样，执导这场戏的不是霍华德·霍克斯（喜剧歌舞片不是他的本行），而是受人尊敬的编舞师杰克·科尔。玛丽莲其实并不是在跳舞，她只是蹦跶着、跑动着、跳跃着、漫步着、伸着手指指来指去、甩动着手臂，被一群男人在这里举一下、在那里举一下，她则轻轻地抚弄着一条条钻石链子，无比兴奋地夸赞着钻石诱人的魅力，"蒂芙尼的……卡地亚的……跟我说说啊，哈利·温斯顿！！！"这段表演是对"贪欲如性爱"态度的调侃和讽刺，逗人喜爱的表演本身不涉及道德问题，因此即使在1953年也还是可以接受的（福克斯公司和影评家都这样认为）。这段歌舞表演自然获得了成功，一直是玛丽莲·梦露的影像资料中被播放最频繁的片断，因为玛丽莲表演出了高级的讽刺艺术。

在拍摄这段戏的时候，玛丽莲表现出一副不知疲倦的样子，仿佛她知道这个片段将在全国各地受到推崇，据演员罗恩·纳曼（在"钻石"片段中饰演充满仰慕之情的合唱团里的一员）所述，银幕上的玛丽莲深受人们的喜爱，但是她的腼腆妨碍了原本随时能够迸发出热情的简·拉塞尔。此外，玛丽莲在有些问题上非常固执（重拍、修改乐曲、同娜塔莎进行商量），而且她的要求都能得到满足（正如纳曼所说的那样，"什么事，只要她态度坚决，那就只能听她的了"[LI]）。音乐总监莱昂内尔·纽曼还记得录音时玛丽莲执意要求跟管弦乐队一起录制，对于电影录音来说这种做法很不寻常，因为电影录音的效果通常取决于人声是否能很好地被录在预先录制的配乐带上。玛丽莲还要求将这段戏重拍了11遍，痛苦地追求着完美的演唱效果。纽曼说："她非常清楚自己想得到什么样的效果，乐队里的人都非常崇拜她。她总是那么随和、客客气气的，不任性，从来不忘向每一个跟她合作的人表示感谢。"[LII]

玛丽莲（或许可以说是历史上物质欲最低的电影明星）对《钻石是女人最好的朋友》的演绎就仿佛这是一首讽刺作品。她的表演透露出一种不真实的贪婪，无论眨眼还是微笑都证明了这一点。"我觉得就像是我身边的人碰到的事情。我很接近对方，我感觉得到，我听得到。只不过那个人不是我。"[LIII]（霍克斯说过："她的身上没有什么是真实的，一切都是完全不真实的。"[LIV]）据杰克·科尔所述，玛丽莲准备这段歌舞表演时几乎有些狂躁凶恶。负责为这部影片完善和安排配乐并单独执导玛丽莲的是福克斯公司首席声乐教练哈尔·沙弗，他也认为"她热爱唱歌，唱得很不错，非常崇拜自己的偶像艾拉[费兹杰拉]。玛丽莲在声乐方面受到的最主要影响实际上就来自我给她的一张唱片，《艾拉演绎格什温》，里面的伴奏就只有爵士乐钢琴家埃利斯·拉金弹奏的钢琴"。[LV]

罗莉拉·李这个角色将玛丽莲在世人的认识中固定为浮夸、迷人、充满诱惑力的金发美女形象——只有肉体，没有头脑，几乎麻木不仁，只会低声细语或者高声叫骂，却毫无感情。她一下子就变成了迷人的丘比娃娃，肌肤细腻得超乎想象、妆容十分润泽，对有钱男人来说显然就是一个危险人物。在剧本中，罗莉拉·李被描述为一个贪婪的女人，比一个丰满红润的卡通形象强不了多少，而玛丽莲却将这个角色演绎成了整整十年里始终毫不褪色的一个讽刺性的经典形象。她在当年冬天说过："我最大的野心就是能够让人们对我精彩的戏剧表演发表看法，[不过]我也想集中精力完成好歌舞和喜剧片断的表演。"[LVI]

玛丽莲显然有些打不定主意，究竟应该完成高标准的戏剧角色，还是把精力集中在音乐喜剧上。后来，她说过这一次，

> 我必须跳出来，我只能这样。危险的是，我开始相信自己只能做到这一步——我只能这样——所有的女人都是如此。娜塔莎和所有人都在说我的表演有多么可信，我对这个角色有多么投入，或者这个角色跟我有多么一致。我知道我能做的不止这些，我不只是这样的人。可是我的话没有人听。[LVII]

这部内容丰富的影片尚在拍摄期间，西德尼·斯科尔斯基指出："她想成为明星想得太痛苦了。"[LVIII]影片从1952年11月一直拍到了1953年2月，玛丽莲也坦然承认过自己的这种渴望："我最希望的事情就是成为大明星。这种事情太可贵了。"[LIX]

不过，目睹到玛丽莲长期迟到、来到《绅士爱美人》的片场后仍旧不敢开始工作的人不太能看得出她的这种渴望有多么强烈。娜塔莎·莱特斯始终陪伴

她，艾伦·斯奈德温柔地鼓励她，霍华德·霍克斯哄劝她（他的执导没有因为对细节的追求而受到拖累），联合主演简·拉塞尔也对她很友好，尽管如此，她还是不太敢进入录音棚，无论是小片段，还是复杂的歌舞片段。罗莉拉·李专注于吸引男人的求婚，玛丽莲·梦露则一心扑在演技的每一处细节上。对于她在影片中饰演的角色来说，任何一个有钱的男人都是可心的猎物；对她本人来说，任何一个能够帮助她提高自信和演技的人都是她的朋友。

以为人和善、冷静、礼貌、颇有专业素养而出名的简·拉塞尔说过玛丽莲"很害怕"，她认为玛丽莲之所以焦虑是因为她"非常、非常渴望成为明星"。[LX]为了帮助玛丽莲放松情绪，简·拉塞尔邀请她参加当年冬天在她们的同事克里斯蒂安夫妇家中举办的非正式宗教讨论会，玛丽莲则给了简·拉塞尔一本弗洛伊德的著作。玛丽莲说过："我们俩谁都没有说服对方。"[LXI]简·拉塞尔很快就看出玛丽莲"远比人们以为的聪明"，[LXII]她欣赏玛丽莲在当天的戏拍完之后还会跟杰克·科尔（被誉为"美国爵士舞之父"）练习很长时间的舞蹈，她还记得到了第二天上午玛丽莲"没有化妆、头发乱成一团、穿着牛仔服"[LXIII]就赶来片场参加"艰难辛苦的舞蹈排练"。科尔还说过，玛丽莲非常清楚自己没有舞蹈技巧，

> 她只是一个非常漂亮的女孩，碰到这一切都发生在了她的身上，一下子成了明星，她必须出去，去完成表演，所有人都会看着她。她被吓坏了！她知道自己还达不到要求。她没能来公司是因为她失眠了[因为恐惧]……化妆、梳头都得"再来一次"，因为她非常害怕出去。她就是这样的一个小姑娘，不知道该如何表达歉意。[LXIV]

如影随形的娜塔莎没有起到多少作用。只要玛丽莲得到霍克斯的指示，娜塔莎就会立即对她进行一番指导。在强光下，每拍完一个镜头，玛丽莲都要用手遮在眼睛上，寻求教练的认可。终于，霍克斯再也忍受不了娜塔莎的干预，他效仿弗里茨·朗的做法，将娜塔莎赶出了摄影棚，玛丽莲的反应就是一天比一天来得晚。不到一个星期，娜塔莎就回到了片场，霍克斯依旧看到她是"极其恐惧的小姑娘，觉得自己没能力做好正在做的事情。可是，一走进镜头，她就很讨[镜头的]喜欢"。[LXV]

据简·拉塞尔所述，玛丽莲似乎总是有些生气或者不开心。她的痛苦主要是由于乔和娜塔莎之间的矛盾日益激化。乔造访过片场两三次，之所以没有人注

意到他的存在完全是因为玛丽莲的慌乱。（在乔看来，这场风暴的核心问题在于娜塔莎，而且对玛丽莲来说她比他更重要，至少在工作方面是这样的。）

星光大道近在眼前，所有人都相信等到1953年《飞瀑欲潮》和《绅士爱美人》公映后，玛丽莲就会成为大明星。然而，这样的前景还是无法说服玛丽莲相信自己有能力维持住明星的身份，更不用说成长为一位优秀的女演员。在这一年夏天拍摄《绅士爱美人》期间，她告诉一名记者："我真的很想试一试别的角色。彻底榨干自己的身上的性魅力非常不容易。我想扮演《入土为安》中的朱莉、《格蕾琴》中的浮士德和《摇篮曲》中的特雷莎之类的角色。我不想永远当喜剧演员。"[LXVI]影评家们对《绅士爱美人》的评价也不太令她开心，他们依旧只着眼于她的外貌。

仿佛是为了证明自己对更高的追求有多么认真，玛丽莲对娜塔莎的一次暗示做出了反应。当时娜塔莎在《洛杉矶时报》上读到一篇文章，她的老朋友及导师马克斯·莱因哈特已经于1943年逝世，现在他的前妻即将对他的178本导演手记进行拍卖。这些资料都是莱因哈特在排演过程中留下的笔记，里面写满了他对表演、时间控制、舞台布景和剪辑的注释。娜塔莎说这批资料将极大地丰富玛丽莲的图书收藏，无疑她自己一心想要拿到这些笔记。

因此，这两个女人在12月3日星期三这一天急匆匆地赶到位于贝弗利山的戈登堡画廊。当报价提高到几百美元，玛丽莲和经营珍本图书的杰克·泽特林展开了一番较量，后者在这场拍卖会上代表的是南加利福尼亚大学。南加利福尼亚大学多希尼图书馆的莱因哈特文库已经拥有了三千多册藏书，他们一心想要补充更多的藏书。拍卖场里，价格已经被叫到了1300美元。

"1320！"泽特林喊道。

拍卖师将这个数字重复了一遍，然后停顿了片刻。

"1335！"玛丽莲从容不迫地喊道。就这样，她得到了这批资料。[LXVII]

就像圣母大学的橄榄球队在那个赛季里的表现一样，玛丽莲战胜了南加利福尼亚大学。随后的一个星期，报纸将这件事情大肆宣扬了一番，结果这场胜利令玛丽莲有些不得人心了，就像圣母大学橄榄球队遇到的情形一样。

12月5日，南加利福尼亚大学的图书馆馆长路易斯·斯蒂尔格向外界表示自己希望玛丽莲能将这批收藏品捐赠给多希尼图书馆。玛丽莲通过记者做出答复，她表示自己终于意识到如此珍贵的收藏品应当被提供给所有的戏剧学生，她认为哈佛大学、斯坦福大学和其他几所大学都适合收藏这批资料。为了实现自己的目标，斯蒂尔格接着又邀请玛丽莲在玫瑰碗体育场举行的元旦球赛中同他一起坐在位于50码线的最佳观看位置上。玛丽莲拒绝了对方的邀请。

几个星期后，玛丽莲收到了莱因哈特的儿子弋得弗里特的来信："亲爱的梦露小姐，暂且不论您为这笔记所花费的金钱，这些书实际上都属于[我]，而不是您。您肯定能够理解这一点。"[LXVIII]拍卖商告诉弋得弗里特玛丽莲还没有拿走这批笔记，也尚未付款，因此如果玛丽莲宽宏大量地表示同意的话，他就会给她寄来一张支票，以补偿她已经产生的花费，而这批笔记的拍卖款将由他直接支付给画廊。

在严寒的平安夜当天，参加完福克斯公司聚会后玛丽莲独自一人回到了在贝弗利山酒店租住的套房。她打开房门，开了灯，这时她惊讶地看到乔正伸长胳膊，将最后一个银色装饰物放在装饰奢华的圣诞树的树尖上。银色冰桶里放着香槟，木柴在壁炉里喜气洋洋地燃烧着。后来，玛丽莲告诉朋友这是她拥有过的最开心的一个圣诞节。

注　释

[I] 引自罗杰·卡恩所著的《乔和玛丽莲》（纽约：威廉·莫罗出版社，1986）一书，p.18。

[II] 同上，p.44。

[III] 同上，p.238。

[IV] 引自《当代人物志》，1951，p.163。

[V] 同上，p.32；引自克雷·费尔克对前棒球球员安迪·海的专访文章。

[VI] 《当代人物志》，1951，p.164；参见莫里·艾伦，《你上哪儿去了，乔·迪马吉奥？》（纽约：达顿出版社，1975），p.171及以后各页。

[VII] MG2 VIII, 3, p.14。

VIII 西德尼·斯科尔斯基于1952年3月17日发表在各家报纸上的专栏文章；令人啼笑皆非的是，当天晚上乔就带着玛丽莲在吉尔莫体育场观看了她平生第一场棒球赛，小联盟的职业棒球队"好莱坞明星队"同大联盟的全明星队举行了一场慈善比赛，为救助儿童的瓦尼斯俱乐部筹款。乔打的是中外野的位置。

IX 引自莫里斯·佐洛托撰写的《乔和玛丽莲——洛杉矶的终极爱情故事》一文，《洛杉矶杂志》，1979年2月，p.240。

X 引自古斯·鲁伊特杰斯，p.111。

XI JWP/NL2，p.20。

XII 鲁伯特·艾伦向唐纳德·斯波托转述。

XIII 见艾琳·莫斯比发表在《洛杉矶先驱快报》上的文章，1952年3月13日，pp.1, 10。

XIV 玛丽莲·梦露，引自《留给后人的四句话》，《看》，第18卷（1962年1月16日）：83。但是，这一年年底日历照片出现在酒杯、烟灰缸、酒巾上的时候，她还是感到了气愤。她和福克斯公司的律师试图阻止更多带有她裸体照片的产品出现在市面上，可是没有取得太大的成效。

XV 乔·海姆斯向唐纳德·斯波托讲述，1991年9月19日。

XVI 菲利普·哈尔斯曼，引自爱德华·瓦根内克特的作品。

XVII 例如，吉姆·海纳根，《独行已久》，《红皮书》，1952年6月，p.43。

XVIII 戴维·布朗向唐纳德·斯波托讲述，1992年11月11日。

XIX 格拉迪斯给玛丽莲·梦露的信，收录在IMP。

XX 玛丽莲·梦露附在上述一封信中的批注。

XXI 格雷斯·戈达德给玛丽莲·梦露的信，落款日期为1952年10月28日，收录于IMP。

XXII 厄斯金·约翰逊，《玛丽莲·梦露承认母亲尚在人世，就住在这里》，《洛杉矶每日新闻》，1952年5月3日。

XXIII 玛丽莲·梦露贴在自己身上的字条得到了充分曝光，副本收录于IMP。

XXIV 引自约翰·科拜尔所著的《有人想说话》（纽约：克诺夫出版，1985）一书，pp.615, 613。

XXV 约瑟夫·科顿，《虚荣送你上路》（伦敦：哥伦比亚图书公司，1987年），p.110。

XXVI 同上，p.111。

XXVII 引自西德尼·斯科尔斯基发表于1952年7月16日的专栏文章。

XXVIII 引自科拜尔的著作，p.615。

XXIX 莫里·艾伦，p.177。

XXX 西德尼·斯科尔斯基发表于《好莱坞市民新闻》（1952年6月24日）的专栏文章。

XXXI 引自科拜尔的著作，p.616。

XXXII 杰伊·布林，《她任凭话题转向自己》，《洛杉矶每日新闻》，1952年9月9日。

XXXIII MG2 IV，4，p.23。

XXXIV 厄尔·威尔逊供多家媒体刊载的专栏文章（例如，《洛杉矶每日新闻》），1952年8月27日。

XXXV 引自迪克·威廉斯的专栏文章，《洛杉矶镜报》，1952年9月18日。

XXXVI 乔治·赫里尔，引自约翰·科拜尔所著的《有人想说话》（纽约：克诺夫出版，1985）一书，p.266。

XXXVII 戴维·斯坦，《克拉拉·鲍》（纽约：双日出版社，1987），p.179。

XXXVIII 《洛杉矶每日新闻》，1952年9月2日，p.26。

XXXIX 同上。

XL 《新闻周刊》，1952年9月15日，p.50。

XLI 合众国际社的报道，1952年9月5日。

XLII 西德尼·斯科尔斯基的专栏文章，1952年9月5日。

XLIII 关于玛丽莲在新年里同赛尔·查普曼一起购物时的淘气举动，见厄尔·威尔逊所著的《揭秘演艺业》（纽约：帕特南出版社，1974），p.65。

XLIV 例如，《洛杉矶时报》，1952年11月5日。

XLV 威尔·福勒，《记者——一位年轻记者的回忆录》（圣莫尼卡：圆桌出版社，1991），无页码；另见威尔·福勒向唐纳德·斯波托讲述，1992年4月9日。

XLVI 艾伦·斯奈德向唐纳德·斯波托讲述，1992年7月3日。

XLVII 罗伯特·F.斯雷泽尔，《玛丽莲·梦露的一生及其离奇的死亡》（洛杉矶：顶峰出版社，1974），p.166。

XLVIII 福勒，无页码。

XLIX 艾伦·斯奈德向唐纳德·斯波托讲述，1992年7月3日。

L 凯·艾切尔，引自亚历克斯·伯顿撰写的《〈玛丽莲和我〉纯属谎言》一文，《明星》，1991年10月1日，p.45；并向唐纳德·斯波托证实，1992年12月4日。

LI 罗恩·纳曼向唐纳德·斯波托讲述，1992年6月24日。

LII 莱昂内尔·纽曼，在落款日期为1972年10月26日的评论中，被用于玛丽莲·梦露在20世纪唱片公司录制的歌曲集（T-901）的唱片封套推介文字，1972。

LIII 芭芭拉·伯奇·贾米森，《肉体和灵魂——玛丽莲·梦露肖像阐释了绅士为何爱金发美女》，《纽约时报》，1953年7月12日，第2版，p.5。

LIV 约瑟夫·麦克布莱德，《霍克斯讲述霍克斯》（伯克利：加利福尼亚大学出版社，1982），p.124。

LV 哈尔·沙弗向唐纳德·斯波托讲述，1992年4月24日。

LVI 《纽约时报》，1953年2月18日。

LVII MG2 I，4，p.14。

LVIII 西德尼·斯科尔斯基发表于1952年7月16日的专栏文章（例如，《好莱坞市民新闻》）。

LIX 玛丽莲·梦露向在《绅士爱美人》中为她当替身的艾琳·克罗斯比讲述，引自斯科尔斯基发表于1952年12月17日的专栏文章。

LX 简·拉塞尔向唐纳德·斯波托讲述的，1985年3月18日；在《萨莉·杰西·拉斐尔脱口秀》（1992年4月15日）中也提到了。参见戴维·吉利根，《性符号》，《剧评》，第17卷，第7期（1986年2月13—19日）：7。

LXI 贾米森，前文引用的文章。

LXII 简·拉塞尔，《简·拉塞尔——我的道路以及我走过的弯路》（纽约：富兰克林·沃茨出版社，1985），p.137。

LXIII 同上。

LXIV 杰克·科尔，引自科拜尔的著作，p.605。

LXV 霍克斯，麦克布莱德的上述著作，p.125。

LXVI 玛丽莲·梦露向迪克·威廉斯讲述，《洛杉矶每日镜报》，1953年3月10日。

LXVII 有关莱因哈特手稿拍卖的情况，见《洛杉矶时报》1952年12月5日和6日。

LXVIII 弋得弗里特·莱因哈特，《天才》（纽约：克诺夫出版，1979），p.396。

第十二章　1953年

1953年元旦的一大早，玛丽莲和乔就达成了一项协议。她不会再穿那么暴露的衣服、当众羞辱他了，他会尽力对她耐心一些，对娜塔莎也更客气一些，尽管他和后者都非常反感彼此。一天晚上，娜塔莎说："玛丽莲，这个男人是上帝对你这一生的惩罚。"[1]即使按照自己的标准来说，她的这种断言也过于夸张了。

无论是不是对玛丽莲的惩罚，这个冬天玛丽莲去餐馆时，乔始终陪伴在她的身边，西德尼·斯科尔斯基在2月9日的专栏文章中称他们两个人"依然形影不离。"[2]这番评论颇有讽刺性，就在当天晚上举行的一场颁奖典礼上，《电影故事》杂志为玛丽莲·梦露颁发好莱坞"成长最快新秀奖"，当时她的护花使者不是乔，而是匆忙赶来救场的斯科尔斯基。

原因很简单。玛丽莲决定穿上特拉维尔专门为她设计的一条金色长裙去贝弗利山酒店（这一年冬天她一直住在这家酒店里）的餐厅用餐，这条裙子是用金属片制成的，令她曲线毕露、充满诱惑力，甚至显得不够高雅。在《绅士爱美人》中她就穿过这条领口开得很低的拖地长裙，不过当时只出现在了一个短暂的长镜头中。后来，特拉维尔说过："只能把你缝进去了！"[3]他还说自己恳求玛丽莲不要穿这条裙子。"玛丽莲，眼下你还太胖，不适合！它太紧，别人都会笑话你的！"玛丽莲很固执，她告诉特拉维尔自己刚刚学会了"一个快速减肥的小窍门——灌肠，有一种灌肠剂可以把体内的水分排出，身子一下子就显得瘦了几英寸"。在玛丽莲的余生里，这种有可能会对健康造成危害的极端减肥方法成了她的日常保养措施，特拉维尔还记得"她每天都要灌洗两次"。不过，只要能把那条裙子紧紧地裹在身上，她就会感到开心。

看到玛丽莲穿着这条裙子而且里面没有穿胸罩、衬裙或者其他内衣，乔气呼呼地走掉了。在发表于次日的专栏文章中，西德尼·斯科尔斯基谨慎地告诉读者乔"去了旧金山,要在那里待上几天"。无疑,乔要在北部寒冷的空气中冷静冷静,从朴素正派的家人那里寻求慰藉。

这天晚上,玛丽莲悄无声息地走进酒店的水晶厅,没有人能和她争抢现场的焦点。玛丽莲或许早就预料到了这种情况。她穿着那条紧紧包在身上的金色长裙,正如专栏作家弗罗拉贝尔·缪尔第二天报道的那样,裙子"看上去就像是画上去似的"。[IV]

> 玛丽莲·梦露微微扭动臀部,悄悄地霸占了正常演出……与会宾客爆发出热烈的掌声,而两位银幕明星——琼·克劳馥与拉娜·特纳——只得到了零星的关注。玛丽莲到场之后,相形之下,其他的女孩全都显得那么平淡无奇。

看到这一幕,令人敬畏的琼·克劳馥立即采取了行动。从玛丽莲出生的那一年就成为明星的她面对潜在竞争对手时没有高调友好地为对方欢呼喝彩。相反,她召集媒体,公开谴责玛丽莲的"表演只是在拙劣地模仿别人",并告诫她"公众喜欢具有挑逗性的女人,但同时也希望知道在这种表现的背后所有的女演员都是淑女"。接着,克劳馥以几乎有些虔诚的腔调郑重其事地说:"小孩子们不喜欢[玛丽莲]……因为他们不喜欢看到性剥削的现象。也不要忘了女人们。她们不会为全家人挑选不适合丈夫和孩子观看的[影片]。"[V]

显然,这位49岁的影星指望好莱坞(以及全美国)比较健忘,毕竟在还是碧莉·卡辛以及后来的青年琼·克劳馥的时候,她正是靠着在地下酒吧的桌子上大跳查尔斯顿脱衣舞一举成名,后来她还参演了大量的色情影片。在2月里的那个夜晚,她也不会欣然回想起自己在二十多岁的狂野岁月里发表的一番声明:"塑造健康的美国女孩的一种办法就是少穿点衣服。"[VI]

但是,玛丽莲没有反唇相讥,也没有顺口提起克劳馥的历史。就像之前由于在美国肃穆的女军人身旁过于暴露自己的胸部而遭到谴责时那样,她在不知不觉中让对手缴械投降了。她告诉洛拉·帕森斯和全国人民:"克劳馥小姐对我的评论最令我伤心的是,我一直很崇拜她,因为她是一位非常了不起的母亲,收养了四个孩子,给了他们美好的家。谁能比我更了解她的善举对这些无家可归的小孩子来说意味着什么?"玛丽莲不太可能了解克劳馥是如何照顾孩子的。后来,克劳馥收养的一个可怜孩子在自己撰写的书里披露了她对孩子们的管教严厉得令人感到恐怖。不过，这一点根本不用在意，玛丽莲这个流浪儿借助自己不幸的过去再一次征服了对手。

1953年，或许只有在美国一个年轻女子穿什么裙子的问题才会登上各种媒体的封面——气候温和的南加利福尼亚猛然刮起了一场风暴。不过，随即外界就在道德问题上对玛丽莲进行了声援。在之前的十年里福克斯公司的头号票房保证贝蒂·葛莱宝说过："玛丽莲是好莱坞多年来发生的头号新闻。这里一直生产着电影，但是突然之间——哟嗬！——玛丽莲横空出世了。对好莱坞来说，她就是一剂兴奋剂！"[VII]

葛莱宝的这番评论很符合事实，她本人对玛丽莲也很友好。不过，这番话实际上是福克斯公司公关部在两位金发美女和劳伦·白考尔于3月开始拍摄《愿嫁金龟婿》的时候撰写的。对于，福克斯公司希望通过这部投资巨大的彩色喜剧片让宽银幕技术为比较温馨的影片锦上添花，就像公司在此之前拍摄的《圣经》史诗片《圣袍千秋》一样。新采用的宽银幕技术和玛丽莲·梦露就是福克斯公司应对观众日渐流失转向电视的困境的两大法宝。正如当初采用彩色印片技术一样，立体声音响、3D技术、全景电影（甚至是被称为"嗅觉电影"或者"香味电影"的短命新发明），各家电影公司对花样百出的新技术的尝试导致大量影片缺乏实实在在的成熟故事内核和连贯的叙述结构。

仓促吸引观众的做法同时还催生出另一个结果——电影可以在剧本中为大红大紫的明星量身打造角色（往往只是简单地勾画出梗概而已）。聪明的作家和制片人南纳利·约翰逊就已经在《我们没有结婚！》为玛丽莲和福克斯公司安排了一个这样的角色，现在他又准备再度为玛丽莲和公司效力，安排玛丽莲、葛莱宝和白考尔同时亮相于一部影片。这部基本上就是时装秀的影片叫作《愿嫁金龟婿》，片名已经言简意赅地阐明了剧情。剧本是将两部戏剧糅合而成的，讲述了三个拜金女郎凑钱在曼哈顿租了一套豪华的楼顶公寓，打算开始钓金龟婿。

玛丽莲在拍摄睡觉的一场戏时引起了小小的骚动（就像在《飞瀑欲潮》中那样）——被子底下的她一丝不挂，但是她还是同往常一样矛盾，穿着衣服出现在镜头前的时候就害怕得要死。等到终于做好准备面对镜头时，她一下子就爆发了，按照导演让·尼古拉斯科的说法，"她周围的人都没有意识到一场爱情发生了。用的语言是眼神、一种忌讳的亲密感……镜头就是观众"。[VIII]成千上万的观众做出了回应。还未入夏，玛丽莲每个星期就已经能收到超过2.5万封影迷来信，继《电影故事》之后，《红皮书》也为玛丽莲颁发了一个奖项，"最佳票房新秀奖"。所有的骂名和超乎想象的美名都没有令玛丽莲改变本性，她不会摆架子，也不要求享受特权。她仍旧是她自己，正如她说过的那样，这一切似乎都发生在别人的身上。

对于玛丽莲的表演，娜塔莎最没有必要存在的一次莫过于在拍摄《愿嫁金龟婿》期间。就像南纳利·约翰逊所说，玛丽莲似乎"被她的戏剧指导给施了法术"。[IX]跟玛丽莲联袂出演这部影片的亚历山大·达西还说："到了这个阶段，娜塔莎给她的指点已经非常糟糕，只是为了证明自己出现在片场合情合理，就一遍又一遍地要求重拍，而且她的存在还令玛丽莲变得越来越局促不安。她经常对玛丽莲说：'嗯，亲爱的，那样没问题，不过咱们或许可以再来一次。'"[X]

这一年春天，玛丽莲和娜塔莎在拍摄期间不断地采取一贯的伎俩。玛丽莲先是要求每场戏都重拍几遍，直到她看到娜塔莎点头认可。最终，怒不可遏的制片人和导演在4月13日禁止娜塔莎进入片场。次日，玛丽莲宣称自己得了支气管炎，没有来摄影棚。最终，娜塔莎又恢复了工作，而且还拿到了更高的薪水。[XI]在参观了拍摄现场之后，经纪人查尔斯·费尔德曼在给属下的一份通告上写道："没有[莱特斯]，梦露就没法拍电影。这位教练以辞职相威胁，除非她能得到实实在在的补偿。"[XII]

不过，剧组的屈服也一如既往地得到了丰厚的回报。同近视的波拉一样，玛丽莲在三位大美女中出镜时间最短，但是她还是贡献出了一场堪与哈罗德·劳埃德或者查理·卓别林相匹敌的喜剧表演，不戴眼镜的时候总是会十分滑稽地撞在门上或者墙上。[*]镜头还捕捉到了一些非常甜美的短暂瞬间，波拉（跟玛丽莲本人很相似，无疑这正是南纳利·约翰逊所希望的）是一个缺乏安全感的女人，

---

[*] 为这部影片增色不少的台词对电影内行来说不啻为一种奖励。在一场时装表演中，玛丽莲身着一件性感迷人的橘红色泳衣走上舞台，这时主持人发表了一番评论："你们当然都知道绅士爱美人，这就是证明！"同样地，白考尔也申明了自己对老男人的喜好："瞧瞧那个老家伙，他在《非洲女王号》叫什么名字来着……"这句台词提到的当然是白考尔的丈夫亨弗莱·鲍嘉（比白考尔年长25岁）。

总是担心遭到拒绝，非常需要朋友们对她的友善。

玛丽莲以滑稽的方式演绎的近视眼波拉是她从影以来碰到的第一个重要喜剧角色，凭借着这个角色她跻身一支屈指可数的女演员队伍，这些女演员都成功地将幽默和性感魅力集于一身，在梦露之前这支队伍几乎就只有梅布尔·诺曼德、克拉拉·鲍、玛丽恩·戴维斯、科琳·摩尔和珍·哈露。毫无疑问，卡洛尔·隆巴德和露西尔·鲍尔也同样魅力非凡，但是她们的影片都偏重于滑稽的快节奏肢体动作，而不是性感气质。相反，大部分喜剧女演员都朴素得毫不媚俗，如露易丝·法曾达、玛丽·杜丝勒和范妮·布莱斯。通过《绅士爱美人》和《愿嫁金龟婿》的成功，玛丽莲将精心构思的喜剧表演节奏和一系列自然而然发生的有趣事件结合起来，通过这两部影片她也明白了珍·哈露标志性的浅吟低唱——只是哼着"嗯……"——可以向观众传达出多少意味，也意识到自己已经有能力站稳脚跟、盖过同一场戏中所有演员的锋芒了。

玛丽莲的表演中也出现了一些细微的变化，其中一部分很有可能源自当年春天她在转身剧团[1]参加的表演课程。迈克尔·契诃夫把玛丽莲引介给著名的哑剧演员洛特·戈斯拉尔，他指导演员时很强调细微的动作和肢体语言。拍摄《愿嫁金龟婿》期间，玛丽莲师从戈斯拉尔参加了一些小组学习。由于腼腆的性格，她不太去上课，只参加了一两次同学们的练习活动和即兴表演。

尽管玛丽莲有迟到的坏毛病，每当剧组有人迟到从来不会笑脸相迎的劳伦·白考尔也不得不承认"她并没有恶意，不是一个贱货。我喜欢她。她说她真正想做的事情是跟乔·迪马吉奥待在旧金山，待在一家意大利面馆里"。[XIII]玛丽莲也博得了贝蒂·葛莱宝的好感，尽管后者没能得到《绅士爱美人》里的罗莉拉·李一角。葛莱宝的女儿在骑马时受了伤，玛丽莲就频频给她打去电话，主动表示愿意帮忙、安慰她，据葛莱宝所述，"只有她打来了电话"。（有一天，拍摄时葛莱宝热情地对玛丽莲说："亲爱的。我拍完了，该你上场了。"[XIV]）

同样地，亚历山大·达西也记得当时为了消除玛丽莲对自己能力不足的担

---

[1] 转身剧团是好莱坞一家木偶剧团，除了牵线木偶剧还表演一些针砭时事的滑稽剧，活跃于1941至1956年。剧团剧场的活动座位是用有轨电车座位改装成的，可以旋转180度。

心，一天晚上他邀请她一起出去吃饭，夸奖她在喜剧表演过程中张弛有度。"我盯着那双著名的水汪汪的眼睛，结果只看到了一个被吓坏的小孩子。我不得不挪开自己的视线，掩藏起对她的强烈的同情。"好莱坞的媒体使出浑身解数也还是没有挖到有关《绅士爱美人》和《愿嫁金龟婿》拍摄期间剧组不和、演员相互倾轧的小道消息。

这一年春天的大部分时间里，乔都出差在外，"被吓坏的小孩子"身边无人陪伴。玛丽莲对乔家长式的评论已经和他有些居高临下的呵护一样习惯了，他长期出门在外的事实似乎要唤醒她曾经经历过的那种被遗弃的感觉，小时候以及战争期间詹姆斯·多尔蒂乘船外出时她都有过那样的感觉。玛丽莲一如既往地向父亲的替代品西德尼·斯科尔斯基寻求安慰和陪伴，在不拍戏的日子里就充当他的司机，开车送他外出采访，或者陪他参加好莱坞不多见的婚礼（专栏作家席拉·葛兰姆的婚礼），还出席了一家夜总会的开幕典礼以及为到访的王室成员（希腊国王和王后，当年秋天他们在好莱坞露过面）举办的一场宴会。

只要离开斯科尔斯基十分钟，玛丽莲就会感到自己又被抛弃了，在为演员克利夫顿·韦伯举办的一场聚会中就出现过这样的情况。当时，玛丽莲绝望地跟着朱迪·嘉兰从一个房间走到下一个房间，还对她说："我不想离开你太远——我有些害怕。"[xv]听到玛丽莲的话，同样缺乏安全感的嘉兰说："咱俩都一样。我也有些害怕。"6月初，斯科尔斯基陪着玛丽莲悄悄地溜进《绅士爱美人》的媒体预映会现场。观看影片时玛丽莲非常紧张不安，对自己在银幕上的形象很不满意，她似乎只喜欢看到没有自己出场的片段。

6月26日，玛丽莲·梦露和简·拉塞尔在好莱坞大道中国剧院门口湿漉漉的水泥上——将近二十年前格拉迪斯与格蕾斯指给她其他明星手印和脚印的地方——签下了自己的大名、留下了手印和脚印，这时候玛丽莲反而没有流露出太多的焦虑。30年来，有许许多多的明星都应西德尼·格劳曼之邀参加了电影界这项有些尴尬的造神活动；现在，身着同样的白底圆点裙子的金发美人与褐发美人也加入了这个行列。*这天晚上，斯科尔斯基带着两位女明星去了令名人签名收集者流连忘返的奇森餐厅。[1]在餐厅里，就连已经看够了明星的厨房员工都悄悄地溜到餐厅，一睹金发美人与褐发美人享用他们烹制的牛排和炸土豆时的景象。整整一个星期，美国各大报纸杂志都用文字和图片详细报道两位大明星每日的活动，媒体对她们的报道量完全可以同当月举行的英国女王伊丽莎白二世加冕典礼（6月2日）受到的报道相匹敌，甚至超过了万人迷夫妇参议员约翰·肯尼迪与杰奎琳·鲍维尔小姐的订婚（同年6月25日正式宣布）受到的大肆报道。

初夏公司又给了玛丽莲另一份工作。她在朴实无华的影片《无需敲门》中打动人心、有所节制的表演遭到低估，公司已经安排她在大瀑布（《飞瀑欲潮》）、豪华游轮上和纸板做的巴黎（《绅士爱美人》）以及曼哈顿的豪华楼顶公寓里（《愿嫁金龟婿》）当了主角。终于，她将在一部西部片中饰演一名酒吧歌手，这种安排或许是早已注定的。

同之前画面宏大的彩色影片一样，《大江东去》也充满了令人难忘的风景和特技效果，然而同时也充斥着各种陈腐的内容，就连加拿大境内落基山脉的壮丽风光和玛丽莲散发出的成熟魅力都没能拯救这部90分钟的无聊影片。

影片存在的第一个问题就是故事本身很无聊（玛丽莲曾经向福克斯公司指出过），讲述的是曾经坐过牢的牛仔发现跟自己失散的儿子得到矿区营地歌手的照顾。被玛丽莲贪财的男友欺骗后，玛丽莲和肌肉发达的罗伯特·米彻姆、可爱的小汤米·雷蒂格在壮丽的自然美景中同充满危险的急流搏斗了一番。一路上，他们遭遇到了外出努力寻找白人头皮的印地安人、一头饥饿的山猫、突然冒出来的带着枪威胁他们的淘金者。最终，他们划着一只单薄的木筏走完最后一段路程来到镇子上，经历了最后一场交火，这场枪战促使他们三个人最终组建了一个幸福的小家庭。

---

* 这项传统始自玛丽·毕克馥与道格拉斯·费尔班克斯无意中踏进了剧院门前刚刚浇灌的水泥里，一个箭步跳过去搭救了他们两个人的格劳曼对他们说既来之则安之，并且请他们在脚印的旁边添加上各自的签名。玛丽莲的签名、手印和脚印距离珍·哈露的不远，后者于1935年9月29日满足了格劳曼的请求。

[1] 1939年开业的奇森餐厅坐落于西好莱坞贝弗利大道9039号，举办过多次奥斯卡奖庆功宴。

这是玛丽莲·梦露参演的第22部影片，也是她第五次担任主角，但是20世纪福克斯公司仍旧不知道该拿她怎么办。事实上，无论她给他们展现出什么样的特质，她的角色任何一个女演员都能演，他们对她的要求基本上也就是好看的姿势、充满诱惑力的步伐、茫然的眼神，再唱上一首令男人们想入非非、证明金发美女愚蠢贪婪这种根深蒂固的观点的歌曲。玛丽莲反对这样的安排，可是她受制于合同的规定。就这样，她满怀热情地投入歌舞排练。在《大江东去》里，玛丽莲饰演歌手凯，需要演唱4首歌：感伤的恋歌《一枚银币》，拿不上台面的低俗民谣《我要索赔》，给男人逗乐的小曲《徜徉牧场》和电影同名的主题曲，她的表演很招人喜爱。在玛丽莲逝世30年后，这4首歌终于被收入玛丽莲唱片全集公开发行了。世人已经来不及公正地将玛丽莲同那部平淡无奇的影片剥离开，将她归入一流歌手的行列，不过这些歌曲永远地证明了她的能力远远超过了外界对她的要求。她在银幕上出现的时刻往往是整部影片里唯一的亮点。

《大江东去》存在的第二个问题就是对导演的选择。出生于威尼斯的奥托·普雷明格所学专业是律师，原本怀揣着成为法官的梦想，最终却改行拍起了电影（最著名的影片是于1944年拍摄的《罗娜秘史》）。在电影界，普雷明格素有独断专行的名声，面对自己的演员和剧组成员他不仅充当着法官，而且还扮演着刽子手的角色，就连最强硬的演员都能被他折腾得抽泣起来。同玛丽莲一样，《大江东去》这部浮夸的西部片也是公司强行塞给普雷明格的，从文化背景而言他并不适合执导这部影片，因此从开机伊始他的情绪就一直很糟糕。

在这一年的夏天，影片拍摄过程中的核心问题就是娜塔莎，玛丽莲的经纪人查尔斯·费尔德曼说过，她甚至"试图执导[影片]"。[XVI]普雷明格说过："我恳求[玛丽莲]放松一点，说话自然一些，可是她根本不把我的恳求当回事儿。她只听娜塔莎一个人的……给她排练台词时让她把很多字都咬得太重了，导致她唇部动作幅度太大，摄影师根本没法拍她……玛丽莲[对娜塔莎]百依百顺。"[XVII]

正如娜塔莎本人无意中承认的那样，她对玛丽莲的摆布非常顽固。在加拿大的一天，她说："玛丽莲，你不在乎我，只需要我跟你共事而已。要不是需要我，你都不知道怎么拼写我的名字。"[XVIII]面对如此绝望的表白，玛丽莲几乎无法作答，实际上她也找不到能够令娜塔莎满意的回答。多年后，罗伯特·米彻姆说过："玛丽莲觉得娜塔莎的身上有一种魔力。在表演的时候，她觉得除了导演自己还需要其他人的肯定，她更希望这个人是女性。"[XIX]

无论是在外景地还是在公司的摄影棚，玛丽莲都必须应付真正的或者模拟的湍急水流，拍摄工作对她身体方面的要求并未缓和片场存在的紧张气氛。福克斯公司特技部负责人保罗·沃兹尔还记得玛丽莲当时经受了残酷的折磨，拍摄木筏子上的那场戏时，她被泼了一加仑又一加仑的水，这场戏也拍了一遍又一遍，类似的情况不止一次。"拍那部片子时我们让她受了很多苦，但是她从来没有抱怨过。她清楚这部影片需要什么，只要一就位，她就很专业。整个剧组都很喜欢她。"[XX]

玛丽莲被自己的戏剧指导左右着，内心又渴望取悦导演（甚至米彻姆），但是又害怕走到镜头前接受别人的评判，尽管如此，在最终剪辑出的影片里玛丽莲依旧光芒四射。她本人的气质和19世纪生活在蛮荒环境中的女歌手有所不同，她的紧身牛仔服、时髦的衬衫和完美的妆容都完全不符合那个年代。她本人的性格变幻莫测得令人惊诧，跟她饰演的角色形成了鲜明的对比（就像拍摄《飞瀑欲潮》时一样）。在矿区营地临时搭建的舞台上唱歌；在饥寒交迫中一头倒在森林里；发现自己和英俊但是卑鄙、善于摆布她的人长期以来的婚外情无疾而终；意识到自己对安静、愿意保护她的米彻姆以及后者勇敢年幼的儿子的爱，她在影片这些最精彩的片段中都体现出了坚韧和柔弱兼具的性格散发出的质朴、直指人心的魅力。* [XXI]

玛丽莲的成就更加引人注目了，米彻姆、沃兹尔和斯奈德都记得无论是在加拿大还是在公司，她都没有多少独处的时间。公关人员为她安排了一连串的采访任务；扎努克或者他的手下每天都要给她打去电话，将普雷明格对娜塔莎的不满转告给她；被有关玛丽莲和米彻姆打情骂俏的谣言搞得心急如焚的乔·迪马吉奥和朋友乔治·索罗泰尔赶到片场。比起围绕玛丽莲刮起的情感风暴，大河凶险

---

* 玛丽莲曾在1955年说过："今天我不会接受《大江东去》［这个拍摄任务］。在这部影片里表演的地位低于自然风光和宽银幕技术，我觉得我理应得到比Z级牛仔片更好的片约。公司［把赌注］压在了风景上，而不是男女演员的身上。"

的水流和加拿大寒冷的夜晚并不算难熬。

斯奈德提到过一个不起眼但是很重要的时刻。在前往外景地进行拍摄的火车上，他和玛丽莲都对壮观的自然风光赞不绝口，他说："玛丽莲，这就是加拿大的洛基山山脉。如果你真的爱乔，干吗不退出电影界？那样你俩就能搬到这儿来，自己盖一座漂亮的房子，安定下来，养几个孩子。"玛丽莲思索片刻，悲伤地说："怀迪（斯奈德的昵称），这些我全都明白，可是我做不到——我就是做不到。"[XXII]她没有具体解释自己的理由。

玛丽莲有拍摄任务的时候，乔就钓钓鱼、打打猎，后来就待在阿尔伯塔省贾斯珀镇的贝克简易别墅里等着她回来，演员和剧组成员都住在这片别墅区里。等剧组转移到班夫镇的蒙特皇家酒店后，他也跟了过去。玛丽莲和乔可以偶尔过一过这样的生活，但是一旦提到结婚，她就显出一副很没有把握的模样，就连站在镜头前等着一场戏开拍时都不会如此忐忑。斯奈德说过："乔有时候很难相处，脾气很糟糕，又很孤僻，很能吃醋。一天的工作结束后，玛丽莲喜欢叫上几个人一起喝杯咖啡或者喝喝酒，可是只要乔在身边，气氛就很沉闷。他讨厌电影，讨厌跟电影有关的一切事情。"*对乔而言，唯一实际的目标就是保证这位大明星享受到舒适的生活条件，尤其是她8月19日在贾斯珀国家公园脚踝受伤之后。玛丽莲扭伤脚踝只是一起小事故，但是媒体如同久旱逢甘霖一般一窝蜂地赶到了现场，就好像她将不久于人世似的。记者们忠实地记录着她如何拄着双拐一蹦一跳地走路、表现得有多么英勇。

8月底，剧组结束了在加拿大的实景拍摄；9月1日，玛丽莲、乔和所有人回到了好莱坞，准备在福克斯公司的摄影棚拍摄室内戏。飞机在洛杉矶落地后，一百多名记者和摄影师争先恐后地赶到玛丽莲的面前，大声向她提问，你推我搡地争抢着最佳拍摄角度，对于记者们来说很罕见的是，他们竟然为她热烈地鼓起了掌。肌肉发达的米彻姆不得不使出浑身的劲儿保护着玛丽莲，以免她再度受伤。然而，后来米彻姆却说过："她还以为大家的欢呼声是送给别人的。"[XXIII]

---

* 然而，媒体只看到了梦露和迪马吉奥沉浸在百分之百的幸福中，就连《纽约时报》都在7月12日的报道中欣喜地提到他们"天长地久的爱情"。

无独有偶，就在同一个星期里，一本具有历史意义的著作问世了，这就是阿尔弗雷德·金赛博士的《人类女性性行为》。这部著作甚至比金赛博士之前出版的姊妹篇《人类男性性行为》引起了更大的争议。[XXIV]

这一年夏天，世界各地还发生了其他一些大事：朝鲜战争停战，9月初第一批美军部队重返家园；围绕着处决所谓的苏联间谍罗森伯格夫妇（朱利叶斯和埃塞尔）产生的强烈争议；参议员约瑟夫·麦卡锡的咆哮（疯狂地指责前总统杜鲁门蓄意支持共产主义）；苏联严厉镇压东柏林发生的反共示威活动并宣布自己拥有氢弹。

对于媒体和美国人来说，金赛博士发表的研究报告同样重要，这是美国有史以来第一次对人类性活动开展严肃的科学研究。当时，美国这个国家仍旧受到清教主义的严格束缚，也仍旧处于永恒的青春期，没有能力应对整个社会集体性的本能冲动，金赛博士的著作阐述的事实以及著作的上市导致美国社会出现了根本性的分裂。7月开始在全国公映的《绅士爱美人》和玛丽莲·梦露备受观众的喜爱，这二者都充分体现了金赛博士研究的内容，同时也代表了电影观众渴望和极度恐惧的问题。

从1942年直至1956年逝世，金赛先后以动物学家和性研究所所长的身份一直供职于印第安纳大学。1948年，他出版了《人类男性性行为》一书，这部著作对美国社会的性生活进行了有史以来的首次学术研究，出人意料的是，一部学术著作成为了畅销书。金赛及其同事采访了五千多名美国男性，详细地询问了后者的婚内性生活和婚外性生活、接吻、自慰、同性性经历以及无意中的人兽性行为的频率等问题。当这本书出现在书店（以及少数几所公共图书馆）后，在很多城市警方都试图将其没收，妇女组织和教会下属的社团也试图干涉研究采访工作并阻止著作的出版。与研究内容同样令世人震惊的是，这项研究得到了国家研究委员会和洛克菲勒基金会的资助。成千上万的人表示这本书肮脏不堪、污秽下流，还有很多人对其不屑一顾，认为这本书毫无意义而且极其无聊，然而从未有人统计过有多少册书被借阅、偷走、悄悄地塞进了书包里。

金赛及其同事又进行了超过12000次的调查，于5年后——也就是玛丽莲·梦露每天都会登上报纸，每周都会出现在杂志上，并且不断（至少看起来是这样的）在各个小区电影院的银幕上亮相的时候——出版了《人类女性性行为》一书。许许多多的市民和宗教领袖都同时抨击了金赛和梦露，仿佛这两个人之间存在直接的联系，在生意上也有往来。然而，没有人能控制或者说遏制住他们。通过《钻石是女人最好的朋友》这首歌，玛丽莲以恶作剧式的方式在职业生涯中实现了飞跃，与此同时金赛领导的性研究所正在整理和阐释调查问卷、电影、文学和其他艺术作品，试图开创一种对性和性活动的跨学科研究。1952年，就在玛丽莲拍摄裸体日历照片事件在社会上引起轩然大波的时候，美国海关正在指控性研究所从国外进口色情作品。毕竟，这些著作都受到了政府当局的严格管控，以免美国人民纯洁的心灵受到不得体的性话题的污染。

金赛报告的体例便于阅读，尽管两部著作合起来厚达800页，但是结构和内容都简单明了、通俗易懂。两部著作首先详细阐述了研究方法，接下来介绍了一系列客观冷静的研究结果。报告中不存在任何夸大的内容，也没有故意摆出一副低姿态，调查结果基本上符合事实，采访对象匿名性和研究主题的坦诚性这两个特点都对调查结果的真实性提供了支持。

在1948年发表的男性性研究报告着眼于异性和同性性活动的频度问题，在1953年问世的女性性研究报告则冷静地阐释了女性性高潮的问题，这一主题令成千上万的美国人感到恐惧。同样令很多人感到恐惧的是，金赛始终清醒地认为没有任何一种性活动有资格被认为比其他类型的性活动"更正常"。他说，相反，人类的性活动涵盖了各种方式和"发泄渠道"。换言之，所谓的"正常"这一概念只属于立法和社会习俗的范畴。

金赛报告的问世和玛丽莲·梦露成为大明星并且牢牢站稳脚跟的事实相互支持和巩固：有史以来第一次，学术调查将大众意识中最微妙的方面也是最需要严格控制的方面当作严肃的问题来对待。同玛丽莲一样，金赛戳穿了社会在欲望（甚至可以说是女性的侵略性）的问题上长期秉持的清教徒式和维多利亚式道德观念的虚伪面目。在好莱坞，这种道德观念通过《电影制作守则》和道德联盟发挥着效力；在全国各地，通过市民、学校和教会团体发挥着威慑力。

当时，玛丽莲·梦露饰演的角色所具有的性开放色彩开始遭到社会的大规模抵制。在金赛的研究成果中，同美国总体社会生活以及玛丽莲遭遇的这种强烈反应关系格外密切的就是他发现自第一次世界大战以来女性的性生活已经发生了巨大的变化。金赛指出，到了1950年全国女性人口中有超过一半的人在结婚时不是处女，全国整整四分之一的已婚女性有过婚外恋的经历，最令人惊诧的是，女性实际上很喜欢性。在那个年代，美国女性真正的生活方式完全不同于美国男性所以为的那样。这个观点在社会上引起一片哗然，金赛的出版商首印就印刷了5000册。很快，这部著作就售出25万册以上。

就在玛丽莲乘坐的飞机在洛杉矶落地的那一个星期，《时代》杂志大肆宣扬了一番"金赛日"，并详细报道了媒体和公众对金赛的著作产生的相左的反应，这本书同玛丽莲在《绅士爱美人》中穿着的服饰以及罗莉拉的动机一样促使美国民众分化成不同的阵营。《纽约时报》报道了围绕着金赛产生的论战，但是将报道掩藏在靠后的内页上；《费城公报》准备了一篇长达3300字的报道，最终稿件还是被枪毙了，因为报社唯恐"对[我们报纸的]广大读者造成不必要的冒犯"（在给读者的解释信中是这样说的）。《芝加哥论坛报》旗帜鲜明地指出金赛的这份报告"对社会构成了真正的威胁"，而北卡罗来纳州的《罗利时报》则向读者免费提供金赛的著作。面对金赛报告，欧洲各国却哈欠连天：意大利的报纸只略微提到了金赛，总体上对他视若无睹；巴黎方面对这份报告令有些人感到震惊的事实表示惊讶，这样的反应或许并不出人意料。但是，在美国的各家夜总会里，一切含有"性交"之意的词汇都是不能提及的禁忌之词，因此人们将"金赛"这个词作为代用的暗语，以免自己受到淫秽言行的指控。1953年，人们或许只能在金赛的著作中、医学和精神病学研讨会上，以及高中的更衣室里读到或者听到对性问题的直白讨论。*

有趣的是，玛丽莲·梦露一跃成为巨星，金赛博士针对女性的研究报告横

---

* 恰逢此时，也就是同一个9月里，日历发行商和扑克牌制造商们再度上架的玛丽莲裸体图片的数量创造了新纪录。警方对日历穷追不舍，一些城市的警察们还突袭一家家店铺收缴了日历，就好像这些日历是危险的化学品。这一年，倒霉的洛杉矶商人菲尔·马克斯在全国各地的媒体上成了头条新闻，由于为玛丽莲那张名为"新惊喜"的裸体照片放置在自己威尔夏大道的照相机商店的橱窗里，他遭到逮捕并被处以罚款。宾夕法尼亚州阿勒格尼县的检察官以同样狂热的情绪禁止继续销售这批臭名昭著的日历，并敦促州长在全州范围内出台类似的禁令。

第十二章 1953年 | 263

空出世，与此同时美国却处于一种类似于青春期性困惑的痛苦中，这三者在某些极其有趣的方面达成了一致。玛丽莲凭借着成熟和天真兼具的魅力取代了举止粗俗、妙语连珠的梅·韦斯特和光芒四射、魅力十足的珍·哈露（这两位女性都是1930年代现象级的巨星）。通过始终如一的自我完善，玛丽莲本人超越了美国社会的幻想，但同时她也代表着这些幻想。她是战后标准的美国女孩，温柔、天真、崇拜男性、穷困的状态表露无遗、不求回报地奉献着自己的肉体。

但是，玛丽莲对自我的呈现还隐含着一种侵略性的本质——一个有着赤裸的强烈肉欲的人。她所具有的性的冲击力既符合1953年美国社会在文化方面的期望，同时又对这样的文化期望相抵触，两种截然相反的性质在她的身上得到了奇怪的统一。她是一个脆弱、惊恐的女性（在银幕上也常常以这样的姿态出现），但她同时也有着坚韧独立的精神。对于一种处在强烈恐慌中的文化来说，或许最令人不安的一点就在于她的存在令赤裸裸的性感显得很体面。颇有淑女风范的奥黛丽·赫本与格蕾丝·凯利可以得到奥斯卡奖，但是玛丽莲也能得到无数人的簇拥和欢呼，无论走到哪里都是如此。

但是，这位无意中开创了时代先河的女明星不得不接受电影公司为她设计的形象——基本上就是胸大无脑的金发美女（全国人民都持有这种看法）——以维持住自己无人能及的魅力。这样的形象完全是现实生活中的意外产品，男人们欣赏着她的美貌，同时又不会感到她强于他们；女人们也会觉得她对她们丝毫不构成威胁。她的崇拜者臣服于她，但是不会让她压倒他们，或者说根本无须对她产生敬意。

但是，玛丽莲似乎是一个对自己的肉体力量有着强烈意识的女性，因此可以说她正是金赛提到的战后美国女性的典型代表，同金赛笔下的女性一样，暂时她还得不到全社会的认真对待。从这一点而言，她在世时以及逝世后美国社会对她一直存在的迷恋或许就不难理解了。一想到"玛丽莲·梦露"，美国文化就不得不直面一个容易受到影响同时又不乏独立精神的女性，以及她对男女两性构成的威胁、她没有实现的梦想、她个人的成熟（不只是性的方面），这一切都是美国社会渴望同时又唯恐女性拥有的品质。

从某种角度而言，玛丽莲于9月13日在电视上的首次亮相全面而系统地呈现出社会围绕她产生的所有欲望和困惑,以及她备受质疑的存在。作为杰克·本尼主持的喜剧节目的嘉宾,玛丽莲在一艘船甲板上的一个梦境片段里扮演了自己。当本尼醒来时,他的身边只有一个身材高大、毫无魅力的女人,突然奇迹发生了,这个女人变成了玛丽莲·梦露。按照本尼的说法,"她超凡绝伦。她深谙于难以掌握的喜剧台词道白技巧,就好像这些都是情节剧的台词,幽默完全是一种自然流露。"[xxv]按照合同规定,福克斯公司不能为这次演出向玛丽莲支付现金形式的补贴,不过玛丽莲可以得到一辆全新的带有红色真皮内饰的黑色"凯迪拉克",接下来的两年里她一直骄傲地开着这辆车在好莱坞招摇过市。

同往常一样,玛丽莲开着这辆车的工作之一就是接送好朋友西德尼·斯科尔斯基,在乔偶尔缺席的日子里,他依然充当着临时替补的角色。这一年秋天,人们看到玛丽莲和斯科尔斯基现身于好莱坞著名的西罗夜总会为约翰尼·雷[1]的表演欢呼叫好。在这样的环境里,就连名流们都表现得像普通影迷一样,索要着她的签名。斯科尔斯基指出:"成功帮助了'梦露',但是玛丽莲并没有遗失自己罕有的一种品质,身处人群之中同时又同人群相距甚远。"[xxvi]

或许斯科尔斯基本人都没有意识到这番评价有多么深刻。实际上,在最近一段时期里,玛丽莲一直(非常执着地)建立跟人们的社交关系同时又和他们保持距离。有一件事情清楚地体现出了她这种自相矛盾的倾向。经过了多年不断的酗酒和一场场严重的中风,格蕾斯·麦基·戈达德最终选择了自杀。她服用过量的巴比妥酸苯巴比妥,就这样离开了人世,终年58岁。[xxvii]10月1日,格蕾斯被安葬在了韦斯特伍德公墓。玛丽莲在9月28日就得知了格蕾斯逝世的消息,但是她没有出现在葬礼上。

她缺席的主要原因并不是她面对人群很容易害羞,而是她和格蕾斯已经多年未有联系了。格蕾斯为玛丽莲埋下事业的种子,塑造它的走向,栽培年轻的诺玛·珍妮并给予鼓励,但是她却没有资格享受玛丽莲的成功,也从未参加过彰显其明星风采的任何一场活动。在诺玛·珍妮嫁给詹姆斯·多尔蒂最初的一段时间里,她和格蕾斯有过几次热情的书信往来,后来她们之间的通信就越来越稀少

---

[1] 约翰尼·雷(1927—1990),美国歌手及钢琴家,活跃于1950年代,被称为"摇滚乐之父"。

了，在信中谈及的也主要是格拉迪斯的护理和安置问题。

玛丽莲对格蕾斯的疏远至少在一定程度上是由于对酒精和药物的依赖已经让格蕾斯深陷混沌状态，在1949年和1951年两度前去看望她时玛丽莲都被吓坏了，以至于后来就一直避免同她会面。从这个角度而言，格蕾斯或许令玛丽莲想起了自己如何一步步失去格拉迪斯的经历。曾经，格蕾斯把她嫁了出去、自己则搬到西弗吉尼亚，就这样将她遗弃了；现在，同格蕾斯彻底切断联系，她就避免了再次被对方遗弃的命运。

可悲的是，玛丽莲同格蕾斯的疏远以一种不无讽刺意味的方式重现了格拉迪斯对她的疏远。空虚寂寞的格蕾斯得到了满足，也受到了利用，她将格拉迪斯的女儿变成了自己的女儿，从这时起她就走向了最终将遭到拒绝的命运，因为到头来她只是极其成功地将朋友的孩子变成了自己的幻想的产物。格蕾斯一手安排了诺玛·珍妮的婚姻，也插手破坏了这场婚姻，还打发她去跟自己的敏妮阿姨住在一起，以便她迅速在内华达州完成离婚，从而尽快拿到福克斯公司的第一份工作合同。格蕾斯同一个好吃懒做、沉迷女色的酒鬼维持了多年的婚姻，饱受疾病和酒精及药物成瘾问题的折磨，目睹玛丽莲的事业蒸蒸日上，她再也无力承受自己的生命意义丧失殆尽的现实。[XXVIII]

格蕾斯曾经认为玛丽莲的电影事业是自己的份内之职，而今玛丽莲却不允许她参与自己的事业，再加上她有可能还隐隐地对格拉迪斯母女俩的分离心存愧疚，因此在她的眼中死亡是唯一的避难所。在凡奈斯的平房里，被人发现时她已经没有了气息，身下只有一张单薄的行军床。从某种角度而言，如此平淡无奇的结局却类同古典悲剧，只是剧中唯独缺少了得到回报的一幕。狂热追求明星的认可成了美国社会最汹涌的集体情绪，对于一个受到这股情绪驱使并最终为其所害的女人，格蕾斯的这出悲剧也缺少了对她强烈而鲜明的怜悯。

截至玛丽莲·梦露27岁的这一年，曾经被她奉为模范的女性都以不幸的结局告终。因此也就不难理解，玛丽莲会再一次将娜塔莎·莱特斯当作母亲的替代品，花更多的时间同她待在一起。

娜塔莎没有出席11月4日举办的《愿嫁金龟婿》首映典礼，不过她帮着玛丽莲从福克斯公司的服装部挑选了一件礼服。在影片放映前，南纳利·约翰逊和妻子多丽丝邀请玛丽莲·梦露、劳伦·白考尔及其丈夫亨弗莱·鲍嘉在他们家里喝了几杯,共进了一顿自助餐。玛丽莲显得活泼美丽、容光焕发,一个劲儿地笑着,但是即将开始的观影会又令她兴奋得有些紧张。不习惯饮酒的她灌下三大杯苏打威士忌,然后便径直前往剧院。素有酒鬼之名的鲍嘉亲切地搀扶着她,因为紧身裙和晕晕乎乎的脑袋都让她的脚底下不太利索了。各界名流们陆续来到剧院,然而翘首企盼的观众只看到了他们钟爱的玛丽莲,他们一遍遍地高声呼喊着她的名字。玛丽莲身着一条铂金色的丝绸礼服,礼服上点缀着闪亮的珠子,所有人的目光都被她牢牢地吸引住了。正如让·尼古拉斯科后来所说,在这天晚上,玛丽莲感到"自己向所有人(以及自己)证明了她有能力面对一切竞争"。[XXIX]

一家电影报纸在报道中写道,就在玛丽莲走进剧院的那一刻,"葛洛莉娅·斯旺森达到魅力巅峰以来"出现的一切都被颠覆了。[XXX]不过,当时出现的少数几条刻薄评价还是没有逃过玛丽莲的眼睛。她说过:"这是我一生中最幸福的一个夜晚。就像是小时候假装好事情发生在我身上一样。现在,这些事情真的发生了。可笑的是,成功会让那么多人痛恨你。我希望事实并非如此。享受成功的同时在周围人眼中却看不到妒忌的目光,那样就太好了。"[XXXI]

就像想到星途上最接近自己的竞争对手一样,玛丽莲很有可能也想到了娜塔莎。娜塔莎是她的戏剧指导,或许偶尔也会充当一下她的业余服装师,可是她"简直疯了,叫[我的]律师给她5000美元以支付手术将会产生的医疗费。我受够她了,现在我才想明白她是一个狡猾透顶的女人"。说完,她又善意地补充了一句,"不过,我不希望她丢了在'福克斯'的饭碗"。

玛丽莲对娜塔莎的态度突然发生了转变,导致这种状况的因素似乎有三个。第一,显然,玛丽莲在娜塔莎的指导下参演了20部影片后,玛丽莲的合作者里没有一个人对这位教练的技巧表示认同,也没有人赞成她对拍摄的干涉。终于,外界的抱怨超过了玛丽莲的承受能力,她再也无法继续无视同事们对娜塔莎的意见。第二,玛丽莲的自信心正在逐步增强。第三,她想要讨好乔。据玛丽莲的新一任经纪人休·弗兰奇所述,到了1953年底娜塔莎的日子"已经所剩无几了,从长远看这对玛丽莲来说肯定是一件好事"。[XXXII]

玛丽莲和娜塔莎还需要两年的时间才会正式结束这样的共生关系,看到这种情况最高兴的人莫过于乔,经过将近两年的追求,玛丽莲终于答应嫁给他了。

他痛恨玛丽莲对整个好莱坞的依恋，尤其是对娜塔莎的感情，他不断催促玛丽莲彻底息影，或者至少通过商业投资改善自己的经济状况，这是他对电影产业唯一的兴趣。例如，12月1日，同玛丽莲见过一次面之后查尔斯·费尔德曼的同事雷·斯塔克草拟了一份公司内部备忘录，这份备忘录令乔"确信除非能谈妥更优厚的合同，否则玛丽莲不会再为'福克斯'拍新的影片了"。[xxxiii]

乔没有想到很快玛丽莲的老熟人摄影师米尔顿·格林也对她提出了一模一样的建议，而且还建议她采取一个更大胆的举措。10月，米尔顿带着新婚妻子艾米来到好莱坞。艾米曾经给著名时尚摄影师理查德·阿维顿当过模特，后来成了一名高级时尚顾问。

自从1949年两个人开始约会之后，米尔顿（在1953年的时候31岁）从《生活》杂志跳槽到了《看》杂志，跻身最抢手的名流摄影师行列。他在1953年接受的一项工作就是为好莱坞明星拍摄一套图片报道，这一年夏天他为玛丽莲拍摄了9张照片。在米尔顿的照片中，玛丽莲漫不经心地拨弄着一把古董曼陀林，然后又随意而放松地斜倚着，身上穿着一件充满挑逗性的黑色短袍。这批照片被刊登在11月17日出版的那一期《看》杂志上，玛丽莲给米尔顿送去了一打玫瑰花，以表示自己的谢意。

不仅如此，米尔顿还倾听了玛丽莲的很多牢骚话，她对公司制的不满，对罗莉拉、波拉和凯这类角色的厌倦——还有——考虑到为福克斯公司拍摄的影片数量之多，她觉得自己的薪酬标准很荒谬（周薪1500美元）。米尔顿提议考虑组建一个自己的制片公司，由自己筹措资金、选择主题和导演，将自己的创造力押注在玛丽莲的未来上。玛丽莲的职业生涯出现了一次关键转折。她与米尔顿开始悄悄地分头同律师们商量这件事情，就这样，一项将让她远离好莱坞一年多的复杂工程启动了。在演员和电影公司签订长期合同的好莱坞传统制度改变过程中，她完成的这项工程也起到一定的作用。也就是说，玛丽莲听取了米尔顿·格林的意见，看到了他对她的关心，也接到了自约翰尼·海德逝世以来没有一位经纪人曾向她提出过的代理方式。

据艾米所述，这一年冬天他们夫妻俩同玛丽莲之所以迅速建立起友谊主要是由于米尔顿意识到玛丽莲有着独一无二的潜质，玛丽莲也越来越倚重米尔顿了。在米尔顿拍摄的剧照中玛丽莲散发着无与伦比的魅力——如果他们两个人联手，亲自监制专门为她这个娱乐史上最有名的女人量身定制并由她主演的电影，有什么成就实现不了呢？

1953年11月21日，乔离开洛杉矶前往旧金山，开始悄悄地筹备他们的婚礼。与此同时，玛丽莲继续商量着新的事业，警觉的休·弗兰奇开心地注意到，在接到参加令人头疼的《大江东去》的补拍通知——为期10天艰巨的室内戏——"她表现得十分配合"。[XXXIV]

所有人都有充分的理由相信玛丽莲会遵照福克斯公司的指派，于12月15日前往新影片的片场报到。这部影片就是描述一段愚蠢风流韵事的《豪侠艳姬》，影片翻拍自贝蒂·葛莱宝1943年拍摄的《康尼岛》，那部片子讲述了一名教师变成歌舞剧院男歌手的故事。对于怨恨福克斯公司的玛丽莲而言，这个典型的梦露式角色只是压垮她的最后几根稻草之一。法兰克·辛纳屈将和她联袂主演的消息也没能令她感到宽慰，因为她同时得知对方的薪酬标准是自己的三倍多，高达每周5000美元。*

12月23日，晚上11：45，福克斯公司的经理们都不知道该如何对玛丽莲施加压力，距离规定的报到时间已经一个星期了，她还没有露面。其实，此时此刻玛丽莲已经登上了西部航空公司的440号航班。她以"诺玛·多尔蒂小姐"的身份花15.53美元购买了靠近机舱后部的廉价座位，随身只带了一个过夜用的轻便小包，包里只装了一套套装、一条裙子和两件毛衣。不过，来自乔的奢华圣诞礼物（其中就包括一件貂皮外套）正在旧金山等待着她。

---

*　或许正是因为这种差距激起的强烈不满，1954年初参加戴弗·加洛维主持的电视节目《今日秀》时，玛丽莲毫不掩饰地表示自己对辛纳屈不久前发行的新唱片持有"保留意见"。

注　释

I JWP/NL 1，p.19。

II 西德尼·斯科尔斯基发表于1953年2月9日的专栏文章。

III 《比利，请你永远帮我打扮》，《世界新闻》，1991年5月5日，p.5。

IV 《弗罗拉贝尔·缪尔正在报道》，《洛杉矶镜报》，1953年2月10日。

V 琼·克劳馥，鲍勃·托马斯为美联社撰写的辛迪加专栏文章（发表在《好莱坞市民新闻》等报纸杂志上），1953年3月2日。

VI 琼·克劳馥，引自《好莱坞市民新闻》，1953年6月10日。

VII 引自艾琳·莫斯比，《贝蒂·葛莱宝说："他们完全是在嫉妒梦露小姐。"》，《洛杉矶每日新闻》，1953年3月16日。

VIII 让·尼古拉斯科，《我做过的事情……以及我觉得我做过的事情》（纽约：林登出版社/西蒙和舒斯特出版社，1984），p.219。

IX 多萝西·约翰逊和和艾伦·利文撒尔（合编），《南纳利·约翰逊书信集》（纽约：克诺夫出版，1981），p.203。

X 亚历山大·达西向唐纳德·斯波托讲述，1992年6月18日。

XI 有关莱特斯和梦露的关系耽误拍摄的情况，见《洛杉矶时报》，1953年4月14日。

XII 查尔斯·K.费尔德曼，给知名艺人经纪公司职员的内部备忘录，1953年2月20日。收录于美国电影学院（洛杉矶）的查尔斯·费尔德曼文稿。

XIII 劳伦·白考尔，《独自一人》（纽约：克诺夫出版，1979），p.208。

XIV 道格·沃伦，《贝蒂·葛莱宝：不愿成为电影女王的电影女王》（纽约：圣马丁出版社，1981），p.189。

XV 这件事情被记录在安妮·爱德华兹，《朱迪·嘉兰》（纽约：西蒙和舒斯特出版社，1975）中，p.202。

XVI 查尔斯·K.费尔德曼给玛丽莲·梦露的信，1953年8月10日，收录在美国电影学院（洛杉矶）的查尔斯·费尔德曼藏品中。

XVII 奥托·普雷明格，《普雷明格自传》（纽约：双日出版社，1977），p.128。

XVIII JWP/NL 1，p.2。

XIX 罗伯特·米彻姆在吉恩·费尔德曼和叙泽特·温特摄制的纪录片电影《玛丽莲——超越传奇》中所述。

XX 保罗·沃兹尔向唐纳德·斯波托讲述，1992年2月19日。

XXI 古斯·鲁伊特杰斯，《玛丽莲·梦露自述》（伦敦：文库出版社，1991）。

XXII 艾伦·斯奈德向唐纳德·斯波托讲述，1992年5月2日。

XXIII 引自巴特·米尔斯所著的《外景拍摄现场的玛丽莲》（伦敦：潘出版社／西奇威克和杰克逊出版社，1989），p.150。

XXIV 有关金赛报告的新闻报道，见《时代》杂志，1953年8月31日。

XXV 杰克·本尼，琼·本尼，《周日夜七点》（纽约：华纳出版社，1990），p.243。

XXVI 西德尼·斯科尔斯基的辛迪加专栏文章，《好莱坞是我的地盘》，《好莱坞市民新闻》，1953年11月25日，p.15。

XXVII 有关格蕾斯·戈达德自杀的情况，见加利福尼亚州卷宗第53-087308号。

XXVIII 格蕾斯的丈夫在1945年之后就再也没有同玛丽莲·梦露见过面。在格蕾斯之后，"医生"欧文·戈达德又先后同安娜·埃利斯·朗和安妮·朗德尔结了婚，1972年12月4日发生在文图拉县境内的一起车祸中朗德尔和"医生"双双身亡。

XXIX 尼古拉斯科，p.223；有关开演前的宴会的情况，见约翰逊的《书信集》，pp.205—206。

XXX 迈克·康诺利，发表在《好莱坞记者》，1953年11月6日。

XXXI 鲁伊特杰斯，p.56。

XXXII 关于玛丽莲发表的意见和休·弗兰奇的反应，见后者给查尔斯·K.费尔德曼的一封信（落款日期为1953年10月9日），这封信被收录在美国电影学院（洛杉矶）的查尔斯·费尔德曼藏品中。

XXXIII 雷·斯塔克给查尔斯·K.费尔德曼的电报，1953年12月19日，收录于美国电影学院（洛杉矶）的查尔斯·费尔德曼文稿。

XXXIV 休·弗兰奇给查尔斯·K.费尔德曼的电报，1953年12月19日，收录于美国电影学院（洛杉矶）的查尔斯·费尔德曼文稿。

第十三章　1954年1—9月

玛丽莲·梦露的电影职业生涯长达16年，在前8年，即1947至1954年，她参演了24部影片；在后8年，即1955至1962年，只出现在了5部影片中。在这些年里，她的工作量骤然减少是怠惰的生活习惯、对酒精和药物的依赖、精神问题共同造成的，这些因素最终导致了她的自我毁灭。几乎可以说，她是在不知不觉中走向了毁灭。

的确，玛丽莲有时候喜怒无常，有时候非常自恋，出于情绪和精神上的需要，她实在应该注意一下如何将真正的需要和貌似重要其实无足轻重的需要区分开。从职业方面而言，这种状况常常致使她对工作敷衍了事、长期迟到，显得毫不关心同事们的利益。不过，这样的表现绝对不是故意的，了解她的人都证实了一旦正视自己这些坏毛病造成的混乱局面，她就会真心实意地感到懊悔。

玛丽莲从来不是一个酒鬼，事实上她就没有多少酒量，她在《愿嫁金龟婿》首映聚会上的表现就证明了这一点。几个豪饮的夜晚为八卦新闻提供了上好的材料，但是并不能充分证明她有酗酒的习惯。相比于酒精，对安眠药的依赖对她造成的影响更严重。一开始，她纯属无心。1954年初，有一段时间飞行造成的时差感让失眠成了家常便饭，可以从施瓦布药店随意搞到安眠药的西德尼·斯科尔斯基慷慨地给了她一些药片，让她免费尝试一下。

直到1960年代末期，人体对化学品的依赖性还没有得到很好的认识，玛丽莲的同事、雇员和朋友们几乎都不曾纠正过她的错误。巴比妥酸盐让她入睡，安非他命让她保持清醒，麻醉品帮她放松下来，在好莱坞这些药物多如经纪人，通过公司的接待处就能轻而易举地搞到药物。电影明星的生活受到医生的危害甚至被毁灭的可怕故事在书店里比比皆是，这些疏忽大意的医生只听命于电影公司毫不关心职员安危的高层经理们，后者对他们的要求就是动用一切必要手段保证艺人完成影片的摄制。埃罗尔·弗林、朱迪·嘉兰、泰隆·鲍华、蒙哥马利·克利夫特、理查德·伯顿和伊丽莎白·泰勒……从默片时代到音乐录影带时代，深受其害的人不在少数而且层出不穷。在把自己的药品送给玛丽莲时，斯科尔斯基并不知道这些药片的危害性，他甚至曾在专栏文章中得意扬扬地说过无论玛丽莲需要什么，只要她一不舒服甚至火气有些大的时候，他随时都可以提供药物给她，以至于乔说过他们两个人的关系"不是笔友，是药友"。[1]

但是，在所有的电影明星里，药物成瘾的问题对玛丽莲·梦露的名声造成的伤害最大，这或许是因为她从本质上而言是一个乐善好施的人，再加上她那么年轻、单纯，对归属感的渴望又那么明显，整个美国文化的幻想和希望都被加之于她的身上，社会无法接受这样一个女人是不完美的、是有缺陷的事实。她本人必须同她在银幕上展现的美好形象一样十全十美，她的勇气应当同她的脸蛋一样完美无缺，金色的光环标志着内心的完美——美国文化对玛丽莲·梦露的要求或许超过了对流行文化史上任何一位偶像的要求。她是一个女人，所以她辜负外界的程度就翻了一倍，她就远比酒吧里酩酊大醉的小伙子或者偷偷摸摸地出入于贝弗利山一间间卧室的花花公子们更令人失望。

但是，玛丽莲永远是矛盾性的体现，所以从某种角度而言公众又希望被她辜负。她唤起了人们禁忌的欲望，她呈现了充分释放、毫不掩饰的性感的女性特质。1969年，朱迪·嘉兰由于服用药物过量身亡，这位从来没有被视作性符号的女星博得了大众的同情。然而，正如前文所述，当媒体错误地宣称玛丽莲·梦露由于无意（或者故意）服用过量药物逝世的时候，她却受到了相当严厉的惩罚。长期以来外界长期一致认为玛丽莲辜负了大家、彻底崩溃了，其实这种看法得不到事实的支持。

生命的最后8年里玛丽莲·梦露在银幕上不太露面并不是由于她的能力减退，而是因为她的能力有所提高，因为她更多也更深入地将精力投入现实生活。在现实生活中，她遭遇到很多可怕的困难，但最终她还是取得了巨大的成功。她的童年和青春期合二为一，在青春期她又一直过着身不由己的生活，被别人灌输了成为明星的抱负，过早地步入了婚姻生活，对于这样一个女人来说，有史以来最虚假、最昂贵、最杂乱无章的娱乐形式并不是最好的出路。

不可否认，不幸而蒙昧的过去促使玛丽莲对明星效应充满了强烈的渴望：掌声，大量匿名的崇拜与爱慕，她常常误认为这种崇拜和爱慕是观众对她本人的爱。同样明显的是，她的出身和性格都决定了她不具备严肃的表演艺术必需的纪律性。她在世最后几年里凸显出的问题很大程度上都来源于围绕在她身边的那些人，他们坚称仅仅凭着自己的存在她就堪称是一位与生俱来的艺术家，她只需要站在世人面前、得到世人的承认就足够了。玛丽莲渴望相信这种说法，她也的确经常接受了这种说法，在不经意间摆出一副伟大艺术家的姿态。但是，转眼间她就会意识到这副装腔作势的模样有多么荒诞，于是又流露出内心的不安全感，无论是在工作、社交生活还是性方面，都做好了任人宰割的准备。玛丽莲极度需要尊重、认可以及一个能够说服她相信自身价值的理由，现在她已经完全有能力应对好莱坞这台反复无常、运转流畅的机器了。颇有讽刺意味的是，通过主动配合她变成了一个高度人造的产物——巨星玛丽莲·梦露，在人生的第28个年头，她已经非常敏锐地意识到了这个事实，即使她不曾言明这一点。

玛丽莲在1954年里的一举一动都旨在通过日复一日的实际行动——而不是公开道歉和自我辩解这些装腔作势的表演——表明自己的诚意。在这一年里，她的脚步和反应速度都非常快，先是公然违抗电影公司的旨意，接着又完成了婚事，有生以来第一次独自一人出国旅游，最终又抛弃了存在诸多问题的婚姻，放弃好莱坞前往纽约。

玛丽莲首先抵抗住了福克斯公司的压力。由于没有出现在《豪侠艳姬》的拍摄现场，她于1954年1月4日被公司停职，公司还拒绝给她发放正常的薪水，除非她回来履行合同规定的义务。玛丽莲指示自己的律师劳埃德·赖特告诉媒体她"不是为了钱而战斗。问题完全在于公司一直拒绝让她审核剧本这个事实。她想争取的就是确定剧本是否适合自己"。[11]

从两个方面而言，玛丽莲的这种说法都非常适合宣传。首先，她压上的赌注是自己的薪水，尽管她是全世界最能赚钱的五位明星之一，但是她的收入只有不如她受欢迎的明星的几分之一。其次，尽管她没有评定剧本的权力，但是她知道电影公司会经常邀请重要的演员对剧本进行预审，单方面强塞给演员任务的话，有可能会导致令人失望的表演。换言之，出于善意的私心，制片人会寻找对自己的雇员具有吸引力的剧本。在玛丽莲的问题上，福克斯公司认为最好还是不征询她的意见，直接让她延续最近几部大获成功影片的模式走下去，而玛丽莲则希望自己的生活和事业都出现比较大的转型（乔·迪马吉奥和米尔顿·格林也是如此，虽然他们都有着不同的考虑）。

对于《大江东去》和《娱乐至上》两部影片，玛丽莲曾在数年后说过：

> 他们没有征求我的意见就给我安排了这两部影片，严重违背了我的意愿。在这个问题上我就没有选择权。这公平吗？我工作卖力，我为自己的工作感到自豪，我跟其他人一样都是人。要是我继续扮演[福克斯公司]给我的这类角色，公众很快就会对我感到厌倦。[III]

对于《豪侠艳姬》这部影片，她的态度很坚定："剧本我读了，我不喜欢。角色也不适合我。就这么简单。当然了，薪水有所调整肯定令我感到开心，但是眼下我更感兴趣的是拿到一个好本子，这样我就能拍出一部好片子了。"[IV]

玛丽莲的态度令皮科大道的一些人慌了神，福克斯公司的股东们和驻守纽约的高层经理们打爆了电话，所有的信息都在敦促公司扭转这种不幸甚至有可能给公司造成灾难的局面。然而，比玛丽莲更不客气的扎努克也摆出了同她一样的强硬态度："无法相信她竟然会这么愚蠢。影片的预算是220万，剧本也令我们满意，而且我们压根就没有义务把剧本拿给她看[但是他已经这么做了]。这部片子就是为她量身定制的。"[V]就这样，在1954年的最初两个星期，双方都拉开了战线寸步不让。

在这个问题上，玛丽莲再一次复制了珍·哈露生命中的一页篇章，她曾经为改变自己的形象、扮演更丰富的角色而斗争多年。为了争取到更高的薪酬、新合同、艺术创作方面更大的自由度和更严肃的影片，哈露也罢过工，就连好莱坞对电影公司最恭顺的杂志《电影故事》都曾鼓励她追求这些目标。就在玛丽莲这一次采取冒险策略的整整20年前，即1934年1月，哈露同路易斯·梅耶签订了新的合同。按照这份合同的规定，对方一开始将支付给她3000美元的周薪（在经济大萧条最恶化的时期），最终她的薪酬标准将会翻倍。*

---

* 贝蒂·戴维斯、凯瑟琳·赫本与奥利维娅·德哈维兰这些斗志顽强、立场坚定的女演员也都向电影公司发动过类似的战斗。

世界各地的报纸上充斥着玛丽莲·梦露和乔·迪马吉奥大婚的头条新闻时，媒体上也不乏对玛丽莲和哈露的比较。《时代》周刊就曾指出："玛丽莲本身是一个随时都会令人感到意外的女孩，她也是继珍露之后最受到热议的新星。"[VI]《生活》杂志也认为她"继承了珍·哈露创造的传统"。[VII]外界对玛丽莲和迪马吉奥喜结连理已经期待了两年，但是直到完婚前一个小时这对新人才向外界宣布了婚讯。这场婚姻是20世纪里最受美国人民爱戴（也是最缺乏外界理解）的两位偶像的结合。经过一段时间充满激情的追求，接下来一切——从婚礼到转瞬即逝的婚姻——都以惊人的速度进展着。

自我推销是玛丽莲的第二天性，她知道将婚事首先通告给福克斯公司的公关人员有着多么重要的价值。就在1月14日下午1：30，她从旧金山给哈里·布兰德打去电话。放下电话，她便走进了市法院法官查尔斯·S.皮里在市政厅的办公室，新娘和新郎在这里的登记处签字：乔填写了自己的实际年龄，39岁；玛丽莲写下了自己依法登记的名字，诺玛·珍妮·莫泰森·多尔蒂，但是把自己的年龄改小了三岁，写成了25岁。玛丽莲身着一套深褐色的貂皮领子呢子套装，站在乔的身旁，说出了"爱你、尊敬你并珍惜你"的婚礼誓词，三朵兰花在她的手里微微地摇动。得到允许出现在法官办公室的一名记者准确地指出玛丽莲的誓词中缺少了"遵从"对方这一条。乔的一些亲朋好友充当了见证人，玛丽莲喜欢的人都没有出现在婚礼现场。手中的兰花很快就枯萎了，这时玛丽莲转向了乔：如果她先于他离世，他能做到每个星期都为她的坟墓摆上新的鲜花吗，就像威廉·鲍威尔守护心上人珍·哈露的墓地那样？乔答应了玛丽莲的要求。

迪马吉奥试图迅速离开法官的办公室，结果两百名记者和摄影师以及三百多名球迷和影迷被放进了市政厅。新婚夫妇不得不面对闪光灯和无数的问题，一遍又一遍地对着镜头亲吻彼此。

你们打算要几个孩子？"我想要六个。"玛丽莲答道。"一个。"乔说。[VIII]

你们将住在哪里？"这里，旧金山。"乔说。"我要继续发展事业。"玛丽莲说。瞟了一眼乔之后，她又补充了一句："不过，我也渴望成为一名家庭主妇。"[IX]听到这句话，乔几乎怒气十足地吼了一声："走吧！"他拉着玛丽莲的手，急匆匆走向市政厅大楼后部的楼梯。他们拐错了方向，走向了助理法官办公室，结果在前后楼梯中间的地方被索要亲笔签名的人团团围住，最终他们还是来到了乔停在市政厅外面的那辆深蓝色凯迪拉克轿车跟前。乔立即发动汽车，火速离开了市政厅，毫不理会记者们提出的最后一个问题——他们将在哪里度蜜月。*

这天下午，乔与玛丽莲驱车南下前往帕索罗布斯。乔在简陋的克利夫顿汽车旅馆找了一个房间，房间的价格为6美元一天，但是他坚持要求享受到双人床和电视的服务。旅馆老板欧内斯特·夏普说："这样的房间通常都是7.5美元，不过现在是淡季。"[X]几天后，夏普告诉媒体玛丽莲"容光焕发"，[XI]乔"面色阴沉、一脸倦容"，[XII]他最后还说自己偷听到乔对新婚妻子说了一句令人费解的话，"咱们已经走了很远的路了"。

第二天早上，玛丽莲给劳埃德·赖特打去电话，告诉对方自己结婚的消息。福克斯公司撤销了对玛丽莲的停职处罚。显然，公司对她的婚姻表示了一番好意。玛丽莲又恢复了员工身份，公司也相应地要求她于1月20日恢复工作，参加《豪侠艳姬》的排练。乔的态度很坚决：在影片中，他妻子不能衣着暴露，不能饰演道德败坏的女人。尽管婚礼誓词只是一段套话，玛丽莲还是顺从了丈夫的意见。当月26日，玛丽莲仍旧没有回到福克斯公司参加影片的拍摄，对商业因素的考虑占据了上风，公司再次对她做了停职的处理。迪马吉奥夫妇于1月15日从帕索罗布斯动身，继续南下，路过洛杉矶，来到了棕榈泉附近一处偏僻的地方。在旅馆里，乔没能争取到最高规格的待遇，也就是电视机，因此他要求旅馆为他们更换了房间。

乔·迪马吉奥或许的确退役了，但是他一心想要恢复大明星的身份。在结婚前，他就已经答应陪同老朋友及导师"左撇子"弗朗西斯·奥杜尔及其新婚妻子珍参加在日本举行的棒球表演赛和新球员训练课。玛丽莲渴望成为一名忠诚的妻子，她决定陪同丈夫前往日本，即使冒着激怒福克斯公司的危险。

1月29日，就在刚过半夜的时候，迪马吉奥夫妇与奥杜尔就登上了泛美航空公司的"831"号航班，准备前往东京。玛丽莲一反常态地穿着一套死气沉沉的

---

* 在全世界的各大城市中，伦敦对这场婚礼最为激动。《每日快报》用头版大标题宣布："玛丽莲结婚啦！"《每日画报》表示："噢，多好的一位主妇啊！"《每日镜报》临时草就了一个新闻标题："我永远是你的了，乔西小子。"

第十三章　1954年1—9月 | 277

黑色套装，那副打扮就如同一位普普通通的家庭妇女一样，只有脖子上绑的豹纹颈链增添了一丝生气。她就以这样的扮相赶到了旧金山机场，右手藏在貂皮外套里，在场的一名记者注意到外套下露出了绑着夹板的大拇指。一副尴尬模样的玛丽莲立即受到了记者们的盘问。

"指头只是撞伤了。有一个人可以作证。乔也在场。他听到指头断了。"她难为情地解释道。[XIII]当记者们追问详细情况时，她冷漠地将头扭到了一边，不再吭声了。迪马吉奥夫妇的婚姻存在黑暗面，玛丽莲的大拇指就是暴露在媒体和朋友们面前的第一个迹象。在接下来的8个月里，暴力的迹象频频出现，令外界感到警觉。玛丽莲将乔称为"我的强击手"，[XIV]正如她自己常常宣称的那样，她从来没有看过乔打棒球，如此含糊的昵称更是莫名其妙地增强了外界对这场婚姻的怀疑。

乔在遭遇记者追问时通常都会保持沉默，但是这一次面对有关玛丽莲骨折的大拇指的问题时，他立即开口改变了话题。他说玛丽莲会造访日本的军医院，那些医院里有很多之前在朝鲜打了仗、现在正在养伤的美国军人。"是的，我希望可以成行。"玛丽莲无力地补充道。当被问到是否很快就会恢复电影表演工作时，她只说了一句："我不知道。我现在还在停职期间。"

"眼下，我们不关心这个问题。我们在度蜜月。"乔一边说，一边保护妻子离开了记者们。然而，蜜月之旅的启程却不是一番快乐的景象。

航班中途在檀香山停留了一下，然而他们也几乎没有喘息的工夫。一群影迷冲到了停机坪，叫喊着"玛丽莲！"，在她四周挥舞着手臂，撕扯着她的衣服和头发。玛丽莲越来越感到恐慌，这时6名警察冲上前来，将迪马吉奥夫妇护送到了休息室。合众国际社在现场发出了报道："机场官员说这是多年来电影明星受到的最热情的欢迎。"[XV]

2月2日，迪马吉奥一行抵达东京，(《时代》周刊报道称）在这座城市乔再一次"彻底遭到了无视，数千名日本人蜂拥赶来见他的新娘。玛丽莲的影迷密密麻麻地包围住了刚刚抵达的这对夫妇，结果他们不得不手忙脚乱地退回到飞机上，后来从行李舱口才逃脱了人群的包围"。[XVI]在帝国酒店，200名警察奉命赶来维持秩序，因为玛丽莲的狂热影迷引起了一场骚乱，他们要求同自己的偶像见上一面，或者至少给她的房间拍一张照片。影迷们跌落进锦鲤池，被堵在旋转门里，打烂了大玻璃窗。人群久久不愿散去，最终玛丽莲终于出现在阳台上，冲影迷们挥手致意，人们嘶喊着，直到玛丽莲不情愿地答应露面，并且告诉大家她十分喜欢公众。这一切太过火了，公众对她的态度"就好像我是独裁者之类的人物"。XVII

据"左撇子"奥杜尔所述，乔终于明白了玛丽莲的名气已经远远超过了他。意识到这一点，乔一下子变得乖戾了起来。只有在同他一起参加球赛的时候，他才准许妻子离开酒店。"不许购物，玛丽莲。人们会要了咱俩的命。"玛丽莲没有争辩，但是奥杜尔发现面对丈夫的命令她表现出一副反感的模样。XVIII

出于敬意，日本方面在迪马吉奥一行抵达东京的第二天上午为乔举行了一场新闻发布会，这是为他安排的唯一一场媒体见面会。在新闻发布会上，乔表现出更加强烈的怨恨情绪。所有的问题都是向玛丽莲提出的，她不得不临场发挥了一番。面对十分隐私的问题，她几乎如同修禅一样镇定：

你认同"金赛报告"的观点吗？"不完全认同。"

你真的裸睡吗？"无可奉告。"

你的步态是天然的吗？"自从6个月大的时候我就一直这么走路。"

你穿的是什么皮草？"狐狸皮——不是'20世纪'的那种。"[1]

你穿内衣吗？她瞟了一眼脸红害臊的翻译，用罗斯·卢米斯（她在《飞瀑欲潮》中饰演的角色）的口吻尖刻地回答道："明天我要买一套和服。"东京媒体将玛丽莲称为"可敬的扭屁股女演员"，乔的反应不难想象。XXIX

就如同电视喜剧片描画的那样，到了次日，即2月3日，乔的处境变得更加复杂了。他还在忙着拉开玛丽莲和媒体以及公众之间的距离，玛丽莲却接到了美国远东军总司令约翰·E. 赫尔将军的司令部发来的一封请柬。如果能够得到必要的政府通行证并获得[美国]劳军联合组织认可的身份，梦露小姐可否造访仍旧驻守朝鲜的美国部队——甚至独自表演一些临场发挥的节目，以此向将士们表示慰问？按照日程安排，乔和"左撇子"将参加几天的棒球活动，晚上同东京的体育记者们见见面，在这种情况下玛丽莲认为远东军司令部的提议非常好，演艺

---

[1] "福克斯（Fox）"的英文含有"狐狸"的意思。

人员前往部队为官兵献唱是一种优良传统。然而，乔坚决表示反对。据两位朋友所述，"这场婚姻似乎从蜜月阶段就出了问题，[当时]某位将军叫她去朝鲜……玛丽莲看着乔。'这是你的蜜月。要是你想去，就去吧。'乔一边说，一边耸了耸肩。"[XX]玛丽莲去了。2月8日，玛丽莲收到了劳军联合组织下发的"慰问演出人员129278号"以及前往朝鲜的通行证。

从2月16日起的4天里，玛丽莲在珍·奥杜尔和娱乐活动官员沃尔特·鲍伊莱特的陪同下乘坐飞机、直升机和敞篷吉普车前往了10座冬季营地，超过10万名陆军战士和1.3万名水兵用震耳欲聋的欢呼声和经久不息的掌声向她的到来以及她表演的十几个节目表示了欢迎和感谢。仅仅在两天的时间里，她就为第3师、第7师、第24师和第40师进行了慰问演出。在这6万名充满感激之情的官兵中，绝大多数人都从未看过玛丽莲拍摄的影片，因为她成名以来他们就一直待在部队里。但是，他们都知道她的照片、日历、抓拍的照片，还有许许多多出现在报纸杂志上的照片。[*]

每到一个地方，鲍伊莱特都会率先赶到那里，就像一个串场的杂耍艺人一样从自己的大礼帽里掏出一只兔子。只不过，突然冒出来的不是毛茸茸的白兔子，而是玛丽莲，她忽闪着睫毛，一个个飞吻从她的唇边飞到她的掌心，随即又飞向了小山坡，山坡上满是身着军装的战士们。玛丽莲穿着紧绷绷的橄榄绿长裤和风衣，戴着璀璨的人造钻石耳坠，然后她就换上了演出服装——不顾凛冽的寒风和严寒的天气，穿上淡紫色的紧身裙子。作为纪念，这条裙子她保存了一辈子。在临时搭建的舞台上，她演唱了《钻石是女人最好的朋友》、《再来一次》和其他一些歌曲。当她唱起《再来一次》的时候，现场的气温或许都升高了几度，这首歌的歌词似乎在对《钻石是女人最好的朋友》的歌名进行着质疑。[XXI]

几个月后，玛丽莲告诉本·赫克特："我的面前是17000名战士，"

他们都用最大的声音冲我喊叫着。

---

[*] 《花花公子》杂志1953年12月发行的创刊号就以玛丽莲为封面和中心插页女郎，这份杂志很难找到，也没有出现在报刊亭里，长期以来一直被收藏家们视若珍宝，比起有人真正拥有甚至亲眼见过，更多的都只存在于传说中。

我站在那里冲他们微笑着。当时已经下起了雪。可是我却感到很暖和，仿佛我正站在大太阳底下……观众一直令我感到畏惧——各种观众。我的心狂跳了起来，头有些眩晕，我相信我的声音已经不属于我了。

然而，在飘落的雪花中站在这些喊叫的战士面前，有生以来第一次我什么都不害怕了。我只感到了快乐。[XXII]

玛丽莲的随行人员包括钢琴师阿尔·贾斯塔费斯特，提起那段往事他说过玛丽莲毫无明星的架子："她是'玛丽莲·梦露'，可她似乎没有意识到这一点！如果我出了错，她会说对不起；她自己出了错，她还是会道歉。"[XXIII]

玛丽莲的第六批观众包括10000名荷兰、泰国和美国军人。在舞台上，玛丽莲的左右两侧摆着两台坦克。主持节目的军官问她感受如何，她答道："安全。"观众爆发出了欢笑声。有时候，玛丽莲也很严肃，在记录这场巡回慰问演出的人们看来，她表现出的态度无疑也是发自内心的。

摄影师泰德·切辛斯基说过："她令我们感到她真的希望上那儿去。"当时，切辛斯基被美军新闻处派遣到陆军工程兵团，在泰古K-2空军基地举行的慰问演出中他就坐在观众席的前排。

她这么做并不是为了履行义务，这也不是为了自我宣传。在所有来朝鲜慰问我们的演员——这样的演员有六七名——她是最棒的。她看上去一点也不紧张，一点也不像那种花瓶型的美女。演出结束后，我们几名摄影师得到允许，上了舞台，她非常开心，也很配合，还告诉我们跟我们在一起她有多么开心。她一点也不着急，跟我们每个人都聊了聊家人、故乡、我们当平民时的工作。当时天寒地冻，可是她一点也不着急离去。玛丽莲是一位伟大的艺人。她让成千上万的美国战士觉得她真的关心他们。[XXIV]

玛丽莲清楚自己是这10000名男性的幻想对象，然而她还是希望告诉他们自己希望唤起的并不是他们的欲望，而是他们的理解。在最后一场演出结束后，就在准备乘坐直升机离去时她告诉观众："这是我第一次面对现场观众进行表演，也是我跟观众最棒的一次接触。这是我有生以来碰到的最美好的事情。"之后，她还对战士们说道：

我有了归属感。这是我有生以来第一次感到看着我的人接受我、喜欢我。我想这就是我一直渴望拥有的感觉吧。来旧金山看望我们吧。

直升机的螺旋桨飞速地旋转着,玛丽莲转身登上了飞机。她露出了端庄灿烂的笑容,眼里饱含着热泪(一位目击者语),向官兵们做了最后的道别:

再见,大家。再见,再见——上帝保佑你们所有人。谢谢你们这么友善。请记得我的好处![xxv]

官兵们摘掉了头上的帽子,一边挥舞帽子向玛丽莲道别,一边欢呼着、热烈地鼓着掌。

这4天所具有的意义难以言表。在远离好莱坞的地方,玛丽莲奉献了发自内心的精彩演出(幸运的是,这些演出都被新闻纪录片记录了下来)。在完成这一切的过程中,她不用面对丈夫苛刻的评价,也没有受到戏剧指导、导演和公司经理们的监督和审视,这些人总是在强化她的不自信,让她认为自己不够出色或者缺乏真正的技艺。在片场,她常常因为紧张而陷入瘫痪状态,这一次她没有出现这种情况,她只看到热情的观众喷涌而出的爱。后来,玛丽莲对西德尼·斯科尔斯基说过:"去朝鲜的时候,我不觉得紧张,一点也不。我的胳膊、前胸和其他地方都没有出现红斑。我很自在。"[xxvi]

就这样,原本应该是一场灾难的现场演出最终大获成功,因为玛丽莲终于有机会展现出最自然的一面,终于成为了自己。好莱坞的电影拍摄片场加剧了她令人痛苦的羞涩忸怩,导致她忘记台词或者出现口吃;在朝鲜,她一个字都没有遗漏掉,也没有人要求她分析每一个动作和姿势,她只需要充满热情地大胆地放声歌唱,这样的表现让她收获了官兵们喷涌而出的无条件的爱。从某种角度而言,一位位无名的军人和她十分了解的孤儿和残障儿童一样,在她的心目中跟大名鼎鼎的棒球手、专横跋扈的导演以及所有对她提出过多要求的大人物完全是平起平坐的。

回到东京后,玛丽莲就像一个兴奋的小孩子一样冲到乔的面前,告诉他自己从未感到过如此受欢迎。"真是太美妙了,乔!你绝对没听到过那样的欢呼声!"乔永远都是一个现实主义者,他表现出一副漠不关心的模样。"你绝对没听到过那样的欢呼声,乔!"[xxvii]玛丽莲重复了一遍。

沉默片刻后，乔将目光转向了别处。"听到过。我听到过。"他平静地说道。*

2月24日，玛丽莲与乔回到了旧金山，此时他们的婚姻已经出现了很多问题。《电影故事》杂志公布了前一年的年度最佳表演奖获得者名单，玛丽莲凭借着影片《绅士爱美人》和《愿嫁金龟婿》再度获得这一奖项。她的丈夫没有陪她前往洛杉矶领奖，填补护花使者空缺的依然是西德尼·斯科尔斯基。玛丽莲告诉斯科尔斯基："乔很讨厌人多、热闹的场合。"[XXVIII]她无法掩饰丈夫的漠然给她带来的失望。尽管如此，当玛丽莲于3月8日走进贝弗利山酒店的时候，之前出现的一幕又重现了。她身着一条光芒四射的缎子紧身低胸裙，但是这一次她看起来跟以前有些不一样了，一些记者过了一会儿才注意到她那一头蜜金色的头发又被染成了璀璨的白金色。现在，玛丽莲就像珍·哈露一样，让自己的生活尽可能地充斥着白色——不只是她的头发和服饰，就连她家里的摆设也是如此。她所有的选择都经过了仔细的考虑，目的就在于产生令人眩目的效果，仿佛她能够再次从公众那里赢得在自己家里得不到的爱。

颁奖仪式结束后，玛丽莲与斯科尔斯基回到她的套房，在临睡前一起喝了些酒。就在这期间，斯科尔斯基被玛丽莲吓了一跳。

"西德尼，知道吗？我要结婚了。"

"结婚？你在说什么？"

"我要嫁给阿瑟·米勒了。"

"阿瑟·米勒！你才度完蜜月回来啊！你跟我说乔有多么好、他令你多么快乐、你过了一段多么快活的日子！现在你却跟我说你要嫁给阿瑟·米勒了。我搞不明白。"

"等一等。你会明白的。"[XXIX]

没有证据显示玛丽莲和自己最喜欢的剧作家再度见过面或者保持着书信往

---

* 西德尼·斯科尔斯基对这件事情的描述略有不同。"乔，你曾让10000人起身为你鼓掌喝彩吗？"乔的声音"就如同一双被丢掉的跑鞋一样无动于衷。'75000人。'他平静地回答道"。（斯科尔斯基，p.213）

第十三章　1954年1—9月 | 283

来，但是她的确打算实现自己的这个幻想。

这一年3月，玛丽莲延长了在贝弗利山酒店的时间。查尔斯·费尔德曼和休·弗兰奇提议她出版一部影星自传，这是文学界刚刚萌芽的一种样式，能够对她起到非常好的宣传效果，有可能还会带来一笔可观的收入。玛丽莲听从了这个建议，她知道自己需要一位一流的捉刀人，因此同意找一位令她感到放心、能够让她对自己的过去畅所欲言的作家，但是她要求发表的内容必须得到她的同意。

就这样，玛丽莲的经纪人立即同雅克·尚布伦取得了联系，后者是多产的记者、小说家及剧作家本·赫克特的经纪人。就在当年春天，双方达成了协议。在拍摄赫克特编剧的《妙药春情》期间，玛丽莲就同赫克特结识了，他们商定了时间，每个星期都会见几次面。在会面的过程中，由于玛丽莲的执意要求，西德尼·斯科尔斯基随时会进行补充。赫克特写得很快（在那个年代还没有方便的磁带录音机），不到4月底玛丽莲自传的初稿就完成了。赫克特告诉尚布伦："读了我写的稿子后，玛丽莲开心得哭个不停。" * xxx

这部自传经历了一段奇怪而错乱的历史，直到1974年才得以出版，这时影星和作家都已经与世长辞了。传记《我的故事》可谓是名副其实，其中包括玛丽莲与斯科尔斯基在1951年和1952年里虚构出的一些夸张的趣闻轶事，还有他们两个人在1954年春天向赫克特讲述的一些生平事迹。1954年5月至8月，伦敦的《帝国新闻周报》在没有得到授权的情况下连载了赫克特的书稿（未经梦露或者赫克特同意，尚布伦非法出售了连载权），《我的故事》也收录了其中一些篇章，但是这些部分都经过了大量的改写。此外，构成这部传记的还有米尔顿·格林和他聘请的一位或者多位不出名的作家在1970年代初对赫克特原稿的改写。

---

* 赫克特对好莱坞的一个吸引力就在于他的写作速度，不过他的一部分成就表明他的作品质量并没有因为速度而有所削弱。凭借影片《黑帮》获得1929年的奥斯卡金像奖最佳编剧奖之后，他继续创作了两百多部剧本，其中包括《犯罪的都市》（同查尔斯·麦克阿瑟联合编剧）、《瑞典女王》、《20世纪》、《毫不神圣》、《呼啸山庄》和《旋涡》。尽管没有署名，但是他对《乱世佳人》的剧本定稿做出了很大的贡献。此外，他还为阿尔弗雷德·希区柯克的多部影片创作或者重写了剧本，其中包括《海外特派员》、《爱德华大夫》、《美人计》、《凄艳断肠花》、《夺魂索》和《火车怪客》。

赫克特的原稿同他留下的其他文稿都被保存在芝加哥的纽伯里图书馆里，书稿中没有记述玛丽莲·梦露生平一些对外界来说可信度最高的重要时刻。据作家的遗孀所述，交给《帝国新闻周报》的168页尚未完成、杂乱无章的打印稿并不是她丈夫的作品，而是精明的（几乎有些不太道德）尚布伦监督炮制出来的一部书稿。后来，由于歪曲事实、私自出版和彻头彻尾的盗窃作家收入等行为，尚布伦被赫克特解雇了。

将发表的版本同赫克特未出版的草稿仔细比对一番，外界很容易就能看出《我的故事》前66页根本没有赫克特撰写的内容，罗斯·赫克特为丈夫的"第12卷"文稿所做的详细注释也为这一公案提供了内部证据。此外，将《我的故事》同赫克特著作全集进行比对之后就会发现，这些篇章的词汇量和措辞都同赫克特的作品没有多少相似之处。通常，赫克特都会留下有别于打印稿的完整手稿并亲自对两种书稿进行核对，但是这66页内容只有打印稿而缺少手稿的事实又为这一公案提供了外部证据。在遭到解聘时，尚布伦被要求向赫克特的律师归还跟赫克特的作品有关的一切物品，结果各种版本的打印稿都被收录进了赫克特的文稿中（甚至跟赫克特毫无关系的版本）。开始这项工作时，赫克特对玛丽莲说："坐吧，使劲儿想一些你自己的趣事。"[XXXI]玛丽莲完成了任务，赫克特也做到了，斯科尔斯基也做到了（后来格林也做到了）。

为了完成这部自传，玛丽莲拨通了老朋友露西尔·莱曼·卡罗尔的电话，请她接待一下赫克特，开诚布公地向他讲述自己在好莱坞最初的一段日子。"可是，你现在已经跟乔结婚了啊，你肯定不希望我把所有的事情都告诉赫克特吧！这会毁了你的事业，还有你的婚姻。"露西尔吃了一惊。[XXXII]可是，玛丽莲很固执，也许她希望赫克特把实情一五一十地写出来，这样一来不仅可以确保她永远受到争议，同时也能加速露西尔担心的事情发生——她和乔的婚姻走向毁灭。面对裸体日历，乔可以无奈地将其当作玛丽莲的一时失误，但是她混迹于好莱坞大道的那些日子绝对难以找到合理的解释。不过，赫克特清楚在比较敏感的年代哪些内容可以发表，有关玛丽莲"好莱坞大道岁月"的那些刺眼细节最终都被删得一干二净。不幸的是，那年6月赫克特获悉没有征得他和玛丽莲本人的同意，尚布伦已经将部分手稿出售给伦敦的《帝国新闻周报》，其中大部分内容遭到了尚布伦的篡改。就这样，梦露与赫克特的合作彻底宣告失败。西德尼·斯科尔斯基不打算任由一桩美事就这样化为泡影，他立即提笔撰写了一部有关玛丽莲的传记，这部篇幅不长的作品在得到玛丽莲的认可后于当年下半年在各家报纸连载，后来又以书的形式出版了。（这是有关玛丽莲的第一本书，仅有100页的篇幅，是乔·富兰克林与劳里·帕默将一篇篇报刊文章结集成册于1953年出版的。）

这段时间，玛丽莲还有其他一些事情需要操心。她租下了贝弗利山北棕榈路508号住宅（珍·哈露曾经住在512号），乔勉强同意从旧金山搬过来，同她住进了新家。不过，她只有一部分时间会住在那里，到了5月底她又重返片场。乔不赞成玛丽莲重新开始拍电影，也不希望她在无人监督的情况下拍电影。

约翰尼·海德逝世后，查尔斯·费尔德曼在没有同玛丽莲签订合同的情况下一直以非正式的身份代理着她的业务，但是在1953年里威廉·莫里斯经纪公司自始至终享有从玛丽莲的收入里提成的合法权利。到了这个时候，玛丽莲同威廉·莫里斯经纪公司的合约终于到期了，她也终于在1954年3月31日同知名艺人经纪公司签订了合同。与此同时，查尔斯·费尔德曼与休·弗兰奇也即将敲定玛丽莲同福克斯公司的和解条款。

玛丽莲同福克斯公司达成的协议一目了然，不过很快就受到了质疑，当她于1954年下半年离开好莱坞时围绕这份协议还产生了一场复杂的斗争。但是，达成协议时一切看起来都没有什么太大的问题。福克斯公司同意降低对玛丽莲在《豪侠艳姬》中的形象要求；如果玛丽莲能在音乐剧《娱乐至上》中扮演一个配角的话，公司还将安排她在下半年开拍的一部影片中担任主角。这部影片根据乔治·阿克塞尔罗德创作的百老汇热门舞台剧《七年之痒》改编，比利·怀尔德将担任影片的导演。

玛丽莲又拿到了合同规定的薪酬，不过这种情况只维持到了1954年8月一份新的7年合同开始生效为止。《七年之痒》还将为玛丽莲带来了10万美元的奖金，不过这项待遇没有留下书面记录，到最后福克斯公司还是没能全额支付这笔钱。在玛丽莲又一次公然违抗公司命令、没能按照合同规定履行自己的职责时（公司方面的说法），这项待遇成为了她和公司谈判的筹码。

玛丽莲坚持要求福克斯公司为她的戏剧指导（娜塔莎）支付酬劳，坚持要求在拍摄《娱乐至上》时由哈尔·沙弗和杰克·科尔担任她的声乐教练和舞蹈指导,这些因素也引发了一些奇怪的争执。尽管在各个方面都对玛丽莲做出了让步,福克斯公司依然担心会失去她这个世界头牌大明星,因此他们要求在新的7年合同于当年8月生效之前将她的停职时间(从1月至4月的两次停职)补写进目前的合同里。这样一来,玛丽莲就得再参加一部影片的拍摄工作。福克斯公司的这个要求清楚地显示出他们唯恐玛丽莲有可能再次突然消失。当时,他们几乎丝毫没有意识到这项要求将会为自己招致灾难性的后果。

《七年之痒》是由怀尔德与费尔德曼联合制片的(后者同福克斯公司以及公司里的许多客户都保持着非常良好的合作关系),玛丽莲意识到自己将再一次让别人发大财,而自己对影片的创意毫无影响,也不会得到合理的经济补偿。而且,她其实已经在计划第二次消失了,而且这一次消失的时间将超过所有人的预计。1954年,玛丽莲的律师劳埃德·赖特和米尔顿·格林的律师弗兰克·德莱尼一直通过书信和电话保持联系,两位律师都急于为新的投资项目找到资金支持,这个项目就是创办"玛丽莲·梦露影业公司"。围绕这项投资的讨论始终处于高度保密状态,一旦福克斯公司得知玛丽莲的计划,她的工作合同很有可能就会因为违背公司利益的意图而失去法律效力。

那一年4月和5月的大部分时间里,玛丽莲都待在旧金山,她和乔、乔的姐姐玛丽以及迪马吉奥家的其他成员住在一起。就像之前同卡尔格一家人一起过日子那样,玛丽莲努力培养着自己对这个家庭的感情,渴望获得自己在童年没能得到的感情。但是,让玛丽莲当家庭主妇的想法过于荒谬,就如同幻想她刷洗灶台、为即将降临人世的孩子缝制小袜子、尝一尝意大利面是否软硬适度一样荒诞不经。

5月底,玛丽莲回到了好莱坞,开始同哈尔·沙弗和杰克·科尔一起排练《娱乐至上》的歌舞片段。* 剧组于5月29日开机,在玛丽莲的要求下,娜塔莎回到了片场,很大程度上也回到了她的生活中,这种情况令乔感到十分反感。妻子同英俊优雅的单身汉沙弗守在一起又令乔感到嫉妒,这两个人在公司里一起度

---

* 在这一年,亨利·哈撒韦原本希望执导由威廉·萨默塞特·毛姆的小说《人性的枷锁》改编的影片,影片将由詹姆斯·迪恩和玛丽莲联袂主演。为安排玛丽莲参演这种严肃的影片应该都不在扎努克的讨论范围之内。

过很长时间，而且往往会待到晚上。有几个星期，玛丽莲一直无视丈夫因为这个问题产生的醋意，乔也根本无视她的存在（正如她日后说过的那样）。实际上，他们就像是一对室友，偶尔才会在棕榈路见见面。

《娱乐至上》讲述的是一个十分美好的爱尔兰杂耍艺人家庭的故事（艾索尔·摩曼、丹·戴利、米基·盖纳、唐纳德·奥康纳和约翰尼·雷主演），影片基本上可以说是一部低劣的立体声宽银幕作品，只是为了展示欧文·柏林过度创作的插曲而拍摄的，一个个片段靠着剧情勉强地衔接在一切。玛丽莲在剧中扮演一个多余的配角，一个在衣帽间工作的女孩，爱上了这家人的儿子，通过这个角色她证明了自己能唱歌、会摆造型。玛丽莲和这部影片的表现都极其矫揉造作，制作水准夸张而无效，服装设计过于讲究，针对从戒酒到艺人变成牧师的各种问题展开的长篇大论都透露出令人腻歪的虔诚姿态。

* * *

这个夏天拍摄《娱乐至上》期间，玛丽莲一直忍受着支气管炎（她在朝鲜感染上的病毒久久没有消失造成的）和贫血的折磨。此外，她第一次体会到了安眠药产生的严重副作用。这些问题令她在准时赶到片场参加拍摄的清晨——这种情况很罕见——显得很虚弱、伤感、喜怒无常。当她稀里糊涂、摇摇晃晃、毫无准备地来到片场，导演沃尔特·朗和剧组的其他成员都对她感到恼火，同时也感到了隐隐的不安。据娜塔莎所述：

> 在夜里跟我排演的时候她表现得很好，可是到了第二天早上她就把台词忘得一干二净了。"你不知道我有多么不开心。"玛丽莲说。她只说了这些，可是跟她一起共事的人都要被她造成的延误给逼疯了。[XXXIII]

这位戏剧指导还指出，"她的怠惰和野心存在冲突"。但是，就连娜塔莎也不得不承认很多时候外界指责玛丽莲过于懒散的说法都有可能是站不住脚的。她曾哀伤地说过：

> 在那年春天，每当迪马吉奥用很恶劣的态度对待她，她都会在凌晨两三点给我打来电话。她忍受不了那样的待遇。我跟她一聊就是几个钟头，到最后我握着听筒的手都变得黏糊糊了。她知道她随时都可以拨通我的电话，那年春天她就是这么做的。[XXXIV]

考虑到玛丽莲如此依赖娜塔莎，发生在6月14日的一桩怪事就不难理解了。当时，玛丽莲给休·弗兰奇打去电话，坚持要求福克斯公司保留娜塔莎的职员身份并且为其加薪。福克斯公司的经理卢·施莱博断然拒绝了这个要求，玛丽莲威胁说自己要罢演4年。由于这通电话，玛丽莲、扎努克、费尔德曼与弗兰奇随即匆匆忙忙地进行了一连串的会谈。娜塔莎的薪水提高了。由于这场胜利，玛丽莲更是得寸进尺。她拒绝同福克斯公司为《七年之痒》签订新的合约，除非公司保证她以后参演影片时都有权亲自挑选对白、声乐和舞蹈指导。她坚称自己"受够了不得不跟公司斗争的局面，她感兴趣的其实只是得到很好的角色而已"（知名艺人经纪公司内部备忘录的记录）。[xxxv]

在这段苦涩的婚姻生活中，玛丽莲不止向娜塔莎一个人透露过自己的秘密。除了其他人，格林夫妇后来也得知了不少令人心痛的细节。伊利亚·卡赞、阿瑟·米勒与李·斯特拉斯伯格也是如此。也是在这个时期，玛丽莲意识到自己实际上陷入了一场不明智的婚姻，为了逃避现实的伤害，她越来越严重地依赖上了巴比妥酸盐（用于镇定或催眠的药物）。她对睡眠的需要和渴望超过了一切。睡眠不只能够让她做好准备应付第二天既定的工作，还能让她避免同乔发生正面冲突。在陌生人和熟人面前，乔始终表现得很温和，但是他对女人总是一副傲慢的姿态，而且常常心怀怨恨。在这个年纪，对于玛丽莲来说，乔并不是丈夫的合适人选。事实上，乔同弗雷德·卡尔格非常相似，玛丽莲对他表现出的顺从很大程度上也是对之前那段恋情的重演。

更令人心酸的是，玛丽莲还是回到了老路上，仍旧试图同一个十分轻视她的男人结合在一起，这个男人嘲笑她的穿着打扮、想当然地认为自己最清楚什么才是最适合她的。这段感情再一次证实了玛丽莲可悲的自我评价，对于跟乔在一起的生活，她除了要面对男性的傲慢，还要忍受公开的羞辱。考虑到这种关系的矛盾性，造成这种状况的原因或许就在于乔以自己的方式爱着玛丽莲。

玛丽莲会再一次从别的地方寻找情感的安慰，这或许是必然的结果。这一次，她在体贴耐心的哈尔·沙弗的身上得到了满足。沙弗为《绅士爱美人》和《大江东去》担任过音乐指导，在玛丽莲的坚持下，他又同她一起参加了《娱乐至上》的拍摄。也是在玛丽莲的监督下，影片在字幕上对沙弗同玛丽莲的合作表示了特别鸣谢。这项成就受到了高度重视,华纳兄弟影业公司将沙弗借调过去,安排他同朱迪·嘉兰合作拍摄了《一个明星的诞生》(可惜的是,他没有在演职员表中占据一席之地)。

沙弗是一个善良温和的男人,在他的指导下玛丽莲完成了《娱乐至上》中的4首插曲以及当年为美国广播唱片公司录制的几首歌曲。没过多久,外界就纷纷传言这对师生发生了恋情。面对甚嚣尘上的谣言,迪马吉奥公开表达了自己的怨恨。沙弗说:"太荒唐了。迪马吉奥先生吃玛丽莲其他任何一个同事的醋也不该吃我的。她是一个了不起的女孩,对我们大家都很好。整件事情令我太尴尬了。"[XXXVI]这种表态或许有些不够明智,根本无法弱化传言,也无法减轻乔的怒气。

接着就发生了一件可怕的事情。沙弗和接受辅导的另外一位女演员及歌手希拉·斯图尔特约定于7月27日晚上在福克斯公司签约词作者哈里·吉万特的家里会面,结果沙弗没有露面。斯图尔特与吉万特往沙弗的家里、办公室和他们都认识的几位朋友打去电话,但是都没能找到他。他们都知道玛丽莲与沙弗的恋情(至少听到了传言),出于担心他们决定驱车前往他在福克斯公司住宿的平房。凌晨4点,斯图尔特与吉万特发现沙弗神志不清、四肢瘫软地躺在地板上,他们陪着他坐救护车去了圣莫尼卡医院。沙弗就着一种致命液体服用了过量的苯丙胺和戊巴比妥钠,医生立即给他洗了胃,他这才捡回了一条命。后来经确认,沙弗灌下的致命液体是打字机的清洗液。对于这件事情,警方和医院的报告都语焉不详。至于这起突发不幸事件的原因,始终没有任何人详细地解释过。有可能是在丈夫的坚持下,玛丽莲告诉沙弗他们必须结束这段炽烈的感情,无论这段感情的本质是什么。还有迹象显示,沙弗接到过一些匿名的威胁电话。

在沙弗康复期间,前去探望过他的不只有玛丽莲一个人,但是吉万特与斯图尔特都证实她是去得最频繁的。事实上,出事后玛丽莲立即就接到了电话,沙弗刚被推进急诊室,她就赶到了医院,在医生允许的情况下一直陪在沙弗的身边。她凑在担架床前,一边哭一边不断地说:"没事的,宝贝儿——我是玛丽莲——我在这儿——没事儿的。"[XXXVII]根据福克斯公司公关人员的要求,媒体都体贴地在报道中宣称沙弗的病因是劳累过度导致的精神崩溃。很长一段时间里,这种没有说服力的解释占据了大量的媒体空间,可是所有人都相信导致这起事件的原因绝对是一段以悲剧结尾的恋情（尽管吉万特与斯图尔特都一口咬定并不存在什么大问题）。

专栏作家洛拉·帕森斯崇拜玛丽莲，她始终不接受有关玛丽莲和乔的婚姻触礁的传言，直到最后她才相信这场婚姻真的破裂了。每当写到玛丽莲的事情时，她的文字总是狂放不羁、热情奔放，就仿佛玛丽莲是好莱坞的"圣女贞德"，在同反复无常、性格奸诈的敌人和善变的电影公司进行战斗，她还针对乔写过一大堆词藻华丽的文章。但是，就连她也知道玛丽莲与沙弗的事情，她告诉读者"在沙弗病情紧急的时候，玛丽莲数次前往医院探望哈尔·沙弗，面对妻子的这种表现乔很不开心……他就像以前嫉妒玛丽莲与娜塔莎·莱特斯的交往一样，有一次在自己的家里他甚至对娜塔莎下了逐客令"。[xxxviii]无论玛丽莲和沙弗的关系究竟有着怎样的性质，也无论他们的交往发展到了怎样的地步，外界都对他们的关系有着清晰的判断。当玛丽莲和乔最终离婚，朋友们都认为他们两个人的交往是一个重要的因素。离婚后发生的一些事情也证明他们的想法没有错。

对于自己同玛丽莲的合作，沙弗非常坦诚。多年后他说过："她没有多少自信心。"

> 但同时她又是一个非常复杂的女人，很清楚自己渴望实现什么样的目标。而今，尽管还是没有安全感，但是她已经不再把自己隐藏在音乐背后了。在录音室里，我一直跟她待在一起，几乎没有花多少工夫在切换、编辑和反复录制的工作上。她信任我，我们变得非常亲密。一直有人提醒我离她远一点，不要跟她交往。我对她温柔、体谅，这似乎就足够了；面对这样的态度，她也会变得热情起来。[xxxix]

叫沙弗同玛丽莲保持距离的提醒都比较委婉，有的来自福克斯公司的同事，有的来自玛丽莲的经纪人，但是所有人的意思都很明确——乔不会欣然接受竞争者的存在。

沙弗意识到自己难以抵抗玛丽莲在音乐之外的提议，无论她的提议针对的是工作还是他们的友谊。在玛丽莲看来，这一次自己扮演的是"一部愚蠢影片[《娱乐至上》]里的一个愚蠢的角色"，[xl]为了减轻自己的失落感，她为美国广播唱片公司录制了一系列歌曲，其中包括《美妙爱情》，她对这首歌的翻唱感情浓烈、爱恨交织。经过改动的歌词充分描述了玛丽莲自己那场昙花一现的婚姻："没有热吻的美妙爱情……我的心不是塑料做的,所以我才如此喜欢挖苦人……"

在一个夏日的午后,玛丽莲只录了两遍就成功了。沙弗指挥着17名乐手为她伴奏,开始录音之前他告诉玛丽莲:"从腹腔呼吸,玛丽莲。"玛丽莲似乎一下子就放松了下来。沙弗露出笑容:"把你的胸脯给忘掉。"他引导着玛丽莲先是唱出比较高的降B调,接着又让她用沙哑的嗓音唱了一下比较低沉的降D调。"我是不会满意的,除非别人只想听我唱歌,不想看着我。"玛丽莲告诉沙弗。[XLI]

《美妙爱情》或许比玛丽莲录制的其他歌曲都更充分地传达出了她在这一年里时而强硬、时而温柔、时而惆怅、时而撩人、时而愤怒的情绪状态。正如沙弗说过的那样,她其实是"一个复杂的女人"。出于一些不为外界所了解的原因,这首歌直到玛丽莲逝世后才得到发行——尽管美国广播唱片公司为她录制的《我要提出我的要求了!》(《大江东去》的插曲)在当年夏天公开发行的前三个星期就售出了75000多张唱片。

对玛丽莲而言,《娱乐至上》剧本定稿时才被草草添加上的角色维姬很像是福克斯公司对她的报复。这个角色又倒退到了她曾经扮演过的那种多余的角色上,纯粹就是对罗莉拉·李那个角色的粗俗诠释。她在剧中演唱的插曲《热浪》尤其如此,这首歌甚至向审查人员发起了挑战。她蹦蹦跳跳的时候,镜头着重展示了她分开的双腿、小腹和胯部。"我们遭遇了热浪,热带来的热浪——这并不出人意料,气温在节节攀升——你肯定跳得了康康舞……"多年后重新观看,这段表演与其说是矿区宿营地水准的娱乐表演,不如说是对未来的一种预示,它提前显示了接下来数十年里将会出现的更大胆、更拙劣的娱乐表演样式。这段歌舞表演受到的典型评价就是,"梦露小姐扭动身体的模样令人看了就感到害臊"。[XLII] 她演唱的《等你称心如意了,你就不想要了!》还比较令人满意,尽管她穿着带有滑稽的羽毛和亮片的服装。欧文·柏林说过,玛丽莲的演绎让他发现这首歌竟然还隐含着情色的意味。[XLIII]

在拍摄这段歌舞的当天,玛丽莲极度紧张不安,西德尼·斯科尔斯基在6月9日发表的专栏文章中详细描述了她的状态,她最终呈现的表演因此就显得更加难能可贵了。就在那个星期，玛丽莲的律师不得不出庭应诉。一个名叫巴特·安提诺萨的男子指控她野蛮驾驶，5月21日他在日落大道上被她的车追尾。安提诺萨提出索要3000美元的赔偿，在咨询了为他修车的修理店的意见后，法院判定了500美元的赔偿金。

实际上，玛丽莲表演《热浪》时采取的粗俗花招是娜塔莎·莱特斯构思的，但是这个内幕只有少数几名成员和编舞杰克·科尔知道。娜塔莎说过："我跟她有一个暗号，一个示意她应当放松某些肌肉的特定手势。他们都觉得我是一个'斯文加利'[1]。"[XLIV]很多年里，这个手势一直不为外人所知，直到丽塔·莫雷诺（那一年里也供职于福克斯公司）1991年向外界透露了这个秘密："要是玛丽莲没有达到娜塔莎的要求，娜塔莎就会指一指自己的胯部。这个手势表示玛丽莲的表演不对头！"[XLV]

8月27日，也就是玛丽莲拍摄《热浪》舞蹈片段的当天，乔和朋友乔治·索罗泰尔也来到了片场。大概是在拍了15条之后，玛丽莲跑过去想要拥抱乔，可是乔却朝后退去，就好像她是一条眼镜蛇似的。乔没有欣然接受妻子的示好，也没有鼓励她。随即，玛丽莲就被叫回到摄影机前。她穿着两件式的紧身服装充满挑逗性地蹦跶着，电影拍摄现场的人群一如既往地朝她投去了色迷迷的目光，这一切都被乔看在眼里。就这样看了5分钟后，乔怒气冲冲地离开了片场，嘴里还咕哝着有关电影行业、杰克·科尔以及哈尔·沙弗的牢骚，他附近的人都没有听清他究竟在说什么。

由于紧张和尴尬，玛丽莲一下子乱了阵脚，跟不上音乐的节拍了。舞步乱了，台词也忘了。她大汗淋漓，脚下一打滑就跌倒在地。西德尼·斯科尔斯基从摄影棚另一头冲过去将她扶了起来。等玛丽莲恢复了镇静、补了妆、整理了发型之后，斯科尔斯基将她介绍给两位来福克斯公司参观的客人——16岁的女演员苏珊·斯特拉斯伯格和她的母亲宝拉·斯特拉斯伯格，后者的丈夫就是导演和纽约演

---

[1] 斯文加利是英国小说家乔治·杜·莫里耶1894年出版的经典小说《特丽尔比》中的音乐家，他使用催眠术对女主人公特丽尔比进行控制，使其唯命是从，成为他牟利的工具。后来，"斯文加利"一词被用来指对他人具有极大影响力和控制力的人。

员工作室的戏剧教师李·斯特拉斯伯格。

从参加好莱坞的演员实验室那时起,玛丽莲就听说过斯特拉斯伯格夫妇的大名。斯特拉斯伯格夫人曾经以"宝拉·米勒"的身份参加过《夜幕降临陶斯》的演出,玛丽莲仔细研究过这部戏剧。卡诺夫斯基夫妇和伊利亚·卡赞都告诉过玛丽莲对于严肃的演员来说李·斯特拉斯伯格是一位非常可贵的老师。这天,就在福克斯公司玛丽莲对宝拉说:"我听说过很多您丈夫的事情。我一直梦想着跟斯特拉斯伯格学习表演。"[XLVI]宝拉告诉玛丽莲等她去纽约时他们随时欢迎她去参观演员工作室。考虑到正在拍摄的《娱乐至上》和显然已经解体的婚姻,玛丽莲肯定觉得这个提议充满了吸引力。

同珍·哈露一样,玛丽莲从来不乐意成为一名整洁能干的家庭主妇。这是乔期望她扮演的角色,可是乔的期望落空了,她没有时间也无意投入家务劳动。哈露同哈尔·罗森也有过一场不明智的婚姻,婚后不到一年的时间他们就离婚了,破坏婚姻的主要因素是两个人不相匹配的生活方式。后来,玛丽莲说过:"我不停地想着她,在心里翻来覆去地想着她的生平事迹。想想都感到害怕,有时候我甚至在想,是不是我也要走上这条路?可是,我觉得不会的。我们只是看起来在精神之类的方面是一样的,我也说不清楚。我不停地考虑着一个问题——我也会像她那样早早离开人世吗?"[XLVII]

玛丽莲和乔在更深的层面存在差异,这些差异涉及他们各自对婚姻组成成分的理解。对于乔来说,婚姻很有可能必须以男性为主导,他绝对不会接受玛丽莲的各种需求——继续当演员,不愿息影,邀请朋友们去他们租住的住宅做客。玛丽莲毫不掩饰对自己的身体的喜爱,也从不遮掩外人欣赏爱慕她的身体给她带来的欢愉,她无法理解乔面对这一切时产生的羞耻感。有关哈尔·沙弗的传言终于发出了风暴将至的危险信号。根据传言,深夜的玛丽莲并非一直在忙于排练、录音和唱

---

* 在拍摄《萨巴达传》期间同伊利亚·卡赞产生恋情的时候,玛丽莲就和大明星及卡赞的门徒马龙·白兰度见过面并且有所交往。白兰度就曾师从斯特拉斯伯格,对这位导师十分敬重。1954年,白兰度也在福克斯公司效力(拍摄《拿破仑情史》)。有一天,吃午餐时他又一次向玛丽莲推荐了斯特拉斯伯格和演员工作室。

歌,至少她做的并不只有这些事情。考虑到这些传言,乔的嫉妒和怀疑或许并非完全是空穴来风,但是玛丽莲从头至尾一直坚称沙弗只是自己的声乐老师。

与此同时,电视成了乔的情人。他最喜欢的是体育比赛节目,不过只要是能令他发笑的节目他都会看。玛丽莲的品味比较难以满足,她渴望刺激、陪伴、丰富多彩的生活内容,她想观看戏剧、参加音乐会,她购买书籍,渴望同乔探讨诗歌和戏剧的话题。这些渴望都令乔感到索然无味,他觉得没有必要出门、让自己去面对"骗子们",那些人只想剥削他们、不停地盯着他们看。两个人原本存在的分歧不仅没有消失,反而因为一起生活加大了。这一年春天,玛丽莲送给乔一枚金牌,好让他挂在他的表链上。金牌上刻着法国作家安托万·德·圣·埃克苏佩里的《小王子》中的一句名言,"真正的爱是看不到的,只能用心去感受,因为眼睛有可能会受到蒙蔽。"乔的反应是:"这句话到底是什么意思?"[XLVIII]

迪马吉奥夫妇的确都有着坚韧精明的人生观,都不相信别人的忠诚,而且他们都没读完高中,都渴望通过名望和成就摆脱卑微的出身。此外,维系他们的还有炽烈的肉欲,从相识到离婚的两年时间里他们在这个方面的需求一直能够得到满足,但是普通婚姻生活中存在的所有牺牲和负担并不会因此而减轻。

乔从未以书面的形式谈论过玛丽莲·梦露,也从未称赞过她,从未说过为她感到骄傲之类的话,无论是在她生前还是身后都从未对历史学家、记者或者传记作家谈论过她,也很少允许别人提起她的名字,即使最亲近的朋友也不例外。玛丽莲的态度则恰恰相反,她总是公开表示自己对乔的尊敬,无论是在婚前、婚姻期间还是离婚后,只要找到机会她就总是会对他的相貌称赞一番。之前她就说过:"他有着米开朗基罗般的优雅和美。他的举手投足都如同一尊活雕塑。"[XLIX]这番赞美一语成谶,没过多久乔的态度就如同石头一样冷漠了。多年后,玛丽莲说过:"有时候,他一连几天都不跟我说一句话。我问他怎么了,他却说:'别烦我!'除非我生了病,否则他不会允许任何人来看望我。"[L]经过了两年的爱情生活,他们都对彼此极度厌倦了。

"嫁给他的时候,我不太确定自己为何要嫁给他,"[LI]玛丽莲后来向一些朋友透露过自己的困惑。"我想做的事情太多了,我不可能当一个家庭妇女。"[LII]促使玛丽莲和乔缔结婚约的因素似乎包括她对乔的怜悯。1953年,乔的一个哥哥溺水身亡,乔陷入了失去亲人的悲痛中,一连数日恸哭不已。他向玛丽莲寻求安慰,一时间玛丽莲以为自己对他来说很重要，而她也渴望拥有稳定的生活，希望这个人高马大、沉默寡言的父亲般的男人能够保护她。

可是，电视、棒球赛和形形色色的娱乐演出满足不了她的需要，当乔将注意力集中在这些事情上而忽视她的存在时，她就完全被扔回到幼年遭受忽视的那种生活了。乔比玛丽莲年长将近12岁，是一个喜欢占据主导权、头脑冷静的人，也是一个喜欢控制一切的男人。不无讽刺的是，他同时也是诺玛·珍妮早年缺少的"父亲"，是她幻想得到的那种男人，她深爱并且渴望打动的对象。

为了取悦乔，玛丽莲从一开始就必须是一个听话的好孩子，扮演好已婚妇女的角色，这种情况同她跟詹姆斯·多尔蒂在一起时的情形十分相似。她曾努力满足这些期望，可是这么做她就回到了第一场婚姻的老路上。乔希望玛丽莲只属于他一个人，可是她痛恨这种状况，除了取悦乔，她还渴望博得大众的好感。或许欧文·柏林的歌词道出了真相——"等你称心如意了，你就不想要了！"玛丽莲需要保护，而不是占有。

乔或许也有着自己的幻想。人们有理由追问还有什么能令他倾心，除了他认识的这个女人？经过两年的婚姻之后，他还愿意向谁做出承诺，除了此时更受到公众瞩目、也更难以驾驭的玛丽莲·梦露？有时候，他之所以十分厌恶妻子似乎只是因为她对他来说召之即来、挥之即去。对于自己能够拥有的，他感到怀疑；对于自己得不到的，他又十分崇拜和爱慕。终其一生，（在婚姻之外）他一直被走马灯式轮番登场的歌舞女郎所吸引，也一直没有熄灭对玛丽莲的热情，离婚后也依然如此。乔喜欢争取控制权，他有可能觉得自己在玛丽莲的身上找到了最终极的幻想，正如她也在他的身上找到了这样的幻想。但是，欧文·柏林的歌词用在他的身上也十分贴切。

乔或许也相信自己能够改变玛丽莲，他能够让"快闪乔"退役，也就能够让神话人物玛丽莲"息影"。他也是名气的受害者，除了"明星"他几乎没有其他的身份，他小心翼翼地保护着自己的这个身份。但是，他们夫妻之间产生了一场灾难性的较量。固守传统的他对妻子的收入、名气和独立自主的生活态度都感到愤怒，他需要妻子待在家里，对他毕恭毕敬。导致他们不相匹配的根本原因还在于乔总是盯着过去寻找属于自己的光荣、公众对他的形象定位，谋求自己的形象所能带来的补偿，而玛丽莲则将目光投向了当下和未来。

在盯着当下和未来的同时，玛丽莲还是无法摆脱过去的经历在情感方面赋予她的感知能力。她总是试图超越对自我的认知，成为更优秀的人，一直渴望得到外界的接纳，永远被外界深深地爱着，因此她不断地按照别人的期望提升自己。在蜜月里，她跟着乔学会了如何玩弹子球，可是她的热情是佯装出来的；在旧金山，她跟着他去钓鱼，其实这种休闲活动令她感到头疼和厌烦；她试着了解棒球的妙趣和西部电视连续剧的细节，可是这些东西都引不起她的兴趣。她一直习惯改造自己，以便取悦他人——格雷斯·戈达德、詹姆斯·多尔蒂、弗雷德·卡尔格、约翰尼·海德、娜塔莎·莱特斯，扮演"迪马吉奥夫人"这个角色对她来说只是自然而然的事情。

在1954年整整一年里，玛丽莲·梦露的日程安排看起来就像马拉松运动员的时间表一样令人生畏，尽管私生活里的矛盾变得越来越不堪忍受，她还是以令人喘不过气的节奏开展着所有的工作。8月底，玛丽莲拍完了《娱乐至上》，随即就投入了《七年之痒》在纽约的外景拍摄工作。她在这部影片里饰演的角色是一个无名无姓的曼哈顿女孩，这个女孩无意中勾引了一名住在附近的紧张兮兮的已婚男子（汤姆·伊威尔饰），那个夏天他的妻子刚好外出度假去了。玛丽莲和邻居男子调情聊天，已婚男子忧心忡忡，不过电影剧本还是以符合道德标准的方式结尾了（跟戏剧原作不同，因为戏剧剧本不必遵守《电影制作守则》）。

电影《七年之痒》的所有相关人员都全速开展着工作。乔治·阿克塞尔罗德亲自操刀将自己的戏剧剧本改编为电影剧本；比利·怀尔德仔仔细细地构思着每一幕的结构和情绪色彩；服装设计师威廉·特拉维尔利用一个周末的时间为玛丽莲在影片里穿着的10套服装绘制了草图。特拉维尔为一幕戏设计的服装后来跻身电影史上最著名的服装之列，这件衣服就是线条简单、颈部系带、带有放射性褶皱的米色无袖裙。在影片中，当一列地铁在地面之下呼啸而过，人行道上的下水道格栅里突然冒出的一股冷气将裙摆高高地吹了起来。

9月8日，乔向玛丽莲道别，玛丽莲登上了前往纽约的夜班飞机。次日清晨8:15，她抵达纽约，哈里·布兰德主管的宣传部事先已经确保500名机场工作人员都获悉了她将到来。迪奥公司在当季推出的平胸宽松的裙装款式十分流行，但是玛丽莲根本无视潮流，走出机舱时她穿的是一条纯羊毛质地的紧身裙。她在停机坪为摄影师们摆着造型，开心地同记者们交谈着，直到警察从人群中挤了出来，护送她坐上一辆豪华轿车。接下来，她在6个上午接受了采访，同杂志记者共进了一次午餐，在《每日新闻》报社办公大楼参加了一场新闻发布会。

在整整一个星期里，媒体一直处于高度紧张状态。剧组在纽约拍摄了两场外景戏，9月13日，1000名观众一起围观了第一场外景拍摄。这两场戏在福克斯公司的摄影棚里就可以轻松完成，但是这样就会浪费掉绝佳的宣传机会（此次纽约之行的全部意义就在于此）。每一家报纸和杂志都对这次纽约外景拍摄进行了专题报道和采访，福克斯公司的会计们甚至已经能够估算出《七年之痒》将会为公司创造多么可观的利润了。

围观的人群先是欢呼了一阵，在剧组人员的要求下，他们又安静下来。玛丽莲在东61街的一扇窗户里探出身子，喊了一声"嘿！"，然后将一双鞋抛向汤姆·伊威尔。她开心地嚷嚷着："嗨！我刚洗完头！"停！重拍！重拍！冲印！就是这样，整个过程似乎非常简单。拍摄这场外景时乔治·阿克塞尔罗德也守在现场，据他所述，终于等到开拍的玛丽莲就跟往常一样惶恐不安——这一刻，她的形象将被永远保存下来；她就将以这样的方式接受外界的审视、评价、接纳、欣赏（或者被否定），从而被深爱着、被铭记住（或者被遗忘）。对于照片，她可以反复审查，实际上她总是要求摄影师在发表照片之前首先要征得她的同意。电影不一样，她不得不哀求导演将一场戏拍上一遍又一遍，以便打消自己的顾虑，实际上她的顾虑根本无法消除。阿克塞尔罗德还记得当时玛丽莲显得十分机灵，她具有一种天生的聪明劲和幽默感，可是她不相信自己拥有这样的特质。

"她满怀抱负、极度渴望成功，但是在表演和电影拍摄方面她没有专业技巧，这种状况令她的'保护者们'在她的面前拥有了有利的条件。他们教导她、鼓励她——尽管不多——不然，他们就失业了。"[LIII]

玛丽莲十分喜欢人群对她的关注，在感受到外界的爱慕时，她身上爱出风头的一面就苏醒了，表现最活跃的一次正是9月15日凌晨1点至4点的那次外景拍摄。在寒冷的空气中，玛丽莲在52街莱克星顿大道上的特朗斯勒克斯剧院外拍完了那场著名的裙摆飞扬戏，媒体和公众都再一次提前接到通知。现场聚集了数百名职业摄影师和业余摄影师，到半夜又赶来了将近两千名围观群众，大家都热切地盼望着尽可能地多看几眼玛丽莲。怀尔德的助理向人群宣布纪律：如果大家都能配合他们的工作，站在路障外，他们就可以开拍了，照相机也就能启动了，每一位摄影师也就能尽情抓拍了。

接下来发生的一幕被专栏作家欧文·霍夫曼飞快地记录了下来，"全世界都看到了拍摄过程"。[LIV]玛丽莲站在下水道格栅上，特效主管保罗·沃兹尔控制着围在街道远处的大批影迷。玛丽莲的白色裙子飞了起来，白色内裤露了出来，不过衬裙没有露出来（这一幕是事先计划好的）。照片传遍了世界各地。两个小时里，围观的人群一直高声呼喊，玛丽莲时而露出淡淡的笑容，时而咯咯地笑出了声，冲人群挥挥手，配合着所有人。她两度提出休息一会儿的要求，在休息期间她走进剧院，用热咖啡暖了暖身子，强风机和夜里的冷空气令她浑身冰凉。汤姆·伊威尔说过："那天夜里，她哆嗦得很厉害。她染上病毒了。"[LV]但是就像珍·哈露一样，玛丽莲从来不会远离公众，也从来不会为自己套上超凡脱俗的光环。

这场戏完全是摄影师萨姆·肖策划的高明之举。从1951年起，肖就一直同玛丽莲保持着友谊，受到联合制片人查尔斯·费尔德曼的委托，他跟拍了《七年之痒》的整个拍摄过程。从前期准备阶段开始，肖就一直计划把裙摆飞扬这场戏当作整部影片的标志。多年后他说过："在莱克星顿大道拍摄的外景戏当然是为了宣传需要。所有人都清楚回到公司后还得重拍这场戏。"[LVI]怀尔德与沃兹尔事先都对这套方案表示了认可，他们知道这幕戏的特写镜头之后都得重新拍摄，因为现场噪声过多，无法录制演员的对白。[LVII]事实上，这天晚上拍摄的大部分剧照都比最终完成的《七年之痒》更暴露。在福克斯公司拍摄的最后一幕戏里，玛丽莲跨过下水道格栅，一股突然喷出的空气只是将她的裙摆吹到了膝盖的高度，在她打量四周、庆幸吹来一阵凉风的时候，镜头谨慎地切换到了她的面部。就连迪士尼公司都不可能对影片的拍摄做出如此精妙的指导。*

接下来发生的事情一点也不好笑。

前一天下午，远在比弗利山的乔接到老朋友专栏作家沃尔特·温切尔打来

---

* 但是，迪士尼公司不会允许拍摄中出现最终必然会因为审查员的反对而被删剪掉的台词。在微风中，玛丽莲恢复了活力，她向汤姆·伊威尔问道："你们难道不想穿上裙子吗？我真为你们男人感到遗憾，你们只能穿着热烘烘的裤子。"

的电话，后者向他透露莱克星顿大道就要上演一场好戏了。当天晚上，乔就飞去纽约。到了第二天晚上，他很疲惫，而且一如既往地对电影拍摄现场毫无兴趣，因此他决定就待在瑞吉酒店的酒吧里等玛丽莲回来。温切尔赶到酒店，他从《奥赛罗》里阴险的旗官伊阿古身上得到了启发，为了给自己的专栏文章制造吸引人的素材，他劝说乔跟他一起去莱克星顿大道。乔拒绝了温切尔的提议："这样只会让她紧张，也会让我紧张。"[LVIII]

"哦，走吧，乔。我必须过去一趟。没准我能搞到一些素材。"

"不了，沃尔特。你自己去吧。"

然而，温切尔还是说服了乔，他们两个人去了现场，观看温切尔所期望同时也是乔最担心看到的"好戏"。妻子的裙子一次又一次地飞扬起来，人们赞许地叫喊，乔火冒三丈地扭头看着温切尔："这究竟是怎么一回事？"比利·怀尔德还记得当乔跟温切尔匆匆返回酒店酒吧的时候乔"面如死灰"。[LIX]人们完全有理由问一问，乔为什么不想想那天晚上守在莱克星顿大道上的很多人（甚至是现场之外的无数人）绝对已经从日历上看到过更暴露的玛丽莲。

后来，咆哮声和嘶喊声从迪马吉奥夫妇的酒店套房里传了出来。住在隔壁房间的娜塔莎赶过去想问一问出了什么事，但是被乔挡在了门外。第二天上午，娜塔莎和《七年之痒》拍摄期间玛丽莲的发型师格拉迪斯·惠顿见到了骇人的一幕："乔被她气疯了，把她揍了一顿，下手有点狠。她的两只肩膀上都青一块、紫一块的，不过我们把淤血的地方都用化妆品遮盖掉了。"[LX]

这天下午，即9月16日，迪马吉奥夫妇返回加利福尼亚。两个星期后，玛丽莲提交了离婚申请书。

注　释

I　西德尼·斯科尔斯基的专栏文章，1954年6月6日（发表于《好莱坞市民新闻》）。施特菲·西德尼·斯布拉沃向唐纳德·斯波托证实了有关西德尼·斯科尔斯基向玛丽莲·梦露提供药品的更多情况，1992年6月5日。

II 小弗兰克·劳埃德·赖特，引自《洛杉矶时报》，1954年1月6日。

III 引自玛丽·托尔的文章《玛丽莲·梦露》（《纽约先驱论坛报·电视广播杂志》第9部分），1955年8月14—20日版，p.6。

IV 引自西德尼·斯科尔斯基发表在《好莱坞市民新闻》的专栏文章，1954年2月1日。

V 扎努克，引自迪克·威廉姆斯发表在《洛杉矶镜报》的专栏文章，1954年1月15日。

VI 《时代》，第163卷，第4期（1954年1月25日）：108。

VII 《生活》，第36卷，第4期（1954年1月25日）：32。

VIII 大量引自世界各地的媒体，例如，见艾伦，p.180；卡恩，p.254；《洛杉矶考察家报》，1954年1月15日。

IX 见艾伦，p.180。

X 引自赫达·霍珀的文章《迪马吉奥与梦露东躲西藏度蜜月》（《洛杉矶时报》，1954年1月17日）。

XI 《旧金山考察家报》，1954年1月17日。

XII 同上。

XIII 《玛丽莲和迪马吉奥前往日本》，《洛杉矶时报》，1954年月30日。美联社转载了这篇有关玛丽莲撞伤拇指的报道，随后报道得到了大量转载。

XIV 这种说法在1954年整整一年里频频被提到，这个小细节得到过报道，例如罗杰·曼维尔所著的《电影界的爱神》（纽约：新月出版社，1979），p.116。

XV 合众国际社的报道，1955年1月30日，1954年1月31日的《洛杉矶时报》在第1部分刊登了报道，p.26（《群众争抢着迎接玛丽莲和乔》）。

XVI 《时代》，1954年2月15日，p.32。

XVII 卡恩，p.255。

XVIII 奥杜尔的回忆，见卡恩，同上。

XXIX 这场新闻发布会得到广泛报道，例如《时代》，前文提及的文章。

XX 引述在艾伦的书中，p.183；另见盖伊·塔利斯，《一位英雄的沉默期》，《君子》，第66卷，第1期（1966年7月）：43。

XXI 有关玛丽莲·梦露前往朝鲜的事情，见C.罗伯特·詹宁斯，《玛丽莲·梦露和美军的一桩悬案》，《洛杉矶杂志》，1966年8月，pp.31—63；艾伦，pp.181—184；卡恩，pp.255—256。

XXII 根据本·赫克特代笔的梦露自传草稿，收录于纽伯里图书馆的本·赫克特藏品，盒HE，pp.133—136，芝加哥。

XXIII 引自《洛杉矶时报》，1954年2月20日。

XXIV 泰德·切辛斯基向唐纳德·斯波托讲述，1992年2月10日。

XXV 詹宁斯，前文提及的文章，p.60。

XXVI 斯科尔斯基，p.212。

XXVII 频频被提及，例如塔利斯，p.43；卡恩，p.256。

XXVIII 西德尼·斯科尔斯基发表于《好莱坞市民新闻》的专栏文章，1954年3月10日。

XXIX 有关玛丽莲·梦露和斯科尔斯基之间的对话，见斯科尔斯基，p.213。

XXX 本·赫克特给雅克·尚布伦的信，1954年4月14日，纽伯里图书馆的本·赫克特藏品，芝加哥。

XXXI 玛丽莲向阿瑟·米勒讲述，《时移世变》（纽约：格罗夫出版社，1987），p.370。

XXXII 露西尔·莱曼向唐纳德·斯波托转述，1992年2月20日。

XXXIII JWP/NL II，p.22。

XXXIV JWP/NL 1，p.7。

XXXV 杰克·戈丹与休·弗兰奇，关于在1954年6月26日或前后跟玛丽莲·梦露一次会面的情况给查尔斯·K.费尔德曼的备忘录。

XXXVI 哈尔·沙弗，引自《洛杉矶考察家报》，1954年10月6日；《机密》，第3卷，第4期（1955年9月）：56。《机密》杂志当时只被外界视为一份八卦杂志，尽管这家月刊选择的报道内容只有发生在名流身上耸人听闻的花边新闻，但是记者们的调查非常翔实仔细。例如，正是它率先对好莱坞的伪善——电影产业中不存在同性恋形象——提出了质疑。杂志聘用了调查性记者、律师、事实核对员和知名记者，针对电影公司的欺诈行为和经理层管理不善发表过一些当时最具有揭露性的报道。

XXXVII 《机密》，p.58。制片人米尔顿·艾宾斯向唐纳德·斯波托证实了这件事情，1992年9月22日。

XXXVIII 洛拉·帕森斯，《乔怀疑玛丽莲不轨，据说两人关系破裂：玛丽莲前往医院探望声乐教练》，《洛杉矶考察家报》，1954年10月6日，p.1。

XXXIX 哈尔·沙弗向唐纳德·斯波托讲述，1992年4月24日。

XL MG 4，p.25。

XLI 引自罗伯特·卡恩的《玛丽莲·梦露创造新高》（《科里尔》，1954年9月9日，pp.99—101）。

XLII 博斯利·克劳瑟，《纽约时报》，1954年12月16日。

XLIII 有关欧文·柏林的评论，见曼维尔，p.117。

XLIV JWP/NL 1，p.6。

XLV 丽塔·莫雷诺，在《20世纪大课堂》节目中，梅里尔·W.莫祖尔为CEL传播公司和A&E广播公司（美国有线电视）制作的电视节目，1991。

XLVI 苏珊·斯特拉斯伯格，《苦乐半参》（纽约：帕特南出版社，1980），

pp.55—56。

XLVII 玛丽莲·梦露，引自MG口授录音4号，1957年4月11日。

XLVIII 引自格雷厄姆·麦卡恩所著的《玛丽莲·梦露》中（新布伦瑞克：罗格斯大学出版社，1988），p.46。

XLIX 玛丽莲·梦露，引自《万象》，第9卷，第10期（1954年4月）：55。

L 引自莫里斯·佐洛托的《玛丽莲·梦露之谜》一文（《美国周刊》，1955年10月23日，p.30）。

LI 诺曼·罗斯滕，《玛丽莲：从未说出的故事》（纽约：西格奈特出版社／NAL，1973），p.104。

LII 引自格洛丽亚·斯泰纳姆的《和玛丽莲一起长大》（《女士》，第1卷，第2期，1972年8月：38）一文。

LIII 乔治·阿克塞尔罗德向唐纳德·斯波托讲述，1992年3月7日。

LIV 频频被提及，例如摄影师萨姆·肖，《脱缰之马》，第9期（1993年1月）。

LV 汤姆·伊威尔，引自《洛杉矶每日新闻》，1954年10月5日，p.5。

LVI 萨姆·肖向唐纳德·斯波托讲述，1992年3月7日。

LVII 怀尔德与沃兹尔都在接受采访的时候（分别）向唐纳德·斯波托证实了拍摄时间安排的问题，1991年11月19日和1992年2月19日。

LVIII 就在玛丽莲·梦露逝世的数日后，温切尔在自己的辛迪加专栏文章中全文引述了这段对话，发表在《洛杉矶先驱考察家报》（1962年8月8日）等媒体上。

LIX 比利·怀尔德向唐纳德·斯波托讲述，1991年11月19日。

LX 有很多目击证人都讲述了玛丽莲和乔之间发生的暴力事件，见麦卡恩，p.46。

第十四章 1954年10月—1955年1月

玛丽莲·梦露积习难改，总是不能准时开工，大多数原因都在于她有着各种各样的恐惧：担心自己准备得不够充分，担心自己的外貌不够上镜。但是，最重要的一点还在于她唯恐自己表现拙劣而遭到别人的嫌弃，再一次被打发走（就像小时候那样），引起别人的厌烦、受到别人的否定、得不到别人的爱。也正因为如此，想要纠正她的表演或者向她提出建议，导演就必须以十分巧妙的措辞和极其温柔的态度跟她谈话，以免她为自己的错误懊悔得失声痛哭起来。在职业生涯中，很多拍摄的日子就这样被白白浪费掉了。

在1954年9月的后两个星期里，玛丽莲有4天时间没有出现在福克斯公司，这4天的消失有着截然不同的理由。经过莱克星顿大道和瑞吉酒店那个可怕的夜晚以及次日返回洛杉矶的长途飞行之后，玛丽莲疲惫得病倒了。她患上了重感冒，这场感冒差一点就发展成肺炎，就这样她在床上躺了几天。[I]按照计划，《七年之痒》的拍摄周期为35天，结果延长到了48天，直到11月才杀青。汤姆·伊威尔还记得在拍摄接吻片段的时候，玛丽莲反复向他道歉："但愿你不会介意我今天吃的药的味道。"[II]

令比利·怀尔德开心的是，玛丽莲不顾医生的嘱托，在9月18日至10月1日这段时间坚持来公司拍了几天戏。同她一起主演这部影片的伊威尔说过："我知道她很努力，就冲这个原因我就很喜欢她。"[III]同参与拍摄《七年之痒》的所有人一样，伊威尔也很同情玛丽莲在私生活里遭遇的问题。同福克斯公司的总经理们一样，他清楚玛丽莲一个人就足以决定这部影片的成败。扎努克在9月20日给怀尔德写了一封信："其他人能给你精彩有趣的表演，但是任何人的表演都无法同玛丽莲在这部片子里塑造的人物相提并论。"[IV]这句话更像是警告而不是建议，怀尔德很清楚扎努克的言外之意。

不出所料，玛丽莲果然出现了各种问题，毕竟她要在私生活遭遇痛苦时完成一次笑料十足的表演。要想在早上就能赶到片场的话，她就需要公司的医生李·西格尔经常为她提供安眠药物。实际上，医生只能起到补充作用，西德尼·斯科尔斯基的供应才是主要来源。玛丽莲告诉萨姆·肖："我得睡觉。影迷都希望看到我魅力四射的样子。我不会让他们失望的。"[V]

而且，她的婚姻也一塌糊涂，棕榈路那套零乱破败的房子就是一种象征：厨房和洗衣房都没有收拾，床没有铺好，剩饭原封不动地摆在那里。就连最低限度的整洁玛丽莲都无法保证，对于她这种忙忙碌碌、心事重重、不开心、做事总是毫无条理的女人来说，这种情况不可避免。不过，人们不禁会问为什么他们都没有想过雇用一位管家呢。对乔而言，干净的重要性仅次于正直，但是对玛丽莲来说保持干净几乎是不可能的事情。

提起往事时，比利·怀尔德说过："碰上顺利的日子，来公司的时候她的状态就非常好，尽管莱特斯那个怪物依然躲在暗处，在任何事情上玛丽莲也还是需要得到她的认可。我不喜欢这种情况，不过我还是竭尽所能地把每一幕戏拍好。"[VI] 面对重重困难，怀尔德的确尽力了。服从《电影制作守则》以及天主教道德联盟的道德标准，《七年之痒》被拍成了一部乏味的影片，唯一的亮点就是玛丽莲的镜头，尤其是戏仿电视广告的那段令人捧腹的片段。影片的情节缺少因果报应的结局，对已婚男子面临的道德困境的描写很愚蠢，毫无打动人心的喜剧色彩。

在很大程度上，这部影片的魅力来自于怀尔德所说的：

> 玛丽莲的肉体冲击力——在银幕上，她看起来就像是触手可及似的。她具有一种很真实的形象，突破了影像的限制。此外还有别的一些因素。她有一种天生的本能，知道如何念出喜剧台词，如何为台词添加一些味道，一些特别的味道。她扮演的是一个完全有可能被演绎得很粗俗的角色，但是她的表演丝毫没有粗俗的气质；相反，看到她出现在银幕上的时候，你会莫名地感到舒服。简单说，她具有一种其他人——除了[葛丽泰·]嘉宝——在银幕上都不具有的气质。谁都没有。

第十四章　1954年10月—1955年1月 | 305

没过多久，玛丽莲也表示："当我的生活中有那么多事情都出了问题的时候，我就特别想把自己的工作干好。"[VII]她说到做到了，尽管在所有人中间对这样的结果最不满意的偏偏是她。9月底的一天，玛丽莲叫《七年之痒》剧组大吃了一惊。剧组已经习惯了长时间的延误，主要原因就在于玛丽莲总是无法流畅地说出台词的前一两个字，剧组只能一遍遍地重拍。在拍摄将近结尾的一场戏时，剧组成员都产生了畏难情绪。这场戏表演难度不小、时间又比较长，玛丽莲必须向伊威尔解释清楚为什么她会觉得那么普通无趣的一个男人会令她兴奋、为什么他的妻子应该吃醋。阿克塞尔罗德和怀尔德都坚信玛丽莲需要花上几天时间才能把台词背下来。结果，玛丽莲令他们大吃一惊。这场戏一次成功，玛丽莲只用了3分钟就圆满地完成了这场戏，"一字不差[阿克塞尔罗德语]，道白效果让在场的所有人都喝起了彩"。[VIII]玛丽莲向编剧和导演解释说，这场戏之所以对她很简单完全是因为她对台词里的一字一句都深信不疑，同时也是因为这段戏看上去非常接近她自己的经历。多年后听一听，这段对白竟然具有一种打动人心的单纯、美好的气质：

伊威尔：咱们就面对这个现实吧。神志清醒的漂亮姑娘都不会要我。她们想要的是格利高里·派克……

玛丽莲：你怎么知道漂亮姑娘想要什么？你以为所有的漂亮姑娘都是傻瓜。你以为女孩子去参加聚会、在聚会上碰到一个男人，一个穿着条纹马甲、就跟老虎似的趾高气扬走来走去的大块头猛男，这个男人用"我太帅了，你抗拒不了我的魅力"的眼神看着女孩子，看到这种情形女孩子就会一下子匍匐在地上。嘿，她才不会趴下呢。房间里还有另外一个男人——就在角落里——也许他有点紧张、害羞，还冒了点儿汗。一开始你会忽视他，后来你就隐隐约约地意识到他是一个绅士、善良、苦恼的人，他会对你温柔又体贴——这才是真正令人兴奋的事情！噢，如果我是你的老婆，我就会嫉妒你——我会非常非常嫉妒你。

[她亲了亲他。]

我觉得你就是很优雅！

9月27日，乔就去了纽约和克利夫兰报道世界大赛[1]，此时距离他回到棕榈路的家里还不到两个星期的时间。在他走后的几天里，玛丽莲一直和老朋友玛丽·卡尔格·绍特（弗雷德的妹妹）保持着联系，她最先得知了迪马吉奥夫妇分手的消息。

乔于10月2日星期六回到贝弗利山，玛丽莲告诉他自己已经请律师起草离婚文件了。另外，她已经把自己的决定告诉了扎努克，他也已经指示员工不准再让乔进入福克斯公司了。乔相信玛丽莲会冷静下来，危机会得到化解，因此他什么也没有说，只是从楼上的卧室搬到了楼下的书房，依然如故地保持着那副威严、漠然、沉默的姿态。

就在当天晚上，邻居们听到北棕榈路508号爆发了一场激烈的争执。约翰·C.梅德利夫人还担心会发生暴力事件，很快她和其他几位邻居就看到衣冠不整的玛丽莲裹着一件皮大衣从家里出来了。玛丽莲沿着街道走了几个钟头，还在棕榈路背后的商铺街溜达着。[ix]

玛丽莲在星期一清早的举动显示出她有着多么强大的耐力和生存本能，即使在承受着巨大痛苦的时候。她同往常一样十分清楚宣传的重要性，也同以前一样想化被动为主动，将潜在的尴尬处境转变为有助于巩固"玛丽莲·梦露"这个形象的优势。她拨通了比利·怀尔德的电话，告诉他自己生了病，无法去上班了。紧接着，她就像1月14日在旧金山时那样给哈里·布兰德打了一个电话。她小声告诉布兰德——就像是在说悄悄话一样——自己已经聘请了杰里·吉斯勒。吉斯勒是好莱坞最知名的刑事律师，尤其以代理名人的棘手官司而著称，他将代表她处理这场官司。玛丽莲希望自己的离婚诉讼很快就能尘埃落定，不会出现复杂的情况，也不会产生争议。保持冷静，他会安排好一切的，布兰德对玛丽莲说。电影公司新闻发言人的职责就在于了解并处理炙手可热的好莱坞人的生老病死、结婚离婚的消息，这也是他们的权力来源和开展工作的前提条件。

布兰德曾经是一名训练有素的记者，放下电话后他就召集起了队伍。他首先匆匆地向各家新闻通讯社宣布这场世界闻名的婚姻就要结束了，"因为夫妻双

---

[1] 世界大赛是美国职棒大联盟每年10月举行的总冠军赛，是全世界职业棒球最高等级赛事。

方各自的事业需求存在的冲突导致两个人无法和谐相处"。[X]对于所有了解乔的现状的人来说，布兰德提供的解释应该都显得很好笑，毕竟乔几乎已经彻底告别了体坛，只是在世界大赛期间才会露露面。布兰德接下来就动员起了部下罗伊·克拉弗特、弗兰克·尼尔、查克·巴拿马、莫莉·梅里克和雷·麦茨勒，给他们每个人都分配了一堆需要联系的报纸、记者和专栏作家。不到7分钟，洛杉矶的20家媒体就都了解到了详细的情况，他们就是"第一批"了解到迪马吉奥夫妇离婚的新闻机构。

次日，即10月5日，这条消息就传遍了世界各地。这天早上，一百多名记者和摄影师在北棕榈路508号门外的草坪上安营扎寨了。屋里，吉斯勒坐在玛丽莲的身边，后者躺在床上，利昂·克罗恩给她注射了镇静剂。玛丽莲在一份一页半的文件上签了字，在这份文件中她申请离婚，并宣称在8个月的婚姻生活中自己"承受了巨大的精神痛苦，对于被告的所有行为和举动，原告不存在任何过失"。[*][XI]这份诉状宣称乔于9月27日去了东部，从那时起他们夫妻二人分居了。诉状还表示原告不需要赡养费，夫妻二人也没有需要分割的共同财产。然后，吉斯勒就下楼将文件交给了乔，并告诉他在10日之内他有权利提出异议，过了这个时间而没有提出异议的话，他就会收到败诉的判决。乔一言未发地将文件塞进口袋里，继续看起了电视。

为了方便媒体报道，他们接下来演了一出有些悬念的好戏。吉斯勒走到屋外，告诉记者迪马吉奥夫妇没有和解的可能，但是他们会在友好的气氛中办理离婚。为了证明这种说法，他接着又说梦露小姐感染了病毒，迪马吉奥先生正在体贴地为她煮粥。也许明天会有进一步的消息，两位主角甚至有可能会露面。

到了10月6日的清晨，北棕榈路508号的草坪上已经架起了摄影机。大堤上升腾起灰色的薄雾，雾气中透射出加利福尼亚朦胧的晨光，就连约翰·休斯敦和阿尔弗雷德·希区柯克都不可能执导出更夸张的场面了。10点，乔带着行李快速走出了家门，朋友雷诺·巴索奇尼陪在他的身边。他们俩钻进了乔的那辆"凯迪

---

[*] 吉斯勒轻率地告诉媒体这种说法只是含糊其词的标准法律用语，可以用来指一切"跟政治分歧一样普通"[XII]的事情。

拉克"（跟玛丽莲的那辆车一模一样），乔说自己要径直前往旧金山："那才是我的家，一直都是。我再也不会回这里了。"[XIII]然而，乔并没有立即返回旧金山，而是在利昂·克罗恩的家里住了6个星期，一直远离外界。克罗恩既是玛丽莲的朋友，也跟乔有着不错的私交，据他所述，玛丽莲每天晚上都会打来电话跟乔聊上一会儿。

10月6日上午10：55，玛丽莲也露面了。她穿着一条黑色的紧身套头毛衫，毛衣跟她的一头金发形成了鲜明的对比，她的腰上还扎着一根黑色的皮带，下身穿着黑色的华达呢裙子，脚上穿着一双黑色的浅口鞋，这副装扮就像是要去参加一场葬礼似的。她靠在吉斯勒的胳膊上，就这样走到了记者们的话筒前。西德尼·斯科尔斯基随即就出现在玛丽莲的身旁，他转向记者，宣布道："不存在其他男人的问题。"这句话自然会被理解成相反的意思——玛丽莲有其他的男人。吉斯勒恼怒地瞪了他一眼，抢过了主导权。

"梦露小姐在今天上午没有什么需要告诉大家的。作为她的律师，我完全能够代表她，我要说的只是这种令人遗憾但是无可避免的结局是事业上存在的冲突导致的。"[XIV]

媒体当然不会任由玛丽莲一声不吭地离去。面对连珠炮似的问题，玛丽莲用哽咽沙哑的声音说道："今天我什么问题也回答不了。抱歉。太抱歉了。"说完，她就崩溃了，啜泣了起来。她将脑袋靠在吉斯勒的肩头，拿着一条白手绢轻轻地揉着自己的眼睛。接下来，她没有返回屋里，而是走到轿车跟前。她先去了克罗恩医生在北罗克斯伯里路的办公室，然后又去了福克斯公司。两个小时后，她回到家里，躺了下来。

媒体立即开始打探各方的反应。娜塔莎·莱特斯幸灾乐祸地告诉媒体：

> 这场婚姻对玛丽莲来说是一个天大的错误，我觉得她早就意识到了这一点。这种事情不是一夜之间发生的。这样最好了……[XV]现在，玛丽莲终于有机会充分发展自己的才华了。我们发现这个女孩的身上潜藏着一位伟大的戏剧明星。她近来经历的事情为实现这一目标制造了障碍。现在，这些事情全都被她抛在身后了。[XVI]

娜塔莎忘了自己也跟乔一样反感玛丽莲的银幕形象和穿着打扮，她假惺惺地说：

> 你们也知道，有些人很狭隘，厌恶一切能帮助别人获得成功的事物。他们总是在吵架。玛丽莲一直希望事情有所好转，可是迪马吉奥先生从来不会考虑她的感受。

玛丽莲只是跟少数几位朋友略微提起过离婚的事情，她曾简明扼要地告诉迈克尔·契诃夫："乔是一个好男人，可是我们没有多少共同点。"[XVII]没过多久，她又直言不讳地告诉苏珊·斯特拉斯伯格："无聊——他令我感到无聊。"*[XVIII]后来，玛丽莲做过一番略微详细的解释：

> 他不喜欢我扮演的女性，他觉得她们都是荡妇。我不知道他想到的是哪些片子！他不喜欢别的演员跟我接吻，他不喜欢我在戏里的服装。他一点也不喜欢我的片子，他痛恨我所有的衣服。我告诉他我必须这么穿，这也是工作的一部分，他却说我应该辞了这份工作。跟我结婚的时候，他究竟觉得自己娶的是什么人？说实话，我们的婚姻有些愚蠢，两个人难以做朋友，但是有权做爱。后来我才知道大部分婚姻都是这样的。[XX]

10月7日上午9点，玛丽莲准时赶到《七年之痒》的片场，比利·怀尔德还记得当时她一副喜气洋洋的模样。她告诉怀尔德："这些日子以来，我头一回感到自己还活着。还美美地睡了一个好觉。"[XXI]

与此同时，乔忧伤地远离了大众的视野。"我不明白究竟出了什么事儿。"他说，显然他希望玛丽莲能撤销离婚诉讼。他还说过："我希望她会明白过来。我觉得[玛丽莲]是一个好孩子，年轻、天真，但是我认为她被一些不好的朋友给误导了。"[XXII]他无意中又流露出了居高临下的心态。

为了说服妻子回心转意，乔在10月26日做出了一个大胆的举动，请求西德尼·斯科尔斯基进行调解。他们两个人去了棕榈路，乔恳求玛丽莲重新考虑一下。后来，斯科尔斯基说过："玛丽莲一旦下定决心，就雷打不动了。她一心只

---

* 西德尼·斯科尔斯基认同这种直言不讳的评价："乔·迪马吉奥令玛丽莲感到无聊。他的生活方式就是啤酒、电视和老婆——妻子排在《荒野镖客》或者《深夜秀》和一罐啤酒之后。一个夜晚接着一个夜晚都是这么度过的。她无法接受这样的生活——即使跟全国人民心中的英雄在一起也不行。"[XIX]

想离婚。"XXIII

次日，斯科尔斯基陪着玛丽莲和吉斯勒去了圣莫尼卡法院。提起往事时，斯科尔斯基有些惊讶地说过律师"告诉玛丽莲他希望她在记者和摄影师面前做出怎样的表现。他就像一位出色的电影导演一样，解释了自己都需要哪些情绪和表情。玛丽莲给吉斯勒献上了一场完美无瑕的表演"——也许是因为没有重拍的机会。

玛丽莲将自己精心地打扮了一番，中规中矩地穿着大圆领的黑裙子，戴着一顶黑帽子，白色皮手套和脖子上的白珍珠项链同衣服和帽子形成了对比，那串项链还是乔送给她的生日礼物。她又恢复了电影巨星的模样。28岁这一年是她这一生最为外界所熟知的一年，她将一切都变成了媒体话题和宣传机会，一找到机会她就会制造并向外界"暴露"出自己新的一面。

她镇定地对奥兰多·H.罗兹法官说道：

> 法官阁下，我的丈夫有时候很情绪化，碰上这种时候，他会一连五天甚至七天不跟我说一句话，有时候时间更长，能有十天。我会问他出了什么事。他要么不回答，要么就说"别再烦我了！"在婚后的九个月里，他允许别人来看望我的次数不超过三次。有一次是我生病的时候，然后他就允许别人来看望我了。

她接着又说了一句有可能并不符合事实的话。无论如何，她在法庭上说出的这句话跟她透露给朋友和媒体的情况存在很大的出入：

> 为了解决我们之间的问题，我主动提出放弃我的工作。可是，就算这样也无济于事。

随即，她的声音陡然降了下去：

> 我希望通过婚姻得到爱、温存、关心和理解。可是，我们之间基本上只有冷酷和漠然。

玛丽莲的这份陈述在世界各地都得到了转载。

娜塔莎希望出庭作证，但是玛丽莲明智地拒绝了她的要求。因此，站在证人席上的是玛丽莲那位头脑冷静的业务经理伊内兹·梅尔森：

> 迪马吉奥先生非常冷漠，对迪马吉奥夫人的幸福毫不关心。我看到过他推开她、对她说别去打扰他的情形。XXIV

不到8分钟的时间,罗兹法官就签发了离婚中期判决令,最后判决令将在一年后生效。

离婚判决并没有让乔打消强烈的妒火,他和朋友法兰克·辛纳屈在9天后导演的一出离奇事件就清楚地显示出了这一点。

自10月中旬以来,乔聘请了一名私家侦探跟踪玛丽莲(显然是希望侦探能够找到对玛丽莲不利的证据),直到婚姻彻底结束的时候他都没有解雇这名侦探。在11月5日的晚上,侦探告诉乔自己以各种各样的伪装跟踪玛丽莲去了同一个地方数次,这个地方就是沃林大道8122号,恰好女演员希拉·斯图尔特就住在那里。斯图尔特是哈尔·沙弗的学生,跟哈里·吉万特一起发现沙弗病倒在办公室里的就是她。接到侦探的电话后,乔赶到了那里,盛怒之下他打算闯入斯图尔特的公寓,看一看玛丽莲究竟在做什么、跟谁在一起。

出于慎重的考虑,侦探建议乔最好等上几分钟,结果乔把辛纳屈叫来,后者带着一伙人赶到了沃林大道和基尔奇大道的拐角。其中几个人接着又来到了公寓大楼跟前,一起闯入一户住户的家中。* 房间里传出了一声刺耳的尖叫,私家侦探的手电筒照在了一个人的身上。37岁的女子弗洛伦斯·科兹直挺挺地坐在床上,紧紧地抓着自己的睡袍和四周的被子,一副惶恐不安的样子。她高声呼救起来,很快救兵就赶来了。其实,辛纳屈一伙人原本可以人赃俱获,只是他们找错了门,斯图尔特的公寓距离他们就只有几码远。门外的响动吓跑了斯图尔特、玛丽莲和另一位客人,他们慌忙逃离现场。但是混战并没有结束,很快辛纳屈一伙人就发现玛丽莲的车停在德朗普里大道8336号,离开北棕榈路的住宅后她在那里租了一套公寓。

多年里,这场夜半捉奸的闹剧一直被称为"找错门的突袭"。弗洛伦斯·科兹要求辛纳屈和迪马吉奥向她赔偿20万美元,结果这起事件演化成了一场官司。辛纳屈否认自己参与此事,4年后他的律师米尔顿·鲁丁同对方达成庭外和解,同意向科兹支付7500美元的赔偿金,这起诉讼案最终被加利福尼亚高等法院驳回

---

* 各种说法有所出入:辛纳屈坚持宣称自己在附近的一辆轿车上等着,他还出庭驳斥了私家侦探菲利普·欧文提交的证词。

了。至于斯图尔特家的客人，迪马吉奥一直坚称就是玛丽莲和沙弗。不出所有人的预料，他们两个人都否认了这种怀疑。*

11月4日，玛丽莲拍完了《七年之痒》的几场重头戏。为了向她表示祝贺，查尔斯·费尔德曼在贝弗利山的罗曼诺夫饭店举办了一场晚宴。他邀请80位宾客参加聚会、吹捧玛丽莲这部将会红极一时的新影片。费尔德曼此举并非只是慷慨友好的表示，他还有两个合情合理的考虑。

第一，扎努克对玛丽莲的抱怨越来越多：不去公司上班、拍摄期间总是迟到、由于她读错台词而不得不把一场戏拍上好几遍。这场晚宴正是费尔德曼对扎努克做出的回击。费尔德曼坚称扎努克的不满都很荒唐：拍完《娱乐至上》的当天玛丽莲就去了纽约，参加《七年之痒》的外景拍摄；离婚让她远离公司几乎一个星期的时间了，但是一回到公司她就连续工作了15天："她一直非常合作，这个女孩真的是一位绝佳的演员。"[xxv]他还说扎努克也非常清楚对于严谨的电影人来说把一场戏拍上20遍甚至更多遍并不是一件新鲜事。威廉·惠勒就经常让演员们把一场戏拍上60遍甚至更多遍，令他们十分厌烦。拍摄《欲望号街车》期间，伊利亚·卡赞也经常叫马龙·白兰度和费雯·丽把一场戏重拍几十遍，直到他得到自己想要的效果（这部影片正是费尔德曼为华纳公司监制的，影片获得了多项奥斯卡金像奖）。

费尔德曼举办这场晚宴的第二个来源因就不太为外界所了解了。当时，玛丽莲对自己打算离开好莱坞的事情几乎秘而不宣。对于她和福克斯公司的交易，她的律师们即将完成漫长的审查工作。律师们发现交易中存在一些漏洞，玛丽莲

---

* 这场所谓的"找错门的突袭"在11月6日和7日两天得到了铺天盖地的报道，不过当时辛纳屈的律师还是保证了他和迪马吉奥的名字没有出现在报道中，参见合众国际社和美联社在这两日发出的报道。但是，《机密》杂志（第3卷，第4期，1955年9月）事无巨细地对这件事情进行了报道。值得注意的是，加利福尼亚州后来对这家杂志采访的手段、做法和结果开展了一场调查，这一点很有趣，也很重要。调查的结果证明了杂志的清白，实际上调查结果还指出这家杂志"非常热心于核对事实、向公众提供报道的证明……而且，（杂志聘请的）侦探们的行为也完全符合本州对该行业制订的严格的管理规则"，这个结果应该令辛纳屈和迪马吉奥感到十分懊恼。见《纽约时报》，1957年3月2日，p.19。

和公司签订的合同因此完全可以被宣布为无效。这一招非常高明，这样一来她和格林·密尔顿就可以结成创意产业合作伙伴关系，组建"玛丽莲·梦露影业公司"，拍摄自始至终都由他们掌控的电影了，通过这样的合作他们不仅能够赚到远比玛丽莲在福克斯公司的薪水更丰厚的收入，而且还有资格得到不小的减税优惠待遇。除了与格林的合作，玛丽莲就要摆脱费尔德曼、接受新经纪人的消息也已经传了出来。她的新经纪人来自美国音乐公司（通常被简称为MCA），最终她于1955年7月26日同这家公司签订了合同。

玛丽莲穿着从福克斯公司服装部借来的一条耀眼的红色雪纺长裙来到罗曼诺夫饭店后，她说过："我觉得自己就像灰姑娘。"[XXVI]克拉克·盖博同她共舞，亨弗莱·鲍嘉为她斟酒，克利夫顿·韦伯散布着刺激的消息，西德尼·斯科尔斯基收获了足够写上几个星期的素材。扎努克也参加了聚会，到场的宾客还有杰克·华纳、克劳黛·考尔白、塞缪尔·高德温、加里·库珀、比利·怀尔德、苏珊·海华德和洛丽泰·扬。斯科尔斯基在几年后的一篇专栏文章中指出玛丽莲知道"这座城市所谓的精英阶层终于接纳了她。"[XXVII]她从未有过这样的归属感。凭借着影迷对她的欢迎，她获得了显赫的名声"，但是她始终感觉自己还是遭到了好莱坞的忽视。多年后，玛丽莲说过："我是从底层一路爬上来的。"[XXVIII]对她来说，这个夜晚最难忘的事情就是她被引介给了克拉克·盖博。在跳舞的时候，她告诉盖博："我一直很崇拜您，一直希望能跟您合作拍一部片子。"[XXIX]

盖博回答道："《绅士爱美人》我看过了，我跟经纪人说你很有能力。我也想跟你合拍一部片子。"后来，他们的确有了合作的经历，但是合作期间的气氛就不如这个夜晚那么令人开心了。

玛丽莲精疲力竭，不过她仍旧是一副容光焕发、喜气洋洋的模样，令所有人都为她倾倒。乔治·阿克塞尔罗德与达里尔·扎努克告诉她，在看过《七年之痒》初剪出来的7盘胶片后他们觉得她非常出色，"都是比利[·怀尔德]的功劳。他是一位了不起的导演。我还想让他执导我的片子，可是他接下来要去拍查尔

斯·林白[1]的故事了,他不可能让我演林白。"玛丽莲回答道。[XXX]

玛丽莲在1954年的每一天仍旧充满了复杂的生意和私人关系方面的事情,她的身体也出了一些困扰她的小毛病。11月7日,星期天,晚上7点玛丽莲来到黎巴嫩雪松医院(比预约的时间晚了3个小时),她的医生利昂·克罗恩说她这次去医院是为了"治疗折磨她多年的一种妇科病"。[XXXI]克罗恩指的是第二天自己针对玛丽莲长期存在的子宫内膜异位问题进行的治疗。

媒体记录了玛丽莲此次住院治疗的事情,他们尤其关心的是送她去医院的是乔,在她住院的5天里也只有乔去医院探望过她而且一待就是一整天,从午餐时间一直到晚上,每天都是这样。玛丽莲住在五楼的一间病房里,星期二来探望她时乔还带来了一瓶"香奈儿5号"。由于乔的这个举动,外界纷纷传言他们将要复合了。玛丽莲在星期三斩钉截铁地否定了这种说法:"根本没有这种可能,不过我们会一直做朋友的。"[XXXII]

11月12日,星期五,医生准许玛丽莲出院回家。乔暂时回了旧金山,因此她叫玛丽·卡尔格·绍特陪她离开医院。就在这一天,摄影师们拍下了一批臭名昭著、唐突无礼的照片,照片里的玛丽莲面色苍白、衣冠不整,面对一大群嚣张无礼的摄影师她拼命地遮挡着自己的脸,一副几乎要哭出来的模样。不过,这些照片只表明她希望悄悄地离开医院所以选择了医院后面的货运电梯,并没有显示出她处于精神崩溃的状态中(总是有人做出这样的解释)。她头发凌乱,也没有像往常那样化着妆,她不希望被别人看到这副样子,更不用说被拍到照片了。当《每日新闻》的小伙子们突然冲到面前,她痛苦极了。

玛丽莲没有听从医生的嘱托卧床休息。第二天晚上,乔回到了洛杉矶,他们两个人在卡普里别墅饭店共进晚餐,将近三年前他们就是在这家餐馆相识的。这一次,他们在这家餐馆庆祝了乔即将到来的生日,11月25日他就要满40岁了。玛丽莲送给他一块金表,从此以后他一直自豪地戴着这块表,后来在一次不太严

---

[1] 查尔斯·林白(1902—1974),美国飞行员,全世界第一个单人飞越大西洋的人。1932年,林白的长子查尔斯·林白三世在新泽西家中被绑架,并遭撕票。

重的车祸中这块表无意中被撞碎了。XXXIII

11月，玛丽莲参加社交活动时西德尼·斯科尔斯基继续充当着护花使者，人们在蒂芙尼俱乐部、棕榈泉球拍俱乐部和霍布诺布俱乐部都看到过他们的身影。有一天晚上，玛丽莲·梦露做出一个新鲜又意外的举动，一举创造了历史。

在1950年代，好莱坞的夜总会不会邀请白种人以外的艺术家进行表演，没有任何一家俱乐部会跟玛丽莲的偶像艾拉·费兹杰拉的经纪人谈论在俱乐部演出的事情。得知这个情况后，玛丽莲亲自给莫卡波俱乐部的老板打去电话。费兹杰拉还记得："她当即就想预约我的表演，要是他能做到，只要我在那里，每天晚上她都会预订前排的一张桌子。她还告诉他媒体会疯狂的——考虑到她的巨星地位，这种说法肯定没错。俱乐部老板答应了，玛丽莲也出现了，前排的桌子，天天如此。"XXXIV凭借这个举动，玛丽莲·梦露让自己在备受争议的民权支持者先驱的世界中牢牢地占据了一席之地。在接下来的多年里，随着阅读的加深，她不断提出问题、对立法者们发起挑战。对美国社会生活中最有失公正的歧视现象——种族歧视问题了解得越深入，她对此的关注也就越来越强烈了。

出于同样的原因，一种迥然不同的文化通过英国诗人伊迪丝·西特韦尔进入了玛丽莲的生活。在好莱坞的一场茶会上，玛丽莲见到了西特韦尔，她向后者表达了自己对诗歌发自真心的热爱。西特韦尔夫人告诉玛丽莲要是她去伦敦的话，自己很愿意请她共进午餐。

1954年将近年底，所有的事情似乎都在加速发展。米尔顿·格林带着组建玛丽莲·梦露影业公司的预备性文件来到洛杉矶（从此公司被所有人亲切地简称为"MMP"）。此时玛丽莲迈出了在那个年代还不得人心的一步，开始支持少数族裔争取权利。同样地，她还明目张胆地做出了另一个叛逆的举动。福克斯公司缺乏想象力的高层经理们安排的一成不变的角色已经令她感到厌倦，继续忍受福克斯公司长达7年奴役的前景又令她感到愤怒，公司口头承诺过但是迟迟未能兑现的《七年之痒》10万美元奖金的事情也令她感到苦恼，她渴望得到精彩的故事和上乘的剧本，获得更有挑战性的角色和挑选剧本和导演的自主权。

这些要求得不到好莱坞的重视，但是正如她打破了俱乐部的规则一样，现在她已经做好了同扎努克、斯库拉斯、公司股东们和批评家们战斗的准备。她知道自己拥有多么强大的力量和威望，在罗曼诺夫饭店举办的晚宴上自己大放异彩的情形依然历历在目，她决定就在这个冬天同福克斯公司一刀两断。她知道公司需要她在接下来的春天参加《七年之痒》的宣传活动，她也知道自己已经是美国的头号明星了，因此她准备放手一搏。这场赌博的风险非常高，谁都无法保证离开她越来越痛恨的好莱坞这台机器之后她还能存活下来。

让玛丽莲远离好莱坞同时又保证她的事业不会受到损害，或许除了摄影师米尔顿·格林之外任何人都没有能力实现如此自相矛盾的目标。自1947年起，玛丽莲就一直是福克斯公司的一份资产，偶尔会被出租给哥伦比亚公司和米高梅公司，现在她终于感到了"七年之痒"。她再也不愿忍受老板或者丈夫飘忽不定的态度，米尔顿之所以能对她产生吸引力不只是因为他为她拍过一些精彩的照片，而且还因为他不是一个生意人。对于电影交易的事情，他懂得并不比玛丽莲多，对于制片控制、预算和有关电影拍摄的无数细节问题他也一无所知。从某种角度而言，他们两个人的合作完全是一次盲目的尝试，但是她又别无选择。在一定程度上，她希望自己不是一个性感明星，而是一位严肃的演员。在一定程度上，米尔顿也希望自己不是一名大众摄影师，同他交往甚密的作家及出版人迈克尔·科达说过："他也想超越自己的过去。他想成为舞台剧制片人，电影制片人，成为一个大人物——除了已经做到的事情，他几乎什么都想干一干。"[xxxv]28岁的玛丽莲与32岁的米尔顿已经做好了冒险的准备。

他们的合作一度取得了成效，至少令好莱坞感到了震惊。[xxxvi]米尔顿和律师弗兰克·德莱尼、欧文·斯坦之所以能够在一笔笔交易中占据主导地位是因为东海岸的电影人从不被西海岸的电影人放在眼里，在后者的眼中他们只是一群无知的野心家。他们认为"玛丽莲·梦露影业公司"只是玛丽莲一贯的异想天开的白日梦，就像她偶尔会表示一下自己有意扮演影片《卡拉马佐夫兄弟》中的格露莘卡一样。

与此同时，由于查尔斯·费尔德曼同扎努克有着不错的私交，玛丽莲觉得自己的处境不利。知名艺人经纪公司和费尔德曼跟福克斯公司做的生意以及在该公司的客户数量超过了好莱坞其他任何一家经纪公司，玛丽莲不太能接受这个事实。几乎所有跟福克斯公司有关的人她都无法信任，因此她离开了费尔德曼，同时还随随便便地毁掉了费尔德曼帮她争取到的那份合同，尽管她还欠下了一笔钱——费尔德曼在此之前以私人借款的名义预支给她的23350美元。在米尔顿的鼓励下，玛丽莲已经跟美国音乐公司签约了。*这家经纪人公司的总裁卢·瓦瑟曼亲自出马为玛丽莲在东西海岸都安排了经纪人帮她处理业务：在加利福尼亚由他本人和同事负责，在纽约有杰伊·坎特和莫特·瓦伊纳。[xxxvii]

永远是一副绅士模样的费尔德曼决定不勉强一个情绪不稳定、不开心的客户跟自己签约，但是他坚持要求对方偿还所欠债务，直到5年后他才拿回了这笔钱。至于瓦瑟曼和他的公司，玛丽莲知道这个男人是业内最有权有势的经纪人。瓦瑟曼曾经为詹姆斯·史都华争取到一份具有历史意义的合同，根据这份合同的规定，后者放弃了一部分薪水，以此换取到了影片一定百分比的利润。这就是所谓的"利润分成协议"的雏形，这份协议对演员的劳务费产生了革命性的影响，最终为演员们创造了成为制片人的机会，甚至催生出多合一现象，即一个身兼数职——演员、制片人、编剧和导演——的好莱坞多面手。

玛丽莲觉得自己在好莱坞已经发展了这么长时间，

> 可是却始终没有机会学到什么。他们用我用得太快了。他们心急火燎地让我一部接着一部不停地拍着电影。一遍又一遍地做同样的事情毫无挑战性。无论是作为一个人还是作为一名演员，我都想不断地成长，可是在好莱坞他们从来不会问一问我的意见。他们只会告诉我什么时候来上班。离开好莱坞、来到纽约，我觉得自己就能更自我一些。总而言之，如果不能做自己，做其他人有什么意义呢？[xxxviii]

在余生中，玛丽莲最大的担忧就是不能做真正的自己，自我的主要部分不为人知、无人问津。

1955年，玛丽莲为自己布置了几项任务：成为制片人、学习表演、接受心理分析，这表明她想要试一试跟"玛丽莲·梦露"截然不同的形象。在这一年里，她彻底抛弃了"玛丽莲·梦露"这个形象。如果说这只是她用来代替严肃事

---

* 费尔德曼给玛丽莲预支钱是为了让她购买小说版权，最终这个拍摄项目没能实现。此外，这笔钱还要用来支付娜塔莎的学费、律师的酬劳、一部原创剧本的编剧佣金。

业的一时冲动或者一连串肤浅"经历"，那么就很容易出现很多人犯过的错误，给她贴上各种标签：一个不成熟、自恋、懒惰、浅尝辄止的半吊子演员。其实，她根本不是这样的人。她在28岁这一年做过的很多尝试都是一种合情合理的自我探索，在美国文化中人们过了大学毕业的年龄才有可能进行这样的尝试。在1950年代，跟别人保持一致的步调、渴望稳定的生活是全民族的最主要的价值观。到了二十岁出头的年纪，体面的人都应该有资格参与商业社会的竞争了。坦白地说，对于自己不太理解也尚未拥有过的一种身份，诺玛·珍妮／玛丽莲既不感到陌生，也不感到不自在，她抛弃了"梦露"这个身份，毫不掩饰地在新的领域里漫游了一年。

考虑到这一点，玛丽莲终其一生对镜子的迷恋就不单单意味着一位女演员的自恋情结了。在公司或者家里的时候，她的同事和朋友们经常看到她站在满满一墙的镜子前，或者坐在标准的梳妆台前，就仿佛那是三联圣像。她的目光中并没有朦胧、沉默的崇拜，只有冷酷无情的审视，她精心地反复修饰塑造着自己，对自己看到的那个形象她永远不会感到满意。她不停地穿上衣服、脱掉衣服，仔细查看着那个形象，她反反复复地化着妆，将嘴唇和眉毛画了一遍又一遍，然后再卸掉妆容，重新开始在一张全新的脸上画上全新的妆容，她就这样生活在永恒的自我批判中，一次次聚精会神地为尚未完成的自我创造着潜在的形象。

当她开始寻找新的"玛丽莲"的时候，福克斯公司的人准确地意识到自己最大的利益有可能会流失掉，因此他们十分明智地开始寻找维护这部分利益的方法。从1954年底到1955年底玛丽莲同公司签订一份新合同的整整一年里，米尔顿的律师一直在同福克斯公司的律师不断进行着交涉。

好莱坞一贯坚持着"公司为王"的体制、演员是公司的财产，这套传统体制的最终崩溃很大程度上都得归功于玛丽莲坚忍的意志，以及她、米尔顿和律师们所做的成功尝试。诚然，对福克斯公司来说玛丽莲·梦露就是一个"浪子"，最终公司还是对她的回归表示了热烈的欢迎，并且答应了她提出的很多要求。同之前一样，她和公司又达成了一种互惠互利的关系，她和米尔顿需要福克斯公司的钱，福克斯公司需要她为公司创造效益。

这位大明星和新合作伙伴之间的私人关系存在荒诞的一面。玛丽莲和米尔顿都不是太健谈的人,两个人都依赖发言人帮他们和外界沟通,在跟别人交流的过程中他们常常会停顿很久,然后突然冒出一个不知道来自哪里的结论。在数百份他们两个人会面的谈话记录中,绝大部分都完全有可能成为年轻的哈罗德·品特[1]笔下的戏剧小品。

玛丽莲来到东海岸,跟格林夫妇一起度过了1954年的圣诞节,筹划在纽约的新生活:包括经常观看百老汇的戏剧,师从李·斯特拉斯伯格在演员工作室学习。玛丽莲说自己会把业务和财务方面的具体工作都交给米尔顿以及米尔顿的律师和会计处理。在1955年的新年之际,所有人都对艺术前景充满了期望,对朋友充满了信任,私人之间的所有问题似乎都很容易化解。

在接下来的28个月里,玛丽莲跟格林夫妇过了很长一段时间安静的日子,住在他们位于小镇韦斯顿范顿山路的家里。韦斯顿是康涅狄格州境内距离纽约市最近的地方,米尔顿自幼生长在城市里,他一直渴望在乡下拥有一个家。他们在韦斯顿的这座房子原先只是一个马厩,经过多年的扩建,现在变成了当地最迷人、建筑结构最优美的住宅。马厩变成了客厅,天花板有两层楼高,房间里还有一个大壁炉。家里还有几间客房,一个宽敞的乡村式厨房和一间摄影工作室。

格林夫妇将玛丽莲介绍给了许多跟他们有社交或工作往来的朋友。艾米说过:"跟着我们,她拥有了全新的生活,"

> 在一个井井有条的家里过起了井井有条的生活。来做客的时候,她可以住在专门留给她的小卧室里。不过,大部分时间我们都身处令人眼花缭乱的纽约社交圈。我们受邀去了各种地方,做着各种事情。她想成为一位淑女,接受很好的教育,但同时她也想成为明星。这两个目标是矛盾的。不过,在一开始她还是很开心,生活状态也很正常,继续跟扎努克斗争着,精神很饱满。[xxxix]

美国音乐公司派驻纽约的经纪人杰伊·坎特也同意这种说法。"在我看来,玛丽莲在那一年里似乎非常自由、活跃、热情洋溢,对严肃的工作充满了期待。

---

[1] 哈罗德·品特(1930—2008),英国剧作家及导演,2005年诺贝尔文学奖得主。

她喜欢摆脱好莱坞的电影工作。那是一段充满希望的日子，在我看来她似乎拥有了一种全新的生活。"[XL]

1月7日，星期五的晚上，玛丽莲向外界公开了自己的一部分新生活。米尔顿召集80名记者、朋友和玛丽莲·梦露影业公司的潜在投资者来到弗兰克·德莱尼在东64街的家中。除了多萝西·基尔嘉兰和沃尔特·温切尔，曼哈顿的每一位专栏作家和大大小小的记者都参加了这次聚会，米尔顿之所以没有邀请基尔嘉兰和温切尔"是因为他们总体上对玛丽莲抱着敌视的态度"。[XLI]大明星一如既往地姗姗来迟，在约定的时间过了一个小时后终于露面了。她从头到脚都是白色的，借来的貂皮外套，白色的缎子长裙，头发也换上了新的颜色，比较柔和的白金色，她简直就是珍·哈露的化身。艾米·格林说过："她真的想成为珍·哈露，"

> 这就是她的目标。她总是说自己有可能会英年早逝，就像哈露一样；自己碰到的男人都是灾难，就像哈露的那些男人一样；她和母亲的关系非常复杂，就像哈露一样。就好像她把自己的生活建立在哈露的生活基础之上——昙花一现的一生。

这天晚上，玛丽莲用平静的声音宣布了自己组建新公司的消息，她和米尔顿·格林分别担任公司总裁和副总裁。她说："我们将全方位地进军娱乐界，但是我已经厌倦一成不变的性感角色了。我想演更好的角色。你们也知道，人总是有发挥空间的。"[XLII]当被问到新公司的成立对她在福克斯公司的地位有什么影响时，德莱尼插了一句——她跟福克斯公司已经没有合同关系了。

还没到下班的时候，皮科大道的经理们就听到了德莱尼这句平静简短的话，不难想见他们有多么震惊。福克斯公司立即做出反应召开了新闻发布会。他们宣布，依据法律玛丽莲·梦露绝对有义务继续为公司效力4年的时间。这种说法似乎符合事实。然而，事实并非如此，随后的几个星期里全国各地的报纸上每天都会出现双方之间的争执。

结束媒体招待会之后，玛丽莲告诉格林夫妇自己想去科帕卡瓦纳夜总会继续庆祝一番，法兰克·辛纳屈就在那里驻唱。[XLIII]艾米说不可能，法兰克几个星期的演出票都已经卖光了。玛丽莲回答道："没关系。要是你想听法兰克唱歌，就跟我走吧。"说完，她抄起貂皮大衣，带着参加聚会的一群人去了科帕卡瓦纳。到了地方,米尔顿提议从后门进去,还叫人找来了俱乐部的"大总管"安吉洛。不出几分钟,听众席里就添上了几张桌子和一些椅子。辛纳屈的注意力被吸引了过来,他停止唱歌,大厅里顿时安静了下来。一身素白打扮的玛丽莲闪闪发光地出现在他的面前,她走错了门,但是找对了地方。[1]辛纳屈无奈地冲着玛丽莲笑了笑、眨了眨眼睛,然后又继续演出。玛丽莲凑在艾米的耳朵上小声说道:"怎么样,咱们进不来吗?"她的朋友说:"我承认我错了。"多年后,艾米说过玛丽莲"很清楚自己有着怎样的能量和影响力"。

德莱尼告诉外界玛丽莲不再受制于福克斯公司,说出这句话的时候他没有流露出对福克斯公司丝毫的轻慢,也并非没有依据,他已经仔细计算过玛丽莲在1954年初被停职的天数以及福克斯公司不得不动用期权、迫使玛丽莲参演《娱乐至上》和《七年之痒》的时间。福克斯公司在延长对玛丽莲的期权上延误了几天时间,并且疏忽大意地忘了将口头承诺过一次的《七年之痒》的10万美元奖金写在纸上,因此公司实际上已经失去了先机。此外,福克斯公司还一直指望着费尔德曼能够说服玛丽莲在两份相关文件上签字,可是她精明地回避了这个问题。不仅如此,正如德莱尼向所有愿意倾听的人指出的那样,"从法律角度而言,费尔德曼先生似乎不可能在不签署独立合同并且没有征得梦露小姐同意的情况下同时兼任梦露小姐的经纪人和[《七年之痒》的]制片人"。因此,《七年之痒》独立于玛丽莲和福克斯公司签订的合同,拍摄这部影片的事情始终没有被写入合同里。因此,德莱尼能够宣称《七年之痒》的拍摄在事实上终止了梦露与福克斯公司于1951年签订的合同。

碰巧,福克斯公司的某个人向《综艺》杂志社的某个人提到"梦露小姐实际上是根据一份新合同的规定拍完[《七年之痒》]的,这份合同大幅度提高了她的薪水"。这对玛丽莲·梦露影业公司来说可谓是一个好消息,公布这个消息对公司的发展起到了不可估量的促进作用。按照加州法律的规定,发布这样的声明就意味着在拟定新合同之前玛丽莲对福克斯公司不再承担任何义务。与此同时,

---

[1] 作者暗指法兰克·辛纳屈和乔·迪马吉奥的那次"找错门的突袭"。

玛丽莲还收到了福克斯公司发来的一封信，公司在信中不经意地承认了《七年之痒》开拍时他们达成的一项口头协议实际上已经终止了她在1951年签订的合同。欧文·斯坦在文章中指出："这是你能见到的最美妙的信了，是律师梦寐以求的那种信，毕竟竞争对手很少会为口头协议留下那么好的书面记录。我确信'20世纪'要么在讨价还价时尽可能现实一些，否则他们就要失去一座钻石矿了。"[XLIV] 眼下，所有的事情几乎都在朝着对玛丽莲·梦露影业公司有利得甚至令人感到好笑的方向发展。

不难想见，福克斯公司和米尔顿的办公室都开始磨刀霍霍。首先，福克斯公司对玛丽莲做了停职处理，但这只是毫无实际意义的威胁而已，玛丽莲依然领着每周的薪水，因为从表面上看《七年之痒》还在拍摄制作，公司还需要她在当年1月回到好莱坞补拍最后几场需要重拍的戏。不过，公司同时也宣布倘若她不能留下来参加下一部影片的拍摄，那么她就将受到进一步的惩罚。这部影片就是《惊凤攀龙》，玛丽莲将扮演剧中的一名脱衣舞女，因此她不打算接受这项拍摄任务。

为了履行对《七年之痒》的义务，玛丽莲和米尔顿于1月9日（星期天）飞回好莱坞，次日玛丽莲就去了福克斯公司，拍完了最后几个镜头。"你看上去真不错。"比利·怀尔德跟她打了声招呼。"怎么可能不好呢？我现在可是开公司的人了！"[XLV]玛丽莲回答道。她还满怀期待地说新公司拍摄的处女作有可能会是关于珍·哈露生平的一部影片。

在曼哈顿，玛丽莲·梦露影业公司清瘦结实、极其活跃的律师欧文·斯坦在卖力地工作着，这个值得敬佩的男人一心扑在公司的事业上。斯坦和米尔顿的律师德莱尼是老朋友，以法律顾问的身份加入这项新的冒险事业。他不知疲倦地为公司操劳，很多时候还拿不到正常的薪水，因为直到当年春天米尔顿用自己在康涅狄格州的那座住宅再次借贷了一笔钱，玛丽莲·梦露影业公司才有了进账。这笔贷款成了公司的启动资金，被用来应付日常的各项开支，例如玛丽莲在纽约的公寓租金。

斯坦很快就证明了自己的价值，他敦促玛丽莲申请康涅狄格州的居民身份以免福克斯公司起诉她（此外还有一个好处，在这个州她无须缴纳个人所得税）。因此，在1月底之前玛丽莲申请了康涅狄格州的驾驶执照，并注册了当地的选民身份。同样重要的是,斯坦还意识到玛丽莲和乔·迪马吉奥继续保持交往的重要性,圣诞节期间乔还去纽约看望过玛丽莲,实际上还在她居住的酒店里共度了至少一个夜晚。

对于玛丽莲和乔的关系,斯坦有着战略性的考虑,这种关系有可能会对公司的生意造成障碍,也有可能会带来优势,因为玛丽莲显然并没有彻底放下对乔的感情。斯坦在1月27日的公务日记中指出:"这对我们来说有可能是致命的,乔正在施加压力、试图说服玛丽莲回加利福尼亚去。"[XLVI]接着,他又意味深长地补充了一句:"不对她进行干涉的话,我们就会有麻烦了。"4天后,斯坦写了一张提醒自己的记事条:"让乔·迪马吉奥跟弗兰克[·德莱尼]谈一谈。在从康州[康涅狄格]的车上,米尔顿和玛丽莲吵了一架。我们必须掌握迪马吉奥的动向!"[XLVII]2月2日,斯坦在公务日记中提到自己告诉德莱尼"只要迪马吉奥还在这里",他们就应该暂时不要把有关福克斯公司的消息告诉玛丽莲。[XLVIII]

掌握乔的动向不是一件难事,无论玛丽莲走到哪里,乔肯定会陪在左右。她和米尔顿前往波士顿去拜访新公司的一位潜在投资者,乔突然出现在了他们下榻的酒店里,结果她就抛下米尔顿,跟前夫在马萨诸塞州的韦尔斯利待了5天。他们住在乔的弟弟多米尼克家里,听到这对金童玉女将要复合的传言,媒体欣喜若狂。

"这是不是就算是复合了?"他们在波士顿一家餐馆吃晚饭的时候,一名记者打断了他们。

"是吗,亲爱的?"乔扭头看着自己的前妻,甜蜜蜜地问道。

玛丽莲迟疑了片刻,"不是的,只能算是探望朋友。"[XLIX]

米尔顿和玛丽莲北上拜访的对象是富有的服装生产商亨利·罗森菲尔德。罗森菲尔德是纽约人,由于生意的缘故那个月他去了波士顿。这位时装界的传奇人物在第二次世界大战期间创办了一家公司,他认为富有的女星也会穿着廉价服装,但是这样的服装应该和高级时装一样雅致。例如,当时他们公司售价为8至10美元的休闲衬衫裙就受到办公室女职员、女演员和社交名媛们同样的欢迎。到了1955年,公司的年销售额已经迅速攀升至8000万美元。被誉为"布朗克斯区的克里斯汀·迪奥"的罗森菲尔德对很多行业都有着浓厚的兴趣,米尔顿就希望唤起他对拍电影的热情。米尔顿的努力基本上失败了,不过罗森菲尔德还是给玛丽莲·梦露影业公司提供了几个月的小额资助,用来帮助后者维持日常的运营,有传言（无法证实）称玛丽莲私下里曾经试图利用自己的美丽说服罗森菲尔德相信她的公司大有前途。

当时，许多人都认为新公司的两位负责人又旧情复燃了，萨姆·肖、伊利亚·卡赞、谢里尔·克劳福德甚至米尔顿自己的团队都有着这样的看法。米尔顿在1954年和1955年里为玛丽莲拍摄的照片属于摄影界拍过的最具有诱惑力、情欲色彩最浓重的照片，这是一目了然的事情。在一些照片里——例如，广为流传的"黑色组照"——她看上去就像是1928年前后柏林街头的那些荡妇一样，身上差不多就只有渔网袜、连体内衣和帽子，表情和姿态都涣散得有些怪异，看上去就好像她正沉浸在一种疯狂痴迷的情欲中。

多年来，艾米一直坚决否认玛丽莲和米尔顿有过一段恋情的传言，她宣称如果存在这种事情的话，自己应该才是最了解情况的人。但是，她也不得不承认"玛丽莲总是在破坏别人的家庭，尽管她并不想这么做"，米尔顿一向令人难以捉摸、对什么事情都守口如瓶，面对出轨、放纵的事情他似乎根本无法也不愿意控制自己。与格林夫妇的合作结束后，玛丽莲肆无忌惮地告诉其他人（例如，她的公关人员和心腹鲁伯特·艾伦）在米尔顿的婚姻期间自己一直跟他保持着暧昧的关系。从安德烈·德·迪耶纳那时起，充满自信、说话动听的摄影师或许就一直是对玛丽莲最有效、最令她难以抗拒的催情药。

也是在1955年的1月，米尔顿为玛丽莲租下了格莱斯顿酒店的一个套房，这家酒店坐落在莱克星顿大道附近的东52街上。玛丽莲会在酒店套房里会见记者、充分利用在纽约的一切活动，只要是有可能帮助她的事情。而且，玛丽莲住的地方距离米尔顿位于莱克星顿大道480号的工作室也很近，公司的业务会议和拍摄照片的工作就经常被安排在这里举行。很快，玛丽莲就发现只要戴上墨镜、裹上围巾、穿上旧外套、脸上不施粉黛，她就基本上能够畅行无阻地在纽约街头溜达了，甚至都不会被认出来，更不会被人索要签名，在4月里参加的一档全国电视节目中她就提到过自己的新发现。[L]毕竟，如果有人转过街拐角迎面撞见"玛丽莲·梦露"的话，他看到的肯定会是一位绝代佳人，但是在1955年玛丽莲并不想花费精力专心地扮演"玛丽莲·梦露"这个形象*。[1]

她有着更严肃的事情需要关心。玛丽莲决定接受宝拉·斯特拉斯伯格之前的提议,去见一见她的丈夫、参观一下演员工作室。她觉得只通过电话约见李有些不妥,因此她向曾经跟李共事过的伊利亚·卡赞和制片人谢里尔·克劳福德开口求助,当时这两个人都在忙着筹备田纳西·威廉斯的新戏《朱门巧妇》。他们向李引荐了玛丽莲,然后玛丽莲便去拜访那位美国最著名也最具有争议性的戏剧教师了。和李·斯特拉斯伯格的结识让玛丽莲多了一位事业上的伙伴,也多了一位生活中的朋友,就像她生命中其他持续终生的友谊一样对她产生了重要的影响。

54岁的李·斯特拉斯伯格于1901年出生在波兰[1],原名以色列·斯鲁尔克。1909年,他移民到了美国,在纽约曼哈顿下东区的移民中间长大成人,这片地区在物质方面很贫困,但是在文化方面很富足。二十岁刚出头,李师从俄国导演理查德·博尔拉夫斯基学习表演,后者曾经在莫斯科艺术剧院和康斯坦丁·斯坦尼斯拉夫斯基共事过。1931年(李将姓氏改为"斯特拉斯伯格"),李和谢里尔·克劳福德、哈罗德·克鲁曼联手创办了传奇性的团体剧场。在这个剧团里,他是演员、制片人、导演,也是教学总监,也正是在这里他开始形成被称为"方法派"的表演理论,并且将自己的理论应用到实际表演中。由于众人对方法派的基本原则产生了分歧,斯特拉斯伯格在1937年退出剧团,开始独立工作。1951年,也就是伊利亚·卡赞、谢里尔·克劳福德和罗伯特·刘易斯创办演员工作室4年后,李被任命为这个表演研究团体的艺术总监。[1]

在演员工作室里,演员们聚在一起研究表演,在这个类似于戏剧实验室的地方表演者会试着在同为演员的观众面前刻画剧本中的人物,冒冒险、犯犯错、遭到同行们的嘲笑或者受到他们的鼓励。工作室成员们排演的大部分作品都从未

---

* 2月的一天,翻阅一期《综艺》杂志的时候玛丽莲看到了美国广播唱片公司为她在《娱乐至上》中演唱的两首歌发布的一则广告。广告标题旁边的圆圈里附加了她的肖像,照片中留声机的唱臂被摆出了撩人的造型,就像一只手一样遮挡住她赤裸的胸部。看到这幅照片,玛丽莲一下子哈哈大笑起来。

1 当时属于奥匈帝国的巴德扎诺夫,现为乌克兰的巴德尼夫。

进行过公演，只是成员对成员的内部活动。演员工作室没有传统形式的课堂，成员们只需要参加斯特拉斯伯格主持的每周两次的研讨课（星期二和星期五的11：00—13：00），有些人还会在其他时间跟讲师或者指导进行单独排练。如果有幸被李选中的话，李还会在自己的家里对演员进行辅导，有过这种机会的演员屈指可数。李收取的辅导费低得离谱，每个星期三次课，每个月总共只收30美元。只有受到邀请，演员们才能参加演员工作室的课程，是否能够得到邀请取决于李对他们进行的面试。

李身材矮小瘦削，充满热情，为人严厉，在自己的世界里是一个不容争辩的独裁者。在很多学生和对手（其他几位重要的戏剧指导：赫伯特·伯格霍夫、桑福德·梅斯勒与斯特拉·阿德勒）面前，他都摆出一副冷漠、极其严峻的态度。在初创时期参加过演员工作室的男演员伊莱·瓦拉赫说过："我们就像是皈依了一种新的宗教。我们无法理解别人的表演，只能理解自己的表演。别人都是异教徒。"[LIII] 演员工作室的早期成员（没有人被称为"学生"）对工作室怀有无比强烈的优越感，从创办之初就参加了工作室活动的演员雪莉·温特斯说过："我们都全心全意地相信这是一个伟大的剧团。我们全都认为我们会创作出莎士比亚的戏剧，终身大事都会在工作室内部解决。"[LIV]

李是一个矛盾综合体。他的无数崇拜者和追随者都喜欢强调他对表演的分析能力，他能够将表演拆解成最细微的动作和最短促的停顿，清晰地阐释有助于或者有碍于表演者刻画人物的每一个因素。对他不太感兴趣的人会注意到他专横跋扈的态度、他对所有人毫无感情（只有少数几个他最喜欢的人例外）、他主张的即兴表演方法对表演者隐私的利用。演过莎士比亚的戏剧、后来嫁给伊莱·瓦拉赫的工作室成员安妮·杰克逊还记得："他涉及的有些领域其实最好还是留给精神病医生吧。"[LV]

伊利亚·卡赞说过，在工作室里"李被奉为神明"。卡赞还说在多年里斯特拉斯伯格

> 注意到面对他雄辩的口才、饱满的情绪，演员们都表现得很低声下气。演员们越天真、自我怀疑越强烈，李对他们的影响力就越大。演员们越有名、越成功，李对权力的胃口就越大。他在玛丽莲·梦露的身上看到了最完美的受害者和皈依者。[LVI]

简明扼要地说，李所谓的"方法派"来源于几个不容置疑的原则。

第一，演员的任务不仅仅是模仿，而且还要通过利用"情感回忆"或者说"情绪记忆"重现现实。通过这种方法，演员在舞台上的表演就会符合心理现实，就有动机可言，而这个动机正来源于演员个人独一无二的个性。为了让角色和剧情符合现实生活、真实自然，李会鼓励演员们在排练中（有时候甚至在正式演出中）即兴表演。这些原则都是在主张演员应当忠诚于表演艺术以及表演艺术所能揭示的真相，这种忠诚甚至有些故弄玄虚的色彩。

李强调表演者应当调动来源于个人经历的真实情感，因此他竭力主张表演者应当刻不容缓地正视一切有碍于自己深入内心世界的事情，支持心理治疗，他甚至成了学生们的心理分析师和医生。马龙·白兰度在影片《欲望号街车》中的表演名闻天下，他接受的心理分析也同样出名，在此之后表演和心理治疗二者之间就形成了牢固紧密的联系。白兰度说过"它让我成了一名真正的演员"，[LVII]他指的是李创建的方法派（尽管他还师从了表演理论和李大相径庭的斯特拉·阿德勒）。白兰度还说方法派的核心就是"你要学着利用自己生活中出现的一切事物去创作你饰演的角色。你要学着挖掘自己的潜意识、利用自己的全部经历"。

这种观点导致一大批演员的表演后来被批评为混乱不堪、只有肌肉抽搐和各种坏毛病、永远在更多地挖掘自己的内心世界、让表演充斥着个人问题。乔治·C. 斯科特参加了1963年的《三姐妹》（契诃夫的四幕剧），在李的指导下这部戏变得支离破碎。斯科特对导演的很多指导方式以及对受伤、容易受到操控和依赖他人的表演者的偏好都嗤之以鼻，后来他还给李取了一个著名的绰号——"李·原谅我表达不准确斯特拉·斯伯格"*。[LVIII]

伊利亚·卡赞还是演员工作室首席教师的时候，方法派所强调的是行动和

---

* 或长或短地参加过演员工作室的著名演员包括：安妮·班克罗夫特、马龙·白兰度、艾伦·波斯蒂恩、詹姆斯·迪恩、罗伯特·德尼罗、罗伯特·杜瓦尔、莎莉·菲尔德、本·戈扎那、朱莉·哈里斯、达斯汀·霍夫曼、安妮·杰克逊、帕特里夏·妮尔、保罗·纽曼、阿尔·帕西诺、杰拉丁·佩姬、埃斯特尔·帕森斯、西德尼·波蒂埃、爱娃·玛丽·森特、金·斯坦利、玛伦·斯塔普莱顿、罗德·斯泰格尔、伊莱·瓦拉赫、雪莉·温特斯和乔安娜·伍德沃德。

情感，要求作品高度忠实于剧本、保证角色的完整性。在李崛起后，强调的重点转移到了对情感记忆和个人经历的挖掘和刺激上，这种观点促使表演者过分诉诸感情，罗伯特·刘易斯对此曾经发表过一番中肯的评价："归根结蒂，哭喊不是表演的唯一目标。如果是的话，我的老敏妮阿姨就是杜丝了！"[1][LIX]

李·斯特拉斯伯格代表的一切都遭到了不少德高望重的演艺界人士的反对，其中就包括劳伦斯·奥利弗。奥利弗坚信表演是一项需要精心准备的技术活，是外部细节积累而成的，只有通过这些细节才能将角色塑造出来。在他看来，在表演中反映出个人经历的做法似乎同演员的目标有所出入，毕竟演员的任务在于重现剧作者的意图而不是自己的意图。有一次，面对周围许多追随方法派的人，奥利弗严厉地指出：

> 有关方法派的这些说法，方法派！什么方法？我觉得我们每个人都有自己的方法！……他们所谓的"方法"基本上对演员没有什么益处。他们不是把一场戏反复排很多遍，这么做会给他们带来麻烦，他们只想讨论、讨论、再讨论。我更愿意把一场戏排上八遍，而不是浪费时间不停地聊着那些抽象的东西。对于演员来说，把一场戏反复演很多遍，最后总会演对的。讨论动机之类的事情完全是胡说八道。美国的导演们太喜欢鼓吹这种东西了。[LX]

奥利弗还毫无歉意地表示自己指的正是李·斯特拉斯伯格。尽管受到了奥利弗的质疑，但是李并不是一个只会对极度焦虑、依赖性严重的表演者产生吸引力的怪人，甚至在慕名拜师的演员中间这样的人都不占多数。许多优秀的演员来到演员工作室跟随李学习表演，1955年工作室从西52街破旧逼仄的原址搬迁到了西44街（第九大道和第十大道之间）的一座废弃的希腊东正教教堂。

李本人就是一位十分杰出的演员，他不会意识不到（有时候也可能不承认）伟大的表演就像一切真实的技艺和艺术一样具有某种难以言说的神秘性，在伟大的表演过程中演员实际上彻底消失在角色背后了，演员的确可以利用自己的弱点塑造角色，但是优秀的演员不会借助这样的工具，而且对角色的塑造是始终

1　埃莉诺拉·杜丝（1858—1924），意大利杰出的戏剧女演员。

如一的。李对年轻人、明星、患病之人和情感脆弱的人都很容易产生兴趣,尤其看重极度敏感的演员。他还坚称一些学生并不适合采用方法派的表演方法,除非他们能系统地清除感情上的障碍、长期坚持探索挖掘自己的过去,尤其是通过心理分析的手段。在这个问题上,他往往游走在危险的边缘。[LXI]

探索挖掘自己的过去正是李给玛丽莲·梦露布置的任务。玛丽莲于1955年2月初登门拜访,李告诉她要想跟随他学习戏剧表演,她就必须先完成这项任务。李的女儿苏珊说过:

> 我父亲想要唤醒一切尚未得到开发的东西,她所有被掩埋的过去,他想要开发出她身上能被引爆的全部能量。谈到这些问题时,他说她必须在正规、专业的环境里进行这样的探索……玛丽莲之所以会被我父亲吸引是因为她理解人性,尽管她没有接受过多少正规教育,她立即就接受了他的建议。人性——尤其是她自己的——令她感到着迷。他们的相遇、合作的确都是注定的。

玛丽莲认可李的理念,因为她希望生命中的一切都能重新开始。从这一天起,对此毫不知情的娜塔莎·莱特斯就彻底被赶出了玛丽莲的生活和事业。

李说玛丽莲只需要打开自己的潜意识。总体而言,这是一条明智的建议,对玛丽莲的头脑产生了一定的吸引力。但是,从其他一些方面而言,这条建议又非常可悲。每个人探索内心时都应当遵循自己的时间规律和节奏,不应当受到外界的胁迫,也不应当出于对权威人物的敬意而进行这种活动。探索内心不应当被当作一门实例教学课程或者帮助一个人实现有形目标的工具。玛丽莲在早年的生活就是由失去亲人、贫困和虐待交织而成的,有一些经历她愿意承认,有一些她始终无法面对。有些人的确存在心理缺陷,由于无法正视自己被压抑住的感情和记忆,他们在心理上受到了很大的限制;对于有些人来说,除非自己承受巨大的个人痛苦,否则就无法或者不愿做到这一步。每个人的内心世界都是完整的,对于实现心理上的健康和成熟的确存在一些指导原则,但绝对没有绝对的法则,这是不言而喻的事实。因此当一套过度强制性的练习体系或者说探索公式被强加给一个非常脆弱或者非常容易受到影响的人、要求他独立做出判断的时候,这套体系或者说公式必然会给他带来一定的风险。当玛丽莲开始寻找精神病医生,她显然就面临这样的危险。她最终找到的医生得到了李的认可,而她需要确定的是这位医生不会促使自己疏远米尔顿以及他们刚刚开始的商业冒险活动。

玛丽莲的选择并不令人感到意外。不到两个星期后，她就开始每周三四次——经常多达5次——从自己格莱斯顿酒店六楼的套房前往东93街155号心理治疗师玛格丽特·霍恩伯格的诊疗室了，当时后者已经为米尔顿进行治疗好几年了。

艾米·格林说过："米尔顿不止向玛丽莲推荐了霍恩伯格。实际上，他还亲自带着她去跟霍恩伯格见了面，只是原本他对自己推荐的人选还有些怀疑，他觉得她们都是女人，有可能不太合得来。"[LXII]结果，霍恩伯格立即就着手对新接收的这位病人实施严格的治疗了。57岁的霍恩伯格是一个匈牙利移民，她身材高大结实，一头白发被紧紧地辫成了两根麻花辫，先后在维也纳、布达佩斯和布拉格学习医学专业，曾经在精神病医院工作过，后来成为了精神分析方面的专家。1939年，她来到纽约成为了一名私人医生。玛丽莲告诉艾米："我喜欢跟她交谈。"她只说了这么一句。

就这样，在1955年这一年里彩色电影时代的巨星、性感迷人的"玛丽莲·梦露"基本上被抛弃了，曾经牢牢地统率着玛丽莲生活的珍·哈露的形象也遭到了忽视，取而代之的形象几乎可以说是女版的白兰度。玛丽莲渴望成为同白兰度一样的严肃演员，她模仿起了后者在舞台上的造型，走在纽约大街小巷的她总是穿着蓝色牛仔服和朴素的裤子、套头毛衣，即使化妆，也只是淡淡的一层。但是，在内心深处她依然没有破茧而出，依然有些幼稚。她无须再向世界呈现一张粉饰过的脸、一件人造的产品，现在她只希望成为一个真正的人（所谓的"真正的人"）。为了实现这个目标，她摆出了一副从新开始的姿态。

即使在这件事情上，玛丽莲还是受到了一些阻力。她抛弃了虚假的手段，结果又面临着一种新的也是更隐蔽的危险。现在，她认为自己是一个独立的人，自己正在自力更生地为自己做事，不再取悦他人。这才是最令人痛苦的错觉。

注　释

Ⅰ 有关玛丽莲·梦露这次患病的情况，见《好莱坞记者》，1954年9月30日。

Ⅱ 摘自《洛杉矶每日新闻》，1954年10月5日，p.51。

Ⅲ 汤姆·伊威尔，引自《好莱坞公司杂志》，第20卷，第8期（1987年8月）：33。

Ⅳ 达里尔·F.扎努克给比利·怀尔德的信，落款日期为1954年9月20日，收录于美国电影学院（洛杉矶）的查尔斯·费尔德曼文稿。

Ⅴ 萨姆·肖向唐纳德·斯波托讲述，1992年3月7日；另见肖和罗斯滕，《玛丽莲在朋友中间》，p.16。

Ⅵ 比利·怀尔德向唐纳德·斯波托讲述，1991年11月19日。

Ⅶ MG 5，3。

Ⅷ 乔治·阿克塞尔罗德向唐纳德·斯波托讲述，1992年4月22日。

Ⅸ 有关邻居们对玛丽莲深夜在街头溜达的记忆，见《洛杉矶先驱考察家报》，1954年10月6日。

Ⅹ 有关向媒体发布的新闻以及之后发表的声明，见《洛杉矶时报》（1954年10月6日）、《时代》（第75卷第16期，1954年10月18日：47）等媒体刊登的报道，以及各家通讯社在1954年10月4日至7日之间发出的报道。

Ⅺ 《洛杉矶时报》，1954年10月6日。

Ⅻ 同上。

ⅩⅢ 《洛杉矶镜报》，1954年10月6日；另见《贝弗利新闻生活》，1954年10月7日。

ⅩⅣ 引述在《贝弗利新闻生活》，1954年10月7日，p.1；另见世界各地播出的新闻纪录片，以及合众国际社和美联社发出的报道。

ⅩⅤ 雷·帕克尔和罗比·赫德，《究竟是什么原因促成玛丽莲和乔劳燕分飞？》，《洛杉矶镜报》，1954年10月5日，p.4。

ⅩⅥ 同上，1954年10月7日，第1部分，p.6。

ⅩⅦ 引自艾琳·莫斯比的《玛丽莲和乔彻底破裂》一文（《好莱坞市民新闻》，1954年10月7日）。

ⅩⅧ 苏珊·斯特拉斯伯格向唐纳德·斯波托讲述，1992年6月2日。

ⅩⅨ 斯科尔斯基，p.225。

ⅩⅩ MG 3，4，没有页码。

ⅩⅪ 引自《洛杉矶时报》，1954年10月8日。

XXII 引自《纽瓦克晚报》，1954年10月18日。

XXIII 斯科尔斯基，pp.224—225。

XXIV 引自《纽瓦克晚报》，前文引述过的文章。

XXV 查尔斯·K. 费尔德曼给达里尔·F. 扎努克的信，落款日期为1954年10月21日，收录于美国电影学院（洛杉矶）的查尔斯·费尔德曼藏品中。

XXVI 《玛丽莲：生活走向了一场精致的晚餐》，《生活》，第37卷，第22期（1954年11月22日）：162；转载自斯科尔斯基发表于11月9日的专栏。

XXVII 西德尼·斯科尔斯基的专栏文章《好莱坞是我的地盘》（《好莱坞市民新闻》，1954年11月9日）。

XXVIII 引自肖和罗斯滕合著的作品，p.78。

XXIX 玛丽莲·梦露向斯科尔斯基透露了这场对话，他将其写在了11月9日的专栏文章中。

XXX 同上。

XXXI 《好莱坞市民新闻》，1954年11月8日；《洛杉矶每日新闻》，1954年11月9日。

XXXII 玛丽莲·梦露向艾琳·莫斯比讲述，引自《好莱坞市民新闻》，1954年11月8日。

XXXIII 关于沙弗事件的结局以及玛丽莲·梦露和乔在卡普里别墅饭店的对话，见洛拉·帕森斯发表在《洛杉矶考察家报》上的文章，1954年11月9日和11月6日。

XXXIV 艾拉·费兹杰拉，引自格洛丽亚·斯泰纳姆所著的《玛丽莲》（纽约：亨利·霍尔特出版社，1986），pp.90—91。

XXXV 迈克尔·科达向唐纳德·斯波托讲述，1992年6月30日。

XXXVI 有关组建玛丽莲·梦露影业公司的背景资料可见于MG（所有文件及文档）；杰伊·坎特也向唐纳德·斯波托提供了相关信息，1992年4月15日。

XXXVII 有关卢·瓦瑟曼权倾电影界的职业生涯，《卢！》（《加利福尼亚》，第10卷，第3期，1983年3月：95—144）一文提供了简要的介绍。

XXXVIII MG 1，2，p.3。

XXXIX 艾米·格林向唐纳德·斯波托讲述，1992年5月5日。

XL 杰伊·坎特向唐纳德·斯波托讲述，1992年4月15日。

XLI 欧文·斯坦的公司备忘录，1955年2月2日，见MG 2。在下文中，斯坦的公司备忘录、信件等资料均写作"ILS"。

XLII 《纽约时报》，1955年1月8日；《纽约每日新闻》，1955年1月8日。

XLIII 有关在卡普里别墅饭店那个夜晚的报道是艾米·格林向唐纳德·斯波托讲述的，1992年5月5日。

XLIV 欧文·斯坦给奥布利·申科的信，1955年1月13日；MG 2。

XLV 引自西德尼·斯科尔斯基1955年1月12日的辛迪加专栏文章（例如，《好莱坞市民新闻》)。

XLVI ILS，1955年1月27日：MG 2。

XLVII ILS，1955年1月31日。

XLVIII ILS，1955年2月2日：MG 4。

XLIX 厄尔·威尔逊的辛迪加专栏文章《玛丽莲和乔幽会，显示他们有望复合》（例如，《波士顿镜报新闻》，1955年1月25日）。

L 玛丽莲感到不化妆走在纽约街头很自在的说法是她在爱德华·R.莫罗主持的电视节目《面对面》（哥伦比亚广播公司，1955年4月8日）中讲述的。

LI 有关美国广播唱片公司为玛丽莲的唱片所做的宣传工作见于《综艺》，1955年2月16日，p.43。

LII 有关李·斯特拉斯伯格和演员工作室的历史，见伊万杰琳·莫弗斯（编），《李·斯特拉斯伯格：激情之梦》（波士顿：利特尔和布朗出版社，1987）；辛迪·亚当斯，《李·斯特拉斯伯格：演员工作室里不完美的天才》（加登城：双日出版社，1980）；史蒂夫·瓦因伯格，《方法派演员》（纽约：席尔默出版社，1991）。苏珊·斯特拉斯伯格也在1989、1990和1992年的春天和夏天接受的几次采访中向唐纳德·斯波托提供了重要情况。

LIII 伊莱·瓦拉赫，引自乔安娜·考夫曼的《公司制》一文（《综艺》，第55卷，第11期，1992年11月：238）。

LIV 雪莉·温特斯，同上，272。

LV 安妮·杰克逊，同上。

LVI 卡赞，p.539。

LVII 马龙·白兰度，引自《纽约时报》刊登的李·斯特拉斯伯格的讣告，1982年2月18日，p.D20。

LVIII 引自亚当斯的作品，p.3。

LIX 引自瓦伊纳的作品，p.109。

LX 劳伦斯·奥利弗，贝兹尔·兰顿向唐纳德·斯波托讲述，1990年5月11日；另见莫里斯·佐洛托，《奥利弗方法派》，《纽约时报》，1960年2月7日，第2部分，p.1。

LXI 有关李·斯特拉斯伯格坚持要求玛丽莲·梦露接受心理分析的事情是苏珊·斯特拉斯伯格向唐纳德·斯波托讲述的，1992年6月3日和10日；另见，苏珊·斯特拉斯伯格，《玛丽莲和我：姐妹，对手，朋友》（纽约：华纳出版社，1992），p.31。

LXII 艾米·格林向唐纳德·斯波托讲述，1992年5月5日。

第十五章　1955年2—12月

李·斯特拉斯伯格和玛格丽特·霍恩伯格告诉玛丽莲，经历了迷乱的童年、没有能力维持友情、怀疑别人只是在利用她并且早晚会抛弃她、执着于讨好别人，这一切并不一定会摧毁她，这些事情有可能会成为一门新艺术的语言和方法。正如玛丽莲说过的那样：

> 我有老师，有可以仰慕的人，可是却没有可以让我平视、让我仔细审视的人。我一直觉得自己是一个无足轻重的人，对我来说成为大人物的唯一途径就是——嗯，成为别人。大概这就是我想要演戏的原因。[1]

但是，她所承受的巨大压力导致她无法实现这样的目标。她面对着太多的目标，在生意方面需要承担的责任太多了。了解自己需要足够的空间和时间，当初正是为了这个目标她才放弃了好莱坞。现在，了解自己却变成了一件迫在眉睫的事情。

这个问题几乎一下子就凸显了出来。玛丽莲变得焦虑、紧张起来，失眠的问题也出现了。她叫来了一名医生，后者给她注射了镇静剂，给了她一些巴比妥酸盐，还告诉她在接下来的几个星期里不要接受那么密集的心理治疗。1955年2月28日，也就是玛丽莲开始接受心理治疗的几天后，欧文·斯坦来到了她在格莱斯顿的套房，跟她商量生意方面的事情。他们讨论着继续跟福克斯公司协商新合同的最佳策略，玛丽莲说所有的事情自己都必须跟乔·迪马吉奥商量一下。在公务日记中，斯坦写道：

> 在我看来，此次会谈的基调由于米尔顿的到来彻底改变了。她的注意力从我的身上转到了米尔顿那里。她几乎没有怎么看我，在回答我们的问题时她似乎也有所保留，就好像是为了照顾米尔顿，她对自己的想法做了处理。在回答涉及乔·迪的问题时尤其如此……从米尔顿到来之后，谈话

就极其令人不满意……[我]给医生打了电话，[他]叫我再提醒一下玛丽莲，让她减少工作量。[11]

从几个方面而言，斯坦的这段记录都有着重要的意义。

首先，玛丽莲同霍恩伯格的会面让她对自己和米尔顿的关系有了新的认识。她爱他、需要他，也尊敬他，但是和他接受同一位心理医生的治疗让他们的这场游戏出现了新的转变，现在她必须同时讨好这个支持她、帮助她规划新事业的男人和这个还在帮助他的女人。她又一次处在了从属者的位置上，不得不扮演起小孩子的角色——心怀感激、必须讨好大人。玛丽莲又变得焦虑不安的情绪和失眠问题的复发都显示出这种矛盾变得越来越强烈，令她彻底糊涂了。斯坦那句"此次会谈的基调由于米尔顿的到来彻底改变了"透露出玛丽莲同时也在担心米尔顿接受心理治疗时会跟霍恩伯格提到她，毕竟她也会在接受治疗时跟这位医生探讨有关他的问题。乔的存在让一切变得更加复杂。玛丽莲唯恐米尔顿反感这种情况，因此她"为了照顾米尔顿，对自己的想法做了处理"。在她职业生涯的一片新土地上，怀疑这种危险的杂草已经开始发芽了。

其次，当玛丽莲渴望保持清醒的时候，药物只会蒙蔽她的意识。唾手可得的药物能够帮她舒缓紧张的神经，但是对药物的求助扰乱了她正在进行的心理治疗、切断了她和一些人之间的联系，而这些人正是她需要与其通力合作、处理严肃问题的人。霍恩伯格似乎一直不知道玛丽莲在服用这些药物，不过她也不太可能看不出药物在这位病人身上产生的效果、不对她进行适当的询问。没有证据显示霍恩伯格治疗玛丽莲时咨询过病人的一位医生（一位姓"夏皮罗"的医生）。这位医生被告知他要前去察看的这位明星病人遭遇到了某种危机，结果对方把他找来只是为了让他提供一些镇静药片。

从这一次开始，直到玛丽莲去世，她的心理治疗师和内科医生一直像这样严重缺乏沟通。在诊治过她的医生中，有些人比较善良、专业素质比较高，也不像其他一些人那样有着操纵别人的强烈欲望，但是所有的医生都没有跟同行交流过。他们每一个人都认为自己对玛丽莲·梦露负有全责，每一个人都自豪地独占着功劳，每一个人都欣然地扮演着玛丽莲在寻求独立和成熟的道路上应当摆脱的那种高人一等的角色。

第三，29岁的玛丽莲拥有的就只有在娱乐界浸淫多年的阅历，其中没有多少有助于她的成长，总体而言这些经历只会促使她回到老路上，将目光转回到自己的外貌、美丽的容颜上，重新一心一意地追求表面的魅力。

玛丽莲当时说过：

> 我的问题在于太逼自己了。你知道吗，其实我不想成为一个多么了不起的人？我知道有些人会笑话这种说法，可是这的确是真的……我在努力成为一名艺术家。真的，[我]有时候会感到自己处在疯狂的边缘。我只是在努力把最真实的自我挖掘出来，这件事情非常困难。有时候我会想"我要做的就只是真实"，可是有时候要想做到这一点并不太容易。我一直有一种感觉，我其实就是一个假货之类的东西，一个骗子，我从来没有跟别人说过我的这种感觉……乔明白这种心情。他在年轻的时候也经历过一段非常艰难的时光，所以他对我有些理解，我也对他有些理解，我们的婚姻正是建立在这种相互理解的基础之上的。[III]

玛丽莲觉得自己能力不足，她说这样的自我认知来源于原先就有的那种心态——始终无法承认自己最出色的作品是完美的。从寄居在博朗代夫妇家开始，直至拍电影的这些年，她的面前一直存在"完美"这个目标；现在，她朝着严肃表演事业的方向走去，这个目标依然没有消失。

> 我渴望的一件事情就是我能竭尽全力，从摄影机启动直到停止运转，我能一直竭尽全力。我希望在那一刻我是完美的，尽可能完美……李说我必须从自身入手，我说："从自身入手？"嘿，我可没有那么重要！他以为我是谁，玛丽莲·梦露还是别的什么人？

正如最后这几句话暗示的那样，帮助玛丽莲摆脱绝望情绪的或许不是心理治疗，而是她具有的一种超常能力，她能够利用轻松有趣的俏皮话、适度的自我调侃突破自己的焦虑。她意识到"玛丽莲·梦露"其实并不是她所寻找并且感觉自己逐渐找到的那个最深层的自我，这种认识也有助于她缓解自己的焦虑。

有一段时间，玛丽莲试图通过阅读、参观博物馆这些事情让自己放松下来。3月初的一天下午，她在曼哈顿下城（金融区）逛了一会儿商店，然后就带着两袋书回了酒店，其中包括萧伯纳给女演员爱兰·黛丽和坎贝尔·帕特里克夫人的书信集《致爱兰·黛丽的信》和《致坎贝尔·帕特里克夫人的信》，画家理查德·奥尔德利奇为妻子、著名女演员格特鲁德·劳伦斯所做的传记，詹姆斯·乔伊斯的《尤利西斯》，还有英国演员及剧作家诺埃尔·科沃德的《堕落天使》的剧本打印稿。就在这一年，这部喜剧被搬上了百老汇的舞台，担任主演的是南希·沃克和玛格丽特·菲利普斯。

玛丽莲依然对文化领域的话题保持着热情，这一年春天她和乔同萨姆·肖及其妻子一起吃了几次饭，她提到自己对诗歌感兴趣之后，萨姆安排她和诗人及小说家诺曼·罗斯滕及其夫人赫达见了一次面。从这时起直到逝世，玛丽莲一直同这位作家保持着亲密的友谊，他成了帮助她了解纽约文化的导师，赫达后来也成为她在曼哈顿的秘书助理。诺曼后来说过他们夫妻俩最初对玛丽莲产生好感是因为她的单纯和诚实。跟萨姆一道去布鲁克林登门拜访罗斯滕夫妇的时候她看上去一点也不像一位电影明星，萨姆介绍她的名字时发音太含糊了，听上去就像是"玛丽昂"。赫达问客人从事什么职业，被告之她自己正准备参加演员工作室的课程，她又问对方拍过哪些戏。

"哦，我还没有演过舞台剧。不过，我拍过几部电影。"

"你的艺名是什么？"

诺曼还记得对方用"胆怯的声音"回答道："玛丽莲·梦露。" 没过几天，诺曼就带着玛丽莲去看了罗丹的展览。玛丽莲被雕塑《上帝之手》深深地打动了，一只巨手包裹石块外，石块上浮现出一对拥抱在一起的恋人。[IV]

玛丽莲是一个胆怯的人，但同时她也十分清楚自己的明星身份能产生什么样的效果，具有什么样的意义。多年后诺曼·罗斯滕说过："当她来布鲁克林高地做客的时候，她总是坚持在厨房给我们打下手。她非常希望被别人当作普通人，可以说是家庭成员。但是她绝对无法让你忘记她是一个电影明星的事实。"[V] 有些夸张地叹气、出人意料地陷入恍惚和沉默中、在赫达的镜子前一坐就是很久、补妆、让在座的人知道她的容貌对她——应该也是对在场的所有人——来说有多么重要，每当看到这样的情形，他们就会想起她是一个大明星。她同时还有另一副外表，如果希望走在曼哈顿街头不被外人认出，她就会清除掉身上的明星模样，将"玛丽莲·梦露"掩藏起来。

这一年的春天，米尔顿·格林觉得玛丽莲的地位决定了她需要一个比格莱斯顿酒店更雅致的居住环境。女演员利奥诺拉·科比特1930年代活跃在伦敦的戏剧舞台上，后来又参演过英国剧作家科沃德在纽约排演的首部戏剧《逍遥的精灵》，她在华尔道夫大厦27楼有一个套房，套房只有一间卧室，当时她刚好想将这套房间出租6个月。双方匆匆忙忙地签下了租房合同。很快，罗斯滕夫妇、肖夫妇就跟格林夫妇一起，用香槟为玛丽莲庆祝乔迁之喜了，现在她终于有了一个时髦的住处。

他们还有另外一个值得庆祝的理由，不过当时除了玛丽莲之外所有人都不太清楚这件事情。碰巧，诺曼是阿瑟·米勒的大学同学，就这样玛丽莲在无意中通过罗斯滕夫妇同这位剧作家重新走到了一起。自从4年前他们二人结识以来，米勒创作出了《萨勒姆的女巫》，这部获得了普利策奖的作品是根据1692年在萨勒姆盛行的女巫审判现象创作的，米勒在这一历史现象和1950年代政府对所谓的颠覆活动开展的蹩脚调查活动之间建立了联系。很快，他的《桥头眺望》也将于1955年秋天开始公演。

阿瑟·米勒比乔·迪马吉奥年轻一岁，这一年即将年满40岁，玛丽莲只有29岁。米勒的经历有些坎坷，但是平和的举止掩盖了曾经的遭遇对他产生的影响。同乔一样，他也是一个身材高挑瘦削的男人，看上去缺乏幽默感的外表为他赋予了一种强烈的权威感。同乔和詹姆斯一样，他也有着酗酒的毛病，也喜欢打猎、钓鱼这些户外活动，但同时他在玛丽莲的眼中还代表着严肃的戏剧界，这正是她开始新生活的目标。

米勒承认自己在青年时代为了赶时髦对共产主义社会理论有过一定的涉猎，但是在这个方面他并没有开创先河，20世纪中叶的俄国马克思主义都是其他一些作家（美国作家欧内斯特·海明威、美国文学及文化批评家埃德蒙·威尔逊、意大利剧作家依纳齐奥·西隆尼，等等）早已经抛弃的东西，在他们看来这套理论在知识和社会两方面都毫无成果。在1950年代，米勒以美国戏剧界的社会良心而备受尊敬，他的作品毫不隐讳地着眼于战后对美国千家万户造成影响的各种道德与社会问题。米勒不是头脑冷静的理论家，美国的剧作家没有这样的传统。尤金·奥尼尔、田纳西·威廉斯、威廉·英奇、阿瑟·米勒、罗伯特·安德森以及后来的大卫·马梅、约翰桂尔、大卫·莱伯和奥古斯特·威尔逊（仅举几例）创作的都不是学术论文，而是根植于活生生的记忆和感情的作品，这些作品都能够促使演员和观众对各种清晰可见的人类困境产生情感共鸣。

从这个角度而言，米勒的第一任妻子更接近于知识分子和理论家。玛丽·格蕾斯·斯莱特里是一名信奉自由主义的天主教教徒，也是一位非常热衷于30年代、40年代和50年代政治问题的编辑。她为丈夫提供过创作灵感，同时也在经济方面支持着丈夫，婚后最初几年她当过女招待，直到丈夫的事业站稳了脚跟。（有迹象表明正是她的父亲——一名保险推销员——的经历为米勒创作《推销员之死》提供了灵感。）

但是，正如米勒后来在自传中详细解释的那样，他在这一年里的创作需求受到了多种因素的影响：玛丽莲重新出现在他的生活中，"她的到来令我对自己的婚姻感到绝望，同时也让我惊讶地发现[她的存在]让我几乎无法集中精力"准备接下来的作品。[VI]跟罗斯滕夫妇一起安静地共进两三次晚餐，跟玛丽莲单独相处一两个晚上之后，友谊就足以升温成恋情。米勒后来说过："待在她身边太美妙了。她简直令人无法抗拒。她非常有前途。在我看来，她似乎真的可以成为一种惊人的奇迹，一位十分出色的艺术家。她永远都那么迷人，总是能发表一些富有新意的见解，她浑身上下没有一块传统守旧的骨头。"[VII]

但是，这并不意味着乔·迪马吉奥就退出了玛丽莲的生活。在这一年春天，玛丽莲过着"脚踩两只船"的生活——跟原先的丈夫和接下来的丈夫同时保持着亲密的交往，这或许是她一生中的唯一一次。维持这种状况的诀窍就是绝对不让两个男人知道她跟另一个人的时间安排，做到这一点就需要她运用巧妙的沟通技巧。

无论自己的新欢多么令人兴奋，米勒还是会感到隐隐的担忧，他害怕自己"有可能会悄悄地陷入一种不属于自己的生活"，一种完全有理由感到焦虑的生活。米勒不太清楚自己究竟需要什么，他不希望结束自己跟斯莱特里的婚姻，无论这场婚姻已经变得多么令人头疼和不满，可是"一想到让玛丽莲退出我的生活，我就感到无法忍受"。玛丽莲发现自己也有些左右为难。只是因为这个男人还有家室就放弃这段激情四射的感情，她根本没有考虑过这种可能。但是，她对自己过去的经历重新审视了一番。的确，米勒有着迷人的外形、富有启发性的学识、慈父般的温柔，她对完全拥有他的渴望或许超过了之前的任何一个男人，但是她还是没有怂恿他离婚的打算。

相反，她劝说米勒不要因为她的原因而结束自己的婚姻。眼下，跟他偶尔做做情人她就很满意了。不难想见，这种几乎互不介入对方生活的交往促使米勒对玛丽莲展开了更热烈的追求。事实上，米勒和玛丽莲一样非常需要别人的认同和支持，因为他处在和右翼理论家们艰苦斗争的第一次阵痛中，敌人试图摧毁他，因为他们认为米勒是一名鼓吹推翻政府的共产主义同情分子、一个胆敢对有些老套的美国霸权神话进行诟病的人，他毕生的作品都旨在出卖祖国，这是他们双方的首次较量。玛丽莲后来告诉艾米："我还有很多事情要做。我正在为事业进入新的阶段做准备。可是，阿瑟却没有多少可期望的。我或多或少为他感到难过。"玛丽莲或许对米勒多少产生了一些共鸣，他捍卫自由和批评的权利，渴望艺术表达不受权力机构的干涉，在玛丽莲同福克斯公司的交往中，这些因素都表现得十分突出。

政治风暴黑压压地出现在地平线上。米勒和卡赞的友谊一时间也破裂了，政府要求艺术家们交代出有哪些人参加过关注俄国事务尤其是十月革命历史和文化根源的时髦左翼团体，卡赞选择了同政府当局合作，米勒拒绝效仿卡赞的做法。玛丽莲对这些阴谋诡计毫无兴趣，也不愿选择阵营——卡赞还是米勒——但是她同情米勒面临的困境。况且，捍卫起源于俄国的表演理论的李·斯特拉斯伯格又是如何看待这个问题的？

玛丽莲对卡赞的欣赏和支持毫不动摇。卡赞的新影片《伊甸园之东》3月9日举行首映，这对演员工作室来说是一件好事，所以玛丽莲与马龙·白兰度都主动担当了迎宾员。两周后，玛丽莲与格林夫妇参加了田纳西·威廉斯的《朱门巧妇》的首映式，这部电影也是卡赞执导的。这两部影片都引起了很大的争议。

不过，并非所有的事情都会令玛丽莲感到头疼。3月30日，玲玲兄弟马戏团在麦迪逊广场花园举办开业典礼，同时也是为关节炎与风湿病基金会筹款的一场义演。在所有参加活动的明星中，最受1.8万名观众瞩目、收获欢呼声最多的就是玛丽莲。舞台监督迈克·拖德设计了一小段表演（在米尔顿·格林的监督下），玛丽莲身着一套带有羽毛和亮片的性感紧身服装、骑着一头大象华丽登场了，就连大象都被涂成了眩目的粉红色。一个星期后，玛丽莲告诉全国人民："这对我有着非常重要的意义，因为我小时候从来没有看过马戏团表演。"[VIII]

这番话是玛丽莲在接受主持界传奇人物爱德华·莫罗的专访时说的，他主持的电视人物专访节目《面对面》对名流的采访通常看上去都比较随意。莫罗对玛丽莲的这场专访被安排在格林夫妇康涅狄格州的家中进行，为了解决现场直播的技术难题，摄制组进行了几个星期的前期准备。最终敲定的时间是4月8日，当开播时间日渐临近，玛丽莲变得越来越焦急不安，她固执地认为有小巧玲珑、一头黑发的艾米在身边，淡妆和朴素的服装就会让她自己显得过于虚弱、土气。哥伦比亚广播公司的一位摄影师试图安抚她，说她看上去漂亮极了、成千上万的美国人一下子就会爱上她的。可是，玛丽莲却惊慌得几乎无法动弹，毕竟这里不是摄影棚，没有彩排的机会，也没有重拍的可能。制片人小声告诉玛丽莲："亲爱的，看镜头就行了。只有你和镜头——只有你们两个。"听到这句话，玛丽莲感到了安慰，最终出色地完成了一次毫不做作的亮相。

莫罗问她玛丽莲·梦露影业公司的目标是什么，她直截了当地告诉对方自己"最希望公司能参与拍摄一批优质的影片……这倒不是说我反对拍摄歌舞剧和喜剧，其实我很喜欢这些形式，但同时我也希望能拍一些剧情片"。她还向对她的事业发展提供过很大帮助的人表示了感谢，尤其指出了约翰·休斯敦、比利·怀尔德、娜塔莎·莱特斯和迈克尔·契诃夫。外界认为玛丽莲这次的亮相平淡无奇、表现尴尬，造成这种印象的原因或许在于她正在经历一场令人耳目一新的转变，完全不同于很多人接受采访时都喜欢采用的技巧。她回答问题时简洁、自然，丝毫不抢风头或者说使出浑身解数让自己成为节目的明星。[IX]

在1955年，米尔顿·格林的时间分成了两部分：一边在摄影工作室努力维持老本行，一边还要不断跟欧文·斯坦、弗兰克·德莱尼和他的会计乔·卡尔会面。玛丽莲·梦露影业公司非常需要资金维持日常运营，也就是玛丽莲在酒店的住宿费和生活费，以及他们希望实现的拍摄计划所需要的"启动资金"。寻找阔佬赞助人的工作落到了米尔顿身上，但是他的努力全都一无所获。因此，他们就更加有必要接受福克斯的人向他们挥舞的白旗了。1955年整整一年里，玛丽莲·梦露影业公司和福克斯公司一直围绕着新合同的条款进行着吃力的商谈。

从4月初开始，玛丽莲就接到了铺天盖地的露面邀请，很多人都已经知道她搬到纽约了。阿瑟·P.雅各布斯领导的同名公司在纽约和洛杉矶都派驻了公关人员，公司跟玛丽莲签订合同，成为了她的公关顾问。雅各布斯和东西海岸的同事约翰·斯普林格、罗伊斯·韦伯、鲁伯特·艾伦和帕特里夏·纽科姆每个星期都要处理玛丽莲接到的数百封要求她接受采访，参加义演、慈善活动和颁奖晚宴的邀请信。

由于玛丽莲坚持要求保持同霍恩伯格医生的见面和斯特拉斯伯格的私人指导，因此她对与记者的会面和摄影工作都做了严格的规定，只接受必要的公开亮相邀请。但是，她为伊芙·阿诺德破了例，这位摄影师为玛琳·黛德丽拍摄的照片给她留下了深刻的印象。她告诉阿诺德："想想吧，你能把我拍成什么样子！"[x]曾经有人为玛丽莲拍过一些迷人的照片，在照片中她读着詹姆斯·乔伊斯的《尤利西斯》，一副沉醉于自学的形象。阿诺德没有这么做，她呈现出的是玛丽莲的另一个侧面——一身豹皮，就像一头原始的捕食动物一样在沼泽地泥泞的草丛里爬行。

一个星期后，阿诺德带着照片的缩小图去征求玛丽莲的意见了。后来，她说过打开酒店套房门时玛丽莲只穿着一件薄如蝉翼的黑色便服，尽管当时一家外国杂志派来的一位非常体面的英国淑女正在采访她。

对自我身份的探寻完全有可能会是一场异常模糊的冒险，从某种角度而言，玛丽莲越接近目标，也就越难以捕捉到目标。为了参加商务或者社交活动，有时候玛丽莲不得不穿得正式一些，艾米常常协助她挑选一些得体的服装，她自己的衣服少得可怜。跟艾米或者赫达一起采购时，玛丽莲会戴着墨镜，裹着围巾或者戴着帽子，脸上不施粉黛。尽管这样伪装自己，她其实还是非常渴望被别人认出来，为此她采取了一些措施。诺曼就记得玛丽莲专门租了一辆豪华轿车送自己去购物，而且还要拉上车帘，以确保每当在某个地方停下来街上的行人都会知道大人物就要出现了。[xi]

事实的确如此，艾米也记得有一天她们在第五大道的百货商店购物的情景。同往常一样，一开始玛丽莲还是一副隐蔽的打扮，顾客和售货员都根本认不出她。她们穿过一家家店铺、一条条过道，玛丽莲陆续脱掉了身上的衣物，最终只剩下头上的假发和鼻梁上的墨镜，然后她又一头冲进更衣室，重新出现的时候就是"玛丽莲·梦露"了，萨克斯第五大道百货商店的所有人都感到非常惊喜。对玛丽莲来说，去掉身上的掩护这个举动具有两重含义：她希望去掉伪装，摘掉让自己在公众面前隐形的面具，同时她还想展示真正的自我。然而，她展示出的其实只是一个令她感到矛盾的人造"玛丽莲"。但是，她又担心没有这样的"玛丽莲"，自己就会失去真正的身份。她想逃避这个虚假的表象人格，同时又害怕会失去它。同样地，苏珊·斯特拉斯伯格和一位朋友也都记得当一名计程车司机没有认出她的时候，她表现得多么愤怒和沉默。

正是因为这样，玛丽莲对当年春天斯坦利·考夫曼编辑萨姆·肖摄影集的反应也与之类似。这本摄影集收录的照片都是肖在玛丽莲拍摄《七年之痒》期间拍下的，考夫曼将自己打算收录进书中的一张照片拿给玛丽莲，照片里"她穿着毛衫和宽松的长裤。有点小肚子。两只膝盖有点内扣。头发都看着很疲倦"。[XII] 照片中的玛丽莲已经在摄影棚待了一整天，看上去一脸疲惫，她坚决否决了考夫曼的要求。"看到我的时候，别人希望看到的是一个明星。"*

* * *

大约就在这个阶段，玛丽莲开始用第三人称称呼自己。苏珊·斯特拉斯伯格还记得有一次跟玛丽莲走在一起，她注意到一群影迷在华尔道夫大厦门口等待她回来。"想看看我变成她吗？"她向苏珊问道。困惑了片刻之后，苏珊看到了一幕不可思议的景象：

> 她似乎在调整内在的自我，某种东西在她的心里"发动"了起来，突然间——她还在那里——不再是刚才跟我一起溜达的那个普通女孩了，而是"玛丽莲·梦露"了，光彩照人、做好了面对公众的准备。这一下，所有的脑袋都转了过来。人们将我们团团围住。她就像小孩子一样笑了起来。[XIV]

萨姆·肖同样也忘不了玛丽莲反复用第三人称称呼自己的情形。在提到《七年之痒》中的某一幕或者自己的某一张照片时，"玛丽莲会说'她不会这么做''在这一幕里她表现不错'"。杜鲁门·卡波特的文章提到过玛丽莲在一面光

---

* 玛丽莲会大胆地伪装自己，但是对伪装她又感到有些矛盾，因为她对自我身份的认知存在最深层的危机，她曾调侃地提到过这种危机。有一次，苏珊·斯特拉斯伯格说自己对有些事情感到很矛盾，感到脑袋里还有另外一个声音响个不停，这时玛丽莲说："你只有一个声音？我可有一大堆声音呢！"[XIII]

线暗淡的镜子前坐了好久的事情。当被问到她在做什么，玛丽莲回答道："在看她。"ⅩⅤ演员工作室的伊莱·瓦拉赫有一天晚上和玛丽莲在百老汇溜达，后来提起那个夜晚他说当时玛丽莲没有化妆、也没穿很招摇的衣服，但是突然间她就让车流停了下来、把所有人的目光都吸引了过来。她告诉身边的瓦拉赫："我只是想当一会儿'玛丽莲'。"ⅩⅥ那副模样散发着一种磁力，就仿佛她的脑海中突然闪现出一副形象，迷人而遥远、几乎有些被遗忘的"玛丽莲·梦露"所做的白日梦，她让这个形象重现了片刻。但是，她清楚"玛丽莲·梦露"只是自己的一部分，她可以用这样的方式在自己和"玛丽莲·梦露"之间建立联系，但是她很难将其完全等同于自己。她配合别人制造出了这个形象，也心甘情愿地呈现着经纪人、制片人、导演和公众希望她呈现的形象。只有试图依据为"玛丽莲·梦露"这个形象绘制的名望地图掌控自己的生活方向时，她才会遭遇到危险、情感迷茫和感情破裂这些事情，为"玛丽莲·梦露"绘制的地图上不存在内心更深层、更私密的自我。

进行心理治疗时，医生要求玛丽莲将自己产生的想法随时记录下来或者坚持写日记，可是正如她向朋友们透露的那样，她一直没有听从过这个建议。她买过两本大理石花纹的笔记本，它们到最后都是空白的，因为她缺少必要的基本训练，而且她为自己糟糕的单词拼写和标点符号应用能力感到害臊。不过，偶尔她还是会在纸上草草地写下一些东西。这一年里，无论是在心理治疗的过程中还是戏剧表演的课堂上，玛丽莲都听到了唤醒内心的建议，她匆匆地记录下自己对内心世界的关注：

- "我对工作和生活感到绝望的问题——我必须开始正视这个问题，不断地正视它，让日常工作变得比绝望情绪更持久、更重要。"
- "拍戏就像开瓶子。这样打不开，就试试另一种办法——甚至还可以放弃这个，换另一个瓶子试试看。李可不希望……"
- "我需要理解自己能怎么演以及我为何而演的问题——我不确定自己能演。折磨，更用不说还有每天都在发生的事情——无法跟别人解释的痛苦。"
- "我究竟在害怕什么？躲起来，以免受到惩罚？本能冲动？问问霍医生。"

- "在舞台上怎么才能自然地说话？不要让演员操心，要让角色操心。"
- "学着相信相互矛盾的冲动是必然存在的事实。"[XVII]

玛丽莲做得更多是将自己的感受，也就是在29岁这一年里感知到并且感到恐惧的形象转化成诗歌——将她的这些作品称之为"歌谣"或许更为贴切。

尼罗河的夜晚——抚慰人心——
黑暗——振奋——空气
似乎与众不同——夜晚没有
眼睛，也没有人——寂静——
唯有夜晚本身

生命——
我徘徊于你的两端
却不知为何，
一直坠落着
如同风中的蛛网一样强韧，
在寒霜中
比我在画中看到的珠串之光
更醒目地存在着。

"致垂柳"
我站在你的枝干下
你盛开花朵，最终
将我抱住，
大地上起了风的时候
沙砾被吹起的时候——你将我抱住。
我比蛛网更细弱，
比一切更单薄——
而你却缠绕住我
在狂风中将我紧紧搂住

>　　生命——在有些奇特的时候
>
>　　我徘徊于你的两端——
>
>　　当你的两端撕扯我的时候,
>
>　　我却不知为何一直坠落。

　　不过,玛丽莲同许多业余诗人不一样,她对自己的作品从来不会太当真,有一首诗尤其清晰地体现出了这一点。这首作品具有一种漫不经心的幽默感和油然而生的严肃性,勘比E.E.卡明斯或者威廉·卡洛斯·威廉姆斯:

>　　我时不时地
>
>　　写上一首诗,
>
>　　可我不会让这种东西
>
>　　跟我
>
>　　作对——
>
>　　哦,天哪,
>
>　　它竟然这么没销路。
>
>　　我想说的就是——
>
>　　我所想的:
>
>　　毁了饭菜,
>
>　　毁了希望,
>
>　　思想匆匆飞逝,
>
>　　还没等我死去——
>
>　　用笔墨记下思绪。

　　从1955年春天开始,玛丽莲在李·斯特拉斯伯格西86街的公寓开始接受其私人指导,从第一天起李就开始了玛丽莲一生中接受过的最强有力的指导。他们之间培养起亦父亦师的感情,李完全成了玛丽莲的灵魂导师,没过多久这种关系就激起了米尔顿·格林和阿瑟·米勒的痛恨。李完全认可并鼓励玛丽莲对电影行业尤其是福克斯公司的厌恶,他认为对优秀演员和剧作家的滥用是电影界的行业标准做法。这种不满情绪来源于他自己的经历,1945年公司拒绝让他执导他和约瑟夫·L.曼凯维奇一起创作的《惊魂骇魄》。李是一个武断、好斗的人,被电影公司解除合约之后他就回到了东海岸,据他的女儿苏珊所述,当时他们一家四口（李、宝拉、苏珊和弟弟约翰）在东海岸过着非常艰难的日子。"父亲非常沮丧，他跟不该起冲突的人发生了冲突，不过还是有启发别人的能力"。[XVIII]正因为如此，他原先的合作伙伴谢里尔·克劳福德才给他送来了一些学生跟随他学习表演。当时，卡赞请他接替罗伯特·刘易斯担任演员工作室的总监。

由于一开始玛丽莲不敢在课堂上发言，也不敢在公共课上表演练习，因此李就邀请她到自己的家里进行学习。苏珊说过，他们的公寓是一个情感上的雷区，宝拉把丈夫奉为神明，将他凌驾于自己的事业、愿望和全家人的生活之上。

当时，年仅17岁的苏珊（已经在《蛛网》和《野餐》两部重要的影片中亮过相）即将以"安妮·弗兰克"在百老汇的舞台上大放异彩，见到惊恐脆弱的玛丽莲后她一下子就产生了同情，"尽管她会随意地戴着或者摘掉名人的面具。她不止一次地跟我们说'好莱坞永远不会原谅我——不是因为我的离开，不是因为我跟整个体制进行了斗争——而是因为我的胜利，我会取得胜利的'"。玛丽莲很快就成为了斯特拉斯伯格家的一名成员，同他们一起在家里的餐桌上吃饭，还经常在家里过夜，因此苏珊有机会看到她坚强的内心。尽管得不到福克斯公司经理们的充分赏识，玛丽莲还是很清楚应该如何利用自己的过去，将过去的经历和自己的美貌、基本上甜美的性格糅合在一起，展现出一副几乎令所有人都难以抗拒的天真模样。

李和宝拉在玛丽莲的身上花费了大量的时间和精力，苏珊甚至"坚信已经没有多余的爱和精力可以用在我身上了，仅仅这么想一想我都会感到愧疚，因为我看得出玛丽莲有多么孤独。她真的找不到一个可以完全信任的人——一个人都没有"。李成了玛丽莲的父亲，宝拉成了她的母亲、保姆和老师，以及她的药品管理员。一天夜里，在斯特拉斯伯格的聚会结束后玛丽莲极度想入睡，于是已经喝了很多香槟的她又用一杯香槟服下了几片安眠药。结果，昏昏沉沉、无法走路的她爬到李和宝拉的卧室，在门上挠了起来。目睹这一幕的苏珊被吓呆了。

在清醒的时候，玛丽莲问过朋友们："你有过紧张的时候吗？你有过突然感到紧张的时候吗？"当得知这种情况很普遍、有时候演员尤其如此，她平静地说："可是你跟我的处境不一样。拍电影期间，早上起来的时候你必须看上去气色不错，这样的话你就得睡睡觉。所以我得吃药。"[XIX]

同外界一贯的印象相反,玛丽莲养成这样的习惯完全不是为了毁灭自己,更不能说明她是一个精神病患者。此外还必须强调的是,她做的事情在1950年代很常见,或许艺术界的人尤其突出。习惯滥用药物的不仅有田纳西·威廉斯和威廉·英奇这种敏感的剧作家,塔卢拉赫·班克黑德和蒙哥马利·克利夫特这些自我放纵的演员也都如此,这种做法是公认的艺术生涯的组成部分。苏珊还记得:"17岁的时候,我们的家庭医生就给过我一些安眠药。"

为了增强药效,大家还就着香槟。至于玛丽莲,恐惧、胆怯、缺乏安全感、痛苦异常的月经这一切事情压迫着她,让她完全无法动弹了。

玛丽莲最初开始服用安眠药和巴比妥酸盐时完全不知情(她从未使用过安非他命、大麻和静脉注射的毒品),西德尼·斯科尔斯基源源不断地为她供应着各种药品。偶尔,她还会将药物和酒精同时咽下,这种做法很不明智,到1955年原本就没有什么作息规律的她变得更没有时间概念了,第二天还会变得咄咄逼人、喜怒无常、没精打采。

无论斯特拉斯伯格多么接纳玛丽莲,对玛丽莲来说他们仍旧远非理想的家人。李容易大发雷霆,宝拉总是变得歇斯底里并以自杀相威胁,多少有些可悲又不无讽刺意味的是,这对富有才华、专横霸道的"父母"长年依赖"女儿"的才华、成功和收入才渡过了经济难关。苏珊说过:"我们家完全围绕着我父亲打转,他的情绪、他的需求、他的期望、他的神经质。他在教别人如何表演,但是他的教学跟我们家的戏根本没法比……我们一家人就是亲密的陌生人。"[XX]苏珊的弟弟约翰相信"任何人都难以[跟李]培养起感情,除非你是一本书、一张唱片、一只猫,或者玛丽莲"。[XXI]

无意中忽视了儿女的李对玛丽莲却倾尽自己不曾给予亲生儿女的关心,当苏珊找到他、想要跟他聊一聊自己的个人生活时,他只告诉女儿:"我不关心这种事情,除非跟你的工作有关。"这种情况发生了不止一次。然而,每当有需要,玛丽莲总能得到李在私人问题上的指点,当她沮丧、难过或者感到不安的时候,也能得到李温柔的呵护。李之所以这么做是因为他似乎真的相信这位学生具有原始、尚未得到开发的天赋(并不是因为有明显的迹象表明他爱上了她,尽管这种情况有可能存在)。他们之间维系感情的坚实纽带在于他们都极度渴望得到他们主动远离的主流社会的尊重。

这对师生之间还存在另外一重联系，这就是在此之前卡诺夫斯基、布兰德、莱特斯与契诃夫为玛丽莲呈现的俄国审美观。对玛丽莲而言，斯特拉斯伯格的方法派以及采用俄国戏剧和诗歌进行的表演练习同这种审美观一脉相承，她和阿瑟·米勒的交往也是如此，他跟斯特拉斯伯格夫妇一样也同情左翼阵营。社会弃儿和被剥夺了权利的人对玛丽莲有着强烈的吸引力，这种偏好促使她对米勒近些年来创作的剧本中的人物产生了感情，甚至在这些人物和自己之间画上了等号。从某种角度而言，李和米勒刚好相辅相成——父亲和爱人，老师和向导。"每当碰到麻烦，我就想跟李聊一聊。"[XXII]在李面前，玛丽莲感觉自己受到了保护和认可，终于被自己尊敬的圈子接纳了。出于感激，她大方地给斯特拉斯伯格一家人买了很多礼物。看到玛丽莲大肆挥霍自己给她的津贴，米尔顿·格林十分气愤。

1955年夏天，玛丽莲开始参加演员工作室的集体课，一开始她恐惧得甚至说不出话来。有一天，雄心勃勃的年轻演员格洛丽亚·斯泰纳姆问玛丽莲是否想象得出在一群那么了不起、那么自信的人面前表演一段戏的情形，玛丽莲说："哦，不行。我太崇拜这些人了。我还不够出色。你也知道，李·斯特拉斯伯格是个天才。我打算他怎么说，我就怎么做。"[XXIII]

李的命令有时候就包括叫玛丽莲跟同学进行一对一的排练。有一次，玛丽莲被分配给了一位年轻的男演员，她给对方打去电话，在电话中自报了家门：

"嗨——是我，玛丽莲。"

对方跟她开起了玩笑："哪个玛丽莲？"

"你知道的。玛丽莲？班上的玛丽莲？"她非常严肃地回答道。[XXIV]

或许班里这位名气最大的女人正是凭着谦虚的态度征服了金·斯坦利这种功成名就的女演员，在当年凭借领衔主演威廉·英奇的戏剧《巴士站》大获成功的斯坦利断言道："凡是心胸宽广的人都爱玛丽莲……她具有某种能让你爱上她的气质。一开始，她什么也不做，只是坐在那里看着。"[XXV]同一期参加演员工作室、后来担任工作室艺术总监的弗兰克·考萨洛也记得玛丽莲"努力将自己培养成一位严肃的女演员。她雷打不动地迟到，但是她会目不转睛地盯着你、听你怎

么说、接受别人的批评意见"。[XXVI]

一旦开口，玛丽莲就会言之有物。有一天，年轻的剧作家迈克尔·戈佐提出匈牙利作家乔治·塔波里创作的一幕戏不够明确。玛丽莲专注地把身子向前凑了过去，随即试探性地举起手。得到李的同意后，她用轻柔的声音说了起来。她说自己相信这幕戏的主旨正在于此，在剧中那一刻的状态对人物来说就是不明确的，在排练中李寻求的"主线"正是困惑。李表示玛丽莲说得没错。还有一次，一位跟她投缘的采访者问她最喜欢哪些作家，玛丽莲告诉对方自己正在读卡夫卡的《审判》，她的体会很敏锐："我知道他们都说这部作品讲的是犹太人对罪的理解——至少阿瑟·米勒先生是这么说的。可是，我觉得这部作品不只有这些内容。实际上，它讲的是所有男人和女人的事情——讲的是我们堕落之类的事情。我想这就是他们所说的'原罪'。"[XXVII]这番话决不是一个浅尝辄止的业余爱好者说得出的，说出这番话的人会和别人讨论自己喜欢的作品，会在阅读中努力保持批判的态度并且参考注疏类的文本。

到了5月中旬，玛丽莲已经成了演员工作室的常客，她总是一声不吭地坐在教室的角落里。与此同时，坐落在45街的洛氏国家剧院和百老汇都高高地挂起了她高达52英尺（15.8米）的巨幅照片。走过即将为她的新影片举行首映式的剧院时，她苦笑着对伊莱·瓦拉赫说："他们就只感兴趣这个。"[XXVIII]

6月1日，她又完完全全成为了"玛丽莲·梦露"。她参加《七年之痒》的首映式，然后接受观众的喝彩，格蕾丝·凯利、理查德·罗杰斯、亨利·方达、玛格丽特·杜鲁门、艾迪·费舍尔和朱迪·霍利德也身处观众中间。在接下来的几个星期里，这部影片在全国各地上映，玛丽莲又一次成为了全美国最受观众欢迎、最受摄影镜头瞩目、留下影像最多的一个人，甚至超过了艾森豪威尔总统。她为福克斯公司赚到了一大笔钱，《七年之痒》是当年夏天最热门的电影，票房总收入超过450万美元（《综艺》杂志语）。作为影片的制片人及导演，比利·怀尔德得到了50万美元的报酬和一部分利润分成，玛丽莲的经纪人及联合制片人查尔斯·费尔德曼拿到了31.8万美元并得到同等分成的保证。玛丽莲只按照周薪标准拿到了拍摄时的薪水，公司也没有兑现之前承诺的10万美元奖金（最终公司还是支付了）。因此，在同福克斯公司有关新合同的谈判中米尔顿和新公司投入了更大的热情。没有新合同，玛丽莲·梦露影业公司就支撑不了多长时间了，就无力购买版权，也无力组建一家制片公司；而且他们知道福克斯公司也有着强烈的动机想要保住玛丽莲这个头号产品，不愿制造祸端招致一场官司。*

乔·迪马吉奥陪同玛丽莲参加了6月1日举行的首映式，碰巧这一天是玛丽莲的29岁生日。观看完影片后，乔在"嘟嘟"绍尔的俱乐部为玛丽莲举办了一场聚会。玛丽莲告诉媒体："我们只是好朋友。我们不打算复婚。我只想说这么多。"XXIX与此同时，玛丽莲大幅度地增加了同阿瑟·米勒在一起的时间，他们徜徉在曼哈顿下城、在罗斯滕的家里聚餐，有时候两个人还单独在华尔道夫大厦里一起吃饭。乔追到了华尔道夫大厦，想跟玛丽莲打听米勒的事情。据公关人员罗伊斯·韦伯所述：

> 玛丽莲害怕乔，肉体上的恐惧。他显然坚信自己的怀疑。他对她的感情肯定非常矛盾……有时候，她会明确向他表明他给她造成了严重的伤害，在妒火攻心的时候，他甚至有可能对她动过手。XXX

鲁伯特·艾伦也有着一模一样的感觉："玛丽莲跟我说过离婚后乔一直对她特别好，可是在婚姻中却会打她、辱骂她，坚信她对他不忠。"XXXI比起玛丽莲同乔重新开始的交往，米尔顿·格林更加担心玛丽莲对几个男人的忠诚有可能会破坏他的宏大计划——保证玛丽莲能够同福克斯公司签订一份划算的新合同。

就连纽约媒体界一名格外迟钝的记者都说刚刚入夏李·斯特拉斯伯格已经取米尔顿而代之、成为了玛丽莲的导师。XXXII玛丽莲·梦露影业公司接下来一连串的会议因此都处于十分紧张的气氛中，大约在7月1日米尔顿竭力要求玛丽莲同他和艾米一道前往意大利。（在给欧文·斯坦的电话里，弗兰克·德莱尼哀怨地问道："要是米尔顿走了，咱们怎么才能见到玛丽莲呢？"XXXIII）米尔顿无法说服玛丽莲离开纽约，她宣称为了表演课和经常观看百老汇的演出自己必须留下来。玛丽莲还接受了斯特拉斯伯格夫妇的邀请，跟他们一起去距离曼哈顿不太远

---

* 无论多么起劲地推销玛丽莲和性，好莱坞能嘉奖的还是优雅：1953年和1954年的奥斯卡奖被颁给了奥黛丽·赫本与格蕾丝·凯利。直到后来，玛丽莲表现卓越的作品《巴士站》和《游龙戏凤》都遭到了同行们的忽视，贸然远离好莱坞一年的玛丽莲甚至没有得到奥斯卡奖的提名。

的火岛过周末，斯特拉斯伯格夫妇在那里的海滩上租了一套房子。

到了这个阶段，玛丽莲对李和宝拉的依赖与日俱增。在难以入眠的夜晚，她会在半夜三更突然衣冠不整地赶到他们的公寓，抱怨说自己的安眠药不管用，这种情形有时候一个星期里会出现两三次。实际上，她的身体已经产生了耐药性。这一年夏天，她噩梦频频，充满了孤独感，在心理治疗中她一遍又一遍地谈论着自己的童年、缺席的父母、过早的婚姻、对格蕾斯·戈达德的憎恨、卖淫为生的那段日子、对福克斯公司的憎恨，这些回忆对生性敏感的她造成了极其严重的负面影响，不仅没有增强反而还削弱了她的信心。

此外，玛丽莲对格林夫妇、自己同米尔顿在工作中的关系、自己和艾米的私交都越来越感到怀疑。她觉得自己低人一等，觉得在做出商业决定的过程中对方根本无视她的存在，同时她也厌倦了孤独的生活。米尔顿和自己的合作伙伴似乎完成不了同福克斯公司的交易，玛丽莲开始怀疑自己离开好莱坞或许是一个错误的决定。她在大半夜突然造访斯特拉斯伯格夫妇，把这些想法统统告诉了他们，宝拉端来了茶，可是她还是喝着香槟，还在他们的橱柜里找到了更多的安眠药，直到凌晨五六点她才渐渐睡去。[xxxiv]

从很多方面而言，玛丽莲在1955年里都拥有了珍贵的发现和宝贵的学习机会，同时也是在这一年里她吞下了过多的药片、灌下了过多的香槟。艾米也记得这一年玛丽莲一直在时断时续地进行着节食，也时断时续地服用着药物。"一天，她给了我一瓶安眠药，叫我帮她保管——如果她管我要，我就会跟她争执一番。我跟她说她会成为正常人。可是很快她又开始连哄带求地管我要安眠药了，米尔顿也坚持要求我给她一些药。"[xxxv]

在那个年代，这类药物一般都不难搞到，医生们源源不断地给玛丽莲和米尔顿提供着药物。艾米说过："'眠尔通'[一种受欢迎的镇静剂]就像糖果一样被随意分发着。"似乎所有人都能无限制地搞到药物，没过多久米尔顿的情况就变得跟玛丽莲一样严重了。制药公司给医生们提供免费药物，一些医生会给病人大量的免费试用药品，以便让他们成为诊所的常客。"这是一种恶性循环。米尔顿的哥哥就是医生，我们有不计其数的药品——兴奋剂、镇静剂，要什么有什么。"

考虑到这种状况，玛丽莲花在霍恩伯格那里的时间似乎完全是无用功。越是焦虑，玛丽莲就越是感到自己同米尔顿疏远，也就越是对他以及他的治疗师感到憎恨，在当年留下的备忘录中欧文·斯坦和弗兰克·德莱尼不约而同地提到过玛丽莲的这种情绪。当玛丽莲无法正常工作的时候，米尔顿怎么可能正常工作？吃着药、接受着霍恩伯格的治疗，他怎么可能继续给别人分配工作？她已经有多长时间、多么强烈地感到自己疏离了其他人，疏离了自己的生活？这一年，玛丽莲的内心依然处于黑暗痛苦中，处在典型的意识和灵魂的黑夜中，根本看不到一丝久久不会熄灭的光亮或者说希望，而曾经一切都有望变得那么辉煌。

在这个夏天的一个周末，玛丽莲在斯特拉斯伯格夫妇的海滩别墅里一丝不挂地站在月光下，跟她住在同一间卧室的苏珊出神地看着她，对她富有弹性和光泽的肌肤充满了羡慕。"真希望我也能跟你一样。"苏珊说。

"哦，别这样，苏西。我希望我能跟你一样！你就要在百老汇演一个了不起的角色了——安妮·弗兰克——大家都会尊敬你的。不，不，这些东西我一样都没有。"玛丽莲说。

就在这个夏天，玛丽莲给伊利诺伊州的小村庄比门特带来了一场惊喜。她接受邀请，参加了比门特建城一百周年的庆祝活动，主持了一场艺术展的开幕式，并且就自己最喜爱的总统林肯发表了一场讲话，因为庆典活动包括一尊新的林肯胸像的揭幕仪式。玛丽莲邀请摄影师伊芙·阿诺德陪同她前往比门特并记录下整个过程，阿诺德后来说过玛丽莲"具有一种很强烈的作秀和自我推销的意识"，[xxxvi]她显然根本无视在乡下举办的这场夏季庆典活动无足轻重的事实。玛丽莲笑着说："我要把艺术带给大众。"

这次出行只让玛丽莲离开了纽约一天的时间。比门特的村民们对她崇拜得神魂颠倒，抓拍下一张张业余水平的照片，讨要到这位大明星的亲笔签名，玛丽莲十分喜欢这些事情。据阿诺德所述，玛丽莲总是本能地知道镜头在哪里，她会冲着镜头卖弄、跟镜头打情骂俏、通过电影剧照而不是电影里转瞬即逝的影像证明自己的存在。照相机就如同对她顶礼膜拜的观众，有照相机在身边，她就自然而然地发生了变化——胸部挺了起来，肚子收了进去，臀部扭动起来，笑容浮现出来，脸上焕发出光彩。正如苏珊评价过的那样，她的肌肤具有一种透亮的光泽，她脸上一层模糊细微的汗毛捕捉到了一种光晕，一种环绕在她四周的光轮——照片似乎将她变成了圣徒，呈现出一个超凡脱俗同时又充满肉欲的女人。

玛丽莲很有经验，她知道自己有多么需要米尔顿和阿诺德这样的一流摄影师，这些摄影师用图像的方式将她永远保存了下来，为促使人们涌向电影院的"玛丽莲·梦露"这个神话和幻象提供着支持。雅各布斯公关公司的约翰·斯普林格说过："要是你喜欢她最新拍摄的影片，她会感到开心；要是你提到她最近拍摄的杂志封面照或者照片的布局这些话题，她开心得一下子就打起了精神。"[xxxvii]在比门特的时候，玛丽莲就是这样的，她微笑着、挥着手、同老奶奶们见面、抱起小婴儿，她始终很清楚自己心爱的镜头在哪里，但同时她也清楚热爱她甚至会永远追随她的民众的存在。

回到纽约、跟斯特拉斯伯格夫妇与格林夫妇一起度过周末之后，玛丽莲同阿瑟·米勒的会面更频繁了，这时候他正在准备新剧《桥头眺望》的首演。9月29日，玛丽莲出席了在皇冠剧院举行的首演，就是这一次她终于见到了米勒的父母。不久后，玛丽莲就出现在老米勒夫妇家的厨房里。她没有化妆，身上只穿着一条纯灰色裙子和一件黑色高领衬衫。老米勒夫妇（伊萨多和奥古斯塔）住在布鲁克林，阿瑟告诉父母："我要娶的就是这个女孩。"[xxxviii]没有人认为阿瑟是认真的，当时他甚至还没有公开谈论过跟玛丽·格蕾斯·斯莱特里离婚的事情。

玛丽莲还看望了罗斯滕夫妇（诺曼和赫达），在他们的海滩别墅待了几天，其间一度被游泳的人团团围住，险些被淹死，不过她对这件事情一笑了之，对于自己受到的关注她永远心存感激。香槟和鱼子酱成了玛丽莲这一年里最喜欢的美食，她之所以珍视这些东西是因为流浪街头和寄宿孤儿院时她根本不曾有机会享受这些东西。无论多么高深费解的诗歌，只要读过她的头脑就立即得到了滋养，即使没有人向她解释诗歌的内涵或者她还没有查阅过有关的评论文章。

罗斯滕提到过玛丽莲怀着强烈的感情大声诵读叶芝诗选的情景，她消化了那些诗句，就像她在拍摄照片或者饰演电影角色时那样，将叶芝的语言变成了自己的语言：

> 一切美好的东西
> 不过是昙花一现，梦幻般的欢喜。

哦，切莫将心尽献彻底……[1]

做东的罗斯滕还说，等玛丽莲读完后，房间里几乎鸦雀无声，安静中透着一股敬意，没有人敢突然打破沉默，似乎大家在领悟叶芝智慧的同时也都意识到这些词句同刚刚诵读词句的她有多么匹配。

这一年秋天，演员工作室排演了安东·契诃夫剧作中的几场戏，李·斯特拉斯伯格借给玛丽莲一些柴可夫斯基、斯克里亚宾和普罗科菲耶夫的音乐唱片，这些音乐更是强化了玛丽莲已经培养起的对俄国文化的热爱。阿瑟·米勒纵容、鼓励她在这方面的兴趣，得知就在这个秋天她深爱的迈克尔·契诃夫在加利福尼亚与世长辞的消息后，她叫米勒为她大声朗读了《卡拉马佐夫兄弟》中的几段，以这样的方式向契诃夫做了一场个人悼念。契诃夫是第一个鼓励她扮演格露莘卡的人，这天晚上米勒向她做出了承诺——为她将小说改编成剧本。

10月11日，玛丽莲观看了俄国钢琴家埃米尔·吉列尔斯在卡内基音乐厅举办的演奏会，她对俄国文化的兴趣范围进一步扩大了。在被介绍给玛丽莲的时候，吉列尔斯对她说："您一定要去俄国看一看。那里的每一个人都会希望见到您的。"

"我很想去，总有一天我会去的。眼下，我就在读陀思妥耶夫斯基的书。"玛丽莲告诉对方。[xxxix]

事实上，就在这个秋天玛丽莲做出了一个重大决定。在她造访比门特期间，国家艺术基金会的卡尔顿·史密斯问她是否愿意率领一支美国艺术家代表团前往莫斯科，同苏联人探讨一下西方社会同俄国之间如何开展文化交流工作的问题。玛丽莲毫不犹豫地答应了对方的请求，随即便开始准备申请俄国签证。可是，相关部门一贯的官僚作风干扰了她的申请。这对她来说反而是一件好事，毕竟此时她还不能抛下玛丽莲·梦露影业公司，也不能放弃越来越有希望跟福克斯公司立即签订新合约、恢复工作的前景。

与此同时，玛丽莲成了阿瑟·米勒公认的伴侣，而他说的每一句话都受到

---

[1] 摘自叶芝的《切莫将心尽献》（黎历译）。

联邦调查局的关注。从1955年开始，华盛顿开始为玛丽莲·梦露建立起一份翔实的档案，她本人自始至终都不知道这些资料的存在。这份档案中有相当一部分都只是写满荒唐之言的废纸。[XL]

正如后来解密文件透露的那样，1955年联邦调查局、中央情报局和司法部长办公室对一些人出行的警觉全都到了偏执的程度，他们认为这些人曾经同情共产分子，因此有可能危害国家利益。实际上，有时候能够证明某个人同情共产主义的证据只是他对俄国文化的好感而已。在联邦调查局的档案里，玛丽莲离开好莱坞、搬到康涅狄格州跟格林夫妇住在一起的事情都一一记录在案，她的档案里还记录了她同阿瑟·米勒的交往、她在演员工作室的学习，以及她申请前往俄国的事情。约翰·埃德加·胡佛要求属下密切留意玛丽莲准备离开美国的一举一动——无论米勒是否同行，也无论她出于怎样的个人事由。美国很有可能充满了披着电影明星伪装的俄国间谍。*

与此同时，玛丽莲和阿瑟·米勒的交往让一切有关她要和乔·迪马吉奥复合的传言都不攻自破了。当年夏天，去了巴黎后乔闷闷不乐地告诉记者："我想我们会在大约一个月后拿到最终的离婚判决书。"[XLI]最后判决令于1955年10月31日生效。玛丽莲告诉艾米："我压根就不该嫁给他。我成不了他希望我成为的意大利式的家庭主妇。我嫁给他是因为我为他感到难过，他看上去那么孤独、羞涩。"[XLII]玛丽莲同时也为米勒"感到难过"，尽管催生出这几段感情的因素主要在于她渴望别人需要她而不仅仅只是想要得到她的肉体，但是这些感情经历还是为外界理解她为什么会接受看起来跟自己的才华和性格都不匹配的婚姻提供了关键性的线索。

玛丽莲在华尔道夫大厦的租约在秋天也到期了，玛丽莲·梦露影业公司为她在萨顿广场2号签下了半年的租约。住在萨顿广场期间，她继续去演员工作室上课，也继续接受着心理治疗，此外她还增加了去剧院的次数，1955年和1956年初她观看了保罗·穆尼主演的《风的传人》（杰罗姆·劳伦斯和罗伯特·E.李编

---

* 然而，令人感到奇怪的是，1955年玛丽莲始终没有受到全面的安全检查，有可能因为这么做首先必须得到司法部长的明确同意。

剧)、苏珊·斯特拉斯伯格主演的《安妮日记》,爱德华·G.罗宾逊和吉娜·罗兰兹主演的《半夜时分》(帕迪·查耶夫斯基编剧,电影公司一度热烈讨论过玛丽莲主演电影版的可能,但是很快这个提议就被放弃了)和其他一些戏剧。她还在马龙·白兰度的陪同下参加了几部电影的首映式,其中包括12月举办的盛大的《玫瑰刺青》首映典礼。当时,经常有人看到她跟白兰度一起出现在剧院、餐馆,一起在深夜回到萨顿广场。

在《玫瑰刺青》首映之后举办的慈善晚宴上,玛丽莲被介绍给了一位女演员。实际上,她无意认识对方,因为就在不久前她刚看过这位女演员在舞台上的表演。10月她参加了乔治·阿克塞尔罗德在《七年之痒》之后拍的第一部喜剧《成功之道》的首演之夜。(作者创作《巴士站》的剧本期间,这部闹剧就公演了。)这部影片的女主演是珍·曼丝菲,这位胸部丰满、一头白金色头发的女演员是电影公司对"玛丽莲·梦露"这个形象加以充分利用的产物。

更重要的是,这是一出令人捧腹的讽刺戏剧,讲述的是美国的银幕女神丽塔·玛露的故事。丽塔创办了自己的制片公司,她告诉一名记者:"一开始,你们全都说自己想写出真正的我,其实我是一个腼腆孤独的女孩。可是,到头来你们写的全都是老一套。我不穿内衣。我离了婚……"[XLIII]这部戏从头到尾都在影射玛丽莲·梦露。

大幕升起后,丽塔·玛露刚刚跟体育界的传奇人物布朗克·布兰尼甘离了婚,在剧中布朗克是一个喜欢通过暴力控制丽塔的人。丽塔有一位男性按摩师为她做按摩,就像玛丽莲会经常请兼当演员和理疗师的好朋友拉尔夫·罗伯茨为她做按摩。整部戏对玛丽莲在事业道路上碰到的一些重要人物和公司也同样做了影射:西德尼·斯科尔斯基、威廉·莫里斯经纪公司、查尔斯·费尔德曼、美国音乐公司、比利·怀尔德以及达里尔·扎努克,剧中那位跟丽塔通力合作、毫无经验的记者代表的显然是制片界的新手米尔顿·格林。剧中还有一位名叫"迈克尔·弗里曼"的剧作家,这个角色同阿瑟·米勒极为相似,甚至创作了一部名为《无处可藏》的戏剧(情节戏仿了《桥头眺望》)。

丽塔的姓氏"玛露"显然是用"玛丽莲"和"梦露"这两个名字糅合而成的,这个角色就是一个蠢货,一个脑袋里空无一物的小人物,无论在家还是在公司都喜欢穿暴露的衣服,还自命不凡地要求出演完全不适合她的角色(例如,圣女贞德）。她还考虑创作一部新写实主义的电影剧本，剧本的主角是一名精神病医生和一名妓女。对这个细节的处理，乔治·阿克塞尔罗德几乎冒着风险采取了近似于纪录片的手法。

在性的方面丽塔精力充沛，但是她却时常想不起来杂志的名字。尽管很愚蠢，她最终还是拥有了幸福的结局，好莱坞的一名剧作家和被调派到那里的记者双双回到纽约，他们都抛弃了虚伪，重新找回了自己的灵魂。这部戏大获成功，共计演出444场，观众都觉得这部戏笑料十足。玛丽莲没有这种感受，直到几个月后她才对阿克塞尔罗德简单地说了一句"我看过你的戏了"，[XLIV]此外就没有发表更多的意见了，阿克塞尔罗德也没有要求她具体谈一谈对影片的感想。

* * *

这一年将近结束的时候，纽约下起了一场大雪，米尔顿·格林和律师们的办公室里异常忙碌。首先，弗兰克·德莱尼察觉到玛丽莲莫名其妙地不再信任他，于是他离开米尔顿和玛丽莲·梦露影业公司，他的工作被交给了欧文·斯坦。

另外，偶尔为玛丽莲打理发型的彼得·伦纳迪伪称玛丽莲和米尔顿曾经答应为他创办一间美发店，还把这件事情闹上了法庭，接着又愚蠢地将玛丽莲的几件皮大衣当作抵押品，试图收买玛丽莲和米尔顿跟他达成庭外和解。这件事情很容易让人联想到费多[1]的闹剧，而不是一家严肃的公司。就在解决这件事情的过程中，欧文·斯坦在10月6日至11月9日的公务日记突出地指出对整件事情做出决断的并不是律师或者警察，而是玛丽莲的精神病医生霍恩伯格医生。斯坦在日记中将其称为"玛丽莲的那个精神病"。

对于玛丽莲的日常商业决策，霍恩伯格医生的影响力似乎在以失控的状态急速增长着："米尔顿打来电话说精神病医生不同意玛丽莲同彼得[·伦纳迪]见面……她还说对于那些坚持要求见到她的人，玛丽莲不应该屈服于他们的要

---

1 乔治·费多（1862—1921），法国著名的戏剧家，代表作《马克西姆家的姑娘》曾轰动一时。

求。"为什么格林和其他人必须得到霍恩伯格医生的批准,甚至让她参与到商业和法律事务中?外界难以了解其中的原因,不过有一点是显而易见的,霍恩伯格已经让米尔顿和玛丽莲离不开她了。他们没有能力独立行事,更不用说控制自己对巴比妥酸盐同样与日俱增的依赖性,这种状况意味着霍恩伯格为他们准备的治疗手段或许并不是他们真正需要的。

不过,玛丽莲·梦露影业公司的负责人还是在喜气洋洋的气氛中告别1955年,开始1956年,无论他们有怎样的心理问题。福克斯公司和玛丽莲·梦露影业公司的拉锯战其实主要就是让律师和经纪人忙着浪费纸张,现在双方之间所有的烦恼和争斗都已经尘埃落定,一份新合同准备就绪,只等着玛丽莲签字了。

这份合同最主要的条款就是保证福克斯公司要向玛丽莲支付迟迟没有兑现的《七年之痒》的奖金外加以后每部影片都会产生的10万美元奖金,以及拍摄期间用于支付女佣劳务费和其他费用的500美元补贴。在接下来的7年里,玛丽莲只需要在福克斯公司的4部影片中露面,对于这几部影片的主题、导演和摄影师的人选她都有发言权;为福克斯公司每拍一部电影,她就有权为自己的公司拍一部;她还有权录制唱片,有权参加广播节目的播出,每年还能在6档电视节目中露面;她还能享受减免所得税的待遇,因为她的薪水将由她自己的公司支付。*通过按月开给玛丽莲·梦露影业公司的支票,福克斯公司每年将支付给玛丽莲10万美元的工资,米尔顿将得到7.5万美元。

12月31日午夜,他们在格林夫妇的家中举办了一场低调的私人聚会。正如新年时那样,这一年在畅饮香槟酒的聚会中落幕了。为了给这个新年喜上加喜,他们事先已经选定了公司首先要拍摄的两部影片。这两部影片都改编自现有的戏剧剧本,玛丽莲将会参演福克斯公司的《巴士站》,这部影片翻拍自威廉·英奇的百老汇同名热门舞台剧;英国戏剧界的巨星劳伦斯·奥利弗将主演电影版的《沉睡的王子》,这部根据英国剧作家泰伦斯·拉提根的作品改编的电影将在伦敦进行拍摄。

玛丽莲在那个冬天说过:"我终于开始理解我自己了。可以说,我能够更多

---

* 在那个年代,公司税的最高标准为53%,个人所得税的最高标准为88%。

地面对自己了。在一生中的大部分时间里，我一直在逃避自己，可是，说到底，我就是一个简单和复杂的综合体。"[XLV]在即将到来的一年里，在舞台下会有大量戏剧化的机会验证玛丽莲的这番自我分析。

注 释

I MG 6：4。

II ILS，1955年2月28日。

III 玛丽莲的这段评论有3个来源：贝尔蒙特，p.19；MG 3，3，17，欧文·斯坦在1955年3月10日的一场会议上所做的笔记；玛丽莲·梦露给苏珊·斯特拉斯伯格的信，后者向唐纳德·斯波托讲述，1992年6月3日。

IV 诺曼·罗斯滕在《玛丽莲：从未说出的故事》（纽约：西格奈特出版社／NAL，1973）一书中讲述了这些事情以及玛丽莲·梦露和他们夫妇之间的这段谈话，pp.11—12，27—28。

V 诺曼·罗斯滕，引自卡恩的作品，p.67。

VI 米勒，p.354。

VII 詹姆斯·卡普兰，前文引述过的文章，p.242。

VIII 玛丽莲·梦露在爱德华·R.莫罗主持的电视节目《面对面》（哥伦比亚广播公司，1955年4月8日）中讲述。

IX 莫罗这次电视转播的情况是艾米·格林向唐纳德·斯波托讲述的，1992年5月5日，纽约市电视广播博物馆档案收录的一份有关该节目的研究文献也记述了这件事情。

X 伊芙·阿诺德，在英国广播公司的纪录片《伊芙和玛丽莲》中讲述（1987）。

XI 对于苏珊·斯特拉斯伯格提供的情况，见《玛丽莲和我》，pp.143，145；另，苏珊·斯特拉斯伯格向唐纳德·斯波托讲述，1992年6月3日。

XII 斯坦利·考夫曼，《玛丽莲·梦露影集》，《美国学人》，第60卷，第4期（1991年秋季号）：568。

XIII 苏珊·斯特拉斯伯格向唐纳德·斯波托讲述，1992年6月3日。

XIV 萨姆·肖接受唐纳德·斯波托的采访时对玛丽莲·梦露所做的回忆，1992年3月7日。

XV 杜鲁门·卡波特，《穿高跟鞋的女修道院院长》，《人物》，1980年10月27日，p.56。

XVI 有关伊莱·瓦拉赫的这件事情见亚当斯的作品，p.256。

XVII 玛丽莲·梦露留下的这些文字被记录在MG 3、6、7、9中。后文中的诗歌也来自同一出处。

XVIII 苏珊·斯特拉斯伯格向唐纳德·斯波托讲述，1992年6月3日。

XIX 引自亚当斯的作品中，p.263。

XX 斯特拉斯伯格，《玛丽莲和我》，p.19。

XXI 约翰·斯特拉斯伯格，引述同上，p.44。

XXII 引自亚当斯的作品，p.258。

XXIII 玛丽莲·梦露，格洛丽亚·斯泰纳姆引自《女士》（第1卷，第2期，1972年8月：36）。

XXIV 苏珊·斯特拉斯伯格向唐纳德·斯波托讲述；另见《苦乐半参》，p.56。

XXV 金·斯坦利给约翰·科拜尔的信，p.699。

XXVI 弗兰克·考萨洛，在1991年摄制的有关演员工作室的纪录片《美国大师》中讲述，克洛伊·亚伦制片，丹尼斯·鲍尔斯导演，美国公共广播公司。

XXVII 关于玛丽莲针对卡夫卡发表的见解，见汤姆·哈钦森所著的《玛丽莲·梦露》（纽约：埃克塞特图书公司，1982），p.69。

XXVIII 肖和罗斯滕，p.95。

XXIX 《美国纽约日报》，1955年6月2日，p.1；《纽约世界电讯太阳报》，同一天；另见《纽约每日新闻》，1955年6月2日，p.4。

XXX 罗伊斯·韦伯·史密斯，引自艾伦的作品，pp.199—200。

XXXI 鲁伯特·艾伦向唐纳德·斯波托讲述，1991年8月3日。

XXXII 有关米尔顿被李取而代之的情况，多萝西·基尔嘉兰在发表于1955年6月28日《美国纽约日报》的专栏文章中有所暗示。

XXXIII ILS，1955年6月30日；MG 9。

XXXIV 有关玛丽莲和斯特拉斯伯格夫妇在曼哈顿和火岛一起度过的日子，以及玛丽莲同他们的女儿苏珊就噩梦所做的交谈，我十分感谢苏珊·斯特拉斯伯格在1992年5月、6月和7月里接受了我对她的几次采访。

XXXV 艾米·格林向唐纳德·斯波托讲述，1992年5月5日。

XXXVI 《伊芙和玛丽莲》，英国广播公司（1987）。

XXXVII 约翰·斯普林格向唐纳德·斯波托讲述，1992年3月5日。

XXXVIII 引自爱德华·瓦根内克特，《玛丽莲·梦露——综合印象》（费城：奇尔顿出版社，1969），p.47。

XXXIX 玛丽莲·梦露同吉列尔斯的这段谈话在罗斯滕的作品中有所记录（pp.24—25），当时他也在场。

XL 有关联邦调查局为玛丽莲·梦露建立的档案，目前卷宗105-40018-1号已经有80页的内容被解密了，文件的存档日期为1955年8月19日和1956年4月27日，涉及的内容是玛丽莲以及她申请签证的事情，和她在最近两年里的活动。这批文件属于"105-40018"号档案，收录了联邦调查局记录伦敦《工人日报》一篇报道的卷宗编号为"100-351585-A"，存档日期为1955年8月15日。

XLI 乔·迪马吉奥，美国国际新闻社在1955年8月21日发出的报道，当天《洛杉矶先驱考察家报》就刊登了这篇文章。

XLII 艾米·格林转述给唐纳德·斯波托，1992年5月5日。

XLIII 乔治·阿克塞尔罗德，《成功之道》（纽约：塞缪尔·弗兰奇出版社，1955），p.7。

XLIV 乔治·阿克塞尔罗德向唐纳德·斯波托讲述，1992年4月22日。

XLV 玛丽莲·梦露，引自彼得·马丁的《新玛丽莲·梦露》（《星期六晚邮报》，1956年5月12日，p.110）一文。

第十六章 1956年

1956年1月30日出版的《时代》杂志指出："有令人信服的证据表明玛丽莲·梦露是一个精明的生意人。"[1]杂志还介绍了她同福克斯公司签订的新合同的详细条款，仿佛这家完全由一个女人支撑的公司轻而易举地就获得了这场胜利。《时代》还告诉读者很快玛丽莲就要前往好莱坞参加影片《巴士站》的拍摄。

1956年初的这段时间非常忙碌。2月5日，劳伦斯·奥利弗和自己的经纪人塞西尔·坦南特、剧作家泰伦斯·拉提根来到纽约，同玛丽莲见了面，对《沉睡的王子》的拍摄计划，1953年奥利弗就和妻子费雯·丽在伦敦合演过原版舞台剧。1954年，休·弗兰奇告诉玛丽莲剧里那个爱上中欧王室浪荡公子的美国歌舞女郎的角色非常适合她。自从开始考虑自己的拍摄计划以来，玛丽莲就一直对拉提根的这部作品念念不忘。她希望同她配戏、扮演王子的正是奥利弗，她说过选择奥利弗的原因就在于她和奥利弗看上去完全不匹配，同时也是为了通过这部影片提高自己作为演员的声望。出于个人利益的考虑，奥利弗要求兼任联合制片、导演和联合主演。当年冬天，玛丽莲·梦露影业公司和奥利弗互通了大量的电报，最终公司还是妥协了。

2月7日，星期二，奥利弗、坦南特和拉提根同玛丽莲在萨顿广场见了面。玛丽莲一如既往地让他们苦等了一个半钟头，对奥利弗来说，守时应该是戏剧界最重要的礼节。然而，提起同玛丽莲的初次见面，他说过："但是就在一瞬间她就让我们全都拜倒在了她的脚下。她那么可爱，那么聪慧，风趣得令人难以置信，身材迷人得完全超乎了我能想象出的任何一个人，除了银幕上的她本人。"[Ⅱ]

两天后的下午，他们在广场酒店的特伦斯宴会厅召开了一场新闻发布会，150多名记者和摄影师聚集一堂。这场新闻发布会的气氛有些超现实的色彩，那副场面就像是要宣布总统候选人的身份或者教皇选举似的，这群人的态度绝不像阿尔弗雷德·希区柯克常常说的那样——"只是一部电影而已"。不，不只是一部电影，这将是英国最伟大的古典演员和美国（实际上是全世界）最著名的性感符号——一对出现概率很小的组合——联手创造的一场盛事。

终于，一身暗色西服、神情肃穆的奥利弗、安静庄重的拉提根和玛丽莲露面了。玛丽莲穿着约翰·摩尔设计的黑色金丝绒低胸长裙，靠着两根如同煮熟的意大利面一样单薄纤细的肩带她才没有令人震惊地给外界留下粗俗放荡的印象。

记者们的问题基本上都很无聊：

"劳伦斯爵士，您觉得梦露小姐作为演员的表现如何？"

奥利弗："她是一位才华出众的喜剧女演员，因此也是一位极其优秀的演员。她有着巧妙的天赋，前一分钟让人觉得她是最顽皮的小女孩，下一分钟就让人觉得她是一个呆头呆脑、天真无邪的美人。"

"玛丽莲，对于跟劳伦斯爵士的合作，你有什么想法？"

"他一直是我的偶像。"

"你希望出演《卡拉马佐夫兄弟》，这是真的吗？你觉得自己有能力演好吗？"

玛丽莲的脸上闪现出一丝恼怒。"我不想扮演卡拉马佐夫兄弟。我想扮演的是格露莘卡。她是个女孩。"

"玛丽莲，请拼一下'格露莘卡'这个名字。"有人提出了大胆的要求。

"自己查去吧。"玛丽莲厉声回答道。

记者们将目光转回到奥利弗的身上，针对好莱坞、他的薪水、他对美国明星的驾驭能力等等问了两三个乏味的问题。[III]

接下来，神奇的一幕出现了。仿佛是为了冲一名摄影师笑一笑，玛丽莲将身子朝前探过去，就在这时裙子的一根肩带一下子断开了。现场一下子变得鸦雀无声，片刻之后闪光灯纷纷亮了起来，灯光几乎能照瞎战场上的一支大军。玛丽莲露出了笑容，镇定地向别人要了一根安全别针，然后朝前俯下身子，将肩带别在裙子的背部。奥利弗向众人问道："伙计们，我可以脱掉外套吗？有谁关心吗？"[IV]散会之前，玛丽莲的肩带又断开了两次。

设计师摩尔提到过那段往事："肩带断开是故意的，在她穿戴打扮的时候就精心排演过了。"[V]当天负责为玛丽莲拍照的伊芙·阿诺德也同意摩尔的说法："下楼之前她跟我说：'等一等，看看会出什么事儿。'"[VI]结果就出现了梦露的又一次惊人之举，她的照片出现在了纽约几家日报的头版上。玛丽莲似乎根本不需要公关人员。

在这个冬天，玛丽莲也留下了一批不太大胆、比较保守的照片。塞西尔·比顿从伦敦来到纽约，在玛丽莲的公寓里端着照相机跟在她屁股后面不停地摁着快门，玛丽莲嬉戏着，带着天真的笑容尖叫着、跳上沙发，她还将一根花枝放进自己的嘴里，就像抽烟一样哂巴着花枝。在比顿的眼中，玛丽莲"毫不做作、兴致勃勃，她的喜悦充满了感染力"。[VII]

除此以外，新一年前两个月里玛丽莲依旧躲在严寒中的纽约，跟阿瑟·米勒徜徉在布鲁克林高地的大街小巷里，参观一位位作家和艺术家喜欢造访的地方，崇拜地倾听米勒讲述自己的童年往事。萨姆·肖用镜头记录下了这对情侣在纽约的日常活动，他说过这一年冬天"布鲁克林变成了她的极乐世界，一个神奇的地方，她真正的家"。[VIII]然而，极乐世界只存在于幻想中，神奇的地方通常也仅限于迪士尼乐园之类的场所。在玛丽莲看来自己和米勒"美妙似天堂"的爱情被牢牢束缚在"人间"，[IX]从一开始他们的交往就充满了可怕的不利因素。

首先，米勒的创作进入了一段困难时期，此时玛丽莲的职业生涯即将再度取得震惊世人的辉煌——她将在这一年里完成两次伟大的表演。其次，极端保守的政治团体即将用下流的手段对米勒开战，它们肆无忌惮的行动受到了一些媒体从业者的调唆并得到了政府的资助。

在1956年1月6日写给玛丽莲·梦露影业公司的商务日记中，欧文·斯坦指出："有关玛丽莲和她的'赤色朋友'的警察公报式的报道五花八门。"[X]一些右翼作家对米勒这样的人充满了敌意，其实米勒的思维甚至略有一些自由主义的倾向。为了参加自己创作的一部戏在比利时的排演工作，米勒1954年申请了护照，结果遭到了拒绝。专栏作家路易斯·布登兹就经常恶语中伤米勒，将其称为"隐蔽的共产分子"；记者文森特·X. 弗莱厄蒂更是没有头脑地表示："少男少女们都崇拜玛丽莲。如果她嫁给一个跟共产主义有所关联的男人，他们就会情不自禁地认为共产主义其实并没有那么糟糕！"[XI]

针对这位剧作家的最恶毒的言论来自于乔·迪马吉奥的好朋友沃尔特·温切尔。温切尔是联邦调查局局长胡佛的朋友，他热衷于四处打探消息。温切尔经常会写一些语气亲热的信,信的开头都是"亲爱的约翰"(即胡佛)。2月12日,即米勒和妻子宣布很快将办理离婚手续几天后,温切尔向全国听众宣布了胡佛亲自安排播出的一则报道——"美国最知名的金发电影明星现在成了左翼知识分子们的宠儿,他们中的一些人已经被列入了赤色先锋分子的名单。"[XII]

这时,米勒和另外一两位知识分子成了政府各种小组委员会的审查名单中最著名的美国公民,这些委员会痴迷于根除国家安全面临的一切威胁,因为据说受到莫斯科指挥的共产分子即将以暴力手段推翻美国政府。[XIII]胡佛的手下为米勒建立了一份档案,这位剧作家自大学时代对自由社会主义产生兴趣以来的一举一动都被记录在案:在西班牙内战期间支持美国政府向西班牙派出救援船,在"二战"期间由于受伤被划分为不适合服役的人群(在联邦调查局看来这种经历似乎意味着不爱国),而且他还加入了美国工党。到了1944年,联邦调查局的探员们开始无遮无拦地对米勒实施监控,1947年他们发现他每周参加的一个作家研讨会十分可疑,那是享有盛誉的西蒙和舒斯特出版社的一位编辑组织的,在会议上作家们对媒体散布的右翼宣传攻势进行了反击。

米勒在事业上的成就也无法阻止联邦调查局继续对他实施监控。他在百老汇获得成功的第一部作品《都是我的儿子》(1947)讲述了一个故意将残次品零件出售给空军的发动机制造商的故事,这部戏被联邦调查局定性为"政党路线的宣传剧"。1948年,用"赤色分子"的标签大肆进行政治迫害的内部通讯《反击》公开将米勒称为共产分子;与此同时,联邦调查局也表示不赞成他支持刚刚宣布建国的以色列的行为。更荒谬的是,1949年联邦调查局变成了戏剧评论机构,谴责《推销员之死》"对美国生活进行了消极的描写……[这部戏]巧妙地对[民族]价值观进行了一次沉重的打击"。对于胡佛手下探员们而言,最危险的还是米勒对一场有关《权利法案》的研讨会的支持,这场研讨会对"军方和联邦调查局某些官员采用的警察国家的手段"进行了公开的批评。

随后,社会上出现了梦露和米勒的婚姻势在必行的传言,温切尔进一步对米勒进行了诽谤:"[米勒]接下来就该碰到麻烦了。众议院非美活动调查委员会将传唤他,对所有同他交往最密切的人进行调查,这些人恰好也是梦露小姐的亲信——这些人曾经全都对共产分子表示过同情!"[XIV]

这种恶毒的无稽之谈很常见,偏执症在1950年代席卷了美国,类似温切尔散布的恶毒谣言经常让千家万户变得歇斯底里。联邦调查局的探员们一把抓起自己的墨镜和笔记本,开始记录整理玛丽莲和朋友格林夫妇的出行动态——后者一度也被视为颠覆分子。然而,政府的探子在报告中只说得出"在完成下一项拍摄任务《巴士站》后,梦露小姐将回到纽约,然后将按计划前往英格兰,和劳伦斯·奥利弗拍摄一部影片"。[XV]这个消息有可能是从专栏作家赫达·霍珀或者洛拉·帕森斯那里听说的,甚至有可能是从一些经纪人那里获悉的,也就是阿瑟·P. 雅各布斯公司里的男男女女,这些经纪人的性格迥然不同,但是无一例外都十分小心谨慎。阿瑟·P. 雅各布斯公司会定期发布玛丽莲·梦露出发或者到达某地的消息,以及事业方面的规划。联邦调查局抢先向华盛顿方面报告的唯一一条"独家"消息也是错误的,他们以为玛丽莲在洛杉矶的住址是马蒙特城堡酒店。不过,在拍摄《巴士站》期间,玛丽莲碰巧安排宝拉·斯特拉斯伯格住在了这家酒店(4月和5月,她也是在这家酒店跟阿瑟·米勒幽会的)。

对于当年2月发生的一件事情,专栏作家和政府的特工人员都没能发现一丝一毫的黑料。3月12日[1],诺玛·珍妮·莫泰森(玛丽莲一贯采用的签名)终于正式成为了"玛丽莲·梦露"。"多年来,我一直随心所欲地用着'玛丽莲·梦露'这个名字;现在,在工作中我终于可以叫这个名字了。"

另外还有三个重要的细节也需要走一下形式,这些工作很快就处理完了。首先,在米尔顿发过几通牢骚之后——同其他一些十分微妙的事情一样,米尔顿还是借从中调停的欧文·斯坦之口发泄自己的不满——玛丽莲分给米尔顿的公司股份比他之前要求的51%少了两个百分点,她将控股权掌握在了自己的手中。如果被《时代》的编辑们得知的话,他们肯定会认为这件事情最能证明他们的说法——玛丽莲是一位"精明的生意人"。[XVI]

其次,玛丽莲在美国音乐公司的代理人(她的代理工作由公司总经理卢·瓦瑟曼亲自监督)敦促格林和斯坦为玛丽莲·梦露影业公司即将拍摄的影片"争取最好的买卖,一位合格的发行商"。针对奥利弗的影片,瓦瑟曼推荐了华

---

1 《大西洋月刊》的官方网站有一篇纪念文章,显示她正式改名的日期是1956年2月23日。

大约 1938 年
梦露和身后的"安娜阿姨"。

1942 年 6 月 19 日
16 岁的梦露与詹姆斯·多尔蒂结婚。

1947 年
梦露出演自己的第二部电影《危险年代》。

1950 年
梦露出演《彗星美人》。

1952 年 9 月
梦露和女军人在一起。

1953 年
梦露拍摄《大江东去》。

MARILYN
MONROE

1954 年
梦露和乔。

1954 年 10 月 6 日
梦露和律师吉斯勒在家门口。

_1955 年 3 月_
梦露在纽约饭店的阳台上。

1956 年
梦露和默里在拍摄《巴士站》。

MARILYN
MONROE

1958 年

梦露和柯蒂斯在拍摄《热情似火》。

1959 年
梦露和米勒在波士顿艺术中心观看《麦克白》。

1960 年
梦露在内华达州《乱点鸳鸯谱》的拍摄现场。

Dear Lee and Paula,

Dr. Kris has had me put into the New York Hospital - pshichiatric division under the care of two idiot doctors - they both should not be my doctors.

You haven't heard from me because I'm locked up with all these poor nutty people. I'm sure to end up a nut if I stay in this nightmare - please help me Lee, this is the last place I should be - maybe if you called Dr. Kris and assured her of my sensitivity and that I must get back to class so I'll be better prepared for "rain".

Lee, I try to remember what you said once in class "that art goes far beyond science"

And the science memories around here I'd like to forget - like screeming women etc.

Please help me - if Dr. Kris assures you I am all right - you can assure her I am not. I do not belong here!

I love you both,
Marilyn

P.S. forgive the spelling - and theres nothing to write on here. I'm on the dangerous floor its like a cell. Can you imagine - cement blocks. they put me in here because they lied to me about calling my doctor and Joe and they had the bathroom door locked so I broke the glass and outside of that I haven't done anything that is uncooperative.

1961年2月

梦露在佩恩·惠特尼门诊部写给斯特拉斯伯格夫妇的信。

1962 年 5 月 19 日
在麦迪逊广场花园肯尼迪总统生日庆祝会上表演。

1962 年 5 月
梦露为《濒于崩溃》拍摄的镜头。

纳兄弟公司。他警告米尔顿：“保守点儿，要是想一步登天又没登上的话，你就会毁了梦露影业公司。”XVII 在几封简短的信件和几次通话中，米尔顿都对瓦瑟曼说，你来跟发行商打交道吧。瓦瑟曼回答说，好主意，他还说：“厨房里已经有几个不请自来的厨师了。当心点。玛丽莲·梦露影业公司在公关方面很有天分，所以就由咱们[例如，格林、梦露和瓦瑟曼]来指挥公司吧。”这番话带给人一种不祥的感觉。瓦瑟曼口中的"厨师"指的应该就是其他公司的经理们，他们提出的交易都遭到了瓦瑟曼的否决。那段日子里，瓦瑟曼在企业界和政界的影响力都相当大（甚至在接下来的几十年里都是如此）。

第三个问题就是玛丽莲2月18日签署的遗嘱，跟所有的遗嘱一样，这份遗嘱也透露出她这一年早些时候产生的情绪。她估计自己的一处房产价值20万美元（完全依据对未来的期望做出的盲目估算），在这个前提下她对遗产做了如下分配：给玛格丽特·霍恩伯格医生2万美元；给斯特拉斯伯格夫妇（李和宝拉）2.5万美元；给迈克尔·契诃夫夫人1万美元；给阿瑟·米勒10万美元，并且"以最有利于避税的方式支付给受益人"；给格拉迪斯·贝克·伊利一笔现金，这笔现金将足以支付她余生在疗养院的费用（但是总额不超过2.5万美元）；给演员工作室1万美元；给诺曼与赫达的女儿帕特里夏·罗斯滕1万美元的教育经费。*等玛丽莲在遗嘱上签完字后，欧文问玛丽莲对自己的墓志铭有什么想法。"玛丽莲·梦露，金发女郎，"她说，一边用一根戴着手套的手指在空中划拉了几下，说完就笑了起来，"37—23—36。"一边笑，一边补充了一句。XVIII

* * *

启程前往好莱坞参加《巴士站》的拍摄之前，玛丽莲鼓起勇气，准备同玛伦·斯塔普莱顿一起完成一次舞台表演。她们要表演的是尤金·奥尼尔的《安娜·克里斯蒂》酒吧间那场戏中的一段。多年后，斯塔普莱顿说过："对她来说，这是一个相当勇敢的决定。"

她完全可以选择一个不太出名的角色，这样的话，别人只会根据她的

---

* 这份遗嘱经过两次修订。

表演做出评价。饰演安娜·克里斯蒂！已经有十多位杰出的演员演过这个角色了，其中就包括嘉宝！这就意味着来观看表演的业内人士都已经对这个人物的表演方法有了先入为主的想法。[XIX]

斯塔普莱顿是百老汇舞台上举足轻重的女演员，当时凭借着田纳西·威廉斯的《玫瑰刺青》大红大紫。她还说过，在排练的过程中玛丽莲紧张极了："我发现她有着很强的直觉，聪明、专注，不过我也看得出她对这种新体验非常恐惧。"有一次，在演员工作室结束排练后，斯塔普莱顿和玛丽莲坐着一辆计程车回家。计程车先开到了玛丽莲的寓所，这时她们两个人都已经被排练消耗得没有什么耐心了，拆账的一幕看起来颇像是奥尼尔笔下的一场戏。"听着，你要是再不下车回家、让我付钱的话，我就跟你还有这场戏一刀两断！"

玛丽莲苦恼地下了车，拿着钱，看着计程车离去了。斯塔普莱顿很快也回到自己的公寓，就在走进房间的时候，她的电话响了。"你真的不想跟我演这场戏，是不是？"玛丽莲问道，她的声音听上去有些犹豫。斯塔普莱顿花了几分钟的时间才说服玛丽莲相信她们还是好朋友和好同事，她也非常想和玛丽莲完成这次合作。

在2月17日晚上的演出中，玛丽莲紧张得几乎要崩溃了，她担心自己在摄影机前会旧病复发：口吃、忘记台词。斯塔普莱顿建议她在桌子上放一本剧本，在演员工作室的创作班上这种做法是正常的。"不了，玛伦——要是这一次这么做了，以后一辈子都要这么做了。"

安娜·克里斯蒂这个角色很适合玛丽莲，因为这个角色是一个"20岁的成熟的金发女郎，体格健美，但是身体已经在走下坡路了。在她的身上，世上最古老的职业的外部特征一览无余"（剧本原文）。她来到纽约海边的一家美发厅，疲惫不堪地一屁股坐在一把椅子上，然后就说出了最开头的几句台词。在1931年的电影版中，嘉宝已经将这几句台词演绎得非常经典了。在演员工作室的那个夜晚，玛丽莲上气不接下气地用一种急迫感诠释的这几句台词令安娜在可怜的同时也显得有些强硬："给我一杯威士忌——配上姜汁汽水——宝贝儿，可别那么抠门儿。"

同强硬的玛瑟（斯塔普莱顿饰）友好地攀谈了几句之后，安娜就讲起了自己的童年。这段台词就好像是奥尼尔专门为她量身定制的，观看这场表演的人都认为玛丽莲的道白非常真切：

"我要见的人是我爸，老实人！也很有趣。自打小时候我就再没见过他了，就连他长什么样子我都不清楚……我在想，没准我这辈子压根就没见过他，没准愿意带我去个房间，让我吃个够，直到我彻底恢复了精力。不过，我对他也没抱什么希望。在你倒霉的时候踹上你一脚，天下的男人都只会做这种事情。"

不久后，玛丽莲提起了那个夜晚：

> 上台之前我什么都想不明白，我什么都感觉不到，我连一句台词都想不起来。我想做的就是躺下来，死掉。这一切令人无法忍受，我突然跟自己说："天呐，我在这儿做什么呢？"然后，我就只能上台开始表演了。[XX]

根据大多数在场的人所述，这场表演的效果令人惊讶。俄国女演员安娜·斯坦发现玛丽莲"非常深刻、非常可爱，在表演时能够和观众实现交流——这是一种非常罕见的特质"。[XXI]金·斯坦利还记得观众"被告知在演员工作室绝对不能鼓掌，就像在教堂里一样。可是，我却听到了掌声，这还是我在那里头一次听到掌声"。李和宝拉都看得出了神，回到他们公寓后，玛丽莲哭了起来，她觉得自己的表演一无是处，李和宝拉却说她是这十年来诞生的最优秀的一位新星。玛丽莲肯定意识到他们这番动听的褒奖有些言过其实，她没有接受这种赞扬，这么做是正确的。其实她在内心还是愿意相信自己得到的这种肯定，但是不久后发生的一些事情证明这种肯定对她造成了很大的伤害。

当时在演员工作室任教的罗伯特·施奈德曼后来说过玛丽莲的"表演[在情境研究课上]常常非常出色，但是每次表演完一个角色后，她总是会号啕大哭一场，尽管别人会告诉她她演得很到位或者让角色很饱满。玛丽莲对自我的评价很低，但是她的确是一位非常优秀的演员，而且一直坚持不懈地提升着自己。"[XXII]

2月25日，在格林夫妇和他们两岁大的儿子乔舒亚、欧文·斯坦的陪同下，玛丽莲重返好莱坞，这是一年多来的第一次。在洛杉矶国际机场，玛丽莲平静机智地回答了有关新公司和新生活（貌似有了新生活）的问题。"玛丽莲，去年离开这里的时候，你的穿着打扮跟这次不一样。现在，你穿着黑裙子、黑色高领衬衣——这是一位新的'玛丽莲'吗？"一名记者首先问道。玛丽莲将一只戴着黑手套的手搭在下颌上，她需要时间思考一下："不，我还是我——只是换了一条

第十六章 1956年 | 371

新裙子而已。" XXIII

玛丽莲和格林夫妇在洛杉矶韦斯特伍德区租下北贝弗利格伦大道595号，这里毗邻加利福尼亚大学，距离福克斯公司也很近。按照计划，在亚利桑那州的菲尼克斯（凤凰城）和爱达荷州的太阳谷拍摄完外景后，《巴士站》要回到福克斯公司拍摄室内戏。玛丽莲·梦露影业公司以每个月950美元的价格从屋主西德尼·拉什英手里租下这座住宅，整座房子总共有9个房间。

4天后，玛丽莲以严肃的方式公开亮相了一次，不过期间也不乏一些轻松的瞬间。1954年11月21日，洛杉矶的一名警官对玛丽莲进行了处罚，因为她无照开车行驶在日落大道上。那年冬天，玛丽莲待在纽约，因此没有出庭。现在，问题解决了，在贝弗利山市政厅数十名记者、摄影师和电视台的摄像师等待着玛丽莲和欧文·斯坦。

"你或许认为这是一个很好的宣传机会。"查尔斯·J. 格里芬法官用低沉的声音说道，他先热了一下身，做好了占据制高点的准备。

"我很抱歉。这完全不是我想要的宣传。"玛丽莲用清晰的声音回答道。

"嗯，这种宣传机会的确不会让你赢得奥斯卡奖。"格里芬法官的腔调变得有些傲慢，他针对法律面前人人平等、民主制度的本质的问题发表了一段简短的演说，几乎是用自己的语言重述了一遍林肯当年在葛底斯堡的演讲。最后，他又用比较温和的口气做了总结："梦露小姐，我想说的是，日后我更希望自己掏钱去观看你的表演，而不是让你掏钱来这里跟我见面。"欧文缴纳了55美元的罚款，然后他们就离去了。在市政厅外面，玛丽莲无法拒绝记者们的要求，不得不回答了一些提问。"我在这儿几乎没有说话的机会。显然，法官不知道我已经一年不在这里了。不过，伙计们，别误会我。我完全不赞同无视交通处罚的做法。"她说。XXIV

人们注意到，这几次露面时玛丽莲的确呈现出了一种新的姿态，一个更镇定、更自信的女人，她在2月和3月接待的许多媒体记者都证实了这一点，这些媒体包括《麦考尔》、《当代银幕》、《时尚芭莎》、《星期六晚邮报》、《电影视界》和《多伦多星报》。玛丽莲和艾伦·斯奈德又开心地重逢了，据斯奈德所述，"她看上去一副心满意足的模样，也比以往更严肃了"。XXV 但是，玛丽莲在片场的表现还有待考验。

一贯困扰玛丽莲的私人问题也尚未消失。得知玛丽莲重返洛杉矶的消息后，娜塔莎·莱特斯不顾一切地想要同她取得联系。在玛丽莲回来后的一个星期里，她拨了十多次电话、亲自将几封信送到日落大道以北的贝弗利格伦区。玛丽莲一直没有理睬娜塔莎的这些举动，就在抛开知名艺人经纪公司、同美国音乐公司签约的时候，她悄悄地用宝拉·斯特拉斯伯格取代了娜塔莎。但是，这时候又出现了令人感到辛酸的变故。娜塔莎患上了癌症，无法继续在福克斯公司上班，现在她只能靠着给别人当私人教师谋生，她希望玛丽莲能继续接受她的辅导。

玛丽莲毫无反应的态度给娜塔莎造成了深深的伤害，令她不知所措。3月3日，欧文·斯坦给娜塔莎打了一个电话：

> 我向她表明了我的身份是玛丽莲·梦露的律师，我断然告诉她不得给玛丽莲·梦露打电话或者拜访她，也不得同玛丽莲·梦露见面。她必须听从这些告诫，以免惹上麻烦。娜塔莎用"亲爱的"称呼我——我从未见过她——问我是否愿意听听她是怎么说的。以下为她的原话："世上唯一能保护我的人就只有玛丽莲·梦露。我创造了这个女孩，我维护她，在片场的时候，她一直非常倚重我。给她家打去电话、她不接我电话的时候，我就十分狂躁。我是她的私有财产，她清楚这一点。她的信仰就是我的信仰，她的安全就是我的安全。我没有经济保障，可是她有。周五的时候'20世纪'告诉我'再也没有人护着你了，我们不需要你了……'可是，对我来说工作就是生命。我的身体不太好。我非常想见一见她，你在场也没问题，哪怕只见半个钟头也行。"我告诉她不行。玛丽莲不会见她，不接受说情，我们不想跟她通话，也不想见面。我告诉她不得再给玛丽莲打电话，否则我就只能采取其他措施制止她了。[XXVI]

多年后，娜塔莎说过："玛丽莲当时手握大权，只需要动动指头，她就能帮我保住在公司的工作。对于我给她的生活的帮助，但凡有半点感激之心的话，她都会帮我保住饭碗。"[XXVII]外界无法否定娜塔莎的这番断言，毕竟，无论师生二人的交往令玛丽莲多么头疼，娜塔莎对她永远都是一副召之即来的态度。

3月5日，在情感和肉体上都承受着巨大痛苦的娜塔莎在事先没有通知的情况下突然来到了贝弗利格伦。当时卢·施莱博刚好来同米尔顿·格林会面，听到门铃声他开了门。"拦住了我,伸展两只胳膊挡在门口。他说:'你跟公司的合约不关梦露小姐的事儿。'"娜塔莎抬头瞟了一眼,玛丽莲就在二楼的一扇窗户跟前,她面无表情地看着楼下。就在去世前不久,娜塔莎说过:"那是我最后一次见到她。我们之间永远存在着一堵墙,无法沟通。我多次地问自己是否还在乎她。"令所有人感到吃惊的是,娜塔莎·莱特斯活得竟然比玛丽莲更久,在经历了漫长痛苦的挣扎后她最终还是因为癌症于1964年逝世了。

玛丽莲无视那么低声下气的哀求,她原本可以口述一封推荐信但是却没有这么做,抛弃了一个一直在否定自己以迎合她的人,这些表现对外界来说一直是一个谜,是她一生中很不寻常的"劣迹"。整件事情不禁令人想起格蕾斯同玛丽莲的关系,娜塔莎其实也一直扮演着同格蕾斯一样的母亲的角色,面对这样的女人,驱使玛丽莲如此无情的或许依然是她想要赶在娜塔莎离开她(由于逝世)之前抢先将对方抛弃的微妙心理。即使这时她已经开始努力和一批新的合作伙伴创造新的生活,她也还是无法承受再次被抛弃的现实。或许是自己对娜塔莎的冷酷带来的负疚感,玛丽莲立即联系了负责监管格拉迪斯护理工作的伊内兹·梅尔森,然后又给罗克黑文疗养院的办公室经理打去电话。她一直通过梅尔森为格拉迪斯定期支付护理费,每个月300美元。

《巴士站》的开拍日期日渐临近,米尔顿·格林承担起了制订并确认详细拍摄计划的重任。对于一个毫无这方面工作经验的人来说,他学得很快,大部分工作也完成得很有专业水准。米尔顿的各项工作都得到了欧文·斯坦的大力协助,后者也会干预玛丽莲的工作。除了有可能对自己的表演产生影响的事情,玛丽莲目前对其他一切都漠不关心。不过,她同时又认为米尔顿靠着承担各项重任控制了玛丽莲·梦露影业公司,包括对公司长远计划和日常决策的决定权,这种状况激起了她对米尔顿的疑虑。

不过,玛丽莲暂时还是将精力全都花在了跟宝拉的合作上,在后者的指导下她们一起逐一研究《巴士站》的每一幕,分析每一句台词,预先设计肢体语言。有时候,为了鼓励玛丽莲,宝拉会温柔地安慰她几句;有时候,在跟宝拉排练一个钟头后玛丽莲就变得心力交瘁、眼泪汪汪的,坚信自己绝对达不到宝拉的期望值。跟娜塔莎在一起的时候,玛丽莲排练和表演时常常无法展现出自己独特的想法，而宝拉有时候还是能够为玛丽莲赋予真正的灵感。

首先，玛丽莲为舞厅里的"歌女"谢丽这个角色磨炼出了完美的得克萨斯和俄克拉荷马口音所特有的鼻音。她清楚借着这部重要的影片自己有可能会得到外界的重视，绝对不允许出现意外，绝对不允许临场发挥。在审阅剧本的时候，米尔顿已经设计出了影片的整体效果和每一幕的结构，还亲自设计了玛丽莲几乎就像鬼一样苍白的妆容，这样的妆容很符合一个彻夜笙歌、白天大部分时间都在睡觉、因此很少见到日光的女人的形象。

玛丽莲渴望重现曾经凭借《夜阑人未静》取得的成功，因此她要求由约翰·休斯敦担任影片的导演，但是他没有时间。卢·瓦瑟曼一如既往地介入这件事情，很快问题就得到了解决。瓦瑟曼联系了乔舒亚·洛根，洛根是一个身材高大、笑容可掬的人，他才华横溢、充满了想象力，但是极度焦虑、缺乏安全感、一生都在努力压抑并隐瞒自己的同性恋倾向，为此非常痛苦。洛根是百老汇最有声望的两三位导演之一，以《南太平洋》、《罗伯茨先生》和其他一些热门剧目而著名。就在执导《巴士站》的不久前，他执导了电影版的《野餐》，在这部影片中，他的老朋友李·斯特拉斯伯格的女儿苏珊贡献了一场令人难忘的表演，是整部影片的一个亮点。瓦瑟曼向洛根发出工作邀请，洛根表示了反对："可是玛丽莲演不了啊！"[XXVIII]咨询苏珊的父亲之后，瓦瑟曼驳回了洛根的意见。

当洛根征求李的意见时，李拖长了腔调、一脸严肃地说："在学校和工作室，我曾和许许多多的男演员和女演员合作过，鹤立鸡群的只有两个人。第一个是马龙·白兰度，第二个就是玛丽莲·梦露。"[XXIX]李的观点完全变成了洛根的金科玉律，在玛丽莲生前和逝世后他曾多次充满热情地表达过这种看法。

洛根接受了这份差事，唯一的条件就是宝拉不能在片场进行直接干涉，虽然他对宝拉很有好感。毕竟，他素来有着善于跟最脆弱、最痛苦的演员（玛格丽特·苏利文、亨利·方达和其他一些人）合作的名声。宝拉可以在更衣室和玛丽莲休息的活动房车里尽情执导玛丽莲，在夜里和吃饭的时候都没问题，但是她不能出现在片场和摄像机附近。没过多久，洛根的禁令就遭到了无视。这也是一件好事，事实证明宝拉的"干预"是一种非常有创造力的指导——从这次拍摄《巴士站》开始，玛丽莲·梦露的表演发生了变化，这种改变在后来的每一部影片中都得到了清晰的体现。

宝拉对玛丽莲的贡献很大，但是有些情况下她的帮助会受到丈夫的削弱，他一开始要求公司为宝拉支付1500美元的周薪。李曾告诉米尔顿："玛丽莲在情感方面太脆弱了，无法独自处理这种事情。她需要宝拉。"当时玛丽莲也在场。最容易削弱玛丽莲自信心的事情莫过于此，然而玛丽莲还是成功了。米尔顿不愿意出手帮助玛丽莲，欧文火冒三丈，福克斯公司抱怨连连，但是玛丽莲毫不让步，宝拉最终得到了1500美元的周薪，这个薪酬标准超过了包括服装设计师和作曲家在内的剧组其他成员，甚至超过了当时美国大多数电影演员的薪酬标准。李（同娜塔莎一样）向所有人清楚地表明玛丽莲新获得的力量源自他通过宝拉传输给她的教导。现在，独自行动对玛丽莲来说已经是难以想象的事情了。

这也是住在贝弗利格伦这片地区带来的结果。玛丽莲一生都认为自己是一个"永恒的少女"，对她来说，支持她的大家庭提供给她的环境和有助于维持她这种自我认识的环境只有一线之隔。玛丽莲或许的确达到了创作的巅峰状态，但是让她相信这一点对李却没有什么好处。

这种状况带来了一定的问题，有些人或许已经预料到了这一点。无论是在外景地还是在公司里，玛丽莲都会跟宝拉一起工作到大半夜。由于情绪上彻底透支，她总是难以入眠。只要玛丽莲感到自己有需要，米尔顿就会不断地给她供应巴比妥酸盐；通过洛杉矶和纽约的各位医生，玛丽莲想要多少，他就能搞到多少。结果并不令人感到意外——早上的时候，玛丽莲常常会像谢丽一样一脸憔悴，难以清醒过来，更不可能准时赶到片场。洛根事先已经得知会出现这种情况，几乎每个上午他都安排了备选的拍摄内容。在所有跟玛丽莲合作过的导演中，唯独洛根采取过这种明智的做法。

这样的表现大多都属于原先的那个"玛丽莲"。现在这个成熟、聪明的新"玛丽莲"偶尔会表现出专横的一面，既然是自己的公司的总裁，她就理应摆出这样的姿态。这是一种面具、一种掩饰恐惧的新手段，往日的恐惧依旧没有消除，但是这种做法经常对剧组成员造成伤害，令他们感到头疼。每天夜里服用安眠药产生的化学效果也没能改善她的情绪（更没有让她的情绪变得稳定起来）。

带着这样的紧张情绪和压力，剧组于3月15日来到菲尼克斯，一年一度的牛仔竞技会为剧中几场重头戏提供了背景和惊险刺激的动作场面。在这里，玛丽莲见到了男主演，年轻的舞台剧演员唐·默里，即将开拍的影片是默里的电影处女作。跟默里演对手戏的时候，玛丽莲表现得不太友好，这或许是因为她比对方年长（尽管只大了3岁），唯恐自己暴露出年龄上的差距，不过有可能也是因为"她想让所有人知道这是谁的戏"（在给欧文·斯坦的一封信中米尔顿这样写道）。[XXX]在拍摄过程中，玛丽莲不断地给乔舒亚·洛根、乔治·阿克塞尔罗德和宝拉·斯特拉斯伯格递小纸条，她担心默里会让她显得很愚蠢、担心在剧中扮演配角的更年轻的金发女演员霍普·兰格让她显得黯然失色。默里说过："她就像个小孩子似的，说话做事都很冲动，完全以自我为中心。在她觉得我把她的一场戏给毁了的时候，她就像排练过的那样继续演了下去，抓起自己的服装，抡着衣服砸在我的脸上。我的眼角还被衣服上的亮片刮到了，然后她就跑掉了。不过，她并不是有意这么做的。"[XXXI]

通过这些明显的、有时候比较粗鲁的举动，玛丽莲就是在告诉所有人自己在片场占据着至高无上的地位。但是，从一些重要的方面而言，玛丽莲在影片拍摄过程中很注重艺术效果。也正是在这一次，为了占据主导权，她的另一个侧面也凸显出来。服装设计师给她看过一件歌舞女郎的服装，这件衣服极其迷人，是专门为彩色影片和宽银幕效果设计的，有可能也是为了赢得奥斯卡奖设计的，她知道这样的服装根本不符合角色的需要，因此她坚持要求换成一件破破烂烂、很寒酸但是充满挑逗性的服装。她在服装部翻腾出一件破旧的服装，衣服上甚至还有蛾子留下的小窟窿，但是她还嫌破得不到位，于是罩着渔网袜在衣服上又戳了一些破洞，就这样设计出了一件破得很有创意的服装，洛根都开心地对这件衣服表示了赞许。

随着影片的拍摄，米尔顿首先采取了禁止外人接近玛丽莲的策略，这种做法给媒体和他们的同事都带来了很大的麻烦。摄影师威廉·伍德菲尔德说过："米尔顿似乎想要独霸对她的控制权，为了拍到她，我们不得不琢磨出各种各样奇奇怪怪的办法，例如从酒店的窗户里用长焦镜头拍摄、在看台下架起200毫米的镜头之类的花招。"[XXXII]

一直努力接近玛丽莲、也一直受到阻挠的记者埃兹拉·古德曼说过，玛丽莲"被阴谋和米尔顿·格林率领的一小群参谋给包围了，他干预她的行动，凡是涉及记者的事情，他们都会尽一切努力搞破坏。过不了他那一关，谁都别想见到梦露"。[XXXIII]

3月18日，玛丽莲和米尔顿在菲尼克斯为了李·斯特拉斯伯格来剧组探班的费用由玛丽莲·梦露影业公司承担的事情大吵了一架。结束争吵之后，玛丽莲随即就被叫回去拍摄竞技会的一个片段，结果她突然从6英尺（1.8米）高的匝道上掉了下来。她先是晕晕乎乎地愣了片刻，随即就在地上痛苦地打起了滚，当时她所在的位置距离米尔顿很近，同往常一样米尔顿正在不停地为每一幕戏拍摄着剧照。后来，乔治·阿克塞尔罗德说过当时米尔顿"就一个劲儿地摁着快门，丝毫没有要帮她一把的表示"。阿克塞尔罗德好奇的是米尔顿为什么没有立即冲过去帮助玛丽莲，面对这样的质疑，米尔顿的回答是："我首先是一名摄影师，其次才是制片人。"[xxxiv]或许是由于电影拍摄工作本身必然存在的紧张气氛，玛丽莲和米尔顿还为了即将到来的总统大选发生了一场激烈的争执，制片助理大卫·梅索斯（后来成为美国著名纪录电影导演及摄影师）和欧文·斯坦在3月和4月里都很不耐烦地提到过这场争执。

摄制组离开菲尼克斯沙漠地区高达100华氏度（约为37.7摄氏度）的高温天气，前往爱达荷州的山区。从3月26日开始连续5天，他们冒着零度以下、飘着雪花的严寒拍完了在太阳谷里的几场戏。回到洛杉矶后，女主演和同她配戏的几名配角演员（阿瑟·奥康纳、贝蒂·菲尔德和霍普·兰格）都感染上了流行病病毒。4月5日，公司的医生李·西格尔要求玛丽莲在家卧床休息，洛根一度试图把剧组转移到她的跟前，以便继续拍摄。可是，玛丽莲的状况不断恶化，到了12日她发起高烧，还患上了急性支气管炎。咨询另一位医生的意见后，西格尔要求玛丽莲住院接受治疗。就这样，剧组停工了一个星期。

就在她住进圣文森特医院的当天，阿瑟·米勒住进了金字塔湖畔的一座小屋，距离里市镇有40英里（64千米）。按照规定，打算离婚的人在内华达州住满两个月即可办理离婚手续。为此米勒暂时住到这里。过了几夜之后，玛丽莲从病房里给米勒打去电话。她绝望地哭泣着："我演不了。我没法这样工作。哦，爸爸，我演不了。"她想告诉米勒自己面对着怎样的困难。"我不是一个训练有素的演员，我装不出来，如果我不是这样的人。我只知道真实的东西！如果不是真实的，我就演不出来！"[xxxv]米勒不安地听着她的抱怨。

玛丽莲继续哭诉着:"我想安静地过日子。我恨这样的生活,我再也不想过这种日子了,我想在乡下过安静日子,你需要我的时候我就待在你身边。我再也没能力为自己奋斗了。"在回忆录中,米勒还写道:"我突然意识到她只有我了。"然而,米勒并没有感到警觉;相反,玛丽莲的态度似乎只是促使他朝着婚姻解体的方向走得更远了,让他更加相信自己是为玛丽莲疗伤止痛的人。"我们会结婚的,开始全新的真正的生活……她的痛苦就是我的痛苦。"

玛丽莲毫不掩饰自己对米勒的依赖,但是从一开始她就非常不确定自己是否真的应该这么急匆匆地步入婚姻的殿堂,直到这时候她还是在恳求米勒不要为了跟她结婚而跟自己的家庭脱离关系。玛丽莲的心情很矛盾,她希望跟米勒一起住在乡下,渴望简单的生活。但是,如果说这种渴望就像是桑顿·怀尔德[1]创作的幻想故事,那么她也清楚这种生活有着阴暗面,《我们的城市》就充满了对黑暗、压抑、脱离常规的生活的同情。即使以为自己渴望息影的时候,她还是渴望工作,渴望被当作一个严肃认真的成年人、得到别人的尊重,渴望将一团混乱的过去变成井井有序的未来。

然而,在拍摄期间她又非常需要安慰,因此她没有阻拦米勒每个周末去好莱坞探望她(米勒因此实际上妨碍了离婚的进程)。正如艾米记得的那样,洛根开始对星期一感到担忧,他知道跟米勒在马蒙特城堡酒店共度周末之后玛丽莲不可能来片场参加拍摄——联邦调查局在这家酒店找到了他们(玛丽莲和米勒对此毫不知情)。

艾米说过:"过完那些周末后,她简直一团糟。她不能带着米勒来见我们,他离不开酒店。到了周日的晚上或者周一的早上,他就又突然溜回了内华达。这种状况令她感到困惑、内疚、孤独,这一切就造成了吃药和患病的恶性循环。"从某种角度而言,米勒的处境远比玛丽莲轻松,在玛丽莲看来他似乎永远那么平静、镇定。

乔治·阿克塞尔罗德为玛丽莲修改了《七年之痒》的剧本,为讽刺调侃玛

---

[1] 桑顿·怀尔德(1897—1975),美国小说家、剧作家,作品乐观生动有趣。他的父亲曾任驻华领事,他本人自幼在中国长大。《我们的城市》是他在1938年创作的戏剧剧本。

丽莲和她那伙人创作了《成功之道》，而《巴士站》的剧本则是威廉·英奇"专门为她而创作的，[他]任由自己对她的感觉统摄着整个故事……这个女孩一半是英奇，一半是梦露"（洛根语）。[xxxvi]尽管在拍摄期间出现了各种问题，表面脆弱的玛丽莲还是靠着勇气十足的内心对这个角色进行了极其饱满、打动人心、令人信服的刻画。

《巴士站》的故事本身很简单，蒙大拿的纯真牛仔（默里饰）来到菲尼克斯参加牛仔竞技会，在这里他遇到了一个来自欧扎克山区的女孩（玛丽莲饰），他对这个女孩一见钟情。女孩一开始拒绝了牛仔的追求，不过最终还是被对方可爱、天真、单纯的性格打动了，这些都是她所缺少的品质，同时她也担心对方希望她也是这样的人。不出所料，牛仔和女孩拥有幸福的结局，他们最终还是走到了一起。

从第一次亮相——备受羞辱、身心疲倦的歌舞女郎在夏夜的热浪中给自己扇着风——开始，玛丽莲扮演的谢丽就突破了角色和剧情的限制。她的表演显然经过思考，具体设计了每一个细节，但是丝毫没有做作的感觉。娜塔莎带给她的迟疑全都消失了，所有用力过猛的小动作也都不复存在了。刚一出场的时候，她说："我一直在努力成为别人。现在我无法放弃，我花了那么长的时间才走到这一步！"我们听到了角色背后那个女人的心声。

谢丽在喧嚣的酒吧间里演唱《古老的黑魔法》那一场戏很难处理，因为玛丽莲必须把这首歌唱砸，因为谢丽是一个极其矫揉造作的女孩，玛丽莲其实没有能力充分表现出她的浮夸。因此，玛丽莲的演唱可以说是小小的奇迹。谢丽有一点才华、充满活力，但是很紧张，她羞涩，怀揣着不切实际的希望，充满了渴望，也充满了恐惧，玛丽莲的表演将这一切都呈现了出来，颇能打动人心。她摘掉长手套，竭力让自己的声音盖过男人们豪饮啤酒、打扑克的嘈杂声，就这样完成了一场精彩的拙劣演出。

不过，真正让这个角色变得立体生动的还是她在公交车上说的一大段话，这段道白有些触及演员本人的内心，带有一种惆怅的情绪，但是很有节制。在这场戏里，角色怀有的希望和她脆弱的内心形成了冲撞，这场戏属于这十年里最伟大的表演。怯生生的坦诚和极其痛苦的渴望，玛丽莲用两者参半的嗓音讲起了谢丽的故事，同时也是在讲述自己的故事，这段台词非常真实，她一下子就传达出了其中的韵味：

> 从12岁起我就一直跟男孩们混着——欧扎克的那些男孩不太会浪费时间——我总是会为了某个男人而失去理智……当然了，我想结婚，想有个家，所有的那些东西……也许我不知道什么是爱。我想找个能让我仰视、让我崇拜的男人。可是我不希望他吓唬我。我想找个对我好的男人。可是我不希望他把我当成个小孩子。我就是觉得我要嫁的人必须真的尊重我——除了爱我。你明白我的意思吗？

玛丽莲做到了，她让我们听得懂她在说什么。

《巴士站》于8月31日公映，影片收到的评论充满溢美之词。《纽约时报》的评论就很有代表性："你们可要在椅子上坐稳了，准备迎接一场大惊喜吧！玛丽莲·梦露终于在《巴士站》中证明了自己是一名女演员……[她是英奇的]戏里那个衣衫褴褛的酒吧女，带着欧扎克口音、糙皮症般的外貌，[甚至]还喷发出一丝尊严的火花，让她相当令人动容。"[XXXVII]《星期六文学评论》还表示在这部影片中玛丽莲"实际上彻底消除了外界对她只能当一个迷人明星的怀疑"。[XXXVIII]

影片的导演乔舒亚·洛根很快就博得了玛丽莲的崇拜和喜爱，他说过玛丽莲是

> 有史以来最有天分的演员之一，也是同时代最有天分的电影女演员——热情、机智、极其聪明，能够全身心投入工作中。我想说在我的职业生涯中她是与我共事过的人里最伟大的一位艺术家……好莱坞对她的浪费令人感到羞愧，这个地方从未给过这个女孩任何机会。她非常敏锐，可是这个女孩被吓坏了，电影拍摄的整个过程都令她感到害怕，她对自我的批评甚至严重到了自卑情结的程度。[XXXIX]

《巴士站》在5月底就完成了拍摄，玛丽莲准备回纽约去了，按照计划米勒很快也将从内华达返回纽约。但是，她从好莱坞出发的日期被推迟了，因为印度尼西亚总统苏加诺表示希望同她认识。这位总统对美国电影和美国演员几乎到了痴迷的地步，他曾夸张地说过："我每周都要去看三四部好莱坞电影！"在洛杉矶期间，苏加诺参观了一些电影公司，对电影制片人协会发表了讲话。为了给此次访问留下难忘的记忆，他告诉媒体自己希望同玛丽莲·梦露小姐见一面。很多

人匆忙钻进电话亭，几个小时后，玛丽莲·梦露小姐就接受了强塞给她的这项外交任务。后来，玛丽莲提起过苏加诺是一个富有魅力、彬彬有礼的人，但是"他一个劲地低头盯着我的裙子，虽然你以为五个老婆对他来说已经足够多了"。到此为止，玛丽莲几乎对一切都受够了，结束同总统的会面之后，她一头倒在床上。这一天是她的30岁生日。[XL]

最终，玛丽莲于6月2日离开好莱坞。格林夫妇留下来在贝弗利格伦租住的房子里收拾物品、交还房子。这不是一项轻松的差事，住在这座房子的3个月里几名房客一直过着混乱不堪、疏忽大意的生活，房间看上去就像是一直被一个异常兴奋、肆意妄为的兄弟会占据着似的。

美国音乐公司的阿尔·德尔加多在给同事杰伊·坎特的信中写道："格林夫妇把物品清单给弄丢了，要不是就放错了地方。"

> 这个问题相当严重，因为这座房子很昂贵，里面的家具也很昂贵，清单大概有四十多页。我觉得等房东回来后米尔顿会有麻烦的，有可能会面临官司……我会竭尽所能对一部分家具和陈设进行修缮，但是我感觉整体状况糟透了，毕竟在他们搬进来的时候房子毫无问题。[XLI]

一连几个月，双方之间许多满是怨言的信件还有收据你来我往，房东方面甚至还威胁要动用法律手段。到了秋天，问题仍然悬而未决，欧文·斯坦不得不亲自出面同房东进行交涉，对方理应为家里许多被损坏甚至彻底被毁掉的物品索要赔偿，这些物品包括：2张电热毯，6个枕头，8条床单，5条毛毯，10条椅套，300美元清洗地毯和家具的发票，尚未支付的电话话费单（也是300美元），超过一打被砸烂的杯子、茶托、玻璃杯、古董水晶高脚杯，3盏被打碎的灯，3套窗帘，2件摆在室外的家具。此外，工人还得取下玛丽莲钉在卧室窗户上的厚实黑布，无论是否服用安眠药，只要从窗外透进来一点光线，她就无法入眠。

对于如此过分的破坏，斯坦很难找到合理的解释（任何人也不会试着进行辩解），一只小狗和两岁大的乔舒亚在没有人帮助的情况下肯定无法制造这么严重的破坏。米尔顿也曾把这座房子当作自己的工作室，艾米承认他和玛丽莲都是"情绪激烈、热情过头的人。无论是爱还是恨，他们都会用尽全力；无论是喝酒还是嗑药，他们也都怀着极大的热情"。造成这种破坏的因素似乎有狂野的聚会、一位努力应付各种新职责的不堪重负的摄影师、一位有时候情绪不太稳定的电影明星，以及豪饮无度和滥用药物的氛围。

6月11日，阿瑟·米勒接到了里诺市签发的离婚判决书。第二天，他便前往纽约同玛丽莲会合。记者们立即在萨顿广场南2号门外安营扎寨，这对情侣去布鲁克林的米勒父母家吃饭的时候，他们也会尾随而至。

一个星期后，玛丽莲在电话里向欧文·斯坦宣布自己打算修改遗嘱，将所有财产统统留给米勒。在6月19日的一份备忘录中，斯坦写道："我告诉她她可以起草一份婚前协议，可是她说自己不需要这种协议。她还打听了如何为米勒的著作权增加电影版权的事情。"不过，玛丽莲也没有忘记自己的母亲，在修改后的遗嘱中她将78%的财产留给了米勒，其余的部分都留作格拉迪斯的护理费用。

米尔顿有充分的理由提高警觉——对玛丽莲·梦露影业公司的未来而言，这些问题的出现是吉是凶？玛丽莲打算让他加入公司的想法有多么强烈？在加入公司的事情上，他的愿望甚至是要求有多么强烈？米勒这一年在事业方面的希望就只有将在伦敦公演的《桥头眺望》,他正在对原本只有一幕的剧本进行扩充。米尔顿或许的确对米勒心存嫉妒，但同时他也怀疑米勒对玛丽莲的爱掺杂了对自己经济利益的考虑，收入微薄的米勒还需要支付高额的赡养费。但是，玛丽莲是不会跟米尔顿探讨这些问题的，从这个月起他们几个人中间就充满了相互猜忌的气氛，玛丽莲就处在这场争夺控制权的激烈战斗的中心。

此外还有其他一些需要考虑的问题。米勒接到众议院非美活动调查委员会的传唤，需要去华盛顿接受委员会针对他和共产党有所往来的问题进行的质询。对于委员会来说，有一个问题亟须解决，当时米勒甚至还没有意识到这个问题的存在。委员会没有掌握任何足以证明米勒有过叛国行为的证据，他们更是找不出"一个大活人能够证明他加入了共产党，[甚至拿不出]米勒的共产党党员证的复印件"。[XLII]不无讽刺的是，众议院非美活动调查委员会的主任理查德·阿伦斯请求胡佛提供帮助（通过胡佛的助手克莱德·托尔森），结果对方告诉他联邦调查局没有能够帮助他的资料，尽管胡佛的好朋友沃尔特·温切尔做了那么多工作，为了让更多的人反对米勒，他甚至宣称"玛丽莲·梦露的新恋爱对象[是]一个长期支持左派的人"。更有讽刺意味的是，温切尔此举反而起到了反作用。[XLIII]

第十六章 1956年 | 383

6月21日，米勒离开玛丽莲和自己的父母前往华盛顿。他坐在众议院非美活动调查委员会面前发表了几项重要声明。他承认自己在1940年代参加过四五次共产党作家会议并且在过去十年里很多抗议书上都签了名，但是他从未"服从过共产党的纪律"。他还镇定自若、条理清楚地做了下列声明：在众议院非美活动调查委员会对"好莱坞十君子"（一群由于被认为怀有危险的政治信仰而被列入黑名单的作家）进行调查的时候，他的确公开谴责过该委员会；他也反对过将鼓吹推翻政府的行为定性为非法的《史密斯法案》，"如果鼓吹行为都要受到惩罚、如果只是鼓吹而不付诸实际行动都成了犯罪行为的话，那么我就无法工作、无法从事文学创作了——所有人都理应能够针对任何问题创作诗歌或者戏剧"；他不会为众议院非美活动调查委员会提供十年前他在那些作家会议上见到的人的名字。"作家的生活非常艰难，我不想给任何人的生活雪上加霜。关于我自己的所有事情，我都可以告诉你们，但是良知不允许我说出别人的名字。"最后，米勒说自己相信"如果赤色分子控制了这个国家，那就是一场灾难和悲剧"，他早就同共产党彻底划清了界限并且抛弃了共产党分子的信仰。[XLIV]

米勒的声明出现在美国各地的报纸上，玛丽莲十分开心地看到他成为反对审查制度和镇压活动中一位特立独行的英雄。但是，随即米勒就面临着因为蔑视法庭而受到传唤的威胁。这场风暴是国会议员弗朗西斯·E. 沃尔特带头发动的，他宣称"道德良知并不是拒绝回答众议院调查人员质询的合法依据"。沃尔特的朋友们很快就表示了附和，国会议员戈登·H. 谢勒就直截了当地表示："毫无疑问，米勒显然目无法纪。"[XLV]

在一幕幕荒诞闹剧中间出现过一段风平浪静的时期，这段时间里发生了两件比议院会议厅的情况更令记者们感到意外和高兴的事情。

首先，沃尔特议员想到一个主意。他告诉米勒的律师约瑟夫·劳国会可以取消听证会、撤销传唤，"只要玛丽莲答应拍几张"跟沃尔特"握手的照片"。[XLVI] 米勒断然拒绝了这个条件并表示谴责，因此国会在7月10日以373票对9票的表决结果签发了对他的传唤令。

米勒也有话要说。在听证会上，他要求当局归还他的护照，以便他在当年夏天前往英国参加戏剧排演工作，"同行的就是将要成为我妻子的女人"。记者们大声嚷嚷着显而易见的问题，此时纽约坐在电视机前的玛丽莲·梦露听到米勒说：“按照计划玛丽莲·梦露将于7月13日前往伦敦拍电影，在此之前我将跟她完婚。她将以'米勒夫人'的身份前往伦敦。"XLVII

面对米勒的声明，玛丽莲比全国人民都更为吃惊。在电话里，她几乎歇斯底里地冲罗斯滕夫妇嚷嚷道："你们听见了吗？他当着全世界的面宣布了消息！你们能相信吗？你们也知道，他还从未认真地问过我。我们聊过这件事，可是聊得很模糊。"XLVIII在艾米·格林、鲁伯特·艾伦和其他一些人的面前，她也毫不掩饰地讽刺道："他可真是太善良了，竟然让我知道了他的打算。"XLIX

米勒藐视国会传唤的事情经过一年的时间才得到最终裁决，不过在此之前米勒还是拿到了自己的护照（从7月6日生效，有效期只有6个月，而不是通常的两年）。一对情侣——尤其是最受美国人民喜爱的大美人的未婚夫——根本不可能对美国造成危害，共产党人又不是浪漫主义者，不是吗？相反，真心想跟玛丽莲·梦露缔结婚约的是一个严肃的男人，这本身就证明了公众对她的爱慕崇拜是合情合理的；玛丽莲对米勒的接受也令他显得没有那么危险了，淡化了他备受争议的形象。向外界宣布即将同玛丽莲结婚的消息令米勒显得——嗯——完全就是一个热恋中的人，心里想的只是带着新娘去度蜜月而已。就像是在玛丽莲·梦露的影片中一样，爱情战胜了一切。眼下，人们完全可以忘记在众议院非美活动调查委员会的听证会上，在信仰自由主义、勇于直面当时盛行的奥威尔式恐慌情绪的美国民众心目中，米勒几乎已经上升到了英雄的高度。

苏珊·斯特拉斯伯格说过："阿瑟学习着玛丽莲的方法。一夜之间，他就精通了应付媒体的技巧。"L无论华盛顿的一群滑稽角色对他采取怎样的手段，他都能利用照相机、麦克风和记者瓦解对方的攻势，他甚至能够揣测出玛丽莲有可能做出的反应并且对其加以利用。鲁伯特·艾伦说过，由于他面对华盛顿的英勇表现，玛丽莲"自那天起就对他产生了崇拜之情，尽管他宣布婚讯的策略令她十分恼火。对于玛丽莲而言，爱情总是和崇拜息息相关。她觉得他是一位伟大的作家。可是，遗憾地说，我觉得眼下他只是在利用她"。

此时霍恩伯格医生对自己病人的公开和私人生活依然有着极大的影响力，她对这门婚事表示了赞成（欧文·斯坦在6月22日的公司备忘录中提到了这件事情，或许霍恩伯格的态度令他感到有些意外），接着还建议玛丽莲尽管去跟媒体见面。玛丽莲暂时将自己的保留意见放到一边，告诉媒体她当然希望跟米勒先

第十六章 1956年 | 385

生结婚。但是，从6月22日直到结婚当天（他们不会向外界透露具体日期），玛丽莲一直举棋不定。即将前往伦敦、和令人敬畏的奥利弗一起拍电影对她来说是一个巨大的挑战，和米勒的婚礼也同样是一个挑战。

生活一下子对玛丽莲的勇气、天赋和自我认知提出了很高的要求。在一段时间里，所有人都丝毫不允许她放慢脚步，也不允许她为自己做一番打算。玛丽莲当然急于证明自己，当然觉得自己已经结束了完全依赖别人的童年期，已经长大成人了，可是没有人鼓励她保持必要的孤独、进行必要的反思。许多人的命运——他们的个人利益、事业、未来和名望——都跟一个富有才华、敏感而脆弱的30岁女人紧紧地捆绑在一起。

玛丽莲需要自我提高，现在她平静地嫁给了一个看起来很能满足她这种需求的男人。然而，这个男人喜欢对她说教、喜欢摆出一副睿智的模样，这种态度强化着她的自卑情绪。认识他们的很多人都意识到尽管米勒或许的确付出了努力，也的确从一开始就爱着玛丽莲，但是很快他就朝着危险的方向走去了，他开始对玛丽莲感到鄙夷。尽管克制着自己，但是他在道德和智力方面的优越感（无论多么模糊）还是显示出了这种情绪。

从这个方面而言，玛丽莲再一次复制了珍·哈露的人生，哈露第二场婚姻的伴侣是年长她16岁的摄影师哈罗德·罗森，婚后没多久两个人就离婚了，之后哈露又接受了年长于自己19岁的演员威廉·鲍威尔。哈露的朋友莫琳·奥沙利文说过："[珍]一直非常想要提高文化水平，她觉得自己能从鲍威尔那里学到很多知识。"[11]玛丽莲和哈露都结过3次婚，也都渴望成为一名严肃的女演员，改变世人对她们的普遍印象，不再当众人眼中的性感花瓶。1955年和1956年玛丽莲和米尔顿·格林一直在讨论如何拍摄一部有关哈露生平的影片，通过这一点不难看出玛丽莲至少大致意识到了自己和哈露的这些相似之处。最初和玛丽莲商量这项计划的是她的老盟友西德尼·斯科尔斯基，现在有没有他的参与都不重要了，在她的生活中他已经被米尔顿取而代之了。

玛丽莲·梦露与阿瑟·米勒同意于6月29日（星期五）下午4点钟在米勒的家中同媒体见一面。不过他们首先要同米勒的父母在米勒的表亲莫顿的家中安静地共进一次午餐。米勒的家在康涅狄格州罗克斯伯里，莫顿的家只有几英里之遥。与此同时，米尔顿负责把一批记者和摄影师聚集在米勒老托菲特路的家中。

其中一支报道队伍听到米勒一家人在莫顿家中聚餐的消息，他们决定甩开同行，抢先下手。流亡美国、担任《巴黎竞赛画报》驻纽约办事处负责人的俄国公主玛拉·谢尔巴托夫叫同行的同事驱车将她送到莫顿家，提前拍一些照片，甚至有可能率先搞到一份声明。快到1点钟的时候，玛丽莲、米勒和莫顿从房子里走了出来，一言未发地迅速钻进米勒的轿车，沿着狭窄蜿蜒的小路向老托菲特路疾驰而去，玛拉和司机跟在后面穷追不舍。就在快到米勒家的一个视线不太清楚的拐弯处时，摄影师的轿车猛地冲出道路，撞在一棵树上。玛拉公主从挡风玻璃被甩了出去，身负重伤。

听到撞车的声响，米勒停下车，他们三个人跑着来到后面的车祸现场。眼前的景象十分吓人，米勒甚至不让玛丽莲靠近那里。随即，他们开着车赶回家，打电话找人帮忙，玛丽莲浑身哆嗦、面色苍白地靠在米勒的身上。他们看得很清楚，知道任何人都无能为力。实际上，不到3个小时后那位贵族出身的记者就在新米尔福德医院逝世了。

但是，在一棵枝叶繁茂的大树下举行的媒体见面会并没有因此而推迟。在保留下来的现场录像中，米勒声音含糊地回答着拉比的提问，玛丽莲似乎有些心不在焉，没有多少兴致。对于这对新人的表现，外界必须考虑到婚礼之前发生的惨剧，记者全都离去后，这对穿着随意的情侣也和莫顿及其妻子赶往纽约州白原市威彻斯特县的法院。就在当天（6月29日，星期五）快到晚上7：30的时候，法官西摩·拉宾诺维茨宣布他们结为合法夫妻。仪式只持续了4分钟，只出现了一枚戒指。媒体对此毫不知情，因此这对新婚夫妇没有听到闪光灯的咔嚓声就返回了罗克斯伯里。

7月1日，星期日，他们在米勒的经纪人凯·布朗在纽约州小镇卡托纳的家中又举行了一场婚礼。亲朋好友共聚一堂参加了这场传统的犹太婚礼，楼下和屋外的草坪一片嘈杂声，大家都在开心地聊着天，格林夫妇则在楼上的客房里忙着照顾紧张不安的玛丽莲。实际上，从星期五之后玛丽莲就一直有些沉默。米尔顿和艾米只能悄悄地对她的反应猜测一番，不过米尔顿已经跟欧文·斯坦通过话了，在电话中他隐隐地表示了自己的担心，他建议这位律师"做好准备，以防玛丽莲的婚姻很快就会出现问题"。[LII]

随即，艾米和米尔顿就清楚了后者究竟为何会对斯坦说出那番话。

"你真的想完成这门婚事吗？你也知道，你用不着这么做。"米尔顿问玛丽莲。玛丽莲目光呆滞地流着眼泪。艾米努力地安慰她："我们可以安排你上车去，我们来对付宾客。"格林夫妇觉得只要还没在教堂举行婚礼、婚姻还没有被宣布为神圣结合的话，普通婚礼（相对于教堂里举行的婚礼）应该可以被取消。

"不。我不想经历这一切。"玛丽莲小声说道。

就在米尔顿正准备下楼去完成这个棘手的差事时，玛丽莲又叫住了他。

"米尔顿，不用了。我们已经把这些人都请来了。我们不能让他们失望。"她哭喊着说道。

据艾米所述，玛丽莲觉得玛拉·谢尔巴托夫的身亡给她的婚礼带来了一个凶兆。"不过，她也知道不管是不是凶兆，接受这门婚事的时候她就已经犯下了大错。"[LIII]

可是，演员和剧组成员都翘首以待，正如玛丽莲说过的那样，她为米勒感到难过。表演开始了。片刻过后，拉比罗伯特·戈德伯格开始了仪式，阿瑟·米勒的哥哥克米特与赫达·罗斯滕充当伴郎和伴娘。这天下午，玛丽莲的表现非常理想，一一问候了参加婚礼的25位宾客，把宴会打理得井井有条，让每个人都尽情享用了足够多的烤牛肉、火鸡肉片和香槟。在向米勒夫妇道贺的时候，乔治·阿克塞尔罗德机智地将剧作家萧伯纳当年针对舞蹈家伊莎多拉·邓肯的求婚时所做的回答颠倒了一下："嗯，希望你们的孩子拥有阿瑟的容貌、玛丽莲的头脑。"[1][LIV]阿克塞尔罗德后来说过，玛丽莲开怀大笑了起来，米勒毫无开心的反应。看到新娘那副活泼快乐的模样，没有人猜得出在此之前她曾那么痛苦地迟疑过。

在米勒夫妇即将动身前往伦敦、参加《游龙戏凤》（华纳兄弟公司最终为

---

[1] 伊莎多拉·邓肯（1878—1927），美国舞蹈家，现代舞的创始人。邓肯曾致信给萧伯纳："我有最美丽的身体，你有最聪明的脑子，要是我们生一个孩子，那就再理想不过了。"萧伯纳回信："如果小孩儿生下来，身体像我，而脑子像你，那不就糟了吗？"事实上，《邓肯自传》显示出这位女舞蹈家博学多才、灵气过人。

电影版《沉睡的王子》确定的片名）的拍摄时，米勒决定卖掉自己在罗克斯伯里的那所旧房子，他提出的理由是这样一来他们就有可能拥有一个新家，开始新的生活，玛丽莲对此表示了同意。7月2日，《先驱论坛报》刊登了一则广告：

剧作家和银幕明星的爱巢，7间房间，3间浴室，带游泳池、网球场、草坪、两车位的车库、小工作室。占地面积4英亩。售价29500美元（支付38500美元可得到26英亩地）。

很快，买卖双方就以27500美元的价格成交了。付清一小笔抵押贷款、结算各种费用后，米勒夫妇将剩下的钱存入第三方保管的一个账户，用来购买附近的一处房产。

7月的第一个星期充满了艰难的谈判，这些谈判都属于米尔顿的职责。他和斯坦需要解决很多法律和商业方面的问题，其中包括为了玛丽莲·梦露影业公司和奥利弗的制片公司之间的协议同奥利弗发生的争端；美国音乐公司和杰克·华纳参与的讨论，后者坚持要求自己控制对影片的最终剪辑；同英国的就业管理机构之间的讨价还价，由于这部合拍影片需要引进的美方工作人员数量多得异乎寻常，因此英国方面感到很为难。此外，米勒夫妇还邀请赫达·罗斯滕加入公司，担任玛丽莲的私人秘书。赫达是米勒的老朋友，但是同玛丽莲才认识不久，她的薪水十分优厚，周薪高达200美元。艾米已经预见到赫达加入的隐患，当时赫达酗酒的问题已经变得很严重了，因此她提醒丈夫玛丽莲的表现只是再一次证明她是一个过于慷慨的人，甚至有可能还意味着她需要找一大群人包围她、支持她，帮助她迎接奥利弗和其他英国演员的挑战。

但是，米尔顿和斯坦面对的最可怕、也最需要花时间的一个问题是李·斯特拉斯伯格提出的一个要求。李去了米尔顿的办公室，要求他把斯坦叫来，然后向他们宣布了宝拉参加玛丽莲拍摄《游龙戏凤》期间指导队伍的条件。对于妻子为期10周的工作，他能接受的最低开价是2.5万美元，期间的花费补贴另算，超期部分的报酬翻倍。斯坦立即计算了一遍，这样一来宝拉的报酬就将高达3.8万美元左右，再一次远远超过了纽约和好莱坞绝大多数演员的收入标准。不过，斯坦在公司的备忘录中指出：

李不在乎这笔钱其实来自玛丽莲的口袋。乔[玛丽莲·梦露影业公司的会计约瑟夫·卡尔]和米尔顿认认真真地解释了公司的财务状况有多么不稳定,可是李的态度很坚决。他一直在强调玛丽莲情感方面的脆弱,接着他又说自己打算参与影片的分成!他还想让乔治·库克担任导演,而不是拉里(劳伦斯·奥利弗在戏剧界的昵称)。他说宝拉的作用不仅仅是一名表演指导,因此他才不管其他指导拿到的薪水有多低。他根本不接受宝拉在《巴士站》剧组的薪水。[LV]

如果当经纪人的话,李·斯特拉斯伯格或许也能像当老师一样出色。总之,他用他那套方法派表演手法刻画的萨米·格里克[1]给米尔顿和玛丽莲·梦露影业公司带来了一场小小的恐慌。玛丽莲说自己愿意让出一部分薪水,因为宝拉必须参加。最终,宝拉还是没有缺席。不过,在这一年接下来的时间里,他们在签写支票的时候不得不动了一些手脚,这样一来宝拉·斯特拉斯伯格就拿到了仅次于梦露和奥利弗但是高于《游龙戏凤》其他所有相关人员的薪水。最终,宝拉的薪水事件在奇怪的气氛中画上了句号,无孔不入、仍旧受到米尔顿和玛丽莲依赖的霍恩伯格医生主动代表宝拉介入谈判,其实她并不认识宝拉。

7月9日,米尔顿与欧文·斯坦作为先头部队前往伦敦。在阴雨绵绵的7月13日下午,玛丽莲与米勒也出发了。美方拍摄队伍的其他成员——宝拉、赫达、艾米和乔舒亚——也于10天后抵达目的地。米勒夫妇在14日上午抵达伦敦,劳伦斯·奥利弗爵士及夫人在机场迎接他们。在场的还有70名警察,他们必须控制住200名吵吵嚷嚷的摄影师和记者。正如米勒后来说过的那样,英格兰就算被拖进了海里都不会有人注意到的。接下来的4个月里,在公开场合,无论走到哪里玛丽莲都必然会受到包围,很快他们就决定在她去商店之前必须先清空商店里的顾客。因此,一旦她远距离地发布了一项有趣的声明,次日伦敦大大小小的报纸就

---

1 "萨米·格里克"是美国作家巴德·舒尔伯格的小说《是什么让萨米飞奔?》的主人公,人物原型是作者的父亲、好莱坞早期行业巨头派拉蒙影业公司的老板本杰明·舒尔伯格。小说讲述了格里克起起落落的一生,这个人为了成功不择手段,欺骗和背叛无所不用。小说后来被搬上百老汇舞台,成为一部经典剧目。后来"萨米·格里克"这个名字就被用来指冷酷无情、志在必得的人。

会在封面的位置进行报道。例如，在8月25日（星期六）这一天，玛丽莲决定去繁华热闹的摄政街购物。结果，面对一群群崇拜者的包围她惊慌得昏倒了，摄政街上拉起了警戒线。由于精神崩溃和临时发作的公共场所恐惧症，玛丽莲在第二天没能开工。

就好像米尔顿不用面对太多的预算问题似的，在抵达伦敦的当天晚上米勒就坦诚地向他透露了自己岌岌可危的经济状况。每年，米勒都必须给两个孩子支付1.6万美元的赡养费，收入的40%也要被前妻拿走，此外还存在税务和律师费的问题。是否有可能将他和玛丽莲的收入合并在一起，反正他的收入也不太多？他能否跟玛丽莲和玛丽莲·梦露影业公司联合报税？为了米勒的财务问题，米尔顿找到了欧文·斯坦，斯坦有些气愤地回复说："以后再听到这种话，咱们也许可以用[购买]他的作品[版权]来堵住他的嘴。这样会对他管用的。"[LVI]

这一年剩下的时间里，玛丽莲·梦露影业公司一直在努力想办法"[让米勒]得到资本收入和延迟收入[出于避税的需要]……我们还试图拉到资金和发行商，拍摄一部阿瑟·米勒的片子，尽管这么做很困难……他愿意为玛丽莲将《卡拉马佐夫兄弟》改编成电影剧本，[因为]近来他对各项开支都非常清楚，也清楚如何将自己的开支以公务开支的名义计入玛丽莲·梦露影业公司的账上"（斯坦语）。[LVII]米勒希望得到玛丽莲·梦露影业公司的帮助，但是正如斯坦所断言的那样，"他或许不会同意自己需要别人帮他在公众中间扬名立万的说法"。尽管米勒的朋友及经纪人凯·布朗反复重申自己的意见，"他不应当介入[玛丽莲的]事业，她也不应当介入他的事业"，[LVIII]双方还是对米勒的要求进行了商议。就这样，争夺玛丽莲的钱、事业和公司的控制权的过程变得十分复杂了，粉墨登场的各色人物中就包括米勒、米尔顿和李，没有一个人会对其他人表示出友好的态度。

格林夫妇被安置在阿斯科特的提布斯农场，米勒夫妇的住宿条件比较豪华，住进了帕克塞德庄园。庄园坐落在萨里郡埃格姆镇的恩格菲尔德绿地上，温莎公园就在附近。帕克塞德庄园距离伦敦有1个小时的车程，距离松林电影制片厂更近，这座乔治时期风格的庄园属于诺思爵士（《金融时报》的出版商）及其夫人钢琴家及女演员琼·卡尔。庄园坐落在10英亩的绿地中，绿地上点缀着一座座花园和一条条方便自行车出入的小径,房子里有1间橡木梁子的起居室、5间卧室、2间浴室以及常驻用人的房间。为了向玛丽莲表示敬意,米尔顿事先将主套房刷成了白色,这一点令玛丽莲感到很开心。

在这4个月里,玛丽莲并没有多少时间享受这座庄园,也没有时间欣赏伦敦或者英国的乡村风光。抵达英国的第二天,玛丽莲就被带到萨沃伊酒店参加了一场新闻发布会。警方不得不派出2名督察、1名警长、6名警员和4组警察以控制聚集在斯特兰德区的4000名影迷。玛丽莲迟到了1个小时,她穿着一条两件式的黑色紧身裙,腹部位置的布料是半透明的。接下来发布会就进入了同往常一样无聊的问答环节,她开始回答记者们的提问了:是的,对于跟劳伦斯爵士的合作我感到十分开心;是的,我想演经典的角色。麦克白夫人呢?来自地方媒体的一名记者问道。"是的,但是目前这样的角色对我来说还纯属幻想。"[LIX]凭借着这样的优雅和谦逊,她只用了一个下午的时间就俘获了英国媒体。《游龙戏凤》的摄像师杰克·卡迪夫说过,无论走到哪里,玛丽莲都永远受到那么醒目的关注,因此在松林电影制片厂里工作的所有人都被配发了特别通行证。

卡迪夫为彩色影片《红菱艳》、《黑水仙》和《非洲女王号》担任过摄像师,在《游龙戏凤》艰难的拍摄过程中他逐渐了解了玛丽莲,还跟她成了朋友。他发现玛丽莲时而恐慌、时而坚强,害怕面对公众和一起合作的其他演员,同时又一心想要在这部影片中大获成功。

> 玛丽莲跟我认识并且合作过的很多女主演有所不同,一点也不刻薄,即使碰到很困难的时候也从来不会说脏话。她在心理上的确有些分裂,这令所有人都觉得很难跟她交往:她一方面公开表示自己想要成为一名严肃的演员,另一方面她又缺少纪律性,还有迟到的毛病。我觉得这些问题的存在都是由于她唯恐自己会失败、会遭到否定。但是,在脆弱的表面之下,她有着强大的钢铁般的意志。[LX]

在7月18日、19日和20日,玛丽莲根据彩色影片要求试服装和试妆。每一个环节的工作都受到了米尔顿的监督。米尔顿觉得奥利弗似乎很不情愿接受他的监督,因此他告诉对方自己之所以安排这次的合作是为了"让她摆脱性感花瓶的身份,让她跻身于需要她最大限度发挥戏剧才能的演员行列"。[LXI]他认为参演这部影片将在玛丽莲成为一名经验丰富的戏剧女演员的道路上起到十分重要的作用。

但是，奥利弗对此心存怀疑。在将玛丽莲介绍给剧组的英方工作人员时，他说自己很高兴同相识数十年的老朋友西碧尔·索恩迪克和埃斯蒙德·奈特合作，接着他拉起玛丽莲的手，用一副迷人但是盛气凌人的腔调说大家都应该对她耐心一些，她或许需要一些时间才能掌握大家的方法（他的言外之意就是他们的方法完全不同于方法派），不过他们都很高兴队伍中多了"这么一个令人开心的小家伙"。*后来，玛丽莲说过："奥利弗试图表现得友好一些，可是他的态度就像是在逛贫民窟似的。"[LXII]这种说法完全符合事实。

奥利弗摆出了极其居高临下的姿态，将联袂主演的明星只当作一件好莱坞流水线上的产品，他觉得对方理应向他表示顺从和臣服。这么做是为了在剧组把持霸权，同时他也担心宝拉有可能会产生强大的影响力（比利·怀尔德与乔舒亚·洛根事先已经提醒过他了），奥利弗说过："亲爱的玛丽莲，你只要表现出性感就行了。"[LXIII]一切都不可挽回了。正如赫达告诉丈夫诺曼的那样，从这一刻起玛丽莲就变得"疑虑重重、闷闷不乐、充满戒心了"。[LXIV]米勒经常和奥利弗口径一致地鼓励玛丽莲投入与奥利弗的合作中，可是就连他都不得不承认这位喜欢调侃的导演（奥利弗担任了这部影片的导演）开玩笑的时候语速太快了，从开拍之初他就令玛丽莲感到畏惧。

拍摄期间发生的一起悲剧更是加剧了这种可悲的气氛，玛丽莲最迫切需要的信心反而遭到了进一步的动摇，她和丈夫的关系由此再也没有好转过。[LXV]在帕克塞德庄园，玛丽莲看到米勒的笔记本摊开放在餐桌上，她随意地瞟了几眼。结果就看到丈夫对这场婚姻的态度改变了。现在，他认为她是一个变幻莫测、孤独无助、充满了孩子气的女人，他可怜她，但是他又担心她在情感方面没完没了的需求会对他的创作构成威胁。玛丽莲告诉斯特拉斯伯格夫妇："大概就是他对我有多么失望之类的话。"

    他原先觉得我是一个天使，可是现在他觉得自己想错了——前妻已经辜

---

* 在给米尔顿的一封信（落款日期为4月12日）中，奥利弗将玛丽莲称为"聪明的小家伙"和"亲爱的小姑娘"。

负了他的期望，我的表现就更差劲了。奥利弗也开始觉得我是一个令人头疼的贱女人，阿瑟说对于这种态度他已经想不出该如何做出得体的回答了。[LXVI]

米勒始终不承认自己发表过这些看法，但是在出版的回忆录里和玛丽莲逝世后他接受的每一次采访中，他都表达过这样的情绪。就好像是为了证明玛丽莲在结婚前出现的极度不安的情绪并非毫无缘故的任性，转瞬间她和第三任丈夫的婚姻就缓缓地走上了可悲的下坡路，此时距离他们说完结婚誓言还不到3个星期的时间。

当时苏珊·斯特拉斯伯格跟宝拉一起待在伦敦，据她所述，玛丽莲被击垮了，工作也因此受到了影响，她的表演指导因此也多了一项工作——以慈母般的耐心照顾她。艾伦·斯奈德还说过，甚至早在拍摄的最初几个星期里这场婚姻就已经显得很紧张了，这对新婚夫妇疏远了彼此。后来，玛丽莲对鲁伯特·艾伦说过："我想阿瑟的确喜欢没有头脑的金发美女。在我之前他从未拥有过这种女人。他的确对我提供了一些帮助。"[LXVII]她试图减轻那段往事带给她的痛苦。西德尼·斯科尔斯基后来为这件事情做了一番论断："米勒把玛丽莲全然视作一个理想中的典范，结果却发现她是一个人，一个跟你跟我一样的人，甚至跟他自己一样，这个发现震惊了他。"[LXVIII]

* * *

玛丽莲和宝拉不得不从7月30日开始一段李·斯特拉斯伯格在演员工作时强调的"排演期"，这种前期准备工作对玛丽莲来说还有些陌生。最终，剧组于8月7日开机。玛丽莲和奥利弗对彼此很冷淡，考虑到奥利弗将玛丽莲介绍给剧组成员时的态度，这种状况不难想见。奥利弗一会儿在摄影机背后盯着玛丽莲的表演，一会儿又蹦到镜头前表演。这两位明星身上都同时存在焦虑和骄傲这两种矛盾的情绪，每一场戏都需要拍上几十遍。火冒三丈的奥利弗下达着表演指令，可是却只看到玛丽莲掉头去找宝拉商量问题，宝拉甚至还频频给远在纽约的李打去电话。

"斯特拉斯伯格的干预"[LXIX]几乎对《游龙戏凤》起到了破坏作用，正如苏珊所说，宝拉很快也被卷入了她并不想掺和的事情中。对此不能不提到宝拉的一段个人经历。

我的母亲曾经参加过一个电影角色的试镜，是一个金发美女的角色，结果她输给了琼·布朗德尔，我觉得在某种程度上她还在通过玛丽莲努力恢复自己失去的表演事业。对于玛丽莲迟到的习惯，别人总是将责任归咎于我的母亲，这令她非常恼火。况且，对于这种情况，她又能怎么办？她真的很希望玛丽莲取得成功。从另一方面而言，玛丽莲把我的母亲当作替罪羊，代她受过的人。[LXX]

与此同时，米勒公开了自己对斯特拉斯伯格夫妇的怨恨情绪，在他看来李和宝拉"极其讨厌、愚蠢至极"，[LXXI]他也十分痛恨妻子对这对夫妇"近乎虔诚的依赖"。[LXXII]除了其他一些更合乎情理的原因，他有可能还感到自己优越的地位和影响力都因此受到了损害。他对宝拉做过一番评价，"对于表演，她懂得不比清洁女工多"，她就是"一场骗局，但是非常成功地让玛丽莲这样的人以为她不可或缺，从而为自己创造了极高的声望"。米勒或许没能意识到玛丽莲在生活中没有女性朋友，宝拉慈母般全心全意的关怀是她从女性身上所能获得的最大限度的友谊。[LXXIII]

同样地，米勒和米尔顿的关系也变得紧张起来。米勒后来说过："格林以为自己会成为这部大片的制片人，玛丽莲是在为他效力。但是，她发现他还有着不可告人的目标。"[LXXIV]米勒指的应该是金钱和声望，但是怀揣这些目标的应该并不只是米尔顿一个人。

米尔顿也不天真。就连他在美国音乐公司的经纪人和朋友杰伊·坎特都承认"控制玛丽莲对米尔顿就像对斯特拉斯伯格和米勒一样重要"。[LXXV]米尔顿的控制手段之一就是不断满足她在药物方面的任何需求（她以为自己需要这些药物），玛丽莲想靠着这些药物熬过跟奥利弗在一起的每一天。当时，制片助理大卫·梅索斯[1]对自己的哥哥阿尔伯特说过当时他觉得自己"日渐深陷于超出自己能力范围的事情"。[LXXVI]大卫指的是为玛丽莲提供大量药物的任务，这些药物常常让玛丽莲陷入几乎人事不省的状态。用艾伦·斯奈德的话来说，这些药物正在"毁灭她"，所有人都清楚这一点，"到了这个阶段，米尔顿对玛丽莲并不像他自

---

1 大卫·梅索斯（1931—1987）和哥哥阿尔伯特·梅索斯（1926—2015）是美国纪录片史上的传奇人物，兄弟俩分别执掌摄像机和话筒。

己希望的那么好。他很会操纵她,一大瓶一大瓶的药片源源不断地给她寄了过来",[LXXVII]提供药品的就是艾米和玛丽莲在纽约的医生莫蒂默·温斯坦。例如,在9月27日,米尔顿给欧文·斯坦写了一封信,要求温斯坦寄去"够玛丽莲·梦露服用两个月的'德塞美'——不要斯宾塞尔长效胶囊——用小信封或者小袋子分装,每袋12片左右,尽快办好此事"。[LXXVIII]正如卡迪夫所说,米尔顿很聪明,被工作折磨得筋疲力尽,但是他的性格中也有着"阴暗、有些邪恶的一面,他觉得无论怎样自己都必须保证演出继续进行下去"。*

仿佛这一切还不够过分,围绕着片头字幕的问题又发生了一场争执。之前,米尔顿和奥利弗达成一致意见,在演职员表中将米尔顿·H.格林的身份写作"执行制片",但是到了10月底奥利弗又觉得这个头衔名不副实,他亲自出马同杰克·华纳争执了一场。在影片最初发行的版本中,米尔顿的名字出现在了演职员表中,但是在后来的版本中他的名字被删除了,这种做法令人感到不可思议,也有失公允。

奥利弗的妻子费雯·丽来到片场后,许许多多的问题也丝毫没能得到缓解。在玛丽莲之前,费雯·丽就已经在舞台上演绎过美国歌舞女郎埃尔西·玛丽娜这个角色。费雯·丽素来是一个体贴大度的人,但是这一次她一反常态地来到松林电影制片厂(奥利弗对此或许表示了默许,也有可能明确表示了同意)观看了几天的拍摄,在此期间她毫不掩饰地流露出对玛丽莲的轻视。

无论在哪里,玛丽莲都过得很悲惨,她的痛苦并非完全不可理喻。她感到导演对她很傲慢、丈夫背叛了她、米尔顿也没有给予她足够的支持,当时米尔顿不得不跟奥利弗及其工作人员保持统一阵线。这些全都是她尊敬的人,可是她觉得没有一个人对她怀有同样的敬意。在这种完全依赖于他人的环境中,玛丽莲丧失了做出具体决定的能力,并且一直在怀疑自己。就这样,她又回到了童年和少年时代经历过的那种状况,和所有人的交往都只是昙花一现。

基于这种情况,玛丽莲在情感方面的基本需求或许从未通过电影表演这种极其不真实的职业得到过满足。原因显而易见,长期以来她一直借用着虚假的身

---

* 关于德塞美的药性和药效,见本书第二十章。

份，用着虚假的名字，梳着虚假的发型，保持着虚假的形象。她为每一部影片都创造了一种新的性格，由于习惯性地怀疑其他人对她不够忠诚，她不得不经常更换经纪人、表演指导和顾问，甚至丈夫。没有什么是永恒不变的，没有什么是根深蒂固的，而今甚至没有人可以让她毫无疑虑地依靠了。

玛丽莲终其一生都对他人存在着严重的依赖心理，令人感到奇怪的是，这种心理也是她保持公众魅力的利器，谁都不想让她摆脱这种心理。她乞求别人拥抱她，赤裸裸地流露出自己对感情的需要，同时又对所有人摆出一副不可侵犯的模样。面对这样一个人，任何一个男人或者女人都不可能无动于衷。一名曾在帕克塞德庄园安排了一次秘密采访的记者就记得一大堆服侍她的人在房间里进进出出，有的人还会突然打断他们、发表一番见解，提醒她他们的存在。当这名记者告辞的时候，玛丽莲轻轻地碰了碰他的胳膊，带着一副难以形容的疲惫姿态对他说："人太多了，人太多了。"[LXXIX]

从7月到11月，玛丽莲一直被包围在各种阴谋中。前前后后出现了各种糟糕的事情。李·斯特拉斯伯格来到伦敦（差旅费自然由玛丽莲·梦露影业公司承担），同奥利弗进行商谈后随即就出局了。工作签证受到时间限制的宝拉在秋天也返回了纽约，同行的还有赫达·罗斯滕，酗酒过度的她已经对任何人都毫无益处了。李、宝拉和赫达的离去令玛丽莲陷入了抑郁和孤独，没过多久米尔顿就把霍恩伯格医生叫到了伦敦。霍恩伯格的到来造成了不小的开销，产出了不大的成效，她草率地宣布米尔顿"同玛丽莲一道组建玛丽莲·梦露影业公司根本就是错误的选择，她不确定在情绪如此紧张的情况下他们俩还能继续合作多长时间"。[LXXX]玛丽莲自然认为这番表态意味着她的精神病医生彻底否定了她的职业生涯。

不过，霍恩伯格向玛丽莲提出一条建议，并且立即带着她去见了自己的老朋友，在伦敦行医而且业务繁忙的精神病医生安娜·弗洛伊德。就这样，玛丽莲在西格蒙德·弗洛伊德的女儿那里接受了几次治疗。

接下来发生的一系列事情依然进展迅速，而且难以预料。米勒决定去巴黎探望一对演员夫妇伊夫·蒙当和西蒙·西涅莱，在那里商量一下《萨勒姆的女巫》的排演，然后他就返回纽约去看望自己的孩子。与此同时，玛丽莲深信米尔顿在收购英国古董并且把账记在了公司的账上,但是把买到的东西统统寄回了自己康涅狄格州的家中。似乎所有人都在掏她的腰包,尤其是李·斯特拉斯伯格,他每天都要给玛丽莲拨打受话方付费的长途电话,提醒她只有跟宝拉在一起她才能成功地拍完这部影片。通过英国的管理机构,玛丽莲对奥利弗施加了压力,终于称心如愿地让自己的表演指导拿着续签的签证回到了片场。

与此同时,一部昂贵、复杂的彩色影片正在进行拍摄。总体而言,《游龙戏凤》就是一部室内喜剧,在这部影片中玛丽莲·梦露多多少少靠着奇迹的力量完成了一生中最上乘的一次表演(这样的表演有两次)。正如制片档案中显示的那样,她经常参加审片工作,观看刚刚冲印出来的前一天拍摄的胶片,奥利弗和米尔顿都不得不承认"她发表过一些非常好的意见,清楚地表示了自己对拉里的感激"。[LXXXI]

8月底,玛丽莲完成了最精彩的几场戏,就在这时她得知自己怀孕了。后来,她怀孕的事情一直受到外界的质疑,就连艾米·格林与艾伦·斯奈德这样的局内人也不例外。欧文·斯坦每天都会记录下伦敦来电的通话内容,他的记录显示截至8月31日伦敦的两名医生都证实了玛丽莲的情况。斯坦写道:"米尔顿[在电话里]告诉我她怀孕了,但是她担心自己可能保不住这个孩子。"斯坦明白米尔顿在担心什么,离开伦敦之前他就已经发现"赫达和玛丽莲喝酒喝得很厉害。赫达对玛丽莲没有产生什么积极的影响,而且还在纵容她无理取闹、逃避事实的性格……还说她和阿瑟两个人都没有做好养儿育女的准备……玛丽莲哭了起来,说自己只想把这部片子拍完"。在9月的第一个星期里,玛丽莲失去了这个孩子。[LXXXII]

他们没有向外透露这件事情,就连奥利弗都不知情,后者以为玛丽莲之所以变得喜怒无常、寸步不让只是因为米勒不在身边的缘故,直到这时玛丽莲依然指望着得到米勒的肯定。无疑,正是由于不知道实情,奥利弗对玛丽莲产生了厌恶的情绪,他觉得她是一个"非常没有礼貌、非常粗鲁的姑娘……我还从来没有为影片杀青如此开心过"。[LXXXIII]玛丽莲也同样为拍摄工作的结束感到高兴。不过,在公开场合发表看法时她依然像往常一样表现得十分大度、恭敬:"跟奥利弗合作是一次非常美好的经历。我学到了很多东西。"[LXXXIV]

但是，至少有两位卓越的女性都公开表示过自己从玛丽莲身上学到了一些东西。怪人中的怪人伊迪丝·西特韦尔兑现了之前许下的诺言，10月在自己的家里招待了玛丽莲。伊迪丝夫人一如既往地给每一根手指都戴上戒指，身上穿着中世纪风格的长袍，头上戴着金雀花王朝的头饰，肩头披着貂皮披肩，气宇轩昂地坐在那里，给自己和客人的大高脚杯里斟满了杜松子酒和葡萄汁。就在一个下午，两个女人坐在那里聊了几个钟头的杰拉德·曼利·霍普金斯[1]和狄兰·托马斯[2]，在这个难以入眠的秋夜玛丽莲读的就是这两位诗人的作品。玛丽莲为伊迪丝夫人背诵了几句霍普金斯的《黑色十四行诗》——"我醒来感觉到黑暗降临，不是白天"——她说自己十分理解诗人绝望的情绪。不久之后，伊迪丝夫人说过："她非常了不起！"[LXXXV]

令玛丽莲感到惊喜的是，自己竟然得到了《游龙戏凤》里一位配角演员的赏识。年迈的西碧尔·索恩迪克夫人是英国戏剧舞台上的传奇人物，萧伯纳曾在三十年前专门为她创作了《圣女贞德》的剧本。和玛丽莲一起拍摄了不到一个星期的时候，她轻轻地拍着老朋友奥利弗的肩膀，说："拉里，那场戏你演得很好，可是有玛丽莲在，谁都看不到你了。她的表演方法、对节奏感的把握都太有意思了。亲爱的孩子，对于她的拖沓，别太严厉了。咱们都非常需要她。咱们中间只有她知道如何在镜头前表演！"[LXXXVI]即使这番评价出自西碧尔夫人之口，奥利弗也还是不太能接受。

无论对自己的婚姻多么缺乏安全感，玛丽莲在公开场合还是会维护米勒，反对张伯伦勋爵对《桥头眺望》签署的禁演令。一开始，这部喜剧遭到禁演是因为剧情对同性恋有所影射。出于对审查制度的愤慨，玛丽莲跟其他一些人率先加入了"水门剧院俱乐部"，这个组织是为了抗议各式各样干预艺术工作的行为而

---

1 杰拉德·曼利·霍普金斯（1844—1899），英国诗人，他在写作技巧上的变革影响了20世纪的很多诗人，玛丽莲背诵的《黑色十四行诗》是他的代表作。
2 狄兰·托马斯（1914—1953），英国诗人，人称"疯狂的狄兰"，代表作有《死亡与出场》。

创办的。《桥头眺望》10月11日在喜剧剧院举行的首演,[1]玛丽莲身穿的猩红色低胸长裙引发了一场骚乱,观众太喜欢她了,幕布差一点就没能升起。在颇有讽刺意识的英国人看来,这样的结果很有意思。米勒平静地接受了这样的现实,不过他已经开始对更重要的事情——商业方面的问题——施加压力了。

米勒想要跟玛丽莲一起参与玛丽莲·梦露影业公司的事务,但是公司内部以米尔顿·格林为首的一派对米勒的这种想法都不太热情,为了加强自己对公司的控制权,米勒利用了玛丽莲和米尔顿之间的紧张关系。米勒这么做是可以理解的,当时公司的状况基本上已经混乱不堪。玛丽莲对丈夫的做法并不领情,但是她不知道应该向谁求助,因此在10月的大部分时间里她都很不合作,脾气越来越大,甚至对松林电影制片厂的同事们都很冷淡。她从来都不是一个能将自己的焦虑留在公司门外的人。

在公众面前,米勒夫妇始终没有明显地流露出彼此之间的紧张气氛。事实上,这个秋天玛丽莲在伦敦始终是一副很有前途的模样。就在《桥头眺望》首演几天后,《巴士站》也在伦敦公映了,10月17日的《泰晤士报》表示:"梦露小姐是一位颇有天分的喜剧演员,她始终没有失去对节奏感的把握能力。她对人物的刻画非常完善,构思谨慎,有些细节甚至非常出彩。她的身上具有一股流浪儿似的气质,一种哀婉的基调,这种气质异常打动人。"这种说法代表了媒体的普遍看法。

英国人的赞美言犹在耳,玛丽莲·梦露接到了同女王会面的邀请。即使在如此重要的场合,玛丽莲仍旧是最后一个露面的人。10月29日夜,就在坐落于莱斯特广场的帝国剧院即将关闭大门的时候,玛丽莲终于赶来了。放映英国影片《普雷特河之战》之前,20位影星受到了女王陛下的接见,其中包括碧姬·巴铎、琼·克劳馥、安妮塔·艾克伯格和维克多·迈彻。但是,当女王顺着等待接见的队伍朝前走去,只有玛丽莲让女王停下了脚步。她穿着一条看起来摇摇欲坠

---

[1] 由于斯特兰德地区改造工程,水门剧院所在的白金汉门街被拆除,它于1956年搬迁至潘顿街,更名为"喜剧剧院"。

的露肩长裙，向女王行了一个标准的屈膝礼后她一把握住了女王伸过来的手。记录这场接见会的胶片被保存下来，在画面中两个女人（年龄相同）都带着有些惊讶的笑容。在这个非凡的时刻，玛丽莲屏住了呼吸，一脸敬畏的神色；女王目不转睛地盯着玛丽莲大名鼎鼎的胸部，为了这个场合玛丽莲特意将乳房束住并向前挤了挤，让原本就丰满的胸部显得更加高耸了。

即使是这样的场合，媒体还是将焦点集中在了公众对玛丽莲表现出的崇拜之情上。《每日镜报》告诉读者："玛丽莲·梦露这个时髦、有些左倾的大美人俘获了英国人的心"；《每日邮报》对她的"交际手腕、顽皮的性格、强烈的幽默感"表示了惊叹；《旁观者周刊》宣称她"既美丽，又可爱，也聪明"；《观察家报》断然表示她已经"在我们这个时代的社交史上"赢得了"一席之地"。

令人敬畏的劳伦斯·奥利弗曾经针对自己跟玛丽莲的合作说过一些刺耳无情的话，到了暮年他的态度也软化了。《游龙戏凤》的拍摄结束后，奥利弗就再也没有同玛丽莲见过面了，玛丽莲逝世多年后，他做过一番反思："谁都没有她那种不自觉流露出的聪明劲，在银幕上她表现出了坚强的性格。她完成了一次一流的表演。也许当时我对玛丽莲、对我自己都有些暴躁，因为我觉得自己的事业一成不变……我那会儿都已经五十岁了。要是玛丽莲能让我觉得自己年轻二十岁的话，我就会拥有一段多么美好的记忆啊……她非常了不起，是最了不起的。"[LXXXVII]

玛丽莲的确是这样的，跟她扮演的埃尔西·玛丽娜很相似。为了参加1911年举行的乔治五世的加冕典礼，丧偶的喀尔巴阡摄政王查尔斯大公（奥利弗饰）来到了英国，随行的还有他十几岁的儿子尼古拉斯八世（杰里米·斯宾塞饰）和守寡的女王（西碧尔·索恩迪克饰），即尼古拉斯的外祖母。目光游移不定的摄政王最终被美国歌舞女郎埃尔西吸引住了，她当时刚好跟着一家巡回剧团在伦敦演出。《游龙戏凤》的剧情很简单，在一场赤裸裸地勾引埃尔西的戏中，摄政王的努力失败了，他意识到对埃尔西来说学着拉吉卜赛小提琴、学会说浪漫的甜言蜜语都是易如反掌的事情，很快他就懊恼地发现他们相爱了，这违背了他一贯的名声和原本的打算。埃尔西不是一个没有头脑的女演员。她得知年轻的国王打算推翻父亲，最终挫败了他的阴谋，从而避免了奥匈政府可能发生的灾难。在渐渐淡出的画面中，摄政王和歌舞女郎许下了18个月后重聚的诺言，但是她清楚这个承诺甚至超过了自己最不切实际的幻想。

无论是第一次还是第二十次观看《游龙戏凤》，观众都会惊讶地意识到这部影片的拍摄有多么麻烦。从始至终，玛丽莲对埃尔西的刻画都令人感到不可思议。这个形象时而顽强、独立，不会为鱼子酱和香槟折腰，时而像戴着单片眼镜的花花公子们一样聪明，完全有能力调停国际危机。分散观众注意力的嘴唇和下颌的颤抖消失了，她完全控制住了自己的表演。例如，在影片靠前的一场晚餐戏中，奥利弗无视玛丽莲去处理国家大事，玛丽莲大口地吃着晚饭、灌下了几杯红酒，在充满贵族气质的奥利弗面前轻轻松松地就抢尽了风头。对大公心生厌倦后，她慢慢喝得醉醺醺的。整段表演堪称即兴发挥的杰作，显示出玛丽莲具有的喜剧天赋，不禁令人想起了碧莉·伯克（《晚宴》）或者米利亚姆·霍普金斯（《天堂里的烦恼》）。

匆匆忙忙躲开使馆侍从时，玛丽莲表现出一副滑稽又机灵的模样，表演毫无夸张之处；突然意识到自己爱上了摄政王时，各种情绪在她的脸上一闪而过；一边练习着日常演出中的几个舞步，一边等待着自命不凡的摄政王时，她表现出一副自得其乐的模样，一个开心活泼、跳舞就如同走路一样自然随意的女孩。茱莉艾塔·玛西娜在费里尼的《大路》和《卡比利亚之夜》中扮演轻微弱智的女孩杰尔索米娜和妓女卡比利亚，人们在她身上才能看到女演员如此充分地跟自己饰演的角色融合在一起，以惊艳的方式对生命做出了肯定。

剧中还有一些片段略微对镜头外的历史做了致敬。11月，剧组拍完了最后一场戏，这场戏是玛丽莲在整部影片中的第二次亮相。她站在一队歌舞女郎中间，等着被引介给奥利弗。这时，埃尔西应该规规矩矩地向摄政王行礼，结果玛丽莲和奥利弗合力设计了一个片段，就好像影片杀青这一天他们两个人终于化干戈为玉帛了。他们设计的这场戏完全来自他们第一次见面时的情景：埃尔西的裙子上的细吊带断开了，她大叫了一声："噢，用不着操心。我用一根别针就能补救了。"

从这一刻起，玛丽莲的表演就再也没有出现过迟疑不决的时刻。她的最后一场戏毫不张扬，但是打动人心。在这场戏中，埃尔西跟摄政王道了别，这个惆怅聪明的灰姑娘参加了加冕舞会，但是现在她知道和自己梦中人的缘分只能到此结束了。影片的尾声轻柔至极、苦乐参半，最终揭示了威斯敏斯特教堂里一大段有关宗教仪式的戏具有的含义。在教堂里，奥利弗明智地指示杰克·卡迪夫不要将镜头集中在仪式的细节上，而是要集中在一位歌舞女郎满怀虔敬的反应上，这个女孩的心地纯洁得令人感到不可思议。她"不自觉流露出的智慧"就如同透过教堂彩色玻璃窗倾泻而下的光一样清晰可见；唱诗班的人一个个兴高采烈，而她的眼睛里分明显示出了她的优雅。在这场戏中，导演和大明星终于靠着自己最强烈的本能克服了所有的障碍，让他们在4个多月时间里形同陌路、令人痛苦的分歧全都消失了。毕竟，他们都在为一部杰作的诞生而全力以赴地努力着。这一年，玛丽莲饰演的埃尔西和她在《巴士站》中饰演的谢丽成为了她职业生涯中最精彩的篇章，这些成果照亮了一团乱麻、令人困惑的1956年。

11月22日，米勒夫妇回到了纽约。华纳兄弟公司的账簿显示，玛丽莲工作了54天，奥利弗的工作天数只比她多了12天，但是当时和后来的多年里都一直有传言称玛丽莲留给外界的总体印象就是一名缺乏责任心、滥用药物、几乎无法正常工作的女演员。《游龙戏凤》证明这种说法是错误的，但是电影公司没有花多少精力告诉外界这部影片的拍摄没有超出预算，而且补拍工作也只耗费了两天的时间。

到了这一年的年底，疲惫焦躁的玛丽莲对自己的婚姻、公司、朋友和未来都毫无把握，她问米勒他们是否可以去一个阳光灿烂的地方过一个寒假，结果他们就在牙买加岛北岸的一座海滩别墅里进入了新的一年。这座别墅的名字恰如其分，"姆特博因特"（即"尚有争议的问题"的意思）。

注 释

I 《时代》，1956年1月30日，p.62。

II 劳伦斯·奥利弗，《一个演员的自白》（纽约：西蒙和舒斯特出版社，1982），pp.205—206。

III 这场新闻发布会上的问答内容得到大规模报道，例如《时代》，第67卷，第8期（1956年2月20日）；《曼彻斯特卫报》，1956年2月10日（《梦露小姐见到自己的偶像：美丽和艺术的联袂演出》）。

IV 约瑟芬·迪洛伦佐和西奥·威尔逊，《奥利弗表示玛丽莲也会演戏》，《纽约每日新闻》，1956年2月10日，p.3。

V 约翰·摩尔向唐纳德·斯波托讲述，1992年8月23日。

VI 伊芙·阿诺德在《伊芙和玛丽莲》中讲述的，英国广播公司（1987）。

VII 引自雨果·维克斯所著的《塞西尔·比顿》（波士顿：利特尔和布朗出版社，1985）一书，p.393。

VIII 萨姆·肖向唐纳德·斯波托讲述，1992年3月7日。

IX 常常被提到，例如在赫达·霍珀于1956年1月24日撰写的辛迪加专栏文章中。

X ILS，1956年1月6日：MG 4。

XI 文森特·X·弗莱厄蒂，《玛丽莲会变成知识分子吗？》，《洛杉矶考察家报》，1956年7月6日，第1部分，p.2。

XII 沃尔特·温切尔1956年2月12日所做的广播，在联邦调查局62-31615-966号文件中有所记录。

XIII 有关联邦调查局给米勒带来的麻烦，见娜塔莉·罗宾斯，《异己的墨水》（纽约：莫罗出版社，1992），p.310及下文。

XIV 沃尔特·温切尔于1956年6月10日所做的广播，在联邦调查局62-31615-983号文件中有所记录。

XV 联邦调查局驻洛杉矶办事处负责人写给局长的备忘录，1956年6月1日，联邦调查局23-100-422103号文件。

XVI 有关玛丽莲·梦露影业公司股份和控制权的最终分割结果，欧文·斯坦在1955年10月至12月留下的备忘录里做了详细的记录，1956年2月11日的备忘录最后一次提及这件事情。

XVII 瓦瑟曼给斯坦的备忘录，1956年2月14日；以及在21日这一天里围绕着这件事情互通的电话和书信。

XVIII 引自《新玛丽莲》(《看》,第20卷,1956年5月29日：73)一文。

XIX 玛伦·斯塔普莱顿向唐纳德·斯波托讲述,1992年4月22日。

XX 引自《红皮书》,1958年2月,p.96。

XXI 安娜·斯坦给约翰·科拜尔的信,p.140。

XXII 罗伯特·施奈德曼,《戏剧教师回忆玛丽莲·梦露》,《芝加哥聚光灯》周刊,1992年8月4日,p.6。

XXIII 在机场举行的媒体招待会留下了影像记录,所有与玛丽莲·梦露有关的纪录片中都收录了这个片段,例如费尔德曼和温特拍摄的《玛丽莲——超越传奇》、沃尔珀的《传奇》。

XXIV 有关玛丽莲·梦露出庭的情况,见3月1日的多家报纸：《好莱坞市民新闻》、《洛杉矶镜报》、《洛杉矶时报》和《洛杉矶考察家报》。

XXV 艾伦·斯奈德向唐纳德·斯波托讲述,1992年5月2日。

XXVI 欧文·斯坦的陈述摘自ILS,1956年3月4日的备忘录：MG 7。

XXVII JWP/NL II,p.25。

XXVIII 乔舒亚·洛根,《电影明星,真实的人和我》(纽约：德拉科特出版社,1978),p.35。

XXIX 同上。

XXX 米尔顿·格林给欧文·斯坦的信,1956年3月17日：MG 4。

XXXI 盖伊·特拉贝,《唐·默里》,《专访》,1973年10月,p.21。

XXXII 威廉·伍德菲尔德向唐纳德·斯波托讲述,1991年9月20日。

XXXIII 埃兹拉·古德曼,《好莱坞五十年的衰落与沉沦》(纽约：西蒙和舒斯特出版社,1961),p.239。

XXXIV 乔治·阿克塞尔罗德向唐纳德·斯波托讲述,1991年11月6日。

XXXV 米勒,p.379—380。

XXXVI 洛根,p.39。

XXXVII 博斯利·克劳瑟,《纽约时报》,1956年9月1日,p.19。

XXXVIII 阿瑟·奈特,《星期六文学评论》,1956年9月8日。

XXXIX 洛根,p.36,p.48；另见,洛根在吉恩·费尔德曼执导的纪录片《玛丽莲——超越传奇》(沃姆巴特制片公司,1987)中讲述的情况；另见《洛杉矶镜报》,1956年10月10日。

XL 同苏加诺见面的情况,见《纽约时报》,1956年6月2日,p.13；玛丽莲·梦露针对此次见面发表的评论,见罗斯滕,p.73。

XLI 阿尔·德尔加多给同事杰伊·坎特的信,1956年6月15日,收录在MG3中。

XLII 罗宾斯,p.313。

XLIII 有关玛丽莲·梦露的新恋情，同上。

XLIV 米勒前往华盛顿以及他向众议院非美活动调查委员所做的声明得到了下列媒体的报道：《纽约时报》，1956年6月22日，p.1，p.9；《纽约每日新闻》1956年6月22日，p.3，p.6；《芝加哥论坛报》，1956年6月25日，p.1，p.9。其他大量期刊也做了报道。

XLV 《纽约星期日新闻报》，1956年7月1日。

XLVI 米勒，p.406。

XLVII 《纽约镜报》，1956年6月21日，以及其他媒体。有关这段重要的历史，参见埃里克·本特利编著的《三十年的背叛：众议院非美活动调查委员会听证节选，1938—1968》（纽约：维京出版公司，1971），p.819。

XLVIII 罗斯滕，p.34。

XLIX 艾米·格林向唐纳德·斯波托讲述，1992年5月5日；鲁伯特·艾伦向唐纳德·斯波托讲述，1991年7月21日。

L 苏珊·斯特拉斯伯格向唐纳德·斯波托讲述，1992年6月3日；另见《玛丽莲和我》，p.105。

LI 莫琳·奥沙利文，引自戈尔登的作品，p.158。

LII 米尔顿·格林给欧文·斯坦打去的电话被记录在ILS中，1956年6月29日：MG 11。

LIII 有关玛丽莲在婚礼前迟疑不决的事情是艾米·格林向唐纳德·斯波托讲述的，1992年5月5日。

LIV 乔治·阿克塞尔罗德向唐纳德·斯波托讲述，1992年4月22日；阿克塞尔罗德的声明还被收录在肯尼思·泰南为米勒撰写的一篇文章中，文章见于《名人简传》（伦敦：尼克·赫恩/沃克尔图书公司，1989），p.199。

LV ILS备忘录，1956年7月2日：MG 4。

LVI ILS备忘录，1956年7月14日：MG 4。

LVII 欧文·斯坦给米尔顿·格林的信，1956年10月16日：MG 11，4。

LVIII 凯·布朗，引自ILS备忘录，1956年9月12日：MG 5，3。

LIX 《每日电讯报》，1956年7月16日。

LX 杰克·卡迪夫向唐纳德·斯波托讲述，1992年5月26日。

LXI 引自《洛杉矶先驱考察家报》，1982年8月5日；MG 8，4，p.3中记录了类似的评价。

LXII W. J. 韦瑟白，《对话玛丽莲》（纽约：梅森/查特尔出版社，1976），p.84。

LXIII 这番评价有多位目击者都提到过：苏珊·斯特拉斯伯格就在1990年4月23日向唐纳德·斯波托讲述过，其他人还包括艾米·格林、女演员玛克辛·奥德丽等人。对此，奥利弗从未否认过。

LXIV 罗斯滕，p.43。

LXV 有关玛丽莲发现米勒日记本的事情，艾米·格林、苏珊·斯特拉斯伯格、艾伦·斯奈德和杰克·卡迪夫都向唐纳德·斯波托讲述过。

LXVI 引自巴特·米尔斯，《外景拍摄现场的玛丽莲》（伦敦：潘出版社／西奇威克和杰克逊出版社，1989），p.108。

LXVII 鲁伯特·艾伦向唐纳德·斯波托转述，1991年7月15日。

LXVIII 西德尼·斯科尔斯基于1961年11月25日写下的辛迪加专栏文章。

LXIX "斯特拉斯伯格的干预"这个术语当时几乎被演员工作室奉为格言。在同唐纳德·斯波托的交谈过程中，艾伦·斯奈德、鲁伯特·艾伦、艾米·格林和杰克·卡迪夫都提到过这个术语。阿瑟·米勒也提到过很多次类似的说法。

LXX 苏珊·斯特拉斯伯格向唐纳德·斯波托转述，1992年6月3日；参见《苦乐半参》，p.84。

LXXI 卡普兰，前文引述过的文章，p.242。

LXXII 米勒，p.423。

LXXIII 对宝拉的评价是米勒对弗雷德·劳伦斯·吉莱斯说的，《传奇》，p.316。

LXXIV 吉莱斯，p.309。

LXXV 杰伊·坎特向唐纳德·斯波托讲述，1992年4月15日。

LXXVI 阿尔伯特·梅索斯向唐纳德·斯波托讲述，1992年3月30日。

LXXVII 艾伦·斯奈德向唐纳德·斯波托讲述，1992年5月2日。

LXXVIII 米尔顿·格林给ILS的信，1956年9月27日：MG7。

LXXIX 引自哈钦森的作品，p.78。

LXXX 玛格丽特·霍恩伯格给欧文·斯坦的信，后者在1956年12月27日通过电话转述给了米尔顿·格林，同一天留下的ILS也做了记录：MG4。

LXXXI 米尔顿·格林给约瑟夫·卡尔和欧文·斯坦的信，1956年9月27日：MG 4。

LXXXII 欧文·斯坦在1956年9月1日至3日期间留下的备忘录：MG 4和5。

LXXXIII 《每日快报》，1980年5月22日。

LXXXIV 亨利·布兰登，《性，上流社会和剧院》，《星期日泰晤士报》（伦敦），1960年3月20日，p.15。

LXXXV 引自《时代》（1956年8月6日，p.31）。拉尔夫·罗伯茨在1992年5月1日同唐纳德·斯波托进行的谈话中提到霍普金斯这几句诗是玛丽莲的最爱（她经常会在他的面前提起这几句）。

LXXXVI 引自西德尼·斯科尔斯基1957年6月14日的专栏文章；泰勒，《艺术品中的玛丽莲》，无页码；参见米勒，p.426。

LXXXVII 劳伦斯·奥利弗，《论表演》（纽约：西蒙和舒斯特出版社，1986），p.316；该作者所著的《一个演员的自白》（纽约：标准出版公司／西蒙和舒斯特出版社，1982），p.213。

第十七章 1957—1959年

1957年这一年标志着玛丽莲开始了第二次长时间缺席电影界的一段生活。

拍摄完《七年之痒》后，她于1954年退出了好莱坞，直到1956年才回归参加了影片《巴士站》的拍摄，接下来她又为拍摄《游龙戏凤》在伦敦驻扎了4个月。一年里完成两场卓越的表演后，她打算过一段远离公众的安静生活——扮演一种不同的角色。而今，她已经嫁给了闻名天下但是异常不活跃的剧作家，她想试一试纽约犹太男人的妻子这种角色，只是这个角色并不比前两个角色更适合她、更令她感到自在。

不过，她似乎别无选择。在1957年，为了一个新的身份，玛丽莲又一次扮演起支持丈夫的忠诚伴侣这种角色。为了这个角色，她一而再再而三地努力着，她的付出令人感动，但同时也令她自己感到挫败，毕竟这种角色对她来说并不现实，也不符合她的本性。这种自我贬低的生活只是在一味地倒退，毫无进步可言。

玛丽莲·梦露影业公司代表着玛丽莲所珍视的希望，在事业上保持独立、掌握自己的命运，现在公司的前途已经变得风雨飘摇，在这种情况下回归家庭妇女的生活对她来说就更有问题了，毕竟这只是她的备选方案。因此，她拼命扮演好符合社会要求但是对她来说却如同灾难一样的角色。

面对阿瑟·米勒，她有时候会用鸡汤、荞麦粥和山葵当道具，但是在当贤内助的假期里她依然给丈夫提供着经济支持，这种状况令人感到匪夷所思又啼笑皆非。玛丽莲相信丈夫是一个才华横溢的人，可是她不太看得到他发挥才能的时候。米勒偶尔才会写点东西，就算写了，也没有多少可以拿得出手的。米勒也同样意识到这场婚姻存在严重的错误。"我失去了平衡，再也不相信自己能预测她的情绪变化了。几乎就像是之前在英国她对我的美好幻想被打碎了，我在她的心里没有任何清晰可辨的形象了。"[I]米勒的这番自白实际上就是痛苦地承认自己的确给妻子造成了深深的伤害，致使她丧失了对他的信任。

不仅如此，他对玛丽莲的态度也产生了分裂。"我感到迫切需要为她写点什么……为她构思一个作品，当作给她的礼物"，[II]以赞美她美丽的容颜和复杂的性格。但是，如果说米勒将玛丽莲视作一位悲剧性的灵感女神，那么他同时也认为她"只是一个小孩子，一个遭受过虐待的小女孩"。[III]伊利亚·卡赞相信米勒让玛丽莲对未来有了一种"理想化的看法"，[IV]让她认为精英女演员就应当表演他所提供的严肃戏剧。这完全是一个男人的傲慢，这个男人在1957年这一年里发现自己的创作枯竭了。米勒不知不觉地陷入了懒散的状态，玛丽莲也没能幸免。

1月，米勒夫妇在纽约找到一套出租的公寓。公寓位于东57街444号的13楼，大楼紧邻着玛丽莲原先居住的萨顿广场南2号。在设计师约翰·摩尔的帮助下，玛丽莲又扮演了一次室内装潢师的角色。她叫人拆掉一堵墙，将两个小房间合并成一个大房间，这样就有一个客厅和餐厅二合一的空间。她还在几堵墙上挂上镜子，将剩下的几堵墙都刷成跟天花板一样的纯白色。实际上，家里的各个角落都充斥着白色：一台小三角钢琴、一个沙发、几把沙发椅、其他几样家具。这套公寓整体看上去就像是1930年代早期的电影场景，令人不禁想起了珍·哈露在电影《晚宴》里的卧室。不过，就像诺曼·罗斯滕这样的朋友记得的那样，玛丽莲始终觉得这套公寓不"对头"，在后来购置的康涅狄格州乡村别墅和在长岛租用的避暑小屋里，她也不停地对房间进行着改造，不停地更换着家具、窗帘、各种配饰和工艺品。[V]

玛丽莲习惯将自己掩藏在头巾下和墨镜背后，但是她还是经常被新邻居们认出来。在跟她打招呼的时候，邮递员和收垃圾的工人都会亲切地直呼她的名字（而不是姓氏）。"我喜欢他们这么称呼我。他们竟然知道无论是在银幕上表演还是跟他们面对面的时候，我都是认真的。"[VI]玛丽莲喜欢同陌生人和邻居们接触，其中很多人面对声名显赫的她都有些腼腆。一个住在附近的年轻女子就经常认出她，可是却不敢贸然打扰她，向她表达自己的崇拜。两个女人擦肩而过了几个月，终于在一天晚上她们打破了沉默。当时，这名女子穿着一件新外套，玛丽莲率先开了口："跟你说句话，你不会介意吧？你穿着这件外套太好看了，我实在憋不住,就是想跟你说一声。"[VII]这名年轻的崇拜者几乎流下了眼泪。

与此同时,玛丽莲同米尔顿·格林的公私关系都在迅速恶化。他们两个人都对拍摄《游龙戏凤》期间出现的问题感到愤怒,都怀疑对方不够诚实坦率,为了接下来拍摄的影片和米勒越来越多地插手公司事务的问题争执不下,而且这两个合作伙伴都在服用着五花八门的药物。但是,导致两个人关系破裂的主要原因还在于玛丽莲猛然间将效忠的对象变成了米勒,而米勒又在怂恿她将公司的控制权从他极度反感的那个男人手中抢过来。

青年作家迈克尔·科达是米尔顿的朋友,他知道格林十分痛恨米勒对玛丽莲以及玛丽莲·梦露影业公司摆出一副当家做主的态度,他也清楚自从开始服用苯妥英钠以来米尔顿的才华已经受到了严重的损害,米尔顿的身体并不需要这种抗癫痫药物,但是当时人们普遍认为这种药物能够增强大脑里的电脉冲,从而增强精力,而且苯妥英钠应该也能中和宁比泰(戊巴比妥钠)以及其他巴比妥酸盐类的药物和催眠药物的作用,因此能够抵消依靠药物睡眠产生的不良效果,在第二天通过人工手段激发出体内的能量。这种习惯最终导致米尔顿对药物产生了灾难性的迷恋,对各种药物的迷恋又形成了恶性循环。[VIII]

从另外一个比较微妙的角度而言,米勒争夺控制权的举动证明他已经没有能力继续像以前那样轻轻松松地掌控全局了。从1954年以来一直跟玛丽莲交往密切的艾米也意识到了1957年新出现的局面。玛丽莲觉得为了米勒自己只能跟他认为可以代表米尔顿的所有事情一刀两断——玛丽莲·梦露影业公司的业务、某种方式的社交生活、对影片的选择。艾米·格林说过:"但是,这中间还存在另外一个症结。米尔顿总是在贬低阿瑟,尽管他是无意的。他对阿瑟的态度就是'滚吧,去当你的好丈夫去吧''走开,写你的剧本去,让我们来打理生意上的事情'。至于米尔顿自己,所有了解他的工作的人都承认他颇有天赋,但同时他也是一个普通人,会做出可怕的举动。最终,他还是把自己给毁掉了,甚至差点把家庭也给毁了。"[IX]

玛丽莲·梦露影业公司开始瓦解,玛丽莲在日常生活中寻找着慰藉,在1957年和1958年的大部分时间里她都过着一成不变的生活。每个星期有5个上午她都要去拜访自己的精神病医生,然后做一件十分类似的事情,接受李·斯特拉斯伯格的单独辅导。碰巧,她的这两位导师都住在中央公园西路135号。

玛丽莲想换一位新的精神分析专家,取代继续为米尔顿提供心理辅导的玛格丽特·霍恩伯格。为此,她给远在伦敦的安娜·弗洛伊德打去电话,对方立即答复了她,推荐了自己从幼年时就一直交往密切的好朋友玛丽安娜·克里斯。克里斯就住在纽约,这位医生的父亲是弗洛伊德家孩子的儿科医生。就这样,当年春天玛丽莲开始接受克里斯医生的治疗。她们持续4年的交往对玛丽莲产生了至关重要的影响,但是到最后还是令她痛苦不堪。克里斯的治疗有时候的确是有益的,然而大部分时间都没能对玛丽莲起到开导作用,只是带给她更多的苦恼。

克里斯1900年出生在维也纳,原名为玛丽安娜·里。在她的童年时期,知识界为精神分析学的诞生激动不已,她就在这样的氛围中长大成人。1925年,她在维也纳取得了医学学位,接着便前往柏林继续深造。在西格蒙德·弗洛伊德的推荐下,她接受了弗朗茨·亚历山大的精神分析。等她回到维也纳后,弗洛伊德亲自完成了对她的精神分析,在此之后她同艺术史学家恩斯特·克里斯结了婚,后来恩斯特也成为了一名精神分析专家(但是在精神分析方面他不属于弗洛伊德与克里斯的社交圈子)。弗洛伊德将玛丽安娜称作自己的"养女",[x]1938年弗洛伊德夫妇和克里斯夫妇为了逃离纳粹主义一起前往伦敦。克里斯夫妇又继续前往纽约,玛丽安娜在纽约创办了私人诊所,成为一名精神分析专家,擅长将弗洛伊德儿童精神分析领域应用于临床。

1957年2月28日,恩斯特·克里斯逝世了,就在几个星期后玛丽莲开始定期同玛丽安娜见面。玛丽安娜承认这样的工作机会令她感到开心,病人越是焦虑、名气越大,她留下的笔记、构建的理论就越卓越,玛丽莲·梦露走进她的诊疗室可谓是她的一项了不起的成就。对玛丽莲来说,同克里斯的结识令她感到开心,毕竟克里斯同开创心理治疗的思想家们有着密切的交往。因此,她觉得如果说有人能够帮助她,那么这个人肯定就是克里斯。

当时克里斯正在构建一套颇具争议性的分析原则,她坚信这套原则能够帮助她预测儿童的心理发展和潜在的问题。有着一头深色头发、容貌端庄的克里斯是一个热情的实用主义者,她认为儿童是理解人类心理活动的关键因素。正如她的一位同事所写的那样,她认为"精神分析学取得的最重要的一些进步就来自儿童精神分析领域"。[xi]克里斯接受成年病人,但是她始终在强调一点——必须承认成年人的问题完全源自童年时期的经历。帮助成年人就意味着将他们当作儿童来进行治疗,这一点很重要。我们之所以有必要了解玛丽安娜·克里斯的背景和观点是因为她同玛丽莲·梦露的交往从一开始就是一个错误的建议。

玛丽莲比以往更努力地面对"真正的自我",抛开让她成为巨星"玛丽莲·梦露"的各种迷人的附加属性,直面自己的恐惧和记忆(李·斯特拉斯伯格就坚决认为这是从事表演工作的关键因素),变成一个优秀、可敬的人,而她一直觉得这对她来说是难以企及的高度。她希望自己能重新开始:嫁给一位正处在创作旺盛期的剧作家、养儿育女,然后或许再回归艺术道路。

但是,这种治疗方法明显存在危险的因素。克里斯虔诚地信奉着弗洛伊德学说,她一直在引导玛丽莲回到自己的童年时期(就像李·斯特拉斯伯格单独辅导玛丽莲时那样)。玛丽莲曾经对自己的朋友和公关家鲁伯特·艾伦说过这种治疗方法有一个千年不变的主题:她在童年时期跟自己的母亲和父亲有着怎样的关系?有哪些记忆需要勇敢面对?有哪些怨恨需要面对?克里斯强调如果一个人能够理解自己的过去,他就能摆脱过去对自己的严酷束缚。可是,玛丽莲根本不知道自己的父亲是谁,对母亲也没有多少了解,她对母性(以及自己如何做好当母亲的准备)的理解都来自于一系列母亲的替代品,从艾达·博朗代、格蕾斯·麦基到艾塞尔·多尔蒂,甚至是娜塔莎·莱特斯和宝拉·斯特拉斯伯格。

但是,分析过去并不一定会引导一个人走向未来。玛丽莲感到自己被生活拦住了去路,被困住了,生活变得一成不变,而且似乎没有人承认她的危机感并不一定像医生诊断的那样意味着精神崩溃。相反,那可能意味着她渴望自己的生活进入一个新的层次,一个尚未显露出来的更深的层次(事实的确如此)。弗洛伊德学派非常重视医学模式:危机就意味着问题的存在,必须得到解决。这种观点没有什么问题,但是其限度仅限于此。玛丽莲一直觉得让生活恢复正常的最佳方式是实践而不是口头讨论,是行动而不是谈话,因此她常常感到厌倦。但是,她所面对的都是长辈般的权威人物,因此她还是坚持接受治疗。

玛丽莲在童年时期一直是孤僻的孩子,喜欢反省自己,现在医生要求她将注意力几乎全都集中在那段不幸的时期。她就如同在跑步机上一样,和克里斯一遍又一遍地重复着自己跟霍恩伯格做过的那些事情,这一切越来越令她感到沮丧和失败。新的发现在哪里?能让她超越童年时期的新能量在哪里?解释问题不等于解决问题，一个人在现在和未来所拥有的各种可能性都孕育自自己的过去，但是理解过去的意义不一定能说服一个人接受或者改变过去的意义。*

玛丽莲对鲁伯特·艾伦说过，面对霍恩伯格、克里斯以及最后接触的一位精神分析专家，她都感到"自己好像一直在兜圈子"。"永远都是我对这个问题有什么感受，我觉得母亲为什么要那么做——不问我要去哪里，只问我曾经在哪里？可是我知道自己以前在哪里啊。我想知道的是搞清楚这一点是否对我有帮助，无论我将去往何方！"XII

弗洛伊德学说的基本原则的确提供了一些真知灼见，但是被大量用在诺玛·珍妮·莫泰森／玛丽莲·梦露这种人身上的时候，这套原则根本无效。过度的反省让原本就不自信的玛丽莲变得更加没有自信了。外界强塞给她一套有意识的知性主义，这种偏重理智的思维压垮了她，迫使她进一步缩回到自己的世界里，为此她得到的回报只是直觉受到了削弱。因此，理论和现实被混为一谈，分析过去的尝试促使玛丽莲先是没完没了地唤醒自己痛苦的记忆，然后还要努力挖掘这些记忆蕴含的意义。可是，这些记忆模糊不清、断断续续，所以她才会不断地告诉自己的朋友苏珊·斯特拉斯伯格要是回答不了克里斯的问题，好吧，那她就瞎编一个听上去有趣的答案。玛丽莲肯定也知道，这么做只会适得其反。这种严谨的弗洛伊德主义在1950年代大行其道，但是对玛丽莲毫无帮助，每周五次的治疗模式加重了玛丽莲跟小孩子一样的依赖性。令人感到奇怪的是，克里斯跟霍恩伯格一样，在长达4年的治疗过程中似乎一直无法减轻玛丽莲对安眠药日趋严重的依赖性。至于米勒，他的家人和朋友都承认在这个问题上他"过于冷漠"，"[对玛丽莲]异常缺乏体贴和欣赏。他对人感兴趣，但是对单独的某个人毫无兴趣"。XIII

丈夫认为她"只是一个小孩子"，正在工作方面逐步控制她；精神病医生将

---

* 在这一点上，人们往往会想起1922年一个迷人的时刻。当时，英国的考古学家们正在挖掘埃及的法老墓，在一个公元前18世纪的木乃伊的棺椁里，专家们发现除了常见的人造物品，棺椁里还有一棵小树苗。经过考古队里一名队员的栽种和培育，很快幼苗就茁壮地长成了一株小小的刺茉树。

第十七章　1957—1959年 | 413

已经把自己的过去埋葬掉。她当作小女孩进行治疗，父母的替代品（斯特拉斯伯格夫妇）幻想自己是她的知识向导，面对这些人，玛丽莲难以找到能够帮助她应付成年时期的机制。

每一次结束了同克里斯的谈话后，玛丽莲都会钻进电梯，直接去李·斯特拉斯伯格那里。李带领她进行了一系列的"感知记忆"练习，这种练习要求她用小孩子的方式体会和表演。她扮演过饥饿的婴儿、孤独的流浪儿、困惑的女学生、年轻的新娘，李告诉她这种练习能够释放出她"真正的悲剧力量"。玛丽莲之所以相信李的说法是因为她需要相信他，就像霍恩伯格和克里斯一样，李也让她越来越离不开自己了。正如伊利亚·卡赞目睹的那样，李还说服玛丽莲把其他能够对她施加影响力的人——教师、导演，甚至她的丈夫——都视作敌人。[XIV]

结果不难想见，玛丽莲越来越为自己感到担忧。李为她树立了高得离谱的目标（李说也许很快她就能扮演麦克白夫人这个角色了），她曾对诺曼·罗斯滕说过："李让我学会了思考。李说我必须面对自己在工作和生活中碰到的问题——我怎么才能演、我为何而演的问题，对于这些问题我没有什么把握。"[XV] 她的声音中充满了对导师的敬畏。李说她的各种情绪、沮丧和愤怒都将成为她的表演工具，为了实现这种转换，他让她不断地碰触着自己的过去。很快，玛丽莲就走投无路了，部分原因就在于她同时接受两个人——而不是一个人——的治疗。其实，她需要的并不是将自己封闭在自我审视的牢笼里，而是逃出这个牢笼。

3月，在演员工作室的一堂课上，玛丽莲的这个问题几乎以可悲的方式凸显出来。当时，她被要求演一场戏，在戏里还得唱一首歌。玛丽莲站在同学们面前，用哆哆嗦嗦的声音唱了起来："只要还有你，我就可以活下去……"突然，教室里变得鸦雀无声，因为玛丽莲哭了起来。她并没有慌乱，而是将注意力集中在台词和歌曲上，任由眼泪顺颊而下。教室里的所有人都以为玛丽莲完成了一场精彩的演出，其实她只是被吓坏了。她不是在表演，只是对李的评价感到担心而已。

对于米勒和斯特拉斯伯格夫妇，苏珊后来说过他们都非常反感对方。"我猜不出这究竟是出于竞争的心理，还是因为[米勒]想要完全控制玛丽莲。人似乎分为两种类型：一种人渴望掌握控制权，就像我的父亲和阿瑟；一种人渴望得到认可，就像[宝拉、]玛丽莲和我。"[XVI]玛丽莲的朋友们第一次看到她的体重有所增加。她喝酒喝得很厉害，还频频感染上各种病毒。

大约在4月1日，玛丽莲观看了经过剪辑的第一版《游龙戏凤》。她怒气冲冲地向自己的新秘书梅·里斯口述了一封内容详细的长信，这大概是她一生中留下的唯一一封长信。里斯曾为米勒做过秘书，现在又开始为玛丽莲工作（因为米勒不需要她了）。在给杰克·华纳的这封信中，玛丽莲表示："这不是你上一次[即前一年冬天在纽约]看过的片子。"

> 照现在的情况看，我担心这部片子不会像我们所有人公认的那个完美版本那么成功。特别是片子前三分之一的节奏太慢了，蹩脚的镜头没有了，取而代之的是更加平淡的表演，这些表演缺少了你在纽约看过的那种活力和光彩，结果就导致一个又一个笑点都变得毫无可笑之处了。一些跳格剪辑的片段彻底抹消了笑点，就比如昏倒的那场戏。加冕的戏跟之前一样长，要不就是更长了，把剧情都给淹没了。美国观众可不会像英国观众那样看到几块彩色玻璃窗就能被感动，我们拿给他们看的将是一部无聊的片子。我很吃惊，竟然那么多的地方完全没有音乐，这可是一部爱情片啊。我们拍的胶片足够做出一部伟大的影片，只要能像之前的那一版就行。我希望你能竭尽全力拯救咱们的这部片子。[XVII]

这显然是一位经验丰富的专业人士做出的清醒冷静的评价，而不是一个无知糊涂的女演员的胡言乱语。

但是，这番评价跟她在伦敦观看粗剪版本后的反应大相径庭，实际上供她审阅的正是之前那一版。根据玛丽莲·梦露影业公司和华纳兄弟公司档案库里的所有记录判断，玛丽莲这么做是为了暗示米尔顿背着她对影片进行了重新剪辑。这种做法在很大程度上受到了米勒的怂恿，后来发生的诉讼都白纸黑字地记录下了米勒的干预。

玛丽莲首先指出在跟奥利弗和剪辑师合作的时候，米尔顿就应当消除后期制作过程中可能出现的一些问题；接着，她又坚决表示合同中没有规定应当将米尔顿的身份写作"执行制片人"，而且他也不配得到这个头衔。就像他们在美国音乐公司的代理人杰伊·坎特后来说过的那样，其实在影片开拍之前合同里就已经清楚地写明了米尔顿的头衔,玛丽莲·梦露影业公司和华纳兄弟公司在1956年签订的相关合同也清楚地表明了这一点。是向来不会任由别人抢功的奥利弗改变了主意,得知米尔顿要求在演职员中得到执行制片人的头衔时,他表示了强烈支持。米尔顿要求得到这个头衔并不是出于满足虚荣心的需要,而是为了自己作为电影制片人的前途。

无论是情感方面还是工作方面,玛丽莲都渴望同米尔顿断绝关系、只和米勒保持统一战线,因此她不顾事实,拿米尔顿的头衔做了一番文章。玛丽莲在表演方面的才能不断得到提高,但是在制定连贯、正确的商业决定方面她的能力毫无长进,而且她也没有能力承认自己拼命讨好丈夫(米勒只想尽可能地掌握控制权)的举动并不符合她对婚姻本身的了解和本能判断。

4月11日,玛丽莲通过米勒的律师小罗伯特·蒙哥马利发表了一份声明,表示一直以来米尔顿对玛丽莲·梦露影业公司经营不善,在一些合约的事情上向她提供了错误的信息,在她不知情或者没有得到她的同意的情况下悄悄地进行了一些交易的谈判。因此,她很快将宣布新的董事会成员名单。正如米勒之前指出的那样,她拥有公司股票的50.4%,米尔顿只拥有49.6%。[XVIII]

5天后,他们在蒙哥马利的律师事务所里召开会议,玛丽莲在会上宣布玛丽莲·梦露影业公司的副总裁米尔顿格林、律师欧文·斯坦和会计师约瑟夫·卡尔即刻被解雇,他们的职位分别由小罗伯特·蒙哥马利,米勒的妹夫乔治·卡普奇克和米勒的朋友乔治·莱文接替,莱文是一名环卫工,还兼职销售地毯。[XIX]至于米尔顿是否应当拥有制片人身份的问题,就连蒙哥马利都坦率地对自己的同事约翰·沃顿说过"对于米尔顿在演职员表上的头衔问题,玛丽莲太不理智了"。[XX]

米尔顿在公开场合所做的回应不失尊严,并且还夹杂着一丝受伤和震惊的意味:

> 玛丽莲似乎不想继续发展我们计划的项目。我正在找律师,[不过]目前我并不想做出有可能对她的事业造成损害的事情。我已经把一年半的时间全都贡献给了她。实际上,我连摄影工作都放弃了。[XXI]

面对米尔顿的回应,玛丽莲没有乱了阵脚,她也同样做出了公开回应。她发表的观点是米勒和蒙哥马利草拟的,丝毫不符合她一贯的风格,也不符合事实。

他很清楚一年半来我们一直争执不断,他也清楚是为了什么。身为公司总裁以及公司的唯一收入来源,我一直不知道他自封为《游龙戏凤》一片执行制片人的事情。我的公司不是为了方便职员沽名钓誉创建的,我无意参与这种事情。我的公司不仅仅是为了将我49.6%的收入分给格林先生而创建的,公司的目标还包括制作更上乘的影片、改进我的工作、确保我的收入。[XXII]

玛丽莲的旗帜很鲜明。她期望同阿瑟·米勒开始新的生活、新的事业,因此她听信了某些人的劝说,认为自己再也不需要米尔顿了。米尔顿为了她付出了大量才华,现在这个女人突然如此亏待他。诚然,米尔顿跟玛丽莲有着同样危险的弱点,甚至有可能还助长了她的这些弱点,但同时他也帮助她摆脱了电影公司的奴役、组建了自己的公司,正是在这家公司里她极其成功地亲自挑选并饰演了可以说是职业生涯中最精彩的几个角色。他们还讨论过未来打算拍摄的一些影片,其中包括一部和查理斯·卓别林合作的影片,卓别林对此有着强烈的兴趣。现在,一切都毁了。

杰伊·坎特说过:"事实就是米尔顿突然间就被打入了冷宫。"[XXIII]艾米·格林并不是一个盲目无视丈夫的错误和弱点的女人,但是她后来也说过玛丽莲坦白地告诉她"阿瑟把我唯一信任过的一个人——米尔顿——给赶走了",[XXIV]可是玛丽莲觉得自己无力反抗米勒。导致这一切的根源其实都在于玛丽莲对自己嫁给米勒的事情感到沮丧和悲伤,她将这些情绪基本都转嫁到了米尔顿的身上。颇有讽刺意味的是,这时玛丽莲发现自己又面临着跟以前一样的处境了。她曾经任凭米尔顿将自己的朋友塞进公司,担任各种高级职务,现在米勒也做出了同样的事情,但是他找的人远不如米尔顿的朋友称职。玛丽莲感到愤怒,也表示了抗议,但是比起1954年,她在1957年依旧没有花费太大的精力掌控自己的事业。

到了4月,玛丽莲已经怒不可遏了。在一场社交聚会上,米勒夫妇见到了阿瑟·雅各布斯,玛丽莲"大喊大叫地骂着我和杰伊[·坎特],说我们是'那个人渣格林先生的人渣朋友,那个人渣给我找了个想要跟我作对、为他卖命的精神病医生!'"(雅各布斯语)[XXV]

玛丽莲·梦露和米尔顿·格林此后再也不曾见过面。律师们继续交战了一年的时间,最终玛丽莲以10万美元的价格收购了米尔顿持有的股份——米尔顿两年多来的工资。米尔顿重操旧业,恢复了摄影工作,但是痛苦的幻灭感折磨着他,接下来多年里他对酒精和药物的依赖越来越严重。不过,在公开场合里每当提到玛丽莲的时候他的态度永远很客气:

> 她超级敏感,对工作兢兢业业,不管人们是否意识到了这一点,事实的确是这样的。她成功地把《游龙戏凤》坚持下来了,在《巴士站》中也有着非常了不起的表现。我的工作就只是信任她。她是一个不可思议、非常了不起的可爱女人,我想理解她的人没有几个。XXVI

欧文·斯坦和约瑟夫·卡尔此后都没有再跟任何一家电影公司打过交道。卡尔成了一名独立执业的私人会计师,直至去世。斯坦出任了爱尔金钟表公司的董事长,1966年的一天晚上,就在快到家的时候他心脏病发作,驾驶的轿车撞在一棵树上,当场身亡,终年52岁。

在不多的几次公开露面中,玛丽莲一如既往地摆出一副轻松快活的模样。她支持的慈善活动包括5月12日在布鲁克林的埃贝茨球场举行的一场全明星橄榄球赛,在这场美国对以色列的比赛中,她踢出了开场球。由于穿着露趾鞋,欣喜之下她用力太大,结果两根脚趾被扭伤。为了给获胜的队伍颁发奖杯,她还是毫无怨言地坚持到了比赛终场。

然而,在这个月接下来的时间里,由于跟米勒一同前往华盛顿,玛丽莲在情感上——身体安然无恙——经受了一场折磨。由于在前一年藐视国会的传唤,米勒不得不出庭受审。法院2月就已经通知了米勒正式起诉和审判日期,米勒的律师约瑟夫·劳最终还是准备进行抗辩。一旦官司打输了,米勒有可能就要面临着2年的监禁和2000美元的罚款。审判从5月13日开始,在24日结束,在此期间米勒夫妇一直住在劳夫妇家(约瑟夫和奥利亚)。

提起往事时,奥利亚说过:"她什么事情也不想做,一门心思只想着支持丈夫。每日每夜,她问的全都是有关这场官司的问题。当时,她没有电影可拍,但是看上去她对这种状况一点也不担心。"当米勒和约瑟夫去参加听证会的时候,玛丽莲"就从书架上拿书看——她挑中的书全都跟精神病学有关"。XXVII

在审判的最后一天,约瑟夫·劳提出的辩护意见是拒绝回答不相关的问题并不是一种应当受到惩罚的罪行,玛丽莲出色地抵挡住了记者们的攻势。她管奥利亚要了一杯雪利酒，戴上白手套（"我还没有做指甲，肯定有哪个女人会注意到我没有涂指甲油"），看到白裙子底下隐隐地透出内裤的痕迹，她立即脱掉了内裤，然后便走出房间，去面对记者了。她告诉他们自己待在华盛顿是为了亲眼见证丈夫被证明是无罪的。但是，5月31日，即玛丽莲和丈夫返回纽约后，由于在1956年两次没能接受众议院非美活动调查委员会的质询，米勒被宣判有罪。上诉的准备工作和终审又花了一年的时间。

这一年的夏天，米勒夫妇大部分时间里都过着安静、懒散的日子。他们在靠近长岛尽头的阿默甘西特租了一座小房子，米勒忙于几部作品的创作，玛丽莲在岸边散步、读诗、拜访住在附近斯普林斯的罗斯滕夫妇，偶尔才会在纽约亮亮相，例如应邀参加了时代生活集团办公大楼的动工典礼。

玛丽莲在这个夏天时而兴奋、时而抑郁，米勒与诺曼·罗斯滕都认为这意味着她的精神状况不太稳定。一只受伤的海鸥会令她流下眼泪，看到一条流浪狗在乡村小道上溜达她就会停下车，他们觉得这些表现过于敏感、过于脱离现实。听到别人说起猎鹿季节的话题时，她愤怒地宣称这是一种杀手的游戏。最令她开心的事情莫过于跟小帕蒂（罗斯滕夫妇的女儿帕特里夏）一起打网球或者玩室内游戏，当米勒的孩子简和罗伯特来探望父亲时，她也常常热情地招待他们。

事实上，没有多少名人会像玛丽莲那样把面对公众的大量时间都用在针对小孩子的慈善活动上。在这一年，除了其他活动，她还亲自为婴儿母乳基金会和畸形儿基金会卖过入场券并参加募捐会。跟小孩子在一起的时候，她总是很放松，对他们充满了同情，总是愿意倾听他们的心声，询问他们的需求，记下他们的姓名，过后还会给他们寄去玩具和礼物。小孩们根本不知道玛丽莲有多大的名气，也不会向她提什么要求，但是却会让她当一当妈妈，哪怕只有片刻的时间。比起成年人，玛丽莲更了解小孩子，就像帕特里夏·罗斯滕和米勒的孩子，他们不需要她花费太多的时间，也不需要她过多的关注。艾伦·斯奈德说过："她太喜欢小孩子了。我女儿、其他人的孩子，她都喜欢。我相信，要是她有自己的孩子照顾、抚养的话，她会受益无穷的。"[xxviii]

但是，这一年的夏天玛丽莲也经常躲开所有人，独自待上几个钟头。她对华盛顿的判决感到十分痛苦和愤怒，同时又担心还得再花费很长的时间经历一次

第十七章　1957—1959年 | 419

审讯、同律师会面的过程，以及各种费用的问题，毕竟所有的费用都得由她支付。7月里的一天，她悄悄地告诉米勒一位医生确诊她怀孕了，所有人都不记得她曾如此开心过。听到这个消息，米勒注意到她的身上出现了"一种新的信心，一种[他]从来没见到过的平静"。[xxix]

然而，怀孕戛然而止。玛丽莲，8月1日，由于一阵剧痛她倒下了，一度陷入了昏迷。家人叫来救护车和医生，她被急匆匆地送进曼哈顿声誉卓著的"医生医院"。经过诊断，医生发现她出现了异位妊娠的问题，胎儿生长发育在输卵管里。这一年8月失去孩子的事情对玛丽莲的信心和成熟感都造成了伤害，她告诉苏珊·斯特拉斯伯格和其他一些人她觉得自己很无能、一无是处。就连她的身体似乎都在指责她不适合当一个成年人。

10天后，玛丽莲回到家里，她打定主意要证明自己能够为米勒扮演好贤妻的角色，仿佛她在情感和身体上面临的一切障碍不仅对她的生存构成了挑战，而且还要求她战胜这些困难。在为罗克斯伯里那套房子讨价还价的最后阶段，米勒和玛丽莲设计了一套详细的方案，打算对这座简朴的房子进行一番有些异想天开的改造。当时，弗兰克·劳埃德·赖特为古根海姆博物馆设计展馆的工作正在收尾。赖特住在广场酒店，就在酒店里他同玛丽莲见了面，见面的时候玛丽莲已经有了一套宏大的设想。她构想的是一座很大的房子，里面有游泳池、放映室、婴儿的卧室、衣帽间，她还为米勒设想了一间豪华的书房。赖特画出了草图，但是造价太高，最终计划没能实现。米勒夫妇终于安下心来，决定对原有的房子只做修缮更新。

不过，其他的构想实现了。读了米勒当年发表在《君子》杂志上的短篇小说《乱点鸳鸯谱》后，萨姆·肖建议将小说改编成电影剧本。这篇小说的主人公是三个在内华达荒野中以捕捉野马为生的流浪汉，他们捉到的野马会被做成狗罐头。故事里有一个跟他们一样居无定所、四处漂泊的女人，但是这个女人本能地认为生命是神圣的。肖表示这篇小说可以被拍成一部严肃的影片，玛丽莲可以在里面扮演一个角色，这个角色将会确立她作为戏剧演员的地位。米勒另有打算——何不改编1930年那部帮着玛琳·黛德丽一跃成为国际明星的《蓝天使》？肖表示了反对："听着，阿瑟，你写了一个非常精彩的故事，干吗不把它拍成电影？这可是原创的东西，很有希望，对你俩都适合。"

这一年的秋天，米勒开始根据自己的小说撰写分镜头剧本了。他一边写，玛丽莲一边读，读到幽默的片断时会哈哈大笑起来，有时候就一声不吭地思考着故事里的人物和主题。罗斯琳·塔伯住在离婚率全球最高的里诺镇，离异的她改变了几个男人的命运，玛丽莲不确定这个角色是否适合自己，不过她没有将自己的怀疑告诉米勒，只是不断地鼓励米勒继续写下去。

在1957年的圣诞节，玛丽莲跟往常一样大方得过了头，拿出一大笔存款给很多人买了礼物。米勒得到了一套新的《大英百科全书》；苏珊拆开的礼物是夏加尔的一幅素描。她给李准备的是书和唱片，送给宝拉的是带着钻石卡扣的珍珠项链，这还是她1954年和乔·迪马吉奥度蜜月时日本天皇送给她的礼物。宝拉感动得热泪盈眶："她知道我有多么喜欢这些珍珠。瞧，她竟然送给我了！"[xxx]最奢华的一份礼物是送给约翰·斯特拉斯伯格的。约翰当时只有18岁，玛丽莲觉得他总是一副闷闷不乐的样子，眼里只有家里人，对外人总是视若无睹。她平静地在转让文件上签了字，把自己的那辆"雷鸟"送给了约翰，她知道他很想拥有一辆自己的轿车，只是无力承担这样的开销。

* * *

1958年的头几个月里，米勒夫妇的婚姻一直弥漫着阴郁、紧张的气氛。《乱点鸳鸯谱》开篇的几稿都不尽如人意，米勒一下子陷入了紧张抑郁的情绪中，他的妻子也尚未适应无所事事的郊区生活。奥利亚·劳说过："阿瑟不停地写啊写、写啊写，可是写出来的都不值一提。与此同时，她还是努力地保持着低姿态，她觉得他是个了不起的人，他就应该干写作这一行。"[XXXI]玛丽莲和米勒无疑会冲对方说些气话，有时候甚至都不避讳外人，斯特拉斯伯格夫妇就记得这样的情形。玛丽莲知道李·斯特拉斯伯格和阿瑟·米勒彼此都保持着警惕和怀疑，也都在对方面前感到不自在，因此他们之间无法建立起良好的交往，她一直在努力缓解这两个男人的消极态度，但是她的调解毫无成效。

苏珊还记得，当米勒的父母和斯特拉斯伯格夫妇来做客的时候，玛丽莲不止一次地变得神经紧张、充满敌意，然后就突然冲着丈夫发一顿火（往往没有什么明显的原因）。面对妻子的谩骂，米勒只会一言不发地离开房间，不会还嘴。由于无礼的举止和对米勒的羞辱而受到别人的责备后，玛丽莲就会感到懊悔:"如果说我不应该用那种方式跟他说话的话,他怎么不给我几巴掌?他应该给我几巴掌才对啊!"[XXXII]在他们刚刚结婚的那段日子里,玛丽莲受到过这样的惩罚,现在她希望自己也能受到同样的对待。诺曼·罗斯滕说过在外人面前他们只会摆出一副"婚姻和睦的假象",[XXXIII]即使在罗斯滕夫妇这样的朋友面前也不例外。米勒的反应大多都是去睡觉,以此逃避妻子——"躲起来",因为他"比以往任何时候都想得开了"(诺曼语)。[XXXIV]

玛丽莲无法督促丈夫写出更好的作品或者加快写作的速度,也无法给他一个孩子。实际上米勒对孩子的渴望并没有妻子那么强烈,他在自己的回忆录中承认了这一点。无论她对这件事情有什么想法,她至少觉得自己是一个没用的缪斯、一个失败的伴侣。长时间不参加电影拍摄、休假在家的日子让她变得很容易动怒,1958年没过几个月她已经渐长的酒量也因此变得更大了。3月她至少有一次差点就遭遇了不幸。当时,在她罗克斯伯里的家里被绊倒,从一段楼梯的中段滚了下去,好在只有一只脚踝出现了淤血,右手掌被威士忌酒杯的碎片划破了一道口子。[XXXV]

诺曼·罗斯滕还记得,有一次她在曼哈顿的公寓里举办了一场聚会,其间她独自坐在那里呷着酒,显然"思绪脱离了周围的环境,在自己的白日梦里飘荡着"。[XXXVI]罗斯滕走过去,她说:"今晚又难以入眠了。"她觉得酒能麻醉自己。同样地,服装设计师约翰·摩尔也记得在一个星期天早上自己去玛丽莲的公寓为她试衣服,见面时她冲他露出了一个狡黠的笑容:"女佣不在家,咱们可以给血腥玛丽里多掺点伏特加了!"[XXXVII]

烈酒常常让玛丽莲病倒,喝上一两杯中度的烈酒也就差不多了,她更喜欢香槟,这种酒不会让她产生恶心的感觉。但是,她的酒量越来越大,而且也没有什么特别强烈的目标逼迫自己为好莱坞保持最佳状态,因此很快她的体重也增长了,通常只有115磅(约合52.2千克)的她一度增加了18磅(约合8.2千克)。到了4月,她同意发表的不多几张照片显示出她最新的着装习惯——用舒适的黑色衬裙或者"布袋裙"(直筒宽松裙)巧妙地掩藏赘肉。世界各地的媒体对她的这种风格表示了强烈的反对,美联社在报道中谴责道:"她不应该穿这件衣服,看上去太糟糕了。"[XXXVIII]约翰·摩尔也同意这种看法,他给玛丽莲看了一篇他从德国报纸上剪下来的报道,试图以这种迂回的方式让玛丽莲了解到他和外界的这种共识。这篇报道表示穿着宽松衬裙的玛丽莲·梦露看起来就像待在桶子里似的。玛丽莲被逗乐了,但是她回避了主题,只说出了一个有趣的结论:"我还没去过西柏林呢!" xxxix

她也像是从来没有去过好莱坞似的。那个瞬息万变、没有多少记忆力的世界几乎已经将她淡忘了。1958年4月,此时距离她上次在美国拍摄电影已经过去将近两年了,这段时间各大电影公司的经理们并没有屏气凝神地等待着她的回归。相反,他们制造出了一堆复制品,他们给不断冒出来的一大批金发美人仿冒品穿上了玛丽莲·梦露早期穿过的服装。*

不过,经纪人随时都在提醒玛丽莲这些威胁的存在和新的变化。到了5月,玛丽莲已经准备面对重返好莱坞的提议了,除了跟玛丽安娜·克里斯谈话、聆听李·斯特拉斯伯格的教导之外,她还想做一些别的事情。她想把自己从1956年以来学到的知识——她希望自己已经学有所成——付诸实际工作。玛丽莲唯恐自己的生活失去了目标,她觉得心理治疗和表演课程为她指出了各种方向,但是这一切全都只是纸上谈兵而已。正如她对萨姆·肖和苏珊·斯特拉斯伯格所说的那样,现在她渴望"积极一些,做些事情,改变自己"。她已经失去了一个孩子,又无奈地放弃了建造新家的计划、深陷于一段枯燥乏味的婚姻中,但是凝视着镜子,她看到的是一个年龄不过32岁、依然那么可爱的女人,只是这个女人有些浮

---

* 例如,在福克斯公司,珍·曼丝菲就将漂染头发的需求提高到了极致,这位女星还穿上了玛丽莲在影片《绅士爱美人》中穿过的那条非常有名的金光缎裙子;谢瑞·诺丝继承了玛丽莲在同一部影片中穿过的那条带有红色珠子的长裙。她在另外两部影片中穿过的紧身胸衣被环球国际电影公司借去给玛米·范多伦穿,在《大江东去》中穿过的束身衣被交给拍摄《波德河》的科里恩·卡尔弗特了,在《七年之痒》中穿过的白色褶裥裙在《单身公寓》里的罗赞·阿伦的身上飞旋起来,她在其他几部影片中穿过的剧装也被芭芭拉·尼科尔斯用在自己的几部影片中。哥伦比亚公司让克莱奥·摩尔模仿玛丽莲的姿势走路;在米高梅、雷电华和其他几家公司,芭芭拉·兰、乔伊·兰辛、戴安娜·朵丝和贝弗莉·迈克尔斯都不得不一个钟头接一个钟头地观看玛丽莲的影片片断,仔细研究她的言行举止。就连西德尼·斯科尔斯基对玛丽莲的一个替代品表示过支持。在这些女演员里,绝大多数人自始至终都没有得到机会看一看除了模仿一个无法模仿的人,自己是否还有能力做其他的事情。

肿、苍白、疲惫。她听从了美国音乐公司那些人——卢·瓦瑟曼、杰伊·坎特和他们的另一位同事乔治·蔡辛——的建议。

一开始，这几位经纪人告诉她福克斯公司翻拍音乐剧《康康舞》，由她和莫里斯·切瓦力亚担任主演，她和法兰克·辛纳屈主演的《魂断情天》以及根据威廉·福克纳的长篇小说《喧哗与骚动》改编的电影也都被提上了讨论的日程。玛丽莲的经纪人说，没错，这些片子都不会让她再面对她所痛恨、不愿接受的那种角色类型，就像《绅士爱美人》里的罗莉拉·李、《愿嫁金龟婿》里的波拉和《七年之痒》里那个无名无姓的女孩。

就在他们考虑这些影片和其他一些拍摄计划的时候，比利·怀尔德给玛丽莲寄去了自己和 I. A. L. 戴蒙德合写的一份电影大纲，这份两页长的大纲是根据一部年代比较久远的德国闹剧改编的。《热情似火》这部影片将会被拍成一部令人捧腹的喜剧片，剧中的年代背景被设定为"咆哮的20年代"。故事讲的是两位乐手在情人节这一天无意中目睹了一场残忍的凶杀事件，为了躲避杀手，他们成功地将自己乔装改扮成女人，还加入了一支女子乐队，乐队里有一名弹奏尤克里里的金发女子秀珈·凯恩。这部影片笑料百出，饰演秀珈的玛丽莲将演唱几首歌，尽管这个角色也属于她想要抛在身后的那种类型，但她非常信任怀尔德的判断力以及之前得到证明的谈判能力。到了春末，玛丽莲方面接受了10万美元的报酬，另外她还将拿到一笔具有历史突破性的分成，即影片毛利润的10%。她认为在米勒完成《乱点鸳鸯谱》之前的一段时间里，他们完全可以轻轻松松地拍完这部影片，而且获利非常丰厚。[XL]

7月7日晚上，玛丽莲在阿默甘西特告别丈夫，于次日上午赶到洛杉矶，秘书梅·里斯和宝拉·斯特拉斯伯格陪在她的身边。记者和摄影师都注意到了玛丽莲的白金色头发、白色的丝绸衬衫、白色的裙子、白色的鞋子和白色的手套。当她一脚踏进南加州的晨光中，太阳都黯然失色了。

宝拉又一次出现在了玛丽莲的身边，对于她的出现玛丽莲用一贯尖锐坦诚的态度对自己做了一番剖析：

因为她给我了很多信心，对我的帮助很大。你们都明白，我学东西很慢，但是我对工作的态度很认真；作为演员，我经验不足，在片场无法在跟朋友或者同事们聊完天后立即就投入进剧中的情境。拍完一场戏后，我喜欢直接回到更衣室，把注意力集中在下一场戏上面，让自己的脑袋始终保持在一个频道上。我羡慕那些来者不拒、刚刚说完聪明的俏皮话、开怀大笑完就立即在摄像机前入了戏的人。我心里惦记的就只有我的表演，我努力按照自己的理解做出最好的表现。宝拉给了我信心。[XLI]

54岁的梅·里斯是一位十分聪明严谨、值得信赖的助手，先后为伊利亚·卡赞和阿瑟·米勒当过助理，直到1955年。她9岁就失去了父亲，从此承担起照顾患病的母亲和祖母的重任，从十几岁起就开始打工、赡养母亲、祖母和弟弟欧文，后来欧文成为了一名电影导演（作品包括根据米勒的《都是我的儿子》改编的电影）。截至1958年，她已经帮着玛丽莲处理在纽约的秘书工作将近3年了，在57街的办公室里给影迷们回信、提醒她日程安排、接听电话、配合玛丽莲的经纪人和公关人员的工作。据梅的弟妹范妮莎·里斯所述，梅之所以答应陪同玛丽莲前往好莱坞参加《热情似火》和接下来两部影片的拍摄工作"是因为梅孤身一人、没有成家，所以玛丽莲就占据了她的生活，成了她的工作和责任。她知道玛丽莲很难伺候，不过她也知道明星们都很难伺候"。[XLII]

就在那天下午，梅开始了新的工作。玛丽莲和梅急匆匆地赶到贝弗利山酒店，同比利·怀尔德以及联袂主演的托尼·柯蒂斯、杰克·莱蒙和乔治·拉夫特一起出席记者招待会。幸好，暂时玛丽莲会住在这家酒店（试服装、试妆、学习尤克里里），在高德温制片厂拍摄室内戏期间也是如此。8月初，剧组开机了。玛丽莲一如既往地陷入紧张的情绪，不过华盛顿和纽约传来的消息令她大为放松，在联邦上诉法院，约瑟夫·劳打赢了官司，推翻了法院针对米勒藐视国会传唤做出的一审判决，他提出的理由是米勒当初不太清楚自己为什么必须接受国会的质询。

刚开始，玛丽莲、导演和其他几位主演的精神都很饱满。6年来，玛丽莲拍的都是彩色影片；现在，跟福克斯公司签订了新的合同，她自然而然地以为《热情似火》也同样是一部彩色影片（尽管这是联美电影公司的影片）。然而，这部影片不是彩色影片。怀尔德告诉她这部片子只能拍成黑白片，否则剧中两个男扮女装的男人就会显得花哨得离谱，说服不了观众。玛丽莲一开始不太相信这种说法,试拍一小段之后一切就一目了然了。从此之后,拍摄工作就始终洋溢着一股和睦、乐观的气氛,每一个人都开心得几乎到了亢奋的程度。

怀尔德还注意到作为演员的玛丽莲成熟了,他说过:"在道白方面,她有了天然的直觉,而且还有一种奇怪的能力,能够给台词添加一些味道。"宝拉发挥了作用。"这一点毫无疑问。宝拉给玛丽莲带来了安全感,这正是她在拍摄期间所需要的——娜塔莎给她带来的那些不合时宜的难题都不存在了。"鲁伯特·艾伦说。

尽管如此,怀尔德还是发现

> 跟玛丽莲合作仍旧不是一件轻松的事情。她一直迟到,要求一遍又一遍地重拍——毕竟斯特拉斯伯格夫妇告诉过她重复、重复、再重复,直到自己觉得完美了。唉,现在她就让我们把一场戏拍了一遍又一遍,我们原本不算紧张的预算就跟火箭似的一下子蹿了上去,剧组成员的关系也变得很别扭,我自己也处在崩溃的边缘。说实话,她完全不可理喻——不只是难以相处的问题。没错,最后的片子物有所值,可是在拍摄的过程中我们甚至一直不太相信片子最终还能拍完。[XLIII]

换言之,《热情似火》开拍伊始剧组成员之间的情谊冷却了。和玛丽莲的对手戏最多的就是杰克·莱蒙和托尼·柯蒂斯,在一场戏被拍了10遍甚至15遍后,这两位男演员都感到厌烦,也越来越疲惫,每一次都是拍到一半的时候被玛丽莲喊停,她会为自己说错了一个词生气甚至火冒三丈,更多的时候她要求重拍只是因为她坚信自己能把这场戏演得更好一些。"这么做有时候会把原本一个小时就能拍完的戏拖上三天时间,因为每拍坏一条她就会哭起来,这样就又得重新化一遍妆。"此外,赶到片场时玛丽莲根本没有背住自己的台词,剧组只能为她写一些提词卡或者将写有台词的小纸条贴在道具上。

玛丽莲比莱蒙与柯蒂斯小一岁,可是她唯恐自己会显得比他们大很多,她的理由很荒谬——剧中滑稽的服装有可能让他们显得像是大学男生。艾伦·斯奈德说过:"无论什么事情她都能挑出毛病。她会说自己的眉毛不对劲,或者是口红——不能有丝毫的差错。"[XLIV]看到她姗姗来迟,剧组成员甚至都有可能对她感恩戴德,庆幸她终于还是来了。玛丽莲活在她那位诗人朋友诺曼·罗斯滕所说的"玛丽莲时间"里。[XLV]

莱蒙说过："比利给她的指导非常好，我从来没听到过那么精彩的指导，可她还是觉得没有一句是管用的，除非她觉得没问题了。她只会一遍又一遍地说：'抱歉，我得重来一次。'要是比利说：'玛丽莲，这样吧，也许你可以……'听到这种话，她就会说：'等一下，比利，好了，别跟我说话，不然我会忘了我想怎么演这段了。'不止一次，我差点就崩溃了。谁都没法提醒她，让她知道自己现在是在工作。不到完全准备好，她就没法开拍。"[XLVI]

托尼·柯蒂斯更直接，他说过亲她就像是在亲希特勒。柯蒂斯的意思大概是任何人都不可能觉得跟她接吻是一件有趣的事情，除了爱娃·布劳恩（希特勒的情妇）。对此玛丽莲的反应是："嗯，我觉得这是他的问题。要是跟对我有感觉的人拍亲热戏，我的幻想就能入戏。换句话说就是，表面上我面对的是对方，内心里面对的是我自己的幻想。可是他终都不到位。"[XLVII]然而，为了让自己的幻想能够说服自己，玛丽莲还是得把一场戏拍上几十遍，像她常常挂在嘴上的那样，直到她看上去光彩照人、跟角色"有机地"[XLVIII]融合在了一起，到了这个时候柯蒂斯就已经累得目光呆滞、声音嘶哑了。

就连罗斯滕这样忠诚的朋友都不得不承认在这种时候玛丽莲很令人头疼，完全是一个难以沟通、始终被情感上缺乏安全感的问题压迫着的女人。为了说明反复重拍的要求是合理的，她会说每拍一遍自己就会"更放松一些……这样一来，拍下一遍的时候我就会表现得更好一些"。[XLIX]她不承认问题的根源不只是她缺乏安全感，而且还在于重返好莱坞令她感到恐惧。她担心自己为之奋斗的一切都会消失，担心自己的公司而今只是一个用来逃税的空壳。她曾经那么勇敢地将好莱坞抛在身后，现在她唯恐自己会再一次受到这个花花世界的误解和凌辱。

9月初，剧组来到洛杉矶以南两小时车程、19世纪末维多利亚风格的科罗纳多酒店拍摄外景戏。玛丽莲已经跟同事们交恶一个月了，再加上她莫名其妙地坚信自己的表演很拙劣，所以她出现了失眠的问题。为了能睡觉，她又开始大量服用巴比妥酸盐药物。此外，有时候下午她也会吃一些药，也许是为了麻痹自己。忘记力不从心的感觉。

拍摄这部影片期间，玛丽莲的妇科医生利昂·克罗恩很多时候也在场，他公开表示过对玛丽莲的身体状况的担忧。后来，他说过：

> 在我看来，她陷入了皮格马利翁式的困境——阿瑟·米勒试图把她改

造成一个世故的人,我相信这给她带来了很大的压力。她经常跟我说自己多么渴望有一个孩子,我提醒她酒精和药品会害死孩子的。我告诉她,这些巴比妥酸盐的药效会积聚起来,没有人能说得出什么时候只要一杯酒就能造成一场自然流产。"[L]

正如后来对鲁伯特·艾伦所说,玛丽莲还认为秀珈·凯恩这个角色又让她接受了促使她在1954年出走好莱坞的那种角色。

现在,玛丽莲一心只想把这部片子拍完。9月她用打字机给诺曼·罗斯滕写了一封信:"我感觉这艘船永远靠不了岸了。我们正行驶在恐怖海峡中,天气恶劣、波涛汹涌。"[1]在附言中她还写道:"只为我的黄色发丝爱我。要不是手抖得太厉害,我原本会亲手写下这封信。"玛丽莲在信中指的是她最喜欢一首叶芝的诗,"……亲爱的,只有上帝,／只为你而爱你／而不是为了你的黄色发丝"。[2]对玛丽莲来说,只要能让人爱上她,任何一种理由都没有问题。[LI]

也许是因为距离产生美,远离米勒之后,玛丽莲觉得婚姻似乎没有那么令人头疼了,就像在拍摄《巴士站》期间那样,她又渴望得到米勒的陪伴,每当对图片报道计划产生怀疑时她就会请求他的帮助。理查德·阿维顿为《生活》杂志拍摄了一套玛丽莲身着各种服装的照片,她以华丽新奇的方式装扮成了蒂达·巴拉、克拉拉·鲍、玛琳·黛德丽、莉莲·罗素和珍·哈露的模样。和摄影师在一起的玛丽莲与拍摄电影时判若两人,阿维顿也不例外,"跟她合作很轻松。她对静态照片的付出超过了我拍摄过的任何一位女演员、任何一个女人。远比其他人更耐心,对自己的要求也更严格,在镜头里比镜头外更自在。"阿维顿说。[LII]

米勒配合阿维顿的照片撰写了一篇优美、伤感又充满溢美之词的文章,对玛丽莲的独创精神和戏剧感表示了赞扬,"完全就像小孩子那样发自内心地感到喜悦,很容易对老者产生同情和敬意……在她的身上,孩童的一面非常有趣、充满希望;老成的一面又体现出生命的有限性"。[LIII]米勒还表示在这套照片中最精

---

1 玛丽莲采用了"恐怖海峡"这条英文习语的字面意义,引申义指极端的困境。
2 这首诗是《给安妮·格雷戈里》,诗的第一段大意为所有的小伙子都只会为安妮那一头黄发而爱上她。

彩的就是致敬哈露的那一张，玛丽莲"在表现这位女演员时主要凭借自己对这位女演员悲剧性一生的强烈同情，而不是卖弄小聪明……她一直将自己等同于一切天真、具有真正的诱惑力和绝对的性感"。

读完丈夫的草稿后，玛丽莲却没有受到鼓励，而是感到了沮丧。为什么要强调她的天真，强调"真正的诱惑力和绝对的性感"？难道她只拿得出这些东西？在这个问题上，玛丽莲的反应有些神经质，实际上这是米勒最不吝言辞赞美她的一篇文章。玛丽莲无视米勒对她的赞美，只盯着他对她和哈露所做的比较。玛丽莲被笼罩在强烈的不安全感中，因此文章中提到这位前辈苦难的一生、在好莱坞的挣扎和英年早逝的内容都令她感到无法承受。9月12日，星期五，她给远在纽约的米勒打去了电话。

对于他们此次谈话的内容，外界不得而知。不过，就在当天晚上米勒给妻子写了一封信，解释了自己在情感方面存在的问题，这封信被保留下来。[LIV]在信中，他用"心爱的姑娘"称呼妻子，他首先讲述了自己的价值原则，然后对自己没有做到的一切（他指的或许是自己在婚姻中没能提供足够的物质支持）和做过的一切（有可能暗指众人皆知的那篇日记）表示了歉意。他已经重新开始接受心理医生勒文施泰因的治疗，他说他相信在定期治疗过程中自己逐渐有了重大的发现，他认为这些发现能够解释清楚自己的情感生活中存在的障碍。玛丽莲对《生活》上刊登的那篇文章持有保留意见，他对此辩解说他相信自己这些观点是积极、有趣的。在信的末尾，他恳求她继续爱他、理解他在心理方面存在的困惑。

这封信有着至关重要的意义。因为它和阿瑟·米勒出版的回忆录的总体论调和内容相抵触。在回忆录中，阿瑟·米勒将自己描述成一个心理健康、长期饱受妻子折磨的丈夫，在他的眼中妻子有时候显得很可爱又富有才华，但是始终处在精神失常的边缘。从这个意义上而言，《时移世变》这本书里有关玛丽莲的部分充满了对一个被他称为"心爱的姑娘"和"只是一个小孩子"的女人的傲慢，这个女人精神失常、心烦意乱、一味沉湎于自己创造的过去中，跟这个女人在一起他险些就失去了理智、他的生活也险些就变得支离破碎了。所有的自传都有一个通病，凡是涉及作者在两性关系方面的隐私，作品就不可能提供客观的记述，但是米勒的自传在这个方面达到了十分严重的程度，有关这场婚姻的内容都经过了他的精心挑选，其中充满了为自己所做的辩护，这样的自传只可能出自一个沉

浸于愧疚和悔恨的人之笔。*

* * *

这封落款日期为1958年9月12日的信帮助外界纠正了这种片面的观点。玛丽莲或许的确如米勒所说，一直在寻找人间的救世主，但是米勒本人也一直在寻找女神。西德尼·斯科尔斯基曾准确地指出米勒发现玛丽莲不是他的救星，也不像他期盼的那样能帮助他解决精神上的问题，而且她自己也极度需要帮助，发现这一点或许令他感到震惊。玛丽莲没有义务消除米勒在创作方面的惰性和他在信中承认的自己情感方面存在的障碍，诺曼·罗斯滕说得没错，米勒"日渐以第三者的身份——一个旁观者——的身份面对跟她的生活，在英国的时候笼罩着他们的阴影越来越浓重了"。[LV]

单单一次通话不足以令玛丽莲振作起精神，当天晚上她显然就服用了过量的安眠药物，有可能还就着香槟。她没有死，也没有陷入昏迷，但是产生了对安眠药和酒精混用的正常反应。她剧烈地呕吐起来，宝拉将她送进医院，让她在医院待了一个周末。星期一，玛丽莲恢复了工作，快到周末的时候米勒赶到她的身边，试图给予她安慰。但是，正如米勒的朋友奥利亚·劳认为的那样，米勒之所以赶到洛杉矶也是因为他在纽约无所事事，当时他已经把《乱点鸳鸯谱》的初稿交给了约翰·休斯敦。他们都希望休斯敦能指导这部影片，休斯敦也的确对初稿表示了赞同。[LVI]

米勒的存在根本无济于事。他认为玛丽莲缺乏专业素质的态度令玛丽莲感到窘迫，在玛丽莲的眼中，他也成了一个必须取悦的权威人物。他对玛丽莲的干预令人讨厌，无疑他认为这也是自己对玛丽莲的一种帮助，但是已经备受打扰的剧组对他的"帮助"感到头疼。他不经意间流露出的优越感也令人反感。

---

* 这位剧作家和玛丽莲结婚后创作的所有戏剧和电影剧本——从《乱点鸳鸯谱》（1960）、《堕落之后》（1964），一直到《最后的美国佬》（1993）——或许都具有客观的判断，但同时也都含有一套隐晦的线索，这些线索都指向他对自己跟玛丽莲·梦露度过的那段生活的各种矛盾情绪，一种他似乎始终没有彻底消除的情结。

在被介绍给怀尔德和戴蒙德的时候,他长篇大论地讲了一通古典喜剧和悲剧之间的区别,无论是妻子的同事还是妻子本人都对他这种学者气十足的做派毫无好感。杰克·莱蒙登时就意识到玛丽莲"过的日子跟地狱差不多——饱受折磨,同时还要在电影里施展那种魔力。她能完成这样的表演真是太有勇气了,真的很有勇气"。[LVII]他还说玛丽莲倾尽全力地付出了一切,竭力完成更出色的表演。

在这种付出和努力的背后,玛丽莲一直能感觉到米勒对她的评判。玛丽莲对鲁伯特·艾伦和苏珊·斯特拉斯伯格说过自己担心米勒会认为她是一个自恋、业余的女演员。在他们那个年代,像斯宾塞·屈塞和埃罗尔·弗林(以及其他人)这样的演员在拍摄时会暂停一个星期的时间,以便悄悄地豪饮狂欢一阵子,朱迪·嘉兰会没完没了地索要和享受各种药物。他们这样的明星不计其数,相比之下玛丽莲显得就像一个警觉、守时的军校学员。从某种角度而言,数十年来疏忽大意地纵容着这种"嗜好"的电影公司也在逐渐改变态度,形势对玛丽莲变得不利了,她不仅需要纠正自己的习惯,而且还要面对多年来一味纵容明星们各种"奇思妙想"的电影公司的改变。出于经济方面的原因,电影公司终于不再像以前那样轻率地容忍明星们的这种习惯了。

在拍摄期间,当着所有人的面米勒都清楚无疑地表露出了自己对玛丽莲的怨恨。比利·怀尔德说过:"有些日子,我恨不能掐死她;有些日子就非常美妙,碰到这种时候我们所有人都会意识到她有多么杰出。可是,米勒的态度似乎一直很恶劣,我还记得当时我说过,见过米勒之后我终于见识到比我更痛恨她的人了。"米勒在工作方面无事可做、在经济方面靠着妻子的收入,在他的眼中妻子那么幼稚任性,他为此感到害臊,同时也对好莱坞的一切感到鄙夷,玛丽莲和这场婚姻已经令他忍无可忍了。

不过,米勒夫妇之间还存在另外一个问题。就在这一年秋天,在加州度假胜地科罗纳多的外景拍摄现场气氛极其紧张。怀尔德后来说过:"阿瑟跟我说他只允许玛丽莲在上午工作,"

他说她累坏了,没法在下午的太阳地里工作。"上午?不到12点她根本不会露面啊!阿瑟,9点把她带来的话,11点半你就能把她领回去!"我们在跟一个定时炸弹一起工作,已经落后计划的时间二十天了,天知道预算超出多少了,而且她还在服用大量药片。然而,我们是在跟"梦露"一起工作,她是一个白金女人——不只是她的头发,也不只是她的票房吸引力。你们在银幕上看到的可是一块无价之宝。"[LVIII]

米勒提出这个要求的原因很简单,10月底他们得知玛丽莲又怀孕了。幸运的是,玛丽莲最费力的一些戏已经拍完了,《热情似火》最终在11月6日也杀青了。

到了这个时候,导演和大明星彼此已经几乎不再说话了。《纽约先驱论坛报》派好莱坞专栏作家乔·海姆斯采访怀尔德的时候,怀尔德直率地提到了玛丽莲的怠惰和记不住台词的缺点。海姆斯问他是否还会跟玛丽莲合作拍摄影片,他回答道:"我跟我的医生和心理医生都讨论过目前这部影片,他们跟我说我的年纪太大了,而且我也太有钱了,用不着再经历一次这种事情了。"[LIX]不过,这只是一时的反应,随着时间的流逝、再加上《热情似火》大获成功——1959年下半年全美票房冠军——怀尔德又对玛丽莲独一无二的天赋表示了赞赏,玛丽莲也说能够再度同怀尔德合作她将深感荣幸。事实上,当年冬天玛丽莲就从纽约给怀尔德打去电话,想要主动向对方抛出橄榄枝(她对为影片作曲的马蒂·马尔奈克是这样说的),可是最后还是没能做到。接电话的是怀尔德的妻子:

"奥德丽?"

"嗨,玛丽莲!"

"比利在家吗?"

"不在,他这会儿不在家。"

"哦,等见到他的时候,你能帮我捎句话吗?"

"没问题。"

"嗯,"玛丽莲停顿了一下,"你能跟他说——"她在仔细思忖着,慢慢组织着语言,"你能跟他说一声去他妈的吗?"停顿了片刻之后,她用轻柔一些的声音说出了最后一句话:"奥德丽,我要向你表示最热忱的敬意。"[LX]

怀尔德没有感到怨恨。"任何人都能记住台词,但是来到片场时不知道台词却能完成表演的只有真正的艺术家!"[LXI]

《热情似火》基本上就是一部以莎士比亚戏剧式的经典故事、达·彭特[1]为莫扎特写的歌剧脚本、《查理的姑妈》这种维多利亚式闹剧为框架，围绕着一个核心笑话扩充而成的影片——男人被迫乔装改扮成女人，在心爱的女人面前无法暴露自己的真实身份。男扮女装的少年遇到了一位姑娘却无法追求对方，从这个主题来看《热情如火》或许比大学校园里夸张的玩笑强不了多少。但是，怀尔德与戴蒙德充分利用了玛丽莲的性感魅力，在这个简单老套的故事中加入了禁酒时期所有胡作非为的元素——受到禁止的烈酒、对自由恋爱的飞跃，甚至结尾处的台词都隐含着接受同性恋的态度。当得知自己心爱的杰克·莱蒙不是女人后，托尼·柯蒂斯饰演的乔·E. 布朗笑了笑，根本无视这个事实："哦，人无完人嘛！"然而，不知道为什么玛丽莲完成了一次完美的表演。尽管过程中出现了五花八门的问题，最终留下的却只有对一位热切憧憬着遇到真命天子的尤克里里女郎精彩滑稽的刻画。

11月底之前，玛丽莲回到了纽约，她决定在怀孕的前几个月里居家休整。可是，12月16日她就流产了，这是她一生中最后一次试图成为母亲。为了入睡，同时也是为了平稳自己的情绪，她服用了异戊巴比妥钠药物"阿米妥"，失去胎儿时她才悔恨地想起利昂·克罗恩的警告。她曾在信中对罗斯滕夫妇说过："有没有可能是因为空腹服用了这些阿米妥才害死了孩子？而且我还喝了些雪利酒。"[LXII]一连几个星期，玛丽莲一直痛不欲生，她深信导致自然流产的就是自己现在坦然承认的坏习惯——滥用药物。

在这一年的圣诞节和新年假期里，玛丽莲基本上恢复了以前的状态，在抑郁中进入了1959年。为了缓解抑郁，她将安眠药当作消除紧张焦虑的镇静剂。那个年代的医生们大多不太反对这种做法。阿米妥和纳布妥（戊比妥钠）本身都是镇静药物，因此有时候玛丽莲会陷入一种恶性循环：失眠——依靠药物入眠——清晨昏迷不醒——一整天闷闷不乐而且还要服用更多的药物。玛丽莲又开

---

[1] 洛伦佐·达·彭特（1749—1838），意大利著名歌剧填词人及诗人，与莫扎特合作完成了三部著名歌剧：《费加罗的婚礼》《唐·乔万尼》《女人皆如此》。

始定期接受克里斯医生的治疗,但是治疗似乎没有对她起到多少安慰或者疏导的作用。在玛丽莲的请求下,克里斯给她开了一些镇静药物,对于开出的剂量她应该做了记录并且对玛丽莲进行了监督。[LXIII]

玛丽莲服用药物的习惯产生了一个非常令人尴尬的副作用——长期便秘,为了消除这种不良影响,她又加重了对灌肠剂的依赖。从1953年开始,每次参加重要活动的前一天,如果感到肚子有些胀,她都会灌一次肠,以便能把自己塞进紧身长裙里。到了1959年,灌肠对她来说已经成为跟理发或者说使用洗发水一样随意的习惯了,但是这种东西远比后者危险得多。这一年来自药店的收据里就包括几套便携式的灌肠用具。

玛丽莲也恢复了在李·斯特拉斯伯格那里的单独辅导课以及在演员工作室创作班的公共课,正如苏珊记得的那样,这两种学习都令米勒感到厌恶,因为他和玛丽莲这对"双亲"之间的裂隙变得越来越大了。[LXIV]玛丽莲还尽职尽责地读着经纪人拿给她的电影剧本,不过她表示这些剧本对她都没有什么吸引力、也不适合她。与此同时,她还跟米勒一起继续改造着罗克斯伯里的那座房子,这是她有生以来第一次跟另一个人共同拥有的一座房子。

但是,玛丽莲并没有过着隐居的生活,在这一年里同著名作家的会面令她格外开心。女作家卡森·麦卡勒斯邀请玛丽莲去自己在纽约奈阿克的家中做客,她们跟丹麦小说家伊萨克·迪内森一起尽情地聊了整整一个下午的诗歌。在《热情似火》拍摄期间曾和玛丽莲短暂谋面的美国诗人及记者卡尔·桑德堡会时不时地去她的公寓拜访,两个人一起轻松随意地聊一聊文学。桑德堡发现玛丽莲是一个"热情、朴素"[LXV]的人,向她索要亲笔签名就能博得她的好感。他说过:"玛丽莲很健谈,跟她待在一起很舒服。我们表演了几段模仿别人的戏,有的非常不错,模仿得非常好笑。我向她问了很多问题,她告诉我自己这一路有多么艰难,但是对自己的几任丈夫她只字不提。"

所以说,在1959年这一年玛丽莲并非像后来传说的那样一直处在沉默寡言、伤感自恋的情绪中(更不用说自杀)。有时候她"之所以烦躁不安是因为不工作"(苏珊语),因此她从不放过任何一个找乐子的机会。

2月,玛丽莲出席了《热情似火》在纽约举行的预映会;3月,她又参加了在斯特拉斯伯格家举办的首映庆功会,这两次活动中拍摄的照片都证明了这一点。出现在这些照片中的是一个容光焕发、笑容满面的玛丽莲,她一身白色的装束,有人说她看上去就像是一粒棉花糖。巡回宣传电影时,她同往常一样在媒体面前表现得很低调、大度。3月18日,电影公司在东方大使酒店举办了一场媒体午餐见面会,《芝加哥美国人报》的记者默文·布洛克说过在这场招待会上玛丽莲似乎"不太自在,因为有那么多陌生人在场",不过她还是"一副耐心又开心的模样。一名很紧张的摄影师把饮料泼在了她的前胸,在这种情况下她依然很平静,没有流露出怒气,表现得根本不符合她那种巨星地位"。[LXVI]

至于他们已经计划了很长时间的《乱点鸳鸯谱》,约翰·休斯敦正在阅读几个不同版本的剧本。米勒正在创作的几部戏剧都陷入了停滞状态,正如一位友好的旁观者注意到的那样,他不知道该如何推动作品向前发展。颇有讽刺意味的是,他于1月27日获得了美国艺术和文学学会颁发的一枚金质奖章,这枚奖章更加突显了他的焦虑和懒散。正如但丁写过的那样,在痛苦的时候,最大的痛苦就是对昔日辉煌的记忆。[LXVII]

每当丈夫陷入痛苦,玛丽莲就会挺身而出,邀请米勒的家人一起吃饭,席间还用笑话活跃气氛,如果有人提出请求,她还会唱上一曲《钻石是女人最好的朋友》。在米勒的亲戚中,她最喜欢的就是米勒的父亲,她经常邀请老米勒夫妇去57街做客。玛丽莲十分体贴伊萨多·米勒,会花上一整天的时间准备他特别喜欢的饭菜,还经常给他送一些小礼物,对他疼爱得就好像他是她的亲生父亲。如果伊萨多打起了盹,她就会帮他解开鞋带,再搬来一只脚凳;如果他着凉了,她就会给他端来一碗汤,拿来一条披肩。

这一时期,玛丽莲基本上表现得很勇敢、没有多少自怨自艾的情绪,她应对一场疾速恶化的婚姻的方式就十分清楚地体现出了这一点。这一年里,随着时间的流逝玛丽莲越来越不活跃,渐渐地她失去了扩建罗克斯伯里住宅的兴趣。据苏珊·斯特拉斯伯格所述,"一个小时接一个小时空虚的时光令她感到压抑,她似乎对乡村家庭主妇这个临时角色感到了厌倦"。玛丽莲原本希望在米勒的身上找到一位文学导师、一个父亲以及一个能够保护她的人,实际上任何一个男人都无法实现她这种理想化的期望;米勒则希望玛丽莲成为他的悲剧缪斯、他的事业,他把妻子的脆弱当作自己在文学事业上停滞不前的借口,她只是他勉强创作出的一件艺术品。两个曾经相爱的男女现在徒劳地靠着女方的公众形象和声名赫

赫的偶像身份维系着彼此之间的关系。提到这段生活时,玛丽莲曾伤心地说过:"我估计我就是他的一场幻想而已。"LXVIII

不过,并非所有的事情都令人感到悲观。5月13日,玛丽莲凭借在《游龙戏凤》中的表演获得了意大利电影金像奖最佳女演员奖,这个奖项素有"意大利奥斯卡奖"的美名。四百个人将坐落在派克大街的意大利领事馆挤得水泄不通,意大利文化局的局长菲利波·多尼尼主持了在这里举行的颁奖仪式。10天后,玛丽莲的老朋友、监制过影片《夜间冲突》的杰里·沃尔德向她提出一个有趣的提议。沃尔德又拿到了克利福德·奥德茨的一个剧本,他觉得他们三个人也许可以用新影片《扉页的故事》重现昔日的辉煌。

制片人和编剧争分夺秒地为玛丽莲写出了故事的梗概。按照他们的描述,约瑟芬·莫里斯这个角色是一个迷人、孤独、分裂的女人,被养父母抚养长大,无依无靠,容易遭到各种各样的虐待。她依靠男人生活,但是她相信除了美貌自己还有更多的东西展现给别人。靠着精明的头脑,她活了下来。聪明、迷人的她渴望得到爱情,希望找到一个安全的港湾让她躲避自己的过去,为此她可以不惜一切代价。她嫁给了一个年长的男人,甚至努力为他生儿育女,可是她的丈夫却变得越来越容易吃醋、越来越粗暴,甚至到了不可理喻的程度。

看着粗略的故事大纲,玛丽莲立即对沃尔德做出了回复。只要是奥德茨写的她都有兴趣,只是她要等到看过完整的剧本后再做决定;另外,她对奥德茨将亲自执导影片的消息表示怀疑。正如她对宝拉说过的那样,最重要的是她觉得《扉页的故事》读起来就像是在概述她自己的一生。从5月底一直到6月中旬,他们通过信件和电话探讨《扉页的故事》,有时候还会发一封电报。结果,玛丽莲病倒了。为了再一次缓解长期折磨她的子宫内膜异位、月经期异常疼痛、经血流量过大,并且医治无法生育的问题,她在纽约的妇科医生莫蒂默·斯纳法6月23日在雷诺克斯山医院为她实施了手术。*

一个安静的夏天过后,玛丽莲又接到沃尔德发来的消息,现在后者又开始

---

* 奥德茨最终拍出了《扉页的故事》,担任女主演的是丽塔·海华丝。

通过电话跟她讨论一个新的拍摄计划。影片最初被定名为《亿万富翁》，最终片名变成了《让我们相爱吧》。这个项目看上去前途光明，沃尔德和20世纪福克斯公司打算将其拍成一部彩色宽银幕歌舞喜剧片，剧本由诺曼·卡斯纳执笔。卡斯纳曾为卡洛尔·隆巴德和玛琳·黛德丽写过几部喜剧剧本，就在不久前他刚刚修改了自己创作的戏剧剧本《好好先生》，将其改编成喜剧片《钓金龟》，后来主演这部影片的是英格丽·褒曼和加里·格兰特。一开始，执导《亿万富翁》的人选是比利·怀尔德，玛丽莲对此表示赞同，但是她担心对方不愿意再次跟她合作。其实，怀尔德告诉鲁伯特·艾伦自己很高兴接受这项任务，只是他当时已经着手处理新的剧本了（《桃色公寓》）。怀尔德推荐了乔治·库克，这位导演曾执导过好莱坞不少举足轻重的女影星，其中包括葛丽泰·嘉宝、珍·哈露、凯瑟琳·赫本、琼·克劳馥、英格丽·褒曼。提到自己同库克首次会面的情形时，玛丽莲说过："他告诉我不要紧张，我告诉他我天生就容易紧张。"[LXI]

玛丽莲将要饰演的角色是女演员阿曼达·戴尔，阿曼达参加了在外百老汇上演的一部音乐讽刺剧，名字也叫作《让我们相爱吧》。这部剧中剧以讽刺的笔法刻画了一个生在法国、长在纽约的商人。富得流油的商人让−马克·克莱蒙特决定在不暴露自己真实身份的情况下观看一次彩排，因此受聘加入演出，在剧中扮演自己。结果，克莱蒙特爱上了阿曼达，直到最后一刻阿曼达才相信自己的搭档真的是一位大亨。

加里·格兰特、洛克·赫德森、查尔登·海斯顿和格利高里·派克都拒绝了这个角色，他们可能是担心影片中的歌舞内容，也可能是不愿意在梦露主演的影片中充当陪衬梦露的绿叶。沃尔德与库克又想到或许一位真正的法国歌舞明星才是最合适的人选，在他们和米勒的建议下，玛丽莲屈服了。跟她搭档的男主演不是别人，正是参演了在巴黎排演的《萨勒姆的女巫》、不久前凭借在百老汇上演的一出独角戏大获成功的伊夫·蒙当，参加《让我们相爱吧》将是他在美国电影中的首次亮相。多年后，阿瑟·米勒说过："我确信有一个充分的理由能说服他接受这个角色——这部片子意味着他将以能跟玛丽莲·梦露演对手戏的一线男星身份进入电影界"（这个动机不愚蠢，也不廉价）。[LXX]9月30日，玛丽莲签署了参演这部影片的协议。围绕着蒙当的待遇问题进行的谈判也在圣诞节前宣告结束，协议包括电影公司同意支付他和妻子西蒙·西涅莱（战后法国电影界的代表人物）前往好莱坞的费用。

与此同时，福克斯公司还聘请玛丽莲担任亲善大使。9月，尼基塔奇·赫鲁晓夫对美国的历史性巡回访问达到了高潮。为了向苏联共产党中央委员会第一书记致敬，19日这一天电影界在好莱坞最奢华的"食堂"——福克斯公司的巴黎饭店——举办了一场宴会。坐在座位上的玛丽莲突然被叫去同苏联总理见面（当时她正跟坐在同一桌的比利·怀尔德、威廉·惠勒、乔舒亚·洛根和其他几个人聊着天）。赫鲁晓夫露出了笑容，眼睛一眨不眨地盯着玛丽莲娜双蓝色的眼睛，满怀热情地握着她的手，久久没有松开，后来玛丽莲的手疼了好几天。玛丽莲曾自豪地说过："他看着我的时候就是一个男人在看着一个女人——他就是这样看着我的。"LXXI在一名翻译的帮助下，赫鲁晓夫和玛丽莲随意地聊了聊《卡拉马佐夫兄弟》，这部小说已经被拍成了电影，扮演格露莘卡的是玛丽亚·雪儿，针对雪儿的表演玛丽莲只是不温不火地夸赞了几句。对于赫鲁晓夫的邀请她回答道，是的，她非常想访问俄国。或许，有那么两分钟的时间冷战略微解冻了。

10月和11月，玛丽莲开始了前期准备工作：试服装、颜色调试、同库克会面、跟宝拉一起分析剧情。同往常一样，宝拉也加入了剧组。这一次，玛丽莲依然为剧中的几首歌进行了排练和前期录音。英国流行歌星弗朗基·沃恩在这部影片中饰演一个配角，他说过玛丽莲"一直准时参加排练，没有像所有人知道的那样总是姗姗来迟。只要她一来，所有人都会显得精神很多，就好像她的存在就是一道光，照亮了每个人。在我看来，她绝对非常专业"。LXXII剧中的这几段歌舞表演需要一些最基本的编排，再加上在镜头前跳舞比影片中的其他部分都更令玛丽莲感到紧张，因此她要求得到老朋友杰克·科尔的协助。在《绅士爱美人》和《娱乐至上》严酷的拍摄过程中，科尔就一直在教授她舞蹈技巧。

就在这段时间里，一段更深厚的友谊产生了。享有"明星专用按摩师"称号的男演员拉尔夫·罗伯茨对物理疗法和经常困扰演员、舞蹈工作者的各种肌肉问题非常了解，因此在戏剧界和电影界都备受推崇。1955年，罗伯茨在斯特拉斯伯格家见过玛丽莲，当时他也在跟随斯特拉斯伯格学习表演，而且跟斯特拉斯伯格一家私交甚密。他曾经和朱莉·哈里斯和鲍里斯·卡洛夫合演过百老汇的戏剧《云雀》，在影片《成功之道》开头出现的扮演按摩师的演员（罗伯茨的替身）就得到了他的指点。

身高超过6英尺（1.83米）、线条粗犷、面容英俊的罗伯茨是一位名副其实的南方绅士，举手投足之间透着一股古典的气质，语调轻柔、温文尔雅、富有同情心。他非常博学，对多种文化都有着高雅的兴趣。这一年冬天，他就住在洛杉矶，听说在电影《电话皇后》拍摄期间他对朱迪·霍利德帮助很大后，玛丽莲立即拨通了他的电话。自重逢的第一天起，玛丽莲就一直将他称为"拉夫"——她更喜欢"拉尔夫"的英式发音。更重要的是，罗伯茨很快就成了玛丽莲余生中交往最密切的朋友，也是最亲密的知己。

　　没过多久，玛丽莲就需要罗伯茨的支持了。在假期里，令人敬畏、充满浪漫气质但是毫不做作的影片联合主演伊夫·蒙当也来到了洛杉矶。在库克的监督下，蒙当和玛丽莲开始了《让我们相爱吧》开头几场戏的排练工作。正如西蒙·西涅莱所说，这部影片有着"un titre prémonitoire"——一个令人感到威胁的片名。[LXXIII]

注　释

I　米勒，p.460。

II　米勒，pp.458—459。

III　米勒，p.448。

IV　卡赞，p.540。

V　诺曼·罗斯特有关玛丽莲一直在努力设计完美住宅的回忆，见《玛丽莲：从未说出的故事》（纽约：西格奈特出版社／NAL，1973），p.67。

VI　玛丽莲在理查德·梅里曼为《生活》杂志进行的一次录像采访中所述，1962年7月。

VII　跟邻居发生的这件逸闻和新外套的事情被记录在瓦根内克特的作品中，p.XVII。

VIII　迈克尔·科达向唐纳德·斯波托讲述，1992年6月30日。

IX　艾米·格林向唐纳德·斯波托讲述，1992年5月5日。

X　迈克尔·莫尔纳，《西格蒙德·弗洛伊德日记》（纽约：罗伯特·斯图尔特出版社／查尔斯·斯科里布纳父子出版公司，1992），p.174。

XI　爱德华·A.加根，《悼念玛丽安娜·克里斯》，《纽约时报》，1980年12月8日。参见，亨利·南伯格，《纪念玛丽安娜·克里斯》，《儿童心理分析研究学刊》，第38卷（纽约：耶鲁大学出版社，1983），pp.1—7（克里斯恰好是南伯格的亲戚）；《纽约时报》刊登的讣告，1980年11月25日，p.D-23。

XII 玛丽莲·梦露，鲁伯特·艾伦向唐纳德·斯波托转述，1991年6月10日。

XIII 米勒的哥哥、妹妹及其配偶发表的看法引自罗伯特·J.莱文的作品，p.95。

XIV 关于卡赞针对梦露和斯特拉斯伯格的关系发表的评价，见卡赞，p.540。

XV 罗斯滕，p.49。

XVI 斯特拉斯伯格，《玛丽莲和我》，p.103。

XVII 玛丽莲·梦露在4月初就写下了这封信，之后不断地琢磨、反复修改，最后在1957年4月22日用电报的形式发给了杰克·华纳；见华纳兄弟公司保存的《游龙戏凤》拍摄档案，南加利福尼亚大学档案馆。

XVIII 玛丽莲·梦露于4月11日通过米勒的律师发布了这份声明，次日出版的《纽约时报》（p.22）中提到了这份声明。

XIX 关于玛丽莲·梦露影业公司重组的新闻，见《纽约时报》，1957年4月17日，p.36；《洛杉矶时报》和《洛杉矶考察家报》，1957年4月17日；《时代》，第69卷，第17期（1957年4月29日）：94。

XX 小罗伯特·蒙哥马利给约翰·沃顿的备忘录，收录在MG9：1957年4月的备忘录合集中。

XXI 《洛杉矶时报》，1957年4月12日，第3部分，p.8。

XXII 同上。

XXIII 杰伊·坎特向唐纳德·斯波托讲述，1992年4月15日。

XXIV 玛丽莲·梦露，艾米·格林向唐纳德·斯波托转述，1992年5月5日。

XXV 阿瑟·P.雅各布斯给欧文·斯坦的信：MG6，1957年4月20日的备忘录。

XXVI MG13，4；参见《洛杉矶先驱考察家报》，1982年8月5日。

XXVII 奥利亚和约瑟夫向哈里特·里昂讲述，《玛丽莲·梦露躲在我们家的日子》，《女士》，1983年8月，p.16。

XXVIII 艾伦·斯奈德向唐纳德·斯波托讲述，1992年5月2日。

XXIX 米勒，p.457。

XXX 斯特拉斯伯格，《苦乐半参》，p.122。

XXXI 奥利亚·劳，前文引述的文章，p.16。

XXXII 苏珊·斯特拉斯伯格向唐纳德·斯波托讲述，1992年6月3日；类似的内容参见《玛丽莲和我》，p.170。

XXXIII 罗斯滕，p.79。

XXXIV 同上，p.61。

XXXV 美联社报道了这件事情，1958年3月25日。

XXXVI 罗斯滕，p.55。

XXXVII 约翰·摩尔向唐纳德·斯波托转述，1992年8月23日。

XXXVIII 美联社的报道，1958年4月29日。

XXXIX 约翰·摩尔向唐纳德·斯波托转述，1992年8月23日。

XL 有关I. A. L. 戴蒙德对《热情似火》的回忆，见他的《为了记住"波旁在哪儿？"，玛丽莲拍了47条的一天》（《加利福尼亚》，第10卷，第12期，1985年12月：132—136）一文。

XLI 玛丽莲·梦露在纽约对赫达·霍珀发表的看法，1958年4月。这段话经过了大幅度改动，最终的版本见霍珀的《称呼她"米勒夫人"就行！》（《芝加哥星期日论坛杂志》，1958年6月22日，p.14）一文。

XLII 范妮莎·里斯向唐纳德·斯波托转述，1992年2月16日。

XLIII 比利·怀尔德在本章中发表的观点都来自唐纳德·斯波托对他的采访，1991年11月19日。

XLIV 艾伦·斯奈德向唐纳德·斯波托转述，1992年5月2日。

XLV 罗斯滕，p.24。

XLVI 引自《听众》（伦敦），1979年8月30日。

XLVII 玛丽莲给理查德·梅里曼的信，1962年7月。

XLVIII 玛丽莲·梦露，引自《洛杉矶时报》，1958年7月9日。

XLIX 玛丽莲·梦露，引自鲁伊特杰斯的作品，p.63。

L 在英国广播公司1984年摄制的纪录片《玛丽莲——向总统道别》的前期准备过程中，利昂·克罗恩（医学博士）给制片人泰德·兰德雷斯的笔记。

LI 玛丽莲·**梦露**给诺曼·罗斯滕的信，引自罗斯滕的作品，pp.76—77。

LII 阿维顿，见瓦根内克特，p.59。

LIII 阿瑟·米勒，《我的妻子玛丽莲》，《生活》，第45卷第25期（1958年12月22日）：146。

LIV 阿瑟·米勒给玛丽莲·梦露的这封信是在周五晚上（1958年9月12日）打出来的，当天晚上就通过航空邮件寄了出去。星期一，这封信被送到了"玛丽莲·米勒夫人"在贝莱尔酒店的套房里。玛丽莲·梦露显然认为这封信很重要，一直保存到逝世。伊内兹·梅尔森于1962年8月6日将这封信和其他私人文件收集了起来，唐纳德·斯波托1991年通过一位私人买家获得了这批文件。

LV 罗斯滕，p.79。

LVI 有关奥利亚·劳对米勒来到加利福尼亚的看法，见前文引述过的劳的文章，p.16。

LVII 杰克·莱蒙，引述在麦卡恩的作品中，p.105。

LVIII 比利·怀尔德向唐纳德·斯波托讲述，1991年11月19日。

第十七章 1957—1959年 | 441

LIX 同上；另见汤姆·伍德所著的《比利·怀尔德的光明面》（纽约：双日出版社，1960），p.158；莫里斯·佐洛托，《比利·怀尔德在好莱坞》（纽约：帕特南出版社，1977），p.265。

LX 玛丽莲·梦露和奥德丽·怀尔德的通话内容是比利·怀尔德向唐纳德·斯波托转述的；另见戴蒙德在前文引述过的文章，p.136；佐洛托在《比利·怀尔德在好莱坞》一书中也提到了这段对话，但是略微做了些改动，p.271；伍德，p.162。

LXI 引自米尔斯的作品，p.122。

LXII 罗斯滕，p.72。

LXIII 克里斯医生给玛丽莲·梦露所开处方的部分记录被附在了1957年里产生的账单和药店发票上（这些文件属于会计资料，因此被收录在MG3, 4, 6中）；1959年的部分处方记录被保存下来，伊内兹·梅尔森将其收集起来，在1991年的时候通过一位私人收藏家被转交到了唐纳德·斯波托的手上。

LXIV 苏珊·斯特拉斯伯格向唐纳德·斯波托讲述了自己1959年发表的观点，1992年6月；参见《玛丽莲和我》，pp.187—189。

LXV 《友人卡尔·桑德堡对玛丽莲·梦露的致敬》，《看》，第26卷（1962年9月11日）：90—94。

LXVI 默文·布洛克向唐纳德·斯波托讲述，1992年10月；约翰·摩尔也向唐纳德·斯波托提供了有关此次媒体招待会的其他一些细节。

LXVII 关于米勒在这段时期的创作状况，见艾伦·西格的《阿瑟·米勒的创作痛苦》（《君子》，第52卷，第4期，1959年10月：123—126）一文。

LXVIII 引自格洛丽亚·斯泰纳姆的《和玛丽莲一起长大》（《女士》，第1卷，第2期，1972年8月：38）一文。

LXI 肯尼思·泰南，《名人简传》（伦敦：尼克·赫恩／沃克尔图书公司，1989），p.146。

LXX 阿瑟·米勒，引自赫夫·哈蒙和帕特里克·罗特曼合著的《伊夫·蒙当：瞧，我没有忘记》（巴黎：瑟伊／法亚尔出版社，1990），p.499。

LXXI 罗斯滕，p.21。

LXXII 弗朗基·沃恩，引自哈钦森的作品，p.74。

LXXIII 西蒙·西涅莱的这番描述没有出现在她最终出版的回忆录中，但是赫夫·哈蒙和帕特里克·罗特曼合著的《伊夫·蒙当：瞧，我没有忘记》（巴黎：瑟伊／法亚尔出版社，1990，p.503）有所引述。

第十八章　1960年

"玛丽莲是一位笑容可掬、热情洋溢、美丽的女主人,魅力不减当年。"西德尼·斯科尔斯基在文章中写道。[I]在1月的第二个星期里,为了给伊夫·蒙当接风洗尘,玛丽莲在福克斯公司的巴黎饭店举办了一场招待会。正是在这场宴会的启发下,她的好朋友在专栏文章中写下了上面这几句话。

向客人举杯祝酒的时候,玛丽莲说:"我觉得伊夫·蒙当是我见过的最有魅力的男人,仅次于我的丈夫和马龙·白兰度。"[II]

这番评价博得了一阵礼节性的掌声,与会宾客的头都转向了宴会的主宾。蒙当的英语词汇有限,口音又很重,他拿着提词卡,磕磕巴巴地照本宣读着:"她所做的一切都富于创造性,就连她站在这里跟你交谈的时候也是如此。我从未见过一个人能如此专注。她工作起来很卖命,会把一场戏拍上无数遍,直到获得完美的效果才会感到开心。她帮助我,我也努力帮助她。"[III]

一开始,贝弗利山酒店里也洋溢着这种同事间的热情。酒店是一座地中海风格的复古建筑,一大片杂乱无章的粉红色建筑群就坐落在日落大道上。电影公司安排蒙当夫妇住在20号平房套间,距离米勒夫妇下榻的21号只有几步之遥。经过关系紧张的前一年,玛丽莲和米勒似乎基本上休战了。玛丽莲说《乱点鸳鸯谱》是米勒送给她的情人节礼物,她告诉朋友们这部影片或许能够修复他们的婚姻。然而,米勒夫妻的这种"和平"状态并不稳定。

米勒1956年就认识了蒙当夫妇,去年9月里两家人还一起在纽约度过了几个愉快的夜晚,当时蒙当在百老汇炙手可热。现在,每天晚上等蒙当和玛丽莲结束了彩排、回到家后,两家人总是在一起共进晚餐,今天在你家吃意大利面,明天来我家吃炖羊肉。蒙当一边吃饭一边练习着英语,他叫米勒和玛丽莲帮他提高英语水平,他自己也在努力理解这部缺乏幽默感、结构蹩脚的剧本。蒙当的妻子西涅莱的英语稍微好一些,当时刚好处在电影拍摄的间歇期,她能够用英语描述自己悠闲自在地逛商店、漫步在贝弗利山的情形。玛丽莲有时候会对《让我们相爱吧》发一通牢骚,这个剧本的"窟窿"多得超过了蒙当夫妇存放在小厨房里的瑞士奶酪,玛丽莲后来说过:"其实就没有剧本可言。让那个女孩无戏可演!"米勒嘬着烟斗,对于妻子的不满他也不得不表示同意,没错,截至目前,他读过的部分的确无趣至极、通篇充斥着陈词滥调。[IV]

1月底,米勒去了爱尔兰,在约翰·休斯敦的家里修改《乱点鸳鸯谱》。3月中旬,他回到了洛杉矶,尽管还是没能交出一部合格的剧本。米勒回来的原因令人感到惊讶,他要为《让我们相爱吧》写几场戏。

在回忆录中提到自己为这部影片付出的心血时,米勒用冷漠怨恨的腔调说自己"[为了]一个不值得浪费纸张打印出来的剧本……牺牲了大量时间",[V]他说自己之所以接受这件差事只是为了向妻子表示情感上的支持。米勒对这部电影剧本的评价很准确,但是他参与进来的前提跟他宣称的有一定出入,甚至可以说对他和玛丽莲的婚姻起到了决定性的作用。

3月7日,美国电影演员工会也加入编剧工会针对制片人和电影公司发动的罢工运动,从这一天起好莱坞的所有拍摄工作都停止了。在剧本和拍摄两个方面,《让我们相爱吧》都出现了迫切需要解决的问题。当时,电视台开始播映早期的影片,这就意味着老电影还能继续创造可观的利润,电影公司终于意识到了这一点,而美国电影演员工会和编剧工会关注的首要问题则是在电视上播出后电影公司应当支付给演员和编剧一笔额外报酬。在罢工期间,没有一位剧作家或者电影编剧会为了修改润色《让我们相爱吧》存在问题的片段而破坏大罢工的声誉。令人惊诧的是,制片人杰里·沃尔德说服米勒率先反水,对此最感到震惊的人就是玛丽莲。据蒙当所述,米勒"[从爱尔兰]跑回来重写其中的几场戏,他的口袋里揣着['福克斯']支票,嘴上却抱怨说自己在出卖艺术"。[VI]

米勒后来表示过这件差事令他感到十分屈辱。其实,实际情况并非如此。他每天都要参加放映会,还要傲慢无礼地指点一番,乔治·库克都被他气得离开了放映室。他几乎随时随地都是一副经验老到的戏剧编剧屈尊俯就好莱坞的姿态,在影片《热情似火》拍摄期间,导致他们夫妻关系出现严重问题的也正是他的这种态度。不过,无论他多么恼火,通过这项差事赚到的几千美元肯定减轻了他的怒气。

最重要的是，这种情况对已经破绽百出的婚姻来说更是雪上加霜。西德尼·斯科尔斯基简明扼要地提到过米勒夫妇当时的状况："阿瑟·米勒是一个十足的自由主义者，一直为受压迫者挺身而出，可是他无视编剧工会的罢工，重写了[一部分剧本]。阿瑟是在夜里悄悄做这件事情的。"结果，"他的妻子彻底打消了对他的仰视……在玛丽莲的眼中，他原本和将近一个世纪前遭到暗杀的一位总统同样拥有的品质消失了[玛丽莲指的是林肯，她经常将丈夫和林肯相提并论]"。[VII]米勒违背了自己的道德原则，彻底失去了玛丽莲的信任——这个几年前凭着勇气和义愤令她仰慕的男人竟然背叛了自己的理想。恰好在这个时候，鲁伯特·艾伦刚从摩纳哥回来，去了洛杉矶，玛丽莲告诉他："就是在那一刻，我知道一切都结束了。一切似乎都没有什么意义了。"

米勒夫妇居住的那座平房的大门经常被摔得噼啪作响，蒙当夫妇和其他人都在大半夜听到过那座房子里传出愤怒的叫骂声。比利·怀尔德说"阿瑟·米勒憎恨她"，杰克·科尔还说从那时起，这部影片的拍摄工作"对所有人来说都变成了一场可怕的磨难"。[VIII]

范妮莎·里斯说过："他们的关系变得很糟糕，这场婚姻显然已经破裂了。这件事情给对梅来说是一种折磨。她是一个谨小慎微的人，眼前的一幕令她很痛苦。一天晚上，阿瑟、玛丽莲、梅、鲁伯特·艾伦和我正要出去吃饭，可是当时的气氛太紧张了，于是我退出了。"[IX]乔治·库克也发现玛丽莲的生活中发生了令她感到焦虑的事情，只是他不清楚其中的缘由。后来，他坦诚地说过自己"其实和她完全没有深入交流过……帮不上多少忙。我能做的就只是为她营造一个舒适的工作环境"。[X]

拍摄这部影片期间，玛丽莲在公开场合一直努力掩饰着私生活中的不幸，新建立的一段友谊为她带来了一丝慰藉。拍摄《让我们相爱吧》时，新的替身演员伊夫林·莫里亚蒂在情感上给了玛丽莲巨大的支持。因为身高、肤色和经验的缘故，莫里亚蒂得到了片场最辛苦的工作之一——在大明星赶到片场、试拍、确定灯光、和其他演员进行排练之前试戏。库克和莫里亚蒂已经相识多年，对她的工作态度颇为赞赏，因此向剧组举荐了她。莫里亚蒂是一个通情达理、耐心、性格温顺的女人，拍摄经验十分丰富，对电影公司的纪律非常了解，她一下子就赢得了玛丽莲的信任。自1960年春天起，这两个女人就成了好朋友。

或许是由于刚刚经历了第二次流产，玛丽莲还对另外一群人也产生了感情——同事们的儿女。她不欢迎任何人在片场观看拍摄，唯独这群小客人例外。一天，弗朗基·沃恩把7岁大的儿子戴维带到玛丽莲的面前，玛丽莲向小男孩表示欢迎：她说："过来，亲亲我吧。"小男孩害羞地朝后面退去，玛丽莲似乎有些难过，执意要求对方亲亲她，可是小男孩还是没有走上前去。后来，沃恩说过："突然，她哭了起来，趴在我的肩膀上啜泣着。"[XI]

有些时候玛丽莲还是会碰到开心的情况，例如和范妮莎·里斯的孩子在一起的时候。她主动邀请他们去片场观看拍摄，后来还在周末带着他们享受了一顿丰盛的午餐，在酒店的游泳池里游了泳。库克也记得自己认识的两个小女孩造访片场时的情形，当时她们的姊妹刚刚在一起车祸中丧生，得知这个悲惨的消息后，玛丽莲就主动要求库克介绍自己和那两个小女孩认识，还执意把自己的照片送给对方，她刚一见面就对她们表现得很友好，还夸赞她们非常漂亮。

受到玛丽莲善待的并不仅限于孩子。助理舞美设计玛吉·班克斯就记得当时公司一名电工的妻子身患重病："我看到玛丽莲给了那个人一卷钞票。他哭了起来，玛丽莲拥抱了一下他，然后就走掉了。"[XII]同样地，伊夫林·莫里亚蒂也永远忘不了剧组一名工作人员的妻子逝世时，玛丽莲匿名捐了1000美元的丧葬费。这种慷慨的行为对于玛丽莲而言完全是自发的举动，当时她的心里只想着受到馈赠的人，根本不会考虑自己是否会遭到旁人的非议。

到了当年春末，拍摄《让我们相爱吧》引发的情感问题和工作问题都发展到了无法解决的地步。[XIII]伊夫·蒙当意识到自己接受的这个角色是一个笨手笨脚、粗鄙无礼的形象，纯粹只是玛丽莲的陪衬。考虑到这部影片是自己在美国的处女作，他才按捺住了内心的失望，但是这个吃力不讨好的角色令他比之前更加担心自己的英文对白，因此库克只能将他的道白全都录制下来。拍摄期间，蒙当每天都会告诉玛丽莲自己很担心道白和表演太拙劣，担心自己看起来就像这个角色一样愚蠢，担心这部戏会让外界在他和角色之间画等号。男主演向玛丽莲透露自己有着和她一样的恐惧，这或许是玛丽莲职业生涯中的第一次。蒙当说玛丽莲是对的，阿瑟根本不理解她对表演的恐惧——只有另一位演员才能理解这种恐惧。他们聊着各自的担忧,两个人都唯恐遭到同事们的取笑和否定,因为他们都那么卖力地演过不多的几个好角色,他们都和一位声望更卓著的艺术家结了婚。渐渐地,他们之间产生了一种温暖的情谊,不过这种感情不是青少年那种突如其来的激情。没过多久,西蒙·西涅莱就开始尽情地向八卦报纸发泄自己的怨恨,给玛丽莲泼脏水,但是就连她也意识到在玛丽莲的生活中(到了这个阶段尤其如此)

"一大批人都在拼命向她解释她不是一名真正的演员……他们觉得作为明星的玛丽莲非常可爱,但是他们非常不希望她成为真正的演员梦露"。[XIV]

尽管如此,电影成功与否的重任一如既往地落在了玛丽莲的肩上。据杰克·科尔所述,玛丽莲非常清楚这一点,也非常清楚自己的限度。她没有自信,唯恐让自己和丈夫失望,因此她又旧病复发了。迟到、经常缺席预定的歌舞排练,剧组有一半的拍摄时间都浪费在等待她的事情上。科尔坦言为了她自己每天都得即兴发挥。由于服用安眠药,玛丽莲赶到片场时经常是昏昏沉沉的模样,更是为科尔的工作增加了难度。不过,科尔也承认她"绝对不是一个刻薄之人",他也同意杰里·沃尔德的说法,这位大明星"心眼不坏,只是太任性了"。[XV]玛丽莲只是觉得自己的戏份对自己和其他人都太重要了,可是她又觉得自己能力不足,因此迟迟不愿开工。弗兰克·拉德克利夫是在影片歌舞片段中托举玛丽莲的一名舞蹈演员,玛丽莲经常小声问拉德克利夫:"需要我帮什么忙吗?我做得是不是不对?"[XVI]

这部倒霉的影片加剧了玛丽莲的各种自我怀疑,库克对她的指点很敷衍,丈夫对她又是一副居高临下的态度,片场令人紧张的气氛也完全无法让她产生信心,在场的每个人都清楚这部影片极有可能会一败涂地。影片的拍摄过程令玛丽莲强烈地感到自己能力不足,一种强迫性的心理更是进一步加剧了她的自我怀疑,她接受的心理治疗丝毫没有减轻她的这种心理。一天,她草草地在纸上写了一句:"我在害怕什么?我真的觉得自己不会演戏吗?我知道我会演戏,可是我就是害怕。我害怕,我不应该害怕,我决不能害怕。"[XVII]3月,玛丽莲凭借在《热情似火》中的表演,获得了好莱坞外国记者协会评选的金球奖1959年最佳喜剧及歌舞片女演员奖。获奖的消息令她感到开心,但是并没有为她增添一些自信。

这一年里，玛丽莲抽空提高了自己在政治方面的水平。读了康涅狄格州发来的一堆文件后，她接受了一个基本上算是荣誉性质的职位——第五国会选区候补代表。3月29日，玛丽莲给自己去年结识的《纽约时报》编辑莱斯特·马科尔写了一封信，在信中表达了自己对当年大选的强烈关心。她向对方问道："你觉得[纳尔逊·]洛克菲勒怎么样？"

他比很多民主党人更像自由主义者。也许他能被培养出来？但是，这一次也许就只有[休伯特·]汉弗莱了。不过，谁知道呢，有关他的情况太难打听了……当然，[阿德莱·]史蒂文森也许能成功，只要他有能力跟大众而不是只跟教授们交流……以前还从没出现过尼克松这样的人，他们至少都还有灵魂！如果情况理想，威廉·O.道格拉斯法官会成为最优秀的总统……肯尼迪当副总统怎么样？不过，他俩赢不了，道格拉斯都离婚了。我对肯尼迪一无所知。也许这个人选也毫无希望。不过，要是能看到史蒂文森当上国务卿也不错。

好啦，莱斯特，再说说卡斯特罗吧。从小到大的教育让我坚信民主制度的优越性，古巴人民流了那么多血，最终把巴蒂斯塔[1]赶走了，可是美国却[没有]支持他们、向他们提供帮助或者资助，哪怕只是为了建设民主制度。《纽约时报》有责任以不偏不倚的方式让读者知道了解到建设民主制度的方法。我不知道——反正我一直相信《时报》，并不[只是]因为你在那里。

希望马科尔夫人一切都好。的确，就像你手下的探子向你报告的那样，我经常去你们那座大楼，基本上都是为了去见我那位了不起的医生[克里斯]。可是，我不希望你看到我，除非我穿着我那身索马里豹皮外套。我希望在你的眼中我就是一头捕食动物。

在信的结尾，她写下了"1960年终寄语"：

尼克松被否决

汉弗莱渡过难关

---

[1] 玛丽莲指的是古巴独裁者鲁本·富尔亨西奥·巴蒂斯塔·萨尔迪瓦将军（1901—1973），1958年底古巴革命胜利在望之际他被迫流亡国外。

赛明顿受到阻截

圣诞节前回到波士顿——肯尼迪

在其他方面，玛丽莲也表现得非常友善，对提高业务能力、逃离不幸生活的渴望也十分明显。《纽约先驱论坛报》驻好莱坞的记者乔·海姆斯还记得"在那段上映期几次接受采访的时候，她都表现得活泼风趣。她始终没有流露出明显的忧虑和沮丧，不过她肯定为这些会面煞费苦心地做了一番准备，应该就像她在拍戏前的化妆一样精心"。玛丽莲十分反感意外的聚会，但是当《让我们相爱吧》的演员和剧组工作人员趁着6月1日午餐时间为她庆祝34岁生日的时候，她还是对大家充满了感激之情。这天晚上，鲁伯特·艾伦在自己的"希布莱特府"为她举办了一场临时性的宴会。在晚宴的大部分时间里，玛丽莲都在和田纳西·威廉斯探讨美国戏剧。参加讨论的还有田纳西的母亲埃德温娜，正是在这位传奇女性的启发下，田纳西创作出了《玻璃动物园》。

这一年的春天，西蒙·西涅莱获得了奥斯卡最佳女演员奖（凭借着中规中矩的英国影片《金屋泪》）。获奖几天后，她就为拍摄下一部影片动身前往欧洲了。不久后的一个周末，玛丽莲和阿瑟也同约翰·休斯敦一道离开好莱坞，去考察《乱点鸳鸯谱》在内华达的外景拍摄地。现在，这部影片的拍摄时间被安排到了夏末。玛丽莲向蒙当道别："我会想你的。"[XVIII]说完，便钻进了轿车。"该发生的，一定会发生。"阿瑟嘟囔了一句。如果这句话指的是他怀疑玛丽莲和蒙当之间的关系越来越亲密了，那么他说得一点都没错。

阿瑟跟休斯敦继续在内华达工作，玛丽莲独自一人返回洛杉矶。4月底的一个晚上，从福克斯公司回到家时她着了凉，有些发烧。蒙当去了她的住处，问她要不要带点喝的或者晚饭。正如他在回忆录中讲述的那样，他坐在她的床边，轻轻地拍着她的手。"我俯下身子亲了亲她，跟她道了晚安。可是，突然我们就狂热地吻了起来。那是一场烈火，一场飓风，我不能自已。"[XIX]

这场恋情（是婚姻破裂的产物，不是诱因）开始于4月底，到了6月就悄悄地结束了。媒体靠着一贯的手段打探到了这场恋情的存在——记者们一如既往地躲在贝弗利山酒店周围的灌木丛里，无耻地用金钱收买女佣和信差，诱使他们夸张地描述一番这对恋人的行踪。等到6月中旬，专栏作家们都开始在文章中含蓄地提到离婚和再婚的事情了。这段时间里，蒙当的激情和陪伴都令玛丽莲感到开心，但是她最感激的还是对方热情的关注。不过，玛丽莲永远都是一个很现实的人，她没有指望这段恋情能有进一步的发展。没有证据证明这段恋情结束后，她的状态如同外界传言的那样痛苦万分、几乎陷入了崩溃的状态。恰恰相反，面对结局她表现得很有尊严。她告诉媒体跟她演对手戏的一些演员针对与她的合作说过一些难听的话，伊夫从来没有说过这种话——"但是，就凭这个理由我就要嫁给他吗？"有人向她求证结婚的荒唐传言时，她这样反问对方，就这样彻底打消了传言。

阿瑟·米勒始终没有把这段恋情当回事，在自传中他既没有遮遮掩掩地暗示过这件事情，也没有做过解释。他对这件事情的忽略值得注意，毕竟他认为他们的婚姻之所以会崩溃是因为玛丽莲病态的情感状态带来了很大的压力（他坚信这是他们婚姻破裂的原因），他在任何时候都不曾提及过妻子和蒙当的事情，这种态度已经足以证明他的说法了。考虑到截至当时他们的婚姻已经没有了爱的成分，他对妻子的这段风流韵事或许毫无嫉妒之情。

《让我们相爱吧》在6月杀青了。完全是因为玛丽莲的表演，这部影片才有了一些可看之处，但是就连她的表演也无法拯救整部影片。这部影片本身太乏味了，在结构和设计方面更是极度缺乏想象力，完全是一部失败的影片。

不过，玛丽莲对《我的心属于老爹》的演绎极为成功。她花了两个星期进行排练，但是正式拍摄时她看上去很轻松，她那一头白金色的头发在黑色幕布的衬托下微微闪烁着光芒。就像1956年以来拍摄的三部影片一样，她在剧中的道白非常自然，举手投足都毫不做作，令人信服，在演绎另一首歌曲《成为专家》的时候，她对节奏的把握非常精准，她对措辞和停顿的掌握都完全忠于自己的本能。她在剧中扮演的女演员阿曼达·戴尔总是一脸茫然，但是她很清楚困惑和愚蠢的区别。乔治·库克说过："无论拍得多么艰难，我还是非常喜欢她。"他还说玛丽莲"在银幕上光芒四射，在影片拍摄完后慷慨地对每一位合作伙伴都表示了感谢"。[xx]库克说得没错。玛丽莲尤其感激杰克·科尔：

> 她给了我一张小卡片……里面塞了一张1500美元的支票，还附了一张字条，上面写道："我真的太糟糕了，跟我合作肯定特别困难，请找个更好

的地方待上几周，假装这一切从未发生。"她的礼物太重了。两天后，我又收到了一张卡片，还有500美元的支票，卡片上写道："再多待三天吧"……她就是用这样的方式表示很喜欢你，不希望你生她的气。[XXI]

到了6月底，玛丽莲又陷入极度的孤独中，各种还算长久的感情都结束了，有的濒于破裂，有的突然被打断了。蒙当回到了巴黎，回到了妻子的身边；米勒和约翰·休斯敦在里诺忙他的剧本；宝拉去欧洲探望在那里拍戏的女儿。据伊内兹·梅尔森所述，在这段时间，玛丽莲"显得很天真，令人不禁觉得应该保护她，以免她受到伤害"。[XXII]

不出所料，在洛杉矶的最后一个月里，玛丽莲越来越频繁地求助于在她看来能够像慈父般提供她所需要的保护、拯救她于水火中的那个男人了。在玛丽安娜·克里斯的建议下，她每周都要和洛杉矶的精神分析专家拉尔夫·格林森见五六次面。自当年1月起，她一直在不定期地拜访后者。[XXIII]

拉尔夫·格林森备受好莱坞明星的推崇，他治疗的明星人数众多，这群患者碰到的问题令他感到着迷。同这群特殊的患者一样，他也为自己改过名字。他的原名是罗密欧·塞缪尔·格林施博恩，1910年9月20日出生在纽约的布鲁克林，家里有四个孩子，他排行老大，有一个孪生妹妹。他的父亲当时还在读医学院，坚持为他的孪生妹妹取名为"朱丽叶"。有传言称，拉尔夫·格林森后来说过他敢肯定自己的父亲很喜欢莎士比亚和爱情小说，但是他不知道罗密欧和朱丽叶是一对恋人，而且还自杀了。不过，这种传言的可信度很低。一名受过良好教育、热爱莎士比亚和爱情小说的医学院学生会不知道这对恋人的命运，这种说法实在令人难以置信。无论事实如何，他的儿子都坚信早产的经历再加上还有一个名叫朱丽叶的孪生妹妹对罗密欧的日后发展具有决定性影响。

从儿时起，朱丽叶就显示出音乐方面的惊人天赋，后来她成了一名钢琴演奏家。罗密欧对妹妹的成就既羡慕又痛恨，她收获的掌声、赞誉、名望和公众的崇拜都在他的心里激起了强烈的竞争意识，令他感到压抑。他一生中一直在努力磨练自己的小提琴技艺，试图超越妹妹（但是不太成功）。罗密欧没有走上音乐道路，他追随着父亲的脚步进入哥伦比亚大学医学院，后来又在瑞士的伯尔尼大学继续深造，于1934年拿到了医学学位。就在伯尔尼，他遇到了希尔德加德·特洛施，次年他们就结婚了，后来生养了两个孩子，丹尼尔（后来也成了一名精神分析专家）和琼。1934年至1936年供职于洛杉矶的黎巴嫩雪松医院期间，他使用的是"拉尔夫·R. 格林施博恩"这个名字，在1937年正式改名为"拉尔夫·R. 格林森"。1938年，格林森回到了欧洲，师从奥托·费尼谢尔学习弗洛伊德精神分析法。

重返美国后，格林森1942年11月加入军队，被分配到医疗队，供职于纽约州卡南代瓜市一所退伍军人医院，直到1944年11月。格林森的退伍报告（美国陆军航空队在伊利诺伊州的斯科特基地地区医院1946年1月21日提交）中附有一份重要的病例总结，对1943年12月13日卡南代瓜发生的一起重大事故做了详细记述。格林森宣称乘坐军用救护车时自己的脑部受伤了（应该是撞车了），他昏迷了一段时间，出现了轻度的失忆现象。几天后，他出现欣快性躁狂的迹象，前往芝加哥看望弟弟的时候，他被诊断出面部神经受损，左脚也使不上劲。

根据这份报告的描述，"他叫来了一名私人医生。医生建议他卧床休息，进行保守治疗。但是，由于该军官当时的处境——参加美国精神病学和神经病学委员会[的资格证考试]，再加上该军官极度兴奋的情绪，病人没有听从医生的嘱托"。在此之后，芝加哥神经病专家波拉克被请来了，他发现格林森表现出颅骨骨折的各种典型症状——耳朵下方严重淤血，四肢反射能力不一致，双眼无法同时聚焦。根据1946年的报告所述，从遭遇车祸那时起，格林森就完全失去了嗅觉，偶尔还会出现昏厥和痉挛，左半边脸面部神经无力（"有时候十分明显"），右臂失去了反射能力和错误协调能力。

报告做出了毫不含糊的定论：对病人进行诊断的专家不愿"像面对很多患者时那样，对该名患者的未来做出任何明确的预测，但是日后该名患者有可能会出现非常奇特、无法预见的并发症……[我还观察到了]其他一些神经系统疾病，症状表现为由于中枢神经系统受损而出现的阵发性昏厥和抽搐"。

由于身体的原因，格林森无法前往海外执行任务。1944年11月，他出任美国陆军航空队洛根堡疗养院（科罗拉多州）的院长。军衔晋升为上尉后，他又担任了疗养院空战疲劳部的负责人。后来，他把自己在这所疗养院的行医经历告诉了朋友利奥·罗斯滕，这位作家（跟保罗·纽曼没有亲属关系）根据他提供的素材创作出了小说《纽曼军医》。[XXIV]1945年，格林森申请退役，因为他想在洛杉矶开办自己的诊所。(他1945年12月5日写给华盛顿上级机构的信指出)在洛杉矶,平民和退伍军人中间有不少精神病患者,他们都渴望得到私人医生的治疗。格林森的申请被否决了。

1946年退伍后,格林森(在妹夫的帮助下)在洛杉矶开办了自己的私人诊所。次年,他又在位于西洛杉矶尽头的圣莫尼卡市买下了富兰克林街902住宅。房子的原主人默里夫妇(约翰和尤妮斯)花费很长的时间刚刚把房子建好,但是这时他们已经无力偿还贷款了。格林森花1.65万美元就买下了这座墨西哥殖民地风格的住宅。没过多久,默里夫妇就分居了(直到1950年才办理了离婚手续),尤妮斯在距离海边不远的地方租了一座小房子。失去了被自己称为"梦想家园"的房子,尤妮斯就如同失去亲人一样陷入了强烈的痛苦中,多年里她不断"故地重游",回去看望自己的那座房子。[xxv]

在"二战"后的美国,精神分析和精神病治疗都大行其道,除了确实遭遇精神和心理危机的成年人,有些觉得自己不得不采取极端手段解决生活中的普通需求的人也需要这方面的帮助,不过大多数"患者"只是一群对生活感到无聊、孤独或者自恋的人,而且还有钱雇人怀着同情心听他们倾诉。(难以管教、令人讨厌或者早熟的未成年患者往往会接受长期治疗,有时候会产生灾难性的治疗结果。)在美国的很多大城市,尤其是在富人区,同精神分析师的日常会面成了有钱人的家常便饭。[*]

1950年,在洛杉矶县行医、拥有医学学位和精神分析师资格证(美国精神病学和神经病学委员会颁发)的精神病医生中就有拉尔夫·格林森。格林森和其他人一起创建了以弗洛伊德学说为基础的"洛杉矶精神分析协会",协会和远在伦敦的安娜·弗洛伊德及其欧洲和纽约的同行们保持着密切的联系。格林森的密

---

[*] 瑞典精神分析学家尼尔斯·哈克曾撰文详细地阐述高收费的问题,他(以及成千上万的同行)都认为高收费是精神分析治疗不可缺少的组成部分,因为在治疗的过程中精神分析师们需要做出巨大的牺牲。哈克指出,廉价服务没有多少价值可言的观点是人类社会根深蒂固的想法,他还说由于高额的费用,患者就不会觉得自己像一个幼稚的孩子,精神分析师也不会认为自己只是向患者表达了善意、但是对患者希望他们化解的痛苦起不到多少帮助作用。

友中就有玛丽安娜·克里斯,正是她将他推荐给了玛丽莲。

在1950年代的整整十年里,格林森在洛杉矶的生意一直很兴旺,贝弗利山的很多名人以及美国西海岸的有钱人纷至沓来找他治疗。不仅如此,他渐渐还成为一名备受专业人士和外行欢迎的讲师。格林森的妻子在他的演讲集序言中指出:"他讲话时魅力非凡、气场强大,他喜欢说教,听众的存在令他感到开心,他很少会错过和一群人进行对话的机会。"他在这类活动中的言行举止非常适合好莱坞这个世界娱乐中心。他的妻子写道:

> 罗米[罗密欧的简写]总是迈着急促轻快的脚步走上讲台,显然一副喜悦的模样……有一次,我吃惊地指出他似乎从来不会感到紧张,他用他特有的方式告诉我:"我为什么要紧张?想一想,有机会听我讲话的人有多么幸运啊。"……他的一举一动都充满活力,说到激昂之时,他的声音会陡然升高,说到有关自己的笑话时,他又会不由自主地咯咯笑出声。他尽情抒发着自己的情绪……他的听众绝对不会感到无聊。[XXVI]

换言之,格林森其实也是一名演员,从某种意义上说他十分渴望得到朱丽叶拥有的掌声和名气(他的一些同行都这样认为)。这种心理至少可以部分解释他为什么会越来越多地直接参与好莱坞的商业活动。他妹妹伊丽莎白的丈夫是著名律师米尔顿·鲁丁,在鲁丁的努力下,格林森通过电影版《纽曼医生》得到了一笔丰厚的收入——影片总收入的12.5%。在1961年9月给利奥·罗斯滕的一封信中,格林森宣称小说的主人公其实就是他本人,书中90%的患者都是以他战时诊治的病人为原型的。格林森还同很多电影公司保持着密切的往来,一些总经理和制片人都成了他的客户。同样地,在杂志上发表文章或者接受采访的时候,他时常会把利奥·罗斯滕称为"制片人"。

格林森的大量文章和讲稿都显示出他渴望获得的不只是专业领域的认可,他还渴望尽可能地接触到普通听众。在这个目标的驱使下,他努力让各种严肃的问题变得通俗化,有时候甚至让严肃话题显得有些琐屑。他的讲座标题包括:"感情的投入""男人为什么像战争""没有激情的性""索菲亚·波诺伊终于回应了""弗洛伊德医生说是魔鬼让我这么干的""寻找家庭的人",(他的妻子曾准确地指出)这些标题"描述的都是罗米在患者身上发现的一种需求,这种需求刚好符合他潜意识里的一部分渴望——把自己关心的人当作家人。他渴望创造一个寄养家庭，希望自己为受到伤害的人提供一个避风港，修补他们破损的心灵"。比较严厉的批评者们坚信格林森撰写很多文章都只为了博得外界的关注（从而获得新的客户），他渴望的是掌声，而不是富有创造性的严肃工作。

格林森常年担任加利福尼亚大学洛杉矶分校的精神病学临床医学教授，并且在洛杉矶精神分析协会和学院从事教学和管理工作。毫不夸张地说，在整个职业生涯中，他或许的确为私人患者提供了帮助，但是在南加州他更为外界所熟知的形象还是一个魅力非凡的"演员"，他有能力取悦自己的听众，让讲座变成一场享受。

格林森供职于加利福尼亚大学洛杉矶分校期间，神经心理研究所专攻儿童自闭症的本森·谢弗医生在参加了一次研讨会、又听了一场公开讲座后，针对格林森发表过一番看法："他想要逗乐子，让大家觉得他很聪明。坦白地说，我觉得这个人没有什么令人信服的深度。他更像是一个精明狡猾之人，并不深刻。"[XXVII]这种认识是很多人的共识。

洛杉矶的另一位同行说过："直到后来，我们很多人才意识到他有多么浅薄。"[XXVIII]格林森的论文以及发表在报刊上的文章为同行的这种评论提供了充分的证据。他发表的很多见解十分通俗，甚至可以说是有些愚蠢，大致读一读这位医生的文章就能发现他创造了多少"大众心理学"。实际上，除了好莱坞，格林森在其他地方或许就没有多少狂热的信徒，也没有得到那么强烈的敬意。在好莱坞，质疑往往会遭到法庭的否定，宠爱是为了保证对方的爱慕永远不会消失。安娜·弗洛伊德的传记作家喜欢并且尊敬格林森，但是他依然准确地指出格林森是"一个生活艰辛、但是满怀热情甚至有些招摇的人，在他看来精神分析是一种生活方式——这正是安娜·弗洛伊德对这门学科的理解，她的所有朋友也都有着同样的认识"。[XXIX]

这种生活方式没有妨碍格林森在讲座中频频语出惊人，说出一些不符合严肃治疗师身份、更适合出现在脱口秀节目中的论断。

在"寻找家庭的人"（1978）中，他提出：

- ·"寻找家庭的人试图消除恶劣的家庭生活造成的影响。这么做是为了用幸福的未来取代不幸的过去。家庭生活有益于你的健康。"

在"对精神分析的误解"中（1955）：

- "儿童是复杂的，人是复杂的。但是，我丝毫不觉得人是无可救药的。"

在"对富人和名人的心理治疗中出现的特殊问题"（1978）中：

- "对于电影演员来说，除非一下子就被同行和世界各地的观众认出来，否则他/她就不是明星……我发现刚刚崭露头角的明星和光芒日渐黯淡的电影明星都缺乏耐心，在我的患者中，他们是治疗难度最大的。"

格林森最令人咋舌的一点或许应该是他违背了精神病学的基础原则，更不用说医学伦理和实践的基础原则。1964年，加利福尼亚大学洛杉矶分校卫生科学中心举办了一场名为"精神病治疗过程中的用药问题"的讲座，他在讲座中说："精神病医生和其他医生要是希望能和自己的患者建立可靠的治疗关系的话，他们就必须心甘情愿地对患者投入感情。"×××这种基本上不合乎原则，甚至可以说有害的观点在他治疗玛丽莲·梦露时起到了关键性的作用。

同当时的很多同行一样，格林森的治疗非常依赖药物的作用，将其当作精神治疗的辅助工具，经常给患者开出（或者要求患者的内科医生开出）巴比妥酸盐药物或者当时流行的镇静剂（例如，利眠宁）。他之所以这么做，其实只是为了缓解患者的精神危机或者讨好患者。西格蒙德·弗洛伊德的儿子恩斯特患有严重的偏头疼，他也接受过格林森的治疗，安娜·弗洛伊德的传记作家记录了格林森对恩斯特的治疗方式——他开了大剂量的镇静剂，这种做法太轻率了，毕竟在那个年代人们对偏头疼的致病原因还知之甚少。

无论在私生活中遭遇了什么危机和困难，公共场合的拉尔夫·格林森永远是一副十分淡定的模样。在加利福尼亚大学洛杉矶分校举办的一场名为"美好生活"的研讨会上，他坐在座位上同三名神职人员进行着辩论。突然，一阵突如其来的雷暴让电力中断了。很快，供电就恢复了，这时同事们都站在那里，格林森得意扬扬地宣布："请注意，与会者中只有我一个人还坐在这里。"格林森夫人对丈夫的忠心令人感动，"他的自信为精神分析学赢了一分"，只是她的这句评价有些牛头不对马嘴。与其说是为精神分析学赢了一分，不如说是为自尊自大的精神"争了光"。

在所有令格林森感兴趣的事情中，名气的本质及其带来的负担似乎是最能让他产生积极性的，名人似乎是他最感兴趣的对象。在他毕生的事业中，名气和名人这两个话题一直反复出现，在"对富人和名人的心理治疗中出现的特殊问题"中他讲述了自己治疗玛丽莲·梦露的经历[XXXI]——在治疗玛丽莲的那段时间里，他对自己的工作和私生活都着了魔。在这篇讲稿中，他没有提到玛丽莲和其他任何人的名字。实际上，交代了那么多细节，提不提名字也都无所谓了。

格林森在文章中提到自己治疗过一名34岁的著名女演员，她漂亮、缺乏自尊，之前已经接受过东海岸同行们的治疗。初次就诊她就迟到了半小时，她的理由是自己一贯会晚于约定的时间。在格林森的询问之下，她讲述了自己早年的生活，尤其强调了格蕾斯在她成为电影明星的事情上表现出的强烈热情；她没有读完高中，但是格林森发现她非常聪明，热爱诗歌、戏剧和古典音乐；她说自己的丈夫曾帮助她弥补了学业上的不足；她对丈夫的帮助心存感激，但是家庭主妇的生活令她感到厌倦。格林森告诉对方自己可以经常跟她在办公室或者家里见面，还说如果在家里见面的话，他们就不会引起外界的注意。

这种建议不合逻辑得令人咋舌。格林森的咨询室就在圣莫尼卡的家中，要进入咨询室必须穿过正门，他的家人跟他住在一起，年幼的女儿一下子就注意到了这位大名鼎鼎的新患者，而且他还要求女儿把这位患者当作朋友对待——这种做法很难转移外界的注意力。事实上，拥有如此著名的病人令格林森感到开心和自豪，从1960年底到去世前，在治疗玛丽莲·梦露的过程中他犯下的一个严重错误就是将她带回了家，把她当作了家人。一旦得知这种情况，任何一个保持警觉的精神病医生协会或者大学里的学院都会立即给格林森打去电话，有可能还会谴责他的职业素养。

格林森的治疗方法造成了灾难性的后果，他没有引导患者培养起独立性，恰恰相反，他让她的一举一动都完全依赖于他。就在玛丽莲逝世前不久，他对她在电影公司的同事们说过他不是"斯文加利"，但是他确信自己有能力说服玛丽莲做任何事情。格林森不承认自己是用催眠术随意摆布可怜的特丽尔比的老师斯文加利，但是他的这些话完全符合斯文加利的口吻。[XXXII]

就这样，从1960年初开始，只要待在洛杉矶，玛丽莲·梦露每个星期都要接受拉尔夫·格林森的五次咨询。在给玛丽安娜·克里斯的一封信中，格林森沾沾自喜地称玛丽莲"很可怜，永远摆脱不了孤儿身份，我格外同情她，她拼命努力，可是经常以失败告终，这就令她显得更可怜了"。[XXXIII]格林森的这些言论不同

第十八章 1960年 | 457

寻常，显示出他完全不和患者保持职业距离，对患者的情感投入已经到了危险的地步——认为患者"可怜"，"同情"她，断定她"经常以失败告终"，这种措辞更像是出自受伤的家长或者自鸣得意的老师，而不是一名理智的心理咨询师。

描述玛丽莲·梦露的时候，格林森的措辞前后矛盾，到最后就毫无谨慎可言了。一开始，玛丽莲每周接受格林森的咨询五次，最后咨询的次数增加到了每周七次（"主要是因为她很孤独，没有人探望她，要是我也不跟她见面的话，她就无事可做了"）。除了频繁见面，格林森还怂恿玛丽莲每天跟他通电话，他在一篇文章中提到这是他的一种策略，这样一来她就能意识到他的价值，并且将其转化为她在电影表演世界里必需的生存工具。

入夏后，玛丽莲简明扼要地对自己的状态做了一番总结："我34岁了，我跳了6个月的舞[为了《让我们相爱吧》的拍摄]，我一直没有休息，我精疲力尽了。现在，我又该去往何方？"[xxxiv]

事实上，玛丽莲的心里已经有了答案——去纽约参加《乱点鸳鸯谱》的工作会议和试装工作。几经拖延后，这部电影终于在7月匆忙开机。拍摄期间，玛丽莲的右半边身子一直感到疼痛，有几次好不容易入睡了，又因为严重的消化问题被惊醒，结果就只能服用更多的安眠药物。她从内科医生那里很容易就能搞到安眠药，尤其是她在洛杉矶的医生海曼·恩格尔伯格。恩格尔伯格是格林森推荐给玛丽莲的，格林森告诉这位内科医生："你俩都是自恋的人，我觉得你俩会相处得很愉快。"[xxxv]很快，恩格尔伯格就开始执行格林森交代给他的一项特殊任务。格林森说服这位内科医生"给她开药……这样我就用不着亲自处理用药的事情了。我只需要跟她聊一聊吃药的问题，他也一直向我报告着情况"。[xxxvi]或许，有人意识到玛丽莲的生活中出现了两头恶龙。

7月18日，在前往内华达的途中，玛丽莲去了一趟洛杉矶，接受了格林森的一次治疗、同恩格尔伯格见了一面、同蒙当幽会了一次。当时，蒙当正在拍摄在美国的第二部影片，玛丽莲和他仍旧藕断丝连。

两天后，玛丽莲带着一大包止痛药和安眠药抵达了内华达。被她称为"家人"的一支队伍已经先期赶到那里：戏剧指导宝拉·斯特拉斯伯格，按摩师拉尔夫·罗伯茨，秘书梅·里斯，私人化妆师艾伦·斯奈德，发型师艾格尼丝·弗拉纳根，全身造型专家邦妮·加德尔，服装总监雪莉·斯特拉姆和司机鲁迪·考茨基（从凯里豪华轿车租赁公司雇来的）。这些人的存在对她来说都是必需的，但是她需要的帮助不只是这些。如果说《让我们相爱吧》的拍摄被称为"一场磨难"的话，那么《乱点鸳鸯谱》的拍摄完全可以说是一场恐怖事件，就连最终完成的影片都丝毫无法为整个拍摄过程的艰难提供合理的理由。

在电影史上，或许从未有哪一部电影拍摄时不会出现各种问题，电影拍摄档案中总是记录着延期、工作人员生病、天气造成的不可预见的困难、原定的演员和工作人员突然出现变动、预算问题、演员和导演经常出现不和、大明星传奇般的小癖好，以及成败取决于各种行当和工艺之间相互作用的无数细节问题。十分注重细节的阿尔弗雷德·希区柯克几乎能预见到拍摄过程的每一个细节，他同任何一位导演一样非常喜欢掌控全局的感觉，不愿意和愚蠢之人打交道。在去世前，他表示自己一直对一件事情感到惊讶——竟然有人能把电影拍出来："我总是惊讶于我们竟然能把电影拍出来，哪怕只拍了一部。那么多事情都有可能出错，事实上也的确经常出错。"[xxxvii]

玛丽莲·梦露的影片也不例外。从1953年开始，她的同事都一直在应付她长期消除不了的恐惧，正是在这种恐惧的影响下，她养成了迟到的习惯。同事们忍受着她的懒散，因为她在工作中十分努力，因为最终产生的结果永远都物有所值。而且，还因为她是最不任性的女演员，这种说法听起来有些矛盾，但是的确没有任何资料显示她曾在公开场合对其他演员或者导演发过火，或者突然端起架子，摆出一副骄傲的姿态或者流露出对他人的不屑。她对制片人和技术人员提出的很多要求完全是她具有专业素养的体现，她知道每一部影片的成败关键何在。同所有从事表演的艺术家一样，她知道自己对赞誉的需求有多么强烈，因此她会不懈地努力，好让自己够资格拥有公众的忠诚。她拍摄完成的第29部影片——也是最后一部影片——理应在这份履历上留下浓墨重彩的一笔，为了这部影片她需要调动自己的全部能力，除了她最擅长的一项——独一无二、充满想象力的天赋，在微妙复杂的喜剧方面的表演天赋。

《乱点鸳鸯谱》的剧本写作已经历时三年，米勒重写和修改了好几遍，但是影片开机时剧本的完成却依然遥遥无期。很快，两个问题就凸显了出来。

首先，这部影片是以米勒本人的经历为基础创作的，为了跟玛丽·格蕾斯·斯莱特里办理离婚，他必须在内华达州住够一段时间。1956年那几个月里，他遇到了一群捕猎野马的牛仔。以前，人们会将捕到的野马调教成专供小孩子骑行的小马；现如今，野马只会被卖给屠户，最终变成狗粮。在米勒看来，这些牛仔跟他们眼中百无一用的野马一样跟这个世界格格不入。他说过："西部人和西部一直以一个道德平衡的世界为根基，在那样的世界里魔鬼有着清晰可辨的标签——黑帽子——而且最终魔鬼总会落得失败的结局。世界依然还是从前那个世界，但是时代已经慢慢悠悠地从19世纪走到今天了，好人也同样给世界带来了问题。"[xxxviii]他说自己写的故事和剧情梗概"讲述的是生活的无意义，或许还包括我们是如何走到这一步的"。

这个主题或许非常有价值，但是米勒的创作缺少构成一部优秀作品的几个要素：足够的经历或者说"背景故事"支撑、令人信服的人物；引人入胜、贴近观众的话题；最重要的是，明确的感情取向，不仅能够阐明重要的理论问题，而且还能吸引观众、娱乐观众的感情取向。米勒和休斯敦继续一页页地苦心雕琢着剧本，可是他们的努力只是在堆砌大量的华丽词藻，讲述宏大但是零碎的主题：粗糙的个人主义，任何人之间缺少亲密关系和沟通的时代病，西部的没落，美国良知的本质。只有一些观点不足以支撑起一部剧本，《乱点鸳鸯谱》的剧本就没有多少实质性的内容。人物漫无目标地四处流窜，去酒吧，酗酒，驾车穿过荒漠，去牛仔竞技赛，用套索捕捉野马，大多数时候他们只是在咕哝着一些乏味的格言警句（"也许咱们就不该记住别人的承诺……有死才有生……我飞不起来，所以也不可能去见上帝了"）。而且，这部剧本还透着一股沉闷的文学腔。

曾经当过编辑的弗兰克·泰勒是米勒的朋友，他被拉来担任这部影片的制片人。泰勒说过："这部影片是对终极电影的尝试。"[xxxix]整个剧组都充斥着这样的自我认识，而且还是在白天气温一度高达120度（将近39摄氏度）的拍摄环境中，在这种情况下，这部影片或许从一开始就注定将是一场徒劳的努力。

第二个问题就更为严重了。1957年动笔之初，米勒还是一个热恋中的人，妻子对大自然的热爱、对孩子和动物的爱、对园艺和花卉的了解、对所有生命的敏感都令他感动，在他看来妻子就是生命成熟的体现。到了1960年，他的态度发生了一百八十度的大转变。由剧本作者的妻子主演的这部影片现在被更改为黑白影片，这个改动显然反映出了作者的不满和怨恨。对玛丽莲来说，米勒的这个举动严重地出卖了她的生活（截至当时的生活），将私生活中的不幸公开展现给了公众。

《乱点鸳鸯谱》暴露出的是米勒对整个世界的感受，负责传达出这一切的却是玛丽莲。[XL]影片毫无疑问地展现出了米勒的个人感受，因为米勒为玛丽莲饰演的角色罗斯琳设计的对话完全来自于她的经历，从她的童年直到她和乔·迪马吉奥离婚，以及后来她遇到一个年纪比较大的男人、两个人还尝试共同生活的一段经历。就连剧中人物谈话、吃饭和相爱的那座房子都尚未完工，复制了米勒在罗克斯伯里的那座没有完工的房子，只不过由于他们这对即将离婚的夫妇的缘故，在虚构的剧作中房子被移植到了内华达。对于扮演屠杀野马、制作狗粮的男人这个角色，米勒选择的演员恰好是玛丽莲儿时的偶像克拉克·盖博——从小她就总是说"我觉得这个男人就像是我的父亲"。米勒甚至直接将演员的名字缩短，安在了角色的身上，盖博变成了"盖伊"。在渐渐淡出的结尾处，罗斯琳和盖伊开着车，沿着一条洒满星光的公路走向了（素食者的？）未来。

盖伊的死党名叫吉多，因为最终确定的演员伊莱·瓦拉赫——玛丽莲在演员工作室时期的老朋友——凭借在田纳西·威廉斯的剧作《玫瑰刺青》中刻画的意大利裔美国人"阿尔瓦罗"（两个名字押韵）而出名。米勒每天都在修改剧本，他对玛丽莲的怨恨也与日俱增，因此在剧中瓦拉赫最后怒气冲冲地对罗斯琳抱怨了一通：

> 她疯了。他们全都疯了。你努力让自己不相信这个事实只是因为你需要他们。她疯了！为了他们，你在挣扎，你在建设，你在努力，你彻底变了个人。可是，这一切永远没个够。所以他们还要刺激你。我知道，我已经得分了。我知道这种骗人的把戏，只是有一阵子我都忘记了自己知道这一切。

第三个牛仔是珀斯，饰演这个角色的是药瘾和酒瘾远远超过玛丽莲的蒙哥马利·克利夫特。克利夫特是一个同性恋，内心很痛苦，在一起车祸中破了相，一辈子都对自己的母亲神经过敏，他的台词中有一句"妈，我的脸没事儿，会痊愈的，就跟新的一样"。就像泰勒最初预言（实际上是警告）过的那样，"每一位演员扮演的都是自己。"[XLI]就连乐于助人、热爱工作的按摩师拉尔夫·罗伯茨也得到了一个小角色，在剧中饰演一位机警的救护车司机。

玛丽莲在剧中的第一场戏也是如此。7月21日，剧组在里诺一所公寓逼仄的卧室里完成了这场戏的拍摄。在高温中，导演、摄像师、工作人员和演员都疲惫不堪，瑟尔玛·瑞特饰演的是女房东伊莎贝尔，这个角色和格蕾斯的亲戚敏妮阿姨十分相似（为了和詹姆斯·多尔蒂离婚而暂居里诺时，诺玛·珍妮就住在敏妮家里）。在这场戏里，曾经是夜总会歌舞女郎、现在生活孤单凄凉的罗斯琳已经错过了出庭的时间，伊莎贝尔在指导她演练法庭答辩。罗斯琳一边紧张不安、匆匆忙忙地化着妆，一边练习着要对法官说的话。玛丽莲在这场戏里的台词完全来自玛丽莲和迪马吉奥的离婚抗辩记录：

伊莎贝拉："'你丈夫对你冷酷吗？'"

罗斯琳："'是的。'"

伊莎贝拉："'他的冷酷有什么具体的表现吗？'"

罗斯琳："'他一直'——接下来是该说什么？"（她记不住台词。）

伊莎贝拉："'他一直冷酷地无视我的需要和我的权利，有几次甚至对我动了拳脚。'"

罗斯琳："'他一直'——噢，我真的得这么说吗？我干吗就不能说'他不在我的身边'？——我的意思是，你摸得到他这个人，可是他的心不在这里。"

从这场戏开始，玛丽莲在剧中的表演一直非常精彩，展现出了一种强烈但是隐忍的痛苦。

"至少你还有母亲。"伊莎贝尔对罗斯琳说道。罗斯琳回答道："一直消失不见的人，你怎么可能拥有？他们都不在我的身边。她跟着一个病人一走就是三个月。"这段道白概括地交代了格拉迪斯的状况和她的最后一场婚姻——嫁给了病友约翰·伊利。玛丽莲一直小心翼翼掩饰着私生活中的痛苦，对于她这样的女人来说，这几段戏都是巨大的挑战。有一场戏或许格外令她感到屈辱，在这场戏中，盖伊向罗斯琳问道："你怎么会那么难过？我觉得你是我见过的最难过的姑娘。"罗斯琳回答道："还从来没有人对我说过这种话。"[XLII]这些话正是米勒在结婚前不久对玛丽莲说过的话。

当时也在拍摄现场的鲁伯特·艾伦后来提起过那段往事：

> 不得不读出米勒写的台词令玛丽莲非常难过。很显然，那些台词写的就是现实中的玛丽莲。她有可能原本还指望着得到支持，结果却这么悲惨。她觉得自己从未成功过。她感到孤单，孤立无援，被抛弃了，毫无价值，除了赤裸裸的遍体鳞伤的自我，她什么也拿不出来。我们都是她的"家人"——没错，我们都像家人一样尽力了。可是，我们都参与了这部影片的拍摄，而她的敌人正是这部影片。[XLIII]

即使剧组里（以及后来的观众中）有人不相信这种说法，米勒和休斯敦也都通过一个细节打消了这种怀疑。在盖伊的柜子里，门的内侧贴着一堆照片，全都是玛丽莲早期出演的电影剧照和杂志照片。罗斯琳对吉多说："别看。那些照片一文不值。盖伊贴在那里只是为了开玩笑。"对玛丽莲而言，这个细节应该一点也不好笑。

从这部影片刚一立项就在场的萨姆·肖说过米勒把强烈的爱倾注在了他坚持反复改动的一个剧本上，他之所以这么修改只是为了让剧本符合自己对玛丽莲不断改变的感情；玛丽莲把强烈的爱倾注在了罗斯琳这个角色上，倾注在了这个角色诚实的品格上，"然而，这个角色到最后也没能化为现实，他到最后也没有将这个角色交给她。她不断地争取着，可是阿瑟毫不让步、非常顽固"。[XLIV]和阿瑟交往时间最长的诺曼·罗斯滕也说过："米勒是一个头脑胜于感情的人。也许，作为艺术家，米勒反而不如她。"[XLV]

如果说米勒要求玛丽莲摆脱自己的过去，那么他同时还在要求她做好迎接未来的准备。外景拍摄期间，原本合住在一个套房里的米勒夫妇住到了两个房间，显然玛丽莲再也无法忍受罗斯琳这个角色的遭遇了：几个月来她一直在苦苦哀求丈夫至少为罗斯琳赋予一个完整的人物性格，不要让她张口就是一通演说。到了8月初，《乱点鸳鸯谱》剧组里的每一个人都知道了大明星和编剧已经不怎么和对方说话了，也不会一起驾车去沙漠或者湖边的外景地，宝拉在他们中间负责传话，米勒和受命记录影片拍摄过程的摄影师英格·莫拉斯开始交往了。

截至那时，"乱点鸳鸯谱"这个题目可以说恰如其分。玛丽莲在剧组里享受着特权，大多数日子里她都可以从中午开始拍摄，尽管这样，她还是经常迟到，

第十八章 1960年 | 463

她的表现并不出乎所有人的意料。对于迟到，她有着不容辩驳的客观理由。每天晚上，米勒都要对剧本彻底改写一番，等她睡觉或者起床的时候，等着她的就是新剧本了。经过多年的折磨，这种直到最后一刻还在不停修改的习惯一直令她提心吊胆。事后，米勒也坦言过："在表演方面，我的确没有帮助过她。"XLVI 玛丽莲自己也很困惑："我其实一直都不太清楚自己应该怎么做。"XLVII

到了仲夏的时候，玛丽莲的身体也开始狠狠地折磨她了，上腹部的疼痛严重加剧，消化食物的能力受到影响。因此每天开拍之前，她都是一副病恹恹的模样。和她演对手戏的克拉克·盖博在拍摄中给予了她很大的安慰。盖博仿佛在填补着玛丽莲曾经对父亲有过的幻想，在所有演员中他对她是最有耐心的一个人。

至少有一次，盖博将玛丽莲护送回了酒店的房间，当时玛丽莲病得非常厉害，有可能已经严重到了危险的程度。"可是我答应过约翰[·休斯敦]！我说过我会待在片场的！"XLVIII 她哭喊道。很快，她又回到了片场，完成了自己的那场戏。等拍摄结束后，盖博率先鼓起了掌。盖博曾经同珍·哈露合作拍摄过5部影片，他曾对玛丽莲和哈露在喜剧表演方面的能力做过一番善意的比较，还说："哈露总是非常放松，可是这个姑娘却绷得很紧，比较焦虑——担心自己的台词，自己的外貌，自己的表演。作为一名女演员，她一直在努力提高自己。"XLIX

可是，这部戏没有为玛丽莲提供多少提高的空间。正如她后来说过的那样，经过米勒的改动，面对牛仔们捕猎野马以及随后屠宰野马时，罗斯琳不是用对白或者说和牛仔们的辩论表达出自己的惊恐情绪，而是"大发脾气"。

我估计他们都觉得我太蠢了，什么事情都说不清楚，所以我只能发脾气——吵吵嚷嚷地发上一顿火。我是说发疯。想一想，阿瑟竟然这样对我干出这种事情。这个剧本应该是为我写的，可是他却说这是他的电影。我觉得他甚至都不希望我参加拍摄。我估计我们已经彻底完蛋了。我们不得不待在一起是因为如果我们现在就散伙的话会对影片造成不好的影响。阿瑟一直在向休斯敦抱怨我，所以休斯敦才把我当成白痴一样对待，整天说着"亲爱的，这样吧""亲爱的，那样吧"。他怎么就不能把我当作一个正常的女演员？真希望他对我的重视能赶得上他对赌博机的重视。L

玛丽莲曾经对一名记者说过："每周我应该工作六天，但是这样的工作量太大了。我需要两天的时间休息，让体力和精神得到恢复。我以前经常工作六天，可是那时候我比现在年轻啊。"后来，她说起过《乱点鸳鸯谱》的拍摄经历：

> 我只能动脑子应付这一切，不然我就完蛋了——什么事情都不可能打倒我……一直以来，每个人都在拉我、撕扯我，仿佛他们都想得到我的一部分。"这样做，那样做"，永远都是这样的，不仅工作中是这样的，不工作的时候也是这样的……天哪，我一直在努力让自己保持完好无损的状态，一个完整的人。[LI]

在内华达的这个夏天，外部环境令人不适，婚姻破裂、日渐失去目标、剧本粗糙、角色浅薄、约翰·休斯敦的大男子主义、即使在最理想的情况下也难以鼓起多少勇气，这一切又令她焦虑不安、心力交瘁，在内外的双重压力下，她的表现非常惊人（虽然米勒和休斯敦表达了相反的看法）。在剧中饰演配角（罗斯琳的丈夫）的凯文·麦卡锡说过："她极度焦虑，但是她就像聪明的孩子一样利用了这一点。"[LII]

直到8月底，玛丽莲始终保持着和善的态度，也一直随时照顾着其他人的需求。一天下午，影迷认出了她，向她索要签名，她一把抓起一位演员的假发，将假发扣在自己的脑袋上，憋出一副假嗓子对影迷们说道："我是米基·盖纳！"[LIII] 拍摄罗斯琳尖叫的那场戏时（她痛斥牛仔们对动物的野蛮行径，以及他们对生命的蔑视），当替身演员伊夫林·莫里亚蒂完成几次彩排后，玛丽莲已经端着热茶、蜂蜜和柠檬等着她了。有一场戏是罗斯琳在夜里被盖伊从睡梦中唤醒，玛丽莲任由盖在身上的被子滑落下去，露出了一只赤裸的乳房。"停！"休斯敦喊道，还打了一个哈欠。"我已经见识过了！"

"噢，约翰，咱们帮大家远离电视机吧。我就喜欢审查人员通不过的事情。说到底，咱们上这儿来是为了什么？就站在那里，无所事事、顺其自然？他们渐渐地就会放宽审查制度，尽管我这辈子大概是等不到那一天了。"玛丽莲说。[LIV]

休斯敦是一个嗜酒如命、孤芳自赏的人，他的女儿安吉莉卡说过他"很残忍"，[LV] 他的残忍常常将演员置于险境。1955年拍摄《白鲸》时，休斯敦一心想要在影片中营造出逼真的效果，结果害得演员们在威尔士海岸凶险的暴风雨中待了很长时间。[LVI]在一阵狂风中，里奥·吉恩从20英尺（6米）的高处跌落下来，身上打了7个星期的石膏；理查德·贝斯哈特也身负重伤，因为休斯敦不顾涛声震天的巨浪，一意孤行地拍摄。

格利高里·派克经历过更大的危险，两度和死神擦肩而过。那一次，导演要求将他绑在一头2吨重、90英尺（27.4米）长的橡胶鲸鱼侧面，在腾腾的水雾中进行拍摄，结果拖绳突然断裂，海峡里又掀起了15英尺（4.6米）的巨浪，派克一下子滑落到海水中。幸好突然碰到一排防风设备，他才侥幸从水里钻了出来。可是，雾太大了，谁都看不到派克在哪里，不过他还是死里逃生了。后来，剧组又在伦敦附近的埃尔斯特里电影制片厂重拍了这场戏。这一次，大海变成了容量为8万加仑（303立方米）的水缸，风是由能吹出时速60英里（96.5千米）的强风的鼓风机制造出来的。派克再一次被绑在了那头用橡胶雕刻出的巨兽身上，反复被水流拍打着。"我希望你在鲸鱼背上缓缓浮出水面时能睁着眼睛。"休斯敦说。[LVII]

一向耐心、合作的派克接受了这项艰巨的任务。后来，他说过："可是我不知道他们用来转动我和鲸鱼连接部分的是一台手动绞车，以前卡住过。我完全有可能会因此丢了性命，我觉得要真是这样的话，约翰可能会偷着乐了——最后来这么一笔写实的点缀正是他追求的效果。"[LVIII]休斯敦拍摄其他影片时也发生过类似的事情，作为导演，他经常凭借着逼真的效果、将文学作品搬上银幕的能力而备受赞誉。在签下《乱点鸳鸯谱》的合同时，克拉克·盖博很清楚休斯敦的做派，因此影片350万美元的总预算中有80万属于他的薪水。

在三十年的职业生涯中，克拉克·盖博拍了数十部影片，他一直为自己拒绝使用特技替身演员、亲自表演惊险动作而感到自豪。他在《中国海》（1935）中的一幕看似滑稽的表演就很典型，那场戏里蒸汽压路机突然滑脱了，给围观的路人造成了生命危险，剧组决定让盖博的替身演员完成这场戏，控制住压路机。然而，导演却吃惊地听到盖博说："这场戏我自己演。"[LIX]盖博真的亲自完成了这场戏的拍摄，其他演员和剧组工作人员都为他欢呼起来。

在《乱点鸳鸯谱》的一场戏中，盖博需要被时速35英里（56千米）的卡车拖行400英尺（122米）、模仿出被一匹马拖行的效果，这一次他又亲自上阵了。剧组很容易就找到替身演员，可是盖博很固执。尽管身上带着厚厚的保护垫，他的身上还是落下了各种伤口和淤痕,但是他毫不在乎。盖博还反复把一场需要全速奔跑100码(约91米)的戏拍了好几遍;在另一场戏里,他举起两块水泥墩,给玛丽莲当作门廊台阶,他的朋友厄尼·邓列维还记得拍完这场戏他已经精疲力尽了:"他们肯定把那场戏拍了12到15遍,那可不是假水泥墩啊。"蒙哥马利·克利夫特的运气也不太好,在一场戏里他必须徒手套住一匹母马,拍完之后他的两只手都被绳索割出了血。[LX]

一开始,盖博还是很耐心,等到拍摄一匹种马攻击男主角的戏时,面对施虐狂一般的拍摄气氛,他终于失去了耐心。当时,导演以及制片方的保险公司和动物保护协会的代表都要求这场戏由一名经过训练的套马师来完成。替身演员吉姆·佩伦接受了这项危险的任务,在镜头前躺在盐滩地上,那匹种马扬起前蹄,然后狠狠地落下蹄子,这场戏要展现的效果就是盖伊被暴怒的种马狠狠踩踏的情景。在前两遍的拍摄中,佩伦险些身负重伤,到了第三遍的时候,马蹄落在了他的脸上。佩伦趔趄地走了几步,然后就吐起了血。等到确定佩伦没有骨折后,休斯敦又叫他拍摄了一遍。开机以来,无所畏惧的盖博一直坚定地配合着导演的工作,但是看到眼前的这一幕,他厌恶地离开了片场,走的时候还说:"你们全都应该下地狱。我有一个消息要告诉你们——我跟你们这些家伙不再是朋友了。"[LXI]后来,他告诉妻子凯:"他们不在乎自己是死是活。让我吃惊的是根本没有人在乎我的死活。一旦公司让我们签了合同,我们就身不由己了。我好奇的是,休斯敦是否会拦住我。天哪,不会的——他只可能乐开花!"[LXII]

在恐怖的高温下(就连当地强悍的牛仔都晕倒了),休斯敦要求玛丽莲把一场戏连续拍了几十遍,其实拍了几遍之后玛丽莲自己都已经对表演感到满意了。很快,玛丽莲就坚信休斯敦和米勒是在惩罚她,因为她迟到,因为她对剧本不满意、公然诟病剧本的结构和对人物的塑造——更不用说她为自己不得不饰演罗斯琳这个角色而承受的羞辱。米勒依然如故地在每天夜里塞给她新的剧本,到了早上她就必须把台词背下来。在夜里,她努力地背着台词,紧张不安、精疲力竭之下,她不得不加大安眠药的剂量,到了白天宝拉·斯特拉斯伯格、鲁伯特·艾伦和艾伦·斯奈德费很大的劲才能将她唤醒。面对这种情况,剧组里没有人感到意外。

《乱点鸳鸯谱》的拍摄渐渐变成了一场灾难，但是，对拍摄构成危害的因素并不是玛丽莲毫不妥协的做派和对化学品的依赖。对拍摄造成致命破坏的是约翰·休斯敦自己，他的各种成瘾习惯危及了剧组里的每一个人。首先，他控制不住自己的烟瘾和酒瘾，一支接一支地抽烟令他咳嗽得很厉害，酗酒又削弱了他的判断力，由于他的支气管炎和肺气肿，拍摄工作至少中断过三次。这些疾病让他呼吸困难，多年后终于让他丢了性命。

休斯敦是米勒最坚定的盟友，即便如此米勒还是言简意赅地指出了他的另一个严重问题：导演"通宵达旦地守在双骰台跟前，输了很多钱，又赢回很多钱，通过这种方式显示着自己的气概"——到了拍摄的时候，他又不知不觉地在椅子上睡着了，等他醒过来的时候，演员已经把戏演完了。"害得我们所有人都一团糟。"米勒说。[LXIII] "我就是喜欢赌博。"休斯敦为自己的嗜好辩解道，[LXIV] 他的那副口气就好像是在说"到了周末，我就是喜欢去钓鱼"。就连面对记者的时候，他也是一副无动于衷的态度："嗯，昨晚我出了点事。下楼丢了一千块钱。"[LXV]（据一名记者所述，由于工作时间的限制，休斯敦只能在晚上11点至早上5点这段时间守在赌桌前。）

在自传中，休斯敦坦诚地提到了这个问题："好些夜晚我都待在楼下的赌场里……基本都是双骰、21点和轮盘赌……有一次的经历太神奇了：前一天晚上输得精光，第二天晚上又全赢了回来。"[LXVI] 但是，多数时候都是输钱，休斯敦经常因为生活窘迫病倒。一位作家在他的传记中写道："最能说明他状态不错的信号就是他又回到了赌场里。"[LXVII]

有些人宣称休斯敦之所以嗜赌如命是因为他想分散自己的注意力，暂时忘掉和一位喜怒无常的大明星共事产生的各种问题。事实并非如此。玛丽莲还没有进入剧组参加拍摄，休斯敦就已经在梅普斯酒店的赌场用光了自己的借贷额度，每天晚上都要赌上几百块钱。不到10天，他每天晚上的赌注就增加到了一两万美元。根据影片的档案记录员所述，休斯敦把手头所有能拿得出来的现金都扔在了赌桌上，胜利、冒险、赢钱、扔掉大把大把的钱——"不断地输钱，但是看起来不太在意自己究竟输了多少"。[LXVIII] 看到休斯敦在夜里的表现、看到自己在为表演备受煎熬导演却在呼呼大睡的时候，玛丽莲的反应不难预料——她进一步退缩了。身为编剧的丈夫不支持她，导演在她面前连最基本的礼节都丢掉了，她彻底迷茫了。一天晚上，休斯敦邀请玛丽莲一起去赌场，玛丽莲没有产生受宠若惊的喜悦，也体会不到赌博的乐趣，她只是努力摆出一副输得起的模样。她摇了摇骰子，然后扭头看着休斯敦。

"约翰，我应该买几点？"

休斯敦的回答不出所料："亲爱的，别多想，扔出去就行了。你的生活就是这样的。别多想，只管做就行了。"[LXIX]

《乱点鸳鸯谱》的拍摄工作继续深陷在一团糟的局面中。周薪高达3000美元的宝拉·斯特拉斯伯格似乎总是晕乎乎的，谁都不知道当时她已经患上了骨髓癌，正处在第1期阶段。6年后，她还是因为骨髓癌而离开了人世。[LXX]宝拉的女儿苏珊记得，1960年母亲已经开始大量服用麻醉剂了，她把药都偷偷藏在自己的大背包里。事实上，宝拉只关心玛丽莲的状况，就连休斯敦也承认这一点，他曾对秘书说过："我觉得咱们太对不起宝拉了。咱们都清楚她在尽力维持着这部片子。"[LXXI]只要陪在玛丽莲身边，宝拉就等于为影片的拍摄做出了巨大的贡献。

与此同时，洛杉矶的医生们给玛丽莲源源不断地供应着药物，每隔一天寄一次。*负责陪伴、安慰玛丽莲的拉尔夫·罗伯茨和鲁伯特·艾伦都被拉尔夫·格林森开出的一张处方震惊了——每天晚上服用300毫克"宁比泰"（巴比妥酸盐戊巴比妥钠制剂）。无论当时还是之后，治疗失眠症的正常剂量是两周最多100毫克，超过这个剂量，人体就会产生耐药性，药效就会减弱，服用剂量超过2克，患者就有可能严重中毒，甚至死亡。

此外，里诺当地的医生也在为玛丽莲提供药物，甚至是注射药剂。对于这些事情，米勒完全没有插手干涉："到了这会儿，我基本上完全脱离她的生活了。"[LXXII]在药物的作用下，玛丽莲更加抑郁了，脑子也更加混乱了，经常说不出完整的话，走起路来也总是跟跟跄跄的。她不断地做着可怕的噩梦，情绪起

---

* 正如阿瑟·米勒了解的那样，"医生们一直不断满足着她对新的、更强效的安眠药的需求，尽管他们都很清楚这种做法有多么危险……总有新的医生愿意帮她过着不省人事的生活"。

伏不定，身上还突然起了很多疹子。尽管如此，每天下午她还是在坚持工作。鲁伯特·艾伦还记得，拍摄时她会走到一旁，用别针在"速可眠"胶囊上扎个洞，然后把药灌下去，这种做法能够加速药效的产生，但是有可能会产生致命的伤害。[LXXIII]

艾伦·斯奈德说过："早上，我们得花很长时间才能叫醒她，所以通常她还躺在床上我就给她把妆化好。"

然后，剧组里的姑娘们就得帮她冲个澡，好让她醒过来。喜欢她的人都知道一切都崩溃了，情况很糟糕。我们都非常绝望。可是，阿瑟还是一个劲地把罗斯琳这个角色越写越坏，玛丽莲也清楚这一点。[LXXIV]

然而，玛丽莲还是设法完成了全部拍摄任务。到了8月10日，拍摄进度只比原定计划晚了两天。

8月16日，约翰·休斯敦又在赌桌上扔掉了1.6万美元。由于这笔损失，有关玛丽莲生平的传说中又平添了一段极其不光彩的经历，但这完全是杜撰出来的。《乱点鸳鸯谱》的制片公司之前同意为他和整个剧组提供一笔赌博娱乐费，但是加上这次输掉的1.6万元，休斯敦在赌桌上总共已经输掉了5万多美元，远远超过了公司提供给整个剧组的额度。当时，剧组的现金开支一直非常大，联美电影公司的副总裁马克斯·扬斯坦去片场视察的时候，休斯敦显然已经输得太多了，就在扬斯坦前来视察的紧要关头，梅普斯酒店的赌场和哈拉斯拉斯维加斯酒店都来要账了。[LXXV]

解决办法只有一个——休斯敦必须尽快搞到现金。否则，拍摄就只能停工，因为剧组已经发不出每周的工资了。心急如焚的休斯敦悄悄地给远在旧金山的朋友们打去电话，与此同时拍摄还是正常进行，暂时还没有人知道一场危机就近在眼前。休斯敦曾得意扬扬地说过："赌博给人的最大收获就是让你知道钱不是什么大事！"[LXXVI]这一次，他终于幡然悔悟了。

8月20日，星期六，玛丽莲飞往洛杉矶。在拍摄期间，每当周末可以连休两天，她往往都会前往洛杉矶，去拉尔夫·格林森和海曼·恩格尔伯格那里接受治疗，拿到药物和处方，而且至少有两次，她都和蒙当见了面。这一次，蒙当的新影片即将杀青，但是20号他被要求去片场，所以他们无法见面。玛丽莲理解蒙当的处境，况且她也忙着选购新礼服，为参加即将在里诺举行的《让我们相爱吧！》全球首映式做准备。买完衣服，她在贝弗利山酒店美美地睡了一觉，在星期日早上返回内华达。由于停电，首映式取消了。一路上，拉尔夫·罗伯茨和梅·里斯一直陪着她。

然而，谣言还是火速发酵起来。那个星期日蒙当接受了赫达·霍珀的专访，在霍珀咄咄逼人的追问下，他交代了自己和玛丽莲的交往。

> 我觉得她是一个迷人的孩子，一个天真无邪的单纯的女孩。也许我太脆弱了，还以为她有可能跟我认识的一些女人一样世故。我竭尽全力地帮助她克服困难，结果我意识到我能起到的作用非常小。我的表演只有一部分比较出彩，就是爱情戏，我不遗余力地追求着表演的真实，做到这一点对我来说是很自然的事情。[LXXVII]

蒙当做出这番自白是为了讨好妻子，没过多久他们就复合了，玛丽莲很清楚到头来会是这样的结果。不过，这些话对玛丽莲太不客气了，甚至还流露出了一丝高卢人特有的傲慢。

赫达·霍珀的专栏文章在下一个星期发表了，随即报纸杂志上都纷纷出现了大字标题——一段耸人听闻的爱情出了问题。记者和专栏作家凭空将这段恋情和《乱点鸳鸯谱》拍摄中出现的问题联系起来，很快各种媒体就开始大肆渲染玛丽莲由于恋情的结束、当年夏天艰难的拍摄工作而趋于崩溃了。这种舆论导向为约翰·休斯敦提供了一张安全网。

《乱点鸳鸯谱》的拍摄档案和出版的拍摄记录都清楚地显示，玛丽莲于8月22日（星期一）就回到内华达复工了，[LXXVIII]她还跟同事们开着玩笑，显然连续两天彻夜沉睡让她恢复了精力。第二天，她还不辞辛苦地完成了剧照的拍摄工作，对哪些照片能够发表表达了自己的意见。24、25和26日，她一直在拍摄难度比较大的几场戏（和群众演员一起拍摄牛仔竞技赛、跟盖博的对手戏），这些戏都重拍了很多遍。

8月25日，星期四，马克斯·扬斯坦告诉约翰·休斯敦剧组账户的资金就像内华达的沙漠一样枯竭了。休斯敦没有筹措到足够的现金偿还自己的赌债，拍摄工作不得不暂停一个星期，直到联美电影公司在纽约和洛杉矶举行的公司会议批准继续给剧组提供经费。休斯敦要求公司暂时向剧组隐瞒这个消息，不过他还是把消息告诉了参与影片投资的米勒和玛丽莲。

玛丽莲趁着停工的间隙去洛杉矶度周末：见了医生，拜访了身患重病、不久于人世的约瑟夫·申科，参加了一场晚宴。休斯敦亲自驾车送玛丽莲去了里诺机场，对于玛丽莲的离去，他有着自己的打算。他联系了格林森和恩格尔伯格，告诉了他们这位病人严重依赖巴比妥酸盐、行为举止不稳定，要求他们安排她在私人诊所里住院休息一个星期。两位医生接受了休斯敦的建议。正如一位在场的目击者所说，休斯敦将玛丽莲送上了飞机，"归途中一直喜不自禁地哼着《委内瑞拉》，然后就去了赌场，在双骰台上赢了3000块钱"。

休斯敦认为一落地玛丽莲就会彻底倒下了（无疑，这正是他所希望的）。结果，玛丽莲不仅没有倒下，反而住进贝弗利山酒店，按照原计划参加了在多丽丝·华纳·维多家举办的晚宴，她是刚刚过世的导演查尔斯·维多的遗孀。8月28日（星期日）的晚上，玛丽莲同格林森和恩格尔伯格见了面，两位医生都建议她趁着停工的机会休息一个星期。他们还建议她不要住在酒店里——如果住进一家环境舒适的私人医院，联美电影公司的保险公司会为她支付住院费的。当天晚上，玛丽莲就住进了坐落在拉辛尼伦吉大道的韦斯特塞德医院，这足以说明面对两位医生打动人心的劝说，她有多么百依百顺。这样一来，休斯敦就有充裕的时间向公司要钱了。[LXXIX]

与此同时，守在内华达的米勒和剧组都对玛丽莲的行踪一无所知。*星期一早上，剧组全体人员接到了开会的通知。制片人弗兰克·泰勒在会上宣布玛丽莲精神崩溃，拍摄工作暂停一周。伊夫林·莫里亚蒂还记得：

> 听到这个消息，阿瑟·米勒站起来，怒气冲冲地走了出去。他知道——我们也都知道——她只是在耍手腕。当然，她的确出了一些问题，这一点我们也都清楚。可是，所有的错都被怪在了她的身上。她的各种问题都被夸大了，被用来掩盖休斯敦的赌博问题以及这部影片在资金方面的巨大浪费。她太容易被当作替罪羊了。[LXXXI]

拉尔夫·罗伯茨说过："得知玛丽莲'崩溃'的消息后，媒体又炮制出了一

---

* 两天后，詹姆斯·古德在拍摄日志中写道："8月27日[LXXX]——没有拍摄。玛丽莲生病了，飞去洛杉矶接受治疗。没有人告诉我们为什么。"

条大新闻。[LXXXII]星期一，罗伯茨接到孤独的玛丽莲打来的电话，随即他便和斯特拉斯伯格父女俩开车赶往洛杉矶。等他们到了那里，梅·里斯和鲁伯特·艾伦已经陪在玛丽莲的身边了。"我们全都去看望她了。"罗伯茨说，他还记得当时艾伦想要买一摞杂志给玛丽莲，最后没有买是因为大多数杂志上都刊登着她的照片，配有她和蒙当的花边新闻。

艾伦和罗伯茨看法一致。在玛丽莲住院的事情上，休斯敦得到了医生们的帮助，这些医生对休斯敦唯命是从，而且也意识到照顾这位著名的病人一个星期能让自己在社交和经济上捞到多少好处。不可否认，玛丽莲的深层问题——对巴比妥酸盐的依赖——的确需要接受治疗，可是这些给她提供巴比妥酸盐的医生还在源源不断地为她供应大量药物，即使在1960年，他们的举动至少也可以算是玩忽职守，往重了说，就是丧失医德的问题。

约翰·休斯敦的秘书在星期一告诉伊夫林·莫里亚蒂说："别担心，咱们下周就能重新开工了。"剧组的确于9月5日恢复拍摄了。这样一来，两个相互抵触的事实就突显出来。一方面，玛丽莲的确经常耽误拍摄时间，但是参加拍摄的马匹、阴晴不定的天气和内华达多云的天空也是如此；另一方面，玛丽莲服用药物的习惯还没有严重到让她一手造成影片的停拍。几年来，玛丽莲一直被迫背负着造成拍摄成本失控的罪名，截至当时这部影片的投入已经高达400万美元了。如果她真的像休斯敦透露给媒体的那样病入膏肓的话，剧组怎么可能在她入院第一天就宣布她下个星期就会赶回来参加拍摄？恩格尔伯格自己也在8月29日证实了剧组的说法，他告诉媒体："我估计不出一个星期她大概就能回去复工了。她只是太累了。"[LXXXIII]

跟往常很多时候一样，由于被强制卧床休息，玛丽莲在一些难以抉择的事情上做出了决断。拉尔夫·罗伯茨说过："她很勇敢，但是她不想让我们为她做任何事情。她希望知道我们都跟她站在一起，这样会让她感到安全，但是所有的事情她都要自己做，她希望自己好起来。她看起来那么脆弱，其实有着钢铁般的意志。"然而，玛丽莲却对自己的心理治疗师百依百顺，没过多久她的好朋友们就意识到了这一点。正如鲁伯特·艾伦所说的那样，"格林森以不可思议的力量主宰着她的生活。在她办理住院手续的时候，他当着我的面宣布她每天只能接听一次电话、拨出一次电话。"

这一次，米勒的表现值得称道。在玛丽莲入院几个小时后，他就赶到了洛杉矶，一直照顾着玛丽莲，直到玛丽莲同他于9月4日一起返回里诺。多年后，米勒在文章中提到玛丽莲"看上去非常镇定自若"，"在我看来，她表现出了惊人的韧性，非常了不起"，但是这一次"我们都知道我们已经分道扬镳了"。[LXXXIV]

玛丽莲在内华达待到10月18日，继续参加《乱点鸳鸯谱》的拍摄。与此同时，米勒继续修改着剧本，休斯敦继续在牌桌前流连忘返，受到其他演员和工作人员热情迎接后，恢复了精力的玛丽莲重新投入工作。根据拍摄日志的记录，"得知消息后[原来的剧本又被改动了]，她熬了整整一通宵，为[新]戏做准备"。[LXXXV]

从10月24日至11月4日，剧组在好莱坞的派拉蒙影业公司拍完了最后几场室内戏，完成了胶片的冲洗。玛丽莲和盖博私下里达成一项协议——他们都不再接受新的剧本了。一天晚上，玛丽莲直截了当地告诉休斯敦："我知道阿瑟是一个好作家，但是我不想再看到他写出一个字了。暂时不想了，求求你了。"[LXXXVI]盖博的态度很坚定，几个月的外景拍摄已经让他精疲力尽，无论一场戏反复重拍还是新的台词，他都断然表示了拒绝。

10月31日（星期一）的下午，亨利·哈撒韦（执导了玛丽莲参演的《飞瀑欲潮》）看到玛丽莲独自一人站在派拉蒙影业公司的摄影棚外面。走到跟前，他看到玛丽莲正在落泪。她抽抽搭搭地说：

> 这一辈子，我一直在扮演玛丽莲·梦露、玛丽莲·梦露、玛丽莲·梦露。我一直在努力让自己做得更好一些，结果却发现我只是在模仿自己。我太想做别的事情了。当初阿瑟说我吸引了他，正是这句话令他吸引了我。嫁给他的时候，我心里怀着一种幻想——通过他，我就能远离玛丽莲·梦露。到头来，我还是回到了老路上，我就是不能接受这样的现实，我要摆脱这种状况。我就是无法面对自己不得不以玛丽莲·梦露的身份继续拍戏的现实。[LXXXVII]

玛丽莲说出了自己这一生中——尤其是她和阿瑟·米勒度过的这一段生活中——最令人心酸的一个侧面。

尚未成年就嫁作人妇、当模特、成明星，无论哪种身份，她一直不知疲倦地努力让自己得到认可，实现格蕾斯·麦基·戈达德为她安排的命运。到了二十多岁的时候,她实现了格蕾斯的梦想,成了《绅士爱美人》、《愿嫁金龟婿》和《七年之痒》里光彩照人的金发美人。然而,到最后她却对人造的"玛丽莲·梦露"这个形象感到十分厌恶,拒绝继续将这场骗局演下去。她意识到玛丽莲·梦露只是一个角色,她既可以扮演这个角色,也可以抛弃这个角色;她知道好莱坞的那个玛丽莲·梦露的确是她的一部分,但是她还有着更深刻的自我,尽管那个自我还尚未成形——她希望自己拥有这样的自我,她也在努力实现着这个自我。

玛丽莲渴望成为一名严肃的女演员。在大红大紫之时,她离开了好莱坞,从体坛巨星的妻子变成了严肃真诚的剧作家夫人,通过这样的付出她实现了自己的梦想。1956年的春天,为了《巴士站》的拍摄她重返洛杉矶3个月。除此以外,从拍完《七年之痒》到《热情似火》开机,她远离好莱坞的制片厂长达4年。之后,她又出走一年多的时间,直到为了一部可悲的影片(《让我们相爱吧》)才又回到这里。

她把这一生最大的希望都寄托在了准备周期极其漫长的《乱点鸳鸯谱》这部影片上,她以为米勒会兑现自己许下的诺言。外界只能认为米勒尽力了,但是他展示给世人的——唉!——只是一个孤苦伶仃、失意消沉的玛丽莲·梦露,而不是一个日渐成熟、已经彻底改变了表演风格的女人,不是一个演技不断拓宽、不断深化,但是依然受到好莱坞误解和低估的演员。她在《乱点鸳鸯谱》里呈现的那种苍白、无力、惊恐的形象正是她想要抛弃的那副形象的残迹。她说"我就是无法面对自己不得不以玛丽莲·梦露的身份继续拍戏的现实"是因为她知道自己的能力不仅限于此,她也知道标准的"玛丽莲·梦露"其实也是自己的一种变体。

或许只有结合这样的背景,玛丽莲在《乱点鸳鸯谱》中的表演才能得到公正的评价。这是她拍摄完成的最后一部影片,她在剧中饰演的罗斯琳是整个职业生涯中最令她失望的一个角色,这个角色只为她提供了表演自己的机会,而且对她的刻画还带有剧作家本人的偏见,完全是一副滑稽讽刺的画像,毫无幽默感、缺少活力。剧中也不乏一些值得称道的瞬间:她怀着憎恶的心情高声谴责捕猎野马的行径、骑马穿过荒漠时她的脸上一闪而过的迷茫和惊愕。无论当时还是后来,观众和评论界都普遍认为这部影片乏味、死气沉沉,不过还是有一些资深的崇拜者表示她完成了一次"认真、到位的表演……梦露小姐有着不可思议的魔力,她并不是一个穿着绸缎裙子、在我们眼前晃来晃去的活生生的海报女郎"。[LXXXVIII]玛丽莲又一次在平庸的影片中贡献了一场上乘的演出,从这个意义上而言,《乱点鸳鸯谱》其实是她整个电影生涯的浓缩和总结。自参演影片《斯库达,嚯!斯库达,嗨!》以来,在短短13年里她拍摄了29部影片,但是领衔主演的影片不到12部。这些影片和她饰演的角色都配不上她在影片里的表演,她自己也清楚这一点。

玛丽莲的自我认识、她的天赋、她的勇气、她对自己和他人的耐心同她在私生活中出现的各种问题以及她对安眠药的依赖并不抵触。米勒说得没有错,她本身就是一种生命力。

相比"美人"这种模糊、虚浮的标签,米勒的评价有着更丰富的内涵。看到这一年10月她在电影制片厂里落泪的那一幕,中世纪的神秘主义者或许会说这是"通达神灵的天赋"。那一刻,神灵显现,同时一个女人的生命出现了危机,全民族对性感美女的肤浅理解阻断了她的生命继续生长的希望,她渴望遗忘掉的那个模式化形象阻断了她实现梦想的道路,所以她只想入眠,即使从某种角度而言这种渴望意味着毁灭"玛丽莲·梦露"——实际上,在她的心里这个形象已经死去了。

直到现在,精神病医生始终没能起到多少作用,因为她对自己的过去和未来都没有多少把握,也因为她坚信自己必须找到正确的答案,让那些似乎很了解她或者至少能问出那么多私密问题的治疗师感到满意。在心理治疗的过程中,如果患者在精神上的自主权得不到尊重,治疗就会适得其反,对演员和角色扮演者之类过着双重甚至三重生活的人来说尤其如此。弗洛伊德本人也承认对于这些人来说,生活本身就是最好的治疗师。玛丽莲34岁了,很多人到了这个年纪都面临着人生的十字路口,玛丽莲有勇气、有头脑做出选择,她有着与生俱来的智慧,能够超越过去、发现自己身上的潜力。那天的泪水不只是为了那个虚假的自我而流,那是告别的泪水,是跟自己想要抛弃的一切的诀别。

事实上,心理治疗只能强化她的依赖性,无法帮助她摆脱这种心理。约翰·休斯敦接下来打算拍摄一部有关西格蒙德·弗洛伊德的影片,玛丽莲对此表示了强烈的兴趣,休斯敦也愿意让她参演这部影片。然而,几天后她却告诉休斯敦:"我拍不了这部戏了,安娜·弗洛伊德不希望看到这样的影片。这是我的医

生跟我说的。"LXXXIX

玛丽莲还存在更严重的依赖问题，拉尔夫·罗伯茨、鲁伯特·艾伦和苏珊·斯特拉斯伯格都为此感到遗憾。在他们的记忆中，格林森夫妇和海曼·恩格尔伯格在那一年秋天丝毫没有想办法帮助玛丽莲减轻对巴比妥酸盐的依赖。正如拉尔夫说的那样，"实际上，他们还在为她提供药物。"

> 当我们去洛杉矶参加《乱点鸳鸯谱》的收尾工作时，我们都知道玛丽莲会给我打电话的，我去了梅·里斯那里，去拿医生交给她、要她定量发给玛丽莲的宁比泰。我从梅那里拿到了药，然后交给了玛丽莲。没过多久，我就觉得这种做法太愚蠢了，于是我就开始直接从医生那里拿药，然后交给玛丽莲。我估计，我们谁都没有考虑过这些药物会产生多大的伤害。XC

这一年秋天，玛丽莲一边进行最后一部影片的室内戏拍摄，一边在格林森的家里接受治疗——每周七天。格林森的儿子和女儿都知道父亲有一批名人客户，他们也知道他会推掉在办公室接待的患者，匆匆赶回家，为一两位最有名的患者进行治疗，而玛丽莲就是后一类患者中的头号患者。

令人震惊的是，玛丽莲和格林森很快就建立了相互的依赖，格林森也很快就背弃了所有的道德原则，以及对家人、自己的职业和玛丽莲·梦露的责任。经过一年多的时间，导致这一切的各种原因才暴露出来。

出现问题的第一个迹象就是格林森叫自己的女儿琼去药店拿药，然后把药送到米勒在贝弗利山酒店居住的平房，他告诉女儿自己会在那里对玛丽莲进行治疗，还说到时候开门的很有可能会是米勒。琼接受了这项任务。当时年仅20岁的琼见到了米勒，透过卧室敞开的门，她还看到玛丽莲就躺在床上，她的父亲正在对后者做治疗，用的正是她刚刚送来的药。

格林森的行为严重出卖了患者的隐私，将患者的身份透露给了自己的家人，这是他第一次用巧妙的方式让自己的家人参与到这位患者的生活中。而且，医生的女儿毫无正当的理由公然参与治疗过程，药店提供送货上门的服务，酒店也有信差。在治疗这位名气最大的患者的过程中，如此疏忽、如此缺乏最基本的职业操守的行为只是格林森第一次令人愤慨、恶劣至极的"失误"。

从这时起直到逝世，格林森逐渐对"反移情"——患者对医生的依赖心理的逆转——产生了强烈的兴趣，后来他也用这个术语描述自己对玛丽莲的感情。在逐渐强化自己对玛丽莲这种荒唐的占有式控制的过程中，格林森相当程度上其实是把大明星玛丽莲·梦露当作自己小有名气的妹妹朱丽叶的替代品，他爱朱丽叶，仰慕她，保护她，为她欢呼喝彩，同时也对她心怀恨意。他宣称在家里对玛丽莲进行治疗不会像在诊所里那么引人注目，这个理由荒谬至极：每天他家门前都车水马龙，一辆接着一辆汽车缓缓开过去，所有人都指望着能瞟上一眼玛丽莲专门租来在圣莫尼卡市内接送她的那辆黑色豪华轿车。富兰克林街上的狗多了起来，散步的人也越来越多，指指点点、叽叽喳喳的游客也越来越多，这一切都是因为格林森的住宅变成了一位大明星的停车场。然而，这位医生还变本加厉地要求女儿在自己没能及时赶回家时负责接待玛丽莲，还建议女儿不妨跟这位大明星散散步、交朋友。

提到玛丽莲时格林森说过："我是她的治疗师，是不会辜负她、帮她领悟真谛的好父亲，即使不能帮她领悟到真谛，至少也能让她感受到慈爱之心。我成了她生命中最重要的人，[但是]我也感到内疚，因为我让家人扛起了一副重担。不过，这个女孩很可爱，我们都很关心她，她有时候也非常讨人喜欢。"[XCI]

1960年的那个秋天，虽然内心痛苦不堪，但是玛丽莲清楚要想改变现状，自己就必须先解决一个问题。在10月的最后一个星期，她向几位朋友透露自己已经要求阿瑟·米勒搬出他们在贝弗利山酒店的那座平房，他们很快就会发表一份联合声明宣布决定离婚的消息。就在他们结婚前不久，米勒说过"她的生活有一个可悲之处——每次自己做决定，她都会做出错误的判断"。[XCII]他的言外之意很清楚：嫁给他是正确的选择。现在，就在加利福尼亚阴冷得有些反常的初秋，玛丽莲修改了当初的判断。

11月5日，即《乱点鸳鸯谱》杀青的次日，玛丽莲听到了一个噩耗，克拉克·盖博心脏病严重发作。在拍摄期间，盖博一直那么镇定、自然、友善地对待她，她在儿时对父亲的幻想一下子化为了现实。她曾内疚地告诉西德尼·斯科尔斯基："拍那部片子的时候，我总是害得他干等着，害得他等了一个钟头又一个钟头。我这么做是为了惩罚我的父亲吗？报复他让我苦等了这么多年吗？"[XCIII]这番话听上去就像是心理医生做出的判断或者说暗示。

11月11日，玛丽莲回到纽约，独自住在东57街的公寓，米勒用化名住进了西23街的切尔西酒店。就在这一天，他们的代理人向媒体宣布了两个人即将离婚的消息。5天后，在医院里已经开始康复的盖博再度心脏病发作。这一次病情很严重，盖博没能挺过来。去世时，盖博年仅59岁，他的第五任妻子正怀有身孕，这是他的第一个孩子。读到八卦专栏对盖博逝世所做的报道后，玛丽莲痛苦不堪，媒体众口一词地宣称盖博的死是她在《乱点鸳鸯谱》拍摄期间的愚蠢行为一手造成的，没有人愿意花工夫报道休斯敦对盖博的过度使用，也没有人提及盖博三十年来每天都要抽3包烟的事情。

这段日子里，玛丽莲的生活还出现了其他一些变化。为玛丽莲和米勒已经效力多年的梅·里斯辞职了，就像她的弟妹范妮莎说过的那样，这份工作对她来说太吃力了。对于格蕾丝·凯利来说，曾经给她当经纪人的鲁伯特·艾伦或许是同她交往时间最长、关系最亲密的朋友，成为摩纳哥王妃后，她就邀请艾伦去协助自己的工作，因此每年艾伦都要在国外待几个月。帕特里夏·纽科姆接替他担任玛丽莲的私人新闻发言人。

玛戈·帕特里夏·纽科姆出生于华盛顿特区，父母是法官和社会工作者。从北加利福尼亚的米尔斯学院毕业后，她进了阿瑟·P. 雅各布斯的公司，成为一名公关人员。到了1960年，她已经赢得同事们和客户们的信任，凭借谨慎的作风和聪明才智备受尊敬。纽科姆对政治有着浓厚的兴趣，尤其是涉及贫困人口和弱势群体的各种问题，很快她就发现既是新客户也是朋友的玛丽莲也关注着同样的问题。

当年12月，玛丽莲又开始每天接受玛丽安娜·克里斯的治疗，也恢复了在演员工作室的学习，她还给工作室捐助了1000美元。玛丽莲依然对他人十分慷慨，这一年也是大丰收的一年：她刚刚拿到《热情似火》的又一笔收入5万美元和《乱点鸳鸯谱》的第一笔酬劳10万美元（后一部影片的薪酬总额为30万美元，包括演出酬劳以及作为联合制片人的酬劳，尽管在片头字幕中的制片人一栏里没有出现她的名字），这样一来她的税率等级就上升到了90%。事实上，年底她惊讶地发现自己竟然没有多少存款。她在纽约的代理律师埃伦·弗罗施无偿为她准备了离婚所需的各种文件。

1960年圣诞节这一天，玛丽莲平静地和斯特拉斯伯格一家听着音乐、呷着香槟，拉尔夫·罗伯茨还记得当时她看上去一副疲惫不堪的样子。玛丽莲没有忘记前夫的孩子，提起小乔·迪马吉奥、罗伯特·米勒和简·埃伦·米勒时她说过："我太为他们感到骄傲了。"三个孩子都收到了她送去的圣诞礼物和充满感情的贺卡。她曾对一位来自英格兰的作家说过："他们也都来自破裂的家庭，我觉得我能够理解他们。我总是告诉他们我不想成为他们的妈妈或者继母，毕竟他们的母亲都还健在。我只想成为他们的朋友。只有时间能向他们证明我说的话，他们必须给我一些时间。他们的生命对我来说弥足珍贵。"[XCIV]对这三个孩子来说，玛丽莲的生命也弥足珍贵，他们始终不曾改变对玛丽莲的热情。乔的姐姐和阿瑟的父亲也都一直和曾经的弟媳、儿媳保持着密切的交往。

圣诞节假期里，玛丽莲的情绪暂时好转了很多——1960年底全美国似乎都洋溢着一股乐观主义精神。焕然一新，活力四射，恢复了青春和幽默感，充满了力量，也有了坚强的意志。新当选的总统约翰·F.肯尼迪散发出的光芒、智慧和热情为玛丽莲和美国指引着方向，决定着他们的喜怒哀乐。

注 释

I 西德尼·斯科尔斯基，见《好莱坞市民新闻》，1960年1月20日。

II 被广泛引述，例如，《玛丽莲见到蒙当》，《看》，第24卷（1960年7月5日）：96。

III 同上，p.93。

IV 引自古德的著作，p.202。

V 米勒，p.466。

VI 赫夫·哈蒙和帕特里克·罗特曼，《伊夫·蒙当：瞧，我没有忘记》（巴黎：瑟伊/法亚尔出版社，1990，p.512；唐纳德·斯波托译。另见，佐洛托，《玛丽莲·梦露》，p.347。

VII 斯科尔斯基，pp.227—228。

VIII 引自科拜尔，p.606。

IX 范妮莎·里斯向唐纳德·斯波托讲述，1992年2月16日。

X 加文·兰伯特，《有关库克》（纽约：帕特南出版社，1972），pp.174—175。

XI 弗朗基·沃恩在保罗·多诺万的《玛丽莲趴在弗朗基肩头哭泣的那一天》（《今天》，英国，1986年6月2日）一文中讲述了他们父子经历的这件事情。

XII 引自柯克·克里维罗所著的《堕落天使》（新泽西，锡考克斯：城堡出版社，1988），p.261。

XIII 有关促使玛丽莲·梦露和伊夫·蒙当亲近彼此的共同的恐惧，见蒙当的回忆录，p.519及下文。

XIV 西蒙·西涅莱，《怀旧不复从前》（伦敦：格拉夫顿出版社，1979），pp.322—323。

XV 杰克·科尔和杰里·沃尔德的评价或许能在《生活》（第49卷，第7期，1960年8月15日）中找到，另见科拜尔，pp.605—607。

XVI 弗兰克·拉德克利夫，引自戴尔·博内特，《玛丽莲：个人回忆》，《美国经典银幕》，1981年3月，p.14。

XVII 玛丽莲·梦露的笔记，匆匆写在一本便笺本上，后被一名记者找到并发表在《美国周刊》（1960年5月1日）上。

XVIII 哈蒙和罗特曼，p.531。

XIX 同上，pp.531—532及下文。

XX 乔治·库克，引自《洛杉矶先驱考察家报》，1982年8月5日，p.A-8。

XXI 引自科拜尔，pp.606—607。

XXII 伊内兹·梅尔森，在电视专题片《这就是好莱坞》中所述，汤姆·博斯利旁白，菲利普·萨维尼克撰稿及制片。

XXIII 有关拉尔夫·格林森的背景和童年，见格林森未完成也未出版的回忆录《我的医生父亲》，加利福尼亚大学特藏部拉尔夫·R.格林森藏品第12盒；下文中引述自该馆藏品的内容均用RRG指代。

XXIV 《纽曼军医》的相关材料被收录在RRG第15盒，以及1962年补充进他在加利福尼亚大学洛杉矶分校医学院留下的档案的附件。

XXV 默里，p.6。

XXVI RRG，第1盒。

XXVII 本森·谢弗向唐纳德·斯波托讲述，1992年12月28日。

XXVIII 加利福尼亚这位德高望重的精神分析专家请求唐纳德·斯波托不要透露他的身份。

XXIX 伊丽莎白·杨-布鲁尔，《安娜·弗洛伊德》（纽约：顶峰出版社，1988），p.371。

XXX RRG，第2盒，第4文件夹。本书455—456页引述的其他演讲也都被存放在同一盒文件里。

XXXI 《对富人和名人的心理治疗中出现的特殊问题》，日期为1978年8月18日：RRG，第2盒，第19文件夹。

XXXII 就在玛丽莲·梦露最后那部麻烦不断的影片拍摄期间，1962年6月8日福克斯公司召开了一次会议，公司总经理菲尔·费尔德曼在记录中写道："格林森医生表示他能够说服病人接受一切合理的要求，还说虽然不希望我们将他视作玛丽莲的斯文加利，但是他的确能说服她按照他的意愿做任何合情合理的事情。"摘自20世纪福克斯公司档案馆日期为1962年6月8日的档案《玛丽莲·梦露的状况》中的备忘录。

XXXIII 拉尔夫·格林森的引文来源于他1962年8月20日给玛丽安娜·克里斯写的一封信。收录于加利福尼亚大学特藏部拉尔夫·R.格林森文稿。

XXXIV 引自伊芙·阿诺德，p.85。

XXXV 埃丝特·莫尔茨（前海曼·恩格尔伯格夫人）向唐纳德·斯波托转述，1992年7月28日和10月23日。

XXXVI 拉尔夫·格林森于1962年8月20日给玛丽安娜·克里斯的信，收录于加利福尼亚大学特藏部拉尔夫·R.格林森文稿。

XXXVII 阿尔弗雷德·希区柯克向唐纳德·斯波托讲述，1975年7月18日。

XXXVIII 米勒，p.462。

XXXIX 詹姆斯·古德，《〈乱点鸳鸯谱〉的故事》（印第安纳波利斯：鲍勃斯-梅里尔出版社，1961），p.17。

XL 有关《〈乱点鸳鸯谱〉的故事》的拍摄经过，见（除了古德以外）：《时代》，第76卷，第6期（1960年8月8日）：57；阿琳·克罗斯，《乱点鸳鸯谱》，《影像和声音》，1961年夏季刊，pp.142—144；爱丽丝·T.麦金太尔，《拍摄〈乱点鸳鸯谱〉》，《君子》，第55卷，第3期（1961年3月）：74—81；罗斯滕，pp.82—89。

XLI 古德，p.17。

XLII 米勒，p.369。

XLIII 鲁伯特·艾伦向唐纳德·斯波托讲述，1991年8月17日。

XLIV 萨姆·肖向唐纳德·斯波托讲述，1992年3月7日。

XLV 肖和罗斯滕，p.186。

XLVI 引自《给玛丽莲打上马赛克》，《皇冠》，1961年2月。

XLVII 乔恩·惠特科姆，《玛丽莲·梦露——性感偶像和好妻子》，《时尚》，第149卷，第6期（1960年12月）：54—55。

XLVIII 麦金太尔，同前文中引述的文章，p.79。

XLIX 引自《皇冠》，1961年2月。

L 鲁伊特杰斯，pp.67—68。

LI 引述的大部分评论均摘自梅里曼1962年为《生活》杂志所做的专访；其他的评论

均有较大的改动。引述在此的表述均摘自原始访谈录音。

LII 古德，p.43。

LIII 古德，p.117。

LIV 古德，p.182。

LV 安吉莉卡·休斯敦在美国广播公司电视网的节目中向芭芭拉·沃尔特斯讲述，1991年11月6日。

LVI 有关《白鲸》1955年拍摄期间出现的危险状况，见迈克尔·弗里德兰，《格利高里·派克》（纽约：莫罗出版社，1980），pp.137—138，以及阿克塞尔·马德森，《约翰·休斯敦》（纽约：双日出版社，1978），pp.149—150。

LVII 马德森，p.149。

LVIII 同上，p.150。

LIX 有关盖博在《中国海》拍摄期间完成的惊险动作，见杰伊·罗伯特·纳什和斯坦利·拉尔夫·罗斯合著的《电影指南》（芝加哥：电影图书出版社，1985），第2卷，p.417。

LX 有关盖博在《中国海》拍摄期间完成的惊险动作以及邓列维的评论，见杰克·斯卡内蒂，《盖博的一生和爱情》（纽约市中村：乔纳森·戴维出版社，1976），p.152。

LXI 盖博的评论和这件事情在古德的著作中有所记述，pp.208—209。

LXII 盖博，引自劳伦斯·格罗贝尔，《休斯敦家族》（纽约：埃文出版社，1989），p.494。

LXIII 米勒，p.474。

LXIV 引自杰拉尔德·普拉特利，《约翰·休斯敦的电影》（新泽西州克兰伯里：A. S. 巴恩斯出版社，1977），p.130。

LXV 引自《新闻周刊》，1960年9月12日，p.102；有关休斯敦的赌博时间，同上。

LXVI 约翰·休斯敦，《一本坦诚的书》（纽约：克诺夫出版，1980），p.287。

LXVII 格罗贝尔，p.496。

LXVIII 古德，p.48；另见p.31，p.35，p.61，p.73，p.82，p.159。有关休斯敦的赌博嗜好，威廉·F. 诺兰在《约翰·休斯敦：反叛之王》（洛杉矶：舍伯恩出版社，1965）中做了详细的记述，pp.184—185。

LXIX 这段对话记录在古德德著作中，p.246，格罗贝尔也转述了，p.496。

LXX 1992年6月、10月几次接受采访的过程中，苏珊·斯特拉斯伯格向我提供了宝拉·斯特拉斯伯格患病的详细情况，特此向她致以谢意。

LXXI 古德，p.126。

LXXII 米勒，p.477。

LXXIII 米勒在书中记述了医生给玛丽莲注射速可眠的恐怖情况，p.481。他提到她摄入的镇静剂剂量都足够让她坚持完一场大手术了。另见米勒，pp.528—529。

LXXIV 艾伦·斯奈德向唐纳德·斯波托讲述，1992年5月2日。

LXXV 有关休斯敦在8月16日这一天输掉了1.6万美元的事情，见古德，p.108。

LXXVI 这句话频频被人引述，例如，林恩·托纳本，《国王万岁》（纽约：帕特南出版社，1976），pp.361—362。

LXXVII 通过下列资料可以判断出《乱点鸳鸯谱》每天的拍摄状况：古德，pp.115—124；演员和剧组工作人员保存下来的拍摄通告单；伊夫林·莫里亚蒂、艾伦·斯奈德、鲁伯特·艾伦和拉尔夫·罗伯茨的回忆。

LXXVIII 赫达·霍珀的专栏文章，1960年9月1日；前一天在自己的办公室通过通讯社发布。

LXXIX 有关休斯敦和米勒的情况，见米勒，p.485。休斯敦的记述始终如一："药物毁了她，她崩溃了。我只能让她去医院住了一周"。（见沃尔珀，《传奇》）。

LXXX 古德，p.124。

LXXXI 伊夫林·莫里亚蒂向唐纳德·斯波托讲述，1992年2月17日和8月9日。

LXXXII 拉尔夫·罗伯茨向唐纳德·斯波托讲述，1992年3月2日。

LXXXIII 海曼·恩格尔伯格，引自《纽约时报》，1960年8月30日，p.24。

LXXXIV 米勒，p.485。

LXXXV 古德，pp.257—258。

LXXXVI 引自查尔斯·汉布利特，《谁杀死了玛丽莲·梦露？》（伦敦：莱斯利·弗里温出版社，1966），p.128。

LXXXVII 亨利·哈撒韦，引自科拜尔的著作，p.613。

LXXXVIII 保罗·V.贝克利，《纽约先驱论坛报》，1961年2月3日。

LXXXIX 格罗贝尔，p.498。

XC 有关格林森和玛丽莲越来越离奇的关系以及他的家人和她的关系，来源如下：鲁伯特·艾伦，拉尔夫·罗伯茨，苏珊·斯特拉斯伯格，帕特里夏·纽科姆，以及与格林森一家人交往比较密切的三个人，这三个人都要求唐纳德·斯波托不透露他们的身份。

XCI 拉尔夫·格林森1962年8月20日给玛丽安娜·克里斯的信，加利福尼亚大学特藏部拉尔夫·R.格林森文稿。

XCII 引自《时代》，第76卷，第21期（1960年11月21日）：61。

XCIII 斯科尔斯基，p.230。他宣称这段对话是盖博逝世后在洛杉矶发生的，但这是不可能的，他和玛丽莲的对话肯定发生在盖博心脏病第一次发作和致命的第二次发作之间的某个时刻，因为盖博逝世的时候玛丽莲·梦露在纽约。

XCIV 弗农·斯科特，《玛丽莲·梦露接下来要做什么？》，《洛杉矶时报》，1960年11月30日。

第十九章 1961年

"我真的在努力寻找自我。在我看来,实现这个目标的最好的办法就是努力向自己证明我是一位女演员。这才是我想要做的事情。"玛丽莲曾经对一位友好的记者这样说过。[1] "工作对我来说很重要。是我仅有的立足之本。坦白地说,我就像是一座没有地基的大楼。但是,我已经开始建造地基了。"[II]

玛丽莲一心想要忘掉《乱点鸳鸯谱》痛苦的拍摄经历,用新的工作化解婚姻破裂带来的伤痛,因此她和李·斯特拉斯伯格提议将毛姆以"堕落女子"赛迪·汤普森为主角的经典著作《雨》改编成电视剧。[1] 玛丽莲写信向毛姆提出了这个建议,毛姆在法国里维埃拉的家中给她写了一封回信,表示她饰演赛迪的渴望令他感动和开心,还说她的表演肯定会"十分精彩",[III] 自己强烈支持这个计划,并表达了美好的祝愿以及对她的仰慕。

1月,围绕这部电视剧进行的商谈一开始进展顺利。弗雷德里克·马奇答应出演剧中痛苦、压抑、愤怒的男主角戴维森牧师,他的妻子弗洛伦斯·埃尔德里奇将饰演戴维森夫人。在那个年代,全国广播公司经常播出由文学著作改编的电视剧,当时制片方和全国广播公司几乎就要签订合同了,可是李却坚持要求担任这部电视剧的导演。由于他的这个要求,谈判陷入了僵局,全国广播公司的高层不愿意雇用他。他们强烈赞成玛丽莲出演女主角,但是反对李担任导演,他们需要的是一名经验丰富的电影或者电视剧导演,针对导演的人选问题,他们征求了玛丽莲的意见。

---

[1] 在此之前,这部短篇小说已经三次被搬上了大银幕:葛洛丽亚·斯旺森主演的《神女生涯恨事多》(1928),丽塔·海华斯主演的《军中红粉》(1953),以及1932年拍摄的一部影片。

遭到拒绝的李暴跳如雷，一贯对老师忠心耿耿的玛丽莲表示支持他（或许也是因为她觉得自己无法在其他导演面前充分展现自己）。李总是说演员应该找到自己的表演风格，然而他从不鼓励玛丽莲尝试其他表演风格。相反，他认为改编《雨》的计划属于他们两个人，后来他直接代表玛丽莲取消了拍摄计划。

在玛丽莲的新遗嘱中，李的地位很突出。这份落款日期为1961年1月14日的遗嘱很简单，只有3页纸，其中体现了玛丽莲刚刚离婚的事情。在遗嘱中，玛丽莲给同母异父的姐姐伯妮斯（米勒克尔夫人）和梅·里斯各留下1万美元，向罗斯滕夫妇赠与5000美元，而且注明了这笔钱专用于他们的女儿帕特里夏的教育。她把自己的私人物品和衣物统统交给李·斯特拉斯伯格处置，"我希望他将这些物品分发给我的朋友、同事以及我关心的人"。她还为格拉迪斯和迈克尔·契诃夫的遗孀设立了一个10万美元的信托基金，每年至少为母亲提供5000美元，为契诃夫夫人提供2500美元，用来支付她们的护理费用。剩余财产的25%留给了玛丽安娜·克里斯，"用以促进她加入的精神病医院或者协会的工作"；其余75%全都留给了李·斯特拉斯伯格。*

玛丽莲还有一件更迫切需要解决的事情——和米勒的离婚案。通过律师，米勒夫妇很快就达成了离婚协议：罗克斯伯里的那座房子归米勒所有，因为购买房子的钱来自他出售之前那座房子的收入；离婚后，双方都无须向对方支付赡养费；除此以外，他们就只需要交换几件私人物品了。米勒签署了一份弃权声明，承诺不会单方提起离婚诉讼。

为了快速解决此事，1961年1月20日（星期五）这一天，帕特里夏·纽科姆陪同玛丽莲及其代理律师埃伦·弗罗施前往墨西哥。在纽科姆的建议下，他们特

---

* 经过1963年最后一次估价，玛丽莲的财产总额为92781美元（约合1993年的37.5万美元）。（约合2021年的69.3万美元——编者注。）李于1982年逝世，他在宝拉逝世（1966）后再婚的第二任妻子是他遗嘱的唯一受益人。就这样，玛丽莲压根不认识的安娜·米兹拉希·斯特拉斯伯格继承了她的大部分遗产：主要来源于电影版权以及咖啡杯、T恤衫、钢笔等商品的肖像使用权收入。1992年，这笔遗产一年能带来100多万美元的收益。这时，玛丽安娜·克里斯早已过世了，她把财产都留给了安娜·弗洛伊德在伦敦开办的儿童诊所。

意挑选了肯尼迪就职的这一天,"因为届时媒体和全国人民只会盯着就职典礼,这样咱们就能悄悄地去、悄悄地回,不会有人注意到咱们"。[IV]的确,玛丽莲此行没有引起外界的注意。星期五晚上,他们三个人赶到得克萨斯州的埃尔帕索,然后越过边境,抵达了华雷斯。在米格尔·戈麦兹·格拉的面前,玛丽莲以"性格不合"[V]为理由申请立即办理离婚。法官立即批准了她的申请,星期六晚上他们就返回了纽约。从1月24日(星期二)开始,玛丽莲就不再是阿瑟·米勒夫人了。

回来后,玛丽莲一脸疲惫和沮丧,她直言不讳地告诉记者:"我很难过,现在我不想为宣传的事情烦心。"随即她又竭力摆出一副开心的模样,露出一丝懊悔的笑容:"不过,我真想吃一盘墨西哥卷饼。在墨西哥我们都没有时间吃饭!"[VI]正如纽科姆记得的那样,玛丽莲明显对婚姻正式宣告结束感到沮丧,但她还是努力振作起精神。纽科姆知道"在内心深处,她其实很坚强,远比我们所有人都坚强——我们往往会忘记这一点,因为她看上去那么脆弱,让人总是觉得必须盯着她"。

每当在公开场合提到前夫或者曾经的情人,玛丽莲总是充满了自尊,这一次评价米勒的时候也不例外。她告诉媒体:"让我来评论这件事情不太合适。我觉得这么做是对他的侵害。"[VII]她还说过:"米勒先生是一个了不起的男人,一位伟大的作家,只是我们不适合做夫妻。对于曾经爱过的人,我永远都会有一些感情的。"[VIII]对于疏远她的人,甚至是通过各种方式虐待她、贬低她或者背叛她的人,玛丽莲通常都不会怀恨在心。她只会向几个为人谨慎、值得她信赖的好朋友说出自己的真实想法,无意在媒体面前为自己辩护。为了表示对米勒的友好,她参加了《乱点鸳鸯谱》1月31日在纽约国会剧院举行的首映式,陪同她出席活动的是蒙哥马利·克利夫特。

* * *

在公开场合,玛丽莲看上去那么勇敢、开朗,其实她的心情就像纽约的那个冬天一样阴郁。《乱点鸳鸯谱》和《让我们相爱吧》得到的大部分评价都不太好,观众也对剧情感到难以理解,对主要演员的表演感到失望。婚姻结束了,两部影片反响平平,围绕着《雨》的谈判也失败了,暂时也没有新的工作等着她,尽管工作总是令她感到焦虑,但是至少能支撑她、帮她熬过难关。就这样,到了

2月1日，玛丽莲发现自己竟然找不到一丝慰藉。她向玛丽安娜·克里斯和几个朋友说出了自己的心事。除了和克里斯见面，她就一直窝在家里，待在昏暗的床上，听着伤感的音乐，靠着安眠药度日。她的体重快速地下降。

玛丽莲的情况引起了克里斯的注意，她建议玛丽莲住进纽约医院的单间，做一次体检，在一日三餐有人负责、各种设施一应俱全的环境里好好休养一段时间。

2月5日，星期日，克里斯亲自开车把玛丽莲送到了康乃尔大学—纽约医院。这所医院的建筑规模很大，高高矗立在69街的东河河畔。[IX]玛丽莲在自己的住院协议上签了字（为了避免引起公众注意，她使用了假名"费伊·米勒"），丝毫没有感到担心。可是，院方没有安排她住进常规病房。在克里斯的安排下，她住进了纽约医院的精神病分部"佩恩·惠特尼门诊部"。玛丽莲惊恐地看到自己被关进了一间墙壁加装了软垫、门上上锁的房间，这种房间是给精神状态最不稳定的病人准备的。

在这种禁闭状态下，即使十分健康的人也会感到极度不安、恐慌。玛丽莲一直坚信自己的家族深受精神病困扰，而眼前的景象似乎证明她最终还是继承了家族的遗传病。正如她后来对诺曼·罗斯滕、拉尔夫·罗伯茨和苏珊·斯特拉斯伯格说过的那样，这一切发生得太快了，她彻底被震惊了。她崩溃了，时而哭嚎，时而啜泣，大喊大叫着要求放她出去，狠狠地砸着上了锁的钢门，到最后两只拳头都擦破了皮，流起了血。没有人搭理她，工作人员完全把她当作一个精神病患者，她的医生也证实了这种看法。她的衣服、钱包都被拿走了，她被套上病号服，医生还说要给她穿上用来控制精神病患者的约束服，除非她能乖乖听话。

星期一的早上，一名年轻的精神病实习医生来到玛丽莲的"牢房"（名副其实的牢房）察看情况，他对玛丽莲做出了"精神极度紊乱"的评估。从某种意义上说，当时玛丽莲的情况的确如此。病房里的卫生间也上了锁，为了进入卫生间，玛丽莲砸烂了门上的一扇小窗户，看到这一幕，实习医生又在评估记录中写道："有自毁倾向。"玛丽莲告诉这名医生，她感到不安和羞辱，后来她还告诉朋友们她还感到自己被出卖了。然而，实习医生只是反复问她："你为什么这么不开心？"就好像医院安排她住进了豪华的度假村、而不是不顾她的反对将她关进了疯人院似的。玛丽莲非常理智地告诉对方："我不停给顶尖的医生很多钱就是为了知道自己为什么不开心，而你现在竟然来问我？"这种合乎逻辑的反驳往往会被视作对医生的一种挑战,大多数专业人员都不喜欢听到患者说出这样的话。

连续两天两夜,玛丽莲一直处于这样的惊恐状态中。她自幼就痛恨带锁的门,从来不会紧锁卧室的门,在医院的这两天她的精神几乎彻底崩溃了,从这时起直到逝世,她就再也没有给卧室的门上过锁,也不允许别人用钥匙锁上门或者插上插销。苏珊·斯特拉斯伯格也同意拉尔夫·罗伯茨和鲁伯特·艾伦的看法,无论是在工作中还是在家里,"一感到自己被墙壁围困住了,她就永远有办法迅速逃走,即使是制片厂的摄影棚。她特别讨厌封闭的感觉"。

终于,一名护士助理出于同情答应给她一些纸,然后帮她把信捎给斯特拉斯伯格夫妇。2月8日,星期三,斯特拉斯伯格夫妇收到了玛丽莲的来信:

亲爱的李和宝拉:

克里斯医生把我送进了医院,让两个白痴医生负责我。他们都不应当我的医生。他们把我跟这些可怜的疯子关在了一起。要是这种恐怖的生活继续下去的话,到最后我肯定也会变成疯子的。救救我。我根本不该来这种地方。我爱你们。

玛丽莲

另外:我住在高危病房。房间跟牢房一样。浴室的门都上了锁,我拿不到钥匙,进不去,所以我就把玻璃窗砸烂了。除此以外,我一直很配合他们。[x]

可是,斯特拉斯伯格夫妇只是玛丽莲的朋友,他们没有资格提供帮助,更不用说命令或者说服医院同意玛丽莲出院。他们可以同克里斯取得联系,但是后者也不会向他们透露详细的情况。

2月9日,星期四,玛丽莲没有收到斯特拉斯伯格夫妇的回信,不过医院给了她一次打电话的机会。她狂躁不安地渴望向外面发出求救信号,不过她还是设法装出一副平静的模样,拨通了朋友家的电话,可是接连两三个朋友都没有接电话。最后,她终于联系上了远在佛罗里达的乔·迪马吉奥。

玛丽莲和乔已经将近六年没有见过面了,不过她一直和乔的家人保持着联络,向他们打听他的情况。自1958年开始,乔一直在军用品供应商V. H. 莫奈特公司当着副总裁,年薪10万美元。他在公司里的工作其实就是形象大使,前往美军在世界各地的军事基地,主持各种棒球表演赛。春训期间他还会在佛罗里达执教纽约扬基队。[xi]

在私生活方面，1957年乔差点就和一个名叫玛丽安·麦克奈特的女人结了婚，最终这段恋情还是无疾而终，因为麦克奈特得到了"美国小姐"的桂冠。除此以外，乔就没有和其他女人认真交往过了，他的家人和朋友都说他始终没有抛却对玛丽莲的爱。在华盛顿当律师的爱德华·贝内特·威廉斯和乔交往甚密，他说过乔"扛着的火炬比自由女神的火炬都大。多年来，他对她的爱丝毫没有减少"。[XII]这种说法很有代表性。所以，玛丽莲就向乔求助了。瓦尔莫·莫奈特也同意威廉斯的说法："他非常爱她，他们一直保持着联系。"

当天晚上，乔就从圣彼得堡海滩赶了过去。他要求院方批准玛丽莲于次日出院，将其交由他负责。得知玛丽莲出院必须得到克里斯医生的同意后，他就给克里斯打去了电话，告诉对方如果玛丽莲周五还不能出院的话，他就"一砖一瓦地把医院彻底拆掉"（他的原话，据玛丽莲所述）。克里斯说如果玛丽莲不喜欢佩恩·惠特尼门诊部的话，不妨试一试另一家医院，乔的回答是到时候再说。[XIII]

接下来的一切都发生得太快了。

首先，为了避免引起外界令人反感的关注，他们让拉尔夫·罗伯茨开车将玛丽莲送回57街，克里斯也坐在车里。据拉尔夫所述，玛丽莲怒气冲冲地表示了强烈抗议，将自己的心理医生责骂了一番。把玛丽莲安全送到家后，罗伯茨又开车将克里斯也送回了她的住处。他还记得，一路上克里斯表现得很懊悔，浑身哆嗦个不停，一遍又一遍地念叨着："我干了一件很糟糕很糟糕的事情。噢，天哪，我不是故意的，可我还是做了。"[XIV]克里斯的这番话也许是对她和玛丽莲之间的医患关系最准确的评价。不管怎样，这也是她最后一次发表意见了。当天玛丽安娜·克里斯就被解雇了，从此以后她和玛丽莲再也不曾见过面。

其次，无论入院的时候玛丽莲的情况是好是坏，乔看到的就是出院时她极度郁闷，瘦骨嶙峋，浑身哆嗦个不停。玛丽莲答应换住一所条件远胜于佩恩·惠特尼门诊部、不那么令她感到害怕的医院，只要乔能待在医院、每天陪着她。2月10日，星期五，下午5点，在乔的帮助下，玛丽莲住进了哥伦比亚大学—长老会医院医疗中心的神经研究所，直到恢复了体力，她才于3月5日出院。

多年来，所有人都以为玛丽莲·梦露写给拉尔夫·格林森的一封信被遗失了，在这封信里玛丽莲详细讲述了自己在那个冬天的精神和感情状态，对自己的生活进行了一番评价。1992年，这封信终于被找到了。这封信是玛丽莲1961年3

月1日和2日在哥伦比亚大学—长老会医院里写下的,信中处处都显示出写信之人是一个理智、清醒、聪明、成熟的人。这一时期,玛丽莲的确存在很多问题,但是她对自己的生活有着清醒认识,与生俱来的智慧和同情心也没有遗失。如果有人对此心存怀疑的话,她的这封信绝对会打消人们的怀疑。

亲爱的格林森医生:

此刻,看着医院的窗外,之前到处都覆盖着积雪,突然间万物蒙上了一层柔和的绿色。草地和残败的常绿灌木都绿了,但是略微让我感到一丝希望的是树,光秃秃的树枝让我觉得也许春天会到来的,也许还有希望。

《乱点鸳鸯谱》你看了吗?在一场戏里,你可能会看到一棵树在我的眼中显得有多么奇怪,多么枯败。我不知道在银幕上是否也会产生这种效果——有一些戏,他们选中的镜头我不喜欢。提笔写下这封信的时候,大约四滴眼泪悄无声息地滑落了。我完全不知道为什么会落泪。

昨天夜里,我又彻夜没睡。有时候,我真想知道夜晚的时间到底有什么存在的意义。对我来说,夜晚几乎就不存在——夜晚似乎就像是很长很长的可怕的白天。不管怎么说,我想我还是在努力积极面对夜晚,开始读西格蒙德·弗洛伊德的书信集。刚一翻开书,我就看到了书里那张弗洛伊德的相片,就在扉页的旁边,我一下子就哭了起来——他看上去非常抑郁(这张照片肯定是在他临终前不久拍下的),就好像他去世的时候怀着满心的失望。不过,克里斯医生说过他承受着很多身体上的痛苦,在琼斯的这本书里我也读到了。我知道这一点,事实的确是这样的,可我还是相信我的直觉,因为我在他那张温和的脸上看到了失望。这本书显示了(不过,我不敢肯定人们的情书真的适合公开吗?)他不是一具尸体!我是说,他永远有着温和、忧伤的一面,甚至永远处在挣扎中。我还没有读多少,因为同时我还在读肖恩·奥凯西[1]的第一本自传。这本书令我非常不安,从某种角度而言,人就应该为这些东西感到不安。

"佩恩·惠特尼"毫无同情心,它对我产生了很糟糕的影响。他们

---

[1] 肖恩·奥凯西(1880—1964),爱尔兰剧作家,被称为"一个来自工人阶级的粗犷的天才"。

把我关进了为极度不安、抑郁的病人准备的牢房（我是说水泥大楼那些东西），我觉得我因为某种我根本没有犯下的罪行成了囚犯。我在那里遭到的残酷对待完全是过时的手段。他们问我待在那里为什么不开心（那里到处都上了锁，都得用钥匙才能打开，比如电灯、衣柜、卫生间、壁橱、嵌在窗户上的铁条——门上还有窗户，这样病人就能被外面的人整天盯着了。而且，墙上还有原先住在那里的病人留下的暴力行为的痕迹和其他痕迹）。我告诉对方："好吧，要是我喜欢这里的话，那我就只能变成疯子！"一些女人在自己的房间里嘶喊着，我是说，当她们对自己的生活忍无可忍的时候她们就会喊出来，我估计是这样的。每当这种时候，我就觉得精神病医生应该跟她们聊一聊，也许能暂时减轻她们的痛苦。我想他们（医生们）甚至有可能学到一些东西，可是他们只对书本里的内容感兴趣。其实，通过某个苦命的大活人他们也许能学到更多的东西，可是在我看来他们更看重学习，任凭自己的病人一个接一个地"放弃"自己。他们叫我跟其他病人接触接触，去进行OT（职业疗法）。我说："什么职业？"他们说："你可以缝衣服，下象棋，甚至打牌，也许还能织毛衣。"我努力跟他们解释说等我开始做这些事情，他们看到的就真的是一个疯子了。这都是我最不想做的事情。他们问我为什么我觉得自己和其他病人"不一样"，于是我想如果他们真的如此愚蠢，那我只能用最简单的方式做出回答。所以我就说："我就是不一样。"

第一天，我真的跟另一位病人接触了一下。她问我为什么我看起来那么伤心，还说我应该给朋友打电话，那样一来或许就没有那么孤独了。我告诉她他们跟我说这层楼里没有电话。说到楼层——每层楼也都上了锁，没有人能进来，也没有人能出去。她看上去非常震惊，说："我带你去打电话。"排队等着打电话的时候，我看到了一名警卫（因为他穿着灰色的针织制服），等我走到电话跟前的时候，他伸开双臂挡住了电话，斩钉截铁地说："你不能打电话。"就这样，他们还骄傲地宣称医院就像家一样舒适。我问他们（医生）怎么会有这种感觉，他们说："嗯，六楼的房间整墙都贴了墙纸，还有时髦的家具。"听到这种回答，我说："好吧，这种事情任何一位合格的室内设计师都能做到——只要资金到位。"不过，既然他们的工作是解决人的问题，我就问他们，他们为什么理解不了人的内心世界。

告诉我有电话的那个女孩似乎非常可怜，糊里糊涂的。就在警卫挡住电话后，她告诉我："我不知道他们会这么做。"接着她又说："我上这儿来是因为我有精神病——我割喉了好几次，还割过腕。"她跟我说过三四次。

噢，天哪，人类都要登上月球了，可是他们似乎对人类跳动的心脏毫无兴趣。人有能力改变它们，可是没有人会这么做——顺便说一句，这正是《乱点鸳鸯谱》最初的主题，可是都没有人领会到这一点。我估计，一部分的原因就在于剧本经过了改动，导演也产生了一些误解。

继续：
我知道我永远不会幸福，但是我知道我可以变得开心起来！
我跟你说过卡赞说我是他见过的最开心的姑娘，还记得吧？相信我，他认识的姑娘可多了。不过，他爱了我一年的时间，有一天晚上我极度痛苦，他就摇着我，直到我睡着。他还建议我接受精神分析治疗，后来他还想让我跟李·斯特拉斯伯格合作。

弥尔顿是不是写过"世上从未有过幸福的人"这句话？我知道至少有两位精神病医生正在研究更积极的治疗方法。

3月2日，今天早上：
昨晚我又没有睡着。昨天，有些事情我忘了跟你说。在第一次安排我住进六楼的那个房间时，他们没有告诉我六楼是精神病区，克里斯医生说第二天她会来医院的。医生——精神病医生——给我做了身体检查，包括检查乳房是否有肿块，接着那名护士又来到我的房间。我对体检表示了反对，但是我没有做出任何暴力的举动，我只是告诉她把我关进来的医生——那个蠢货叫李普金医生——已经给我做过全面的检查了，就在不到三十天前。可是，当护士进来的时候，我注意到房间里没有呼叫护士的方法，没有蜂鸣器，也没有指示灯。我问她怎么会这样，还问了其他一些事情，结果她告诉我这一层是精神病区。等她出去后，我穿好了衣服，然后走廊里的那个女孩就跟我说了电话的事情。我在电梯门口等着，电梯门跟其他有门把手的门看上去都一样，只是上面没有数字（你瞧，他们把数字给漏掉了）。等那个女孩跟我聊了一会儿、告诉我她对自己干过什么之后，我就回自己的房间了，我知道了他们在电话的问题上对我说了谎。我坐在床上，努力想象着如果要我即兴表演眼前的状况，我应该怎么办？结果我想明白了，眼前的一切就是一个吱嘎作响的轮子，需要上些油。我承认吱嘎声很大，不过我从以前拍的一部电影——《无需敲门》——里找到了灵感。我抄起一把轻巧的椅子，把玻璃窗砸烂了。我是故意的。这件事并不容易，因为我这辈子还从来没有砸烂过任何一样东西。我拼命地砸了很久才把一小块玻璃砸烂，然后我偷偷地握着一块玻璃，走到了床跟前。我静悄悄地坐在床上，等着有人进来。他们来了，我告诉他们："要是你们把我当成疯子，那我就会干出疯子才能干出的事情。"我承认接下来的事情很老套，不过我在电影里的确就是这么做的，只不过那时是剃须刀的刀片。我向他们表示要是他们不放我出去的话，我就要自残了。其实，当时我最不想做这种事情。格林森医生，你也知道，我是一名演员，我绝对不愿意在自己的身上留下伤痕或者伤害自己，我只是太无望了。我是绝对不会配合他们的，因为我一点也不信任他们的做法。他们叫我安静下来、跟他们走，我拒绝跟他们走，继续在床上坐着，于是他们四个人一起动手，把我架走了，两个彪形大汉，两个壮实的女人。他们用电梯把我扛到了七楼。我不得不承认，他们至少还保持了基本的礼节，扛着我的时候让我脸朝下。一路上我一直偷偷地哭，然后我又被扔进了我跟你说过的那个房间。那个公牛一样的女人——其中一个壮实的女人——说："洗个澡。"我告诉她我刚刚才在六楼洗过澡。她斩钉截铁地说："只要换了楼层，你就得再洗一次。"那个地方的负责人是一个高中校长式的人，克里斯医生说他是"管理者"，可是他有权跟我谈话，用类似心理医生的腔调问我问题。他说我是一个病得很严重的女孩，多年来一直病得很严重。他对自己的病人就是一副高高在上的姿态。他问我在抑郁的情况下我怎么可能开展工作。他怀疑我的病情对我的工作造成了干扰。他说这些话的时候态度非常坚定、明确。他其实是在发表自己的看法，而不是向我提问，所以我对他说："你难道不觉得葛丽泰·嘉宝、查理·卓别林和英格丽·褒曼在工作期间或许有时候也处于抑郁状态吗？"他的意思就像是迪马吉奥这样的球员处于抑郁状态时就无法击中球似的。太愚蠢了。

顺便说一句，我还有一些好消息，算是吧，我估计我帮上了忙。他说我帮上了忙——乔说给他派去一名心理医师就是救了他一命。克里斯医生说他很厉害，那位医生。乔说离婚之后他就一直独自挣扎着，总算挺了过来，但是他还告诉我如果他是我，他也会跟自己离婚的。圣诞节的晚上，他送来了无数一品红。因为事先没有告诉我，所以收到花的时候我问是谁送的，当时我的朋友帕特·纽科姆（帕特里夏的昵称）也在场，他们刚刚赶过来。她说："我不知道，不过卡片上写了'一切顺利，乔'。"我说："哦，只有一个乔。"因为是圣诞节的晚上，所以我给他打了电话，问他为什么要给我送花。他说："首先，我觉得你会打电话给我，向我表示感谢。"接着他又说："况且，在这个世上，你还有谁？"他要我有时候跟他喝一杯。我说我知道他不喝酒，可是他说现在他偶尔也会喝喝酒，我说那样的话，咱们就得找一个光线非常非常暗的地方！他问我圣诞节的晚上打算做什么。我说什么也不做。我跟一个朋友一起过。他叫我去他那里，我希望他上我这儿来。不得不说，当时我的头脑不太清醒，有些抑郁，不过我还是希望他能上我这儿来。

我想我最好还是收笔吧，你还有别的事情要做。不过，还是谢谢你花时间听我倾诉。

玛丽莲·梦

乔每天都去医院探望玛丽莲，在她出院之前他去了佛罗里达，因为玛丽莲已经答应和他在那里休养几个星期。

在哥伦比亚大学一长老会医院疗养了23天后，玛丽莲于3月5日出院。400名影迷和数十名摄影师、记者聚集在医院的大门口，在6名警卫的护送下，玛丽莲穿过人群离开了医院。赶来帮忙的还有梅·里斯（每当碰到这样的情况，她依然会挺身而出）、帕特里夏·纽科姆和阿瑟·P. 雅各布斯公关公司驻纽约办事处的同事约翰·斯普林格。玛丽莲说："我的感觉好极了。我好好地休息了一场。"[XV]她的笑容"就像获得了奥斯卡奖一样灿烂"（在场的一名记者所述），[XVI]看上去比以往任何时候都健康，1960年悲惨的夏天里增加的15磅体重几乎都减下去了,身上穿着米色的羊绒衫和羊毛裙,鞋也是同样颜色的,她的发型优雅随意,头上还戴着引人注目的香槟色发饰,和衣服很协调。

三天后,玛丽莲参加了在布鲁克林一家殡仪馆举行的葬礼。葬礼是为米勒的母亲举办的,玛丽莲安慰了一番前公公,对前夫也表示了问候。后来,伊萨多·米勒告诉一名记者:"那时候她刚刚出院,而我很快就要独自一人进医院去了。在我住院期间,动了手术之后,她每天都给我打来电话,发电报叫人送花来,跟我的医生通电话。"[XVII]玛丽莲和老人之间的感情丝毫没有因为她和米勒的离婚而改变。

3月底,玛丽莲和乔待在一起。乔在圣彼得堡的时候就丢下了纽约扬基队,带着玛丽莲去了佛罗里达雷丁顿海滩一处比较僻静的度假村。他们在这里过着放松的生活,游泳,漫步海滩上捡贝壳,清静地吃饭,早早上床睡觉。有一两次,他们还驱车去圣彼得堡海滩观看了纽约扬基队的训练。玛丽莲到来并为球队欢呼加油令队员们激动不已,乔很为她感到自豪。乔的朋友杰里·科尔曼说过:"乔·迪马吉奥深爱着那个女人。"[XVIII]很快,这种感情就不再是单方面的了。女演员罗伊丝·史密斯说过:"乔一直深深地被玛丽莲所吸引。玛丽莲知道他为什么会跟她在一起。他永远在那里,她随时可以给他打电话,随时可以依靠他,指望着他,完全不用怀疑他。这种感觉给了她极大的安慰。"[XIX]多年后,帕特里夏·纽科姆说起了那一年的事情,她说乔是一个"英雄。只要打一个电话,拉尔夫永远随叫随到,毫不计较自己的时间,他是她交往过的最好的朋友。但是,乔才有能力赶来把她从医院里救出去"。

4月底,玛丽莲回到了洛杉矶。她感觉自己状态非常好,因此告诉专栏作家和朋友们自己很快就要恢复工作、开拍新的影片了,不过她也不知道新的影片是什么。一开始,她接受了法兰克·辛纳屈的邀请,在他家里暂住了一段时间,当时辛纳屈正在欧洲进行巡回演出。接着,她联系了前房东维奥拉·莫茨的女儿简·齐格勒,莫茨的房子位于辛西娅街拐角处的多希尼北街882号。碰巧,她在1952年租住过的大楼里有一套公寓刚刚空了出来。玛丽莲给公寓里塞了一些匆忙购置的家具:几个书柜、一张大床、一张梳妆台和一个衣橱。她把床放在起居室里,把梳妆台和衣橱放在小卧室里。

拉尔夫·罗伯茨、苏珊·斯特拉斯伯格这样的客人都觉得这套公寓看上去就像酒店的房间,缺少个性化的东西,没有照片,也没有奖杯,只有几本书、一箱子衣服和一个化妆箱。这里似乎只是一个暂时落脚的地方,她待在这里只是为了随时冲出去、钻进等在外面的豪华轿车去工作,去拜访格林森医生或者恩格尔伯格医生,或者去跟经纪人、公关人员、编剧或者制片人会面。玛丽莲对周围的动静依然很敏感,还是靠着宁比泰才能入睡。

5月,玛丽莲收到了克拉克·盖博的遗孀发来的邀请,请她参加小宝宝约翰·克拉克的洗礼。这个邀请令玛丽莲感到开心,此次会面打消了外界时不时出现的传言——凯·盖博认为丈夫的死亡是玛丽莲的怠惰懒散造成的。参加完这个令人欣喜的仪式,几天后玛丽莲又住进了黎巴嫩雪松医院,为了缓解长期存在的子宫内膜异位带来的痛苦,利昂·克罗恩医生再次为她实施了手术。

6月1日,玛丽莲回到了家里,和不多的几个朋友一起吃了晚饭,庆祝了自己的35岁生日,还和从伦敦赶来的一位记者见了面。她说:"真高兴已经到这个年纪了,我觉得我渐渐长大了。当小女孩很美好,当女人更美好。"[XX]6月7日,她参加了法兰克·辛纳屈为庆祝迪恩·马丁的44岁生日在拉斯维加斯举办的聚会,到场的还有伊丽莎白·泰勒和她的丈夫艾迪·费舍尔。

玛丽莲参加这场聚会的原因很简单。她同法兰克·辛纳屈究竟从什么时候开始了一段短暂的时断时续的恋情,外界不得而知(有可能早在1955年他们两个人就在纽约约会过两三次了),但是显然在这一年6月他们旧情复燃了,直到当年的年底才分手。辛纳屈显然比玛丽莲更动情,他在洛杉矶的家里和玛丽莲约会,有时候也会在拉斯维加斯或者塔霍湖见面。

在这一年里和他们两个人都非常熟悉的制片人米尔顿·艾宾斯说过:"无疑,法兰克爱上了玛丽莲。"[XXI]艾宾斯在彼得·劳福德的制片公司担任副总裁,和辛纳屈私交甚好,他还记得有一件事情暴露了辛纳屈对玛丽莲的迷恋。当时,劳福德(跟总统的妹妹帕特里夏结了婚)在自己的海边别墅举办了一场午宴,招待肯尼迪总统,辛纳屈接受了邀请,可是最终却没有露面。

事到临头,辛纳屈的秘书格洛丽亚·洛弗尔才给劳福德那边打去电话,谎称辛纳屈"得了重感冒"。(碰巧,洛弗尔跟玛丽莲住在同一幢公寓楼里。)

电话是艾宾斯接的,他说:"噢,格洛丽亚,得了吧。这一套太不可信了。

你就跟他说他必须过来。他不能这么对待总统!"洛弗尔的态度很坚定——辛纳屈不会到场的。辛纳屈的缺席令人震惊,后来艾宾斯从洛弗尔以及辛纳屈本人那里得知了真正的原因:"他找不到玛丽莲!当时她在他家过周末,她出去了一趟,逛街或者按摩之类的事情,结果他找不到她!他倒不是担心她的安全问题,他只是对她的去处嫉妒得要死!让总统的午餐会见鬼去吧!"

玛丽莲很反感这种独霸她的态度。她喜欢辛纳屈,也欣赏他的才华,有他在身边她会感到安全。然而,她是不会属于他的,在1961年乔的地位是无可匹敌的。玛丽莲也知道尽管自己和辛纳屈旧情复燃,但是他还在继续和别的女人交往。如艾宾斯所说:"我觉得如果有机会的话,他会跟玛丽莲结婚的。毕竟,对法兰克来说,失约美国总统——我敢说他太想去赴约了——可是一件天大的事情!他完全可以过来吃午饭,然后再回去找她。我跟你说,他完全被那个姑娘给迷住了!"鲁伯特·艾伦、拉尔夫·罗伯茨和约瑟夫·纳尔(劳福德的密友和代理经理)也都知道辛纳屈对玛丽莲有着强烈的感情。

尽管流言加工厂和专栏作家们多年来一直为这段恋情炮制着各种谣言,但是在1961年之后,辛纳屈和玛丽莲之间基本上就只剩下朋友关系了,玛丽莲的爱人是乔,而且很多人都知道辛纳屈跟其他女人有了交往,其中包括女演员朱丽叶·普劳斯。

这一年的春天,玛丽莲长期疼痛的右半身疼得更剧烈了,她还经常出现消化不良的问题。在6月的第三个星期,她叫拉尔夫·罗伯茨陪她去了纽约。6月28日,由于消化道出问题,剧痛难忍的她住进了西50街的曼哈顿综合医院,这是她在10个月里第五次住院了。医生诊断她有胆囊结石嵌顿和急性胆囊炎,正是由于这些问题,她才会长期感到疼痛,一直"消化不良",才会经常在夜里疼痛难忍(结石嵌顿的典型症状)。不幸的是,正是由于这个问题,她才吃下了更多的巴比妥酸盐药物。

6月29日,经过两个小时的手术,医生成功为她切除了胆囊,手术结束后她就被送回病房。醒来后,玛丽莲看到乔就在身边,从入院起他就一直陪着她,一直待到她被推进手术室。乔每天都陪在病房里,整整陪了一个星期,直到家里出了些事情,他才返回旧金山。从8月到11月,他和莫奈特在国外出差。玛丽莲一直跟他保持着电话联系。

7月11日,纽约的著名发型师肯尼思先生为玛丽莲做了一个新发型,然后玛丽莲就出院了。200名影迷和100名记者及摄影师守在医院外面,看到玛丽莲出来,他们蜂拥围拢过来,不停地向玛丽莲问问题、索要签名,竭力想要摸到她、扯一把她的毛衣、尽可能地靠近全世界最受摄影师青睐的女人。后来,玛丽莲说:"那一幕太吓人了。"

> 有几分钟我都觉得他们好像要把我撕碎了。其实,那一幕令我有些恶心。我是说,我对他们的关心和爱表示感谢,可是——我也不知道——那一幕就是有点像噩梦。我都不知道自己能不能平安无事地上那辆车,逃离他们![XXII]

帕特里夏·纽科姆从洛杉矶赶来帮忙,还带来了一份活力十足的小礼物——一只小狗。玛丽莲很开心,她说:"我想我要给他取名'马非'(即黑帮的意思),向法兰克致敬。"据说辛纳屈跟一些不太正经的人物有所交往,玛丽莲的这个玩笑影射了这个传言。

就在这个月,玛丽莲和拉尔夫·罗伯茨驱车前往米勒在罗克斯伯里的家,拿回了一些自己的物品。罗伯茨还记得那一天玛丽莲抓着一件冬天的外套举到自己的脸前,说:"他跟一个女人在一起,这个女人用的是另一款香水,还一直穿着我的外套。"那副模样活像是故事里的熊妈妈觉得自己发现了金发姑娘来过的痕迹一样。说完,她就把衣服丢进了垃圾桶里。(他俩都知道那个女人就是英格·莫拉斯,没过多久她就成了第三任米勒夫人。)

后来,玛丽莲告诉诺曼·罗斯滕:

> 我都[跟米勒]说了什么时候过去,等我到那里的时候,他却不在家。太伤心了。我还以为他没准会让我进去、请我喝杯咖啡什么的。我们在那座房子里过了几年开心日子。可是,他却不在家,我就想:"没准他是对的,结束了就是结束了,干吗还要问候彼此,干吗这么折磨自己?"尽管这样,要是他能在那里等着我,那他还算有礼貌,你不觉得吗?哪怕淡淡的一个笑容也行啊。[XXIII]

不过,还是有一位故人带给了她片刻的温暖,尽管这个人跟她并不熟悉。玛丽莲同母异父的姐姐伯妮斯当时去了纽约,在玛丽莲和拉尔夫·罗伯茨第二次回罗克斯伯里拿东西的时候,她也一道去了。这大概是两个女人一生中的第三次见面,她们没有需要商量的事情,也没有多少共同话题。但是,玛丽莲对伯妮斯很亲切,还不住地恭维她,罗伯茨记得她对他说:"瞧瞧她这一头漂亮的头发,这么漂亮的红色,跟咱们妈妈的头发一模一样。"[XXIV]

* * *

8月初,玛丽莲决定返回洛杉矶。她在纽约找不到满意的心理医生,又不愿再回到玛丽安娜·克里斯那里,最终她决定从此一直接受格林森的治疗。[XXV]乘飞机前往加利福尼亚的时候,玛丽莲叫拉尔夫·罗伯茨开着自己的车从纽约赶过去,接下来的几个月里就能一直陪在她身边,给她当专职司机(手术后她不太方便自己开车)和按摩师。为了如此亲密的朋友,罗伯茨欣然接受了对方的安排。玛丽莲在马蒙特城堡酒店为罗伯茨租了一个房间,酒店距离多希尼街只有不到10分钟的路程。从8月一直到11月,他们两个人每天都待在一起(用帕特里夏·纽科姆和苏珊·斯特拉斯伯格的话来说,他们就像一对最亲密的兄妹)。罗伯茨帮玛丽莲在新的公寓安顿下来,他们一起逛街购物,他开车送她去日落大道的伦娜夫人美容院做美容,每天下午4点送她去格林森家接受治疗,大多数夜晚他们都在多希尼街公寓的楼台上烧烤。玛丽莲把罗伯茨称作"大哥"。*

玛丽莲叫罗伯茨最先做的事情就包括给公寓里挂上厚实的窗帘,就像她1956年在贝弗利格伦区那所住宅里挂的窗帘——黑色的遮光布,几乎跟墙壁一样宽,严严实实地挡住阳光。

据罗伯茨所述,玛丽莲一开始还试图放慢脚步,她恢复了健康,体力也恢复了,看上去一副开心乐观的模样。然而,罗伯茨、帕特里夏·纽科姆、苏珊·斯特拉斯伯格和艾伦·斯奈德都注意到玛丽莲对心理治疗越投入,她就越是不开心。罗伯茨记得:"一开始,她很喜欢格林森。"

可是,我们都觉得这对她来说不是一件好事。他对她的生活施加的影

---

* 为了迷惑游客和影迷,玛丽莲在多希尼街公寓的门铃上写的名字是蒙哥马利·克利夫特的前秘书的名字,"玛乔里·施滕格尔"。在梅·里斯离去后,施滕格尔给玛丽莲当过短短一段时间的秘书。

响越来越大，他告诉她应该跟谁交朋友、应该拜访谁，诸如此类。她觉得自己必须听从他的决定。

在世的最后一年里，玛丽莲同心理医生的关系错综复杂，给她带来了很多痛苦。到了10月，格林森开始经常取消和其他患者约在罗克斯伯里路的诊所里的治疗，急匆匆地赶回家，私下跟玛丽莲会面。11月，在结束治疗后，玛丽莲经常会留下来跟格林森的家人喝上一杯香槟，她永远想不起来自己作为病人应该保持匿名，永远毫不在意地任由格林森和自己拉近关系。没过多久，玛丽莲就开始留在格林森家吃晚饭了，有时候一周多达三四次。等玛丽莲一结束治疗，拉尔夫·罗伯茨就会立即赶来接她回家，但是他常常会被格林森打发走，直到深夜玛丽莲才会被格林森家的人送回多希尼街，而且这种情况出现得越来越频繁。格林森的妻子曾经在另一个场合提起过自己的丈夫让一位病人"变成了自己的家人"，从而实现了"他为患者提供避风港式的寄养家庭、修复所有创伤的幻想"。

格林森的行为或许的确源自高尚的动机，但同时也揭示了他自身的弱点，并且对患者、自己和家人都造成了极其有害的影响——他快速地成为了心理医生通过专业咨询工作渔利的典型案例。他不仅没有教会玛丽莲如何挖掘内心的力量，帮助她摆脱对他人的依赖、具备自主判断的能力，反而加深了她对他的依赖，以便自己能牢牢掌握住对她的控制权。格林森向玛丽莲做出了暗示，于是玛丽莲又开始依赖他的家人，随时都会给格林森家打去电话，和对方讲述自己的梦、自己的恐惧、对剧本或者约会的犹豫，以及某段恋情中的任性表现。格林森把她当作家人一样对待，把她称作家人，她表现得也就越发像是他的家人了，随时都会出现，当拉尔夫·罗伯茨无法分身的时候，她还会叫琼·格林森开车接送她。格林森的同事和朋友罗伯特·利特曼也是一名精神病医生，他说过格林森"逾越了患者和医生之间的正常界限。我并不是说他们的关系存在不道德的成分，但是那么热衷于'收养'她、把她接纳进自己的家庭，这种做法肯定是有危险的。这种做法将他自己置于令人无法容忍的境地"。[XXVI]

琼和哥哥丹尼尔（当时兄妹俩都在上大学）都知道父亲严格秉承弗洛伊德学派的原则，但是他却告诉他们和自己的妻子他相信传统治疗方法对玛丽莲没有用，她需要一个稳定的家庭当榜样，这样才有可能找到属于自己的稳定的家庭。他还告诉他们他发现玛丽莲太迷人了、太脆弱了，只有他才能拯救她。这种赤裸裸的救世主情结肯定会遭到每一位同行的坚决反对。

玛丽莲无法否定这种经过强化的关系,这种关系从一开始就令她感到受宠若惊、心满意足。但是,她渴望以一名真正的女演员的身份演戏,无须为了表演丧失自己的创造力,格林森取代不了她对工作的需求,因此她又陷入了抑郁中。这一年冬天,玛丽莲给诺曼·罗斯滕寄去了一首歌词,这首歌词表达了她对自己内心世界走向产生的怀疑和悲观情绪:

救救我,救救我,

救救我,我感到生活离我越来越近,

而我却只想死去。[XXVII]

正如她对几位好朋友说过的那样,心理治疗过程已经控制了她、令她感到窒息了,她的内心多少对这种控制有所排斥,可是她又感到自己越来越依赖这样的控制了。

玛丽莲完全被吸入了格林森的生活轨道,丝毫没有受到阻挠。在11月底的一个星期六下午,她的治疗师做了一件极度自私的事情。一天之内,玛丽莲被他叫到家里两次接受治疗,治疗结束后,他陪着玛丽莲来到拉尔夫·罗伯茨面前,罗伯茨一直把车停在路边,坐在车里等着玛丽莲。罗伯茨永远也忘不了那一幕,玛丽莲看上去非常不安,流着眼泪说:"格林森医生认为你应该回纽约去。他已经找了别人陪我了。他说我的生活中有两个拉尔夫,有一个是多余的。我跟他说我管你叫'拉夫'。我一遍又一遍地说:'他叫拉夫。'可是他说不行,他说我需要别的人。"

罗伯茨没有争辩,第二天下午他去了玛丽莲的公寓,拿走了他每天晚上为玛丽莲做按摩时用的按摩台。格洛丽亚·洛弗尔告诉罗伯茨她听到玛丽莲哭了一整夜,她十分希望自己的朋友能留下来。这纯粹是强人所难的事情,她就要因此失去一份美好的、对她有益的友情了,可是她已经受制于格林森,根本没有勇气也没有能力拒绝。玛丽莲·梦露的生活没有被拓宽,没有出现更多的生机,反而变得越来越狭窄,越来越依赖他人,越来越幼稚。提到玛丽莲的这段生活时,格林森写道:"她逐渐摆脱了很多围在她身边、只会利用她的人了。"[XXVIII]

第二天,罗伯茨在动身返回纽约之前去了玛丽莲的住处,向好朋友道别。

他摁了5分钟门铃，还是没能叫醒玛丽莲。他解开了花园里的水管，装作给灌木丛和花草树木浇水的样子，故意把水喷进了玛丽莲的卧室。玛丽莲拉开窗帘，打开一扇窗户，对罗伯茨说："我知道你在想什么，一切都还好。"她说没错，自己的确有些虚弱，因为吃了太多的安眠药，不过她事出有因。住在附近一所房子的人前一天晚上办了一场疯狂的聚会，他们知道邻居是大明星，所以就站在她的窗户下面，大声呼喊着她的名字，喊她出去跟他们一起玩。

玛丽莲不知道领头的那个女人叫什么，也从未跟她谋过面。那个女人曾经演过一些小角色，有时候会用"珍妮·卡门"这个名字，她的情况跟罗伯特·斯雷泽尔很相似，多年后原本默默无闻的她把自己跟玛丽莲·梦露做过邻居的经历发展成为一门生意。卡门宣称玛丽莲住在多希尼街的时候，她们俩合住在一套公寓里，她从1980年代开始凭空捏造了一连串毫无事实依据的故事，对玛丽莲进行诋毁。她说玛丽莲和罗伯特·肯尼迪有过一段疯狂的风流韵事，例如轻率地幽会、一起驾车去马利布海滩、裸泳。

同斯雷泽尔一样，玛丽莲的任何一本通讯录里都找不到卡门的名字，认识玛丽莲的人也都没有听说过或者看到过她（更不用说跟她见面或者认识她）。跟法兰克·辛纳屈和鲍勃·霍普私交甚密的歌手贝特西·邓肯是洛杉矶县副治安官的女儿，她经常去看望朋友格洛丽亚·洛弗尔。洛弗尔的家和玛丽莲的住处只隔了一条通风道，每周洛弗尔都会跟玛丽莲吃几次饭。邓肯说过："我从未听说过名叫'珍妮·卡门'的这么一个人。我知道那栋公寓楼里肯定没有这个人，如果有的话，格洛丽亚和我肯定都会认识她，如果玛丽莲有室友的话，我俩肯定也会知道的。"XXIX

玛丽莲的麻烦事才刚刚开始。也是在这一年的11月，她被原先的电影公司叫去商量事情，按照合同的规定她还有一些义务尚未履行，具体说就是以每部10万美元的薪酬拍两部电影。当时，媒体都在大肆宣传伊丽莎白·泰勒以10倍于此的价格接拍了福克斯公司的史诗巨片《埃及艳后》，在有票房号召力的好莱坞明星里，玛丽莲不是唯一一个被这个消息激怒的人。众所周知，这部影片的拍摄在财务和艺术两方面都遭遇了很多困难，在伦敦的时候拍摄设备出现了问题，当剧组转战到罗马后，预算又飙升到令人感到好笑的3000万美元，福克斯公司一下子陷入濒临破产的境地。到了这个时候，《埃及艳后》几乎充分体现了福克斯公司的状态——局面混乱得令人震惊。

多年来，福克斯公司的问题其实一直在持续恶化，在这里有必要简单地介绍一下。达里尔·F.扎努克回到欧洲、以独立制片人的身份通过福克斯公司发行影片之后，巴迪·艾德勒从1956年起一直担任公司的制片总监。作为高层管理人员，他业绩前途，享有盛誉，但是1960年就与世长辞了，终年51岁。在这个关键时期，由于电视业的进步、电影界公司制的式微（以及传统的七年合同制度的结束）、明星薪水标准开始巨幅增长（泰勒就是最好的证明）、公司在洛杉矶和纽约的执行董事会内部一系列激烈的权力斗争，福克斯公司一直步履蹒跚。

也是在这个时期，《埃及艳后》史无前例的高额投入被归罪于公司总裁斯派罗斯·斯库拉斯，他的身份从总裁变成了董事会主席，可谓是"明升暗降"。在福克斯公司以纽约为大本营的财政委员会的直接授意下，罗伯特·戈德斯坦填补了空缺，实际上戈德斯坦对电影拍摄的细节问题并不太了解。斯库拉斯针对新总裁人选征求意见的时候，公司的执行副总裁戴维·布朗坦率地告诉他："你肯定连死的心都有了。"[xxx]布朗的回答被（斯库拉斯或者其他爱管闲事的人）转告给了戈德斯坦，正如布朗所说，"没过多久，我就被赶下了执行副总裁的位置，去负责创意工作了，我的身份也变成了总公司的一名导演。我一下子成了制片人！"*

至此，混乱的局面还未结束，令人好笑的逆转接踵而至。有时候，好莱坞很像是自己出产的最精彩的无声喜剧短片。

首先，福克斯公司董事会从外面聘请了两名财务专家约翰·勒布和米尔顿·古尔德对公司的问题展开调查。据古尔德所述，他们从纽约赶到了好莱坞，结果发现公司的状况"一塌糊涂，于是立即解除了戈德斯坦的职务"。[xxxi]古尔德承认自己对拍电影的事情一窍不通（"我的工作就是堵住财务管理方面的漏

---

* 对戴维·布朗本人和电影史来说，这都是一件幸事，他以制片人和联合制片人的身份出品了一系列令人难忘的影片，例如《骗中骗》、《大白鲨》、《魔茧》、《为黛西小姐开车》、《大玩家》和《好人寥寥》。

洞"），不过他还是任命了一位新的执行副总裁负责管理制片工作。

新上任的执行副总裁是头脑聪明、为人世故的律师彼得·G. 雷瓦西。雷瓦西曾经给斯库拉斯当过助手，"二战"结束后担任过扬·罗比凯广告公司电视部主任一职。他是一个精力充沛、乐善好施的人，但是对电影拍摄方法、惯例、要求、细节问题以及阴晴不定的拍摄过程都不甚了解，对于一家已经负债2200万美元的电影公司来说他或许不是最合适的首脑人选。据导演让·尼古拉斯科所述，雷瓦西"身材高大、肤色黝黑，紧张不安，带着那种拒人于千里之外的表情，就是承担了自己无法理解也无力驾驭的职责的人所特有的那种表情"。[XXXII]

这时，戴维·布朗已经开始拍摄玛丽莲的新影片了。他找来作家阿诺德·舒尔曼改编在1940年红极一时的喜剧《我的爱妻》，老版本的主演是加里·格兰特和艾琳·邓恩。在翻拍版本中，艾伦·阿登（玛丽莲饰）是一个刚刚生了两个孩子的已婚妇女，丈夫的老板尼克是一个飞黄腾达的年轻商人。面对这场可耻但是微不足道的"忠诚考验"，阿登失败了，她觉得自己毁掉了尼尔成功的机会，羞愧之下，她去了夏威夷和远东地区，可是转机时她没有赶上从火奴鲁鲁到日本的航班——一个幸运的失误，因为那架飞机掉进了太平洋。人们都以为阿登也葬身大海了，其实她在夏威夷生活了5年，由于对孩子的思念，再加上一段恋情的结束，她产生了回家的勇气。然而，尼克接到她被宣告死亡的消息，已经和别人结婚了。* [XXXIII]

玛丽莲压根就不愿意拍这部影片，但是就像她对拉尔夫·罗伯茨说过的那样，"格林森先生说了这么做对我有好处"。戴维·布朗借用了弗雷德·阿斯泰尔主演的影片里的一首歌，很快就将歌名确定为新影片的片名——《濒于崩溃》。此外，他还说服还欠福克斯公司一部影片的乔治·库克担任影片导演。尽管在拍

---

* 1940年的剧本是斯皮瓦克夫妇（萨姆和贝拉）创作的，编剧在写作过程中受到了丁尼生的长篇诗作《伊诺克·阿登》的启发。这首诗讲述了一名水手的故事，人们都以为他在出海的时候身亡了，很多年后他回到故乡，结果发现妻子已经改嫁。水手看到妻子过着幸福的生活，便没有说明自己的身份，后来在痛苦中死去。斯皮瓦克夫妇和继任者都悄悄地为剧中的夫妇取名为"艾伦·阿登"（Ellen）和"尼克·阿登"（Nick），两个名字合起来暗指"伊诺克"（Enoch）。

摄《让我们相爱吧》时,玛丽莲和库克之间出现了各种各样的问题,影片杀青后他们依然还是朋友,这一次玛丽莲也对布朗的选择表示了同意。然而,很快库克就看到了危险的信号。

首先,剧本的改编难度非常大,结构和人物的可信度都存在很大的问题。例如,影片中的喜剧元素、性感和煽情的内容如何才能跟上时代的脚步,如何才能保持平衡?秋天一天天地过去,就连舒尔曼这种思维敏捷、充满智慧的作家都止步不前了,这部影片和福克斯公司内部越积越多的问题都给他造成了阻力。多年后,舒尔曼说过:"自打一开始,他们就不可能把这部片子拍好。"[xxxiv]他还说公司管理上的失误越来越多,在他看来显然这部影片和玛丽莲都会成为管理层的替罪羊。这一年冬天,为《我们没有结婚!》和《愿嫁金龟婿》当过编剧和制片的南纳利·约翰逊接替了舒尔曼。

剧组在贝弗利山酒店举行了一次剧本讨论会,在会上玛丽莲向约翰逊问道:"你也是被他们骗来的?"[xxxv]讨论剧情梗概时,约翰逊发现玛丽莲"反应快,开朗,在探讨剧情的某些问题时非常有洞察力"。[xxxvi]

与此同时,戴维·布朗也被替换掉了。继任者完全出人意料,但是从某种角度看,又是自然而然的选择。提起那段往事,布朗说:"一天,理查德·扎努克给我打来电话,告诉我他和一个人在电梯里,那个人带来了正在修改的《濒于崩溃》的剧本。'我有些担心。'迪克说。我也有些担心。"

活跃在纽约的亨利·韦恩斯坦是电视系列剧《本周戏剧》制片人,同时还担任着纽约同仁剧院助理制片一职,不久前刚刚被福克斯公司聘用——"韦恩斯坦就是公司的工具,他们把我这个制片人赶出了玛丽莲的片子[戴维·布朗语]"。替换制片人的决定是彼得·雷瓦西一个人做出的,1月10日他从纽约给斯派罗斯·斯库拉斯发去一封电报:"此人事变动本周生效,尽量谨慎行事。"[xxxvii]雷瓦西对韦恩斯坦的任命只得到了拉尔夫·格林森的支持,这位年轻的制片人非常崇拜他,和他也有着私交。多年后反思这件事情的时候,雷瓦西才意识到"韦恩斯坦和格林森对彼此的需要看上去有多么强烈"。[xxxviii]

戴维·布朗说:"她的治疗师说最好有能够理解玛丽莲、能够跟她打交道的人在身边,所以亨利就得到了这份差事。所有人都对他的任命不太开心。比如说,在第一次见面时,乔治·库克就朝可怜的亨利扔过去一个墨水瓶。"[xxxix]格林森也为自己在这部影片中谋到了一个职位——玛丽莲的特别咨询师和顾问。这份工作的酬劳不算多,但是绝对充分满足了他的自负。除了在讲台上发表夸张的演说和讲座,这是他相对来说最红的一次经历。

一切都失控了,就像南纳利·约翰逊所说,"公司里没有一个人有能力、有头脑制止这种愚蠢的行为"。就在约翰逊继续修改剧本、《濒于崩溃》剧组开始进行前期准备的时候,玛丽莲又把目光转向了常常能够令她获得信心的事情上,这就是照片拍摄。27岁的道格拉斯·柯克兰年轻、聪明,很快就将成为业界的翘楚,当时他供职于《看》杂志,正在为25年特刊准备材料。他已经拍完了伊丽莎白·泰勒、朱迪·嘉兰和雪莉·麦克雷恩,玛丽莲也答应在11月进行拍摄。

柯克兰和玛丽莲见过三次面,多年后他说过"每次见到她的时候都会看到一个截然不同的人"。[XL]第一次,他和两名同事在玛丽莲的公寓里见到了她,他说过:"她似乎对自己的隐私十分担心,我们几个人都被逼着发了誓,保证决不把她的住址泄露出去。"除此以外,柯克兰看到的就只是一个活泼、随和的女人,丝毫没有大明星的架子,交谈的时候兴高采烈,非常配合他们的工作。

第二次见面是在两天后,在摄影工作室进行拍摄。拍摄从晚上9点开始,柯克兰对当时的情景记忆犹新,玛丽莲似乎"非常白,几乎是透明的——就像是一片白色的美景以慢动作飘进了摄影棚。她似乎放射着光芒"。按照双方商量好的,玛丽莲上了床,身上盖着丝绸床单,然后她脱掉了睡袍,柯克兰从她的上方拍了起来。突然,玛丽莲说:"稍停一下吧。"说完,她扭头看着在场的工作人员——她自己和柯克兰的助理,以及《看》杂志的一些人——说:"我希望所有人都离场。我想我应该跟这个小伙子单独待在一起。我觉得这样效果会更好一些。"

柯克兰还记得当时摄影棚里的气氛极其紧张,弥漫着一股性感的气息。他不停地摁着快门,玛丽莲不断地对照相机发出诱惑:转身,朝前坐起,向后靠去。接着,她叫柯克兰从楼上的走廊下来,跟她一起坐在床上。柯克兰是有妇之夫,而且已经有两个孩子了,他继续拍着照片,"即使她在挑逗我,戏弄我,毫不掩饰自己的想法、赤裸裸地诱惑着我"。拍完最后一张照片后,柯克兰和玛丽莲喝了一杯香槟,他们的同事也回来了。

柯克兰说过:"这个闪着光、盖着白色丝绸床单的白色女人非常喜欢玩这种

第十九章 1961年 | 507

游戏，即使我们之间什么也没有发生，不过对她来说情况就不一样了。"柯克兰的感受和安德烈·德·迪耶纳、菲利普·哈尔斯曼、米尔顿·格林以及每一位摄影师的感受是一样的：照相机镜头并不是一只被动的玻璃眼睛，而是无数只活生生的眼睛。这个极致性感的拍摄对象回应了镜头的刺激，镜头能够令她兴奋起来，她面对镜头散发着自己的全部个性，不可避免地诱惑着在场的那个男人和不在场的所有男人。

两天后，他们见了第三次面，这一次又是在玛丽莲的公寓，柯克兰给她送来样片。玛丽莲独自一人待在家里，她戴着墨镜，头上裹着一条围巾。这一次，她的态度有些急躁，对柯克兰也有些疏远，磨蹭了一会儿，她最终选定了10张同意刊登的照片。她拿剪刀把所有不同意刊用的照片剪碎了。对于自己最喜欢的一张照片，她说："在我看来，这就是卡车司机喜欢的那种女孩，一起盖着白床单。"柯克兰觉察到玛丽莲追求的效果是一种对蓝领工人的吸引力，她要展现的是能够吸引普通工人——而不是贵族——的女性形象。随即，玛丽莲又说："如果说我是明星，造就我的也是普通人——不是电影公司，是普通人。"[XLI]通过最后一次见面，玛丽莲在柯克兰的心里留下了一副永恒的形象：一个焦虑不安但是非常具有专业素养的女人。

柯克兰不可能知道玛丽莲时而活泼开朗、时而焦虑不安是有原因的。

在格林森位于富兰克林街的家里度过了那么长时间，玛丽莲越来越喜欢那座房子的西班牙殖民地时期风格：刷了灰泥的墙壁，阳台，手绘的墨西哥瓷砖，带有教堂天花板、屋梁外露的客厅，舒适温馨的厨房。结束治疗后，她经常在这座房子里吃晚饭，教琼跳舞，参加格林森一家的晚间家庭音乐会。由于她对这座房子的热爱，再加上她基本上一半的时间都待在这里，格林森便提议她也给自己买一座类似的房子——就在附近。就像对福克斯公司的新影片一样，玛丽莲对格林森的这个建议没有流露出太多的热情。然而，这一次格林森要代她做决定了。后来，格林森说过："我鼓励她买房子，她说自己无意继续留在加利福尼亚，也无意给自己购置住宅。她说拍完下一部片子之后，她就要回纽约去了，她觉得那里才是她的家。"[XLII]

不过，格林森是在1966年说出这番话的。在1961年，帮玛丽莲找房子的任务落到了玛丽莲的新伙伴的身上，那个取代了忠心耿耿的拉尔夫·罗伯茨的女人。

格林森叫玛丽莲聘用59岁的尤妮斯·默里，就是在14年前把房子卖给他的那个女人。尤妮斯说过："医生认为这座房子会取代孩子和丈夫的位置，可以保护她。"[XLIII]她或许没有意识到这种想法有多么无耻和轻率。然而，这还不是最糟糕的事情。让玛丽莲屈从于尤妮斯——没有更合适的词描述她们之间的关系——或许是格林森一生中做过的最不明智的一个决定。就连他的妻子（更不用说玛丽莲的朋友和同事中后来见过尤妮斯的人）都说尤妮斯是他们见识过的最奇怪的人之一。从1961年底开始，没有多少日子玛丽莲不是在尤妮斯的陪伴下度过夜晚时光的。在尤妮斯休假期间，格林森就又把玛丽莲领回自己家，他坚信"周围再找不到一个人能让我放心了"。[XLIV]格林森说过很多奇怪的话，这句话就更奇怪了，但是除了尤妮斯，他就"再找不到一个人"那么心甘情愿地执行他对玛丽莲的安排了。

尤妮斯·默里原名尤妮斯·约恩特，[XLV]1902年出生在芝加哥，有一个比她大4岁的姐姐卡罗琳，她们的父母都是耶和华见证会的信徒。在尤妮斯很小的时候，他们搬到了俄亥俄州的乡下。尤妮斯是一个性格外向、温顺可爱的孩子，在当地读完了小学，15岁那一年被送进了厄巴纳中学（俄亥俄州厄巴纳市）。这所学校有着浓厚的斯威登堡教派的色彩，卡罗琳已经先于妹妹在这里寄宿了。次年，在学校的登记簿上，尤妮斯的家庭住址显示为洛杉矶，卡罗琳的住址变成了芝加哥。

姐妹俩家庭住址有所不同不难理解。在洛杉矶的新家，他们的父母接到学校的通知，卡罗琳染上了西班牙流感，现在有一名医生在照顾她。约恩特夫妇的宗教信仰禁止信徒接受治疗，学校如此明目张胆地践踏他们的信仰令他们感到非常愤怒，于是他们通过法律手段正式跟卡罗琳断绝了关系，从此这个女儿对他们来说就不存在了。接到这个可悲的消息后，学校里的一名管理员暂时承担起了照顾卡罗琳的工作。

尤妮斯没有染上流感，也没有变成孤儿，但是她一直崇拜自己的姐姐，觉得自己只是姐姐的"影子"（她的原话）。[XLVI]父母激烈的反应对她产生了很深的影响，从这时起，她的情绪就出现了不稳定的迹象，原因不难理解。她的情况不太明显，但是很独特，主要表现就是无法将自己的生活和姐姐或者其他同龄人的生活区分开，极度担心自己也会遭到遗弃。1918年，尚未满16岁的她中断了正规教育，显然是情绪和心理过于脆弱造成的。

约恩特姊妹俩就读于厄巴纳中学期间，斯威登堡教派的信仰对她们产生的影响也不能被低估。学校强烈要求40名学生效仿该教派的创始人（18世纪的瑞典学者、科学家及神学家伊曼纽·斯威登堡），在学习"艺术和道德"的同时，"不断地思考有关上帝、救赎和人类的灵魂疾病的问题"。[XLVII]婚姻被奉为至高无上的目标，他们相信婚姻是永恒存在的。

姊妹俩一直保持着亲密的关系，1924年初她们双双宣布订婚了。怀着对厄巴纳教育系统的感激、对斯威登堡教派的信仰原则的忠诚，卡罗琳嫁给了斯威登堡教派的著名牧师富兰克林·布莱克默，他曾担任厄巴纳学院院长六年之久。从1921年起直到结婚的那一天，卡罗琳一直在厄巴纳学院任教。研究学院历史的一位学者曾直言不讳地表示卡罗琳的丈夫是一个"颇受争议、疏远他人之人"，[XLVIII]即使在丈夫退休后，卡罗琳依然在学院生活中发挥着重要作用，直到1972年逝世。

尤妮斯一直很认同姐姐，就在姐姐嫁给布莱克默牧师的当年，她也和约翰·默里完婚了。约翰是参加过第一次世界大战的退伍老兵，他的父亲沃尔特·布朗·默里也是斯威登堡教派里一位著名的牧师。约翰也想成为牧师，为了实现这个目标，他进入了耶鲁大学神学院。但是，他没有完成学业，也没有被授予神职，而是重新点燃了最初对木工活的热情。在尤妮斯看来，丈夫是在效仿耶稣。约翰后来成为了木匠联合兄弟会的副会长。

卡罗琳·约恩特·布莱克默将自己的一生都献给了斯威登堡教派、厄巴纳、自己的丈夫，以及她1929年在学院里开办的托儿所。这个小小的托儿所寄托着卡罗琳对孩子的爱，体现出她对开展高质量早期教育的渴望。这时候，尤妮斯和约翰也有了自己的孩子，他们总共生养了三个女儿：杰奎琳、帕特里夏和玛丽莲。尤妮斯没有接受过太多的教育，但是这并没有妨碍她成为一位老师，她进一步效仿了自己崇拜的姐姐，甚至自称为"保育员"，甚至更大胆地自称为"护士"，后来在洛杉矶她也沿用了这个头衔，在黄页上留下的身份是受过教育和训练的专业人员（事实上只是卡罗琳的"影子"）。除了身为母亲受到的锻炼，尤妮斯没有接受过任何专业训练，也没有拿到过任何资格证书，终其一生她一直崇拜着姐姐卡罗琳和姐夫富兰克林·布莱克默，甚至将他们奉为偶像。卡罗琳死后，她还嫁给了姐夫，后者在结婚当年就过世了。尤妮斯·约恩特·默里·布莱克默的一生似乎完全可以被改写为一部没有多少价值的19世纪哥特式爱情小说。

尤妮斯和约翰·默里的婚姻从一开始就明显暴露出严重的问题。约翰周游全国各地和墨西哥，组织工会，留下妻子一个人照顾三个女儿。他们住过各种各样的地方，第二次世界大战期间（约翰已经过了服役的年龄）他们住在圣莫尼卡繁华的26街。就在这个时期，他们开始在富兰克林街附近建造有5间卧室的"蒙特雷庄园"。根据尤妮斯后来写的回忆录，他们在动工之前已经筹划很多年了。房子终于在1946年竣工，可是到了这个时候约翰基本上没有多少时间待在家里，尤妮斯又没有钱偿还贷款。极度失望之下，尤妮斯在搬进新家仅仅4个月后就将房子卖给了拉尔夫·格林森。为了保持自己和这座房子的联系，她跟买家交上了朋友，甚至表示愿意为对方工作。

格林森几乎毫不犹豫地雇佣了尤妮斯，把她安插进自己最重要客户的家里，陪伴和照顾这位客户，充当他的耳目。对于这项工作，尤妮斯没有特殊的能力，也不曾接受过相关的专业训练，但是她能够尽职尽责地向格林森报告这位客户在私生活中的一举一动（根据格林森的要求）。尤妮斯的女婿（女儿玛丽莲的丈夫）菲利普·拉克莱尔说过："纯粹是金钱关系。"

> 她这么做是为了钱。她的丈夫[约翰·默里]基本上丢下她不管，她又没有受过护士培训，甚至都没有高中学历，不过她是一个好女人，对格林森来说很重要。她一直严格执行着他的命令。[XLIX]

1950年，经过十多年两地分居的生活，默里夫妇终于离婚了，这一刻或许让尤妮斯产生了更强烈的失败感，结束婚姻意味着她没能遵守斯威登堡教派的一条教义，也意味着她效仿姐姐的努力失败了。（约翰·默里后来再婚，并迁居到新墨西哥，最终于1958年过世。）从1950年开始，尤妮斯就一直是一个不停寻找着人生目标和慰藉、孤苦伶仃的女人，为格林森效劳的过程中她找到了人生的目标，也得到了慰藉。尤妮斯一心想要为这个权威人物效劳，这个男人有着慈父的外表，同时又有着虔心照顾他人的心灵，他叫她用"患者病情所需要的治疗方法"帮助患有"重度抑郁或者精神分裂"的客户，[或是]"玛丽莲·梦露那种只

第十九章 1961年 | 511

需要摆脱带来压力的问题、需要支持和帮助的客户"（尤妮斯语）。[L]

面对大名鼎鼎而且跟自己小女儿同名的客户玛丽莲·梦露，尤妮斯应该自然会从对方的身上看到年轻的自己——害羞，困惑，遭到了父母的遗弃，没有完成学业，婚姻不幸。面对玛丽莲，尤妮斯（1961年她已经成了祖母）有了改写自己早年生活、纠正错误的机会——当然也是在她和玛丽莲的交集拉尔夫·格林森——的帮助下。1961年，尤妮斯和玛丽莲在多希尼街见了面，从第一天起她就将玛丽莲视作一个倔强、难以驯服的孩子（格林森对玛丽莲的描述）。玛丽莲的朋友们很快就发现尤妮斯对玛丽莲既慈祥，又有些居高临下，摆出一副温和、低调的姿态告诉玛丽莲应该去哪里购物、应该如何围绕玛丽莲和格林森每天的治疗安排日程。玛丽莲已经习惯接受格林森的决定了，面对尤妮斯的安排她不会表示丝毫的抗拒，不过这只是暂时的情况。没过多久，所有人就发现玛丽莲对尤妮斯的窥探非常厌恶。显然，她被格林森"安插"在玛丽莲身边是有目的的。

首先意识到尤妮斯不适合陪伴玛丽莲的人里就有帕特里夏·纽科姆，她几乎每天都要联系玛丽莲这位客户，帮助她安排跟摄影师和记者见面的时间、推进她正在和福克斯公司进行的谈判。纽科姆说过：

> 一开始，玛丽莲还会征求她的意见，因为格林森能把她找来就说明她应该是一个很能干的管家。然而，自打第一天起我就没有信任过尤妮斯·默里，她似乎永远在东打听、西打听的。我努力躲着她，我就是不喜欢她。她像是一个探子，永远守在你身边，随时都有可能干出点事情。[LI]

艾伦·斯奈德也感到惊恐，他曾直言不讳地说尤妮斯是"一个非常奇怪的女人。格林森把她安插在玛丽莲的生活中，她总是在悄声做着汇报，如果不是在报告情况，那就是在偷听。什么时候都少不了她的存在，她会把所有的事情都报告给格林森，玛丽莲很快就意识到了这一点"，[LII]因为她经常听到尤妮斯在电话里向格林森详细地报告他想了解的情况。

快到圣诞节的时候，玛丽莲给远在纽约的拉尔夫·罗伯茨打去电话，告诉他治疗令她很痛苦，不过她依然觉得自己最好还是坚持接受格林森的治疗。"她说很害怕公司给她安排的那部片子，她想念曼哈顿的朋友们。她打算1962年初来一趟纽约，她叫我之后跟她一起回洛杉矶去。"尽管不开心，但是玛丽莲还是告诉罗伯茨自己很期待圣诞节——乔会过去跟她一起过节。

12月23日，乔赶到洛杉矶，给玛丽莲的公寓里摆了一棵圣诞树，给冰箱里塞满了香槟和鱼子酱。玛丽莲代表乔接受了格林森的邀请，圣诞节那一天他们将会在格林森家跟他的家人一起共进晚餐。乔在陌生人面前一向腼腆，尽管很不情愿，他还是答应玛丽莲一起赴宴。不过，曾经的迪马吉奥夫妇在多希尼街安安静静度过了新年的前夜。

在这个冬天，玛丽莲告诉拉尔夫·罗伯茨和帕特里夏·纽科姆（应该还有乔），默里夫人正在洛杉矶西区的布伦特伍德找房子。布伦特伍德靠近圣莫尼卡海滩和富兰克林街，格林森和默里夫人都认为那个地方最适合玛丽莲。细想了一下，玛丽莲告诉朋友们有一件事情很奇怪，自己的管家总是亲昵地称她"玛丽莲"，但是不知道为什么她从来只会把自己的管家称作"默里夫人"。

注　释

I 斯科特，同前文中引述的文章。

II 艾伦·利维，《玛丽莲·梦露：久久审视自己》，《红皮书》，1962年8月，p.77。

III 威廉·萨默塞特·毛姆，给玛丽莲·梦露的一封信中，落款日期为1962年1月31日。

IV 帕特里夏·纽科姆向唐纳德·斯波托讲述，1992年8月3日。在下文中，除非另做说明，否则引述的帕特里夏·纽科姆的原话均来自这次采访。

V 《纽约时报》对离婚诉讼的报道，1961年1月22日，p.86；另见，同上，1961年1月25日，p.35；合众国际社的通讯，1961年1月21日、23日和25日。

VI 合众国际社的报道，1961年1月21日；见同一日期的媒体，例如《好莱坞市民新闻》。

VII 同上。

VIII 玛丽莲·梦露向赫达·霍珀讲述，1961年7月，后者记述在7月16日（星期日）的辛迪加专栏文章中。

IX 有关玛丽莲入住纽约医院佩恩·惠特尼门诊部的详细情况来自对下列各位的采访：诺曼·罗斯滕，拉尔夫·罗伯茨，苏珊·斯特拉斯伯格和帕特里夏·纽科姆。关于医生对她做出的评估——"精神极度紊乱"和"有自毁倾向",见《纽约世界电讯报》收到并刊登的一篇报道,1961年2月10日,p.1。

Ⅹ 玛丽莲·梦露给斯特拉斯伯格夫妇的这封信最先刊登在《每日镜报》(伦敦)上,1981年8月5日;吉莱斯在《传奇》一书中节录了一部分,p.402。

Ⅺ 有关乔·迪马吉奥在1955年至1961年期间的生活,见鲍勃·迪恩,《玛丽莲又要结婚了?》,《电影故事》,1961年5月;另见莫里·艾伦,p.194及下文。

Ⅻ 引自艾伦的著作,p.186。

XIII 玛丽莲的很多朋友都引述过,例如罗斯滕,p.93。

XIV 克里斯对罗伯茨说的这番话被转述给唐纳德·斯波托,另见苏珊·斯特拉斯伯格,《玛丽莲和我》,p.228。

XV 合众国际社的报道,1961年3月6日;文章被刊载于多家媒体,例如《玛丽莲快速离开医院》,《洛杉矶考察家报》,同一日期。

XVI 同上。

XVII 瓦根内克特,p.49。

XVIII 艾伦,p.189。

XIX 同上,p.199。

XX 约拿·拉德,《我已经35岁了》,《每日邮报》(伦敦),1961年6月5日。

XXI 米尔顿·艾宾斯对辛纳屈和玛丽莲·梦露的交往以及玛丽莲直至逝世那个夜晚的回忆均来自唐纳德·斯波托在贝弗利山对他进行的采访,1992年8月6日和9月22日。

XXII 综合了玛丽莲·梦露对鲁伯特·艾伦和苏珊·斯特拉斯伯格透露的情绪。

XXIII 罗斯滕,p.91。

XXIV 下文引用的拉尔夫·罗伯茨的原话均出自唐纳德·斯波托1992年3月2日对他进行的采访以及当年5月、6月、8月和9月通过电话进行的补充采访。另见,苏珊·斯特拉斯伯格,《玛丽莲和我》,p.230。

XXV 有关格林森与梦露之间关系的详细情况来源于前文中引述的唐纳德·斯波托在不同日期分别对下列各位进行的采访:拉尔夫·罗伯茨,苏珊·斯特拉斯伯格,艾伦·斯奈德,帕特里夏·纽科姆,鲁伯特·艾伦;唐纳德·斯波托和格林森的妹夫律师米尔顿·鲁丁所做的一次交谈;唐纳德·斯波托对三个和格林森有私交的普通人以及他在洛杉矶的两名精神病医生同行进行的采访,出于职业保密的需要,唐纳德·斯波托答应这五个人不向外界透露他们的身份。

XXVI 罗伯特·利特曼医学博士向唐纳德·斯波托讲述,1992年4月23日。

XXVII 诺曼·罗斯滕,《关于玛丽莲》,《麦考尔》,1972年8月,p.132。玛丽莲已经不是第一次说这种话了,但是显然她又产生了同样的感受。早在1956年,即到达伦敦、发现阿瑟·米勒的日记后不久她就说过这种话了(MG IV, 5, p.5)。

XXVIII 拉尔夫·格林森1962年8月20日给玛丽安娜·克里斯的信,加利福尼亚大学特藏部拉尔夫·R.格林森文稿。

XXIX 贝特西·邓肯·黑姆斯向唐纳德·斯波托讲述，1992年7月22日。

XXX 戴维·布朗向唐纳德·斯波托讲述，1992年11月11日。

XXXI 米尔顿·古尔德向唐纳德·斯波托讲述，1992年11月10日。

XXXII 尼古拉斯科，p.224。

XXXIII 本章及下一章记述的《濒于崩溃》拍摄过程来源于影片最初确定的制片人戴维·布朗接受的采访（唐纳德·斯波托，1992年11月11日），布朗所著的《让我来逗你们开心》，（纽约：威廉·莫罗出版社，1990），pp.53—56；以及下列来源：帕特里夏·纽科姆，福克斯公司的制片文件，唐纳德·斯波托对参与拍摄工作的一些人进行的采访，尤其是伊夫林·莫里亚蒂、亨利·韦恩斯坦，艾伦·斯奈德和玛乔里·普莱彻·斯奈。

XXXIV 阿诺德·舒尔曼向唐纳德·斯波托讲述，1992年7月28日。

XXXV 约翰逊和利文撒尔，p.206。

XXXVI 同上，p.207。

XXXVII 彼得·G.雷瓦西发给斯派罗斯·斯库拉斯的电报，1962年1月10日，斯坦福大学斯库拉斯藏品第45盒。

XXXVIII 彼得·G.雷瓦西向唐纳德·斯波托讲述，1992年10月8日。

XXXIX 戴维·布朗向唐纳德·斯波托讲述，1992年11月11日。

XL 道格拉斯·柯克兰向唐纳德·斯波托讲述，1992年7月24日。

XLI 多次说过，例如，对理查德·梅丽曼，1962年7月，《生活》，前文中引述的文章。

XLII 格林森，为玛丽莲·梦露的遗产提供的证词，被保存在加利福尼亚大学洛杉矶分校的RRG中。

XLIII 尤妮斯·默里，见沃尔珀制作的《传奇》一片；尤妮斯·默里和罗斯·谢德合著的《玛丽莲：最后几个月》（纽约：金字塔出版社，1975）中也有类似的记述，p.43；下文中均以"默里"指代。

XLIV 拉尔夫·格林森于1962年8月20日给玛丽安娜·克里斯的信，加利福尼亚大学特藏部拉尔夫·R.格林森文稿。

XLV 有关尤妮斯·约恩特·默里·布莱克默的背景和生平详细情况基于下列来源提供的记录和资料：俄亥俄州厄巴纳市的厄巴纳大学发展办公室，厄巴纳中学及大专1917—1918年度的年鉴，马萨诸塞州牛顿市斯威登堡教派学校图书档案馆，尤妮斯的女婿菲利普·拉克莱尔（在接受唐纳德·斯波托的采访时讲述，1992年7月22日），新墨西哥州阿尔布开克市和缅因州巴思市的政府记录，弗兰克·希金斯所著的《厄巴纳大学》（俄亥俄州厄巴纳市：厄巴纳大学出版社，1977），刊登在《阿尔布开克论坛报》上的约翰·默里的讣告（1958年11月24日）。

XLVI 尤妮斯·默里·布莱克默对奥德丽·史蒂文斯透露，1983年5月13日。

XLVII 希金斯，pp.6—7。

XLVIII 同上，p.108。

XLIX 菲利普·拉克莱尔向唐纳德·斯波托讲述，1991年7月22日。

L 默里，p.7。

LI 帕特里夏·纽科姆向唐纳德·斯波托讲述，1992年8月3日；下文中引述的纽科姆的原话均出自这次采访，除非另做说明。

LII 艾伦·斯奈德向唐纳德·斯波托讲述，1991年5月2日。

第二十章 1962年1月—5月

1962年1月底，尤妮斯·默里为玛丽莲·梦露找到了一个家。玛丽莲第一次去看房子、决定接受这个选择的时候，拉尔夫·格林森也在场。玛丽莲以7.75万美元的价格从原先的房主潘根夫妇（威廉和多丽丝）手里买下了这座房子。之前，玛丽莲迟迟没有领取《热情似火》和《乱点鸳鸯谱》的报酬，在这件事情上她表现得很慎重。在这一年的1月，她一次性拿到了22.5万美元的支票，其中大部分她都用来补税了，然后她支付给潘根夫妇4.25万美元，签了一份利率为6.5%、分15年还清的抵押贷款协议，每个月她需要偿还320美元。[I]两个月后，她就是这座房子的新主人了。

合同的起草没有出现任何问题，玛丽莲的新律师米尔顿·鲁丁（格林森的妹夫）参与了起草的过程。鲁丁加速完成了这次交易，后来还将玛丽莲的代理权从美国音乐公司转移到了自己的律师事务所。拉尔夫·格林森、尤妮斯·默里、亨利·韦恩斯坦和米尔顿·鲁丁各就各位，玛丽莲·梦露的私生活和工作看上去都毫无问题了，她尽可以放心了。只是在签署财产托管协议的时候，玛丽莲迟疑了片刻："自己一人买房子，我感觉很糟糕。"[II]在格林森的怂恿下，她最终还是签字了。她的朋友和替身演员伊夫林·莫里亚蒂还记得："在拍摄《濒于崩溃》期间，她跟我们说过好几次她是在别人的劝说下才买下了那座房子，其实就是默里夫人和格林森医生。"[III]

这座房子很像是默里和格林森的那座房子，只是简陋了一些。圣莫尼卡海滩和海边、日落大道和圣文森特大道之间有一连串短短的死胡同，被称为"带编号的海伦娜街"，这些小巷子的旁边就是卡尔梅利纳大道。海伦娜5街12305号是一座西班牙风格的庄园，房子被高高的白墙围在里面。这座房子僻静隐秘，面积不大（占地2300平方英尺，约合214平方米），只有一层楼，还附带有车库和一座供客人居住的小房子，但是小房子需要大规模的翻修。这座房子有着红瓦屋顶，墙上涂着厚厚的白色灰泥，侧面带铰链的门式窗户，起居室带有房梁外露的教堂式天花板，屋子里到处都有拱廊。这座庄园还有着茂密的植物和一个游泳池，整座庄园坐落在一条安静的死胡同里，无论是去购物还是去福克斯公司都很方便，距离格林森在富兰克林街的住宅只有一英里（1.6千米）远，旁边就是布伦特伍德乡村俱乐部的高尔夫球场。

来到大门外，客人如果低头看一眼的话，就会看到一块砖上刻着一句拉丁语铭文"CURSUM PERFICIO"，这是从最早的希腊语《新约》中翻译过来的一段话。*大门直接通往小小的起居室，中间没有门厅相隔。起居室左侧是厨房、餐厅和前院的草坪，还有一间小小的阳光房；起居室的右侧有三间卧室，其中一间面朝前院的草坪，带有单独的卫生间，另外两间小一些的卧室当中隔着一个卫生间。同大萧条时期建造的很多私人住宅一样，这座房子的储藏面积不大，三间卧室共用两个不大的橱柜，外加一个存放床单、毛巾等日用品的柜子。就像尤妮斯指出的那样，所有柜子都没有能用的门锁。对于玛丽莲的新秘书谢丽·雷德蒙来说，这可谓是一个噩耗。将近60岁的雷德蒙从1962年开始在多希尼街上班，3月她又搬到了海伦娜5街，玛丽莲的新影片开拍之后，她每天又会出现在福克斯公司。

雷德蒙希望玛丽莲的财物文件、支票和相关的私人材料都能被妥善地存放在柜子里或者小卧室里，可是就像她在给纽约的同事赫达·罗斯滕（在纽约57街的办公室负责处理玛丽莲的日常信件和其他一些不太重要的秘书工作）的信中提到的那样，"这个地方没有一扇门能上锁"。[IV]在玛丽莲之后接手这座房子的新住

---

* 这句话出自《新约·提摩太后书》（4:7），在最早的希腊文版本和圣·罗姆于公元4世纪根据希腊语翻译的拉丁语版本中，这句话的意思是"当跑的路我已经跑尽了"。数百年后，这句话被欧洲人广泛用在庇护所的门口，向旅行者和朝圣者表示欢迎。后来，这句话又被用在私人住宅门口，相当于今天人们写在门垫上的简化版"欢迎光临！"。喜欢探寻象征意义的悲观者会认为这句铭文预示了玛丽莲的死亡（或者更悲观，预示了她想死的念头）。事实上，这块带有铭文的地砖是建造房子的人30年前铺在门口的。

户发现玛丽莲住在这里的时候，室内这些损坏的门锁都没有被修好。（雷德蒙在3月15日给自己的小文件柜上装了一把锁。）*

玛丽莲计划重新装修一下这座房子的局部区域，再购置一些墨西哥风格的新家具，就在这个时候她终于听到了好莱坞四处流传的一则传言，传言的主角是她生命中新登场的一个大人物。当然，传言没有出现在媒体上（1962年的媒体绝对不可能做这种事情），只是人们在聚会上的闲言碎语。然而，终于闲言碎语变成了响亮的叫喊，随即就变成了雪崩般的巨响。[v]

外界一直揣测玛丽莲·梦露和约翰·F.肯尼迪之间产生了激情四射的恋情，传言流传之久，几乎和肯尼迪执政期间出现的其他事件一样在公众的意识中牢牢地占据了一席之地。

但是，如果说"恋情"这个词指的是持续时间比较长、见面频率比较高的交往，那么外界在进行历史批评研究的过程中就根本没有能够证实他们之间存在这种关系的基本工具。由于缺乏必要的证据，任何一位严肃的传记作家都不会认为玛丽莲·梦露和约翰·肯尼迪曾经当过情侣。唯一可以肯定的事实就只有总统和这位女演员在1961年10月至1962年8月期间见过4次面，其中一次他们从卧室里给玛丽莲的朋友打了一个电话，不久后玛丽莲把这次发生性关系的消息透露给了几位最亲密的朋友，清楚地表明她和总统的交往仅限于此。

1961年10月，为一篇杂志报道拍完照片后，玛丽莲叫艾伦·斯奈德送她去劳福德夫妇（帕特里夏和彼得）在圣莫尼卡海滩的别墅参加聚会。宴会是为帕特里夏的哥哥肯尼迪总统举办的，除了其他一些宾客，在座的还有几位金发美女：金·诺瓦克、珍妮特·利和安吉·迪金森——都是总统十分青睐的电影明星。尽管外界存在各种相反的说法，但是这场宴会的确是玛丽莲·梦露和约翰·肯尼迪的初次会面，有关他们在此之前就见过面的传言根本找不到证据。自肯尼迪于1961年1月就职以来，他们两个人的日程记录显示他们一直相隔甚远。1962年这一天晚上，劳福德的一名员工开车将玛丽莲送回了公寓。

他们的第二次见面是在1962年2月，玛丽莲再次受邀参加了为总统举办的一

---

* 见本书610页脚注。

场晚宴，这一次的见面地点是富有的社交名媛菲菲·费尔在曼哈顿的家。费尔的丈夫已经去世了，他生前是一位著名的实业家。米尔顿·艾宾斯陪着玛丽莲从纽约的公寓去了费尔家，也亲眼看着她回了家。

第三次见面是在1962年3月24日，总统和大明星双双在平·克劳斯贝家里做客。就是在这一次，玛丽莲从自己和肯尼迪合住的卧室里给拉尔夫·罗伯茨打去了电话。

据罗伯茨所述，"她向我询问了有关比目鱼肌[小腿后面的一块扁平肌肉]的问题，这个词她是从梅布尔·埃尔斯沃思·托德的书[《思考的身体》]里看来的，她显然之前一直在跟总统聊着这本书。众所周知，总统的身体有各种各样的问题，肌肉和后背的问题。"罗伯茨不仅清楚地记得玛丽莲询问她的初衷和细节，而且记得肯尼迪还随和地亲自接过电话，感谢他提供了专业意见。罗伯茨说："后来，当流言制造厂吱嘎吱嘎地开动起来的时候，"

> 玛丽莲就跟我说了3月那天晚上是她和约翰·F.肯尼迪仅有的一次"风流韵事"。当然，她受到的挑逗令人难以置信，整整一年，他一直在通过劳福德传话，想要再跟她共度良宵。很多人都以为经过那个周末之后，他们俩还见过面。但是，玛丽莲给我的印象就是这件事情对他俩来说都不是什么大事——就那么一次，就是那个周末，仅此而已。

第四次也是最后一次见面发生在1962年5月，也就是肯尼迪在麦迪逊广场花园举办的生日庆祝会。庆祝会结束后，宾客又转战至电影公司的总经理阿瑟·克里姆的家里继续庆祝。克里姆夫人玛蒂尔德是一位科学家，后来凭借着在艾滋病研究方面的杰出工作享有盛名。5月的这次会面是几次会面中时间最短的一次，总统、他的弟弟和家人整晚都被朋友、仰慕者和媒体团团包围着。

玛丽莲对自己的恋情一贯坦率直言，从不夸张也不尽力淡化，如果只有这么一个证据证明她对自己和肯尼迪仅有一次鱼水之欢的说法，那么这个证据也足够有说服力了。不过，有一个很有说服力的外部证据为她的说法提供了支持。有关她和约翰·肯尼迪有过一段短则一年、长则十年的长久恋情的传言都来源于充满想象力的小报记者和一心想要发财或者一夜成名的人之口，这些人都没有核对过历史事实，因此他们的说法很容易就能被驳倒。

事实上，至少有两位著名的金发女演员远比玛丽莲更有可能传出跟肯尼迪总统有过恋情的传言。一位就是安吉·迪金森，她在几乎完成的自传中事无巨细地交代了自己和总统的风流韵事，但是后来她决定删去有关肯尼迪的内容。经过这样的删减，她的故事显然就没有多少吸引力了。经过再三考虑，她撤回了书稿，返还了出版社预先支付给她的版税，已经一脚踏入出版界的她永远放弃了继续在出版界发展的希望。第二位金发女演员出版了自己的自传，但是在出版前就把有关自己和总统短暂交往的内容都删得一干二净了。

玛丽莲的朋友中，最先得知玛丽莲和总统在3月幽会这个消息的就有西德尼·斯科尔斯基，他说过："玛丽莲喜欢他[肯尼迪总统]这个人，也喜欢他的职位。"他还说玛丽莲喜欢这次幽会蕴含的美妙意义——"无家可归的小孤儿和自由世界的领袖无所顾忌地展开了一场自由恋爱"。事后没多久，她就向厄尔·威尔逊、鲁伯特·艾伦和拉尔夫·罗伯茨透露了这件事情，正如她所说的那样，她觉得约翰·肯尼迪是一个风趣、可爱、令人着迷和愉快的人，甚至很会讨好人。至于肯尼迪夫人，斯科尔斯基说："玛丽莲对她并不嫉妒或者憎恨。"她知道自己在肯尼迪的生命中扮演的只能是蜻蜓点水、转瞬即逝的角色（就像她知道的其他女人一样）。

肯尼迪在逝世后被曝光的猎艳经历证明出于显而易见的原因，他不可能跟任何一个女人有过认真的交往。后来，他短暂的执政期被嫁接上了亚瑟王卡米洛特的神话，有关他和玛丽莲被夸大的"恋情"也成为这个神话的组成部分。人们必须相信宫廷盛产阴谋和不忠的传统：兰斯洛特和桂妮维亚，查理二世和内尔·格温，爱德华七世和莉莉·兰特里，而且格温和兰特里都是演员出身。[1]约翰·肯尼迪就是在行使自己的初夜权，或许他本人也有过这样的想法。

但是，这位魅力非凡、出身高贵的总统和大红大紫的电影皇后只有过一次

---

[1] 卡米洛特是传说中亚瑟王和骑士们进行圆桌会议的宫殿，后来成为追求正义、勇敢的骑士精神的代名词。肯尼迪一家甚至被美国媒体、民众誉为美国皇室，肯尼迪的执政生涯也被外界称为"卡米洛特"。实际上这种说法是杰奎琳精心安排的。在肯尼迪遇刺几天后，她接受了《生活》杂志的专访，提出："以后还会有伟大的总统，但不会再有另一个卡米洛特。"兰斯洛特是亚瑟王的圆桌骑士之一，与亚瑟王的王后桂妮维亚有私情。

约会的经历。如果继续用亚瑟王的传说做比喻，可以说现实清澈的光线一照进来，阿瓦隆[1]的浓雾就轻而易举地被驱散了。

查明这件事情的真相不仅是出于还原历史的需要，对玛丽莲逝世后社会上出现的一则传言也有着重要的意义。据说，玛丽莲在与总统交往的同时或者之后还和总统的弟弟、时任司法部长的罗伯特·F.肯尼迪保持着肉体关系。这种毫无根据、粗俗下流的传言对玛丽莲造成的伤害远远超过了有关她和肯尼迪的传言，而且更为持久。[VI]此外，这则传言还导致外界在毫无事实依据的情况下断言罗伯特·肯尼迪和玛丽莲的身亡有关。这种论断即使没有对罗伯特的名声造成伤害，至少也令人感到义愤，甚至好笑。*

外界之所以会传出玛丽莲和罗伯特交往的传言只是因为他们两个人的日程记录显示在1961年和1962年里他们见过4次面，当时同罗伯特交往甚密的埃德温·格斯曼（罗伯特的亲信之一）也提供了证明。但是，罗伯特从未和玛丽莲上过床。

格斯曼是一名擅长调查性报道的记者，获得过普利策奖，在肯尼迪任内担任过白宫新闻部特别助理以及司法部高级新闻发言人。司法部长在1961至1962年期间的日程记录（被保存在约翰·F.肯尼迪图书馆和国家档案馆）都为格斯曼讲述的细节提供了证据。各种资料都证实罗伯特·肯尼迪和玛丽莲·梦露的交往——在将近10个月里的4次会面和几通电话——仅限于应酬性的社交活动。即使他们有意发生一段露水情缘，根据他们这段时间的活动和行踪，除了几次见面和几通电话，他们也不可能有更多的接触机会。事实上，他们两个人都根本没有和对方交往的想法。

玛丽莲和罗伯特的首次见面发生在她被引介给肯尼迪总统几个星期之前。格斯曼说过："在1961年的10月2日或者3日，"

---

1 阿瓦隆又被称之为"赐福岛"或"天佑之岛"，是亚瑟王传说中的重要岛屿，是亚瑟王最后的栖居地。人们普遍认为阿瓦隆位于现今英格兰西南部的格拉斯顿堡。

* 本书的后记《大骗局》讲述了这则传言产生的来龙去脉。

肯尼迪和我跟美国的检察官以及联邦调查局的人员在阿尔布开克、凤凰城、洛杉矶、旧金山、波特兰和西雅图进行了一连串的会晤。司法部长和我在劳福德家参加了一场晚宴，大约子夜时分，玛丽莲决定回家了。但是她喝的香槟太多了，我们都担心她会有什么闪失。鲍比和我是不会让她自己开车的，所以我俩就一起把她安安全全地送到了家门口。

司法部长和玛丽莲的第二次见面发生在1962年2月1日星期三。当时，罗伯特从华盛顿前往远东地区，进行为期一个月的外交访问。途中，他和随行人员在劳福德家吃了晚饭。据格斯曼所述，"那天晚上，玛丽莲很清醒——非常好的一个人，真的——说起话来风趣、热情，对严肃问题很感兴趣"。

帕特里夏·纽科姆当时也在场，她还记得玛丽莲

求知欲很强，就在[晚宴的]前一天，她告诉我："帕特，我很想和社会保持联系，我真的很想知道这个国家发生着什么。"她格外关注民权问题，她真的非常关心这个问题。她准备了一堆问题。媒体报道说鲍勃和她聊得最多，他们说的是真的。她同情所有被剥夺了公民权利的人。

次日，即2月2日，玛丽莲写了两封信。她给"亲爱的爸爸"伊萨多·米勒的信有两页：

昨天晚上，我参加了为司法部长罗伯特·肯尼迪举办的宴会。36岁的他看上去很成熟、聪明。不过，除了他的民权计划，我最喜欢的一点是他很有幽默感。

就在同一天，玛丽莲给阿瑟·米勒的儿子鲍比也写了一封信：

昨天晚上，我跟美国的司法部长罗伯特·肯尼迪共进了晚餐，我问他他们部门打算对民权问题和其他一些问题做些什么。他非常有头脑，此外，他还非常幽默。我觉得你会喜欢他的。最令我感动的是他对民权问题非常严肃认真。他回答了我提出的所有问题，还说他会给我写一封信，把他的回答都写下来。等收到信后，我会给你寄一份复印件，因为信中肯定会有非常有趣的内容，因为我问了好多问题，我告诉他美国的年轻人都想知道这些问题的答案，都希望政府有所作为。

第三次和第四次见面的场合是几次会面中最不正式的——5月19日，他们都出席了肯尼迪总统在纽约举办的生日庆祝会（在场的还有数百位宾客）；6月

27日（星期三），玛丽莲应邀参加了劳福德夫妇为罗伯特·肯尼迪举办的一场晚宴。最后一次见面的晚上，劳福德夫妇一早就去接玛丽莲，在玛丽莲的邀请下，司法部长也来了，玛丽莲想让他们参观一下自己的新家。然后他们一行就去了劳福德夫妇家里共进晚餐。后来，司法部长的司机把玛丽莲送回了海伦娜5街。据尤妮斯所述，"他们全都来参观这座房子了。她绝对没有跟肯尼迪先生偷偷摸摸地做什么事情，也绝对没有跟他发生过婚外情！" * VII

其他各种说法也都找不到证据。例如，宣称1961年11月18日罗伯特和玛丽莲在洛杉矶有过一次幽会的人根本无法自圆其说，因为这一天罗伯特身在纽约，在福特汉姆大学举行的一场大会上发表了讲话，玛丽莲则在洛杉矶为道格拉斯·柯克兰的拍摄做准备，在格林森家做了心理治疗后又跟格林森夫妇一起吃了晚饭。能和这种谣言水平相匹敌的就只有为这对"情侣"安排了1962年2月24日和3月14日两次约会的人了。关于前一次约会，罗伯特人在德国的波恩，玛丽莲在墨西哥；至于后一次约会，罗伯特在华盛顿，给美国贸易理事做了讲话，玛丽莲则刚刚搬进了新家，乔·迪马吉奥陪在她的身边。仅此而已。

埃德温·古斯曼说过认识罗伯特·肯尼迪那么长时间，他从来没有产生过罗伯特跟玛丽莲——更不用说其他女人——有过婚外恋的感觉。

> 他这一辈子就只有艾塞尔一个女人，他好像对这种事情毫无兴趣，和其他女人仅限于普通的、符合礼仪的、公开的交往。那年夏天，玛丽莲的确给他[罗伯特]在华盛顿的办公室打过几次电话。鲍比是个好听众，对她提出的问题、她的生活甚至她碰到的麻烦都表示出了兴趣。但是，对我、对

---

* 6月25日和26日（星期一和星期二），司法部长在底特律、芝加哥和博尔德参加美国检察官会议并且在会上发表了讲话（还对其他团体也发表了讲话）。星期二下午，罗伯特·肯尼迪抵达洛杉矶，同联邦调查局和国税局的工作人员见了面，讨论了犯罪情报的问题。星期四早上，他离开洛杉矶，前往俄克拉荷马城、纳什维尔和罗阿诺克，然后于6月30日从罗阿诺克返回了华盛顿。这一周的日程记录毫无含糊不清的地方。国家档案馆、联邦调查局编号为#77-51385-274和260的文件（司法部长日程记录），以及制片人及编剧杰里·沃尔德在南加利福尼亚大学预约簿上留下的记录都能证明在6月27日（星期三）下午，司法部长大部分时间都跟沃尔德待在一起，商量将他1960年出版的《内部敌人》一书改编成电影的事情。

鲍比、对安吉[·诺韦洛，罗伯特的秘书]来说，其实她的电话已经成了一个笑话，毫无秘密或者见不得人的事情可言。我们几个会互相说，"噢，她又来了，问东问西的"。不过，他们还是会简单地谈几句，一直都是这样。他不是那种愿意花时间和别人寒暄的人。婚外恋？天哪，坦白地说，这种事情根本就不符合他的性格。

无论是在好莱坞还是纽约，认识玛丽莲·梦露和罗伯特·肯尼迪的记者一致承认了有关玛丽莲和一个男人的传闻。厄尔·威尔逊在文章中写道："[跟她有一段短暂恋情的]人不是鲍比·肯尼迪，而是他的哥哥约翰。"[VIII]玛丽莲的老朋友亨利·罗森菲尔德也说过："毫无疑问，那个人是杰克，不是鲍比。"[IX]肯尼迪总统的特别顾问助理理查德·古德温后来当过罗伯特·肯尼迪的竞选总监，并且是研究肯尼迪家族历史的重要学者，他曾直截了当地说过："凡是了解鲍比·肯尼迪的人都知道他对这种事情[婚外恋]没胃口。多年来，我们做过很多次亲密的交谈，玛丽莲·梦露的名字从未被提及。考虑到鲍比·肯尼迪和哥哥的关系，难以想象他会像有些人说的那样，'接手'后者的恋情。"[*]至于玛丽莲，她曾问过鲁伯特·艾伦和拉尔夫·罗伯茨是否听到过有关她和罗伯特·肯尼迪产生恋情的传言，他们告诉她的确听到过，她坚称那是假的。（不仅如此，据罗伯茨和艾伦所述，在玛丽莲看来，肯尼迪总统的弟弟在外貌上并不吸引人。）[**]

就在参加完2月1日劳福德家举行的家宴4天后，玛丽莲到了纽约，她要去看望当时住在佛罗里达的伊萨多·米勒，然后直接前往墨西哥去购物。玛丽莲一直

---

[*] 西德尼·斯科尔斯基和彼得·劳福德的所有密友——威廉·阿舍、米尔顿·艾宾斯和约瑟夫·纳尔——都坚称玛丽莲和罗伯特的友谊纯粹是柏拉图式的。斯科尔斯基简明扼要地说出了他们的看法："至于罗伯特·肯尼迪，她从未提到过他。"（p.234）他还说诺曼·梅勒"写到过鲍比，为了钞票攒了一篇华丽的文章"（见威尔逊，p.60），梅勒本人在1973年承认这种说法属实。

[**] 在玛丽莲嫁给米勒之前，J.埃德加·胡佛就开始详细记录她的活动，如果玛丽莲和罗伯特的恋情确有其事的话，他肯定会对能够证实传言的材料非常重视。然而，对于这件事情，他保存的档案里却是一片空白。埃德温·格斯曼说过："无论什么事情，只要真的发生过，胡佛就不可能不知道。而且，在鲍比后来竞选总统的时候，他肯定会对这些材料加以利用。"

第二十章 1962年1月—5月 | 525

爱着阿瑟·米勒的孩子，常常对他们出手大方，同样地，她也一直关心着失去老伴的米勒，即使在阿瑟1962年初和英格·莫拉斯结婚之后，她的态度也不曾改变过。当年3月搬到新家后，她经常送礼物给伊萨多、鲍比（罗伯特）和简，还经常给他们买机票，邀请他们去加利福尼亚做客，以朋友的身份问他们自己能为他们做些什么。*

在纽约，玛丽莲见到了斯特拉斯伯格夫妇，一开始她为这次重逢感到开心。2月6日，他们一起观看了老维克剧团在市中心剧院上演的《麦克白》，之后玛丽莲花了三天的时间和宝拉讨论《濒于崩溃》尚未完成的剧本，然后参加了几次演员工作室的公开课和单独辅导课。在此期间，她每天都会收到加利福尼亚发来的很多消息：有关新房子的事情；电影的开拍日期（她还没有跟亨利·韦恩斯坦见过面）；还有乔打去的电话，当时乔专门去了洛杉矶看望她，结果却发现她去了纽约；还有格林森发来的消息，他每天至少要跟她通一次电话。这些消息都被谢丽·雷德蒙一一记录并保存了下来。[x]

除了这些电话，玛丽莲还跟《生活》杂志的代表见了几次面，商量接下来的专访。当年晚些时候，《红皮书》上刊登的一篇长篇报道正是基于她和记者艾伦·利维进行的一次谈话。同玛丽莲的朋友们一样，利维发现她很有思想，表达能力也很强。

尤妮斯向玛丽莲预支了几百美元的周薪，于2月12日（星期一）从洛杉矶出发去了墨西哥城。她先去看望了丈夫的兄弟丘吉尔·默里，然后就住进了酒店，等着玛丽莲赶来跟她会合，进行一次大采购。帕特里夏·纽科姆已经做好了充分的准备，将以朋友和陪护的身份陪着玛丽莲前往墨西哥城。尽管如此，格林森还

---

* 在1962年2月2日给伊萨多·米勒的信中，她写道："认真地考虑一下我的邀请吧，记住，你还没来过落基山脉的西边。不过，最重要的是，我太希望你跟我住一段时间了……见到你，我肯定非常开心。送上我全部的爱，想你。"在同一天给罗伯特·米勒的信中，她写道："如果你和珍妮[他的姐姐简]想过来几天或者一个星期，我会很开心的——你们想待多久就待多久。机票的事情包在我身上，我会去机场接你们的。我永远欢迎你和珍妮。我猜咱们都不太有耐心写信，不过我想咱们都清楚对彼此有多么重要，是不是？至少我知道我爱你们两个孩子，我想成为你们的朋友，跟你们保持联系。我爱你们，想念你们。代我向珍妮也问个好。"

是安排了尤妮斯跟她们一起同行。[XI]

后来，纽科姆说过："不难理解，尤妮斯纯粹就是格林森的探子，就是被派来向格林森报告玛丽莲的一举一动的。很快，就连玛丽莲都看出来了。"

2月17日，星期六，玛丽莲来到迈阿密，同纽科姆和自己在洛杉矶新聘用的私人发型师乔治·马斯特斯（负责精心打理玛丽莲那一头白金色的头发）碰头。一连三天，玛丽莲一直陪着伊萨多，带他去了枫丹白露酒店的吉吉俱乐部，还去米纳雷特俱乐部观看了一场卡巴莱歌舞表演。据伊萨多说，表演令人失望，但是当他提议离开的时候，玛丽莲不想因为突然起身离去而破坏演员们的情绪，因为她已经被人们认出来了。第二天晚上，玛丽莲设宴款待了伊萨多的几位朋友。星期二，玛丽莲离去了，她走后伊萨多在自己的外套口袋里发现了200块钱。当他事后打电话提出抗议时，玛丽莲说过去的几天里，他在她身上花的钱不止200块。后来，伊萨多说过："你瞧，玛丽莲希望我[像父亲一样]保护她，可是她也在保护我。"[XII]

在一年多的时间里，玛丽莲进了几次医院，除此以外她就很少出现在公众的视野中了，她的墨西哥之旅也是如此。她在希尔顿酒店举办了两场新闻发布会，向外界展示了一个苗条可爱的玛丽莲正在为新家采购家具、提起下个月开拍的新影片《濒于崩溃》时表现出一副热情洋溢的模样（尽管内心不安）。从2月21日开始，玛丽莲一行在墨西哥城待了11天，同媒体见了面，然后在左派政治家弗雷德·范德比尔特·菲尔德和妻子涅韦斯（她刚刚通过共同的朋友认识了对方）的陪同下，一路造访了库埃纳瓦卡、托卢卡、塔斯科和阿卡普尔科。每到一处，他们都尽情地扫荡着商店，购置当地的家具、家居用品，还为玛丽莲的新厨房和新浴室订购了一批墨西哥风格的瓷砖。纽科姆和尤妮斯都注意到，在这段时间里，玛丽莲没有服用安眠药或者其他任何一种药物。[XIII]

行程中，纽科姆一直巧妙地应付着媒体。马斯特斯发现即使偶尔出门散个步，玛丽莲也都会保持完美的形象，他还记得："凡是不得不化妆的时候，我都要把她头发做成非常漂亮的白金色。"

只要来点不可思议的改变，她一下就变成了"玛丽莲·梦露"。声音变了，手和肢体动作也变了，就在刚才我还看她穿着褪了色的蓝色牛仔裤和破衬衫，只是一个普普通通的女孩，转眼间她就变成了一个截然不同的女人。我从未见过这种翻天覆地的变化，整个人都变了。她太厉害了。她知道如何变成人们期望的那个人。[XIV]

马斯特斯还发现尤妮斯也很厉害，但是是从另外一个角度而言的厉害（和玛丽莲的其他朋友看法一致）。"她是一个——该怎么说呢——非常古怪的女人，就像一个巫婆。吓人，我记得当时我就是这么想的。她对玛丽莲嫉妒得要命，把玛丽莲和朋友们分开——就是一个擅长挑拨离间的人。"

就在这个月里，玛丽莲结交了一位新朋友，他们有了一段短暂的交往。尤妮斯试图从中作梗，但是没有见效。这位新朋友是墨西哥影迷何塞·博拉尼奥斯，他找到了她们的住处，宣称自己是一名作家，也是玛丽莲的崇拜者。他身材苗条、肤色黝黑，有着一副电影明星的面孔，在玛丽莲逗留墨西哥期间，他陪同玛丽莲参加了几次社交活动。就在这段时间里，玛丽莲接到了洛杉矶传来的消息——她再度获得了金球奖，颁奖典礼将于3月举行。听到这个消息，她对纽科姆说："我想我可以跟西德尼·斯科尔斯基一起出席宴会。"但是，纽科姆说如果邀请博拉尼奥斯陪同她飞回洛杉矶、参加颁奖活动，那将是一次很好的宣传机会。

博拉尼奥斯激动万分地接受了邀请，旅行费用都是玛丽莲支付的。3月2日，星期五，玛丽莲一行回到了洛杉矶，在接下来的那个星期一她拿到了好莱坞外国记者协会评选的"全球最受欢迎女明星奖"。协助玛丽莲为颁奖宴会准备造型的马斯特斯还记得玛丽莲订购了一条嵌着珠子的绿色拖地长裙，然后从福克斯公司找来两名女裁缝。她们花了7个小时改造裙子，原本的大圆领变成了引人注目的露背装。在她们忙碌的同时，玛丽莲就一直站在那里，十分配合她们的工作。[XV]

玛丽莲和博拉尼奥斯一起出席晚宴的景象又催生出新的谣言——玛丽莲找了一个拉丁情人。无论他们二人的关系发展到何种程度（不太可能发生恋情），颁奖宴会结束后没多久博拉尼奥斯就打道回府了，因为乔赶来了——来得正是时候。博拉尼奥斯无意和这位传奇的强打手一比高低，于是便恢复了最初的身份——玛丽莲在墨西哥的头号影迷，无论他还有什么样的记忆，外界都不得而知。

乔之所以突然赶来并不是出于嫉妒。他听说在星期一颁奖晚宴上玛丽莲一反常态，表现得非常令人尴尬（熟悉好莱坞动态的人反而都没有听说此事）。她的朋友苏珊·斯特拉斯伯格看到她"喝醉了,几乎失去了控制,说话也含含糊糊的,她穿的裙子紧得让她寸步难行"。[XVI]这一次,全场鸦雀无声不是出于对玛丽莲的仰慕或者尊敬,而是震惊,就连好莱坞都被震惊了。

玛丽莲反常的举动既有化学品的作用,也有情感方面的原因。在星期六、星期天和星期一,海曼·恩格尔伯格连续三天给她注射了药物,尤妮斯委婉地将其称为"维生素注射剂"[XVII],但是显然这些注射剂是强效的混合药物,成分包括宁比泰、速可眠和苯巴比妥(全都是具有成瘾作用、对人体有危害的巴比妥酸盐类药物)。而且,为了让玛丽莲尽快入睡,恩格尔伯格还掺入了水合氯醛(所谓的米基·芬恩蒙汗药)。恩格尔伯格还为玛丽莲开了一些胶囊形式的相同药物,在那个年代,这些药物不像后来那样受到政府的严格监管。

正如病理学家阿诺德·艾博拉姆斯医生后来所说,"对于这些药物,医生给玛丽莲·梦露那么大的剂量是不负责任的表现,即使在1962年也是如此。那个年代,人们已经知道这些药物都是有毒性的,必须在严格的监控下使用。在1940年,人们对这一类药物还知之甚少,可是那时候已经不是1940年了。"[XVIII]更糟糕的是,格林森也加大了安眠药的剂量,直到后来他和恩格尔伯格才想要协调两个人的处方。实际上,他们各自开给玛丽莲的药物合在一起药效就被抵消了。

两位医生都负有盛名,然而却没有注意到"放松"和"缓解压力"之间的区别。摄入巴比妥酸盐药物后,玛丽莲醒来时只会比之前更加紧张焦虑。她之所以焦虑是因为工作上碰到的问题,而药物更是导致问题快速恶化。就像安定和利眠宁(当时这两种药物都得到了广泛推广),巴比妥酸盐会让人放松下来,但是它有助于缓解压力的说法完全是错误的。恰恰相反,患者醒来后只会感到自己还是跟以前一样焦虑,大多数时候甚至更糟糕,因为这些药物还会造成抑郁问题。帕特里夏·纽科姆、鲁伯特·艾伦和拉尔夫·罗伯茨都知道玛丽莲的医药柜和床头柜就像是施瓦布药店的样品柜,她的手边俨然有一个药品仓库。*

---

* 就在当年,恩格尔伯格坚持要求妻子服用剂量惊人的巴比妥酸盐药物和催眠药物,恩格尔伯格夫人在后来提交的离婚申请书中陈述了这一情况。当时,他们长达30年的婚姻破裂了,恩格尔伯格这么做貌似是为了让痛苦中的妻子保持镇静。这种大肆使用危险药物的行为最终几乎造成了灾难性的结果。

罗伯茨还记得:"在拍摄《乱点鸳鸯谱》期间以及拍完后,格林森都没有采取任何措施帮助玛丽莲停止服用这些药物,事实上,药品就是他提供的。"[XIX]到最后,玛丽莲每天晚上服用的巴比妥酸盐剂量高达300毫克,这时候她的状态已经非常不稳定了,两位医生不可能不了解情况。正如纽科姆所说,"这样的疏忽真是令人难以理解。"[XX]或许他们是为了留住一批有钱、有名气、又需要帮助的客户,这种解释不能为他们的行为提供正当的理由,但是至少在一定程度上能够帮助外界理解他们的动机。多年后,艾伦·斯奈德说过:"我压根就不喜欢格林森,一直觉得他对玛丽莲就没有什么好处。她要什么,他就给她什么,什么都给她。他和玛丽莲的关系似乎夹杂着一种奇怪的、欺骗的成分。在他也开始从'福克斯'领工资后,我就确信这一点了。"

玛丽莲在那个周末之所以一直昏昏欲睡还存在深层原因——她的情感处于极度不安的状态。3月3日,星期六,她见到了格林森,她已经将近一个月没有跟医生见过面了。来到医生家的时候,她兴高采烈;结束治疗后,她泪流满面、心情低落。[XXI]她没有回到何塞·博拉尼奥斯身边(这天晚上,他跟她一起入住了贝弗利山酒店),而是跟格林森夫妇待在一起。外界无从得知在这一天的治疗过程中发生了什么事情,可以肯定的是福克斯公司传来的一个消息令玛丽莲极度沮丧。南纳利·约翰逊已经完成了《濒于崩溃》的剧本,退出了剧组,这部影片似乎注定会成为一场灾难,因为现在再也没有人能够解决剧本中复杂的情感线索了(更不用说对剧本进行与时俱进的改造),也没有人能为这个故事设计一个令人满意的结局了。在给老同事让·尼古拉斯科的信中,约翰逊写道:"我不知道这个本子究竟能不能被拍出来。'福克斯'的人似乎担心得要命。"[XXII]

阿诺德·舒尔曼(原先的编剧)被叫回来了几天,然而在他看来公司似乎只想忘掉这部片子的存在,但这是不可能的,他们已经签了一桌子等着掏钱的合同。我很喜欢玛丽莲,在跟彼得·雷瓦西和"福克斯"的几个好人对质之后,我觉得对于这个糟糕透顶的计划他们就是这么想的,不会有错的,他们就是这么打算的。[XXIII]

正如戴维·布朗记得的那样,当时福克斯公司已经到了破产的边缘,除了几部正在拍摄中的电影和电视剧,《濒于崩溃》是投资最大的一部影片。此外,无论这部影片能否拍出来,情况都一样糟糕。如果按照现有的剧本拍出来并且发行放映的话，影片就成为主要的电影公司有史以来出品的最苍白无趣、情感线索最混乱的"喜剧片"之一。后来，影片拍摄完成的部分——8个小时的报废胶片，将近60分钟经过剪辑的胶片——证明了这种猜测。公司在6月完成的最终计划给外界留下了一种清晰的印象——这是一部谁都不相信能拍出来的影片。只有玛丽莲是个例外，戴维·布朗说过：

> 玛丽莲是一位艺术家，她非常清楚自己需要什么、什么事情对自己的事业有帮助，她也非常清楚如果自己是导致影片失败的原因，这将对她的事业造成极其恶劣的影响。她知道一旦签了合同，自己就必须参加拍摄。无论有什么样的个人问题，她都是一位非常专业的演员。归根结底，如果没有强烈的野心，她就不会成为"玛丽莲·梦露"，在1962年她还没有失去这份野心。[XXIV]

舒尔曼概括指出了自己发现的问题：在公司财政状况陷入难以想象的混乱局面时，新组建的管理团队想要逼玛丽莲就范——逼她退出剧组——以便他们以违约的罪名起诉她。就在那个星期，舒尔曼告诉玛丽莲："无论谁来写，无论写什么，他们都会毁掉交易的。"

那个周末赶到格林森家的时候，玛丽莲自然有焦虑的原因，她坚信福克斯公司的新管理层认为她是一件可以被牺牲掉的商品。在这个问题上，她的态度算不上多疑。

然而，格林森对玛丽莲采取的治疗手段强调的是他自己的需求，而不是玛丽莲的需求。他又一次使用了违反患者护理基本原则的方法，邀请玛丽莲住在她家，他的借口是玛丽莲的新家直到下一周才能准备就绪、让她搬进去。就在这时，何塞·博拉尼奥斯出现了，不过这件事情基本上无足轻重，格林森不可能接受他的存在（否则，这个人就不会被匆匆打发走了）。就这样，臣服于格林森的玛丽莲再一次依赖了治疗师，而不是自己的选择，依附于他，而不是自己选择的男人和自己的朋友。

律师米尔顿·鲁丁是格林森的妹夫，他说过自己"爱他[格林森]、仰慕他、视他如哥哥"，然而就连他都意识到无论格林森的本意是什么，"他对玛丽莲投入的感情都超过了他对家人才应有的感情。他无时无刻地牵挂着她——而且让我也卷了进去。唉，你很容易就会为玛丽莲感到难过，而我的大舅子又是一个同情心

十足的人"。[XXV]

3月6日，星期二，玛丽莲还住在格林森家里，这时乔赶到了洛杉矶，打听到她住在富兰克林街。乔找上门去，想要帮玛丽莲做好搬到海伦娜5街的准备，当时玛丽莲已经确定了搬家的日期，不是星期四就是星期五。等乔来到格林森家的时候，医生家里发生了一桩奇怪的令人不安的事情，一名师从格林森学习心理治疗的实习医生目睹了一切。

刚一到地方，这名年轻的医生就得知玛丽莲·梦露在楼上，就像前一年里常常出现的情况一样，"住在这里"。医生赶到的时候，她由于情绪崩溃刚刚服用了镇静药物。医生认为（多年后依然这样认为）对玛丽莲的这种安排

> 对一位杰出的心理督导师[1]来说太过分了，他本应该教会学生如何以适当的方法帮助别人、以适当的身份和同患者接触。

然而，眼前的景象变得更加离奇了：

> 乔·迪马吉奥来了，玛丽莲·梦露就在楼上，得知乔来了，她想见见他。可是，格林森不准他们见面，他让乔一直待在楼下跟他谈话，过了一会儿玛丽莲在楼上弄出了一些轻微的响声——就像是被禁闭在医院里，但是想和家人或者来访者见面的病人。尽管如此，格林森还是执意阻止乔上楼去。到最后，玛丽莲终于发火了。

接着，最奇怪的一幕出现了：

> 乔找了一个借口，坚持要上楼去见玛丽莲。格林森转向了我，说："你瞧，这就是自恋者最好的样本。看到她有多么难伺候了吗？她一直都在为所欲为。她纯粹就是一个小孩子，小可怜。"[XXVI]

实习医生什么也没有说，但是这件事情困扰了他许多年，他对导师的尊敬也因此荡然无存。无需专业知识就能发现投射心理的典型症状——显然是拉尔夫·格林森自己在对玛丽莲为所欲为，这是他强迫症一样的控制欲和自恋的性格所要求的。还有一点也非常引人注目，格林森无视一切公认的职业道德，和第三方讨论患者的情况，即使自己跟患者的关系那么亲密。

---

[1] 心理督导师作为有经验的督导者协助心理健康相关职业人员提升工作能力与心理素质。

在违背职业道德的问题上，亨利·韦恩斯坦也记得格林森有过类似的行为。一天，格林森对他说："亨利，你难道没有注意过她的这些幻想吗？她有很多幻想，其中一个就是女孩们的典型幻想，就是她们想跟自己的父亲上床。这就是她的幻想。"[XXVII]外界无从得知这究竟是玛丽莲描述的梦还是内心的恐惧，但可以确定的是，这一次格林森完全被自己的投射心理和反移情作用压垮了，他很有可能将自己视作对玛丽莲具有性诱惑力的父亲般的人物。无论如何，他同韦恩斯坦这样谈论玛丽莲都是毫无良知的表现。玛丽莲越来越不信任格林森并不是因为多疑，多年后韦恩斯坦怀着对他们两个人的同情说过："拉尔夫依赖着她。"[XXVIII]

格林森竟然允许自己用这种方式对待病人，而他的同行中竟然没有一个人站出来纠正他的行为，这种情况令人感到震惊。原因有可能是格林森在业界具有极大的影响力，而且他在同行中间散布了一些没有事实根据、纯粹捏造的谣言，他宣称玛丽莲·梦露患有"精神分裂症"，在照顾她的过程中，洛杉矶一位以治疗精神分裂症而享有盛誉的专家对他进行了督导。格林森提到的这位专家是米尔顿·魏斯乐，他不是医师，但是拿到了心理学的学位。

格林森的同事还说：

> 当时，在治疗精神分裂症方面，所有人的方法都是实验性的，魏斯乐也有他自己的一套方法。格林森对梦露进行的治疗不同寻常，但是他利用了魏斯乐，让他当督导，这样就给自己对梦露的治疗披上了一层合法的外衣。他采用的一个方法就是邀请患者住到他家去——不仅提供了患者在早期有可能缺失的东西，而且还一直和患者保持接触，这样患者就不会在周末产生过度的焦虑，或者说[出现]分离的痛苦。

玛丽莲不仅没有摆脱童年的束缚，反而更深地被封闭在了自己的童年里。曾经被妹妹朱丽叶的光芒掩盖的格林森把玛丽莲领回了家，驯化她、破除她的神秘感、控制她、削弱她的明星光环——做这一切的时候，他始终打着治疗她的情感疾病、消除她的不安全感的旗号。在家里的私人诊所里，再加上治疗方法得到了专业督导的认可，为他提供了方便，就这样格林森逐渐变成了那种自认为可以不受任何传统界限约束的心理医生。他的精神世界和玛丽莲的彻底纠缠在了一起，因此他已经没有能力意识到自己的行为会对玛丽莲造成怎样的伤害。阻止玛丽莲和乔见面的举动暴露出了他的心思，乔在玛丽莲心中有着至高无上的地位，他感到乔的存在对他造成了威胁，跟他之前对玛丽莲的密友拉尔夫·罗伯茨的态度如出一辙——那个"多余"的拉尔夫。

对于这样的操控欲，玛丽莲成了最完美的猎物：容易对博学、慈祥、似乎能够保护她的男人动情，离过三次婚，对自己的价值、才华、爱的能力以及外界对自己的认可缺乏自信，即将拥有平生第一座属于自己的房子，在各种因素的作用下，她一声不吭地接受了格林森给自己塑造的形象——全能的救世主，每一位心理健康、神志健全的心理医生都避之不及的那种形象。从这一年的春天直到玛丽莲逝世，她和格林森之间发生的一切都透露出了一种危险的迷恋情绪。格林森后来说过："她是一个可怜人，我在努力帮助她，结果却伤害了她。"[XXIX]对于他们之间的关系，这或许是他能做出的最接近事实的概括。

就像在佩恩·惠特尼门诊部时那样，乔还是设法将玛丽莲解救出来了。他们回到多希尼街，工人在3月8日和9日将她不多的几件家具搬到了海伦娜5街12305号。在接下来的几个星期里，其他家具和家居用品也会从墨西哥和纽约陆陆续续被送来。乔陪着玛丽莲过了一个周末，然后于3月14日（星期二）又跟莫奈特出差去了，走的时候他在玛丽莲的家里留下了两套睡衣和一只牙刷。

拉尔夫·罗伯茨又回到了洛杉矶，在玛丽莲适应新家的过程中，他一如既往地帮了很大的忙。由于还没为卧室选定窗帘，所以玛丽莲叫罗伯茨做的第一件事情就是把她原先在多希尼街用的遮光窗帘挂了起来，其实就是一块比窗户还宽几英尺的厚实的黑色哔叽布。"睡觉的时候，从外面射进来的一丝光线她都忍受不了，她总是睡在封闭、温暖、不上锁的房间里。"由于工作的关系，罗伯茨比任何人都更了解玛丽莲的这些习惯——每个星期他都要为玛丽莲做几次按摩，等他走的时候，玛丽莲已经就寝了。

与此同时，《濒于崩溃》的剧本工作也艰难缓慢地继续推进着，但是毫无好转的希望。3月11日，编剧沃尔特·伯恩斯坦被介绍进剧组，他打算想想办法补救一下看上去没完没了、平淡无趣的剧情和浮夸的对白。他记得在他接手剧本的时候，福克斯公司仅仅为原著和剧本就已经花掉30万美元了——预算的6倍。可是，福克斯公司在前一年里损失了2200万美元，"总经理们是不会轻易就被数字吓倒的"（伯恩斯坦语）。xxx一心想要让公司和大明星两方都感到开心的伯恩斯坦开动起来，他去玛丽莲家和她讨论了几次剧本。提起往事时，他说过："她是一个非常迷人、非常通情达理的人。"

> 她自豪地带着我参观了她的新家，她实在是一个很容易相处的人。她针对剧本谈的一些看法都很正确。"玛丽莲·梦露是不会做这种事情的。玛丽莲·梦露不会有这种动作，他们会朝她走过来的。"她说，诸如此类。这种表现多少有些典型的电影明星的自负，但是她对什么能演、什么不能演看得很准。我记得她说："记住，你得到玛丽莲·梦露了。你得对她加以利用。"这也许是最重要的。xxxi

剧中有不多的几场真正离奇滑稽的戏，伯恩斯坦说玛丽莲特别希望用带有瑞典口音的英语完成其中的一场戏，在一名发音指导的帮助下，她已经完全掌握了这种口音。

韦恩斯坦也记得自己和玛丽莲初次见面时，玛丽莲说："亨利，我觉得你应该用这场戏，不要用那场戏……这段情节发展，咱们还是面对现实吧，如果这部分情节讲的是一个男人在我和另一个女人之间抉择不定，其实根本就不存在竞争的问题！"韦恩斯坦记得就是在这一次，"她非常有自信，她的意见也统统被采纳了，我们立即着手重写了一遍剧本"。

玛丽莲或许展现了迷人、警觉的一面，可是3月15日她又染上了病毒，一会儿冷得哆嗦，一会儿又发起了高烧。除了处理日常的公关宣传工作，帕特里夏·纽科姆在玛丽莲最需要的时候以好朋友的身份不断前来探望她，给她带来了工作文件，也给她送来了热茶，对她给予了同情，丝毫无视尤妮斯对一切擅自闯入自己地盘的人的怨恨。这位管家告诉格林森自己有太多的事情要做了，格林森立即命令玛丽莲给她涨一倍的工资，每周200美元，就像尤妮斯说的那样，"他提出的理由是玛丽莲的业务秘书[谢丽·雷德蒙]都拿到了250美元"。xxxii同样地，尤妮斯还在玛丽莲家里为自己的女婿诺曼·杰弗里斯找了一份差事，诺曼的兄弟基思以及两个朋友也都得到了工作，但是她没有告诉玛丽莲自己和这些人的关系。不仅如此，根据雷德蒙在3月和4月留下的日志，尤妮斯还叫玛丽莲在给诺曼和基思的空白支票上签字——之前她为自己申请空白支票时被玛丽莲理所当然地拒绝了。

在私欲冲天的自传里,尤妮斯·默里表达了对雷德蒙的鄙夷,[xxxiii]实际上雷蒙德是一个头脑精明、目光敏锐的人,保留的书面记录忠于事实,而且她还是米尔顿·鲁丁推荐给玛丽莲的。雷德蒙对尤妮斯专制霸道的态度十分反感,在给赫达·霍珀的信中她写道:"应付默里夫人是一件不太让人提得起精神的事情,而且从某些方面而言,非常浪费时间,就算有廷克、埃弗斯和钱斯帮忙,也都无济于事。"[xxxiv]对于一套无论是对家庭生活还是对工作都无益的工作方法,用棒球里的双杀做比喻非常贴切。[1]但是,尤妮斯不声不响地坚持自己这一套,不仅继续向格林森打小报告,而且还开始自行做起了决定。

考虑到尤妮斯的背景和生活经历(几乎是另一个格林森),她这种专制霸道的态度就不难理解了。她之所以选中海伦娜5街的这座房子就是因为它和她失去的那个家很相像,这个家成了她、格林森和玛丽莲之间的"纽带"(正如她所说的那样),海伦娜5街的这座房子对她来说成了一种图腾。她失去了自己的家、失去了丈夫,结果医生成了丈夫的替代品,一个又像家长又像牧师、以帮助他人为天职的男人,她和这个男人合作了15年,其间她一直像当初谄媚自己的姐姐和姐夫一样不停地奉承着对方。

征得格林森的同意,尤妮斯全面掌管了玛丽莲的生活,从而获得了重新塑造自己的过去、修正过往错误的机会。对她来说,玛丽莲的家就是她的家,她也同样为这座房子的装修设计、维护和整修花了钱。她把海伦娜5街12305号变成自己的家,同样地,她把玛丽莲变成了自己的女儿,把格林森变成了自己的丈夫。自从进入玛丽莲·梦露的生活后,尤妮斯·默里似乎重新拥有了自己一直渴望得到、后来又失去的一切,她终于有机会当一个合格的姐姐了,就像她那个当过保育员的姐姐卡罗琳那样,这是她曾经渴望但未曾实现过的梦想。在所有的问题中有一个问题很突出,尤妮斯不可避免地日渐沉迷于危险的幻想中了。或许,格林

---

1 在棒球比赛中,双杀指的是防守方造成两名进攻球员同时出局。雷德蒙提到的是活跃于20世纪初芝加哥小熊队的三位著名内野手:约瑟夫·伯特·廷克(1880—1948),约翰·约瑟夫·埃弗斯(1881—1947)和弗兰克·勒罗伊·钱斯(1877—1924),他们三个人组成了棒球史上最令人难忘的双杀组合。

森和尤妮斯都没有充分意识到他们在相互满足彼此的需求：正如他的妻子所说，医生在创造幻想中的寄养家庭，为他尽力拯救的人提供一个庇护所；保姆则把玛丽莲当作了自己的终生使命。

但是，他们错综复杂的感情针对的对象却坚强得超过了大部分人的想象。玛丽莲决定接受邀请，和肯尼迪总统以及其他人在平·克劳斯贝位于棕榈滩的别墅共度3月的最后一个周末，做出决定后她的身体迅速康复了。在克劳斯贝的家里，她在众人面前表现得优雅智慧，最终在总统的床上过了一夜。* [XXXV]就是这一次，肯尼迪邀请玛丽莲参加他将于5月在麦迪逊广场举办的生日庆祝会。玛丽莲不仅接受了邀请，而且还说自己会献上一首《生日快乐》。

在接下来的那个星期一，玛丽莲在有制片人、导演及编剧参加的会议上"脾气很好，精力充沛"（沃尔特·伯恩斯坦所述），玛丽莲的这种精神状态多少得益于之前那个愉快的周末。正在开会的时候，公司的医生李·西格尔也赶来了，他把玛丽莲带到里面的办公室，给她注射了一剂著名的"维生素注射剂"，这是好莱坞鼎鼎有名的混合药物，能让电影公司的雇员们保持充沛的精力或者镇静下来。是亢奋还是镇静，则取决于公司的需要和（或者）明星本人的意愿。[XXXVI]写过并拍摄过好莱坞最杰出的一些影片的编剧欧内斯特·莱曼说过："西格尔就是福克斯的'兴奋剂医生'。我记得他给过我一支静脉注射剂，他对'福克斯'的好几百号人都给过这种东西。里面有安非他命，天知道还有什么成分。"[XXXVII]每隔几天，海曼·恩格尔伯格也会为玛丽莲提供同样的"治疗"。[XXXVIII]

福克斯公司管理层向玛丽莲下达了指令，不准她前往纽约，以免旧病复发，但是在这次会议上，她得知《濒于崩溃》的开拍日期推迟到了4月底，于是她不顾公司的禁令，还是去了纽约，和斯特拉斯伯格夫妇讨论了这部影片存在的

---

* 据她的密友苏珊·斯特拉斯伯格所述，"即使在最可怕的噩梦中，玛丽莲也不愿意跟约翰·F.肯尼迪保持长久的交往。和魅力非凡的总统睡一个晚上没问题，她喜欢这种事情具有的那种隐秘和戏剧化的感觉，但是他绝对不是她渴望一起生活的那种男人，对于这一点，她跟我们说得很清楚。"

诸多问题。玛丽莲告诉他们自己特别担心剧本的结尾，似乎谁都想不出应该怎样收尾。面对剧组的举棋不定，她就比以往任何时候都更有必要得到宝拉的帮助，这样她才能渡过每天的难关。李从福克斯公司那里为宝拉争取到了5000美元的周薪，其中一半由玛丽莲承担。李曾经是一名那么忠诚的社会主义者，现如今也知道了真金白银的价值。

玛丽莲一如既往地需要宝拉，也一如既往地出手大方。在这个夏天，她写了一张1000美元的支票，成了所谓的"好莱坞博物馆盟友会"的创始成员。这个团体打算建立一个电影和电视档案馆，计划最终还是没能实现，但是玛丽莲的支票也没有被退回去。此外，米勒的几个孩子也继续收到玛丽莲的礼物，她的理由很简单，就是喜欢他们而已。有一天去海伦娜5街做客的时候，福克斯公司的发型师艾格尼丝·弗拉纳根表示自己很喜欢花园里的秋千，于是玛丽莲就送给她一座复制品。[XXXIX]类似这种发自内心的慷慨之举符合玛丽莲一贯的做派，艾伦·斯奈德就说过："跟玛丽莲一道逛街的时候你得十分小心。跟她进了一家商店后，如果你说出自己喜欢某件衬衣或者别的什么东西，你尽管放心吧，第二天那样东西绝对就被送到你家了！"

玛丽莲是好莱坞少数几位永远卖座的明星之一，截至当时她的影片已经为福克斯公司赚到了6000多万美元，她完全可以随便撕毁以10万美元价格参演《濒于崩溃》的合同，然而她信守了承诺，这个举动令她慷慨的性格显得更加令人钦佩。饰演一个配角的西黛·查利斯拿到了5万美元的合同，戏份更少的汤姆·特莱恩拿到了5.5万美元，迪恩·马丁和乔治·库克各拿到了30万美元，而这部影片的总预算仅有325.4万美元。正如公司里另一位制片人所说，"面对算数问题，玛丽莲就像木偶。她原本可以拿到100万，外加每日票房总收入的抽成。公司真是占大便宜了。"[XL]即使如此，有一点还是令人感到困惑——玛丽莲的代理人为什么也没有为她争取更高的报酬？戴维·布朗就说过："应该有经纪人插手，重签一份新合同，这原本是很简单的事情。"[XLI]

然而，在皮科大道的经理办公室里没有一件事情是简单的，1962年尤其如此。由理查德·伯顿和伊丽莎白·泰勒主演的《埃及艳后》预算原本就很惊人，当时剧组在伦敦停了工，在罗马重新拍摄了每一场戏，影片的预算更是飙升到了将近3000万美元，福克斯公司卖掉了露天片场以支付这部影片的花费。此外，公司的餐厅和艺术人才学校也关门了，就连公司里的草坪都不再浇水了。1961年6月，福克斯公司每周需要给29名制片人、41名编剧和2154名雇员发工资，总共拍摄了31部影片；现在，公司只剩下15名制片人、9名编剧和606名雇员，拍摄中的影片只有9部。1961年，公司和55名演员签了合同，每周给这批人发的工资共计26995美元；一年后，公司的签约演员仅有12名，他们的周薪共计7480美元。彼得·雷瓦西只关心公司的盈亏问题，他骄傲地向斯派罗斯·斯库拉斯宣布《濒于崩溃》会如期开拍，拍摄也不会超出预算，只要47天就能拍完。他完全是出于一片好意，但是这番豪言壮语几乎令人感到滑稽，当影片最终于4月23日开拍的时候，剧本还尚未完成，玛丽莲也有病在身，迪恩·马丁甚至还没有结束上一部影片的拍摄工作。

这一年春天，玛丽莲从凯里凯迪拉克公司租了一辆豪华轿车、雇了一名司机，公司的记录显示出了她这段时间的生活轨迹。司机鲁迪·考茨基签名的详细收据显示从4月2日开始直到开机的前一天，玛丽莲从周一到周六的日程雷打不动。[XLII]每天，她首先去位于日落大道的伦娜夫人美容院做面部保养，时间通常都在中午；接着就去格林森在贝弗利山的办公室接受治疗，然后跟住在日落大道贝莱尔桑兹酒店的宝拉一起对台词。接下来，玛丽莲会跟恩格尔伯格、西格尔或者为她治疗其他疾病的医生见面，这些医生都会给她注射药物，有时候还同时给她开处方，经常满足她对药物的各种需求。然后，司机会将玛丽莲送到布伦特伍德市场、圣文森特大道或者贝弗利山的尤根森商场买些吃的。到了下午，司机再将她送回格林森的家里，接受第二次治疗，现在格林森偶尔一天之内会叫玛丽莲去做两次治疗。

其间只有两次日程出现了变动，一次是4月10日，玛丽莲去福克斯公司试了试服装和造型；第二次是4月16日，她在家里安装衣柜。亨利·韦恩斯坦说过："回来开工令她很开心。试装的时候太不可思议了，我从未见过有人会像玛丽莲在那次试装时那么兴高采烈。"影片的剪辑师戴维·布雷瑟顿、艾伦·斯奈德（依然是玛丽莲最喜欢的化妆师，而且还是她的好朋友）和玛乔里·普莱彻（这部影片的服装师，后来成了斯奈德夫人）都说过，赶来参加试装的时候，玛丽莲比以往任何时候都漂亮，他们都注意到她说起话来条理清晰，脸上容光焕发，一副渴望努力工作的态度。

韦恩斯坦还记得4月中旬玛丽莲一直躺在家里,"由于服用了巴比妥酸盐陷入了昏迷",4月11日他惊慌失措地赶到公司,竭力要求公司取消拍摄计划,他之所以会出现这样的反应完全是因为他不了解宁比泰的后效。事实上,轿车的记录显示,那天早上玛丽莲在9∶15就跟司机出门了,胸怀抱负的年轻人韦恩斯坦出现了判断失误,他赶到玛丽莲家的时候是早上6点。

从这时起,《濒于崩溃》的拍摄状况就跟玛丽莲·梦露拍摄其他影片时的状况一样,只是期间出现了重重阻力,而且影片最终还是被取消了。韦恩斯坦和剧组里的所有人都记得,玛丽莲十分害怕来到镜头前,经常迟到,装病旷工,过度排练。由于担心睡眠不足,她经常服用大量的安眠药——没有人愿意花精力监督她服药的情况——因此在早上的几个小时里,她总是虚弱无力、迷迷糊糊的。但是,她一心想要展现自己最好的一面,所以赶到片场时她的表现非常出色:吐词清晰,任劳任怨地将一场戏反复重拍、直到导演满意为止,对合作的演员非常大度,一心想要取悦观众。所有人——斯奈德、纽科姆、斯特拉斯伯格、罗伯茨甚至雷瓦西——都坚信问题的根源在于格林森和尤妮斯两个人,他们无力对抗的一对组合。令纽科姆更加警觉的是,4月中旬她发现尤妮斯搬进了玛丽莲家的客房。

多年后,彼得·雷瓦西说过:"在自己家里进进出出的时候,玛丽莲随时随地都能听到别人的建议和劝告、见到能从她的身上捞到好处的人。"

> 她的那些所谓的顾问给她制造着困难,让她遭遇了一场严重的身份危机。我觉得玛丽莲是一个好女人,不是那种平庸肤浅的人,她会思考自己的人生,她知道虚假和真实之间的区别。她有深度,不是没有价值的人。在忍受痛苦、没有参加拍摄的时候,她的情况非常复杂,但是在最佳状态下,她是无人能及的。

乔治·库克也认同雷瓦西的看法,玛丽莲得到的建议纯粹就是垃圾。[XLIII]

4月22日,星期日,结束了在格林森那里的一次治疗后,玛丽莲乘车去了洛杉矶南部的何尔摩沙海滩,经验丰富的染发师珀尔·波特菲尔德(梅·韦斯特的白色发型就一直由她和其他几位发型师负责打理)为她做了《濒于崩溃》第一天拍摄需要的发型。回到家后,玛丽莲的新造型令尤妮斯深受触动,此后她就一直找波特菲尔德帮她洗发、为她修剪那一头稀薄的棕色头发。

玛丽莲的第一场戏定于4月23日（星期一）上午拍摄，可是当天早上一醒来她就感到一阵剧烈的头痛，嘴里说不出话来，呼吸也不太顺畅。她的牙医（唯一一位她能在清晨5点找到的医生）对她进行了检查，断定她得了急性鼻窦炎。

那个星期接下来的几天，她按照医嘱一直在家休息，只有去格林森家的时候才出一下门。在拍摄电影的过程中，这种事情并不算罕见，而且剧组都会准备应急方案。当天，剧组拍了她的主观镜头（她饰演的角色看到的景象），从星期二到星期五拍的是西黛·查利斯和迪恩·马丁的戏。

4月30日，星期一，玛丽莲终于在9点匆匆赶到了片场，拍了影片中最初的几场戏。她的头发被染成眩目的白色，皮肤完美无瑕，眼睛清澈机警，穿着剧装出现在片场——带有花卉图案、红白相间的紧身衣，白色外套和白色的鞋子。根据剧组对报废镜头的详细记录，玛丽莲花了7个小时把几个特写镜头拍了40多遍。在这场戏里，艾伦·阿登5年后第一次回到家，她站在泳池边，一言不发、好奇地凝视着自己的儿子和女儿开心地拍打着水花。一开始，两个孩子都没有发现她的存在，接着他们就同她聊起来，结果就知道了她的身份。这场戏能够完成堪称一个奇迹，当时玛丽莲的鼻窦感染情况还比较严重，发烧101度（约为38.3摄氏度），她是逼着自己来参加拍摄的。

而且她还想方设法表现出了角色在这场戏里的复杂情绪：时而为见到自己的孩子感到开心，时而担心他们的反应，或者关心他们是否幸福，或者为他们的成长和迷人的个性感到骄傲。库克亲自指导拍摄的40条中有整整30条不仅永远保留下了玛丽莲·梦露巅峰状态的容颜，而且还记录下了她强大的内在能量。在宝拉日复一日的帮助下，玛丽莲找到了自己失去的童年，也许还唤醒了一次次流产带给自己的痛苦，通过这些体会，她获得了一种神秘复杂的感情，这种感情帮助她为一场简单的戏注入了一种惆怅的、充满人性的遗憾之情。《巴士站》和《游龙戏凤》之后，她就再也没有过精彩的表演了，但是在这部未完成的影片里她又贡献出了当初那种惊艳的表演。她的笑容不是强装出来的，眉毛拱起、眼睛里微微地泛起泪花，就仿佛一连串的记忆唤醒了她内心的忏悔和渴望。

这部影片里的玛丽莲·梦露完全不同于《彗星美人》和《飞瀑欲潮》中的那个玛丽莲·梦露，也完全不同于《绅士爱美人》和《七年之痒》中的那个玛丽莲·梦露。在这部影片里，她成熟、沉静、脆弱，同时又风度翩翩、光芒四射。她表现出的情绪都不是纯粹的表演；相反，她强烈感受到了或者想象出了这些感情，从某种角度而言甚至就生活在这些情绪中。后来和孩子们一起欢笑的瞬间，她表现出的不是可爱，也不是疯狂，而是嫉妒、聪明，相信一切都会好起来的自信。凡是看过这几段表演（或者1990年出品的同名商业纪录片中收录的几个瞬间）的人无不认为这是一位负责、敏感的女演员在努力唤起清晰可辨、充满人性的感情，在为实现自己的梦想、成为一名艺术家做着不懈的努力。

这一天，玛丽莲一直工作到下午4点，然后就回家了。一到家，她就倒在了床上。第二天，海曼·恩格尔伯格告诉外界玛丽莲由于鼻窦感染无法继续工作。李·西格尔给福克斯公司的经理办公室打去电话，表示如果影片里的可卡犬得了这样的病，他都不会要求它继续参加拍摄。[XLIV]于是，公司派他去玛丽莲家打探情况，他证实了医生的诊断，而且医生嘱咐玛丽莲必须一直卧床休息到这一周结束。福克斯公司得知了这个消息。此外还有一个小问题，玛丽莲需要跟两个孩子一起拍摄拥抱的场面，但是剧组认为这样的近距离接触有可能会影响到两位小演员的健康。

玛乔里·普莱彻说过："她真的病了，是个人都能看出来。可是公司就是不愿意相信她。"艾伦·斯奈德也认同这种说法：玛丽莲的身体一直不太好，在他们相识的这15年里她总是容易感冒，还容易出现呼吸道感染的问题，在那一周她由于鼻窦感染发起了高烧："可是谁都不想听到这个消息。"帕特里夏·纽科姆也知道玛丽莲真的病倒了。

从5月1日到4日，剧组的拍摄通告单显示的似乎都是每天早上直到最后一刻才宣布玛丽莲不会到场的消息。其实，伊夫林·莫里亚蒂说过剧组总是提前一两天就通知她玛丽莲还要继续请假："玛丽莲的问题不单单是不来片场参加拍摄！"[XLV]由于玛丽莲的缺席，剧组就只能匆忙安排拍摄其他片段了。

尽管生着病，玛丽莲还是在家里和宝拉进行排练，一练就是几个钟头。就在这时，福克斯公司又采取了一个错误的策略，每天晚上10点或者11点派人给玛丽莲送去刚刚修改的台词，按照惯例，新台词的打印纸和前一版以及原版的打印纸是不同颜色的。新台词的作者要么是这位编剧、要么是那位编剧，也有可能是库克，只要是愿意冒险修改剧本的人。实际上，到了这个时候剧本似乎已经没有修改的可能性了。南纳利·约翰逊一直同玛丽莲和剧组都保持着联系，她说过面对这样混乱景象，"玛丽莲精疲力尽了"。XLVI 她认为玛丽莲这部复出之作是一场彻头彻尾的失败，她的判断没有错。"后来，她收到的[修改稿]越来越多，到最后原稿就只剩下4页了。"得知这种做法令玛丽莲感到头疼，乔治·库克和亨利·韦恩斯坦又试图对她进行误导，他们把修改稿跟原稿混在一起重新装订，用的打印纸和原稿是同一种颜色的。但是，约翰逊说过玛丽莲"很聪明[更不用说经验丰富]，是不会被这种小把戏蒙蔽的"。

就在这一周，玛丽莲向亨利·韦恩斯坦和彼得·雷瓦西抱怨了自己的不满，同时也提醒他们公司已经批准她参加总统将于5月在纽约举行的生日庆祝会了。XLVII 伊夫林·莫里亚蒂还记得剧组提前几个星期就通知了她玛丽莲又要请假的消息，实际上5月17日的拍摄通告（在5月10日就发给了剧组）注明了当天的拍摄将在上午11：30结束，"因为公司批准梦露小姐前往纽约"。无法想象，福克斯公司会不同意好莱坞最著名的大明星参加为总统专门举办的一场演出。凡是参加此次盛会的演艺人员，即使他们手头有工作，他们的公司也都欣然给他们放行了，而且每个人都要在庆祝会上表演节目。纽约方面不仅已经知道玛丽莲即将到来的消息，而且还大肆宣传了一番，5月第一个星期给谢丽·雷德蒙的信中，赫达·霍珀就提到了这一点。

为了这场庆祝会，玛丽莲花了几个小时和服装设计师让·路易一起修改礼服。1953年，在一家夜总会的开业仪式上，身为老板的玛琳·黛德丽穿了一条紧身长裙，裙子是用大量亮片、宝石、莱茵石和薄绸面料制成的，紧紧地包裹着她，将她的身材衬托得更加凹凸有致，而且还制造出了裸体的视觉效果，这条声名远扬的裙子正是路易设计的。为了穿上那条裙子，黛德丽还必须在里面穿上束身衣，而玛丽莲这一次只穿着一条几乎透明的亮片"内衣"，这条裙子令她在聚光灯的照射下闪闪发光。在那晚的生日庆祝会上，裙子紧紧地捆在她的身上，就像《生活》杂志后来着重描述的那样，"里面什么都没穿，绝对什么都没穿"。XLVIII 在四面八方灯光的包围下，她就是一个名副其实的大明星。对于这件大胆的着装，尤妮斯直截了当地表达了自己的失望："宽松一点的话，可能会得体一些。"听到她的评价，玛丽莲开心地说："默里夫人，大胆一些吧——大胆一些！" XLIX

玛丽莲的私人医生和福克斯公司的医生们都叫她从星期二一直到星期五（5月1日至4日）卧床休息，现在代表玛丽莲在公司处理业务的谢丽·雷德蒙还是接到了公司布置的任务，每天都要给尤妮斯打电话询问玛丽莲的病情。雷德蒙在5月1日的工作日志里留下了一段奇怪的注释："4：00，我[给尤妮斯]打了电话，她说她会问一问玛丽莲感觉怎么样，然后回复我。可是，她没有再回来接电话。我也没有再打过去，并于6：30离开了公司。"[L]在4月和5月的日志里，雷德蒙提到尤妮斯还出现过几次类似的疏忽，她似乎是记忆力越来越衰退，要不就是极其没礼貌。不管怎样，尤妮斯的气质似乎都跟玛丽莲的某位医生很相似。

5月的第一个星期，乔治·库克一直拍的都是跟玛丽莲有关的戏：跟迪恩·马丁和菲尔·西尔弗斯的对手戏，跟迪恩·马丁和西黛·查利斯的对手戏，还在另一个摄影棚里拍了一场法庭的戏，以及玛丽莲的几个主观镜头。格林森还是坚持让玛丽莲每天同他见两次面，轿车司机有关这几次外出留下的日志中还提到途中他们要去一趟维森特药店、霍尔顿和康沃斯药店，或者韦斯特伍德的某家药店。玛丽莲的心理医生也还在继续为她供应大量药物——不是为了治疗鼻窦炎（这是恩格尔伯格以及她接触的另一位医生鲁宾的责任），而是为了缓解《濒于崩溃》的拍摄工作带给她的焦虑和抑郁。可是，医生开出的巴比妥酸盐和镇静剂的效果跟格林森预期的完全背道而驰，这些药物不仅不会提高玛丽莲对工作的积极性，反而让她的身体越来越失常。跟抗生素一起服用的话，这些药物的镇静、催眠效果就更明显了，渐渐地玛丽莲就变得整日迷迷糊糊、思维混乱、昏昏欲睡了。偶尔看到她那副模样的人会误认为她绝对是一个酒鬼。当鲁迪·考茨基不上班的时候，接送玛丽莲的任务就又落到了年轻的简·格林森的肩上，她见到的玛丽莲往往都处在服药之后浑浑噩噩、说不出一句囫囵话的状态。

在这种状态下，玛丽莲有时候对朋友也会非常苛刻，做出不得体的举动。有时候，她会把帕特里夏·纽科姆当成仆人使唤，而不是工作上的助手，吩咐后者在自己的家里再装上一部电话，以便她随时和自己的公关人员保持联系，处理她的各种要求、倾听她的抱怨，无论白天还是晚上。不过，当纽科姆的车彻底报废的时候，玛丽莲自己掏钱送给她一辆新车。

5月7日，星期一，早上7点，玛丽莲及时赶到公司参加拍摄，可是她一会儿流汗，一会儿打着寒颤，半个小时后就被送回家了。出于担心，乔治·库克和制片主任更改了原定的拍摄计划，剧组南下巴尔博亚岛拍摄其他部分。当剧组到达目的地，当地的天气变得很恶劣，接下来的一天也是如此。星期四，剧组又返回了公司的摄影棚。在《濒于崩溃》完成14天的拍摄时（玛丽莲只拍了一天），拍摄进度已经比原计划落后四天半了。这种情况并不可怕，很多影片在拍摄过程中都会出现同样的问题。好莱坞的人在很多事情上一向足智多谋（例如，弥补由于事故、疾病、天气、修改剧本和搭设新布景等原因造成的损失），《濒于崩溃》的拍摄计划也可以重新制订。事实上，5月10日的拍摄通告上提出总的拍摄时间只需要延长一天就能补上截至此时出现的所有损失。

5月11日，星期五，玛丽莲给福克斯公司打去电话，叫伊夫林·莫里亚蒂去她家拿几件她的衣服，替身演员欣然接受了这份差事。莫里亚蒂赶到海伦娜5街，满心希望能跟玛丽莲见一面，然而她却被尤妮斯三言两语给打发了："抱歉，梦露小姐正在开会。" 莫里亚蒂后来得知，玛丽莲其实就在屋子的另一头，或者在洗澡，根本不知道朋友来了。多年后，莫里亚蒂反问道："可是，我又有什么办法？默里夫人简直就像是格林森医生派来的纠察员。"[1]或者说是在丽贝卡死后，令第二任文德斯夫人感到毛骨悚然的管家丹弗斯夫人（《蝴蝶梦》）。

星期六，宝拉·斯特拉斯伯格和妹妹比阿·格拉斯来到玛丽莲家，她们带来了自己熬的汤和玛丽莲喜欢的点心，乔也来陪她过了一个周末，一时间玛丽莲又被包围在爱和宁静的气氛中，虽然病没好，但是她的情绪很高昂。评价玛丽莲身边所有人对玛丽莲的感情时，帕特里夏·纽科姆提到了她的几个密友："对她最忠诚、最有帮助的人里就包括宝拉。对于玛丽莲迟到的问题，她主动承担了责任，她寄予玛丽莲的很多，但是她从来没有想要过霸占玛丽莲，或者把其他人都从玛丽莲的生活中赶走。"拉尔夫·罗伯茨也去看望玛丽莲了，他看到玛丽莲的周围充满了温暖，所有人都那么支持她："那时候，乔对她来说真的是独一无二的，这一点令我们感到了希望，因为我们所有人都知道玛丽莲和格林森的关系完全是不正常的，就连鲁迪都清楚这一点。"

然而，格林森培养起了玛丽莲对他的强烈依赖，可是他又背叛了她的依赖。5月10日，他和妻子外出了，他们要在国外待5个星期，先是去以色列举办一场讲座，然后前往瑞士去探望格林森夫人的母亲，早在2月她就中风了，他们早就该去一趟了。亨利·罗森菲尔德恳求格林森不要外出,后来他说过:"拉尔夫已经成了玛丽莲保持正常运转的不可或缺的关键因素。老实说,我很意外,也很心烦。一切正在进行中,他就这么走掉了。"格林森的妻子对这场旅行满怀期待,丈夫深深地痴迷于那位患者、跟她紧紧地纠缠在一起,到了这个阶段,凡是认识这对患者和医生的人都知道她已经成了他的事业。格林森夫人觉得这是一个大好机会,可以拉开丈夫和这位患者之间的距离。格林森自己也曾坦白地告诉一位密友:"希尔迪不敢让我一个人留在家里。"[LII]

格林森肯定也为离开这位病人感到担心——为自己、为自己和她的关系、为自己对她的控制感到担心。动身前,他做了一件很不明智的事情:

> 外出过5个星期的暑假时,我感到她在暗示我给她留一些药,一旦感到抑郁、焦躁的时候,比方说觉得自己被抛弃了或者想要演出的时候,她可以自行取用。我给她开了一种药,一种混合了镇静剂的速效抗抑郁药——德塞美。我也想帮助她,为她提供一些依靠。对于当时的情况,简单说就是,我觉得在我外出休假期间她没有能力承受独自在家给她带来的抑郁和焦虑的情绪。给她开药是为让她觉得自己从我这里得到了一些东西,只是哄哄她而已,这样一来她就能克服那种强烈的空虚感,否则空虚感就会让她陷入抑郁、十分恼火。[LIII]

格林森描述的其实是自己的反移情情绪,也就是他对玛丽莲对他的依赖心理所产生的依赖心理,他的这番话暴露出他的这种情绪完全是极度以自我为中心的情欲,到这时他已经彻底被这种情绪左右了——拉尔夫·格林森彻底被自己对玛丽莲的痴迷控制住了,从此他就再也没能解脱出来。希尔迪完全有理由担心他"一个人留在家里"。至于德塞美,这种药物就是常规药物的升级版,是右旋安非他命和异戊巴比妥的混合物,即混合了一种短效的巴比妥酸盐药物的安非他命。由于这两种化学药物的配比很难达到平衡,后来德塞美从药品市场消失了。

出发前,格林森建议玛丽莲让宝拉退出《濒于崩溃》剧组。在宝拉的问题上,他依然以己度人,告诉玛丽莲宝拉只是想利用她和她的钱,玛丽莲什么也没有说。没过多久,宝拉就去纽约待了短短的一段时间,但是玛丽莲根本没有向她或者公司发出这样的解雇通知。

玛丽莲倒是对尤妮斯感到很厌烦,就在格林森离去几天后,她就给她开了一张支票，将她解雇了。据帕特里夏·纽科姆所述，"到了这个时候，玛丽莲已经把默里夫人看透了。她很讨厌她，一心想把她给赶走。跟玛丽莲亲近的人自然都感到开心。"LIV正如玛丽莲对朋友们说的那样，通过这一件事情，她在培养主见的道路上迈出了重要的一步，让自己摆脱了对一个喜欢多管闲事、肆无忌惮窥视她的女人的依赖。成熟起来，为自己的行为负责，她一直认为这才是自己接受心理治疗的目的。

这个举动肯定鼓舞了玛丽莲，给予了她勇气，当天她就急匆匆地去了福克斯公司，兴高采烈地参加拍摄，把一场戏拍了50多遍都没有露出不耐烦的样子，就这样连续工作了10个小时。在这场戏里，阿登一家的小狗也出镜了，饰演这只小狗的"演员"（玛丽莲为它取名为"蒂皮"，就是她小时候有过的那只小狗，后来邻居在盛怒之下将其杀死）在排练的时候一贯表现出色，可是这一次它却不愿听从镜头之外的指令，一个劲地追着她蹦跶，呼哧呼哧地喘着气、淌着口水，几个钟头一直守在她身边。跪在地上那么长时间等着一只动物配合表演，换作任何一个人可能都会感到沮丧，可是玛丽莲却哈哈大笑地开起了玩笑，她说自己知道如何运用方法派的技巧推迟演员的表演时间，一直等到演员找到准确的情绪，没有理由不以同样的耐心对待小狗。这场戏反复重拍了几个钟头，其间她常常会感到灰心、不自在，但是几十年之后看，这场戏依然十分有趣。跟小狗一起拍了大约20条之后，她对乔治·库克说："它的状态好起来了！"在剪辑出的片段中，小狗拒不服从指令的滑稽模样逗得她笑场了好几次。

在星期二和星期三（5月15日和16日），玛丽莲依然是一副活力四射、兴高采烈的模样。与此同时，看到编剧们还在拼命修改剧本、结尾尚不确定、几个重要角色也还没有确定演员的人选，唯一能拍的就只是重拍玛丽莲和孩子们在泳池边的那场戏，面对这种情况，亨利·韦恩斯坦不禁想逼问乔治·库克这部影片如何才能拍出来。

第二天上午，玛丽莲又准时赶到公司参加拍摄，她兴奋地告诉同事们自己就要去纽约了。这时候，福克斯公司不停地和纽约方面来来回回地通着电话，他们想要阻止玛丽莲前往纽约。首先，韦恩斯坦从库克那里得知如果玛丽莲不能参加星期四下午和星期五的拍摄，拍摄进度就要落后6天了，而导演现在还必须向公司新上任的经理们解释延迟的原因。韦恩斯坦记得，这时他们全都忘了还有一件事情也让玛丽莲无法参加17日的拍摄——自1956年起,她的合同就附有一份协议书,根据协议的规定,在她例假期间公司不得要求她上班。多年后,韦恩斯坦提起了那段往事:"开拍之前,她就已经把那个日子空出来了,我们也都同意那天不进行拍摄。"这个协议给影片的拍摄创造了便利的条件,她的缺席实际上给了制片人和导演时间拿出剧本的定稿、为这部已经混乱不堪的影片确定演员阵容。可是,这种话他们怎么说得出口?

库克和韦恩斯坦之所以关心这个问题只是因为纽约的出资人和彼得·雷瓦西以及他们派往福克斯公司的代表对这个问题十分关心。多年后,米尔顿·古尔德说过:"我不知道这是不是一部好片子,我不是拍电影的。我的工作是解决钱的问题。"[LV]古尔德的工作很体面,他也出色地完成了任务,然而不关心"这是不是一部好片子"是一种很短视的表现,这种态度其实显示出电影工业出现了一种延续至今的趋势——有关创意工作的决定后来都是由律师和商科毕业生制定的。

这些人或许的确有头脑、乐施好善,但是对电影生产疯狂、难以预测的本质缺乏认识,也不知道任何一个剧组都不可能完全忠于既定的时间计划进行拍摄。这些新人只关心所谓的盈亏问题,对娱乐产品的价值只字不提。

短视的结果不难预见。焦虑之下,韦恩斯坦(古尔德说过"他的结局我已经安排好了")给米尔顿·艾宾斯打去了电话,他是劳福德的手下,负责总统生日庆祝会在西海岸的筹备工作。"米尔特(米尔顿的昵称),你得做点什么。你跟彼得是朋友。你得帮帮我。玛丽莲要去纽约,绝不能出这种事情!"

"绝不能出这种事情——你这是什么意思?"艾宾斯反问道。

"米尔特,她不能去。我们正在拍一部片子。你就不能想想办法吗?"

"听着,亨利。第一,我代表不了玛丽莲·梦露。第二,这件事是突然冒出来的吗?这件事几个星期前就定下了。天哪,这可是总统的生日!"

"唉,米尔特,那样就会出大麻烦了。要是她去了——我也说不好——她有可能就要失去这部片子了。"

"失去这部片子?你这是什么意思?"

"你知道的——"

艾宾斯记得,说到这里韦恩斯坦沉默了片刻,然后接着说道:"听着,亨利，我不相信她会失去什么。玛丽莲没有那么愚蠢。米基[米尔顿·鲁丁]也没有那么愚蠢。米基始终没有给我打过电话，什么也没说。"[LVI]

伊夫林·莫里亚蒂也记得，那一周之前没有任何人试图阻止玛丽莲前往纽约，而现在公司里一下子亮出了所有的武器。古尔德说过："当彼得[·雷瓦西]给我打来电话、告诉我玛丽莲将于周四前往纽约的消息时，我告诉他拦住玛丽莲。他努力了，可她还是走掉了。就是在这个时候，我告诉他解雇她。"古尔德或许希望公司快刀斩乱麻，尽快解决这个问题，但是公司花了几个星期的时间才对玛丽莲动用了如此严厉的惩罚措施。公司的想法很简单：放弃这部只有6个布景和20名演员的影片，公司就能省下300多万美元。这是一部从召开剧本讨论会的第一天起就注定会遭到失败的影片，也是一部导演和明星主演都没有信心的影片。如果剧组能拿出一个令人信服的理由，例如，某位明星生病了，福克斯公司或许就能够说服保险公司补偿公司为这部影片花掉的钱。这样一来，公司有可能还有机会暂停拍摄计划，找人重新修改剧本，日后再重新挑选演员、重新开拍。

如果福克斯公司没有贸然投入拍摄（一些人曾明智地反对公司如此草率，例如米尔顿·鲁丁），《濒于崩溃》有可能会成为一部精彩的影片（先被写出来，所有的好电影都是从剧本开始的，那时戴维·布朗曾提醒公司要慎重小心），最差也会是一部普普通通的影片，会省下很多钱、很多岗位，很多人的身体也不会受到损害。匆匆赶往纽约的时候，玛丽莲对所有这些诡计都一无所知。

多年后，亨利·韦恩斯坦重新评价了当初公司对这件事情的不当处理："整件事情太荒唐了。"

在福克斯公司，上面那些人试图证明他们是当家做主的。如果当时我经验多一些的话，我就会跟她一起去纽约，把公司里搞宣传工作的人也带上。我们完全可以利用这个机会来一次广告活动，随时随地都带着自己的摄影队伍，带着写有"《濒于崩溃》——玛丽莲·梦露！"的牌子，而不是担心拍摄计划。可是，这些人只关心手中的权力。当然，好莱坞的人都痴迷于权力。可是，都已经有了玛丽莲·梦露，还关心权力的话，你就太愚蠢了。[LVII]

按照之前商议的，5月17日的上午11：30，剧组拍完了玛丽莲的戏。这时，彼得·劳福德和米尔顿·艾宾斯乘坐直升机赶到福克斯公司，他们要用直升机将玛丽莲和帕特里夏·纽科姆送到洛杉矶国际机场，然后陪她们一道前往纽约。后来，艾宾斯提起过那段往事："当然了，轿车也能行，可是彼得喜欢坐着那架直升机飞来飞去。我跟他说过，他竟然不坐着那架直升机去西尔斯[商场]购物，真是让我感到吃惊。"[LVIII]

一个小时后，福克斯公司的律师们就起草了一份违约通知（落款日期是前一天，即5月16日），指责玛丽莲旷工并提出严厉的警告，表示她的行为有可能会造成极其严重的后果。然后，公司分别给美国音乐公司和米尔顿·鲁丁各发去了一份通知。福克斯公司的法律部门磨刀霍霍，即使把道具间的刀具全都收集到一起，也不可能制造出更大的动静了。看到他们的举动，任何人都会认为接下来就该悄悄地响起镣铐的声音了。

当天晚上，玛丽莲来到自己在纽约的公寓。第二天一大早，福克斯公司驻纽约办事处就把违约通知送到了她的公寓。现在，玛丽莲终于清楚地意识到自己有可能要被解雇了。看到通知函，她毫不掩饰自己的盛怒（帕特里夏·纽科姆和拉尔夫·罗伯茨都记得），实际上她完全有愤怒的理由——格林森怎么可以潇洒快活地丢下她去了欧洲？他跟影片的拍摄、跟亨利·韦恩斯坦和鲁丁的关系都会让他十分清楚自己这种行为会被别人用来对付她。在这种时候，她的"团队"——福克斯公司的人对韦恩斯坦、格林森和鲁丁的合称——怎么会不保护她？归根到底，她凭什么会收到这封信？如果这些拥护她的人靠不住，在她受到这种荒唐指控的时候不能为她进行辩护，她为什么还要留着他们？幸亏朋友们的支持，再加上她自己坚决想要完成眼前的任务，她才用残存的平静做好了参加生日庆祝会的准备。

星期五的晚上，负责这场总统生日庆典演出的作曲家和制作人理查德·艾德勒来到玛丽莲的公寓，在白色的钢琴前同她进行了排练。玛丽莲一遍又一遍地唱着"祝你生日快乐……"大概唱了有3个钟头。拉尔夫·罗伯茨还记得，艾德勒"变得越来越不安了，他担心她会把这首歌唱得太性感了。他甚至给彼得·劳福德打了一个电话，让对方告诉玛丽莲收敛一些。当然，玛丽莲只是笑了笑，然后依然按照自己理解的最佳方式继续排练"。[LIX]

5月19日（星期六）的夜晚，超过一万五千人聚集在麦迪逊广场花园。为了坐在现场观看这场盛大的生日庆祝会,他们都花了钱,买了演出票,票价从100到1000美元不等。这笔收入将被用来补偿1960年的总统竞选给民主党全国委员会造成的亏损。* 优雅机智的杰克·本尼担任了庆典的司仪,他首先对表演者一一进行了介绍,其中包括艾拉·费兹杰拉、吉米·杜朗顿、佩吉·李、亨利·方达、玛丽亚·卡拉斯、哈里·贝拉方特、迈克·尼科尔斯和伊莱恩·梅。在玛丽莲出场之前,现场不得不安排了一段串场节目,因为她又一如既往地迟到了。等她赶到现场后,为肯尼迪兄弟俩打理发型的米基·索恩为她的妆容做了最后的调整,她终于准备就绪,可以上台了。庆祝会的监制威廉·阿舍还记得:"由于她姗姗来迟,我们忙活了好一阵。喜剧演员比尔·戴纳还建议彼得在介绍她的时候,就说她是'迟到的玛丽莲·梦露'。"[LX]彼得接受了戴纳的建议。接下来,重大事件电视转播史上最令人尴尬和震惊的一幕出现了。身着紧身长裙、难以迈开步子的玛丽莲一点点地挪到了舞台上,这时劳福德宣布道:"总统先生,这位是迟到的玛丽莲·梦露。"

玛丽莲脱掉貂皮外套,露出了阿德莱·史蒂文森所说的只裹着"肌肤和珠子"[LXI]的身体,紧张不安有些犹豫地唱起了《生日快乐》。这么唱不低俗、也很得体——不存在艾德勒所担心的问题——可是却毫无生气,只有一丝蹩脚的模仿的痕迹,好像她完全认可这种老套的表演似的,年轻英俊的总统难道没有资格听到一首新的《生日快乐》?不同于在7岁孩子的生日聚会上能听到的那种唱法?于是,她用沙哑的嗓音、按照在夜总会里的表演方式唱了下去。唱完第一段歌词后,观众中爆发出喝彩声和掌声,这时她开心地跳了起来,挥舞着手臂,冲观众喊道:"大家一起唱!"在第二次副歌的歌声下,一个6英尺(1.8米)高的蛋糕被两位厨师抬到了舞台上,蛋糕上插了45根蜡烛。完成了计划中的任务后,玛丽莲最后又和着《感谢回忆》的旋律唱了几句:

> 谢谢你,总统先生,
> 感谢你所做的一切,
> 你打赢的战争——

---

* 肯尼迪提前10天庆祝了自己的生日(他的生日是5月29日),这一年他年满45岁了。

第二十章　1962年1月—5月 | 551

> 你对美国钢铁公司的处理……

当天晚上，肯尼迪发表了20分钟的讲话，在讲话的过程中他逐一感谢了当晚参加演出的每一位演员，他还说："梦露小姐丢下了一部影片，大老远地来到东边，在听过她用如此甜美、如此有益健康的方式为我演唱的《生日快乐》后，我都可以退休了。"这是肯尼迪典型的说话风格，他在讲话时一贯妙语连珠，华丽的政治语言中也不乏充满智慧、鼓舞人心的话语，还总是真诚而含蓄地提及重大的社会问题。演出结束后，参加演出的人员在后台和总统见了面。这天晚上，玛丽莲邀请伊萨多·米勒以嘉宾的身份跟她一起参加了庆祝会，在见到总统的时候她对老米勒也做了一番介绍。"我想让您见一见我原先的公公。"她骄傲地对肯尼迪说道。[LXII]

庆典结束后，克里姆夫妇（阿瑟和玛蒂尔德）在自己位于纽约东区的家里举办了一场私人招待会，他们都记得"玛丽莲穿着一条缀满了亮片的紧身连身衣就来了，那条裙子看上去就像是粘在她的身上似的，因为那条'渔网'还是肉色的"。[LXIII]乔治·马斯特斯也说过玛丽莲"露面的时候穿着让·路易的那条裙子。她很耀眼，而且竟然显得很优雅，暴露也暴露得很巧妙，就好像不穿内衣是世界上最自然的事情"。[LXIV]这天晚上，玛丽莲最关心的就是在密密麻麻的人群中伊萨多·米勒不会没有座位坐，也不会饿着肚子，她自始至终没有把他完全交给陌生人照顾，也没有在人群中走来走去，到处寒暄、谋取别人的赞美和奉承。

从某种角度而言，这个夜晚对玛丽莲·梦露有着难以想象的重要性：一个迷了路的孩子一时间在卡米洛特找到了属于自己的位置；不仅如此，她还让童年时期反复出现的那个梦化为了现实——赤身裸体地站在崇拜者的面前，丝毫不令人感到羞耻，甚至显得那么天真无邪。玛蒂尔德·克里姆说过："她有一种柔和的气质，这种气质非常迷人。她就是——唉——美得不可方物！"[LXV]

注　释

注意：文中引述的《濒于崩溃》剧组每天的拍摄报告和拍摄通告单均来自下列文

件：20世纪福克斯电影公司影片A-855，1962。

I 有关海伦娜5街12305号的费用和抵押贷款方案，见《洛杉矶时报》（1962年8月11日）以及相关的洛杉矶县1962年税务记录。

II 引自默里的书，p.49。

III 伊夫林·莫里亚蒂向唐纳德·斯波托讲述，1992年2月17日。

IV 谢丽·雷德蒙向赫达·罗斯滕讲述，从洛杉矶向纽约发送的玛丽莲·梦露日常秘书及业务报告，落款日期为1962年2月25日。

V 关于玛丽莲·梦露和肯尼迪总统的短暂接触（几乎没有多少爱情的成分），唐纳德·斯波托的依据是对下列等人所做的采访：拉尔夫·罗伯茨，艾伦·斯奈德，鲁伯特·艾伦，苏珊·斯特拉斯伯格，帕特里夏·纽科姆，米尔顿·艾宾斯和约瑟夫·纳尔。参见，斯科尔斯基，pp.233—234；威尔逊，《揭秘演艺业》，p.56及下文。

VI 有关罗伯特·肯尼迪和玛丽莲·梦露的友谊（仅此而已），唐纳德·斯波托的依据是对下列等人所做的采访：埃德温·格斯曼（1992年10月29日），以及本章525页脚注*中列出的各位。参见，斯科尔斯基，p.234；威尔逊，pp.60，84。1973年，在电视节目《60分钟》里露面的时候，诺曼·梅勒承认和他在不久前出版的有关梦露的书中提出的说法相反，他不相信她跟罗伯特·肯尼迪发生过恋情，之所以那么说只是在他"需要赚一笔快钱"的时候他的出版商给了他一大笔钱，而这种说法能让故事变得很精彩。的确如此。

VII 尤妮斯·默里，引述在《芝加哥论坛报》，1973年9月1日，第2部分，p.1。

VIII 威尔逊，p.56。

IX 同上，p.84。

X 玛丽莲的电话内容由谢丽·雷德蒙以速记的方式记录下来，然后再转录为打印稿，在玛丽莲·梦露逝世后，有人从伊内兹·梅尔森的手上买下了这批文件，又于1992年交给了唐纳德·斯波托。

XI 根据雷德蒙保留的电话内容记录（2月5日，3月8日，5月9日，6月12日、22日和29日，7月6日），尤妮斯在当年不断要求预支现金，这个习惯令玛丽莲·梦露感到反感，管家向她索要空白支票，结果她给管家的女婿诺曼·杰弗里斯开了一张没有填写数额的支票，他在玛丽莲家打零工（雷德蒙在1962年2月5日留下的记录）。

XII 有关伊萨多·米勒短短的佛罗里达之行，见瓦根内克特，pp.52—54。

XIII 有关玛丽莲·梦露此趟墨西哥之行期间摆脱了药物依赖的事情，见默里，p.59及下文；帕特里夏·纽科姆也向唐纳德·斯波托讲述了此事，1992年8月3日。

XIV 乔治·马斯特斯向唐纳德·斯波托讲述，1992年8月8日。参见乔治·马斯特斯和诺玛·李·布朗宁，《美的技巧》（纽约：NAL／西格奈特出版社，1978），pp.68—83。

XV 有关玛丽莲参加金球奖颁奖典礼的服装，是乔治·马斯特斯向唐纳德·斯波托讲述的，1992年8月8日。

XVI 苏珊·斯特拉斯伯格向唐纳德·斯波托讲述，1992年6月3日。参见《玛丽莲和我》，p.239。

XVII 默里，p.78。

XVIII 阿诺德·艾博拉姆斯医学博士向唐纳德·斯波托讲述，1992年11月2日。

XIX 拉尔夫·罗伯茨向唐纳德·斯波托讲述，1992年3月2日。

XX 帕特里夏·纽科姆向唐纳德·斯波托讲述，1992年8月3日；参见吉莱斯，《传奇》，p.441。

XXI 有关玛丽莲1962年3月3日去格林森家的详细情况来自两个人，他们均要求唐纳德·斯波托不向外界透露他们的身份，其中一人是格林森的同行，另一位与他交往密切。

XXII 南纳利·约翰逊向让·尼古拉斯科讲述，引自尼古拉斯科，p.223。

XXIII 阿诺德·舒尔曼向唐纳德·斯波托讲述，1992年7月7日；参见舒尔曼发表的意见，苏珊·斯特拉斯伯格，《玛丽莲和我》，pp.240—242。

XXIV 戴维·布朗向唐纳德·斯波托讲述，1992年11月11日。

XXV 米尔顿·鲁丁向唐纳德·斯波托讲述，1992年10月31日。

XXVI 在格林森家的这名医生当年正在格林森的督导下进行心理治疗的实习，他亲眼目睹了迪马吉奥来找玛丽莲的那一幕。目前，这名医生在洛杉矶执业，他要求唐纳德·斯波托引述此事时隐去他的名字。事实上，当时还有第二名目击证人，此人是在贝弗利山执业的内科医生。

XXVII 韦恩斯坦向唐纳德·斯波托转述，1992年12月10日。

XXVII 亨利·韦恩斯坦向唐纳德·斯波托讲述，1992年12月10日。

XXIX 引自麦卡恩的著作，p.176。

XXX 沃尔特·伯恩斯坦向唐纳德·斯波托讲述，1992年3月5日；参见他的回忆，《玛丽莲·梦露最后的银幕表演》，《君子》，第80卷，第1期（1973年7月）：104—178；文章还被刊载在英国杂志《观察家评论》上，1973年9月9日。

XXXI 伯恩斯坦向唐纳德·斯波托讲述，1992年3月5日。

XXXII 默里，p.71。

XXXIII 关于尤妮斯对玛丽莲的家和生活的控制以及她挑选的工人，见她的回忆录，p.72及下文。

XXXIV 谢丽·雷德蒙向赫达·霍珀讲述，1962年4月27日。

XXXV 苏珊·斯特拉斯伯格向唐纳德·斯波托讲述，1992年11月5日。

XXXVI 有关西格尔给玛丽莲注射药物的事情，见伯恩斯坦，前文中引述的文章。

XXXVII 欧内斯特·莱曼向唐纳德·斯波托讲述，1992年8月29日。

XXXVIII 默里，p.78。

XXXIX 有关玛丽莲送给艾格尼丝·弗拉纳根的礼物，见克里维罗，p.250。

XL 《特写镜头》，第5卷，第21期（1962年6月14日）：5。文章没有交代这位制片人是谁。

XLI 戴维·布朗向唐纳德·斯波托讲述，1992年11月11日。

XLII 凯里凯迪拉克公司保存着玛丽莲4月至6月期间的租车收据，收据显示了她每个小时的约会状况。司机鲁迪·考茨基在收据上签了字，并且注明了日期，收据编号为21703-22005。

XLIII 关于库克的看法，唐纳德·斯波托采访了理查德·斯坦利（1992年4月20日），库克在世的最后7年里斯坦利担任他的助理。

XLIV 西格尔的报告收录在影片的制片文件中，4月30日至5月4日的报告，以及纪录片《玛丽莲：濒于崩溃》（福克斯娱乐新闻，1990），前任制片人为小威廉·K.克诺德尔塞德，亨利·希珀制片、撰文及旁白。福克斯录影#1955。

XLV 伊夫林·莫里亚蒂向唐纳德·斯波托讲述，1992年2月17日。

XLVI 约翰逊和利文撒尔，p.208。

XLVII 总统在5月举行的生日庆祝会当然提前几个月就计划好了：玛丽莲告诉鲁伯特·艾伦和其他一些人她接到的邀请是总统约翰·F.肯尼迪在3月亲自签发的；影片即将开拍前，她也明确地告诉了福克斯公司自己在5月必须请假两天、去纽约参加庆祝会。公司当然不会反对明星在如此荣耀的场合露面。

XLVIII 《生活》，1987年6月，p.70。

XLIX 默里，p.101。

L 谢丽·V.雷德蒙在5月1日留下的日志，出自雷德蒙的文件，梅尔森1992年6月交给唐纳德·斯波托。

LI 伊夫林·莫里亚蒂和尤妮斯·默里此次见面的情况，是莫里亚蒂向唐纳德·斯波托讲述的，1992年2月17日。

LII 拉尔夫·格林森1962年8月20日给玛丽安娜·克里斯的信，加利福尼亚大学特藏部拉尔夫·R.格林森文稿。

LIII 拉尔夫·格林森，加利福尼亚大学特藏部拉尔夫·R.格林森文稿第2盒，第4号文件夹。这份材料比较粗糙，经过加工，这份材料成为了他撰写的《心理治疗过程中的药物问题》一书的第12章，pp.204—205。他在书中没有提到玛丽莲·梦露是他的患者，但是提到了从1959年直至1979年逝世前，自己仅有的一次为期5个星期的暑假发生在1962年。这一段没有提到其他女性患者，其内容实际上就是重复了他在8月20日给玛丽安娜·克里斯的信中对玛丽莲·梦露所做的描述。即使他的这位病人不是玛丽莲·梦露，这段内容的措辞和基调也都自我得令人感到害怕，甚至可以说在性的问题上口无遮拦。即使没有专业学习过微妙的弗洛伊德式语言，读者肯定也会对格林森的草率感到震惊。

LIV 帕特里夏·纽科姆向唐纳德·斯波托讲述，1992年8月3日。

LV 米尔顿·古尔德向唐纳德·斯波托讲述，1992年11月10日。

LVI 韦恩斯坦和艾宾斯的对话是米尔顿·艾宾斯向唐纳德·斯波托讲述的，1992年8月6日。

LVII 亨利·韦恩斯坦向唐纳德·斯波托讲述，1992年12月10日。

LVIII 彼得·雷瓦西坚决否认了一些作者提出的荒谬说法，不承认接到过罗伯特·肯尼迪要求他给玛丽莲·梦露放行、以便让她在5月17日赶去纽约的电话（在接受唐纳德·斯波托的采访时，1992年10月8日）。

LIX 拉尔夫·罗伯茨向唐纳德·斯波托详细讲述，1992年3月2日。

LX 威廉·阿舍向唐纳德·斯波托详细讲述，1992年9月25日。

LXI 引自小阿瑟·施莱辛格所著的《罗伯特·肯尼迪和他的时代》（波士顿：霍顿·米夫林出版社，1978）中，p.590。

LXII 引自瓦根内克特的著作，p.54。

LXIII 玛蒂尔德·克里姆，《20世纪大讲堂》，A&E有线电视网，1991。理查德·德莱弗斯旁白。

LXIV 乔治·马斯特斯向唐纳德·斯波托讲述，1992年8月8日。

LXV 有关总统的生日庆祝会，多年来社会上一直流传着一种传言，称参加完在克里姆家举办的招待会之后，玛丽莲·梦露和肯尼迪在总统下榻的卡莱尔酒店的卧室里幽会了一晚。拉尔夫·罗伯茨表示这种事情"绝不可能"。米尔顿·艾宾斯、另外两名客人和玛丽莲一起离开克里姆位于东69街道的住宅后，他们在2点左右将玛丽莲送回了她的公寓，罗伯茨当时就在公寓里，等着为她做按摩。"我走的时候，都已经快4点了，当时她已经睡着了。"（拉尔夫·罗伯茨向唐纳德·斯波托详细讲述，1992年3月2日。）

第二十一章　1962年5—7月

5月20日，即庆典的第二天，玛丽莲匆匆赶回洛杉矶。她看到尤妮斯·默里平静地在海伦娜5街为她做早饭，管家接受了支票、被解雇似乎（或者如她自己所言）只意味着玛丽莲给她放了一个假，现在她又喜气洋洋地回来上班了。玛丽莲累坏了，第二天早上有人叫醒她、给她做早饭、帮她打电话、处理各种家务活，就这样巧妙地撤销了解雇决定，对于这一切她其实挺开心的。此后，她再也没有提起这件事情。

第二天，玛丽莲就赶到了片场，制片人、导演和剧组冷冰冰向她表示欢迎，接着她就一连工作了8个小时。所有人肯定都知道公司对玛丽莲发出了威胁，不过这部影片本身还是漏洞百出。首先，剧本还是没有完成，可是就像玛丽莲后来冷嘲热讽地告诉宝拉的那样，他们反而说她不够专业。事实上，她对自己的"团队"和福克斯公司整个管理层的认识都很清醒，后者在这部影片最后几个星期的拍摄过程中表现出的无能、一个个高学历专业人士在片场内外的无所作为都表明他们只想证明古尔德的指令——解雇玛丽莲，影片下马——是正确的。

尽管出现了这样的轩然大波，对于那个星期一（5月21日），他们能做的却只是要求玛丽莲重拍她跟孩子的那场戏，因为迪恩·马丁感冒了。星期二的拍摄报告指出马丁"来片场报道了，但是由于玛丽莲身体脆弱，再加上医生的嘱托，她拒绝跟他一起拍戏，直到他康复"。也是在这一天，她和孩子们拍了整整一个上午，完成了在泳池边的中景和近景镜头。星期三和星期四，马丁还是没有康复，他在家一直休息到星期五。马丁缺席的这三天里，玛丽莲一直在参加拍摄，在其中一天还制造了一条国际新闻，这也是所有人希望看到的一幕。

5月23日，星期三，除了玛丽莲，其他演员都不需要去片场。玛丽莲要拍摄的是失踪已久的艾伦·阿登在回到家后的一天夜里游泳的一场戏。在这场戏里，艾伦的丈夫从楼上的卧室里看着艾伦，新妻子就在他的身边，因此这场戏要求他们只能用手势交流，以免艾伦暴露自己的真实身份，这样一来两个人之间就产生了沉默滑稽的互动。这一天，从上午9点一直到下午4点（中间只是在午餐时间休息了20分钟），玛丽莲一直待在泳池里，随着她拨拉水花、游泳、拍打水面、挥舞手臂，摄影师用特写镜头、中景镜头和长镜头一遍又一遍不停地拍摄着。根据剧本，艾伦是在裸泳，玛丽莲一整天都穿着分体式的肉色比基尼，很容易给人造成赤身裸体的错觉。

可是，还是有一个问题。摄像师威廉·丹尼尔斯通过取景器看着玛丽莲的长镜头：她背对镜头坐在泳池边，用毛巾擦着头发。突然，丹尼尔斯注意到比基尼后背的带子在彩色摄像机的镜头里显得非常明显，他把这个情况报告给乔治·库克。库克走到玛丽莲跟前，结果玛丽莲欣然脱掉了比基尼的上衣，准备拍摄这个简单短暂的背部镜头。不一会儿，这个镜头就拍完了。

这时，玛丽莲又有了新的想法。接下来的一个镜头要拍的是她用一条蓝色的毛巾裹在身上，他们要在世界各地为《濒于崩溃》做宣传，为什么不拍几个她的裸体镜头呢？剧本里没有这样的镜头（她也清楚1962年这样的画面绝对通不过《电影制作守则》的审查），但是她早在1949年就配合汤姆·凯利拍摄了裸体照片，在1954年为比利·怀尔德站在地铁的下水道格栅上、任由裙摆翻飞，就在几天前还极其暴露地出现在总统的生日庆祝会上，对于这样一个女人来说，产生这个想法是自然而然的事情。毕竟，她已经有过那么多符号性的形象了，这一次何不来一个"维纳斯的诞生"。这个镜头不用公司破费一分钱，但是有可能会给公司带来数百万美元的收入——玛丽莲·梦露即将在《濒于崩溃》亮相，据说（实际上是误导）她将裸体出镜，正如你此刻在杂志中看到的一样。

亨利·韦恩斯坦和乔治·库克都觉得这个主意很绝妙，随即一切就开动了起来。他们匆匆找来了两名自由摄影师（威廉·伍德菲尔德和劳伦斯·席勒），跟福克斯公司的摄影师（詹姆斯·米歇尔）一起参加拍摄。不到一个小时，三位摄影师为玛丽莲拍了各种角度的剧照，但是没有一张正面或者背面的全裸镜头。

到这一天拍摄结束的时候，玛丽莲已经精疲力尽，整个剧组都为她鼓起了掌，甚至库克都给了她一个拥抱。朝化妆间走去的时候，玛丽莲问艾格尼丝·弗拉纳根："你觉得这样做是不是很俗气？"弗拉纳根的气质就像一位高贵的爱尔兰老祖母，后来提起那段往事的时候她说："我告诉她，一点也不俗气。"

5月24日，星期四，尽管之前拍摄水中镜头时造成的耳痛还没有消失，玛丽莲还是来到了片场，拍几个她一个人的近景镜头，再和西黛·查利斯拍两个拉背镜头（又叫"过肩镜头"）。马丁已经患病四天了，剧组又临时改动了拍摄计划，不过似乎谁都不太在乎这个问题了。拍摄进度只落后了9天，剧组很容易为这样的延迟找到借口（尤其是突如其来的这场宣传活动）。现在，这部电影只需要给乱糟糟的剧本找到一个结尾就行了。5月25日，星期五，玛丽莲在发着低烧、右耳有些分泌物的情况下，任劳任怨地参加着拍摄工作，同马丁和查利斯一起拍了8个复杂的镜头。在这些镜头里，她饰演的角色试图在自己的家里假装成一个外国女佣，用这种办法蒙混过关，玛丽莲用一副假装的瑞典口音精彩地完成了对白，就连被剪掉的胶片也同样无可争辩地证明了她受到严重低估的表演才华。玛丽莲说过自己想讽刺一下之前所有试图模仿嘉宝的人，她为库克呈现的正是这样的表演。然而，库克和韦恩斯坦却比之前更加忧心了，尽管洛杉矶和纽约的总经理们抱怨连连，但是他们或许根本用不着妥协——他们能够拍出一部还值得挽救的影片。

这一周的周末，玛丽莲基本上都是独自一人，只是在星期六和帕特里夏·纽科姆出去买了些吃的，她们都觉得没有尤妮斯鬼鬼祟祟跟在身边的周末太舒心了。玛丽莲在耳朵里塞了棉花球，服用了一些之前鼻窦炎发作时留下的抗生素。可是，到了星期天的时候，耳朵感染的迹象变得很明显，她的体温也升到了102度（将近39摄氏度）。为了在参加下一次拍摄之前康复，她注射了一针大剂量的青霉素，可是第二天（星期一）她还是无法去公司报到。[1]

5月29日，星期二，她和迪恩·马丁拍了6个小时的对白，将5个镜头拍了46遍，完成了1页剧本。通过被剪掉的胶片可以看出，玛丽莲的表演始终很认真，展现出转瞬即逝但是很有层次感的愤怒，她一直稳稳地控制着自己的声音，面对不忠的指控，她的眼睛里缓缓地喷射出愤恨的火焰。每当库克打断她叫她重来一遍或者对她进行指导的时候，她都耐心地听着，有时候还会追问一句，不停地点着头表示同意，一心想要让这场戏达到最理想的效果。

星期三是美国的阵亡将士纪念日[1]，全剧组都不用上班。星期四（5月31日），玛丽莲和韦利·考克斯拍了一场戏，考克斯在剧中饰演的是鞋店售货员，艾伦·阿登说服他谎称自己和她一起在荒岛上生活了五年。考克斯是玛丽莲的朋友，这个角色也是玛丽莲为他争取到的。这一天的拍摄成果令人咋舌，4个场景的戏拍了38条，完成了2页剧本，在她参演的所有影片中这段戏都属于最令人捧腹的表演。在剧中，她穿着一套羊毛套装，脖子上围着貂皮领子，头上戴着配套的貂皮帽子，对考克斯饰演的胆小鬼耳语着，用甜言蜜语哄劝着对方，哀求对方跟她一起吃午饭，一边说，还一边试了一双比自己的脚小了两码的鞋（"唉，打赤脚都打了五年了！"）。她又一次通过一点恰如其分的滑稽表演让一场无关紧要的戏变得令人过目难忘。她的声音轻快、充满自信，她的姿态优雅得恰到好处。可以说，这是玛丽莲·梦露一生中最可爱的一次表演，如果《濒于崩溃》公映，公众至少有机会看到这样的一个玛丽莲。

第二天，即1962年6月1日，玛丽莲36岁了。伊夫林·莫里亚蒂筹备了一场生日庆祝会，可是乔治·库克表示除非演员能拍完全天的戏，否则就不能享受快乐时光。在跟韦利·考克斯和迪恩·马丁合演的一段冗长、平静的戏里，玛丽莲完成了职业生涯中最微妙的一次表演。可惜，这也是她在电影世界里留下的最后一次表演。在这场戏里，她的台词不多，但是她要装出一副天真的模样，试图说服马丁相信对她百依百顺的考克斯跟她一起落难荒岛。玛丽莲能做的就只有露出笑容，将头轻轻地转到左边，又十分慵懒地瞟了一眼右边，这是一次高超的电影表演，是她刻苦磨练演技15年的结果。她的目光和语调都透出一股感伤和胜利的复杂情绪，既表现出了强烈渴望同丈夫破镜重圆的迫切心情，也表现出为了实现目标使用小计谋的诙谐——尽管最近两个月她一直承受着精神和肉体上的双重痛苦，她还是设法完成了一场精彩的表演，换作任何一位女演员，都会为自己完成这样的表演而自豪。

---

[1] 阵亡将士纪念日是美国政府为纪念阵亡军人设立的节日，日期原为5月30日（1868—1970），之后被改为5月的最后一个星期一。

6点，莫里亚蒂终于得到允许，用小推车推来了当天早上她去农夫市场买来的蛋糕。蛋糕上火花四射，艾伦·斯奈德和韦利·考克斯为所有人倒上了香槟，与此同时现场响起了生日聚会一贯会听到的歌声。尤妮斯从侧门溜进片场，她一副心烦意乱的模样，就好像她是一个喝得已经有些晕晕乎乎的仙女教母似的。后来，她又一声不吭地走掉了。不管是不是生日，大家很快也都散场了——有人说现在可是星期五的晚上。肯定出大事了，片场弥漫着一股异常紧张的气氛。不到半个小时，庆祝会就结束了，片场只剩下玛丽莲、考克斯和莫里亚蒂三个人端着纸杯呷着唐·培里侬香槟王。玛丽莲和考克斯钻进了豪华轿车，她的身上还穿着戏里穿的那套羊毛套装，头上还戴着那顶貂皮帽。乔和莫奈特在欧洲出差，之前已经给她打过电话了，这天晚上她没有什么特殊的安排，因此应邀出席了一场棒球慈善赛，光彩照人地出现在比赛现场，开心地为记者们摆拍了一些照片，在10点独自一人回了家。

无论这一个星期的亮相有多么令人难忘，也无论拍摄期间的表现有多么精彩，在星期五的夜晚她肯定十分孤独痛苦，更不用说还在担心有可能会失去工作。但是，正如当天晚上她在电话里告诉朋友们的那样，最重要的是她对格林森火冒三丈。长期以来她已经习惯了完全依赖这个男人，在她看来，对方的行为就像是对她的终极背叛——眼看斧子就要落下来了，她却毫无防御措施。她已经当他的家人当了那么久，现在她怎么可能不产生这种感觉？亨利·韦恩斯坦和米尔顿·鲁丁是对的，她对心理治疗已经太投入了（而且可以说有欠考虑），在这个阶段让她拍电影是不明智的选择，她的身体连续出现问题也能说明这一点。她在拍摄期间那么精彩的表现证明了她内心的坚强、对工作的渴望以及不愿辜负别人的倔强。

将近三十年后，亨利·韦恩斯坦说过："[生日过后的]那个周末发生了什么我不知道，但是对我来说，它比她逝世的那个周末更重要。"[II]

其实，当时他不可能知道正在发生各种离奇的事情。6月2日（星期六）一大早，玛丽莲失控地抹着眼泪给格林森的儿子丹尼尔和女儿琼打去了电话，格林森在出发前给他们留下过指示，叫他们代替他接听玛丽莲的电话。[III]格林森说玛丽莲是一名危险的患者，在这种情况下他还让自己的儿女参与对这名患者的治疗过程令人实在难以找到合理的解释。丹尼尔和琼进了玛丽莲的卧室,看到她深陷在难以名状的孤独和抑郁中,接着又出现了头晕、辨不清方向的症状,这是德塞美服用过量的典型症状。在父亲的指示下,他们拨通了米尔顿·魏斯乐的电话,他火速赶到了玛丽莲的家里,看到了"一大批危险的药材……她的床头柜上摆着五花八门的镇静剂,他将所有的药物统统装进了他的黑袋子里"(尤妮斯语)。[IV]这天夜里(实际上已经到了6月3日的凌晨1点),由于没有找到海曼·恩格尔伯格,他们便叫来了米尔顿·乌利医生,给玛丽莲注射了镇静剂。

6月4日,星期一,玛丽莲头脑终于清醒了,但是盛怒之下她觉得这部电影已经跟自己毫无关系,自己没有义务再去报到。尤妮斯很少看到玛丽莲的火气会这么大,她立即给瑞士那边打去电话,想要找到格林森,可是格林森还在以色列。当时,宝拉·斯特拉斯伯格已经飞回洛杉矶了,就住在马蒙特城堡酒店,她决定插手此事。宝拉给福克斯公司打去电话,告诉对方在回去报到之前玛丽莲需要先同自己的顾问商量一下。玛丽莲认为剧组马上就要解雇她,那么她就不应该继续参加拍摄,出于慎重的考虑,宝拉没有对玛丽莲的想法表示认可。与此同时,玛丽莲也给李·斯特拉斯伯格、罗斯滕夫妇、拉尔夫·罗伯茨、帕特里夏·纽科姆、艾伦·斯奈德和艾格尼丝·弗拉纳根逐一打去了电话。在心理治疗的过程中,她有可能学会了如何表达自己的想法和感受,现在她就要让朋友们都知道她内心一无所有的感觉有多么强烈。这一天,《濒于崩溃》剧组拍完了2页剧本,在此之后剧组就没有更多的工作要做了。尽管没有发出正式通知,但是接下来的一个星期剧组实际上一直处于停工状态。这天下午,快到6点的时候,福克斯公司负责业务运营的副总裁菲尔·费尔德曼给米尔顿·鲁丁打去电话,但是鲁丁也不确定玛丽莲能否在星期二或者星期三复工。

6月5日(星期二)的晚上,福克斯公司向鲁丁发出警告,他们打算以违约的罪名起诉玛丽莲,鲁丁告诉对方自己明白公司的处境,但是他能告诉对方的就只是在玛丽莲的要求下,他已经和远在瑞士的格林森通过电话了,要求格林森立即回来帮忙解决眼前的问题。[V]惊慌失措的亨利·韦恩斯坦也给格林森打过电话,就在他们通话的时候格林森实际上已经上路了。6月6日(星期三)晚上,格林森就回到了洛杉矶。伊夫林·莫里亚蒂说过:"'福克斯'需要找一个理由停止那部片子的拍摄。"当时,她和其他演员以及剧组的工作人员把那一周前前后后发生的所有事情拼凑起来,试图理出头绪。疲惫的宝拉给她打去电话:"伊夫林,咱们还有什么朋友吗?"这或许也是莫里亚蒂想问的问题。

6月6日的晚上,格林森从机场直接赶到海伦娜5街,然后才回了自己的家,第二天早上一大早他又去了海伦娜5街。这时,事情又发生了荒诞不经的变化。

要想理解格林森相互矛盾的行为,就必须认识到他对玛丽莲的态度非常复杂。他认为玛丽莲的病情非常严重,因此他在出发之前要嘱托自己的两个孩子、三名同事以及妹夫——玛丽莲的律师——负责照顾她。虽然他做出了外出的决定,但是他随即就赶回来,甚至抛下了妻子,做出了专业训练要求心理治疗师面对这种情况时绝不能做的事情——扮演救星的角色,让自己在玛丽莲的生活中占据核心地位。尽管玛丽莲怒不可遏,但是他完全可以让鲁丁和福克斯公司单独决定她在工作上碰到的问题,他们自然会对各种问题做出正确的处理,但是这样一来他的同行就会出现在玛丽莲的生活中,他就有了竞争对手。

格林森和玛丽莲此次见面时发生了什么,外界不得而知,但是他在两个星期后给朋友露西尔·奥斯特洛夫的一封信中清楚地表达了自己对玛丽莲的态度,他对自己、对玛丽莲感到愤怒,他痛恨自己竟然任由一切失去了控制。他跟奥斯特洛夫抱怨说自己不仅放弃了假期,而且还放弃了中途前往纽约的计划。他原本打算在纽约同利奥·罗斯滕见见面,探讨工作上的问题,之后还要参加多尔·沙里为他举办的一场聚会,另外他还约了和出版商的会面。他说为了拯救自己的患者,自己把这些活动都取消了。他还说他觉得自己就像一个白痴,因为等他一回来玛丽莲立即就康复了,而且欣喜地表示自己摆脱了一部可怕的电影。格林森对自己的尴尬处境感到极其愤怒,在信的结尾处他表示自己已经取消了同其他患者的预约,现在又经常只给这么一个精神分裂症患者做治疗了。换句话说就是,这位患者完全占有了他的时间和生活——但是(或许有人会问),这是谁的主张?格林森告诉奥斯特洛夫自己感到沮丧、孤独。他十分痛恨自己任由玛丽莲对自己以及自己的家庭造成干扰,尽管他很有可能还是没有承认这一点。这封信邮戳显示的时间是1962年6月22日,在信中充斥着心理医生对患者的抨击。

沃尔特·伯恩斯坦说过："[《濒于崩溃》剧组的]所有人都知道格林森将玛丽莲几乎隔绝了起来。"

> 我一直觉得她成了他那种人的投资——不仅是金钱方面的投资，通过对她的照顾进行投资，甚至还捏造她的病情。让大家认为她病了、依赖别人、需要别人的帮助已经成了他和其他人的需要。拉尔夫·格林森这个人有些阴险。众所周知，他对她具有很大的影响力。[VI]

苏珊·斯特拉斯伯格也认为格林森和玛丽莲的亲密关系已经成了一个公开的秘密，只是谁都不曾认真地议论过而已。

但是，这种影响力和亲密关系在格林森的心中激起的已经不只是厌恶了。他感到愤慨，甚至超过了玛丽莲的愤慨。在8月20日给克里斯的信中，格林森写道："如果我的某种行为真的伤害到了她，她表现得就好像是世界末日似的，直到重新恢复了和平，否则就无法休息，可是和平有可能意味着和解和死亡。"在这段奇怪的评论后，他又承认自己"对她没完没了的抱怨已经没有耐心了"，而且他还"受到了反移情情绪的引导"。

其实，终其一生始终控制不住脾气、总是发无名火的人是格林森自己。曾经有一名演员及作家向他寻求过帮助，结果他告诉对方应该去找找别的医生，因为这个人"需要找一位爱他的精神病院医生。你不明白——精神病医生必须爱自己的患者"。这个年轻人说如果"爱"的意思是关心，那么他十分理解格林森的意思，否则他就觉得格林森的建议好像不太对劲。"可是，格林森自己变成了一个暴力、大吵大闹、歇斯底里的人。他完全失控了。事实上，都把我给吓着了。'你竟敢怀疑我！我才是专家，你不是！你说错了，你疯了——你有精神分裂症！'他嚷嚷道。"跟格林森见过三次面之后，这个年轻人发现格林森是一个"极度不稳定的人。那时我才得知他的大部分病人——贝弗利山那些打网球的主妇和电影明星——也都觉得他很无聊，而他则痛恨他们，事实上他对自己的态度毫不隐瞒"。[VII]格林森的其他一些病人也都对他治疗时的一个习惯感到不自在，只要一有机会，他就不停地打探对方的性隐私，问着有关性的问题。

他对同行和朋友们显然也很愤恨——拉尔夫·格林森承受不了丝毫的质疑。1957年，格林森收到了老朋友《美国精神分析学会杂志》编辑约翰·弗罗施的一封来信，弗罗施说他提交的一篇文章不合适原文刊发。格林森勃然大怒，在回信中带着难以置信、愤愤不平的口气质问对方为什么对他这么不友好，为什么对他表现出这么明显的积怨。在1957年2月4日写下的回信中，弗罗施表示朋友的语气令他感到震惊，还说格林森的表现毫无理智，他认为杂志社的决定完全出于专业考虑。弗罗施最后建议格林森不妨对文章进行修改，然后再次提交给杂志社，但是格林森没有接受他的建议。[VIII]

有一些非常重要的文件能够证明玛丽莲最终被《濒于崩溃》剧组解雇、格林森从瑞士回来以及6月7日和8日这两天里发生的各种事情之间存在着联系，这些文件包括：格林森给奥斯特洛夫和克里斯的信，福克斯公司在6月5日、6日和7日的会议备忘录，尤妮斯·默里在1973年写的那部没有完成的回忆录，贝弗利山声誉卓著的整形外科医生迈克尔·古尔丁记述的情况。

6月7日的早上，古尔丁医生也介入了这件事情。格林森带着玛丽莲去了他的办公室，后来他说过当时玛丽莲"头发凌乱"，

> 两只眼睛的下眼皮上都青一块、紫一块的，勉强化了点妆、遮盖了一下。格林森给我的解释是她淋浴时脚下打滑跌倒了。然而，在我看来显然梦露小姐的药劲还没过，说话的时候声音又粗又含糊。但是，她最关心的是自己还约了摄影师拍照，她担心自己的鼻骨断了。实际上，她几乎没怎么吭声，我向她询问病情，结果问题都是格林森医生回答的。她没有作答。我没有给她拍X光片，因为她不想拍。我给她做了仔细的检查，没有发现骨折的迹象。

据古尔丁医生所述，玛丽莲的伤势的确有可能是跌倒所致，就像她自己说的那样。

> 但是，也有可能是她的脸挨打了。跌倒和挨打会留下同样的伤痕，如果鼻子受了伤、皮下出血的话，鼻子上是显示不出来的，但是在眼睛下方看得到受伤的迹象，因为眼睛下方的组织非常柔软、松散，血液会流进那些组织。而且，鼻子和眼睛里面的组织是直接相连的。[IX]

古尔丁刚一宣布玛丽莲没有骨折，格林森就立即打了一堆电话。他先是拨通了鲁丁（正在塔霍湖）的电话，鲁丁又让合伙人马丁·甘给费尔德曼打去电

话，告诉对方格林森已经回来了，玛丽莲和公司的关系由他负责了。玛丽莲指责过鲁丁，说他"跟他们是一伙的"（例如，支持福克斯公司，而不是支持她），[X]再加上格林森是"管理团队里的医务人员"，[XI]因此玛丽莲是否有能力恢复拍摄工作得由格林森来决定。鲁丁说，有可能一周之内格林森就会做出决定。格林森要求鲁丁将自己的原话转告给福克斯公司，"我相信她能以正常状态完成影片的拍摄工作"。[XII]这种声明含糊得就像是从政客嘴里说出的一样。格林森接着又给尤妮斯打去电话，指示她在媒体面前保持沉默，如果阿瑟·雅各布斯公司的人、纽约方面或者福克斯公司的人打电话询问，也要只字不提玛丽莲的情况。他还告诉尤妮斯玛丽莲脸上的伤没有什么可担心的，建议她最好把这件事情忘掉。格林森没有跟亨利·韦恩斯坦取得联系。

在这些电话和声明中，显然存在一个严重的问题。格林森始终不曾提到玛丽莲出了意外以及他们去古尔丁医生那里就诊的事情。令人感到有些啼笑皆非的是，这件事情完全有可能帮到玛丽莲。福克斯公司一直等着玛丽莲能够为那一周的旷工做出解释，可是他们没有得到任何解释。玛丽莲只需要让公司看到一个脸上带着淤痕、基本上无法出镜的形象，就能够为自己再争取一个星期的缓冲时间，可是格林森却一声不吭（除了古尔丁，知道这起意外的就只有他了，如果这真的是一场意外的话）。他给克里斯和奥斯特洛夫的信（以及默里的回忆录）也同样重要，在这些书面材料中，玛丽莲被描述成一个重病缠身的病人，一个精神分裂症患者，一个滥用危险药物、无可救药的人——如果说出她由于服用药物差点酿成惨剧的事情，不是刚好可以佐证他对她所做的这些论断吗？毕竟，这件事情足以说明玛丽莲已经恶化到了会发生这种意外的地步——即使没有威胁到自己的生命，至少也对自己的事业造成了威胁。

那么，格林森为什么没有说出这件事情，没有直截了当地告诉福克斯公司玛丽莲把自己弄伤了？他为什么没有请公司的医生去海伦娜5街亲眼看一看玛丽莲当天和次日的确无法参加拍摄工作？为什么帕特里夏·纽科姆或者她的老板阿瑟·雅各布斯也没有听到玛丽莲受伤的消息？一旦消息被泄漏出去，他们的工作就是在媒体和公众面前巧妙处理这种棘手问题。

如果格林森只是发现玛丽莲受伤，那么他为什么不给海曼·恩格尔伯格打电话，或者直接带她去后者的办公室？如果是为了不惜一切代价对外保密的话，叫医生上门服务不是更符合他的需要吗？不，格林森不会做出这些选择，因为是玛丽莲自己——就在刚刚挨打之后，而不是几个钟头之后——执意要求去找多年前为她做过面部整形手术的那位医生。如果这起意外的确像格林森向古尔丁解释的那样，为什么尤妮斯在自己的自传中对此事只字不提？为什么格林森不利用此事牵制福克斯公司？就在发生意外的次日，福克斯公司召开了一场重要会议，对玛丽莲的命运和《濒于崩溃》这部影片的命运都做出了决定，当时玛丽莲已经不再信任自己的顾问团队了，那么她为什么不坚持亲自参加这场至关重要的午餐会？无疑，就是因为她暂时破相了（而且很有可能服用了镇静剂）。

只有一种解释。格林森不想把这个消息透露给任何人，不想让任何人看到玛丽莲，也不希望古尔丁或者其他人询问玛丽莲受伤的经过，对于他的这种反应，原因只有一个——这件事情是他造成的。当时他又疲惫不堪、灰心丧气、神经高度紧张，但是他是一个出了名的自大狂，对自己的权威自信到了狂妄自恋的程度，一旦受到质疑就会勃然大怒。玛丽莲破坏他的假期已经令他火冒三丈了，她还不听从他的嘱托，无论是工作还是私生活方面，都让他在家人和福克斯公司面前陷入尴尬的境地，然后却说她自己病得不严重、很高兴能摆脱那部影片（在给奥斯特洛夫的信中他这样写道），终于他在盛怒之下对她动了粗。就像很久之前面对乔·迪马吉奥一样，玛丽莲一声不吭地忍受了对方的虐待，她相信自己是一个淘气的孩子，就应该受到惩罚。

发型师西德尼·古拉罗夫不是一个能被轻易打发掉的人，周末他直接去了玛丽莲的家，结果被格林森粗鲁地拒之门外。在那个周末，即6月9日和10日，格林森连续两天去海伦娜5街进行治疗。后来，古拉罗夫说过："我去看望她，可是格林森不让我进门。他把她跟很多人都隔绝开了。"[XIII]玛丽莲实际上被监禁在家一个星期，直到脸上的淤血彻底消退，这一周她不得不拒绝了几次社交活动的邀请，其中就包括劳福德夫妇的邀请，当时他们正以主宾的身份在罗伯特·肯尼迪和夫人艾塞尔在弗吉尼亚的家中做客。如果不是碰到这种情况，这些社交活动玛丽莲应该都会参加。6月13日她给肯尼迪夫妇发了一封电报，表达了自己的遗憾，在电报里她将自己同福克斯公司的斗争比作为少数族裔争取公民权利的著名

的"自由乘客"运动：[1]

> 亲爱的司法部长及肯尼迪夫人：
>
> 我原本应该开心地接受你们款待帕特·劳福德和彼得·劳福德的宴会邀请。可惜，我正在参加一场自由乘车活动，抗议少数一些仍然留在地上的星星丧失权利的问题。归根结底，我们所要求的权利只是绽放光芒。
>
> 玛丽莲·梦露

6月14日，玛丽莲去了古尔丁医生那里复诊，经过检查古尔丁确定她很快就会彻底康复。那一周，格林森和恩格尔伯格都去看望了她，后来两名医生还给她发去了收据（恩格尔伯格的是注射费）。

6月8日，星期五，双方在福克斯公司进行了磋商。[XIV]格林森背负着双重负担：他不得不说服怀有敌意的公司总经理们自己有能力把玛丽莲送到片场，同时他还得继续隐瞒玛丽莲的伤势，一旦让外界知道，他就会招惹来一场丑闻，他的事业就彻底被毁掉了，而玛丽莲则会因此获得公司和公众的更多同情。

格林森处理得很巧妙。他、鲁丁、费尔德曼和弗兰克·弗格森（福克斯公司的助理秘书）在经理办公室见了面，他首先表示自己的病人发生了两起不幸的意外，首先是在纽约感染上了病毒，其次是他暂时远离了她（他的自负显然还完好无损）。他还说公关帕特里夏·纽科姆和戏剧指导宝拉·斯特拉斯伯格都是可有可无的角色（无疑，真正的理由是她们就像拉尔夫·罗伯茨一样，都是玛丽莲的朋友，而且都对他感到反感）。另外，他还提醒对方在拍摄《乱点鸳鸯谱》的时候，他就帮助玛丽莲渡过一次难关，现在他依然能做到。

谈话就以这样的基调继续下去。费尔德曼一度想要给格林森制造一些麻烦，他问玛丽莲能否接受和新导演或者新摄影师的合作，结果格林森丝毫没有受到困扰。根据费尔德曼留下的详细笔记，当时格林森表示自己"能够说服病人接受一切合理的要求，还说虽然不希望我们将他视作玛丽莲的斯文加利，但是他的

---

1 "自由乘客"运动是美国民权运动中的标志性事件。当时南部各州仍然拒绝在州际交通中实施种族融合计划。民权组织"种族平等大会"在全国招募志愿者，计划从华盛顿坐州际公交车深入南部，以检查沿途各地的种族融合情况。

确能说服她按照他的意愿做任何合情合理的事情"。*

令所有人震惊的是,格林森继续用这种狂妄自大、自私自利的比喻表示自己准备承担这部影片在创意方面的全部责任:挑选新的导演和摄像师,决定哪些戏适合玛丽莲出演,哪些戏不适合她,拍出来的胶片哪一条适合冲印。费尔德曼在笔记中写道:"我向格林森医生指出,我相信他很了解自己的专业,但是我同意米基[鲁丁]的说法,我们的电影不需要他[格林森]这位专家。"

这场会议从12:30一直开到了午餐时间。距离下午4点还有几分钟,鲁丁回到了办公室,福克斯公司已经发来消息:公司认为玛丽莲·梦露违反了合约,因此他们准备采取一切法律手段挽回自己的损失。事实上,他们已经在星期四下午采取了措施,星期五的这场会议只是走走形式而已。6月7日,就在即将下班的时候,洛杉矶县法院收到了针对玛丽莲·梦露制片公司及其雇员玛丽莲·梦露提起的诉讼,原告要求索赔50万美元。席拉·葛兰姆当天就从亨利·韦恩斯坦那里听到了消息,当晚她就在《好莱坞市民新闻》的专栏文章里公布了这件事情。否则,媒体直到星期五和星期六(8月9日和10日)才会报道此事。

在那个周末,消息不胫而走,艾伦·斯奈德、玛乔里·普莱彻和其他一些人都记得玛丽莲陷入了难以名状的沮丧中,她无法相信福克斯公司真的会解雇她。毕竟,她从影以来拍的29部影片中有20部都是福克斯公司拍摄的,她一直希望相信自己对公司来说是有价值的,自己在公司里也交到了一些朋友。

在一份正式声明中,彼得·雷瓦西表示解雇决定"是必要的,因为梦露小姐一而再再而三地做出了故意违约的行为。她屡次不参加拍摄,但是根本没有正当的理由。她的旷工已经给公司造成了严重的损失"。[XV]雷瓦西只是动动嘴而已,做出决定的是米尔顿·古尔德、约翰·勒布和董事会的其他成员。但是,雷瓦西似乎也承认20世纪福克斯公司本身也是只适合疯子生存的地方,"我们一直让病人自行管理疯人院,"[XVI]他的意思就是公司的签约演员们都是疯子,经理们差不多就只是疯人院的管理员而已——这个比喻在福克斯公司可能很不得人心。

---

* 着重号是作者加的。考虑到前一天他们去古尔丁那里复诊的事情,格林森此处对斯文加利的暗示令人感到不寒而栗。

多年后，韦恩斯坦也对这件事情做出了自己的解释，他的说法在一定程度上是符合事实的。他说公司之所以解雇玛丽莲是因为"《埃及艳后》的进度已经远远落后，又花了那么多钱，与此同时我们这部小片子也落后于进度。看起来就好像斯库拉斯和他派下来的负责人雷瓦西都渐渐控制不住手下的人才了。玛丽莲就是一个小卒子，一个有意思的小卒子，一个悲哀的小卒子，可悲，可笑，但只是一个小卒子而已。这就是好莱坞的现实"。[XVII]

戴维·布朗在解决问题方面经验丰富，比玛丽莲这件事情难度更大的问题都不在话下，他说过："他们当时就是没有想明白，"

> 他们决定采取强硬手段，就像生意人那样："我们要起诉你……我们要逼你履行每一项条款……你再也别想在这个城市找到工作了"，诸如此类。这些经理就跟纳粹党的冲锋队员一样下达了一个个通知。根本就没有这个必要。[XVIII]

福克斯公司的人很快就后悔了，这次的疏忽有可能会给公司造成灾难性的结果，因此他们又开始手忙脚乱地采取补救措施。

福克斯公司早就开始为替换玛丽莲的事情进行谈判。到了星期六，公司的意图清楚地暴露出来。当天的报纸上刊登了乔治·库克和丽·莱米克的一张合影，库克满脸笑容。就在这一天，公司和莱米克签订了合约，让她取代玛丽莲拍摄《濒于崩溃》。其实，在莱米克之前，福克斯公司先是同金·诺瓦克和雪莉·麦克雷恩取得了联系，但是都遭到了拒绝。宣布莱米克替换玛丽莲这一件事情就足以暴露出福克斯公司的人有多么不清醒、多么无能，因为按照合约的规定，迪恩·马丁在女主演的人选问题上有发言权。出于对玛丽莲的忠诚，马丁立即给自己的经纪人赫尔曼·西特伦打去电话，宣布退出《濒于崩溃》的拍摄工作。这个消息令玛丽莲开心感动地流下了眼泪。

原本就变幻莫测的形势继续疯狂地发展着。星期一一大早，雷瓦西、库克、费尔德曼、马丁、西特伦和选角导演欧文·麦克莱恩都来到福克斯公司的一间会议室。他们此次会面的目的是说服马丁不要逼迫公司放弃这部影片，雷瓦西恳求他不要拒绝丽·莱米克。马丁说雷瓦西说得不对，他并不是拒绝接受丽·莱米克，他只是不想在没有玛丽莲的情况下拍完这部影片，因为他原先之所以签下了这部愚蠢的影片只是因为玛丽莲会参演影片。此次会议记录显示：

马丁先生说他觉得自己和梦露小姐之间能产生恰当的吸引力，所以他才会接受这部影片，除此以外没有其他原因，还说对于票房来说梦露小姐远比莱米克小姐的影响力大，而且故事的结尾似乎也是他为了梦露小姐离开了查利斯小姐，所以这个角色不适合莱米克小姐，他只想跟梦露小姐合演这部影片。[XIX]

事实就是这样。迪恩·马丁的忠诚、对合约赋予的权利毫不让步以及对演员阵容的敏锐判断令福克斯公司措手不及。

就在这个节骨眼上，一向警觉的米尔顿·鲁丁介入了。他在星期一下午跟费尔德曼通了一个电话，质问对方为什么没有人告诉他公司已经起诉玛丽莲了，他还以为双方都是怀着真心诚意进行这次对话的。接着，他又问费尔德曼福克斯公司为什么要发布一份贬低玛丽莲的媒体声明，因为他完全相信玛丽莲很快就会回来复工的，否则，他肯定就会建议阿瑟·雅各布斯及其手下不要代表玛丽莲发布声明进行辩解，也不要在电话里做出回答——眼下，他们每天都会接到很多打听情况的电话。最后，鲁丁问费尔德曼如果他们坚持启用莱米克的话，那么谁来替代马丁。费尔德曼说他也不清楚，于是"鲁丁先生说没准我们应该让肯尼迪总统来演"。[XX]

福克斯公司继续稀里糊涂地使用强硬手段，指示代理公司业务的法律事务所（缪齐克、皮勒和加勒特法律事务所）进一步将一场小争斗升级为一场战争。就在那个星期一，公司重新提交了一份修改后的起诉书，将玛丽莲的违约赔款金额从50万美元提高到了75万美元。他们只能仓促行事，以免有人发现他们在前一周提交的起诉书里的一个错误。在那份起诉书里，他们宣称对于影片《濒于崩溃》来说，"自4月16日以来，被告一直没有履行或者拒绝履行自己的义务，或者无视自己的义务"。[XXI]玛丽莲的确直到4月30日才开始参加拍摄工作，但是此后她一直心甘情愿、心满意足地履行了自己的每一项义务。这句话其实是公司5月16日向玛丽莲发出的警告，提交第一份起诉书时将警告也附在了里面。6月7日提交的起诉书里删除了这一条，一旦前一份起诉书的这个错误被别人发现，他们的起诉就会被法院驳回。

福克斯公司似乎认为斩尽杀绝才能产生最理想的效果，因此6月19日他们进一步采取法律手段，对迪恩·马丁（他所属的克劳德制片公司正是《濒于崩溃》

第二十一章 1962年5—7月 | 571

的制片方）提起诉讼，索赔333.9万美元，即按照他们的计算这部被搁浅的影片已经花费的总费用。就像对玛丽莲的诉讼一样，当一批新的经理昂首阔步地走进福克斯公司的大门，公司终于撤销了对马丁的起诉。6月底，福克斯公司宣布了斯派罗斯·斯库拉斯（被迫）退休的消息，紧接着经理层就开始大换血。

与此同时，彼得·雷瓦西很快就意识到在放弃《濒于崩溃》、失去玛丽莲·梦露和迪恩·马丁的同时，公司也丧失了用游泳那场戏的剧照和玛丽莲半遮半掩的裸照为影片大做宣传的机会，当时迷人的彩色照片已经传遍了世界各地。人们都在打听这部影片将在何时公映？在哪里放映？至于成本，丽·莱米克的加盟也不会为公司节约多少，她的酬劳是8万美元，而且超过15个工作日拍摄的镜头都只能作废。从长远看，筹措资金拍摄其他影片其实更划算。

就这样（好莱坞万岁！），就在玛丽莲被解雇刚刚一个星期后，福克斯公司就重新商议恢复拍摄《濒于崩溃》的事情了，首先谈到的问题就是由哈尔·坎特修改并完成剧本。与此同时，公司不停地忙着打电话、开会，商量在10月如何再把玛丽莲·梦露和迪恩·马丁找回来，按照计划，到那时马丁就拍完另一部影片了。南纳利·约翰逊说过："在[雷瓦西]宣布将要解雇玛丽莲的时候，我给他打了一个电话，跟他说如果真要解雇什么人的话，那也应该是导演。让观众走进电影院的人是玛丽莲，不是导演。"[XXII]斯库拉斯离去之后，米尔顿·古尔德也退出了董事会，尽管他表示了反对，在6月和7月公司还是一直在商量这件事情。

玛丽莲这段时间也没有闲着，一直在和其他方面商量新影片的事情。此外，她跟福克斯公司之间的争端以及后来有关公司重新洽谈新演员的消息促使美国大大小小的杂志都找上门来，希望她能接受图片报道和采访的请求。玛丽莲接受了一些媒体的采访，每一次她都一如既往地请好朋友艾伦·斯奈德为自己化妆。大约就在这个时候，杜鲁门·卡波特（他对重度药物成瘾带来的麻烦也同样熟悉）惊讶地发现玛丽莲"展现出前所未有的好状态……她的眼睛里透出一种新获得的成熟韵味。她再也不像以前那样总是咯咯傻笑了"。[XXIII]玛丽莲自己在那段时间里也说过："我还有未来，我都等不及奔向未来了。"[XXIV]

6月23日，也就是去古尔丁那里复诊的一个星期后，玛丽莲脸上的淤痕消失了，她和摄影师伯特·斯特恩见了面。斯特恩要为权威时尚杂志Vogue做一个系列的图片报道，从这一天到7月12日连续做5期，玛丽莲的报道被安排在第一期。

接着，为了《时尚》杂志的一篇图片报道，她又跟摄影师乔治·巴里斯在圣莫尼卡海滩及周围地区拍摄了3天（6月29日至7月1日）。玛丽莲相信自己最擅长的不是表演，而是拍摄照片，她为自己轻盈、年轻的身体感到自豪，她永远是最耐心、最配合摄影师的模特，在照相机的面前她是那么轻松自如，照相机就是她的爱人，面对这位爱人，她没有背台词的任务。在这几次时间比较长的拍摄活动中，玛丽莲穿着貂皮拍下了一张张艺术照，有时候她又身着比基尼嬉戏，有时候她的身上只披着一些透明的轻纱或者盖着一条白床单，就这样拍下了一些半裸的照片。

斯特恩说过："她非常自然，毫不在意自己的明星身份，一点都不做作。她有一种罕见的品质，在她前后我都没有见过的一种品质——就像是你明明就在她的身边，可是她却有一种除了她世上再无第二个人的感觉。玛丽莲对工作一心一意，只有拍够了艺术照、Vogue要的那种时装照的时候，她才会变得难以相处、没有耐心。似乎没有什么事情能让她感到沮丧或者焦虑——她小口小口地喝着唐·培里侬香槟王，开心地做着自己最喜欢的事情。"[xxv]

"这样适合36岁的人吗？"玛丽莲一边问斯特恩，一边将一条轻薄的围巾裹在赤裸的胸部。同斯特恩合作的时候，玛丽莲聘请的发型师是乔治·马斯特斯，他记得当时玛丽莲说"自己的感觉从来没有这么好过，她看上去迷人极了，就好像是一样闪闪发光、超凡脱俗的东西。正是这个女人在那一周里不停地说着未来。她没有时间思考过去，甚至没有时间考虑刚刚过去的事情"。[xxvi]

关于自己的年龄和未来，玛丽莲向一名记者坦率而清晰地表达了自己的看法："我已经36岁了。"

> 我不在乎我的年龄。我喜欢这里的风景。未来已经展开了，我必须充分利用未来——每一个女人都必须如此。所以，听到有关我如何拖沓、看上去总是让别人等着的消息时，你要记住一点——我也在等着。我这一辈子一直在等待着。

她继续平静真诚地说下去，但是语调有了变化。有那么一瞬间，仿佛谢丽从《巴士站》漏掉的一场戏里走了出来，随即谢丽又变成了玛丽莲：

> 你不知道经历我所经历过的那些事情、得不到爱、不知道幸福的滋味是怎样一种感觉。对于生活，我想要的就只是我能善待别人，也能得到别

人的善待。公平交易。而且我是一个女人，我还想得到一个男人的爱，发自真心的爱，我也会发自真心地爱他。我累了，可是直到现在这一切都还没有到来。"[XXVII]

记者自然而然地顺着玛丽莲的思路问起婚姻问题，但是玛丽莲一向口风严谨。乔是"迪马吉奥先生"，阿瑟是"米勒先生"，她不会受到别人的引导，谈论自己的私生活。艾伦·斯奈德说过，在相识的15年里他从来没有听到过玛丽莲用不友好或者报复性的语言谈及自己的前夫或者过去的情人，就连提到对她有失公允的各种专业人士她都不会使用这样的语言。"玛丽莲召开新闻发布会、对某个人大放厥词，想一想都觉得好笑，这根本不符合她的性格。为什么？因为她对朋友和记者都从来不会说一句难听的话！"[XXVIII]她也不会因为自己和某个人的交恶而累及对方的家人，例如，7月19日，她邀请丹尼尔和琼（值得注意的是，没有邀请他们的父母）去海伦娜5街和她吃了一顿便餐，为琼过了一个生日，以此感谢他们在格林森外出期间对她的照顾。

玛丽莲知道自己和格林森的关系偏离了常轨，她向朋友透露过她觉得自己对这么一个人的依赖不太正常，这个人的态度和行为都难以预测（她没有具体解释），而且跟他在一起她似乎一直没有取得什么进展。但是，7月她还是每天都会接受格林森的心理咨询，很多接受心理治疗的患者都存在如此矛盾的态度。归根结底，格林森已经成功地说服了玛丽莲，让她坚信自己需要他。在这件事情上，格林森还说服海曼·恩格尔伯格当了他的帮凶。

玛丽莲后来收到的收据显示，在7月里恩格尔伯格只有6天——4日、6日至9日、16日——没有去玛丽莲家出诊，其他时间玛丽莲每天都接受了注射。玛丽莲说这些都只是肝脏和维生素注射剂，[XXIX]可是注射后她的情绪和精力都立即发生了可怕的变化。为了《生活》杂志的报道，理查德·梅里曼对玛丽莲做了一系列采访，在第二次采访的那天下午，当他赶到玛丽莲家的时候，"她要求推迟采访"，她说在福克斯公司开完会之后"她累坏了"。[XXX]就在这时，恩格尔伯格赶来了，玛丽莲一下子就蹦进厨房打了一针，然后回到梅里曼的身边，突然就急不可耐地聊了起来，一直说到了大半夜。这天晚上她的语速特别快，而且不太连贯（同其他几次采访时的表现不一样）——不太可能是"肝脏和维生素注射剂"的效果。

这些药物就是恩格尔伯格所谓的"青春注射剂"。得知玛丽莲在注射这种药物，帕特里夏·纽科姆告诉玛丽莲她应该记住自己才只有36岁，"可是她却含蓄地表示自己注射的所有药物都是为了让自己永葆青春。当然，你很难说服她，毕竟她的状态看上去的确非常不错——比我在电影里看到的她都好"。[XXXI]然而，这正是需要警惕的地方——无论玛丽莲在哪里，恩格尔伯格都能找到她，给她注射药物。有一天的情形纽科姆永远也忘不了，那一天她和玛丽莲正在布伦特伍德的一家餐馆里吃饭，恩格尔伯格突然出现了，他就在餐馆里"把玛丽莲拉到一个没有人打扰的角落，给她打了一针"。通过这种表现不难看出，恩格尔伯格就像格林森一样，以玛丽莲的所有者自居。恩格尔伯格的第一任妻子说过有一次他就像个小男孩一样活蹦乱跳地晃悠着一串钥匙，扬扬得意地告诉朋友们："我能进玛丽莲·梦露家了。"接着，他又说了一句："我有玛丽莲家的钥匙了！"[XXXII]在心理治疗或者正常剂量的宁比泰无法让玛丽莲入睡的时候，格林森总是会给恩格尔伯格打去电话，他会立即从自己的家里赶到玛丽莲家——在1961年，他要从圣艾夫斯路赶到多希尼街；到了1962年，海伦娜5街距离他家就更远了。格林森毫不掩饰自己对玛丽莲采取的措施，正如他自己说过的那样，他有一名内科医生为玛丽莲提供注射药物，"这样我就用不着亲自处理用药的事情了"。[XXXIII]

那一年的夏天，玛丽莲给新结交的朋友——司法部长罗伯特·肯尼迪——的办公室打过8个电话，或许期间她也提到了医生和工作的问题。[XXXIV]据帕特里夏·纽科姆和埃德温·格斯曼所述，玛丽莲和罗伯特的几次通话完全是社交性质的，是朋友之间的聊天，简短、没有什么复杂的内容，因为公务繁忙的肯尼迪先生并不鼓励玛丽莲这种行为。不过，在6月里最后一次见面时，他还是信誓旦旦地告诉玛丽莲在她和福克斯公司为了影片《濒于崩溃》打官司期间以及事情过后他始终关注着她的事业，也关心着她的身体状况。根据他们在之前两次晚宴上对政治和社会问题所做的交谈，肯尼迪或许没有想到玛丽莲会指望他在私生活的问题上也能对她表示同情和鼓励。不过，据格斯曼所述，在办公室里肯尼迪从来不会抱着电话和别人寒暄太长时间，他会用温和但是坚定的态度打消玛丽莲继续和他聊下去的念头。

电话记录也能证明这一点，所有的记录都显示这几通电话持续的时间都很短。6月25日，星期一，玛丽莲拨通了肯尼迪办公室的电话，确认他会参加星期三晚上在劳福德夫妇家举办的晚宴，还邀请他和劳福德夫妇在晚宴之前先去她的新家参观一下，再喝上一杯。这个电话是安吉·诺韦洛接的，时长只有一分钟。7月12日（星期一），玛丽莲打了两个电话，接电话的还是诺韦洛，时长也和前一次一样。其余几个电话都是在7月后两周里拨打的，其中只有在30日的一次持续时间超过了一分钟，玛丽莲在电话里向肯尼迪表示了遗憾，因为她没能参加前一个周末他在洛杉矶发表的一次讲话，当时她去了塔霍湖。* 玛丽莲·梦露和罗伯特·肯尼迪之间的交往就只有这几次电话和4次会面。XXXV

在7月里，三方面的帮助令玛丽莲获得了勇气：首先是拉尔夫·罗伯茨和艾伦·斯奈德这样的朋友（远在布鲁克林的诺曼·罗斯滕也通过电话鼓励她），其次是少数几名记者和摄影师的欣赏和鼓励，第三就是她和乔·迪马吉奥重修旧好了。XXXVI

艾伦·斯奈德和玛乔里·普莱彻都说过："在6月和7月的晚上，我们经常去家里看望她，跟她喝上一杯。她也很有兴致，带着我们参观她最新给家里添置的物件——瓷砖、一条地毯和一把新椅子。"

从欧洲回来后，乔就经常跟玛丽莲通电话，6月还去看望过她一次（20日），7月去看望过两次（18日和21日）。玛丽莲的朋友们都知道，乔的陪伴和关心给了玛丽莲极大的勇气，自从他将她救出佩恩·惠特尼门诊部之后，他们就一直保持着联系。现在，他们两个人经常坐在玛丽莲的客厅地板上——墨西哥的家具迟迟没有送来——一起吃简单的晚餐；他们还在布伦特伍德的汉斯·奥赫特自行车商店租了两辆自行车，沿着圣文森特大道一路骑向海边；他们还一起外出逛街购物。

乔和玛丽莲看上去很像是10年前那对快乐的情侣，但是现在他们比以前沉静多了，也都能够尊重彼此的差异。面对玛丽莲在公众面前的形象，乔没有那么

---

* 这些电话都是经由司法部总机（REpublic 7-8200）转接至司法部长秘书那里的。玛丽莲的通讯簿里只写了总机的电话号码，她始终没有拨打过罗伯特·肯尼迪的私人电话。

紧张了,而且被她甜美、单纯的本性打动,或许还为她的勇气和内心的坚强所折服。他和她一样都对她在格林森那里接受的心理治疗感到担心,但是他承诺无论她做出什么样的决定,他都会支持她。

10年的时间改变了他们。玛丽莲在贝弗利山、萨克斯第五大道百货商店和贾克斯服装店采购一大堆新衣服:几件羊绒衫和衬衫、两条晚礼服、不太繁琐的细高跟鞋、半打淡色的内裤,乔就一声不吭地坐在那里,一边欣赏地看着一边不住地点着头。为了缓解长期折磨自己的子宫内膜异位,玛丽莲又住院接受了一次治疗,[xxxvii]7月21日早上乔将玛丽莲从黎巴嫩雪松医院接回了家。*正如后来发生的一些事情所显示的那样,乔的这个举动绝对标志着他和玛丽莲在重归于好的道路上迈进了一大步,因为就在接下来的那个星期他告诉莫奈特7月过后他要辞职,不再去上班了。[xxxviii]

至于采访,只要海曼·恩格尔伯格不在身边,玛丽莲的口齿就非常清晰,态度也非常坦诚,表现也非常稳定,这一点丝毫不令人感到意外。例如,在7月14日、15日、17日和19日,她连续接受了《生活》杂志的几次采访,这也是她在人世最后接受的采访。在海伦娜5街,理查德·梅里曼和玛丽莲·梦露进行了一系列谈话,只有在第二次谈话的过程中玛丽莲才出现了胡言乱语的情况,因为那一次恩格尔伯格上门对她进行了治疗。杂志最终刊登出来的专访内容是从其他三次采访中提炼出来的,在这三次采访中玛丽莲都达到了巅峰状态:[xxxix]

- 对于八卦专栏文章中出现的一些贬抑之词,她表示:"我非常反感媒体说我患有抑郁、跌到了低谷这种话,就好像我完蛋了似的。没有什么事情能让我沉没,尽管在拍电影的事情上完蛋了,但是这对我来说也是一种解脱。那种工作就像是百米跑一样,你终于到了终点,你叹了一口气,说自己终于成功了。其实,你永远都到不了终点。永远有下一场戏、下一部电影,一切又得从头再来。"

---

* 长期为玛丽莲做治疗的外科医生利昂·克罗恩(医学博士,黎巴嫩雪松医院的首席妇科医生)留下的记录清楚地显示出后来有关玛丽莲流产的传言纯粹是空穴来风。

·她还带着梅里曼参观了一下新家,其间她指着设计图上供客人使用的小套间:"只要是我的朋友,碰到麻烦的时候都可以住在这里。没准他们愿意住下来,在这里不会受到打扰,直到问题都解决了。"

·有关名气的问题:"相伴而来的有可能是包袱。真正的美和女人味是没有年龄限制的,也是装不出来的。魅力是可以制造出来的。名气只会给人短暂的不完整的快乐——并不适合日常生活,也不可能让你获得满足感。它会让你略微感到一些温暖,但只是一时的温暖。一旦你有了名,所有的弱点都会被夸大。名气会消失的——再见了,名气,我已经拥有过你了!我始终很清楚名气是靠不住的。对此我有过体会,但是现在我已经走出来了。"

·梅里曼问她在一场戏里是如何"发动自己"的,她回答道:"我什么也发动不了——我不是一辆T型车。请原谅我这么说,我觉得这种说法有些不尊重人。我的工作是艺术表演,不是在制造公司里上班。"

·对于长期拖沓的习惯,她表示:"成功、幸福、守时——这些都是美国人长期以来挂在嘴上的几样东西。我不想迟到,可是我还是常常迟到,我也为此感到很遗憾。我之所以迟到,很多时候是因为我在排戏,也许有时候排练得有些过头了。但是,我一直认为即使是最微不足道的一场戏也应该对得起观众花的钱。这是我的责任,让他们看到最好的表演。当他们来看我的时候,抬着头看着银幕上的我,他们并不知道我迟到的事情。到这时,公司就会彻底忘了这回事,只关心如何赚钱了。噢,很好。"

·有关她近来在福克斯公司惹上的麻烦:"总经理们也会感冒,然后待在家里,打打电话——可是演员呢?你竟敢患上感冒、染上病毒!真希望他们也能经历一下发着烧、感染了病毒还得表演喜剧这种事情!我去片场拍戏不是为了接受电影公司的训练。毕竟,这是拍电影,又不是上军校。"

·有关性感偶像的问题:"性感偶像已经成了一样东西,我十分痛恨自己变成一样东西。你总是会撞上人们的潜意识。被别人当作幻想的对象没问题,但是你同时也希望大家接受你是因为你的作品。我不会把自己当作一件商品,可是我相信很多人都会这么想,尤其是一家公司,名字我就不说了。如果我的口气听起来有些'被惹恼'的感觉,我想我的确总是被人们惹恼。"

·有关她对社会话题和人道事业的关心,她说:"世界现在需要更强烈的亲人感。毕竟,我们都是兄弟——电影明星、工人、黑人、犹太人、阿拉伯人都包括在内——所有人。这就是我一直在努力的事情,努力理解这一点。"

·关于自己的未来,她说:"我希望成为一名艺术家,一名完善的演员。正如我曾经说过的那样,我不在乎钱。我只想成为一个出色的人。"

但是,长期以来玛丽莲总是受到媒体的伤害,所以她似乎无法充分信任梅里曼,在几次采访结束的时候,她对他似乎变得有些冷淡、疏远了。帕特里夏·纽科姆和尤妮斯·默里都记得,当摄影师艾伦·格兰特来家里拍摄给专访文章配发的照片时,玛丽莲兴奋得有些反常,不停地做着鬼脸、开着玩笑。梅里曼十分迟钝地问道:"你怎么了,疯了吗?"[XL]玛丽莲一下子就冷淡下来,这个问题现在对她造成了伤害。7月19日,梅里曼送来了采访稿,当时玛丽莲表现出一副警惕的模样。

对于梅里曼录下的所有对话,玛丽莲只要求删除其中的一句,"她叫我删掉有关悄悄给穷苦人钱的那段话"。玛丽莲将自己最美好的一面留给了自己,同样地,她也不会将自己的善心展示给外界,这是她和她想要帮助的人之间的一个秘密。玛丽莲把梅里曼送到门口的车道上,就在梅里曼即将离去的时候,她走到他跟前小声说:"求求你,求求你了,不要把我写成一个笑料。"

按照计划完成了一个月的照片拍摄和采访后,玛丽莲和老朋友西德尼·斯科尔斯基又见面了,他们已经有一年的时间没有见过面了。这次会面是为了他们早就计划过的一部影片,这部影片对他们双方来说都有着重要意义——珍·哈露的传记片,他担任制片,她担任主演。[XLI]但是,他们必须先争取到哈露的母亲"珍妈妈"贝洛的合作。因此,7月15日这一天他们前往棕榈泉附近的小镇印地欧。在那里,他们找到了那位古怪而迷人的老夫人,她被包围在一堆遗物中,都是她心爱的"宝贝珍"的照片和纪念品。对于斯科尔斯基和玛丽莲的请求,她立即就表示了同意。将玛丽莲打量了一眼,她就说自己绝对敢说"宝贝珍"死而复生了。

两位美人都有着一头白金色的秀发,她们的人生轨迹也有着诸多的相似之处。对于了解这些情况的人来说，珍妈妈的这番评论一点也不过分。事实上，珍·哈露在去世前几个月里的大致经历和玛丽莲的也有着离奇的相似之处：

1937年1月30日，刚刚再度当选总统的富兰克林·德拉诺·罗斯福邀请珍参加他在华盛顿举办的生日舞会，为了参加宴会珍抛下正在拍摄的影片《私有财产》，此举在好莱坞引起了一场轩然大波。直到路易斯·梅耶意识到她出席总统生日舞会的事情具有极高的宣传价值后，风波才平息。

1937年春天，接受《当代银幕》记者卡罗琳·霍伊特采访时珍说过："近来，我终于获得了一定程度的平静。现在，我觉得我能接受我自己了，也与世无争了。为了获得这样的平静，我强迫自己认识到我能做的就是按照我知道的最好的方式去努力。就像他们说的，事实就是这样。"玛丽莲也完全能对梅里曼说出这样的感想。

也是在1937年春天，珍旧病复发，可是臭名昭著的E.C.菲什博医生轻率地只用了镇静剂和麻醉品对她进行治疗。这位医生给菲伊·雷（在1933年版的《金刚》中饰演女主角）嗜酒如命的丈夫也开过同样的药，对他也造成了同样的伤害。

1937年6月7日，就在玛丽莲被《濒于崩溃》剧组解雇的25年前，珍·哈露由于肾衰竭与世长辞，留给世人一部没有完成的影片。逝世时，她年仅26岁。她是好莱坞制造出来的产物，她受到无数人的爱慕，最终她的才华也到了承认。然而，到头来好莱坞的同行们还是辜负了她。

同贝洛夫人喝完茶后，两位客人就返回了洛杉矶。他们三个人约定8月再见一次面，但是玛丽莲和斯科尔斯基决定先见一面，策划一下《珍·哈露的故事》的项目介绍书，他们将见面时间定在了8月5日（星期日）下午4点。

这个夏天，玛丽莲几乎每天都要注射药物，在格林森那里接受的治疗也出现了很多问题，而且她对自己的未来也没有把握，但是她透着一股焕然一新的成熟感。诚然，她依赖化学药物，但是药物能起到的作用似乎只是一次又一次对她的正常生活造成干扰，但是这种情况或许反而证明了她内心的坚强，证明了她有决心克服过去和眼前的一重重障碍。帕特里夏·纽科姆说过："如果对这段时间做一个总结的话，我要说的就是，没错，一切都在她的控制中。"

拉尔夫·罗伯茨也十分赞同这种说法。"那年夏天，她真的掌控了自己的生活,捍卫了自己的权利。"鲁伯特·艾伦、苏珊·斯特拉斯伯格和其他一些人也都认同这种观点。罗伯茨还记得在生命的最后几个月里,玛丽莲比之前两年里的任何时候都要乐观。她和韦利·考克斯建立起亲密的友谊,跟考克斯的一位特殊的朋友也恢复了交往,这位朋友就是马龙·白兰度。罗伯茨还说:"她也看出来格林森逐渐切断了她和一位位密友的联系,一个接着一个。他曾试图把我、斯特拉斯伯格夫妇和乔都赶出她的生活——现在,玛丽莲说他还说过最好把帕特·纽科姆也打发走。到了7月底,玛丽莲终于意识到如果她希望身边还有朋友、还希望拥有自己的生活,她或许只能跟格林森断绝关系。"

对于这个决定,玛丽莲很快就坚定了立场,但是在此之前她首先要处理好自己和福克斯公司之间的关系。7月25日,星期三,哈尔·坎特完成了剧本的修改,将新剧本交给彼得·雷瓦西。这时,亨利·韦恩斯坦已经和斯派罗斯·斯库拉斯以及整个公司一样前途未卜了。

就在同一天,即7月25日,玛丽莲在家里接待了雷瓦西。在雷瓦西到来之前,玛丽莲早早就起了床,她一心想要呈现出自己最好的状态,因此叫来了艾格尼丝·弗拉纳根(帮她洗了头,做了发型)和艾伦·斯奈德(以娴熟的手法为她化了一个适合清晨的淡妆)。由于没有经纪人或者律师在场,玛丽莲感到有些担心,所以她又把帕特里夏·纽科姆叫到家里,安排她躲在卧室门的后面,充当此次会面的见证人。

1992年,雷瓦西写下了那天早上自己同玛丽莲会面时的情形,他的记述后来得到了纽科姆的证实:

> 就像玛丽莲以前在"福克斯"经常出现的情况一样,我们决定让她复职。解雇她的人是我,因此我希望亲自重新聘用她。谁都不希望结怨。她告诉我她不希望自己的名声被败坏,也不想败坏别人的名声。她看上去丝毫没有不开心或者抑郁的迹象,她还问我能不能研究一下新剧本,然后我们就读起了剧本。她读着剧本,对剧本的看法很到位,她会仔细思考一番,然后提出很好的建议。比方说,她想到了一出戏很有喜剧潜力:"一个流落荒岛好几年的女人是不可能拿着刀叉吃得那么精细的……"她还建议在另一场戏里让她饰演的角色忘记穿鞋,因为她已经习惯光着脚了。我记

得我跟她说:"玛丽莲,这些点子太棒了!"她非常开心,很有想象力,欣喜于自己对修改后的剧本拥有了发言权。她完全是一副兴致勃勃的样子,满心期待着重新开始工作。[XLII]

在雷瓦西看来,要不是"她那些所谓的顾问,给她制造了一场严重身份危机的顾问",似乎所有辛酸痛苦的事情都是可以避免的。他告诉玛丽莲公司会撤回起诉,还会重新高薪聘用她,只是新合同应该发给谁。玛丽莲迟疑了一下,然后说这个星期晚些时候她会做出回复的。在雷瓦西的眼中,玛丽莲非常可爱、理智,在他离去前,她说了几句话,多年来他一直无法忘记这些话:

彼得,你知道的,从某种意义上而言,我是一个非常不幸的女人。有关成了传奇人物、魅力非凡、被公众熟知的这些说法全都是胡扯。不知道为什么,我总是在让人们失望。

此后,雷瓦西再也没有同玛丽莲见过面,不久后他的命运就发生了改变,虽然跟玛丽莲的相比可能不算什么。

我向她道别的时候,她又去忙我来的时候她正在忙的事情了。她家的地板上铺满了她的照片[伯特·斯特恩和乔治·巴里斯拍摄的],印样和冲印出来的照片,她正在挑选能用的照片。我心想这可不是一个肤浅之人。我感到遗憾,因为我从未真正地了解过她。她是一个非常优秀的、会认真思考人生、分得清虚假和真实的女人。她有深度。当然,她也非常复杂,我感到她的内心隐藏着极大的痛苦。但是,当她处于最佳状态时,没有人能跟她相媲美。她在"福克斯"那里受的伤愈合了,在我最后一次见到她的时候,她就像一个年轻美丽的影坛新秀一样,急不可耐地想要参演一部终于有条件开拍的影片。

他们的希望最终还是落空了,没过多久福克斯公司的管理层就发生了又一场大地震。达里尔·F. 扎努克当选为20世纪福克斯公司的总裁,雷瓦西被赶走,米尔顿·古尔德和约翰·勒布都退出了董事会。在扎努克回归之前公司做出的所有决定都要重新接受评估,但是在电影行业浸淫了四十年后,就连他(对玛丽莲的才华始终不太认可)也深谙票房的事情,他说一定要放弃什么的话,也绝不能放弃玛丽莲·梦露。扎努克还亲自参加了讨论重新拍摄《濒于崩溃》的会议。

在7月的最后一个星期，玛丽莲接到了劳福德夫妇的邀请，他们在塔霍湖的度假村"卡尔涅瓦小屋"刚刚开始营业，法兰克·辛纳屈也将在度假村献唱。玛丽莲欣然接受了邀请，而且还给乔打去电话，叫他在塔霍湖同她碰头（拉尔夫·罗伯茨和鲁伯特·艾伦都知道此事）。罗伯特·肯尼迪将在那个周末前往洛杉矶并且会发表讲话，玛丽莲原本打算去听这场讲话，但是现在她还有更重要的事情要办。除了观看辛纳屈在周六晚上的表演，她和乔在那个周末一直远离公众的视线。据罗伯茨所述，"她不想频频被人看到，因为她担心乔和法兰克之间会发生摩擦"。[XLIII]

但是，玛丽莲还想同迪恩·马丁略微见上一面，在那个周末他也去了度假村。她不仅想对马丁在6月危机期间对她的支持表示感谢，而且还想同他大致谈一谈阿瑟·雅各布斯打算让他们俩主演的一部影片，一部名为《我爱路易莎》的喜剧片。雅各布斯推荐的导演人选是J.李·汤普森，玛丽莲说下一个星期她要看一下汤普森执导的影片。

多年来，外界一直流传着一些粗俗的、毫无事实依据的传言：在那个周末，她无意中服用了过量的巴比妥酸盐，经过抢救才捡回一条命；还说她结交了形形色色的黑社会犯罪分子，还跟这些人发生了肉体关系（其中包括约翰尼·罗塞利、巴格西·西格尔和山姆·詹卡纳）。演员亚历山大·达西认识玛丽莲（二人一同参演过影片《愿嫁金龟婿》），又跟洛杉矶的黑帮头目罗塞利交往过密，他曾愤愤不平地否认过这些谣言："玛丽莲跟这些人绝对没有发生过关系。实际上，玛丽莲跟黑帮毫无纠葛！她在塔霍湖的时候是跟乔在一起！"[XLIV]对罗塞利和辛纳屈都非常熟悉的贝特西·邓肯·黑姆斯也同意这种说法："那个周末我就在塔霍湖，玛丽莲吃饭的时候我看到她了。加恩卡纳（黑帮分子）和他那一伙人不在那里，如果他们去了，我肯定会知道的。"[XLV]

星期天的晚上，玛丽莲同劳福德夫妇一起回到洛杉矶，乔去了旧金山，他要出席一场棒球表演赛，还要告诉家人他和玛丽莲在那个周末做出的一个决定。玛丽莲最终答应和乔复合，这个消息得到了瓦尔莫·莫奈特的证实："他非常爱她，他们一直保持着联系。他跟我说过他决定跟她复婚。他觉得一切都会跟以前不一样了，现在所有的事情都会很顺利。我知道正因为如此，他在1962年的时候才会丢下我们、回到那里。"[XLVI]

玛丽莲和乔订下了婚期——8月8日（星期三），婚礼将在洛杉矶举行。容光焕发的玛丽莲回家时还带回了乔的睡衣，苏珊·斯特拉斯伯格说过："她害怕为自己的生活承担责任，所以她放弃了对她无益的感情，然后重新接受了对她有益的感情。她知道自己在情感和精神上都需要一个支点。"[XLVII]这句话放在乔的身上也同样合适，身处商界的他其实就是一个"飞翔的荷兰人"[1]——受人尊敬，独来独往。

7月30日，星期一，玛丽莲在阿瑟·雅各布斯的审片室里看了汤普森执导的一些影片的片段，当即就同意由他执导将于1963年初开拍的影片《我爱路易莎》。* 雅各布斯还说朱尔·斯泰安已经答应为她创作一批新歌，当初她在影片《绅士爱美人》中演唱的插曲《钻石是女人最好的朋友》正是由斯泰安创作的。就在当天，玛丽莲还试图联系米尔顿·鲁丁，想要立一份新遗嘱。[XLVIII]素来体贴周到、乐于帮忙的鲁丁却觉得自己不能在这份遗嘱上签字，证明玛丽莲神志清醒、思路清晰，他坚信药物和多疑偏执的心理已经给她造成了严重的问题。鲁丁的考虑有合理之处，玛丽莲的问题根本没有得到解决，她知道在很多方面自己才刚刚开始成熟起来，自己必须坚持下去，同样地，她知道自己也必须直面对药物和格林森的依赖。但是，说她头脑不清醒则完全是另外一回事。**

从十几岁时起，玛丽莲就一直认为自己能留下的就只有格雷斯·戈达德、众多摄影师和各家电影公司希望从她身上得到的东西——她的容貌和身体对大众的诱惑力。她也认为"玛丽莲·梦露"虽说至少在一定程度上只是她伪装出来的形象，但是代表了她的一部分真实的自我。她其实一直在助长这种唾手可得的性感形象的形成，以这种形象得到承认和接纳对她来说有着重要的意义。

但是，她的性格中还有着另外一个侧面，准确地说就是，在表象人格的背

1　"飞翔的荷兰人"，是传说中一艘永远无法返乡的幽灵船，注定在海上漂泊航行。

*　这部影片于1964年公映，标题改为了《傻女十八变！》，由迪恩·马丁、罗伯特·米彻姆和雪莉·麦克雷恩（饰演原本专门为玛丽莲设计的角色）主演，朱尔·斯泰安演唱了片中的插曲。

**　最终，她的遗嘱还是1961年立下的那份遗嘱。在逝世的时候，玛丽莲只留下了一座估价为6万美元的房子；估价共计3200美元的家具、摆设和私人财物；2200美元的银行存款；手头的405美元现金。多年里，随着她的名字和肖像得到的商业推广，她的遗产一直在不断增值。

后还有着一个更真实的她。玛丽莲经常通过不施粉黛、戴上黑色假发和墨镜的方式压制和掩饰"玛丽莲·梦露"这个形象,她还简单地用第三人称"她"来指称这个形象,试图通过这样的方式将自己和"玛丽莲·梦露"区分开——"想看看我变成她吗?"在这一点上,她和其他电影明星不一样。很多电影明星都会将二者混为一谈,例如玛琳·黛德丽,到最后她真的深信银幕上那个虚假的形象就是为自己而生的,75岁那一年跌伤的同时她的内心也遭受了重创。[1]她相信青春和虚幻的自我是自己仅有的法宝,一旦青春和魅力消退,自己就必须远离公众的视线,在世的最后16年她基本上一直过着隐遁的生活。

而玛丽莲却一直努力寻找着完整的自我,在一定程度上她知道自己的情感是否健康取决于自己能否将属于公众的玛丽莲和属于自己的玛丽莲区分开。悲伤、迷茫和神经官能症导致她无法超越她非常不愿意成为、同时又十分渴望成为的那个形象。她在电影里饰演的角色不断迫使她一直依赖她希望抛在身后的那个形象,所以,不难理解她最渴望的事情就是入睡。一醒来,她又会受到限制,无奈地继续扮演"玛丽莲·梦露"这个角色,一个充满性魅力、同时又设法保持着一副纯真模样、永远受到公众喜爱的小流浪儿。她意识到自己的名气正是自己所痛恨的形象带来的,在1962年她第一次承认了这个事实,这些都显示出她非常清楚地认识到了自己的分裂。但是,她的这种状况基本不能算是"精神分裂",事实上这种状况反而显示出她对自己的认知有多么清晰明确。

如果她不是像雷瓦西说的那样,是一个"非常优秀的、会认真思考人生、分得清虚假和真实的女人",她就不需要挣扎,不需要承认自己必须长大,也不会发出痛苦不堪的哭号,试图和自己的生活达成和解——"我还有未来,我都等不及要奔向未来了"。

1954年离开福克斯公司的时候,玛丽莲大胆地抛弃了能够证明这个虚假形象的所有东西,她有了新朋友、新工作、新的电影公司,她希望这一切能让她突

---

[1] 1975年,在澳大利亚的一次演出中玛琳·黛德丽跌倒在舞台上,导致股骨受伤,此后她便结束了舞台生涯。3年后,她出演了电影《漂亮的小白脸,可怜的小白脸》(1979年公映),片中她的角色一直坐在轮椅上。拍摄完这部影片后,她便远离公众的视线,在巴黎蒙田大道的公寓里度过了余生。

破自己的限度。只有勇气十足的女人才会这么做。

但是，就像1962年的情形一样，她的问题多少就在于她内心依然有一部分依赖着外界对她的认可，她依然认为自己是一个孩子，空有一个美好的肉体，却没有值得探索的灵魂。从这个意义上而言，我们几乎道出了她在数十年后依然令大众感到着迷的原因。玛丽莲依然深信格拉迪斯和格蕾斯灌输给她的有关家族精神病史的说法，她接受了一个虚假的自我，以此来逃避现实，现在她也依然无法彻底抛弃这个自我对她的保护。在心里，她依然有些害怕自己会永远退化成那个尚未成年就早早结了婚、整天面对高高在上的丈夫的女人，那个竭尽全力想要忘记自己出身不明的事实、成为美国二战后最炙手可热海报女郎的女孩。

从更深的层面而言，在金赛报告问世的十年后，玛丽莲还在继续讲述着有关"金赛报告"揭示的文化现象，因为她依然是一个令人担忧的综合体，她的身上体现着整个美利坚民族的各种需求——性感和纯真；崇拜的凝望，对亲身经历的恐惧；青春期的渴望，成年人的责任；欲望以及随之而来的问题——过多的需求往往会带来失望。

金赛谈论性、撰写文章论述性、探索性最隐秘的细节，与此同时刚刚在性的问题上不再遮遮掩掩的好莱坞也越来越明目张胆地展示着性。他采访的男孩都参加过战争，都有资格被视作真正的男人。然而，1950年代出现在电视上和电影里的男人基本上是一群男孩：《妙药春情》里的加里·格兰特就是一个英俊的预科生，《绅士爱美人》里的"爱情片主角"结果是一个有钱人家的小孩子，就连讲述野蛮男性（至少也是罗伯特·米彻姆这样的男演员）被驯服的《大江东去》也必须依靠一个小男孩帮助男女主人公建立联系。

身处这样的困惑中，玛丽莲·梦露和她的抱负都遭到了美国文化的调侃。一想到一个女人竟然可以那么独立，人们就心生反感，这个国家需要一个孩子式的女人，一个乳房丰满、性感风情的女孩，她不能太聪明，人们和她之间的距离会让她显得有些不真实，像是梦中才会出现的形象，永远不会长大的人（我们也不允许她长大）。

除了代表这种文化的电影公司，玛丽莲无意中陷入流行一时的弗洛伊德圈子同样伤害了她，而且更具悲剧性，这些心理医生要求她不断地回顾自己的童年，对于这个永远在努力忍受自己的孤儿来说，最糟糕的事情莫过于此。然而，父母的替代品斯特拉斯伯格、米勒、克里斯、格林森都建议她这么做,都在咄咄逼人地要求她这么做。为了取悦他们,她接受了弗洛伊德式的心理治疗。治疗不仅没能解放她,反而将她冻结了,最终她疾速崩溃下去,因为每当她试图前进的时候,她的身边总有什么人出于自己的利益考虑,确保让她永远当一个臣服的小孩子。

7月31日(星期二)早上,玛丽莲给让·路易的助手伊丽莎白·考特尼打了一个电话,考特尼将尽快赶到她家,帮助她最后再调整一下路易为她设计的一条新裙子。考特尼说过当时玛丽莲"那么开心"[XLIX]——玛丽莲有充分的理由如此开心,这可是她的结婚礼服。那天下午,在格林森那里做了90分钟的治疗后,玛丽莲回了家,花了几个钟头的时间打电话,联系了一家花店、她在当地经常光顾的一家红酒店和一家酒席承办商(以及其他很多地方)。

在这一年6月接受采访的时候,她说过:"我还想得到一个男人的爱,发自真心的爱,我也会发自真心地爱他。我累了,可是直到现在这一切都还没有到来。"现在,她所渴望的事情似乎就要化为现实了。

注 释

I 由于耳部感染以及病情导致的失眠,玛丽莲待在家里接受了米尔顿·乌利的治疗,当时这位医生听凭海曼·恩格尔伯格的调遣。他给玛丽莲的账单显示他上门服务了3次:5月27日晚上,5月28—29日的午夜之后,6月3日凌晨1点到4点。

II 亨利·韦恩斯坦,在亨利·希珀的纪录片《玛丽莲:濒于崩溃》中,1990。

III 此处以及下文中有关玛丽莲的电话详情均来自通用电话和电器公司关于她住宅里安装的两部电话(476-1890和472-4830)的完整记录。这些记录是在制片人和导演中间调停的泰德·兰德雷斯向唐纳德·斯波托提供的,他是从洛杉矶警察局的高级侦探尼尔·斯帕茨(后来出任了花花公子公司的保安主任)的手中得到的。

IV 默里,p.107。

V 有关韦恩斯坦、费尔德曼、雷瓦西、鲁丁、格林森和甘的电话详情都被菲尔·费尔德曼记录在长达9页的公司备忘录《玛丽莲·梦露的状况》里,落款日期为1962年6月6日至11日。唐纳德·斯波托在1992年初从私人手中获得了这份材料。在下文中,这份材料均以"费尔德曼"指代。

VI 沃尔特·伯恩斯坦向唐纳德·斯波托详细讲述，1992年3月5日。

VII 有关格林森对这位演员及作家的患者的态度，提供情况的人出于显而易见的理由要求唐纳德·斯波托不向外界透露他们的身份。

VIII 格林森和《美国精神分析学会杂志》的约翰·弗罗施在1957年的通信被收录在加利福尼亚大学特藏部拉尔夫·R.格林森文稿的第14盒，名为《1957年的通信》的文件夹里。

IX 迈克尔·古尔丁医学博士的这几段话均出自唐纳德·斯波托对他进行的采访，1992年9月21日。

X 费尔德曼，1962年6月6日的备忘录。

XI 同上，1962年6月7日。

XII 同上。

XIII 引自《洛杉矶时报》，1962年8月11日。

XIV 费尔德曼，1962年6月8日的备忘录，pp.1—3。

XV 引自《好莱坞市民新闻》，1962年6月9日，p.2。

XVI 引自《洛杉矶先驱考察家报》，1962年6月12日，p.2。

XVII 亨利·韦恩斯坦，在亨利·希珀的纪录片《玛丽莲：濒于崩溃》中，1990。

XVIII 戴维·布朗向唐纳德·斯波托讲述，1992年11月11日。

XIX 费尔德曼，1962年6月11日的备忘录。

XX 同上，p.3。

XXI 起诉书797856号，原告：20世纪福克斯公司；被告：玛丽莲·梦露，玛丽莲·梦露制片公司。

XXII 约翰逊和利文撒尔，p.209。

XXIII 引自杰拉尔德·克拉克所著的《卡波特传》（纽约：西蒙和舒斯特出版社，1988），p.269。

XXIV 引自麦卡恩的著作，p.173。

XXV 伯特·斯特恩向唐纳德·斯波托讲述，1992年5月10日。

XXVI 乔治·马斯特斯向唐纳德·斯波托讲述，1992年8月8日。

XXVII 见《花花公子》，1962年9月，p.87。

XXVIII 艾伦·斯奈德向唐纳德·斯波托讲述，1992年5月2日。

XXIX 有关所谓的"肝脏和维生素注射剂"，第一任海曼·恩格尔伯格夫人告诉唐纳德·斯波托她从未听说过这种药物："格林森先生利用海[给玛丽莲]做镇静。"埃丝特·莫尔茨（前海曼·恩格尔伯格夫人）向唐纳德·斯波托讲述的，1992年10月23日。

XXX 理查德·梅里曼，《与一个孤独女孩的最后一次长谈》，《生活》，第53卷，第7期（1962年8月17日）：33。

XXXI 帕特里夏·纽科姆向唐纳德·斯波托讲述，1992年8月3日。

XXXII 埃丝特·莫尔茨（前海曼·恩格尔伯格夫人）向唐纳德·斯波托讲述，1992年7月28日。

XXXIII 拉尔夫·格林森1962年8月20日给玛丽安娜·克里斯的信，加利福尼亚大学特藏部拉尔夫·R.格林森文稿。

XXXIV 玛丽莲·梦露给司法部打去的电话在通用电话公司的账单中留下了记录（见前文尾注III）。关于此事，之前曾被引述过的埃德温·格斯曼向唐纳德·斯博托讲述了这些电话是否被转接给司法部长以及安吉·诺韦洛接听的情况。

XXXV 有关安吉·诺韦洛接听玛丽莲·梦露电话的次数超过了罗伯特·肯尼迪，见施莱辛格，p.591。

XXXVI 有关迪马吉奥看望玛丽莲·梦露的情况，见《乔计划守在玛丽莲身边》，《旧金山纪事报》，1962年8月14日。

XXXVII 有关玛丽莲·梦露子宫内膜异位的情况以及接受的治疗，见上文利昂·克罗恩的笔记。

XXXVIII 有关迪马吉奥退出莫奈特公司的情况，见莫里·艾伦，p.197，和《洛杉矶先驱考察家报》，1962年8月14日。

XXXIX 玛丽莲发表的看法摘自前文引述过的梅里曼的文章。玛丽莲在一周前，即7月27日拿到了杂志，据尤妮斯·默里所述（p.116），玛丽莲读后也表示喜欢这篇文章。

XL 引自默里的书，p.115。

XLI 有关《珍·哈露的故事》的计划，见斯科尔斯基，pp.235—236。

XLII 彼得·G.雷瓦西向唐纳德·斯波托讲述，1992年2月21日。

XLIII 拉尔夫·罗伯茨向唐纳德·斯波托讲述，1992年3月2日。

XLIV 亚历山大·达西向唐纳德·斯波托讲述，1992年7月1日。

XLV 贝特西·邓肯·黑堡斯向唐纳德·斯波托讲述，1992年7月22日。

XLVI 引自莫里·艾伦的著作，p.197。唐纳德·斯波托对鲁伯特·艾伦的采访，1991年7月19日。关于玛丽莲和乔秘密结婚的计划，了解内情的有瓦尔莫·莫奈特、鲁伯特·艾伦和比尔·亚历山大（见本书第二十二章），以及其他一些人。玛丽莲和乔打算直到婚礼过后再向外界公布消息，以免招致他们在1954年时引起的那种关注。

XLVII 苏珊·斯特拉斯伯格向唐纳德·斯波托讲述，1992年6月3日。

XLVIII 米尔顿·鲁丁向唐纳德·斯波托讲述，1992年10月31日。

XLIX 引自《洛杉矶时报》，1962年8月12日。

第二十二章　1962年8月1—4日

8月1日，星期三，南纳利·约翰逊告诉玛丽莲的老朋友让·尼古拉斯科公司将邀请他担任影片《濒于崩溃》的导演，"因为玛丽莲点名要你执导"。[1] 尼古拉斯科执导过《愿嫁金龟婿》，他说很高兴能接替库克，他认为玛丽莲就是"一股魅力风暴，她对自己扮演的角色非常了解，知道应该以怎样的方式出场、如何在剧情发展的过程中牢牢地吸引住观众的注意力、如何为一场戏收尾"。[II] 尼古拉斯科接受了邀请，重新拍摄《濒于崩溃》的所有前期准备工作就都就绪了，影片将于10月底开拍。玛丽莲签了一份新合同，薪水是原先那份合同的2.5倍，为25万美元。

听说尼古拉斯科将执导影片的消息后，伊夫林·莫里亚蒂拨通了玛丽莲的电话，据她所述，玛丽莲当时"兴高采烈的——她为自己即将恢复工作感到开心。我们聊了聊剧本和新导演，还有所有的事情。她的状态真是太棒了，我们都很期待影片的开拍"。[III] 玛丽莲还告诉莫里亚蒂在这一年底阿瑟·雅各布斯要为福克斯公司制作《我爱路易莎》，所以她们还有更多值得期待的事情。手里有了这两部影片，再加上《珍·哈露的故事》也已经被提上日程，玛丽莲拥有了前所未有的光明前途。

至于眼前的计划，玛丽莲则忙着准备婚礼之后的一场小小的宴会，直到最后一刻她才写好了宾客名单。她还跟经常光顾的布里格斯百货商场确认了下一周对方会准时送来红酒、三明治和沙拉，这家商场就坐落在圣文森特大道。乔也会在星期日晚上或者星期一早上赶到洛杉矶，他们将于星期三举行婚礼，然后前往

---

* 福克斯公司不顾一切地想要挽救这部影片，因此决定撤换掉乔治·库克。

纽约度蜜月，在那里他们各自都有一些好朋友。接下来，他们也许会在长岛或者科德角住上一个星期。

玛丽莲在8月1日这一天还给利昂·克罗恩在黎巴嫩雪松医院的办公室打去一个电话。[IV]克罗恩当玛丽莲的医生已经有10年之久了，玛丽莲毫无保留地信任他，经常找他请教医疗问题之外的各种问题。从1952年的阑尾切除手术、在《热情似火》拍摄期间经历的焦虑和极度伤心、后来第三次流产，直到最近做过的小手术，绰号"里德"的克罗恩一直是对她最温柔的男人，也是最能理解她的医生。在她和乔办理离婚手续的过程中，他一直跟他俩都保持着良好的关系，现在有了这样的好消息，她自然会给他打去电话。玛丽莲邀请克罗恩当天晚上跟她共进晚餐，她说到时候会告诉他一件重要的事情，克罗恩说等忙完医院的事情他会给她回电话的。下午，玛丽莲又拨通了克罗恩的电话，她说过几天再联系他。

玛丽莲为何要推迟跟克罗恩的会面，外界不得而知，但是就在当天，玛丽莲又去了格林森那里，接受了两个小时的心理治疗，在傍晚恩格尔伯格就去了海伦娜5街。原定的晚餐之所以突然被取消有可能是因为玛丽莲又被注射了药物，或者只是因为累坏了。不过，也有可能跟她和尤妮斯发生的冲突有关，最终她还是彻底将这位管家解雇了，她和乔的新生活即将开始，眼下就是解雇尤妮斯的最佳时机。

尤妮斯整天摆出一副所有者的态度，而且她还试图左右玛丽莲的生活、跟格林森保持统一阵线，由于这些表现，再加上最后发生的三件事情，玛丽莲终于失去耐心，彻底结束了她的管家生涯。首先，谢丽·雷德蒙7月底从公司给玛丽莲发了一封信，告诉玛丽莲她在福克斯公司的信箱和私人信箱现在都"被默里夫人掌管着"，[V]后者越来越肆无忌惮了。得知这件事情后，玛丽莲火冒三丈，她感到自己又一次在自己的家里受到了自己雇员的监管。

接着，在那一周的星期三早上，拉尔夫·罗伯茨应玛丽莲的邀请，上门为她做按摩。他后来说过尤妮斯"很显眼，她用那么仇恨、恶毒的目光打量着我，就像是在说'我还以为我们已经摆脱你了'。太令人不寒而栗了——这个矮小的女人竟然能变得这么吓人，竟然能对玛丽莲控制到这个地步、能如此离间玛丽莲和她的朋友们。默里夫人就是格林森的走狗，仅此而已，他安插在玛丽莲身边的代理人"。[VI]尤妮斯对罗伯茨的态度也没有躲过玛丽莲的眼睛，她进一步被激怒了。

第三件事情彻底让玛丽莲坚定了决心。尤妮斯打算陪姐姐和姐夫前往欧洲度假，按照计划他们将于8月6日（星期一）动身。但是，她决定事先不向玛丽莲透露自己的安排，甚至没有预订旅馆和机票。显然，她不太放心把玛丽莲独自留在家中。在给赫达·霍珀的信中，谢丽·雷德蒙提到了尤妮斯举棋不定的态度："在我看来，默里夫人似乎对玛·梦太投入了——或许只能用这个词了——不过你也明白我的意思，她投入得都不想走了。"

无论出于什么理由，有几件事情是确定无疑的：8月1日（星期三），尤妮斯终于告诉玛丽莲自己想在下一周的周一外出度假。玛丽莲肯定为这个消息感到开心，但是有可能她还是按捺住了自己的情绪，不动声色地给尤妮斯开了一张支票，支付了一个月的薪水，并且告诉她9月就不用回来了。[VII]玛丽莲一向懂得如何避免正面冲突，这样一来她就能彻底解雇这位管家了，她可以告诉对方自己也要外出旅行一段时间，外出多久还不确定，而且她对未来的打算就像对方突然向她宣布的消息一样不确定。在自己的回忆录中，尤妮斯没有提到自己被解雇的事情，不过那天下午她很有可能也从玛丽莲的口中听说了结婚的计划，因为玛丽莲知道她对迪马吉奥的反感就像她对罗伯茨的一样强烈。此外，玛丽莲还给自己在纽约的女佣哈蒂·史蒂文森打了几个电话，显然她想问一问对方当年秋天是否有空在洛杉矶待一段时间。

* * *

尤妮斯的反应只能是震惊、伤心，或许还有愤怒。玛丽莲的家为她提供了她渴望拥有的理想环境，在自己曾经建造的那座房子的复制品里，同慈父般的充满智慧的拉尔夫·格林森共事，越来越多地主宰着"女儿"玛丽莲大大小小的事情，就像姐姐卡罗琳·约恩特照顾孩子一样照顾玛丽莲，就这样她似乎终于实现了自己毕生的梦想——让自己的生活达到姐姐的高度，她终于能够对自己那场不幸的婚姻做出修正了。通过玛丽莲，她重新拥有了失去的家，重新成为了"一家之主"。

玛丽莲……玛丽莲忙忙碌碌的生活……玛丽莲的房子……玛丽莲内心的不安全感……玛丽莲对格林森的依赖，这一切都成为了尤妮斯·默里在情感上维持身份的工具，这一切赋予了她一个人生目标。没有了海伦娜5街的房子和房子里那位著名的住户，没有了格林森需要她效劳，没有了玛丽莲需要她"照顾"，尤妮斯根本就没有生活可言。鲁伯特·艾伦（当时从摩纳哥回到洛杉矶住了6个星期）、拉尔夫·罗伯茨和帕特里夏·纽科姆都说过，尤妮斯·默里最终离去实际上是玛丽莲为了维护自己的利益所采取的最重要的措施之一。罗伯茨说过："我知道她对格林森的态度改变了，至于默里夫人——嗯，玛丽莲只说过这个女人有多么讨厌、多么无聊，简直令她心烦意乱。"考虑到5月那次临时性的解雇，这次彻底解雇尤妮斯的举动并不令人感到意外。纽科姆说过："玛丽莲再也忍受不了她继续待在那里。事实就是玛丽莲终于感到自己对所有的事情有了主宰权，于是她就把默里夫人给解雇了。一切都结束了。"[VIII]8月4日（星期六）将成为尤妮斯在玛丽莲家的最后一天，在此之前，他们双方都有很多事情要忙了。解雇尤妮斯只是玛丽莲刚刚开始恢复健康积极的自信，真正的难关还在前方等待着她——刚刚变得独立自主的她还必须面对格林森。

这天下午，玛丽莲一直待在福克斯公司，商量重拍《濒于崩溃》的事情。这场碰头会气氛热烈、富有创造性，看到他们开会时的情景，外人或许会以为双方之前只是为一些小问题出现了龃龉，而且很快就和解了，根本不曾结过宿怨。

8月2日（星期四）早上玛丽莲去格林森的家接受治疗，格林森后来发给玛丽莲遗产的收据证明当天晚些时候他又驱车去了玛丽莲家，为她进行当天的第二次治疗。显然，当时发生了一场危机。难以想象玛丽莲会向格林森隐瞒解雇尤妮斯、自己即将结婚的消息；也同样难以想象，听到之后格林森会表现出开心或者表示赞同。不难设想，玛丽莲还会跟格林森提到自己要外出旅行，因此只能暂时中断治疗，这个消息在格林森听来或许就等于他也要被解雇了。

拉尔夫·罗伯茨说过："玛丽莲觉得格林森和公司的关系是对她最大的背叛。"

> 她觉得他在利用她，对此她感到深恶痛绝。最终，她还是明白了最根本的事实——好莱坞不是她的生活，对他的依赖也不是她的生活。她对格林森的怨恨终于爆发了，对我们所有人来说，这都是显而易见的事情。她身边的所有人，他几乎都曾试图赶走，而她身边原本就没有多少朋友。但

是，当他试图对乔下手的时候，我想就是从那个时候她终于把所有的事情重新考虑了一遍。至于恩格尔伯格，还有那些药片和注射剂，都是很明显的事情，不是吗？要是用某种方法制服不了玛丽莲，药物永远都能控制住她。^{IX}

对尤妮斯采取的行动给了玛丽莲勇气，接下来她打算再做一件事情，她相信这件事情就跟同乔复婚一样能够让她在很大程度上获得自由。据罗伯茨所述，"她意识到自己必须摆脱格林森，当时她似乎也做好了准备。不管怎么说，我们中的很多人都支持她这么做！"

在3个月的时间里，由于三件事情玛丽莲对自己的心理医生感到极度愤怒，帕特里夏·纽科姆亲眼目睹了这一切。首先，当玛丽莲从纽约回到洛杉矶、发现福克斯公司眼看就要给她制造大麻烦的时候，格林森却去了瑞士。据纽科姆所述，"他没有在那里等着她，这令玛丽莲十分生气"。后来玛丽莲也体会到了他在盛怒之下会对自己造成什么样的肉体伤害，这也是她痛恨他的第二个原因，只是她花了好几天甚至好几个星期的时间才意识到了他的背叛。第三，她永远也忘不了格林森试图离间她和乔的举动。

纽科姆说过："好几次她都威胁说要解雇格林森——离开他，可是她的话我从来不会当真。"现在，玛丽莲终于要兑现自己对格林森的警告了。尤妮斯就要被赶走，她就要结婚了，实际上，为了丈夫和蜜月她已经放弃格林森了。就像对尤妮斯的处理方式一样，玛丽莲或许不曾明确表示结束自己和格林森的关系，但是她绝对已经开始改变了。

在《对富人和名人的心理治疗中出现的特殊问题》一文中，格林森清楚地描述了自己和这位特殊客户终止医患关系的事情，就在前一段里他略有掩饰地专门针对玛丽莲、她的背景和她的问题论述了一番。这段华丽的概括显示出他在玛丽莲的问题上有多么感情用事，作为一名学者应该具有的谨慎和矜持都被这段悲伤的回忆彻底粉碎了：

> 富人和名人都相信长期的心理治疗是一种"宰客"行为。他们希望自己的治疗师成为他们的密友，他们甚至希望他们的妻子和他们的孩子也都成为治疗师的家人……这些病人充满了诱惑力。

他继续发泄着自己投射在玛丽莲身上的感情，实际上也隐隐约约地暴露了自己的过去和失意，凡是对他那位最著名的客户有所了解的听众肯定都猜出来了他说的就是玛丽莲：

> 富人和名人都需要治疗师一天24小时地陪着他们，他们永远都得不到满足。他们有可能还会彻底放弃你，从这个意义上说，他们就是在你的身上重现着他们的父母或者他们的用人对他们做过的事情。你就是他们的用人，用不着提前通知就会遭到解雇。[x]

对于格林森来说，玛丽莲实际上已经变成了他的竞争对手朱丽叶，通过貌似最仁慈的心理咨询受到控制的对象。这位女演员美丽、富有才华、受到人们的仰慕和赞许，她部分取代了他的妹妹朱丽叶，占据了朱丽叶在他复杂的情感世界中的位置。

格林森对玛丽莲受到的控制感到满意：只有得到他的同意，她才会开工；她完全根据他的指示安排自己的社交生活，根据他的意见决定是否接受某个角色（例如，休斯敦计划拍一部讲述弗洛伊德的影片，无论多么愿意，她都绝对不会接受这部影片的）。格林森痛恨朱丽叶得到的赞许，他将玛丽莲留在他的家里，用这样的方式压制这个替代品，阻挠她获得赞许。他还宣称玛丽莲患有精神分裂症，在他的同行米尔顿·魏斯乐的认可下正在接受非传统方式的治疗（但是，对他给玛丽莲滥用药物一事，魏斯乐显然不会表示认可），打着帮助她重建生活的幌子巧妙地策划了一切，他似乎是在说"跟我待在一起吧"。他的一举一动都在告诉玛丽莲"放弃你的名气，承认我才是至高无上的"。通过玛丽莲·梦露，拉尔夫·格林森不仅成了一位音乐家，而且还当上了编曲大师和指挥。

格林森一直唯恐外人将他视作音乐家斯文加利的化身，玛丽莲这位享誉世界的女演员是他的特丽尔比，但事实就是如此。就像尤妮斯的经历一样，格林森也通过玛丽莲推翻了令他痛恨的过去——他征服了对手。当玛丽莲逐渐恢复健康的时候，尤妮斯·默里的心理上出现了问题；现在，拉尔夫·格林森自己也出现了精神分裂的恐惧，唯恐自己遭到抛弃和拒绝，这正是玛丽莲现在学着抛却的心理状态。

显然，在那个星期四玛丽莲还没有下定决心彻底停止心理治疗——接下来几天里他们或许一直在商量这件事情，或者在商量等乔回来后，他们一起宣布未来的计划，无论是哪一种情况，对于玛丽莲来说，直截了当地把这些惊人的消息告诉格林森都不是一件容易的事情。

无论在这两次心理治疗的过程中发生了什么事情,治疗结束后玛丽莲还是叫尤妮斯开车送她去贝弗利山和好莱坞西区办了几件事情。她们最后去了一家名叫"玛特"的商店,这家坐落在圣莫尼卡大道的商店是古董收藏家的乐园。玛丽莲想买一个床头柜,她告诉老板比尔·亚历山大:"我在布伦特伍德有一座西班牙风格的房子,我太开心了,我就要结婚了,我们以前就结过一次婚。"[XI]他们聊了聊家居装饰的话题,玛丽莲选中一张桌子,商店将在星期六把桌子给她送过去。之后她继续在店里逛了一会儿,和亚历山大也多聊了一会儿,可是"她的管家和同伴似乎惴惴不安、紧张兮兮的,她说:'玛丽莲,咱们得走了。我在车里等你'"(亚历山大所述)。6点左右,玛丽莲邀请艾伦·斯奈德和玛乔里·普莱彻来家里一起分享香槟和鱼子酱,他们都记得当时她那么开心和乐观,魅力四射,头脑机敏,身体状况也很好。

1962年8月3日(星期五),罗伯特·肯尼迪和妻子艾塞尔以及四个孩子飞抵旧金山,美联社和《洛杉矶时报》分别在当天晚上和次日上午对此事做了报道。肯尼迪一家在那里同好朋友约翰·贝茨及其家人见面,并且就住在吉尔罗伊郊外贝茨的牧场。牧场高高地坐落在圣克鲁兹山上——旧金山以南80英里(129千米),洛杉矶以北350英里(563千米)。8月6日(星期一),司法部长将为美国律师协会的一次会议发表开幕致词,此前整整一个周末他们一家一直待在牧场里。

要不是从1962年开始社会上出现了一些极其无耻的传言,罗伯特·肯尼迪一家的这次社交活动原本应该和玛丽莲·梦露的生死毫不沾边。有的传言称罗伯特·肯尼迪和玛丽莲·梦露在那个周末幽会了一次,还有传言称肯尼迪还跟玛丽莲的身亡有着直接关系。另外,对于玛丽莲的死亡还有一种荒诞不经的猜测,据说她是被谋杀的,凶手的目的在于掩盖其他阴谋,这起谋杀事件不仅涉及犯罪集团,而且联邦调查局和中情局也都被牵连其中。本书的后记对这些传言的产生和繁衍以及其他各种猜测都做了说明,不过作者还是有必要在此处简单描述一下司法部长度过的那个周末,以及几名目击者的情况,他们都证实当时司法部长距离洛杉矶很远。

肯尼迪夫妇和贝茨夫妇原先就是朋友,可以说那个周末只是贝茨一家跟肯尼迪一家的礼尚往来而已，因为上一周他们刚刚去了罗伯特·肯尼迪在弗吉尼亚的庄园"核桃山"过了周末。44岁的约翰·贝茨1940年毕业于斯坦福大学，后来在海军服役3年。通过大学兄弟会的朋友、约翰·肯尼迪的密友保罗·B. 费伊，贝茨认识了肯尼迪，两个人也成了朋友。"二战"结束后，贝茨于1947年获得伯克利大学法律专业学位，加入了旧金山的"皮尔斯伯里、麦迪逊和苏特罗"法律事务所。在事务所里，他的表现非常优异，最终晋升为高级管理合伙人。

约翰·肯尼迪当选总统时，约翰·贝茨已经是加州声誉最卓越、最受尊敬的一位律师了，除了其他职务，他还担任旧金山律师协会司法委员会的主席一职。新一届政府邀请他领导司法部反垄断局的工作，这个结果并不令人感到意外。经过一番考虑，贝茨拒绝了邀请，他还是更愿意守着自己的法律事务所、住在加州，和妻子一起养育三个孩子。

多年后，贝茨说过："做出这个决定并不容易。不过，谢天谢地，我还是拒绝了。得知司法部长要在律师大会上发表讲话的消息后，我就想向他表示感谢，感谢他邀请我加入肯尼迪政府，所以我的妻子和我就邀请鲍勃来跟我们一起过一个周末。"[XII]那个周末肯尼迪去了贝茨在偏远的吉尔罗伊的牧场做客，这个事实不存在任何争议。事实上，贝茨的家人和家里的工作人员都详细记录了这件事情，而且《吉尔罗伊快报》在接下来的那个星期一也报道了此事。贝茨说过："从周五下午一直到周一，司法部长及其家人一直跟我们待在一起，他根本不可能跑去南加州然后再赶回来。"贝茨一直认为媒体和所谓的目击者提供的相反说法"令人愤慨、荒唐可笑、丢人现眼"。

贝茨说得没错。距离他的牧场最近的简易机场位于圣何塞，开车都需要一个小时。牧场坐落在圣克鲁兹山脉南端的圣母山上，由于深深的峡谷、陡峭的山体和高高的电线，直升机进出圣母山一直是一件危险的事情。在1962年，从吉尔罗伊到洛杉矶唯一实际的交通方式就是开车，单程至少也要5个小时。

自1962年以来，贝茨家的宾客登记簿和家里的影集里一直妥善地保存着肯尼迪在那个周末的日程记录。8月4日（星期六）早上，两家人一大早就起了床，吃了一顿丰盛的早餐后，罗伯特和艾塞尔就跟约翰和南希出去骑马了。

贝茨牧场的领班罗兰德·斯奈德也亲眼目睹了那个周末发生的一切。"我为贝茨先生和夫人、肯尼迪先生和夫人装好了马鞍，然后他们站在一起，我帮他们拍了照,接着他们就骑马去圣母山了。一整个周末,他们一直待在这里,这是肯定的。天哪,他压根就没有接近过洛杉矶——他就跟我们待在这里。"[XIII]

这天上午,骑完马之后他们又游了一会儿泳,然后就回到了住所,中午他们吃了一顿烧烤。小约翰·贝茨还记得:"当时我14岁,马上就要去寄宿学校了。我还记得鲍勃[肯尼迪]跟我开玩笑说:'哦,约翰,你会讨厌死那里的!'"[XIV]

星期六下午,司法部长提议大家跑上一英里,跑到一块开阔的地方打一场触身式橄榄球[1]——他一贯喜欢向别人发起这样的挑战。据约翰·贝茨所述:

> 适合打球的一块平地在牧场的最顶头,于是我们就去了那里,我们十一个人全都参加了。然后我们又返回住所,游了一会儿泳、玩了一会儿其他游戏,然后孩子们就去冲澡、换衣服、准备吃晚饭了。我还记得吃饭的时候鲍比跟孩子坐在一起,给他们讲着故事。他特别疼爱自己的孩子。

等安排孩子们上床睡觉了,四个大人终于坐下来享用晚餐。南希·贝茨还记得他们当时聊了聊肯尼迪将要发表的讲话,讲话稿经过艾塞尔的审阅和修改(司法部长在那个周末断断续续地撰写讲话稿)。约翰·贝茨说过:"晚餐一直持续到十点半,没过多久我们就回了各自的卧室。"

8月5日(星期日)早上,两家人又是一大早就爬起来,一起去了吉尔罗伊参加弥撒,当地的媒体于次日报道了这件事情。[XV]午餐过后,他们返回贝茨牧场,约翰亲自开车将肯尼迪一家送到旧金山,大会期间肯尼迪一家住在保罗·费伊的家里。在旧金山的那个下午和晚上,肯尼迪夫妇一直跟贝茨夫妇以及几位双方都认识的朋友待在一起(其中包括爱德华·卡伦和约瑟夫·泰丁斯,以及他们的夫人)。有一点值得注意, 在1962年8月3日和4日这两天,玛丽莲在自己的家里和劳福德的家里跟很多人见过面,此后三十多年的时间里,没有一个人说过罗伯特·肯尼迪当时也到场了。事实上,当外界开始把这些传言当作事实,他们都竭力否认了各种传言。好在联邦调查局的记录提供了不容置疑的证据,完全证实

---

[1] 触身式橄榄球是常规橄榄球运动的简化玩法,规则类似,防守球员以摘走持球队员身上的小旗为目的。

了司法部长及其家人在那个周末留下的日程记录。*

8月3日（星期五），在这个暖和但是潮湿得有些反常的夏日，玛丽莲一整天都在忙碌。她一大早就起了床，看上去精神抖擞，或许是因为前一天夜里没有服用安眠药。她先去富兰克林街在格林森那里做了90分钟的治疗，然后在布里格斯百货商场为下一周的宴会采购了一些东西。[XVI]回到家后，恩格尔伯格已经等在那里了，显然是格林森要求他这么做的。恩格尔伯格给玛丽莲注射了药物，还开了25粒宁比泰胶囊。[XVII]在此之前，格林森已经给她开了一大堆水合氯醛，这种速效"蒙汗药"其实就是一种用胶囊包装的液体，格林森的目的在于让玛丽莲逐步戒断对巴比妥酸盐的依赖，后来他对这种药物做过详细的解释。[XVIII]李·西格尔7月25日已经为玛丽莲开了一批宁比泰，但是没有留下确切的剂量记录，8月3日又继续补充了一些。玛丽莲逝世后的一段日子局面混乱不堪、几份医疗和法律文件的记录有所出入，因此她在去世前一个月里得到的药物的确切数量记录遗失了，但是显然她可以轻轻松松地拿到大量药品。

玛丽莲之所以能如此容易地得到大量药品，一部分原因就在于格林森和恩格尔伯格没能相互通报开药的情况，恩格尔伯格和妻子漫长而痛苦的离婚战更是为他们之间的沟通制造了困难，在7月底和8月初那段日子里他一直行踪不定。[XIX]后来，恩格尔伯格表示自己很小心地控制着玛丽莲的药量，规定她每天只能服用一粒宁比泰，格林森则宣称他治疗玛丽莲的主要目标就在于帮助她摆脱对药物的依赖，如果他们的确没有隐瞒自己的实际做法，那么两位医生对玛丽莲的治疗都失败得令人咋舌。[XX]

通用电话公司的记录显示玛丽莲打过一个持续了32分钟的电话，这通电话清楚地显示了恩格尔伯格给玛丽莲注射的不只是维生素。诺曼·罗斯滕记得在通话的过程中玛丽莲表现得"很快活，激动……异常兴奋，话很多，气喘吁吁的。她似乎异常兴奋……急匆匆地从一个话题跳到另一个话题，中间几乎没有停顿"。她的语调显得有些狂躁，但是她给罗斯滕说了很多刚刚发生的事情，也详

---

* 见联邦调查局档案#77-51387-293，日期为1962年8月6日，存档日期为1962年8月21日。

细讲了自己的计划，她说自己从未有过这么好的感觉、她很快就要恢复工作了、她的房子马上就要装修好了、她要拿到好几部影片的合约了。玛丽莲说现在所有人都应该把过去抛之脑后、趁着大家还不太老开始新生活。无疑，在说出这番话的时候，她也想到了尤妮斯·默里和拉尔夫·格林森。

记录显示，星期五下午玛丽莲还打了几个电话。她跟住在富勒顿的工人雷·托尔曼通了电话，接电话的时候他就在自己的家里，她让他下个星期尽早去她家干活——她家需要好好打扫一番，还有一些重要的地方需要维修一下。接着，玛丽莲拨通了伊丽莎白·考特尼和让·路易的电话，问他们能否在次日把她的新裙子送过去，最后试穿一次。突然，她又想到第二天是星期六，于是她改变了主意，说她不想打扰他们的周末，自己可以等到星期一。

下午，朱尔·斯泰安从纽约给玛丽莲打来电话，正在期待为玛丽莲主演的《我爱路易莎》创作插曲的他有了一个新想法。他建议玛丽莲将女作家及编剧贝蒂·史密斯的小说《布鲁克林有棵树》改编成歌舞片，福克斯公司1945年根据这部小说改编拍摄的电影就取得了不俗的成绩。玛丽莲热情地接受了斯泰安的建议，还说下一周她就要去纽约了，他们可以在他的办公室谈一谈。他们约定在8月9日（星期四）下午两点半见面，斯泰安还记得："她对这个主意非常激动，她要是能演这部片子的话，肯定非常出彩。我们还说要让辛纳屈出演另一位主角。"[XXI]玛丽莲还答应给《君子》杂志充足的时间对她进行专访，因为杂志打算为她做一期封面图片报道。[XXII]此外，她还接受了各种社交邀请。宝拉·斯特拉斯伯格"和丈夫都期待着那个星期她能过来"，[XXIII]她甚至开始向剧院订票，等着款待玛丽莲了。

阿瑟·雅各布斯也打来了电话，他告诉玛丽莲他们将在星期一下午5点同J.李·汤普森见面，一起讨论一下《我爱路易莎》。这部影片也进展如此迅速，这个消息令玛丽莲感到欣喜。她的日程表很快就被填满了，就连尤妮斯后来也不得不承认当时玛丽莲丝毫没有不开心的情绪："值得期待的事情太多了。"[XXIV]接下来，玛丽莲暂时放下电话，她决定立即去弗兰克苗圃一趟。她在苗圃订购了几棵柑橘树、开花植物和多肉植物，苗圃答应次日就把货物送到她家去。玛丽莲很有可能计划在室外举办婚礼，因此花园和游泳池都需要植物和色彩的点缀。

那个星期五的下午，即使在接受格林森当天的第二次心理治疗之后，玛丽莲依然保持着清醒的头脑，充满了奇思妙想。她给帕特里夏·纽科姆打去电话，邀请后者跟她一起出去吃晚饭。可是，纽科姆患上了支气管炎，听到这个消息玛丽莲说："你干吗不过来住一晚上呢？绝对不会有人打扰你的，你可以在后院晒晒太阳，好好休息一下。"[XXV]纽科姆后来说过："我接受了她的邀请。她的情绪很好，非常开心的情绪。"

那个星期五的晚上，两个女人在当地一家餐馆吃了一顿清静的晚餐，然后就回到了海伦娜5街。尤妮斯·默里已经回自己的家去过夜，玛丽莲和纽科姆都早早上床休息了。纽科姆在客房里美美地睡了一大觉，这间卧室就在玛丽莲卧室的斜对面，面积仅次于主卧。可是，这天夜里玛丽莲却睡得不太踏实，频频醒来。

8月4日（星期六）的早上，8点刚过，尤妮斯·默里就回来了，这将是她在海伦娜5街度过的最后一天，她在这一天的工作包括监督工人在花园里栽种绿色植物。大约9点钟的时候，玛丽莲溜溜达达地去了厨房，身上裹着白色的毛巾布睡袍，她给自己倒了一杯葡萄汁。一个小时后，劳伦斯·席勒开着车来到玛丽莲家，在原先的《濒于崩溃》剧组里，拍摄泳池那场戏的三位摄影师里就有他，他这次登门是为了和玛丽莲商量如何用那批照片给杂志做一篇专题报道。同以往一样，玛丽莲有权决定国内的杂志能否刊登她的照片。据席勒所述，这天上午玛丽莲焕然一新、思维敏捷，"看上去一副无忧无虑的样子"。[XXVI]席勒赶到的时候，她正在房子前面的一片花园里忙碌着。她带着席勒参观了一下改造后的小屋，那座小屋是专供客人使用的，然后用油彩铅笔在照片上逐一做了标记——哪些能刊登，哪些不能。

这天上午没有多少波澜。玛丽莲签收了几样东西（玛特商店送来的床头柜，弗兰克苗圃送来的柑橘树），还跟几位朋友通了电话。拉尔夫·罗伯茨给她打来电话，他们约定次日晚上在海伦娜5街吃一次烧烤，白天她要和西德尼·斯科尔斯基再去拜访一次"珍妈妈"贝洛。在那个阳光灿烂的星期六上午，她和福克斯公司在春天发生的危机似乎促使她进入了一个自由的新阶段，让她有了人生目标并且因此坚强起来。自从1955年抛下好莱坞、奔赴纽约以来，她就一直在苦苦追寻这样的生活。她在事业方面的前途从来没有如此丰富多彩过，或者说如此有希望给她带来丰厚的回报，无论是经济方面还是艺术方面，都是如此。

快到中午的时候，帕特里夏·纽科姆也起床了。这时，她看到自己的客户和朋友有些恼火，说起话来也是一副冷嘲热讽的腔调。"玛丽莲似乎有些生气——我能睡着，她却睡不着，不过背后还有别的原因。"[XXVII]尽管如此，在玛丽莲跟几位朋友通电话的时候，尤妮斯还是为纽科姆做了午饭，这位管家一直待到傍晚才走。这天下午，玛丽莲一直忙着自己的事情，纽科姆就静悄悄地躺着，其间在热灯下坐了一会儿治疗支气管炎，还在泳池边晒了一会儿太阳。

1点刚过，拉尔夫·格林森赶来了。除了在3：00至4：30给玛丽莲做了一次心理治疗，他一直跟玛丽莲待到晚上7点。[XXVIII]根据自己后来与格林森所做的交谈，米尔顿·鲁丁说过："那天，他大部分时间都跟她待在一起。"[XXIX]玛丽莲跟格林森在卧室里进行治疗的时候，尤妮斯和往常一样负责接听打来的电话。显然，在这段时间里只有一个人打来了电话，一个对方付费的电话。打电话的人是小乔·迪马吉奥，当时他正随海军陆战队驻扎在加州南部的奥兰治县附近。跟阿瑟·米勒的孩子一样，20岁的小乔也和玛丽莲保持着密切的联系，几乎每个月都要跟她通几次电话。这一次他打来电话的时候，玛丽莲正跟医生关在房间里进行心理治疗，但是尤妮斯告诉他玛丽莲不在家。正如他后来告诉警方的那样，他是在2点打的这个电话。[XXX]

据纽科姆所述，大约3点的时候，格林森"出来了，叫我离开，他说他想单独跟玛丽莲待在一起。玛丽莲有些心烦意乱，格林森叫默里夫人带她去海滩走一走，开车去。这就是我最后一次见到她"。

说完，格林森就进屋去了，尤妮斯开车将玛丽莲送到彼得·劳福德家，然后管家就按照玛丽莲的吩咐去副食商店了（尤妮斯在自己的回忆录中所述），不到一个小时后，她又赶过去把玛丽莲接回家。[XXXI]

劳福德制片公司的导演威廉·阿舍组织过肯尼迪总统生日庆祝会，经常参加劳福德举办的社交聚会，他回忆说玛丽莲是那天下午3点至4点去的海滩，"玛丽莲过来的时候，我跟其他几位顺路过来的客人也在那里，她在海滩上散了散步"。[XXXII]频频造访劳福德家的过程中，阿舍认识了玛丽莲，此外他还正在跟玛丽莲洽谈有望落实的新计划。这部新影片是一部讲述列车大劫案的喜剧片，计划由玛丽莲、劳福德、辛纳屈、迪恩·马丁和小萨米·戴维斯主演，编剧哈里·布朗（他为这四位男演员写过1960年版的《十一罗汉》）已经完成了影片的项目介绍书（包括剧本小样、角色分析等内容），米尔顿·鲁丁也已经着手谈判合同的事情了。

然而，就在这一天上午，尤妮斯和纽科姆都看到原本头脑清醒、说话有条有理的玛丽莲就好像突然变了一个人似的。接待格林森、然后去海滩散步的时候，她又服了药，据阿舍所述，她"还没到摇摇晃晃走不了路的程度，但是明显药效还没有过，在沙滩上走路的时候脚底下不太稳当"。无论是接受了格林森的建议还是出于自己的选择，玛丽莲肯定在治疗过程中或者之后服用了大量的镇静药物，所以她说起话来有些含糊，走路的时候也不太稳当。后来的尸体解剖显示，她的肝脏里沉积着高浓度的戊巴比妥钠（宁比泰），应该是经过了几个小时的积聚。

玛丽莲这一天在格林森的建议下或者自己主动要求服用镇静药物，以及纽科姆当天上午看到玛丽莲的态度有些伤人，都是基于同样的一些原因。在尤妮斯上班的最后几个小时里，海伦娜5街肯定笼罩在一种尴尬的气氛中，由于婚礼和纽约之行不得不中断心理治疗肯定也会产生同样的效果。玛丽莲之所以躁动不安也是因为她在前一天夜里失眠了，她焦急地等待着乔的到来，无论多么憧憬摆在眼前的多部影片，她还是一如既往地对拍摄工作感到紧张、没有信心。阿舍还记得玛丽莲在海滩上看了一会儿排球赛，在4点左右就离去了。

4：30，小乔·迪马吉奥又给玛丽莲打了一个对方付费的电话，尤妮斯·默里又一次告诉他玛丽莲不在家，她肯定没有说实话，因为这时候她和玛丽莲一起从海滩回来了。正如格林森8月20日给玛丽安娜·克里斯的信中提到的那样，恰好那个时候他又回到玛丽莲家继续给她做治疗，到这时治疗已经延长到了一整天。[XXXIII]就在他做治疗的过程中，尤妮斯又接了一次电话。格林森在信中的措辞充分显示出了他有多么心烦意乱，也透露出他们很有可能至少谈到了终止治疗的事情："我知道她有些讨厌我。只要我没有全心全意、毫无保留地附和[她]，她经常就会感到恼怒……她生我的气了。我跟她说我们还得再聊一聊……还跟她说她可以在星期天早上给我打电话……"[XXXIV]

但是，就在大约5点钟的时候，玛丽莲接到了彼得·劳福德打来的电话，他想叫几个朋友在当天晚上举办一场随意的墨西哥风格晚宴，他希望玛丽莲再去一趟海滩参加他们的聚会。[XXXV]他还要邀请他和杰基·葛里森的经纪人乔治·杜格姆（还代理其他一些演员的业务）、和他交往甚密的经纪人约瑟夫·纳尔及妻子德洛丽丝、米尔顿·艾宾斯及妻子（当时帕特里夏·劳福德去了海恩尼斯港看望患病的父亲）。玛丽莲拒绝了邀请，可是劳福德还是固执地劝了她一番："噢，玛丽莲，过来吧。你可以早点回去。"劳福德还说自己还会再打来电话，希望她能再考虑一下他的提议。* xxxvi

这天下午，还有两个人也给玛丽莲打了电话，可是玛丽莲没能抢在尤妮斯之前接听电话。第一个电话是伊萨多·米勒打来的，尤妮斯告诉对方玛丽莲正在更衣，到时候会给他打过去的，可是米勒最终还是没有等到玛丽莲的电话。xxxvii 第二个电话是拉尔夫·罗伯茨打来的，时间是5点40分或5点45分，放下电话他就开车去了贝弗利山的约根森商店，为次日晚上的烧烤聚会买了一些食物。据罗伯茨所述，"接电话的是格林森。我说我要找玛丽莲，他突然说：'不在。'然后就挂断了电话，都没有问我要不要留个口信。什么都没说，就一句不客气的'不在'，然后就把听筒放下了。"xxxviii

无论心理医生拉尔夫对玛丽莲的朋友拉尔夫的厌恶有多么明显，格林森这一次的表现也有可能并不表示他有意对后者摆出一副粗鲁的态度。就在罗伯茨打去电话的时候，他正在等海曼·恩格尔伯格的电话。xxxix 他一直在找恩格尔伯格，希望他能赶过来给玛丽莲一些药品，最好像他经常做的那样，给她注射一针能让她入睡的注射剂。和妻子分手令恩格尔伯格感到害臊，就在这一天早些时候，他从电话答录机上听到了格林森的留言，叫他去海伦娜5街一趟（他的第一任妻子清楚地记得此事）。内科医生拒绝了格林森的请求。现在，刚过下午6点，格林森又在圣艾夫斯路的住处找到了他。令格林森失望的是，恩格尔伯格再一次表示拒绝，他让心理医生自己想办法解决问题。

格林森宣称自己在7点或7点一刻的时候离开了玛丽莲的家，留下玛丽莲和尤妮斯·默里在家里。没过多久，各种相互矛盾的说法、讹传和纯粹的谎言就陆陆续续冒出来，掩盖了玛丽莲·梦露之死的真相。其实，玛丽莲可悲的死亡是完全可以避免的。

---

* 从劳福德那里得知玛丽莲、马龙·白兰度和韦利·考克斯——劳福德最先邀请的三个人——都谢绝了邀请后，纳尔夫妇和艾宾斯夫妇最终也没有去赴宴。

首先，拉尔夫·格林森宣称尤妮斯留下来陪着玛丽莲，他的说法和尤妮斯本人的说法有所出入。尤妮斯和亲戚罗斯·谢德合写过一本书——《最后几个月》，谢德在书中提到"走之前，他[格林森]问[尤妮斯]是否打算留下过夜，她说可以。仅此而已"。然而，玛丽莲逝世两个星期后，格林森在给玛丽安娜·克里斯的一封信中明确表示"我叫管家留下过夜，周六的晚上她通常都不会在那里过夜"。*XL1973年，格林森宣称自己之所以提出这样的要求是因为"不希望玛丽莲独自一人待在家里"，他的解释令人感到奇怪，因为当时所有人都已经知道那将是尤妮斯受雇于玛丽莲的最后一天。1982年，尤妮斯向地方检察官交代了一些情况，"这是格林森医生第一次要求默里在梦露的住所过夜"，XLI她还说自己并不了解玛丽莲平时的睡眠习惯，也不知道她睡觉的时候喜欢穿什么。**尤妮斯的这些话让一切变得更加扑朔迷离了。

格林森和默里夫人都语焉不详，在后来多年里所做的交代就更是前后矛盾。不过，还是有两个电话为彻底解开有关玛丽莲在世最后一个夜晚的谜团提供了重要的线索。

第一个电话是小乔·迪马吉奥打来的，一整天他一直不懈地努力和玛丽莲取得联系，最终在7点至7：15的时候他找到了玛丽莲。XLII玛丽莲接了电话，他们两个人愉快地聊了一会儿。当时，小乔已经跟一个年轻女人订了婚，玛丽莲对那个女人没有什么好感，在电话里小乔告诉玛丽莲自己已经决定和对方解除婚约了。***正如小乔告诉警方的那样，他发现玛丽莲头脑机警、心情愉快、情绪高昂，尤其是听到他要解除婚约的消息时。他们的谈话持续了10分钟左右，就连尤妮斯都证实在和小乔交谈的过程中玛丽莲"开心、活泼、机敏——绝对没有消沉

---

* 　着重号为作者所加。
** 　着重号为作者所加。
*** 　小乔·迪马吉奥能够确定这次谈话的具体时间。再后来接受警方询问的时候，他说玛丽莲接起电话的时候他正在看电视——那个星期六晚上在巴尔的摩举行的一场棒球赛，巴尔的摩金莺队对阵阿纳海姆天使队，当时比赛已经进行到了第7局。这场比赛是在美国东部夏令时刚过7：30的时候开始的，这就意味着第7局应该来到了10点钟（或者太平洋夏令时的7点钟）。

的情绪"。[XLIII]格林森也表达过类似的看法：他说跟小乔聊完后，玛丽莲就给他打了一个电话，她听上去"非常愉快，比之前振作了一些"。[XLIV]

第二个电话是彼得·劳福德打来的，他依然希望能说服玛丽莲参加他们的那场小型晚宴。[XLV]就在小乔刚刚跟玛丽莲通完电话后，劳福德就把电话打了过去，时间是7：40或7：45，对面女人的状态和小乔听到的截然不同。

劳福德听到玛丽莲含含糊糊地嘀咕着，声音模糊，几乎不太听得清。[XLVI]她听上去很苦恼、晕晕乎乎的，劳福德都觉得害怕。劳福德对巴比妥酸盐、酒精和其他药物的效果并不陌生，也了解玛丽莲在这些方面的习惯。他在电话里大声喊了几遍她的名字，问她究竟出了什么事，试图让她清醒过来。玛丽莲似乎拼命地吸了一口气，终于开口了："跟帕特说声再见，跟总统说声再见，跟你自己也说声再见，因为你是一个好人。"[XLVII]后来，劳福德说过就在这时，"我才真的感到了气愤和恐惧"。奇怪的是，玛丽莲轻声嘀咕了一句"我会考虑一下的，我会考虑一下的"，然后就不再吭声了。

劳福德以为玛丽莲挂断了电话，于是立即重新拨了电话，可是整整半个小时他只听到占线的忙音。[XLVIII]于是他要求接线员切断电话，可是对方告诉他玛丽莲的电话要么没有挂好，不然就是出了故障。惊慌失措的劳福德给米尔顿·艾宾斯打去电话，之前艾宾斯也接到他的邀请，但是最后还是拒绝了，现在这场宴会也流产了。艾宾斯后来说过"彼得当时显然非常担心"。[XLIX]尽管好几个人都信誓旦旦地告诉劳福德玛丽莲安然无恙，没有什么可担心的，劳福德还担心了一个晚上。

劳福德当然有充分的理由担心玛丽莲。

正如法医后来指出的那样，在不到半个小时的时间里，玛丽莲·梦露的情况非常糟糕：

> 梦露在电话里跟乔·迪马吉奥一边聊着，一边笑着……就在这通愉快的交谈结束不到30分钟后，玛丽莲·梦露就奄奄一息了……这起案件中存在很多非常奇怪的事情，这正是其中的一件。[L]

彼得·劳福德认为玛丽莲不多的几句话显示出她服用的药物已经给她造成了危险甚至是生命危险。肯定出了大问题，眼下的情况跟以往任何时候都完全不同，他坚信自己的担心并不像有些人后来宣称的那样，只是"狼来了！"的假警报。接着，他找遍了能想到的朋友，希望有人能帮一帮玛丽莲。在电话里他的声音已经变得很慌乱，他坚定地认为出大事了，就连米尔顿·鲁丁的来电也没能消除他的恐惧。

他首先联系上了艾宾斯：

彼得说："咱们去[玛丽莲家]一趟吧。我现在就想过去，我觉得玛丽莲出大事了。"我说："彼得，别这样！你可是总统的妹夫！要是你过去了，她只是喝醉了或者吃了药，或者别的什么事情，媒体上肯定铺天盖地都是你的头条新闻，你会给自己惹上麻烦的。我跟你说，咱们给米基·鲁丁打个电话，要是他也这么说，你就去，否则，一旦你去了，你就真的是自找麻烦了。"

艾宾斯随即就给鲁丁打去电话，这是最理智的选择，毕竟鲁丁是玛丽莲的律师。[LI]他在8:25拨通了鲁丁办公室的电话，结果得知鲁丁正在辛纳屈前经纪人的遗孀米尔德里德·艾伦伯格的家里参加聚会，于是他把电话打到了艾伦伯格家。艾宾斯说："鲁丁让我等他打听一下情况，看看究竟有没有出什么事情。他给默里夫人打去了电话。"鲁丁和艾宾斯的说法一致："我没有打电话[找格林森]。老实说，他已经受够了。他一整天都跟她待在一起。不过，我还是给管家打了一个电话。"[LII]

鲁丁在8:30左右或者稍晚一点找到了尤妮斯，当时她待在客人住的小屋里。鲁丁叫尤妮斯去主屋看一看玛丽莲，等了"大约4分钟，尤妮斯就回来了，她说：'她没事。'可是我感觉她压根就没有出去查看情况"。[LIII]鲁丁的直觉起到了很大的作用，尤妮斯后来针对这通电话交代的情况也证明了这一点，她在自己的书里哀叹道："要是[他]告诉[我]他从别人那里接到了电话、对方表示很担心的话，要是……"[LIV]那又能怎样呢？她真的会不嫌麻烦地去看一眼玛丽莲的情况吗？在回忆录中，她对玛丽莲没有接电话的事情只字未提，也没有提到自己去了主屋、敲了门、呼喊了玛丽莲，这些事情她都只字未提。

鲁丁接着又给艾宾斯回了电话，告诉他自己和尤妮斯的通话，艾宾斯又把情况转告给劳福德。然而，劳福德并不满意这样的结果，也不相信对方的说法。夜色越来越深，劳福德也喝得越来越醉（通过后来打的几个电话，艾宾斯知道了他当时的情况），他一直痛苦地担心着玛丽莲的情况，因此又给其他几个在他看来能帮上忙的朋友打去电话。* 其中就有约瑟夫·纳尔，纳尔住在莫雷诺街，距离海伦娜5街只有半小时的车程。正如他后来所做的陈述那样，大约11点劳福德找到了他，叫他开车过去一趟，看一看玛丽莲是否平安无事，"因为她听上去好像用药过量了"。[LV]就在穿上衣服准备出门的时候，纳尔又接到一个电话。这一次打来电话的是艾宾斯，他告诉纳尔劳福德的要求没有必要，玛丽莲平安无事，鲁丁刚刚跟他联系过了，大致意思就是"医生让玛丽莲服用了一片镇静药[纳尔引述的艾宾斯的原话]，现在她已经休息了。医生就是格林森"。[LVI]

艾宾斯一直让所有人远离海伦娜5街，与此同时劳福德在不断地发出警报，直到星期日凌晨1点，他还给阿舍打了一个电话，恳求对方去一趟玛丽莲家。到了1：30，劳福德终于放弃了，因为艾宾斯打来电话告诉了他真相，而艾宾斯则是从鲁丁那里得知这个消息的。据劳福德所述，鲁丁正是在那个时间从海伦娜5街给艾宾斯打去电话，他和格林森"发现玛丽莲已经在半夜的时候死了"。[LVII]对于时间的问题劳福德很肯定，因为就在接起电话的一刹那他瞟了一眼床头的钟表。

据米尔顿·鲁丁所述，玛丽莲其实在午夜之前就已经身亡了。第一次公开提起这天晚上的情况时，他表示自己早早就离开了艾伦伯格家，就在正要准备就寝的时候，他接到了姐夫拉尔夫·格林森打来的电话："我接到了罗米[格林森昵称]的电话。他在那边。玛丽莲死了。"鲁丁立即开车赶去现场。

根据另一个电话，玛丽莲短暂身亡的时间跨度就可以进一步收窄。那就是阿瑟·雅各布斯在好莱坞碗接到的电话，当时他正在那里出席一场音乐会，跟他在一起的还有制片人茂文·勒鲁瓦及夫人，以及女演员纳塔丽·特伦黛。特伦黛后来成为了阿瑟·雅各布斯夫人，那一天刚好是她的生日前一天，据纳塔丽·雅各布斯所述：

在大约10点或者10：30的时候，有人来到我们的包厢，说："雅各布

---

* 不过，他接受了艾宾斯的建议，始终没有亲自找上门去。他的女佣厄玛·李·赖利和朋友乔治·杜格姆都一直坚称那天晚上劳福德绝对没有外出。

斯先生，跟我走吧。玛丽莲·梦露死了。"那一幕我永远都忘不了。阿瑟叫勒鲁瓦夫妇送我回家。我不知道为什么，但是我凭直觉认为是米基·鲁丁把电话打到体育场，找到了阿瑟，之前格林森从玛丽莲家给他[鲁丁]打了电话。LVIII

不到午夜的时候，跟玛丽莲亲近的一些人纷纷得知了这起可怕的悲剧，他们都赶到现场，以便控制事态别再恶化。

按照纳塔丽·雅各布斯的说法，阿瑟·雅各布斯赶到海伦娜5街，跟已经先于他赶到现场的几个人商量了一番，然后就离去了。至于如何解决公司在世界范围的公关问题，这个重任很快就被交给了玛丽莲的朋友帕特里夏·纽科姆。这天晚上，纽科姆不在家，因此事发几个小时后她才接到电话。星期日早上5点，她从鲁丁的口中得知玛丽莲身亡的消息。她说过："他的话我记得很清楚。他说：'出事了。玛丽莲服药过量了。'我问他：'她没事吧？'他说：'不，她死了。你最好过来一趟。'我记得的情况就是这样的。"

这些亲历者的陈述都跟玛丽莲·梦露死亡事件的官方报告完全相左，而后者的来源正是拉尔夫·格林森和尤妮斯·默里各自对一系列事件所做的交代。LIX

为了说服外界，格林森和默里分别交代的情况在一个细节上达成了统一。直到8月5日（星期日）凌晨3点前后，他们才意识到出了差错。此时距离劳福德接到艾宾斯的电话已经过去了整整90分钟，距离雅各布斯接到消息已经将近5个小时了。

尤妮斯说过了3点她醒来了，"至今我也不知道当时我为什么会醒来"LX（说出这句话的时候她一如既往地装出一副无辜的模样，惺惺作态、含糊其词，还有点故弄玄虚的腔调）。随即，她注意到玛丽莲房门下的缝隙里透出灯光，她试图推开门，可是门被锁上了，这时她才感到担心，于是就给格林森打去电话。格林森指示尤妮斯找一根壁炉用的拨火棒，然后去屋子外面，透过那扇装了格栅的竖开式窗户（那扇窗户是敞开的）撩开窗帘，看看玛丽莲是不是睡着了、平安无事。尤妮斯听从了格林森的吩咐，结果她看到玛丽莲赤身裸体、一动不动地躺在床上。她给格林森打电话报告了情况。格林森急匆匆地赶到玛丽莲家，用尤妮斯找到的那根拨火棒打破第二扇窗户（在房子侧面，那扇窗户没有安装

第二十二章　1962年8月1—4日 | 609

防护栏），然后他拉开窗户插销，翻进了玛丽莲的卧室。片刻之后，他从里面打开卧室门，让尤妮斯也进了房间。格林森小声告诉尤妮斯："咱们已经失去她了。"[LXI]3：55，格林森给海曼·恩格尔伯格打了一个电话，宣布玛丽莲死亡的正是恩格尔伯格。4：25，两位医生打电话报了警，10分钟后警察赶到现场。

他们三个人交代的情况存在的第一个破绽就是门下透出的灯光：玛丽莲的新卧室里不久前铺上了白色的厚绒地毯，由于地毯过厚，头两个星期卧室的门根本关不严实，直到有一块被压得凹陷下去之后，门才终于关上了。因此，灯光不可能从门底下透出来。当这种说法遭到质疑后，尤妮斯立即改口，宣称自己是因为看到门底下的电话线才感觉大事不妙的。[LXII]

但是，他们提供的说法中还存在更大的破绽。

首先，玛丽莲的卧室门上从来就没有能用的锁，在多年后写下的书信里默里也承认了这个事实。1987年2月9日，档案管理员及系谱专家罗伊·特纳致信给尤妮斯（他已经跟她成了朋友）："在你看到玛丽莲的时候，她的门是锁上的吗？"对于这个问题，尤妮斯写下了最简单的答案："没有。"[LXIII]这个回答应该是符合事实的，因为玛丽莲从来不会锁上卧室的门，她终生都保持着不锁门睡觉的习惯，有了在佩恩·惠特尼门诊部住院的经历之后她就更是不愿意给卧室门上锁了。多年后，帕特里夏·纽科姆说过："她不会锁门的。我从来没有想到过这一点，但事实的确是这样。"拉尔夫·罗伯茨和鲁伯特·艾伦也都持有相同的看法。*

此外，尤妮斯宣称自己用拨火棒撩开玛丽莲的卧室窗帘、看到这位女演员四肢摊展地躺在床上，但是这种说法是说不通的。玛丽莲的窗户上挂的不是普通窗帘，而是从多希尼街搬过来的厚实的遮光布，就在她搬进来后不久，拉尔夫·罗伯茨就用钉子把遮光布钉在了窗户上，而且遮光布的左右两侧都超出了窗户的宽度。在睡觉的时候，只要有一丝光线透进卧室，玛丽莲都会受到惊扰，

---

* 根据位于圣莫尼卡威尔夏大道3114号的A-1门锁安全公司的收据#7451，在3月15日至6月30日期间，该公司为玛丽莲的房子只安装过两把门锁：为谢丽·雷德蒙的文件柜装了一把，更换了大门上的锁。其他的门锁都是在8月15日至21日安装的，即玛丽莲身亡后。

因此她在窗户上挂的是完完整整的一块遮光布。也就是说,即使窗户是敞开的,"窗帘"上也没有可以让尤妮斯撩开的缝隙。

对尤妮斯来说,时间也是一个问题。在8月5日凌晨4:35最先赶到现场的杰克·克莱蒙斯警官对尤妮斯进行了询问,尤妮斯告诉对方自己打电话叫格林森过来的时间大约是半夜。但是,她肯定旋即就意识到这种说法会给他们招惹来麻烦,因为等到格林森打电话报警,时间已经过去四个半小时了。因此,一名警探在星期日上午晚些时候再次对她进行询问的时候,她改口说自己是在3点给格林森打的电话。但是,如果她是在午夜时分给格林森打的电话,那就同艾宾斯告诉劳福德的情况不矛盾了。按照艾宾斯的说法,鲁丁与格林森在1:30之前就赶到了玛丽莲家,当时玛丽莲已经身亡了。

格林森向警方所做的陈述同尤妮斯的如出一辙,但是他从未更改过自己的说法,他也接受了警方的询问,但是从未写过回忆录,也没有受到过质疑。尤妮斯和格林森的陈述都没有提及米尔顿·鲁丁当时也在现场,这个疏忽进一步削弱了格林森所做陈述的可信度。

这份官方记录存在的诸多漏洞引发了许多结果,尤其是一系列荒诞离奇的阴谋论,有关邪恶的阴谋以及反阴谋的谎言、宣称这是一场受到政府唆使的谋杀事件的说法,诸如此类。阴谋论认为玛丽莲的死亡涉及联邦调查局、中情局、组织犯罪或者非组织犯罪、肯尼迪家族或者肯尼迪的死党,这类推测都存在一个明显的缺陷——缺少确凿证据的支持。*

心理医生和管家交代的情况始终没有受到外界的仔细推敲,前者的护身符是事业上的成就、享有威望的社会地位,而且他还狡猾地用职业保密原则庇护自己;后者则是靠着精心设计的公众形象,她把自己塑造成了一个可爱的小老太婆,通过平面媒体和电视台的采访不断地强化着这种形象。

但是,他们各自的经历以及他们在最后一个晚上的表现都显示出对实情有所隐瞒的就只有他们两个人。很快,医疗记录也证实了这一点。

---

* 有关玛丽莲·梦露的死亡产生的各种说法,本书的后记做了详细的介绍和解释。

注　释

I 尼古拉斯科，p.226。

II 同上，p.227。

III 伊夫林·莫里亚蒂向唐纳德·斯波托讲述，1992年2月16日。

IV 对利昂·克罗恩的采访笔记是制片人泰德·兰德雷斯向唐纳德·斯波托提供的，他在英国广播公司电视频道制作的一部纪录片采访了克罗恩。玛丽莲的电话记录证实当天她给在黎巴嫩雪松医院的克罗恩打过电话。

V 谢丽·V. 雷德蒙给玛丽莲·梦露的信，1962年7月30日。

VI 拉尔夫·罗伯茨向唐纳德·斯波托讲述，1992年3月2日。

VII 有关尤妮斯·默里被解雇的事情，纽科姆、罗伯茨和艾伦都非常了解，乔或许也非常清楚。参见吉莱斯，《传奇》，p.433。

VIII 帕特里夏·纽科姆向唐纳德·斯波托讲述，1992年8月3日。

IX 拉尔夫·罗伯茨向唐纳德·斯波托讲述，1992年3月2日。

X 《对富人和名人的心理治疗中出现的特殊问题》，加利福尼亚大学特藏部拉尔夫·R.格林森藏品第2盒，第19号文件夹（1978年8月18日）。

XI 比尔·亚历山大向唐纳德·斯波托讲述，1992年8月27日。

XII 约翰·贝茨向唐纳德·斯波托讲述，1992年11月20日。南希·贝茨（约翰夫人）和小约翰·贝茨也提供了有关那个周末的情况。就在同一天，曾经在贝茨牧场担任领班、现已退休的罗兰德·斯奈德也接受了采访，在那个周末他也一直跟肯尼迪一家人待在牧场里。

XIII 罗兰德·斯奈德向唐纳德·斯波托讲述，1992年11月20日。

XIV 小约翰·贝茨向唐纳德·斯波托讲述，1992年11月20日。

XV 有关罗伯特·肯尼迪参加弥撒的情况，见《吉尔罗伊快报》，1962年8月6日。

XVI 格林森和恩格尔伯格为8月3日的出诊发出了账单。下列资料都简述了诺曼·罗斯滕和玛丽莲·梦露的这次通话：罗斯滕，pp.120—121；艾伦，p.203；肖和罗斯滕，pp.189—190。玛丽莲·梦露在通用电话公司当天的电话账单中显示了她给雷·托尔曼和罗斯滕打去的电话。默里在书中（p.122）记录了玛丽莲·梦露给考特尼和路易打去的电话。朱尔·斯泰安在接受唐纳德·斯波托的采访（1992年11月25日）时讲述了自己给玛丽莲·梦露打去的那个电话。其他信息都是帕特里夏·纽科姆向唐纳德·斯波托提供的，1992年8月3日，威尔逊所著的《无人了解的娱乐业》一书中也有所记录，p.299。

XVII 地方副检察官罗纳德·H. 卡罗尔和调查员艾伦·B. 托米赫于1982年12月提交的《就玛丽莲·梦露之死向地方检察官提交的报告》指出恩格尔伯格向地方检察官告知了这份处方的情况。在形成这份最终报告之前，调查人员进行了一系列的询问（在8月16日和20日，9月3日、7日和27日，10月1日、12日和18日），并将调查结果汇编成洛杉矶县地方检察官调查部调查员报告#82-G-2236。询问是由卡罗尔或者调查员托米赫执行的。在下文中，报告全文用"DA1982"指代，询问用"调查员"指代。此处引述的内容出自DA1982，p.25。

XVIII 有关格林森开的处方等，见拉尔夫·格林森向莫里斯·佐洛托讲述的情况，《芝加哥论坛报》（1973年9月14日，第2部分，p.4）、《好莱坞市民新闻》（1962年8月7日）和DA1982（p.25）都披露过这些信息。

XIX 恩格尔伯格的离婚案件是洛杉矶县民事案件#D-617021；以前的埃丝特·恩格尔伯格（后来成为艾伯特·莫尔茨夫人）向唐纳德·斯波托提供了更多的信息，1992年10月23日。

XX 有关两名医生给玛丽莲开的处方，恩格尔伯格于1962年9月27日向地方检察官办公室派来的调查人员递交了一份正式声明，宣称自己只允许玛丽莲每天服用一粒宁比泰；格林森则在1962年8月17日向自杀预防工作组表示自己治疗玛丽莲的首要目标就是戒断她对药物的依赖。

XXI 朱尔·斯泰安向唐纳德·斯波托讲述，1992年12月14日。

XXII 有关玛丽莲·梦露和《君子》达成的协议，见《洛杉矶先驱考察家报》，1962年8月14日。

XXIII 宝拉·斯特拉斯伯格，引自《纽约每日新闻》，1962年8月6日。

XXIV 默里，p.122。

XXV 玛丽莲向帕特里夏·纽科姆发出的邀请以及她们之间的对话是纽科姆向唐纳德·斯波托讲述的，1992年8月3日；参见《美国纽约日报》中引述的纽科姆的原话，1962年8月15日。

XXVI 引自默里的书，p.125。

XXVII 帕特里夏·纽科姆向唐纳德·斯波托讲述，1992年8月3日。

XXVIII 格林森为自己8月4日到海伦娜5街上门治疗的事情，向玛丽莲·梦露的遗产继承者索要出诊费。

XXIX 米尔顿·鲁丁向唐纳德·斯波托讲述，1992年10月31日。

XXX 有关自己给玛丽莲打去的这几个电话，小乔·迪马吉奥于8月9日向警方讲述的情况被记录在警方1962年提交的玛丽莲死亡调查报告——《警方后续报告：对玛丽莲·梦露的熟人进行的询问》中，1962年8月10日，对小乔·迪马吉奥进行询问的是警司罗伯特·E. 拜伦。

XXXI 默里，p.128。

XXXII 威廉·阿舍向唐纳德·斯波托讲述，1992年9月25日。米尔顿·艾宾斯也向唐纳德·斯波托证实了那天下午阿舍也在劳福德的家里，并且事后不久还告诉艾宾斯当时玛丽莲·梦露也去了劳福德家。

XXXIII 格林森在给玛丽安娜·克里斯的信中承认自己在4：30回到玛丽莲家，但是他宣称是玛丽莲·梦露要求他这么做的，然而丝毫没有提及当天早些时候发生的事情，更没有提及自己在此之前已经去过玛丽莲家了。

XXXIV 有关格林森去玛丽莲家的情况，见他向警方提供的口供，1962年8月5日；佐洛托，前文引述的文章；默里，p.129。

XXXV 1975年和1982年，彼得·劳福德告诉警方的调查人员自己在那天下午给玛丽莲·梦露打去的第一个电话是在5点。

XXXVI 引自罗伯特·韦尔斯和泰德·罗利希撰写的《玛丽莲·梦露之谜依然没有解开》一文，《洛杉矶时报》，1985年9月29日，第2部分，p.1。

XXXVII 《每日快报》（伦敦）的报道记述了伊萨多·米勒打去的电话和默里的反应，1962年8月8日。

XXXVIII 拉尔夫·罗伯茨向唐纳德·斯波托讲述，1992年3月2日。

XXXIX 有关格林森打电话找恩格尔伯格的情况，是埃丝特·莫尔茨（前海曼·恩格尔伯格夫人）向唐纳德·斯波托讲述的，1992年10月23日。

XL 格林森给克里斯的信，1962年8月20日。

XLI 尤妮斯·默里向调查员艾伦·B.托米赫讲述，1982年9月27日，洛杉矶县地方检察官调查部，报告No.82-G-2236；默里，p.2。

XLII 有关小乔·迪马吉奥给玛丽莲·梦露打的最后一个电话，见前文注释XXX。参见他向《洛杉矶时报》讲述的情况，1962年8月8日，他表示当时玛丽莲头脑机警、情绪高昂。

XLIII 默里，p.130。

XLIV 格林森给克里斯的信，1962年8月20日；格林森向佐洛托讲述的情况，前文引述的文章，1973年9月16日。

XLV 劳福德这通电话的确切时间是可以确定的，因为米尔顿·艾宾斯记得劳福德在晚上7：40给他打了一个电话，后来劳福德跟威廉·阿舍、约瑟夫·纳尔和其他几个人都确认艾宾斯所说的时间是正确的。艾宾斯、阿舍和纳尔分别于1992年8月6日、1992年9月25日和1992年7月22日接受了唐纳德·斯波托的采访。

XLVI 在此引述的劳福德讲述的情况同他在1975年向警方提供的情况、《洛杉矶时报》在1985年9月29日报道的情况都是一致的。1982年，劳福德还接受了地方检察官调查员们的询问，但是这时他改变了说法，只提到自己在8点打不通玛丽莲·梦露的电话。然而，米尔顿·艾宾斯在接受唐纳德·斯波托的采访时说过，劳福德告诉他在玛丽莲逝世那天晚上自己和这位女演员的最后一次通话是在7：40。劳福德还向比尔·阿舍和约瑟夫·纳尔也比较简略地说过这件事情。对他来说，1982年改口也是自然而然的事情，当时公众错误地接受了肯尼迪染指玛丽莲之死的传言，劳福德或许因此觉得自己最好撇清和此事的关系，否认自己在当天夜里和死者有过直接接触。劳福德后来又宣称接到艾宾斯的电话后，出于担心，自己打了很多电话，直到凌晨1∶30。1982年，劳福德告诉地方检察官办公室的调查员，艾宾斯建议他"告诉外界他只接到鲁丁打去的一个电话，对方说自己和格林森发现玛丽莲当天午夜死在自己的住所里"。劳福德还说自己确定这个电话的确切时间，因为他记得自己当时看了看床头的钟表。

艾宾斯也否认了自己在1∶30打过电话。按照他交代的情况，他在（大约）9点同鲁丁通了一次话，此后就再也没有跟对方通过话，直到凌晨4点，这时对方告诉了他玛丽莲·梦露的死讯。"我说：'米基，都这个时候，你还在折腾什么呢？'他说：'我有麻烦了。'我问他：'玛丽莲的情况怎么样？'他说：'情况不妙。她的医生和我刚刚强行进入了卧室。他们对她进行了抢救，他们刚刚宣布她死了。'"这通电话的时间（艾宾斯向唐纳德·斯波托讲述，1992年8月6日）似乎不太可能，因为和阿舍、纳尔和鲁丁的说法有所出入，但是对格林森和尤妮斯·默里的说法——医生不得不破门而入——提供了支持。

XLVII 劳福德向洛杉矶警察局交代的情况，1975年10月16日；参见劳福德向厄尔·威尔逊讲述的情况，《揭秘演艺圈》，p.88。

XLVIII 有关劳福德打的第二个电话，见哈里森·卡罗尔，《劳福德亲述自己给玛丽莲打的电话》，《洛杉矶先驱考察家报》，1962年8月6日："在这位金发明星被人发现死在床上之前，最后一个跟她说过话的人也许是劳福德……尤妮斯·默里早些时候表示玛丽莲的确接到了这个电话。"

XLIX 米尔顿·艾宾斯向唐纳德·斯波托讲述，1992年8月6日。

L 托马斯·T.野口和约瑟夫·迪莫纳，《验尸官》（纽约：西蒙和舒斯特出版社，1983），p.65。

LI 鲁丁根据自己的办公室在当晚的记录向警方递交了一份报告，报告证实了艾宾斯在晚上8∶25的确给鲁丁的办公室打过电话。律师们的办公室（尤其是好莱坞的检察官）经常全天候地受理业务、应付突发事件。

LII 米尔顿·鲁丁向唐纳德·斯波托讲述，1992年10月31日。

LIII 鲁丁讲述的情况也来自唐纳德·斯波托对他的采访。参见鲁丁1962年8月10日向警方交代的情况。

LIV 默里，p.132。

LV 约瑟夫·纳尔向唐纳德·斯波托讲述，1992年7月22日。乔治·杜格姆于1992年过世，在世的最后几年患上了阿尔茨海默症，作者为本书进行调查研究的时候，无法对他进行采访。

LVI 艾宾斯否认自己当天晚上给纳尔打过电话（在接受唐纳德·斯波托的采访时，1992年7月22日和10月6日）："他肯定弄错了。"无论当时还是后来，艾宾斯和纳尔一直保持着不错的交往。但是，纳尔坚定地表示（在接受唐纳德·斯波托的采访时，1992年7月22日）："我可以发誓，电话就是艾宾斯打来的。"纳尔在这次通话中听说的情况和艾宾斯证实的他后来得知的情况一致。

LVII 整件事情都是劳福德讲述的，调查员，p.2。

LVIII 纳塔丽·特伦黛·雅各布斯向唐纳德·斯波托讲述，1992年2月28日。

LIX 此处引述的默里和格林森讲述的情况就是他们在1962年向洛杉矶警方交代的情况，报告#62-509 463。

LX 默里，在沃尔珀制作的《传奇》一片中。

LXI 引自罗伯特·韦尔科斯和泰德·罗利希撰写的《玛丽莲·梦露之谜依然没有解开》一文，《洛杉矶时报》，1985年9月29日，第2部分，p.1。

LXII 默里在沃尔珀制作的《传奇》一片中将原先所说的"门底下透出的灯光"改为了"电话线"，1964。

LXIII 罗伊·特纳的信是用打印的，默里的回信是手写的，落款日期为1987年2月9日；参见帕特里夏·纽科姆（1992年8月3日）、拉尔夫·罗伯茨（1992年3月2日）和鲁伯特·艾伦（1992年6月19日）向唐纳德·斯波托讲述的情况。

第二十三章 1962年8月5日

在8月5日清晨的几个小时里，杰克·克莱蒙斯警官是洛杉矶警察局西洛杉矶分局的代理值班指挥官，平时担任这一职务的是领导警局工作的警督。在4:25，克莱蒙斯办公桌上的电话响了，对方只说了一句"玛丽莲·梦露死了，她自杀了"。对于警局来说，这个时间还属于深夜，因此克莱蒙斯决定亲自前去调查情况。

大约10分钟后，他赶到了海伦娜5街12305号。被领进玛丽莲的卧室后，他看到玛丽莲赤身裸体地趴在那里，毫无生命迹象，身上只盖着一条床单。克莱蒙斯看到格林森和恩格尔伯格也在房间里，但是米尔顿·鲁丁已经走掉了。克莱蒙斯还注意到在他赶到的时候尤妮斯正忙着操作洗衣机（后来他才对这个细节产生了疑问）。

据克莱蒙斯警官所述，尤妮斯主动向他讲述了当天夜里的大致情况，包括她"在半夜"发现玛丽莲尸体的情况。[1]克莱蒙斯立即问尤妮斯为什么过了那么长时间警方才接到报告，格林森立即说医生"必须先得到电影公司公关部的允许，才能将消息透露给外界"。这种说法完全是一派胡言，但同时也暗示了在此之前阿瑟·雅各布斯有可能也来过了。

这时候，有关这起悲剧事件的消息已经不胫而走，因为报纸和通讯社一直在监听警方的无线电通讯。没过几分钟，更多的警员就赶到了现场，其中包括马文·伊安诺恩警官（后来出任过贝弗利山警察局局长）和警司罗伯特·E.拜伦，后者负责对这起事件展开调查，并且对格林森、恩格尔伯格和默里夫人进行了询问。就是在接受拜伦的询问时，尤妮斯将自己发现玛丽莲尸体的时间改为3点左右。

和之前进行询问的克莱蒙斯一样，拜伦对自己询问到的情况也不以为然，尤其是尤妮斯所做的交代。他在正式报告中写道:"对于有关梦露小姐在这段时间里的活动,警官认为默里夫人的回答比较含糊,有回避问题的嫌疑。"[II]

在星期日天亮之前赶到现场的警方人员还有西洛杉矶分局的便衣警察唐·马歇尔。马歇尔赶到的时候,在现场指挥调查工作的克莱蒙斯派他"到处察看一下,看看梦露有没有留下自杀遗书"。[III]马歇尔花了几个小时的时间仔仔细细地察看了在玛丽莲家找到的每一张纸。

马歇尔在床跟前找到一封巴黎发来的英文电报,电报邀请玛丽莲出演一出独角戏,除此以外,这番全面仔细的搜查产生了满意的结果——没有自杀遗书。马歇尔在海伦娜5街忙了一整天,对玛丽莲的邻居亚伯·兰道夫妇进行了询问。兰道夫妇住在南卡尔梅利纳街316号,距离海伦娜5街的拐角只有几码远,据马歇尔所述,他们信誓旦旦地告诉他在前一夜他们没有听到任何动静,还说梦露小姐其实是"一位很好的邻居"。[IV]

就在这时,事态升级了,帕特里夏·纽科姆也来到了现场,同时在场的还有格林森、恩格尔伯格、几名警员和米尔顿·鲁丁,后者这时也已经回到了现场。纽科姆在玛丽莲家待了大约两个小时,然后回家去应付世界各地的媒体不断打来的电话。刚过5:30,玛丽莲·梦露的遗体被裹上粉红色的羊毛毯,绑在钢制轮床上,然后顺着车道被装上一辆破旧的"福特"小货车。遗体被送到了韦斯特伍德村太平间,暂时存放在那里,至于原因,外界不得而知,毕竟警方需要对尸体进行解剖,判断死因,而尸检必须在城里的法医办公室进行。遗体之所以被临时停放在村子里很有可能是为了让玛丽莲的律师鲁丁有机会同伊内兹·梅尔森和乔·迪马吉奥取得联系。梅尔森是玛丽莲的业务经理,格拉迪斯的所有事情也是由她负责处理的;至于乔,鲁丁准确地判断出最适合处理葬礼具体事宜的人就是他。

8月5日(星期日)早上8点,玛丽莲的遗体被送到洛杉矶市太平间。10:30,周末值班的法医托马斯·野口完成了尸检。

这时,海伦娜5街还处在警方控制之下。后来,社会上出现了福克斯公司下令"在墨西哥式的大壁炉里焚毁一摞文件"[V]的荒谬传言,还有传言称"有人用铁撬棍撬烂了梦露金属文件柜上的门锁,抽屉被翻得乱七八糟",[VI]这么做是为了拿走有可能对美国政府安全造成破坏的文件。这些说法纯属无稽之谈,一整天都待在现场的唐·马歇尔警官说过:"没有人搞破坏,也没有一样东西被毁掉。"* VII

不过,维修工作已经开始了。尤妮斯给女婿诺曼·杰弗里斯打去电话,叫他给窗户装上一块新玻璃,原先的玻璃应该是被拉尔夫·格林森用拨火棒打烂了。装上玻璃,等警察在星期日夜里再封锁了现场,屋内就不会再有人进入了。等女婿装好窗户玻璃、自己也洗完了衣服,尤妮斯终于告别了海伦娜5街——比原定的日期推迟了一天。她离去的时候,玛丽莲·梦露的家又恢复了井然有序的状态。

就在数英里之外,托马斯·野口正在进行另外一种"善后工作"——玛丽莲·梦露的尸检。跟野口在一起的还有一名目光敏锐的旁观者,此人将对查明玛丽莲的死因起到关键性的作用。

1962年,约翰·迈纳兼任洛杉矶县的地方副检察官和县政府医疗法律部的负责人,因此他也是县政府派驻首席法医办公室的联络官。此外,迈纳还在南加利福尼亚大学教授法医精神病学课程,尤其以判断自杀以及疑似自杀的法律和医学专业能力而备受尊敬。在担任驻法医办公室联络官期间,他参加了所有上报为非正常死亡的死者的尸检工作,共计五千多例。在这一年,洛杉矶县的法医是西奥多·柯菲医生,他指派副法医托马斯·野口为玛丽莲·梦露进行尸体检查。

县法医办公室提交的初步尸检报告落款时间为星期日上午10:30,签字人为野口,报告被收录在洛杉矶县司法大厅(即警察局)洛杉矶县法医太平间的81128号文件里。第一份附录是血液和肝脏的化学分析报告,落款时间为8月13日上午8点(81128-I号文件),签字人为首席毒理学家R. J. 艾伯尼西。接着,在8月10日,柯菲做出初步判断,认为死因"有可能是服用了过量的巴比妥酸盐"。8月17日,死因被修改为"有可能系自杀"。8月27日,柯菲态度比较坚定地做出了最

---

* 伊内兹·梅尔森次日拿走了玛丽莲藏起来的少量私人信件和文件,她于1986年逝世后,这批文件先是落到一位收藏家的手里,后来这位收藏家又将其转交给唐纳德·斯波托。

终声明，断定死因为"巴比妥酸盐重度中毒——服药过量"。

他的结论来源于通过毒理分析得到的主要几项化学实验结果，这些发现看起来一目了然、毫无含糊不清的地方。

首先，体外没有暴力痕迹。第二，血液中有8毫克水合氯醛和4.5毫克宁比泰，但是肝脏中还有浓度非常高的13毫克宁比泰。这些数据对查明玛丽莲·梦露的死因起到了关键性的作用。

警察在玛丽莲·梦露的床头柜上找到了几瓶药物，有的是满满一瓶，有的不太满，其中包括抗组织胺药和治疗鼻窦炎的药品。柜子上还有一个空瓶子，瓶子里原先装了25粒100毫克的宁比泰胶囊，开药日期显示为1962年8月3日，开药的人是海曼·恩格尔伯格医生。原装容量为50粒500毫克水合氯醛胶囊的瓶子里只剩下10粒胶囊，开药日期显示为7月25日，在7月31日又补充了一次，开药的人是拉尔夫·格林森医生。

对于在法医的要求下组建起的自杀预防工作组来说这个信息非常重要，工作组的任务就是对死者死亡时的心理状态进行分析，从而判断出死者自杀的可能性。工作组的成员罗伯特·利特曼医生说过："从格林森医生那里了解了玛丽莲的精神病史后，事实一目了然，我们得出的唯一结论就是自杀，至少可以说是拿自杀当赌注的结果。"[VIII]但是，利特曼和同事都不相信玛丽莲会故意自杀："自1960年以来，在死者服用巴比妥酸盐药物过量、以至于完全不知道自己在做什么的所有案例中，没有一例被我们判定为自杀行为。"[IX]

尽管如此，利特曼和同事在提交的报告中还是认定玛丽莲·梦露的身亡属于自杀行为，因为柯菲医生最初的判断就是自杀，也因为他们只向他们的同行格林森医生了解了情况，同时也因为工作组经过一番调查才合情合理地排除了其他的可能性。玛丽莲不是精神病人，工作组的另一位成员诺曼·法布罗医生说她也不是"那种对药物成瘾的瘾君子，她的身体对药物没有形成依赖性。她服用的剂量只属于轻度到中等程度。就我看来，她绝对不存在精神失常的问题"。[X]法布罗的这番话就有重要的意义。此外，利特曼说过："我们都想彻底了解这件事，得出一个结论，结案，签发死亡证明，然后去做其他事情。当然，事实证明我们想错了。所有人都一直没能摆脱那件事情。"

托马斯·野口、约翰·迈纳和至少三位声誉卓著的法医病理专家得出的结论同柯菲医生和自杀预防工作组的结论大相径庭。*

30年后，约翰·迈纳说过："我觉得她不是自杀。在询问过格林森医生后，我更加确定梦露小姐不是自杀。事实上，他自己都不相信这种说法。"[XI]

站在医学的角度，迈纳有理由不相信玛丽莲·梦露属于自杀的结论，他对格林森所做的询问也提供了证据支持他的想法。他从格林森的嘴里得知玛丽莲没有为未来做什么打算，但是当时"她觉得自己已经把一切糟糕的事情都抛在身后了，可以让生活继续前进了"。

对尸检化学分析进行一番全面回顾就能为约翰·迈纳合理的直觉判断提供关键证据，从而为玛丽莲·梦露的死因做出确切的判断。任何药物进入人体的途径只有三种：口服，注射，或者灌肠。

通过几个原因可以断定，玛丽莲不可能死于口服药物。

首先，如果将血液和肝脏中发现的宁比泰加以比较的话，任何一位合格的法医病理学家都能够意识到玛丽莲在服用药物之后还存活了相当长的一段时间。而且，死者的"胃或胃肠道里也没有残留多少可供吸收的药物"。[XII]事实上，野口的尸检报告显示消化吸收药物的器官——胃和十二指肠——里都没有发现药物的痕迹。这就意味着玛丽莲在白天一直活着，而且行动自如，经过代谢，她服下的宁比泰的大部分有毒物质已经转移到肝脏里、进入排泄阶段了。据约翰·迈纳所述，"人体对巴比妥酸盐的吸收过程需要几个小时，而不是几分钟。肝脏里的药物浓度那么高就充分证明了这一点"。这份报告的描述符合玛丽莲在当天早些时候的活动状况，也符合格林森所说的她"吃了一些药"的情况。

其次，通过故意过量服用宁比泰实施自杀的举动完全不符合玛丽莲·梦露

---

* 对于本书接下来的内容，作者对两位享誉世界的病理学家同约翰·迈纳联合提交的报告表示感谢，这两位病理学家分别是：纽约市前首席法医米尔顿·哈尔彭医生，维也纳市法医及维也纳大学教授利奥波德·布赖特内克，后者还是全欧洲最杰出的法医病理学家之一。旧金山县及旧金山市首席法医博伊德·G. 斯蒂芬斯医生于1982年向洛杉矶市提交了对尸检证据所做的独立复查报告，作者也在1992年进一步咨询了圣莫尼卡市圣约翰医院病理科的主任医师阿诺德·艾博拉姆斯。

当时的各种情况，尤其是接到小乔·迪马吉奥的电话之后的表现，小乔以及默里夫人和格林森都描述过她当时的表现。

第三，如果是出于外人所不了解的原因突然决定自杀，她也会一次性吃下大量药物（而不会在一天之内多次服药，每次只服用少量药物，她对用药的间隔时间和剂量都非常清楚）。巴比妥酸盐的毒性的确发作很快，她会立即身亡。但是，如果她的确依靠这种药物实施自杀的话，她的胃里几乎百分之百地会留下一些残余物。正如阿诺德·艾博拉姆斯医生指出的那样，"四五十片药绝对不会在胃里溶解得那么快。她服用药物、因此身亡的可能性微乎其微"。[XIII]

巴比妥酸盐注射剂的可能性也绝对不存在。无论是肌肉注射还是静脉注射，致命剂量的巴比妥酸盐会导致死者当即死亡，死者血液中的药物浓度也会非常高。[XIV]地方检察官在1982年对案件——尤其是血液中的药物浓度——进行回顾时指出："由此可以得出一个合理的结论：梦露小姐没有经历'热注射'，或者说是致命剂量的针剂注射。"[XV]如此大剂量的注射还会给人体造成肿胀和淤血，肿胀和淤血会逐渐淡化，直至人体死亡。但是，据迈纳所述（野口也说过同样的话），"用放大镜对她全身上上下下仔细检查之后，没有发现一个针眼"。

尸检过程中发现的一个奇怪现象证实了死者只可能通过一个途径摄入了致命剂量的药物。迈纳在尸检回顾报告中表示这一奇怪现象极其不寻常：玛丽莲的结肠出现了大面积的"阻塞，已经变成了紫色"，[XVI]这一发现符合通过直肠摄入巴比妥酸盐或者水合氯醛的表现。迈纳在1992年说过："结肠出现这种不应该出现的反常变色现象肯定是有原因的，野口和我都相信死者绝对是通过灌肠剂摄入致命剂量药物的。"

艾博拉姆斯也持有同样的说法：

> 我在尸检中还从来没有看到过这种情况。这位女士的结肠出现了很离奇的情况。至于自杀，我完全想象不出患者会为了摄入致命剂量的巴比妥酸盐甚至是只起到镇静效果的剂量而大费周章地自己动手准备溶剂、控制药量！你都不知道足以致命的剂量是多少，也无法保证药物被身体吸收而不是被排出体外。听着，要是你打算用巴比妥酸盐自尽，你最好还是准备一些药片和几杯水吧。

至于宁比泰栓剂（有些人异想天开地暗示是这种药物导致了玛丽莲·梦露的死亡），这种药物在直肠内最深只能进入到大约10厘米的位置，而玛丽莲的整个乙状结肠完全变色了，况且乙状结肠的位置也远远高于10厘米。玛丽莲就是通过灌肠剂摄入致命剂量的药物的。

在这个问题上，外界必须考虑到玛丽莲有使用灌肠剂的习惯，她说过自己灌肠是为了"保健和减肥的目的"（她的服装设计师威廉·特拉维尔和让·路易早就知道她有这样的习惯）。"在那个年代，很多女演员都喜欢这么做。"

但是，这个结论还是无法解释玛丽莲·梦露使用灌肠剂摄入的药物究竟是什么，也无法解决用药过程是谁操作的。还有一个问题也值得追问：从结束了和小乔·迪马吉奥的通话（7：20或者7：25）一直到几乎语无伦次地和彼得·劳福德通话（7：40或者7：45）之间的这段时间里，玛丽莲·梦露的卧室里究竟发生了什么事情。正如和劳福德通话时显示的那样，玛丽莲似乎一直清醒地意识到自己正在从药物带来的正常睡眠或者镇静状态逐渐滑向死亡，而且她也知道自己回天无力了，这或许才是最令人感到心酸的一个事实。有人认为玛丽莲在电话里说的那番话只是"狼来了"的假警报，但是有一个简单而可悲的事实和这种说法相抵触——玛丽莲知道自己已经奄奄一息了，知道无法唤醒自己，也没有能力呼救了，于是她告诉劳福德"说声再见……"

根据上述这些情况，我们终于可以还原出玛丽莲·梦露可悲也完全可以避免的死亡的确切过程了。

首先，必须记住一点：拉尔夫·格林森当时已经不再给玛丽莲·梦露开宁比泰的处方了。如他所述，他"让她把安眠药物换成水合氯醛[他开的]，从而帮助她摆脱对宁比泰[他不再给她开这种药]的依赖"。[XVII]事实上，格林森宣称自己还要求海曼·恩格尔伯格不要再给玛丽莲开宁比泰了，除非得到他的允许——他们要互相监督开药的情况。可是，就在前一天恩格尔伯格还在没有告知格林森的情况下给玛丽莲开了一张处方。

玛丽莲逝世两个星期后，格林森写信告诉玛丽安娜·克里斯："周五晚上，她告诉内科医生我说她可以吃一些宁比泰，他没有跟我核实一下就把药给她了，因为他当时正为自己的一些事情烦心。他刚跟妻子分手了。"可是，在星期六这一天，格林森注意到玛丽莲"吃了一些药"，在给克里斯的信中他提到了这一点。他那么老练，对玛丽莲又那么了解，不会看不出来她吃的究竟是什么药。

格林森不清楚玛丽莲究竟服用了多少剂量的宁比泰，但是药没有起效是一目了然的事实。她睡不着，怒气冲冲，难以得到安抚，面对这种情况，格林森想到的解决办法就是水合氯醛，尸检的毒理分析也显示出了这一点，死者的血液中还残存着他为她选择的这种药，但是肝脏中见不到药物的痕迹。玛丽莲体内的水合氯醛的浓度比宁比泰（积存在肝脏中，已经经过了几个小时的消化）的浓度高出一倍，显然她先服用了宁比泰，然后才摄入了水合氯醛。

在玛丽莲身亡的那个夜晚，格林森仓促之下有可能忽视了一个关键性的因素——这两种药物会产生不良的相互反应，水合氯醛会干扰人体合成代谢宁比泰所需要的酶。将玛丽莲推向绝境的正是水合氯醛，她服下的宁比泰有一部分被肝脏代谢了，但是大部分（4.5毫克，超过了致命剂量）都没有被代谢掉。米尔顿·鲁丁还记得格林森在那天夜里说过："该死！我不知道海给她开了药！"约翰·迈纳也记得格林森说过类似的但是欲言又止的话："要是我知道还有其他的药……"

"要是……"那又如何呢？他就不会让玛丽莲·梦露服用致命剂量的水合氯醛了？

两个星期后，格林森在信中用极其平静的语调向玛丽安娜·克里斯讲述了自己那天夜里离去时的情形："我告诉玛丽莲等周日上午醒来的时候给我打电话，然后我就走掉了。"然而，格林森还是被激怒了，他愤愤不平地感到自己被抛弃了，他接受不了救世主式的自我幻想宣告结束的事实，再也没有机会用自己小心翼翼建立起来的一套方法控制玛丽莲·梦露的事实令他无法接受，于是他选择了一个简便的方法。在提到他的时候，鲁丁说过："他受够了，他累坏了，他一整天都跟她待在一起。"所以，在离去之前，他安排玛丽莲接受了一次镇静剂灌肠，因为她的身体已经对口服药产生了抗药性。水合氯醛能让她入睡，而他知道最有效的用药方法就是玛丽莲经常为了其他目的采用的方法——灌肠。他不知道的是，恩格尔伯格给了玛丽莲宁比泰。玛丽莲不知道服用宁比泰之后，水合氯醛灌肠存在一定的风险，甚至会带来致命的危险。

约翰·迈纳说过："她很有可能认为这只是一次普通的灌肠。应该插入得很缓慢,没有造成不适的感觉,也没有造成必须立即拔出的紧急情况。几分钟后"——正是在这段时间里,她接到了劳福德打来的电话——"她应该就陷入了昏迷。她的身体还在继续吸收药物,尽管她还活着,但是已经是垂死的状态了。"

但是,为她实施灌肠的人究竟是谁?

能做这件事情的就只有尤妮斯·默里了,实际上这也是她受雇于玛丽莲·梦露、替拉尔夫·格林森监视玛丽莲·梦露期间完成的最后一项工作。时隔30年后,迈纳说过:"我一直认为一切的关键就在于默里夫人。"这是他第一次毫无保留地说出自己的看法。

但是,尤妮斯只是在执行格林森的命令,十五年来她一直认为自己受到这个男人的保护,自己的工作也是这个男人提供的。多年后,她的女婿坚称:"拉尔夫·格林森说什么,尤妮斯就做什么。她一直在忠实地执行着他的命令,因为她就没有接受过正规的护士训练。关于格林森,我有很多可说的,可是我不会说的。"[XVIII]

格林森习惯于委派其他人为玛丽莲开药和用药,因此他自然会叫尤妮斯做这件事情。此外,灌肠不在精神病医生的职责范围内,尤其是在男医生治疗女患者的情况下——无论多么痴迷于对这名患者的感情,他的自负都不会允许他对这名患者的身体做出如此亲密的举动。但是,要求一个没有护士资质、没有接受过专业训练的女人用这种有可能造成致命危险的方式为他的患者用药,无论他做了多么详细的指示,这种做法从职业的角度而言都过于轻率,甚至可以说无所顾忌。

从另一方面而言,拉尔夫·格林森当天晚上有可能根本就没有离开过海伦娜5街——也就根本不存在再次回到那里的问题。多年里,他一直坚称自己和几个朋友出去吃晚饭了,但是在被问及都有哪些"朋友"时,他从来说不出朋友们的名字,也始终没有一位"朋友"站出来为他做证。格林森逝世后,他的家人也经常接受采访,他们也一直没有说出当天晚上跟格林森一起吃饭的朋友都是谁。很多人都认为当天晚上格林森一直待在家里,例如米尔顿·鲁丁。即使格林森留在了海伦娜5街,在尤妮斯完成那项护士工作的过程中,他很有可能也不在现场(无论他距离现场多么近);否则,这项工作就是由他完成的。

第二十三章 1962年8月5日 | 625

这场悲剧中的这一幕在结束时还出现了另外一个重要细节——尤妮斯清洗了衣物和床单等物品，这个细节得到克莱蒙斯的证实。以前有人提到过件事情，但是始终没有人对其做过认真的考虑。得知此事后，迈纳反问道："噢，在这种情况下，管家真的会赶在这个时间洗衣服吗？除非是在用药的过程中寝具被弄脏了。"艾博拉姆斯也同意这种说法："当然，在她最终陷入昏迷的时候，灌肠剂肯定被挤压出来。所以就得洗床单了。"迈纳还说过洗床单的行为"难以理解，除非是默里夫人在销毁证据"。

除了打扫肮脏的环境——至少是这样的——这天晚上还有很多事情需要安排。纳塔丽·雅各布斯还记得在那天晚上过后，"阿瑟说过这件事情骇人听闻。他始终没有跟我说过详细情况，我也从来没问过他。他只说这件事情太可怕了，不能说。"

在格林森赶到海伦娜5街后，他们过了5个小时才报警。如果当时的情况真的如此可怕，他们迟迟没有报警的行为也就说得通了。如果格林森真的离开过，那么他也应该是在鲁丁打电话叫尤妮斯去玛丽莲的卧室看看情况之后立即就赶了回去，这时卧室里已经发生意外了。玛丽莲已经没有反应了，她的身体排泄出了灌肠剂；在有人陷入昏迷、奄奄一息——甚至已经死亡——的情况下，现场肯定还有其他一些"骇人听闻"的细节。

正如几个电话显示的那样，格林森肯定在午夜之前就赶到了玛丽莲家，鲁丁也不得不承认这个事实。之后，他才联系上了恩格尔伯格，由于和妻子分居，后者当时待在洛杉矶西区的临时住处。他们应该做了努力，试图唤醒玛丽莲，消除药物的作用。（亨利·韦恩斯坦记得以前格林森至少叫恩格尔伯格给玛丽莲洗过一次胃，当时玛丽莲还住在多希尼街的那套公寓里，显然是服用宁比泰过量了。[XIX]）此外，根据尤妮斯交代的情况以及地方检察官1982年提交的报告中的一句话，大约午夜时分他们叫过救护车，等救护车赶到后，他们又把救护车打发走了——因为那时候玛丽莲·梦露已经死亡了，同时也因为加利福尼亚州的法律规定救护车不得被用来运送尸体。[XX]在终于意识到这起惨剧有多么严重后，格林森和默里夫人肯定几乎被吓瘫了。在世界各地受到那么多人喜爱和崇拜的玛丽莲·梦露身亡了，他们应该如何告诉外界自己跟这件事情的关系，或者说如何解释自己是怎样发现这件事情的？

确定玛丽莲已经救不活了，他们立即就需要对细节进行一番设计。必须打烂一扇窗户，以便制造出他们只能强行进入卧室的效果。为了支持他们捏造的尤妮斯用拨火棒撩开窗帘的说法，他们还必须拆掉厚实的遮光布（他们的确拆掉了遮光布，当警察赶到现场的时候，他们甚至已经把遮光布整整齐齐地叠起来了）。最重要的是，格林森和默里夫人必须编出一套说辞，而且他们还得排练一下。另外，他们还得把弄脏的寝具清洗干净。

如果为玛丽莲实施致命的灌肠术的人是拉尔夫·格林森本人，那么尤妮斯·默里应该会实话实说，即使在他生前没有说，在他死后也会说出来的，这样的话她不仅可以在经济上捞到很多好处，而且公众长期对这件事情的质疑也不会再继续折磨她了。玛丽莲逝世后，尤妮斯没有继续在格林森或者其他人的手下当护士，也没再做过管家。有一种说法颇有想象力，认为格林森给了她一笔封口费，用经济手段掩盖了自己由于疏忽一手造成的惨剧。但是，这种说法不符合她后来的生活状况。尤妮斯后来过着贫穷的生活，在圣莫尼卡不停地从一套小公寓搬到另一套小公寓，就这样一直熬到了晚年，这时身体羸弱的她才被女儿们接到了自己的家里。

心理医生和管家立即串通一气，编造了一套阴暗恐怖的说法。

关于尤妮斯·默里，拉尔夫·格林森绝对不可能说出自己知道的情况，因为这样一来他就会断送自己的事业。他雇了一个外行，而且还是麻烦缠身的女人，在没能联系上恩格尔伯格的时候，他还叫这个外行完成一项医疗工作。这种行为严重缺乏职业操守，或许在潜意识里他认为自己的做法没有错，因为他对这名患者感到愤怒，自己一心爱着她，可是她却对他毫无反应。归根结底，这可是全世界最著名的电影明星，他没办法说出事情的真相。事实上，格林森有可能为自己成功掩盖了真相而感到得意，后来摄影师威廉·伍德菲尔德问他为什么会给玛丽莲开那么大剂量的水合氯醛时，他轻描淡写地回答道："唔，我在一生中犯过不少错。"[XXI]

至于尤妮斯·默里，她无法将矛头指向任何人，毕竟为玛丽莲灌肠的人是她。她和格林森只能勉强宣称他们不相信玛丽莲·梦露会故意自杀。约翰·迈纳说过："当时和后来始终没有人意识到默里夫人在隐瞒实情。她根本没有把实情一五一十地都说出来，后来也始终没有说出来。"迈纳说得没错，在有关玛丽莲卧室门底下透出的灯光和（或者）伸出的电话线的问题上，尤妮斯没有交代出全部的情况。除此以外，她更多的是在否认外界的各种说法，而不是在撒谎。她否认了罗伯特·肯尼迪的存在，她说在7月和8月里"我记得他根本就没有去过那里"，[XXII]她说得没有错，因为罗伯特·肯尼迪的确没有去玛丽莲家。她也否认了当天夜里彼得·劳福德或者不知名的凶手去过玛丽莲家的说法。她公开出版的回忆录被外界当作解开玛丽莲之死的关键证据，当有人向她提起这本书的时候，她最后一次公开发表的声明听上去很像是她终于开始忏悔了。在1987年出版的《最后几个月》一书中，她表示："我是不会对我的说法起誓的。"[XXIII]

至于海曼·恩格尔伯格，他只是为玛丽莲提供了危险的成瘾药物，用不着揭发其他人的行为，更何况他一直对格林森很信任，因此他很有可能认为玛丽莲·梦露的死最差也只是一起不幸的意外事故而已。

但是，事实绝非如此简单，玛丽莲的命运可悲得难以言表。

她一直受到一个男人的监管，这个男人对她的感情充其量也只能说是痴迷，最终她也意识到了这一点；她知道自己必须结束这种关系。这个男人也意识到了这一点，并且向同行们承认过自己出现了典型的反移情效应，对这名患者的治疗已经越轨了。

约翰·迈纳说过："格林森医生对她的死投入了过多的私人感情。"

> 因为他跟这位女士的关系太深了。他受到了很大的震动，甚至被这件事情给毁掉了。精神病医生应该保持一套防御机制，可是他就是无法控制住自己。在一定程度上，他以自己的方式爱着这个女孩，对他来说她是一个非常了不起的人。他渐渐地就对她产生了非常强烈的依恋。

格林森对玛丽莲的感情不只是依恋，对于玛丽莲日益增强的独立性他感到极度厌恨，因此他在一步步地将她和好朋友们隔绝开。这名患者的死亡说明一旦心理医生无法和患者保持界限并且持续越界，而且非常清楚自己和患者产生了错综复杂的亲密感情，就有可能产生多么可怕的后果。到最后，他就再也无法顾及自己的职责和患者的需求了。格林森说过自己"在努力帮助她，结果却伤害了她"，[XXIV]这句话或许是他一生中做过的最真实的自我评价。

拉尔夫·格林森对玛丽莲·梦露失去了耐心，但是又唯恐失去自己最优质也是最心爱的客户，他对自己感到恼火，也对玛丽莲解雇尤妮斯和他的举动感到恼怒（尽管还没有解雇他，但是这一天已经近在眼前了），在他看来解雇他们是十分不明智的选择，在这些情绪的左右下，他要求玛丽莲·梦露服用镇静药物（他这么做由来已久，而且还得到了恩格尔伯格的协助），这样一来他们之间的关系或许就不会破裂——"周日上午醒来的时候给我打电话"。

就像另一位拉尔夫——可爱的拉尔夫·罗伯茨——说过的那样，"要是用某种方法制服不了玛丽莲，药物永远都能控制住她"。得知玛丽莲身亡的消息后，约翰·休斯敦愤慨地说："玛丽莲不是被好莱坞害死的。害死她的是那群该死的医生。如果她真的有药瘾，那也是他们造成的。"[XXV] 或许，休斯敦知道的不只有这么多。

至于尤妮斯·默里，跟玛丽莲在一起、住在自己那座房子的复制品里、拥有女儿的替代品、和牧师丈夫的替代品一起工作，她终于拥有了完满的人生。可是，现实再一次辜负了她的期望。可以说，在将安眠药物注入玛丽莲体内的时候，她就是在扼杀自己的这段生活，即使她对药物最终能够产生的效果一无所知。她就是拉尔夫·格林森的走狗。这么说不太中听，但是对于一个有情感缺陷、依附于他人的女人来说，这个词非常贴切。玛丽莲逝世25年后，85岁的她哭喊道："噢，我——都到了这把年纪——干吗还得继续隐瞒这件事情的真相呢？"[XXVI] 这时，她肯定也意识到自己只充当了一条走狗的角色。

主要负责照顾玛丽莲的两个人能够看到玛丽莲开始了生命中最幸福的一段日子，进入了很有希望成熟起来的阶段，可是由于极端的自恋和自我型神经官能症，他们却在竭力维持着她对他们——仅仅对他们——的依赖心理。

最后，面对解雇，这两个"监护人"终于承受不了了，在他们看来被解雇同时还意味着她拒绝了他们对她继续施加严厉管束。颇有讽刺意味的是，在向默里夫人宣布死讯的时候，格林森说了一句"咱们已经失去她了"。对于他的措辞，他们的看法是一致的——从某种角度而言，当她决定解雇他们的时候，他们就已经失去她了。

对于自己没有产生迷恋之情的患者，拉尔夫·格林森或许的确起到了积极作用，但是这不能否定他在私生活和事业两方面都是一个彻头彻尾的失败者的事实。他以自我为中心、华而不实、喜欢表演、嫉妒他人获得的关注、喜欢吹牛，有着强烈的占有欲、专横跋扈，他这样的人也只可能在好莱坞成为一名"杰出"的心理治疗师，在这个地方，就连出于社交目的表演都能赢得掌声和崇拜。他没有将玛丽莲·梦露视作一个正在成长、渐趋成熟的女人，一个正在恢复健康、获得力量的女人；相反，他希望她一直那么羸弱，永远受制于对他的依赖心理。为了应付自己这位头号病人的挣扎，他的私人生活不断受到干扰，这也是他自己努力追求的结果，但是他也因此疲惫不堪，最终他却愤愤不平地看到玛丽莲试图脱离他的轨道、摆脱他的控制，她跟乔亲近了，从而跟他疏远了。长期以来，他为自己织就了一件监护人和保护者的外衣，他是父亲，是负责照顾她的人，结果他发现这件外衣变成了一张错综复杂的网。他不遗余力地限制着玛丽莲同外界的接触，让她只能拥有他的爱，只能得到他的支持。对于任何人来说，这种关系都是危险的；在心理治疗的环境下，这种关系将会带来毁灭性的结果。

玛丽莲即将离去的事实令他无法忍受，他最重要的病人对他做出了最彻底的拒绝。因此，他认为她没能成为他的所属品，最终他也就对她采取了自己理应采取的态度：任性地将她置于危险的境地。在内心阴暗的角落里，他或许知道——或者说害怕，甚至是希望——自己的轻率之举能够带来一场悲剧。

玛丽莲·梦露死亡的悲剧就是这样产生的。在世的最后几个月里，她变得越来越有勇气，她正在成长为一个崭新、成熟的女人，她的一举一动、接受的每一次采访、和其他人的接触、她的表演都证明了这一点。她终于开始主宰自己的生活，同她最亲近的人都看到了她的变化；她刚刚开始驱逐久久围绕在她身边的那几个心理残疾的幽灵。她从来不曾鄙视过伤害她或者误导她的那些人，现在她更是大度，比以往任何时候都更关心曾经进入过自己生活的那些人。只有在这种精神状态下，她最美好的品质才能被外界看到——她不会为了完成一次精彩的专访就恶语中伤自己的前夫或者情人，她不愿自怨自艾，她深爱着伊萨多·米勒，深爱着阿瑟·米勒的儿女，深爱着小乔·迪马吉奥。她的未来即将翻开妙不可言、甚至可以说是奇迹般的新篇章——回到乔的身边，开始拍摄新的影片，心甘情愿地抛开所有对她毫无益处的人，将生命中已经令她感到腻烦的旧篇章抛之脑后。

1955年，由于感到自己的生活停滞不前，她放弃了好莱坞，那一次她也同样愉快乐观、生机勃勃。现在，她又恢复了那种状态。玛丽莲的变化肯定跟乔·迪马吉奥的存在有一定的关系，但并非只跟他有关，毕竟在感情最炽烈的时候他们对彼此都没有太多的激情，况且现在他们都非常理智，不会不知道他们的前方还有不少无法逃避的危险地带。但是，她刚刚对一名记者说过："我还有未来，我都等不及奔向未来了。"她热情、谦逊，怀揣着青涩幼稚的希望，渴望着继续前行、超越过去，然而她却遭遇了极其罕见的命运——如此美好的生命最终却被如此残忍地灭口了。

　　的确是被灭口了。扼杀玛丽莲·梦露的人自认为自己的使命就是拯救她。然而，他们拯救她并不是为了她，而是为了自己，他们想要拥有她。玛丽莲·梦露之死为加利福尼亚式哥特文化[1]赋予了新的内涵。

　　在那个星期六的下午，玛丽莲提笔给乔写了一封信，此时她正心急如焚地等待着他的到来。在动笔之前，她接到了他打来的电话，这个细节想一想都令人感到开心。可是，她被打断了，后来人们在她的通讯簿里找到了这封信。在她的尸体次日上午被运走之前，警察对她的家进行了一番搜查，试图找到自杀遗书，但是通讯簿原封未动，也有可能是负责搜查的警察小心翼翼地将那封信留在了原处。就像她的生活一样，这封信很美好，而且尚待完成：

　　亲爱的乔：

　　即令我能做到的事情就只有给你幸福，那我也将完成最重要、也是最艰巨的事情——也就是说，让一个人获得纯粹的幸福。你的幸福就是我的幸福，而且[XXVII]

1　作者借用了"南方式哥特文学"这个术语，指起源于美国南方的哥特文学，多以有严重缺陷、焦躁不安、性格古怪的人物为主人公。

注　释

I 克莱蒙斯讲述的情况摘自他1991年3月22日在洛杉矶为一群挚爱玛丽莲·梦露的听众们（该团体名为"缅怀玛丽莲"）做的一场比较长的讲话。DA1982中也收录了他的报告，pp.7—8，26—28。

II 洛杉矶警察局报告，对玛丽莲·梦露的熟人重新进行询问，1962年8月10日。

III 唐·马歇尔（洛杉矶警察局，已退休）向唐纳德·斯波托讲述，1992年9月2日。

IV 马歇尔引述。

V 彼得·布朗和派特·巴勒姆，《最后一条》（纽约：达顿出版社，1992），p.322。

VI 同上。

VII 唐·马歇尔向唐纳德·斯波托讲述，1992年9月14日。

VIII 罗伯特·利特曼医学博士向唐纳德·斯波托讲述，1992年4月23日。

IX 罗伯特·利特曼医学博士，引自霍华德·赫特尔和弗兰克·拉罗撰写的《法医认为玛丽莲·梦露有可能系自杀》（《洛杉矶时报》，1962年8月18日）。

X 诺曼·法布罗医学博士，引自《好莱坞市民新闻》的报道，1962年8月20日。

XI 约翰·迈纳向唐纳德·斯波托讲述，1992年6月11日。下文中对迈纳的引述均出自这次采访。

XII DA1982，p.4。

XIII 阿诺德·艾博拉姆斯医学博士向唐纳德·斯波托讲述，1992年11月2日。

XIV 有关死者不可能接受过注射的分析，参见DA1982，p.4。

XV 同上。

XVI 法医报告，文件#81128，于1962年8月5日进行的尸检，签字人为托马斯·野口医学博士，副验尸官。参见野口，p.78。

XVII 格林森向佐洛托讲述的情况，见《芝加哥论坛报》，1973年9月14日，第2部分，p.4。

XVIII 菲利普·拉克莱尔向唐纳德·斯波托讲述，1992年7月22日。

XIX 在接受唐纳德·斯波托的一次采访时（1992年10月12日），韦恩斯坦讲述了恩格尔伯格在多希尼街为玛丽莲·梦露洗胃的情况。

XX 在和罗伊·特纳进行的一次录音谈话中，尤妮斯讲述了救护车的事情，1987年2月9日。

XXI 威廉·伍德菲尔德向唐纳德·斯波托转述，1991年9月20日。

XXII 尤妮斯·默里向罗伊·特纳讲述，录音谈话，1987年2月9日。

XXIII 同上。

XXIV 引自麦卡恩的著作，p.176。

XXV 约翰·休斯敦向路透社讲述，1962年8月22日。

XXVI 在英国广播公司电视网的纪录片《玛丽莲：向总统道别》拍摄期间，制片人泰德·兰德雷斯听到默里说了这句话，后来又转述给了唐纳德·斯波托。

XXVII 这封信是在玛丽莲的私人通讯簿里找到的，她的业务经理伊内兹·梅尔森在星期日将信拿走了。后来，一位私人收藏者连同这封信买下了一箱玛丽莲的私人物品，1991年这批珍宝又被转交给了唐纳德·斯波托。

# 第二十四章　1962年8月6—8日

玛丽莲的身体受到无数人的觊觎，但是却不属于任何人——8月6日（星期一）的上午，她的遗体仍旧被停放在洛杉矶县太平间里，无人认领。不出所料，乔·迪马吉奥挺身而出，对最后一些事情做出了决断。当天下午晚些时候，玛丽莲的遗体被送回位于格兰登大道的韦斯特伍德村太平间，这里距离车水马龙的威尔夏大道只有几步之遥。

在10年前，也就是在星途上开始疾速前进的时候，有一次出院时她叫好朋友艾伦·斯奈德赶去医院，因为她希望以最佳状态出现在公众和镜头面前。15年来，最了解她的恐惧、也最了解她的真实面容的人莫过于斯奈德，对她最耐心的人也莫过于他，为了让她展现出最美丽的一面，他比任何人付出的努力都多。

"怀迪，答应我一件事情。"她叫着亲切的昵称。斯奈德正在用各种各样的刷子为她化着妆，在这里打一点高光，在那里上点颜色。

"你尽管开口，玛丽莲。"

"答应我，万一我出了什么事——求求你，除了你，绝不能让任何人碰我的脸。答应我，你为我化妆，让我走的时候能保持最好的模样。"

"没问题。只要趁着尸体还热乎的时候给我送过来，我就为你化妆。"他打趣道。[1]

几个星期后，斯奈德收到了蒂芙尼送来的一个礼盒。淡蓝色的小袋子里装的是一枚金质钱夹，夹子上面刻着几行字：

亲爱的怀迪

趁着我还热乎的时候

玛丽莲

现在，斯奈德该兑现自己的诺言了。8月7日，星期二，斯奈德在马利布的家里的电话响了。

"怀迪？怀迪，你答应过她的——你愿意做吗？求求你了。"电话是乔从圣莫尼卡的酒店房间里打去的。

无须解释。他们两个人都记得当年的承诺。

"乔，我会去的。"

斯奈德驱车赶到太平间。他满怀敬意地拿出了粉底、刷子、化妆液和腮红，动作敏捷而娴熟，然后他就在冰冷的房间里开始工作。这项工作他已经做过无数次了，但是每一次她不是笑着、聊着天，就是睡着了。曾经无数次，在她走出化妆间、机场和诊所之前，都是他在为她化妆，让她做好面对公众的准备。现在，他再一次完成了自己的工作，可是这一次她没有走出去，只有乔走了进来。

8月8日，星期三，上午，斯奈德一大早又赶来了，他知道玛丽莲还需要补补妆。

乔还在那里。一整夜，他一直守在爱人的身旁，他紧紧地攥着手指，目光牢牢地落在玛丽莲的脸上，那是一位满怀浓情的骑士在一场恶战开始前夕独自一人从黄昏守到了黎明，彻夜未眠地做着祷告。现在，乔一动不动地坐在那里，身体朝前凑了过去，仿佛是爱和渴望的力量促使他保持着这样的姿势，渴望将她唤醒、参加他们的婚礼。在外人、记者和作家们的面前，他自始至终没有再提到过她的名字，此后也没有再结过婚。

在这三天里，乔做出了一个艰难的决定。好莱坞的明星和导演、制片人和电影公司的经理、记者和摄影师一律不准参加葬礼，他说他们对玛丽莲干过的事情就只有伤害。只有30位亲朋好友得到允许参加了这场葬礼，玛丽莲同母异父的姐姐伯妮斯也在其中，出于对妹妹的尊敬她从大老远（佛罗里达）赶了过来，她几乎不认识这个妹妹，但是对她充满了仰慕。参加葬礼的还有格蕾斯的妹妹伊妮德·奈伯坎普、斯奈德夫妇、斯特拉斯伯格夫妇、梅·里斯、拉尔夫·罗伯茨、格林森的家人以及尤妮斯·默里。詹姆斯·多尔蒂和阿瑟·米勒都已经再婚了，前者当时在洛杉矶警察局执勤，后者也同样拒绝到场。

格拉迪斯还住在罗克黑文疗养院，直到最后她一直不知道女儿已经过世了。几年后，她离开疗养院，跟伯妮斯住了一段时间后她又住进了佛罗里达的一家养老院。1984年3月11日，由于充血性心力衰竭她离开了人世，终年82岁。每当有人问她的时候，格拉迪斯似乎都不太清楚诺玛·珍妮是谁，也不太清楚她后来成了什么样的人。

1点，在太平间附属的小教堂里，葬礼开始了。一名风琴师弹奏了一段柴可夫斯基的《第六交响曲》和玛丽莲最喜欢的一首曲子，《绿野仙踪》的插曲《彩虹之上》。接着，当地的牧师做了一番祷告，祷告词选自《圣经·阿摩司书》："造物主创造了多么美好的一个她。" 按照乔的请求，李·斯特拉斯伯格做了简短的讲话："我们都知道她是一个热情的人，冲动、腼腆、孤独、敏感，害怕遭到拒绝，但是永远对生活充满热望、努力实现自己的抱负。她对自己的才华怀揣的梦想不是海市蜃楼。"他的声音有些颤抖，眼睛里闪烁着泪光。

在棺盖被合上之前，乔俯下身子，毫不掩饰地恸哭了起来。他亲吻着玛丽莲："我爱你，亲爱的——我爱你。"[11]一边说，一边将手里的粉色玫瑰花束放在了她的手中。此后二十年里，每个星期乔都雷打不动地给玛丽莲的墓地送去鲜花。当初，当玛丽莲告诉他威廉·鲍威尔在珍·哈露临终之际许下的那个诺言时，他也向玛丽莲做了同样的承诺，玛丽莲逝世后，他兑现了自己的诺言。接着，在乔的带领下，所有人走出了教堂，去了一百码之外的地下室。途中，他们经过了安娜·罗尔和侄女格蕾斯·麦基的墓碑，前者逝世于1948年，后者也于5年后离开了人世。

这一天，在玛丽莲度过大半辈子的地方，亲朋好友们聚在了一起。她就是在这个小地方长大成人，然后走出这里，拥有了短暂但是辉煌的一段生活。现在，这个曾经的小镇姑娘已经属于全世界了。墓地的南边是霍索恩和博朗代家的房子，东边是位于好莱坞的洛杉矶孤儿之家，格拉迪斯和格蕾斯坐在长凳上剪胶片、带她去看电影的地方也在不远处。内布拉斯加大道近在咫尺，就是在那里她和安娜阿姨过了一段时间，就是在那里她成了爱默生初中的"嗯嗯小妞"，和为人幽默风趣的查克·莫兰开始约会。加州大学高中、她和詹姆斯结婚的那座房子、20世纪福克斯公司的摄影棚和海伦娜5街也都在不远处。

人们默默地站在那里，看着棺材被推进大理石的壁穴中，壁穴的门上有一块青铜牌匾，上面写着：

玛丽莲·梦露
　　　1926—1962

等送葬的亲朋好友离去后，墓园终于向记者、新闻摄影师和公众开放了。在墓园里，整整一个下午照相机的快门一直在咔嚓作响，电影胶片也在不停地转动着，直至静谧的夜色降临。

注　释

I 玛丽莲·梦露和艾伦·斯奈德之间的这段对话是斯奈德向唐纳德·斯波托讲述的，1992年5月2日。

II 《洛杉矶先驱考察家报》，1962年8月8日，p.1。

后记　大骗局

1974年出版了《玛丽莲·梦露的一生及其离奇的死亡》（见本书第十一章241页脚注）一书后，罗伯特·斯雷泽尔一直在大肆宣扬自己和玛丽莲·梦露莫须有的一段交往经历，在毫无证据的情况下，向外界讲述着自己的事情、玛丽莲和罗伯特·肯尼迪的关系，不断地制造着有关玛丽莲的谣言。这些谣言被杂志和书籍频频提及，也出现在了耸人听闻的电视节目中，与此同时斯雷泽尔俨然也成了自封的权威，一个英勇无畏、一心只想寻求正义的火炬手，在一场经久不息、荒诞不经的文学游戏中占据着核心位置。这场游戏堪比历史上任何一次著名的厚颜无耻、胆大妄为之举，原本很容易被人们识破。

其他一些人也推动了这场骗局的产生和演化：曾经担任法医助手的莱昂内尔·格兰迪森，他宣称警方篡改了玛丽莲·梦露的尸检报告；1962年8月5日凌晨第一个赶到玛丽莲家的警官杰克·克莱蒙斯；私家侦探米罗·斯比利格里奥，他根据斯雷泽尔破绽百出的证词提出了一些荒诞的说法；珍妮·卡门，她自称是这位大明星交往最密切的朋友，其实她跟斯雷泽尔一样，玛丽莲的熟人和同事都根本不知道她的存在。斯雷泽尔和这伙人频频在电视谈话节目中露面，欣然为彼此难以置信的各种谎言提供着证据。

在一定程度上，斯雷泽尔成功的冒险证明了全世界对玛丽莲·梦露——1960年代第一位突然辞世的大众偶像——永恒不灭的痴迷。后来，有人宣称她的死亡是一起政治谋杀事件，这种说法将她送进了那个曲折复杂的时代的万神殿，有关肯尼迪家族也插手了玛丽莲死亡事件的说法成了阴谋论者的工具，给这个家族投下永远无法摆脱的阴影。

但是，形形色色的传说究竟是如何产生的？

有关玛丽莲死亡事件的第一个重要素材是纽约的八卦专栏作家多萝西·基尔嘉兰提供的。1962年8月3日,星期五,基尔嘉兰发表了一篇报道,称玛丽莲"强烈地吸引了一位英俊男士的注意,这位男士比乔·迪马吉奥的名气更大"*[I]。专栏作家沃尔特·温切尔也不甘落后,他将矛头指向了"总统委任的一名官员……他表现得就像一位**丈夫**[原文如此]一样——跑回了妻子的身边"。[II]实际上,温切尔只是跟狂热的右翼分子弗兰克·A.卡佩尔[III]鹦鹉学舌而已。同温切尔一样,卡佩尔非常痛恨肯尼迪一派,认为他们对共产主义过于软弱。自1938年起,他先是干过秘密调查员,后来担任了纽约州威彻斯特县法官的颠覆活动部主任,他一直认为到处都潜伏着共产党人。其实,卡佩尔并不符合所谓的"美国价值观"。他原先在战时生产委员会的法规执行部工作过,但是在1945年被告发与一名同事合谋向政府工程的承包商们索贿3次,最终他被定了罪。被免职后,他又开始出版针对共产党人的钓鱼通讯杂志《自由先驱报》。

卡佩尔的密友中就有杰克·克莱蒙斯,即玛丽莲身亡时第一个赶到事发现场的那名警官。克莱蒙斯又同警察和消防研究组织保持着联系,这个组织致力于揭发"对美国生活方式构成威胁的颠覆活动"。[IV]正是通过反颠覆活动的工作,卡佩尔和克莱蒙斯在玛丽莲逝世6个星期后结识了,一起调查所谓的共产党在好莱坞的联系人。克莱蒙斯又介绍卡佩尔认识了莫里斯·里斯,后者担任着保护美国价值观电影联盟的主席一职,这个反共性质的组织曾在1950年代轰动一时,他们指控编剧工会促进了共产主义对电影界的入侵。在电影联盟的一次会议上,里斯不厌其烦地介绍着自己整理出的数百份名人档案,最后提到的就是玛丽莲·梦露。卡佩尔和克莱蒙斯也都参加了这场会议。

里斯说:"我要跟你们说件事情。玛丽莲跟鲍比·肯尼迪有一腿,鲍比还答应过跟她结婚,后来又改变了主意,想要把她给甩掉。她威胁说要把这件事情公之于众,为了让她闭嘴,肯尼迪家族就把她给杀了。"[V]

"听起来很有意思。"克莱蒙斯说。后来,他还说过:"卡佩尔说我们应该

---

* 基尔嘉兰在这篇匪夷所思的八卦文章中没有透露消息来源的身份——纽约的室内设计师霍华德·佩里·罗思伯格,此人跟玛丽莲本人以及玛丽莲的社交圈都毫无交往。

查查这件事情。他说：'杰克，你能帮把手吗？'我说：'好的，弗兰克，我会帮你的。'"

克莱蒙斯提供的"帮助"包括给法医办公室打的一个电话。通过这通电话他得知在尸检的过程中玛丽莲的胃里没有发现残留的药物。提起往事时，克莱蒙斯说过："在很长的时间里，我们就只掌握了这么一个铁证。"但是，这一个证据已经足以说服他和卡佩尔相信里斯的推测是正确的，卡佩尔立即"就把情况透露给沃尔特·温切尔，过了一段时间，沃尔特·温切尔就把事情完完整整地写在了专栏里"（克莱蒙斯语）。

1964年，卡佩尔通过自己经营的《自由先驱报》出版社出版了一本小册子《令人迷惑不解的玛丽莲·梦露死亡事件》，讲述了自己对这件事情的臆想。在这本70页厚的小册子里，他将尸检报告、警方报告和法院报告糅合起来，形成了一套奇怪的想法，他还宣称从阿瑟·米勒、拉尔夫·格林森到海曼·恩格尔伯格，玛丽莲在生活中的几个重要方面几乎都跟共产党存在联系，他毫无条理地对这些联系人进行了一番几乎有些歇斯底里的评述。卡佩尔还利用温切尔公开发表的一段文字（实际上卡佩尔引述的是自己之前透露给温切尔的消息），堂而皇之地宣布了自己对玛丽莲死亡事件的判断。他用很长的篇幅对玛丽莲和罗伯特·肯尼迪之间的风流韵事做了一番推测，然后宣称"由于交往甚密，她甚至相信他的态度是认真的"。卡佩尔接着又指出肯尼迪同情共产党人，由于"疯狂的野心"，他"希望她不要碍他的事"，因此他"动用自己的盖世太保"掩盖了她被谋杀的事实。[VI]自参议院约瑟夫·麦卡锡的时代结束后，美国社会或许就再也没有出现过如此疑神疑鬼的幻想了。

就在这个时候，约翰·埃德加·胡佛也参与进来。[VII]胡佛和温切尔交往密切，经常从后者的口中了解到名人的消息，卡佩尔刚刚出版了这样一本书的消息也是从他那里听说的。[VIII]联邦调查局的局长旋即便欣喜地致信给罗伯特·肯尼迪："[卡佩尔的]书会提到你和已故的梦露小姐的所谓友谊。卡佩尔先生宣称自己将在这本书里含蓄地指出你和梦露小姐关系亲密，梦露小姐逝世时你就在她的家里。"肯尼迪的表现很得体——没有做出回应。

在1964年和1965年，卡佩尔和克莱蒙斯进一步沆瀣一气，和强烈拥护右翼意识形态的激进分子约翰·弗格斯共同发起了又一场政治攻击，给攻击目标泼了一身脏水。这一次遭受攻击的是加利福尼亚州的参议员托马斯·H.库彻,由于支持具有里程碑意义的《1964年民权法案》,这位共和党人惹恼了激进团体。

1965年2月,加利福尼亚大陪审团以合谋诽谤的罪名起诉卡佩尔、克莱蒙斯和弗格斯,因为他们获得并且散布了一份有关参议员基克尔的虚假宣誓口供,宣称后者一度由于道德问题遭到逮捕——尤其是,曾在汽车后座上发生过同性性行为。[IX]这份假口供是根据1950年的一起官司炮制的,真正的涉案人员另有其人,基克尔跟案件毫无瓜葛。受到指控后,卡佩尔和克莱蒙斯发表了一份令人捧腹的声明,宣称媒体见证了"我们认可的公平游戏的标准原则遭到的践踏"。这番言论令人捧腹,虽然他们本意并不是为了制造笑料。经过两个月的审判,法官判定被告"施加压力"得到了这份假口供,"带着一脸傻笑,沾沾自喜地利用假口供实现自己的目的"。法官接受了卡佩尔和弗格斯的认罪,撤销了对克莱蒙斯的起诉,条件是他从洛杉矶警察局辞职。

炮制出"肯尼迪杀害了梦露"这种传言的罪魁祸首在1965年终于落得颜面扫地的下场,这件事情原本应该就到此为止了。然而,围绕这件事情产生的恶毒传言太诱人了,肯尼迪和梦露的故事太刺激了,太令人难忘了。1968年,肯尼迪也与世长辞了,在此之前社会上再也没有出现过有关他和玛丽莲的传闻的出版物,但是谣言制造机不断地制造着零星的恶毒谣言,人们争先恐后地捏造着谎言,相互借用别人提供的素材,不断地为已有的谎言添油加醋,或者即兴创作新的谎言。如果说肯尼迪在世时谣言只是低声细语,那么他遇刺身亡后,谣言一下子变成了咆哮。

诺曼·梅勒1973年出版的《玛丽莲》一书催生出了最引人注目的一则谣言。梅勒承认自己在写作的过程中过于依赖弗雷德·劳伦斯·吉莱斯撰写的《诺玛·珍》一书,在罗伯特·肯尼迪逝世前吉莱斯就已经把书写出来了,并且在媒体上进行连载,在肯尼迪遇刺身亡的次年结集出版(缺乏可信的注释和消息来源)。受到温切尔的启发,吉莱斯在书中写下了玛丽莲同"一位已婚男士"的风流韵事,这位男士"不是[电影]圈里的人……是东部人,在西海岸没有多少人脉",他"当过律师和公务员,仕途显赫……是一位检察官,[他]当时在朋友的海滩别墅做客",他和玛丽莲就是在那里幽会的。[X]这位男士的身份对所有人来说都是确定无疑的,正如吉莱斯后来写的那样,"无疑,我这本书暴露出了[罗伯特·肯尼迪]和玛丽莲的关系,我事先已经做了提醒[!],可是人们还是在文章中一遍又一遍地反复提及这件事情"[XI]。

梅勒说过自己注意到"吉莱斯的版本……或许顶多只是把听到的各种谎言总结概括了一番"[XII],可是他自己却将这个骗局向前推进了一步,虚构出罗伯特·肯尼迪有可能插手玛丽莲死亡事件,甚至也有可能是政府的情报人员为了构陷司法部长而杀害玛丽莲的说法。梅勒是第一个指名道姓地提到罗伯特·肯尼迪的人,一举跻身畅销书作家的行列。

梅勒杂乱无章的思考成果受到了外界的强烈批评,因此他在哥伦比亚广播公司《60分钟》里接受了迈克·华莱士的采访(1973年7月13日),在节目中他无奈地承认道:"我得说[玛丽莲的死]十之八九是意外自杀。"那么,之前他为什么要诬蔑罗伯特·肯尼迪呢?梅勒这一次的回答至少可以说很坦诚:"当时我非常需要钱。"他拿到了钱,公众却深深地陷入了一场大骗局里。

与此同时,罗伯特·斯雷泽尔一马当先地敦促洛杉矶县对玛丽莲的死亡开展一场正式调查,并且让私家侦探米罗·斯比利格里奥也参与调查,不过折腾了一番之后他们一无所获。一开始,他们并没有受到太多的关注,直到一篇文章问世后。这篇文章就是1975年10月的《谁》上刊登的《是谁杀死了玛丽莲·梦露?》,这家月刊是一份"成人"读物,最客气地说也只能算作一份色情杂志。文章的作者是安东尼·斯卡杜图(他的消息来源就只有斯雷泽尔和斯比利格里奥),对于肯尼迪这条线索,他"挖掘"得比其他任何人都更深入。不仅如此,他还为玛丽莲之死的传说补充了两个异想天开的细节。[XIII]

第一个细节就是玛丽莲有一个红色皮质封面的日记本——一个笔记本,斯雷泽尔宣称玛丽莲在这个本子里仔仔细细地记录下了司法部长亲口向她透露的政府秘密。据说,在这个本子里详细记录着政府打算对菲德尔·卡斯特罗实施的暗杀计划,斯雷泽尔说当司法部长决定结束和玛丽莲的恋情时,玛丽莲威胁说要将这个暗杀计划连同自己和肯尼迪的风流韵事一起公之于世。

凭借这篇文章,斯卡杜图"揭露"的第二个秘密是假定存在的录音带——玛丽莲亲自录下了自己和肯尼迪兄弟的谈话。同日记本一样,自始至终没有人得到过（甚至都没有听过）这些录音带，但是它们的"存在"为媒体提供了上好的素材。一向胆大包天的斯比利格里奥欣欣然地告诉斯卡杜图："对于总统在做什么、想什么、有什么打算，玛丽莲知道的比公众、媒体、国会、参议院、内阁、甚至司法部长都多。"

斯卡杜图也在这股大潮中永久性地占据了一席之地。1976年，他以"托尼·斯亚卡"的化名出版了《是谁杀死了玛丽莲？》，这本书其实就是之前那篇文章的扩充版。他在书中宣称失踪的录音带据说并不是玛丽莲自己录制的，而是窃听专家伯纳德·斯宾德尔录制的，后者的客户包括卡车司机联合会国际部主席詹姆斯·霍法[1]。如果不是他改了口，之前那套毫无事实依据的可怕说法还会继续流传下去。

同卡佩尔一样，斯卡杜图这套愚蠢的谎言很少受到外界的重视。但是，洛杉矶警察局因此进行了一次内部调查。结果，警察局的组织犯罪调查部搜集到了极其详细的证据，并且重新询问彼得·劳福德和法医托马斯·野口，最终完成一份报告，逐条驳斥了斯卡杜图的谎言。这份报告以公函中不太常见的腔调，欣欣然地用斯卡杜图的原话对他做出了否定，"证据就如同大萧条时期的赈灾粥一样稀薄"。[XIV]

然而，接下来出版市场上就如同雪崩一样一夜之间冒出了一大批仓促草就的回忆录，作者包括最早为玛丽莲拍摄过照片的摄影师戴维·康诺弗和安德烈·德·迪耶纳，后者受到斯雷泽尔的启发，补充了有关性关系的详细内容，还宣称直到逝世前玛丽莲一直和他保持着密切的交往，把他当作知己。泰德·乔丹、詹姆斯·贝肯和汉斯·兰伯恩等人也都在各自的书中宣称自己和玛丽莲有过激情四射的恋情。

米罗·斯比利格里奥也手忙脚乱地参与了这场比赛，他在自己的书里又透

---

[1] 詹姆斯·霍法（1913—1975），美国劳工领袖，1957年任卡车司机联合会国际部主席。善于谈判。1967年他因贿赂陪审团、诈骗等罪被判13年徒刑。在狱中仍保留工会的职务。1971年，理查德·尼克松总统为他减刑，但规定他在1980年之前不得参与工会活动。1975年，霍法突然去向不明，一般认为他被谋杀了。

露出几个耸人听闻的秘密。他宣称自己对罗伯特·肯尼迪做过一次秘密采访，在这本书里公布的新秘密就包括罗伯特在采访中透露的一些足以证明自己有罪的信息。斯比利格里奥还借助了法医助手莱昂内尔·格兰迪森的力量，后者宣称自己亲眼看到玛丽莲的尸体上带有大面积的淤血，但是尸检报告中没有提到这一点。格兰迪森还说自己见过斯雷泽尔告诉斯卡杜图的那本红色日记本，但是在玛丽莲逝世那个夜晚过后，日记本就莫名其妙地消失了。斯比利格里奥和斯雷泽尔以一副大义凛然的模样强烈要求重新调查玛丽莲的死因，他们向县政委员会发起呼吁，这一次洛杉矶的高官们被说服了。1982年8月，地方检察院约翰·范·德·坎普下令进行一次所谓的"初步"调查，以便确定是否有必要启动一次全面的凶杀调查。当年晚些时候，调查组提交了初步调查的结果。结果证明这次调查具有重要意义，但并非发现了玛丽莲身亡的秘密，而是暴露了斯雷泽尔一伙人以及他们编造的疯狂谎言。例如，事实证明格兰迪森就不是一个靠得住的消息来源，他之前就由于可怕的罪行——"参与盗窃死者遗体上的财产"——被法医办公室解雇了。

地方检察官还对有关窃听专家的说法进行了仔细调查，结果发现伯纳德·斯宾德尔其实是"一个声名狼藉的非法窃听者"，霍法雇佣他"是为了确保搞到令罗伯特·肯尼迪蒙羞的信息"。[xv]斯宾德尔1966年12月底宣称自己在玛丽莲家里安装了电子监听设备，因此搞到了一批"涉及玛丽莲·梦露死因"的材料，"材料有力地暗示出正式报告中提出的死因是错误的"。

但是，他提出这种说法的时间存在更大的疑点。1966年12月早些时候，曼哈顿地方检察官办公室针对非法窃听的问题进行了一次调查，最终起诉了28名从业者。就在这次调查中，斯宾德尔的住宅也受到了突袭。几天后——这时他的证据已经"被盗了"——斯宾德尔这才向外界透露了那个刺激性的消息（在不可思议地沉默了4年之后）。事实上，直到斯雷泽尔和斯比利格里奥意识到他们编造的谎言需要新证据时，所谓的录音带才冒了出来。

1982年，斯宾德尔去世，洛杉矶和纽约两地的地方检察官断定整件事情完全是凭空捏造出来的。如果两位检察官真的找到证据证明"玛丽莲录音带"的确存在的话，他们的履历上完全可以留下十分精彩的一笔。地方副检察官罗纳德·卡罗尔在最终的报告中写道："斯宾德尔宣称自己想要将录音带公之于众，他的这个想法似乎从一开始就是一个阴谋……调查人员把[斯宾德尔的]录音带都听过了，没有一卷录音带含有跟玛丽莲·梦露有关的信息。"后来担任美国国家环境保护局首席调查员的威廉·格拉夫还说过斯宾德尔就是一个"著名的吹牛大王"。[XVI]

这么多年来，任何方面、任何人都始终没有拿出任何一样实实在在的证据，如果录音带（同那本日记一样）真的存在，这种情况就实在令人难以置信。此外，斯宾德尔提出的说法还存在一个逻辑上的问题——霍法拿到了能够损害罗伯特·肯尼迪名誉的录音带，那么他为什么始终没有利用这批录音带破坏罗伯特·肯尼迪批准对他提起的诉讼，反而很快就锒铛入狱？自1966年以来一直存在巨额现金的悬赏诱惑，但是始终没有人交得出有助于揭露真相的录音带或者日记本，为什么？答案显而易见。就像有关玛丽莲·梦露和罗伯特·肯尼迪之间的风流韵事、罗伯特插手玛丽莲死亡事件的传言一样，录音带和日记都是子虚乌有的事情。

1982年12月，洛杉矶地方检察官约翰·范·德·坎普公布了调查结果，并做出简洁的定论："正如我们发现的那样，事实均不支持开展谋杀调查的请求……请允许我说出自己的心愿——愿玛丽莲·梦露能够安息——尽管希望很渺茫。"

人们不允许玛丽莲安息。"肯尼迪用谋杀掩盖真相"的传言经久不息，通过报道地方检察官在1982年得出的结论（见本书第二十二章的注释XVII），安东尼·萨默斯也在这场旷日持久的闹剧中登场了。这位擅长调查性报道的英国记者1980年出版了《阴谋》一书，对于社会针对约翰·肯尼迪暗杀事件所做的五花八门的推测，他通过这本书播下了新的种子。萨默斯发现斯雷泽尔一伙人一而再再而三地宣称肯尼迪和玛丽莲的死有所关联，但是始终没有人彻底为这些传言盖棺定论，因此他在1983年着手这项工作。1985年，《女神：玛丽莲·梦露的秘密生活》一书问世了。

罗伯特·肯尼迪插手玛丽莲死亡事件（之前还上了她的床）的传言令萨默斯感到着迷，他宣称斯雷泽尔是一个可靠的消息来源，是玛丽莲的密友，为外界了解玛丽莲的动机和遭遇提供了重要的线索。珍妮·卡门和纽约的影迷詹姆斯·哈斯皮尔也都得到了同样的重视。同斯雷泽尔一样,哈斯皮尔也利用自己和玛丽莲的几张合影为自己开创了一份"事业"(最后还写出了一本令人发指的书,随随便便地将自己可怕的幻想落在白纸黑字上,称玛丽莲是被罗伯特·肯尼迪用枕头闷死的)。萨默斯承认"由于右翼狂热行为,作为调查人员的卡佩尔有着不可补救的先天缺陷",[XVII]但是他没有指出斯雷泽尔、温切尔和其他一些人提出的说法都是以卡佩尔的调查工作为基础的,而这些人都得到了他的认可。

萨默斯毫不质疑地接受各个方面捏造的传言,结果他发现自己陷入了左右为难的境地,不得不对几种阴谋论进行一番改造,因为其中大部分传言都相互抵触。之前有传言称洛杉矶警察局局长威廉·帕克为了接任胡佛在联邦调查局的位置,率领下属通过官方渠道掩盖了玛丽莲身亡的真相。[XVIII]然而,萨默斯却指出干预此事并且主持掩盖工作的是胡佛本人,而且得到了罗伯特·肯尼迪的授意。[XIX]他还在书中宣称纳尔夫妇(约瑟夫和德洛丽丝)的证词"最令人信服",[XX]因为这对夫妇说8月4日晚上他们在劳福德家做客,当时肯尼迪不在场。仅仅隔了几页之后,萨默斯又提到当天晚上肯尼迪跟劳福德在一起。

更糟糕的是,在《女神》一书中,萨默斯根本无视并且(或者)频频曲解采访对象——他宣称自己采访过他们——的意见。例如,在有关结束和罗伯特·肯尼迪的恋情令玛丽莲心灰意冷的问题上,他引述了纳塔丽·特伦黛·雅各布斯(当初负责玛丽莲公关业务的阿瑟·雅各布斯的遗孀)的话:"阿瑟和我会在她家一直待到凌晨五六点,跟她说话,拼命拦着她不让她喝酒或者吃药。"但是,纳塔丽自始至终一直否认自己对萨默斯说过这样的话;相反,她从未改过口供。她和玛丽莲只见过一次面,就是在阿瑟的家里一起吃了一顿晚饭,还看了一部电影。同样地,接受过萨默斯采访的其他人也都对他断章取义地滥用他们表达的观点感到极度愤慨,例如拉尔夫·罗伯茨和鲁伯特·艾伦。

尽管存在这些缺陷,而且萨默斯在事实方面也存在严重问题,[*]英国和美国还是根据《女神》一书拍摄制作了电视纪录片。但是,美国广播公司新闻网总经

---

[*] 例如,萨默斯一直坚称玛丽莲得到了玛琳·黛德丽在福克斯公司专用的化妆间。这种说法纯属无稽之谈,因为黛德丽从来就没有在好莱坞的这家电影公司工作过。

理鲁尼·阿里基最终还是撤销了新闻节目《20/20》原定播出的内容，他认为斯雷泽尔和萨默斯制造的这个宏大的故事纯粹就是荒谬愚蠢的谎言。阿里基的这个决定是正确的，非常符合职业操守，然而他却为此遭到了同事们不公正的谴责，哭诉自己受到了新闻审查制度的伤害。其实，这些人对玛丽莲的一生和死亡都一无所知。阿里基被不公正地扣上了效忠肯尼迪、干涉新闻自由的帽子。*

弗兰克·卡佩尔和杰克·克莱蒙斯发起的这场政治诽谤终于进入了一向苛刻的大众的视野中。罗伯特·肯尼迪已经于1968年遇刺身亡，而且最终也侥幸没有被扣上"赤色分子"的帽子，可是有关他的这些谣言还是流传下去。在公众的意识中，司法部长原本是一位同情和捍卫民权的斗士，现在却变成一个为了保护自己的名声不惜杀人的阴暗小人，《女神》一书则受到了大众的喜爱，虽然毫无价值，但是却被人们频频提及。**

发展到后期，卡佩尔、克莱蒙斯和斯雷泽尔的阴谋手腕越来越夸张，甚至可以说都演变成了一部黑色喜剧。斯雷泽尔和斯比利格里奥都回到源头，各自出版了第二本书，对原先的说法做了一番改头换面的处理，他们都希望新书能为自己带来更多的读者。斯雷泽尔甚至还设法把自己捏造的荒诞故事兜售给了美国广播公司电视网，后者于1991年拍摄制作了在当周播出的影片《玛丽莲和我》。

一位匿名作者为芝加哥黑帮分子山姆·詹卡纳的教子和兄弟代笔，写出了《欺骗》一书，在书中想当然地"透露"在詹卡纳的指示下，两个名字有些花哨、不太寻常的家伙——尼德斯和玛格西——前往洛杉矶，他们耐心地等到罗伯特·肯尼迪和玛丽莲结束了情人间的最后一场争执，然后悄悄溜进玛丽莲的屋子，给她的体内注入了致命剂量的巴比妥酸盐栓剂。两名杀手的目的在于

---

* 就连他最正直的同事都被说服了，美国广播公司的新闻主播休·唐斯就是一例，他出人意料地摆出一副傲慢的姿态，宣称玛丽莲和肯尼迪兄弟的风流韵事"毫无争议"，是"众所周知的事实"。参见唐斯，纪录片《20世纪大讲堂》，梅里尔·W. 莫祖尔制片，CEL传播公司/A&E电视网（美国有线电视），1991。

** 萨默斯有关梦露和肯尼迪兄弟的说法毫无依据，但是在接下来写的一本有关胡佛的书（1993年出版）中他仍旧坚持这些说法。

构陷肯尼迪，制造一起有可能断送他仕途的丑闻。这些作者似乎都不太关心逻辑，如果黑帮分子真是出于这个目的，那么对他们来说，留下玛丽莲这个活口绝对更有价值。

在总结概括这套不符合事实的传言的作品中，最令人震惊的莫过于《玛丽莲：最后一条》一书。这本书的作者是娱乐作家彼得·哈里·布朗和专门撰写贝弗利山社交圈的专栏作家派特·巴勒姆，书中提到的人物和消息来源的引用不够准确，对事件进行了润色。他们自称通过这本书对肯尼迪和玛丽莲的故事做了盖棺定论，其实整本书只是在老调重弹。

《玛丽莲·最后一条》从头至尾纯粹是在误导读者。一开篇，作者就幻想了一场耸人听闻的好戏，早已被世人遗忘的《濒于崩溃》的胶片被人从20世纪福克斯公司的地下仓库里偷偷地拿走，然后又神不知鬼不觉地被转移到了影迷团体"缅怀玛丽莲"的主席格雷格·施雷纳尔在洛杉矶的家里。一小群梦露的崇拜者在那里观看了影片，然后又有人悄悄地将胶片送回电影公司（布朗和巴勒姆所述）。这些细节放在间谍小说里或许会很精彩，然而完全是胡编乱造出来的。事实很简单，也值得钦佩：纽约的一位收藏家得到了这部没有拍摄完的影片的废片，然后将其送到萨宾·格里的家里。"缅怀玛丽莲"组织每个月都要举行例会，就在格里的家中举行的一次例会期间，格里为同伴们放映了这部影片。彼得·布朗最终还协助福克斯新闻网的制片人亨利·希珀制作了一部有关玛丽莲拍摄的最后一部影片的纪录片，他对胶片的事情肯定知道得一清二楚，可是他和巴勒姆还是毫不犹豫地用少得可怜的事实编造了一个精彩的故事。

他们的书里充斥着令人咋舌的错误，下面仅举几例：

·玛丽莲从未登上过总统专机"空军1号"，事实根本不像他们说的那样。

·可敬的外科医生迈克尔·古尔丁医学博士发表的观点被他们无耻地歪曲了。古尔丁医生同他们只通过一次短短的电话，向他们讲述了自己治疗玛丽莲的情况。1992年，古尔丁医生特意花了一个小时的时间对他们歪曲事实的行径做出了驳斥，他说："我不知道他们为什么要彻底歪曲我跟他们说的所有事情。"[XXI]

・尤妮斯・默里不是"一名经验丰富的精神科护士",实际上她连高中都没有读完。

・在1962年春天,福克斯公司拍摄的影片不只有《濒于崩溃》这一部。公司拍摄的其他几部影片中就有乔安娜・伍德沃德主演的《荡女泪》(暂时定名为《庆祝会》)。

・从1951年至1955年,代理玛丽莲业务的是经纪人及制片人查尔斯・K.费尔德曼,不是威廉・莫里斯经纪公司。

・玛丽莲乘坐的豪华轿车是她自己出钱租下的,司机也是她自己花钱聘请的,不是福克斯公司掏的钱,轿车的门上也没有刻着公司的标志。

・好莱坞的导演乔治・库克从来不是一个"公开的同性恋",事实上他同所谓"好莱坞黄金时代"里的所有人一样,在有关个人性取向的问题上口风极严。

・送给玛丽莲贵宾犬马非的人是帕特里夏・纽科姆,不是法兰克・辛纳屈。纽科姆也从来没有"为肯尼迪兄弟工作过,参与过他们的各种特殊活动"。

布朗和巴勒姆的这本书里最关键的一章讲述的就是玛丽莲"和总统约翰・F.肯尼迪和司法部长罗伯特・肯尼迪之间错综复杂、毁灭性的恋情",[XXII]其实只要快速地核实一下这一章的注释部分,任何人都会感到警觉。书中列出了两页消息来源,排在最前面的一些人据说都证实了这两段恋情的存在,他们是:玛丽莲的按摩师拉尔夫・罗伯茨、地方副检察官罗纳德・卡罗尔、安东尼・萨默斯、鲁伯特・艾伦、纳塔丽・雅各布斯、帕特里夏・纽科姆、肯尼迪前新闻助理埃德温・格斯曼和无孔不入的罗伯特・斯雷泽尔。在这份名单里,罗伯茨、艾伦、纽科姆和格斯曼一直坚称罗伯特・肯尼迪和玛丽莲・梦露从未有过恋情(他们也从来没有对这两位作者说过这种话);卡罗尔和雅各布斯也一直坚称自己没有听说过这种事情。这样一来,他们的证人就只有斯雷泽尔、萨默斯和类似一些人了。

此外,布朗和巴勒姆的注释还令人感到有些好笑,竟然将通俗的电视谈话节目拔高到学术研究的高度,宣称"《杰拉尔多脱口秀》、《萨利・杰西・拉斐尔脱口秀》、《唐纳休脱口秀》和《硬拷贝》都针对[罗伯特・肯尼迪的]恋情拍摄制作了电视节目,为现已得到公认的史实——玛丽莲和[肯尼迪]兄弟俩都发生过短暂而激烈的婚外恋——提供了进一步的证据"。[XXIII]除了其他的荒唐内容,这份注释甚至还对《女神》一书进行了评述,认定此书也为所谓的"史实"提供了进一步的"证据"。[XXIV]促使他们编造这些谎言的因素很明显,诺曼·梅勒也在这个经久不息的传说产生之初就一语道出了真相——他们的动机跟钱有关。

然而,这个传说让社会付出的代价超过了各位作者通过各自无耻之作获得的金钱收益。社会原则和理想受到了侵蚀,人们失去了对好人——无论男女——的信任,开始以一副高高在上的姿态对正人君子的名誉嗤之以鼻,对真相漠不关心。

正是为了反抗这场面目可憎、耸人听闻的大骗局,我开始了《玛丽莲·梦露传》这本书的写作。

注　释

I 李·以色列,《基尔嘉兰》(纽约:德拉考特出版社,1979),pp.338—340。

II 《沃尔特·温切尔的午夜世界》,《电影故事》,1962年12月,p.91。

III 关于弗兰克·A.卡佩尔,见《纽约时报》上刊登的人物简介,1965年2月18日。

IV 威廉·特纳,《右翼力量》(伯克利:兰帕茨出版社,1971),p.224。

V 这段对话以及对会议的描述都是克莱蒙斯本人在洛杉矶的一次讲话(1991年3月22日)中提到的,此次讲话的听众是一个名为"缅怀玛丽莲"的团体。

VI 弗兰克·A.卡佩尔,《令人迷惑不解的玛丽莲·梦露死亡事件》(新泽西州蔡尔菲斯:自由先驱报出版社,1964),p.62,pp.69—70。

VII 关于温切尔和胡佛,见娜塔莉·罗宾斯,《异己的墨水》(纽约:莫罗出版社,1992)。

VIII 联邦调查局#77-51387号文件。

IX 关于卡佩尔、克莱蒙斯和弗格斯的案件,见《洛杉矶时报》(1965年6月20日)等媒体的报道。

X 弗雷德·劳伦斯·吉莱斯,《诺玛·珍:玛丽莲·梦露的一生》(纽约:麦格劳-希尔公司,1969),p.315。

XI 吉莱斯,《传奇》,p.16;同《诺玛·珍》一样,这本书也缺少确凿的证据。

XII 诺曼·梅勒,《玛丽莲》(纽约:格罗塞特和邓拉普出版社,1973),p.237。

XIII 见安东尼·斯卡杜图,《是谁杀死了玛丽莲·梦露?》,《谁》,1975年10月,p.35及下文。

XIV 洛杉矶警察局组织犯罪调查部报告,1975年10月22日。

XV 关于地方检察官的初步调查,见洛杉矶县地方检察官调查部,调查员报告#82-G-2236,本书第二十二章的注释充分介绍了这份报告。

XVI 同上。

XVII 安东尼·萨默斯,《女神:玛丽莲·梦露的秘密生活》(第二版)(纽约:西格奈特出版社/奥尼克斯出版社,1986),p.453。

XVIII 同上,p.374。

XIX 同上,p.405。

XX 同上,p.390。

XXI 迈克尔·古尔丁医学博士向唐纳德·斯波托讲述,1992年9月21日。

XXII 布朗和巴勒姆,p.386。

XXIII 同上。

XXIV 同上,p.387。

参考文献

除了文中引述的著作、报刊文章及其他文章、评论，作者还参考了下列资料。

阿尔玛·奥弗霍尔特，《卡塔利娜的故事》，阿瓦隆和洛杉矶：没有出版社名称，1962。

阿克塞尔·马德森，《约翰·休斯敦》，纽约：双日出版社，1978。

阿瑟·米勒，《时移世变》，纽约：格罗夫出版社，1987。

小阿瑟·施莱辛格，《罗伯特·肯尼迪和他的时代》，波士顿：霍顿·米夫林出版社，1978。

埃德温·P.霍伊特，《玛丽莲：悲剧的维纳斯》，费城：奇尔顿出版社，1965。

埃德温·O.帕默，《好莱坞的历史》，纽约：加兰出版社，1978。

艾拉·史密斯，《芭芭拉·斯坦威克小姐主演》，纽约：皇冠出版社，1985。

爱德华·瓦根内克特，《玛丽莲·梦露——综合印象》，费城：奇尔顿出版社，1969。

埃里克·本特利（编），《三十年的背叛：众议院非美活动调查委员会听证节选，1938—1968》，纽约：维京出版公司，1971。

埃兹拉·古德曼，《好莱坞五十年的衰落与沉沦》，纽约：西蒙和舒斯特出版社，1961。

安德烈·德·迪耶纳，《玛丽莲，我的爱》，纽约：圣马丁出版社，1985。

安东尼·萨默斯，《女神：玛丽莲·梦露的秘密生活》，纽约：麦克米伦出版公司，1985；西格奈特出版社，1986。

安妮·爱德华兹，《朱迪·嘉兰》，纽约：西蒙和舒斯特出版社，1975。

奥托·普雷明格，《普雷明格自传》，纽约：双日出版社，1977。

巴特·米尔斯，《外景拍摄现场的玛丽莲》，伦敦：潘出版社／西奇威克和杰克逊出版社，1989。

彼得·博格丹诺维奇，《弗里茨·朗在美国》，纽约：普雷格出版社，1967。

查尔斯·汉布利特，《谁杀死了玛丽莲·梦露？》，伦敦：莱斯利·弗里温出版社，

1966。

戴维·布朗,《让我来逗你们开心》,纽约:威廉·莫罗出版社,1990。

戴维·康诺弗,《寻找玛丽莲》,纽约:格罗塞特和邓拉普出版社,1981。

戴维·斯坦,《克拉拉·鲍》,纽约:双日出版社,1987。

道格·沃伦,《贝蒂·葛莱宝:不愿成为电影女王的电影女王》,纽约:圣马丁出版社,1981。

多里丝·约翰逊和艾伦·利文撒尔(合编),《南纳利·约翰逊书信集》,纽约:克诺夫出版,1981。

厄尔·威尔逊,《揭秘演艺业》,纽约:帕特南出版社,1974。

厄尔·威尔逊,《无人了解的娱乐业》,芝加哥:考利斯图书公司,1971。

弗雷德·劳伦斯·吉莱斯,《传奇——玛丽莲·梦露的一生和死亡》,纽约:斯坦和戴出版社,1984。

弗雷德·劳伦斯·吉莱斯,《诺玛·珍:玛丽莲·梦露的一生》,纽约:麦格劳-希尔公司,1969。

弋得弗里特·莱因哈特,《天才》,纽约:克诺夫出版,1979。

格雷厄姆·麦卡恩,《玛丽莲·梦露》,新布伦瑞克:罗格斯大学出版社,1988。

古斯·鲁伊特杰斯,《玛丽莲·梦露自述》,伦敦:文库出版社,1991。

格洛丽亚·斯泰纳姆(著),乔治·巴里斯(摄),《玛丽莲》,纽约:亨利·霍尔特出版社,1986。

赫夫·哈蒙和帕特里克·罗特曼,《伊夫·蒙当:瞧,我没有忘记》,巴黎:瑟伊/法亚尔出版社,1990。

加文·兰伯特,《有关库克》,纽约:帕特南出版社,1972。

简·拉塞尔,《简·拉塞尔——我的道路以及我走过的弯路》,纽约:富兰克林·沃茨出版社,1985。

杰克·本尼和琼·本尼,《周日夜七点》,纽约:华纳出版社,1990。

杰克·斯卡内蒂,《盖博的一生和爱情》,纽约市中村:乔纳森·戴维出版社,1976。

杰拉尔德·普拉特利,《约翰·休斯敦的电影》,新泽西州克兰伯里:A. S. 巴恩斯出版社,1977。

柯克·克里维罗,《堕落天使》,新泽西,锡考克斯:城堡出版社,1988。

克里斯托弗·兰德,《洛杉矶——终极城市》,纽约:牛津大学出版社,1967。

肯尼思·泰南,《简传》,伦敦:尼克·赫恩出版社/沃克尔图书公司,1989。

兰德尔·里斯和尼尔·希钦斯,《未删节的玛丽莲:全方位了解玛丽莲的一生》,纽约：康登与韦德出版社，1992。

劳伦·白考尔，《独自一人》，纽约：克诺夫出版，1979。

劳伦斯·奥利弗，《一个演员的自白》，纽约：西蒙和舒斯特出版社，1982。

劳伦斯·奥利弗，《论表演》，纽约：标准出版公司／西蒙和舒斯特出版社，1986。

劳伦斯·格罗贝尔，《休斯敦家族》，纽约：埃文出版社，1989。

劳伦斯·克朗，《20世纪福克斯的玛丽莲》，伦敦：彗星／行星出版社，1987。

莉娜·佩皮通和威廉·斯塔迪姆，《玛丽莲·梦露的机密》，纽约：西蒙和舒斯特出版社，1979。

林恩·托纳本，《国王万岁》，纽约：帕特南出版社，1976。

罗宾·摩尔和斯古尔·吉恩，《玛丽莲与乔·迪马吉奥》，马诺尔出版社，1977。

罗伯特·F. 斯雷泽尔，《玛丽莲·梦露的一生及其离奇的死亡》，洛杉矶：顶峰出版山，1974。

罗伯特·斯戴克和马克·埃文斯，《弹无虚发》，纽约：麦克米伦出版公司，1980。

罗杰·贝克，《玛丽莲·梦露：合众国际社和贝特曼图片档案库图集》，纽约：波特兰／克雷森特，1990。

罗杰·G. 泰勒，《艺术品中的玛丽莲》，新罕布什尔，塞勒姆：塞勒姆出版社，1984。

罗杰·G. 泰勒，《玛丽莲·梦露自述》，纽约：大利拉出版社／帕特南出版社，1983。（英国：《玛丽莲讲述玛丽莲》，伦敦：扎克瑞·克温特纳出版有限公司，1983。）

罗杰·卡恩，《乔和玛丽莲》，纽约：威廉·莫罗出版社，1986。

罗杰·曼维尔，《电影界的爱神》，纽约：新月出版社，1979。

洛拉·O. 帕森斯，《告诉洛拉》，纽约：帕特南出版社，1961。

洛特·H. 艾斯纳，《弗里茨·朗》，伦敦：塞克与沃伯格出版社，1976。

M. J. 米克，《戛然而止》，加登城：双日出版社，1964。

马克·里奇和迈克尔·康韦，《玛丽莲·梦露电影全集》，锡考克斯：城堡出版社，1964。

马莱斯·J. 哈里斯，《好莱坞的扎努克王朝》，纽约：皇冠出版社，1989。

玛丽莲·梦露，《我的故事》，纽约：斯坦和戴伊出版社，1974。

迈克尔·弗里德兰，《格利高里·派克》，纽约：莫罗出版社，1980。

迈克尔·契诃夫，《致演员——表演的技术》，纽约：哈珀与罗出版社，1953。

迈克尔·莫尔纳，《西格蒙德·弗洛伊德日记》，纽约：罗伯特·斯图尔特出版社／查尔斯·斯科里布纳父子出版公司，1992。

米罗·斯波利加里奥，《玛丽莲阴谋》，纽约：口袋书出版社，1986。

莫里·艾伦，《你上哪儿去了，乔·迪马吉奥？》，纽约：达顿出版社，1975。

莫里斯·佐洛托，《比利·怀尔德在好莱坞》，纽约：帕特南出版社，1977。

莫里斯·佐洛托，《玛丽莲·梦露》，哈考特·布雷斯出版社，1960；纽约：哈珀永久出版社，1990。

娜塔莉·罗宾斯，《异己的墨水》，纽约：莫罗出版社，1992。

尼尔·盖布勒，《他们自己的帝国——犹太人如何缔造了好莱坞》，纽约：皇冠出版社，1988年。

诺曼·罗斯滕，《玛丽莲：从未说出的故事》，纽约：西格奈特出版社／NAL，1973。

诺曼·梅勒，《玛丽莲》，纽约：格罗塞特和邓拉普出版社，1973；纽约：加拉哈德出版社，1988。

诺曼·梅勒（著），米尔顿·H.格林（摄），《女性风采》，纽约：西蒙和舒斯特出版社，1980。

帕梅拉·特雷斯科特，《加里·格兰特的影片和他的一生》，华盛顿：卫城出版社，1987。

乔·富兰克林和劳里·帕默，《玛丽莲·梦露的故事》，纽约：鲁道夫·费尔德出版社，1953。

乔尔·W.芬勒，《好莱坞故事》，伦敦：章鱼出版社；纽约：皇冠出版社，1988。

乔舒亚·洛根，《电影明星，真实的人和我》，纽约：德拉科特出版社，1978。

乔治·阿克塞尔罗德，《成功之道》，纽约：塞缪尔·弗兰奇出版社，1955。

乔治·卡波兹，《小玛丽莲·梦露：她自己的故事》，纽约：贝尔蒙特图书公司，1961。

乔治·马斯特斯和诺玛·李·布朗宁，《美的技巧》，纽约：NAL／西格奈特出版社，1978。

乔治·桑德斯，《职业流氓回忆录》，纽约：帕特南出版社，1960。

乔治·伊尔斯，《罗伯特·米彻姆》，纽约：富兰克林·沃茨出版社，1984。

乔治斯·贝尔蒙特（采访），《玛丽莲·梦露和相机取景孔》，波士顿：布尔芬奇出版社／利特尔和布朗出版社，1989。

琼·梅伦，《玛丽莲·梦露》，纽约：金字塔出版社，1973。

让·尼古拉斯科，《我做过的事情……以及我觉得我做过的事情》，纽约：林登出版社／西蒙和舒斯特出版社，1984。

萨姆·肖和诺曼·罗斯滕，《玛丽莲在朋友中间》，伦敦：布鲁姆斯伯里出版社，1987。

参考文献 | 655

桑德拉·谢维，《玛丽莲的丑闻》，纽约：威廉·莫罗出版社，1988；伯克利/朱庇特出版社，1990。

斯图尔特·卡明斯基，《约翰·休斯敦：制造奇迹的人》，波士顿：霍顿·米夫林出版社，1978。

苏珊·道尔，《玛丽莲的一生和传奇》，纽约：比克曼书屋，1990。

苏珊·斯特拉斯伯格，《苦乐半参》，纽约：帕特南出版社，1980。

苏珊·斯特拉斯伯格，《玛丽莲和我：姐妹，对手，朋友》，纽约：华纳出版社，1992。

史蒂夫·瓦因伯格，《方法派演员》，纽约：席尔默出版社，1991。

汤姆·哈钦森，《玛丽莲·梦露》，纽约：埃克塞特图书公司，1982。

汤姆·斯坦普尔，《编剧家——南纳利·约翰逊的一生和他的时代》，圣迭戈：A.S.巴恩斯出版社，1980。

汤姆·伍德，《比利·怀尔德的光明面》，纽约：双日出版社，1960。

唐纳德·斯波托，《劳伦斯·奥利弗传》，纽约：哈珀柯林斯出版社，1992。

威廉·F.诺兰，《约翰·休斯敦：反叛之王》，洛杉矶：舍伯恩出版社，1965。

威尔·福勒，《记者——一位年轻记者的回忆录》，圣莫尼卡：圆桌出版社，1991。

W.J.韦瑟白，《对话玛丽莲》，纽约：梅森/查特尔出版社，1976。

WPA，洛杉矶，《市区及郊区指南》，纽约：黑斯廷斯出版社，1941。

西德尼·斯科尔斯基，《别误解我——我爱好莱坞》，纽约：帕特南出版社，1975。

西德尼·斯科尔斯基，《玛丽莲》，纽约：戴尔出版社，1954。

西蒙·西涅莱，《怀旧不复从前》，伦敦：格拉夫顿出版社，1979。

辛迪·亚当斯，《李·斯特拉斯伯格：演员工作室里不完美的天才》，加登城：双日出版社，1980。

小卡尔·E.罗利森，《玛丽莲·梦露——女演员的一生》，安阿伯：密歇根大学研究出版社，1986。

伊芙·阿诺德，《玛丽莲·梦露评述》，纽约：克诺夫出版，1987。

伊芙·戈尔登，《银发女郎——珍·哈露的一生和传奇》，纽约：阿布维尔出版社，1991。

伊丽莎白·杨-布鲁尔，《安娜·弗洛伊德》，纽约：顶峰出版社，198

伊利亚·卡赞，《一生》，纽约：克诺夫出版，1988。

伊万杰琳·莫弗斯（编），《李·斯特拉斯伯格：激情之梦》，波士顿：利特尔和布朗出版社，1987。

尤妮斯·默里，《玛丽莲：最后几个月》，纽约：金字塔出版社，1975。

雨果·维克斯，《塞西尔·比顿》，波士顿：利特尔和布朗出版社，1985。

约翰·休斯敦，《一本坦诚的书》，纽约：克诺夫出版，1980。

约翰·科拜尔（编），《玛丽莲·梦露：电影生涯》，伦敦：哈姆林出版，1974。

约翰·科拜尔，《有人想说话》，纽约：克诺夫出版，1980。

约瑟夫·科顿，《虚荣送你上路》，伦敦：哥伦比亚图书公司，1987年。

约瑟夫·L.曼凯维奇，《彗星美人更多内幕》，纽约：兰登书屋，1972。

约瑟夫·麦克布莱德，《霍克斯讲述霍克斯》，伯克利：加利福尼亚大学出版社，1982。

詹姆斯·A.赫德森，《玛丽莲·梦露的神秘死亡》，纽约：沃利坦特出版社，1968。

詹姆斯·E.多尔蒂，《玛丽莲·梦露的秘密幸福》，芝加哥：花花公子出版社，1976。

詹姆斯·古德，《乱点鸳鸯谱的故事》，印第安纳波利斯：鲍勃斯-梅里尔出版社，1961。

詹姆斯·哈斯皮尔，《玛丽莲：对玛丽莲传奇的终极审视》，纽约：亨利·霍尔特出版社，1991。

詹姆斯·斯帕达和乔治·齐诺，《梦露：电影里的一生》，纽约：双日出版社，1982。

珍妮丝·安德森，《玛丽莲·梦露》，伦敦：哈姆林出版社，1983。

玛丽莲影片目录

下列29部玛丽莲·梦露参演的影片均完成了拍摄并且公映过，作者使用了以下简写形式：

制：制片人

导：导演

编：编剧

原：原著

摄：摄像

黑白：黑白影片（未注明的均为彩色影片）

发：发行日期

《斯库达，嚯！斯库达，嗨！》

制：沃尔特·莫洛斯科，福克斯公司。导／编：休·赫伯特；原：乔治·张伯伦的小说。摄：欧内斯特·帕默。发：1948年4月。玛丽莲·梦露饰佩吉；参演者：琼·哈弗，朗·麦卡利斯特，沃尔特·布伦南，安·里维尔，娜塔莉·伍德，亨利·豪尔，汤姆·托利。

《危险年代》

制：索尔·沃兹尔，福克斯公司。导：阿瑟·皮尔逊。编：阿诺德·贝尔加德。摄：本杰明·克林，黑白。发：1947年12月（在《斯库达，嚯！斯库达，嗨！》之后开拍，但是先于前者发行）。玛丽莲·梦露饰伊芙；参演者：威廉·哈洛普，安·E.托德，达里尔·希克曼，杰罗姆·考恩。

《热女郎》

制：哥伦比亚影业公司。导：哈里·A.罗姆。导：菲尔·卡尔森。编：哈里·索伯和约瑟夫·卡洛尔。摄：弗兰克·雷德曼，黑白。发：1948年10月。玛丽莲·梦露饰佩吉·马丁；参演者：阿黛尔·杰金斯，兰德·布鲁克斯，娜娜·布赖恩特。

《快乐爱情》

制：莱斯特·考恩，联美电影公司（玛丽·毕克馥）。导：戴维·米勒。编：弗兰克·塔什林和迈克·贝诺夫；原：哈勃·马克斯的小说。摄：威廉·C.麦洛，黑白。发：1950年4月。玛丽莲·梦露饰格劳乔·马克斯（饰演一名私家侦探）的一位没有留下姓名的客户；参演者：哈勃·马克斯，奇科·马克斯，伊洛娜·梅西，埃里克·布洛尔，维拉-爱伦，雷蒙德·伯尔。

《前往托马霍克的车票》

制：罗伯特·巴斯勒，福克斯公司。导：理查德·塞尔。编：塞尔和玛丽·卢斯。摄：哈里·杰克逊。发：1950年5月。玛丽莲·梦露饰克拉拉；参演者：丹·戴利，安妮·巴克斯，罗里·卡霍恩，沃尔特·布伦南，玛丽恩·马歇尔。

《夜阑人未静》

制：小阿瑟·霍恩布洛，米高梅电影公司。导：约翰·休斯敦。编：休斯敦和本·马多；原：W.R.博内特的小说。摄：哈罗德·罗森，黑白。发：1950年5月。玛丽莲·梦露饰安吉拉·芬雷；参演者：斯特林·海登，路易斯·卡尔亨，简·哈根，萨姆·杰夫，詹姆斯·惠特摩。

《彗星美人》

制：达里尔·F.扎努克，福克斯公司。导/编：约瑟夫·L.曼凯维奇。摄：米尔顿·卡斯纳，黑白。发：1950年10月。玛丽莲·梦露饰卡斯维尔小姐；参演者：贝蒂·戴维斯，安妮·巴克斯，乔治·桑德斯，西莱斯特·霍姆，加里·梅里尔，休·马洛，瑟尔玛·瑞特，格雷戈里·莱托夫。

《火球》

制：波特·弗雷德罗伯，福克斯公司。导：泰·加尼特。编：加尼特·麦考伊和贺瑞斯·麦考伊。摄：莱斯特·怀特，黑白。发：1950年11月。玛丽莲·梦露饰波莉；参演者：米基·鲁尼，帕特·奥布赖恩，贝弗莉·泰勒。

《铁臂金刚》

制：阿曼德·多伊奇，米高梅电影公司。导：约翰·斯特奇斯。编：查理斯·施内。摄：诺伯特·布罗迪恩，黑白。发：1950年11月。玛丽莲·梦露饰达丝基·勒考克斯；参演者：迪克·鲍威尔，琼·阿里森，里卡多·蒙特尔班，莱昂内尔·巴里摩尔。

《家乡的故事》

制/导/编：阿瑟·皮尔逊，米高梅电影公司。摄：卢西恩·安德里奥特，黑白。发：1951年5月。玛丽莲·梦露饰艾里丝；参演者：唐纳德·克里斯普，杰弗里·林恩，玛乔里·雷诺兹，小艾伦·黑尔。

《豆蔻年华》

制：拉玛·托尔蒂，福克斯公司。导：哈蒙·琼斯。编：拉玛·托尔蒂；原：派蒂帕迪·查耶夫斯基的小说。摄：乔·麦克唐纳，黑白。发：1951年8月。玛丽莲·梦露饰哈丽雅特；参演者：蒙蒂·伍利，简·皮特斯，瑟尔玛·瑞特，康斯坦斯·贝内特，阿尔伯特·德克尔。

《爱巢》

制：朱尔斯·巴克，福克斯公司。导：约瑟夫·纽曼。编：I. A. L. 戴蒙德；原：斯科特·科比特的长篇小说。摄：劳埃德·埃亨，黑白。发：1951年10月。玛丽莲·梦露饰罗伯特·史蒂文斯；参演者：琼·哈弗，威廉·伦迪根，利特里斯·罗伊，杰克·帕尔，弗兰克·费伊。

《让我们光明正大地结婚吧》

制：罗伯特·巴斯勒，福克斯公司。导：理查德·塞尔。编：F. 休·赫伯特和I. A. L. 戴蒙德；原：莫蒂默·布劳斯的小说。摄：卢西恩·巴拉德，黑白。发：1951年11月。玛丽莲·梦露饰乔伊斯；参演者：克劳黛·考尔白，麦克唐纳·凯里，罗伯特·瓦格纳，扎查瑞·斯考特，芭芭拉·贝茨。

《夜间冲突》

制：杰里·沃尔德和诺曼·卡斯纳，哈丽雅特·帕森斯（代理制片），雷电华电影公司。导：弗里茨·朗。编：艾尔弗雷德·海斯；原：克利福德·奥德茨的戏剧。摄：尼古拉斯·穆苏拉卡，黑白。发：1952年6月。玛丽莲·梦露饰佩吉；参演者：芭芭拉·斯坦威克，罗伯特·瑞安，保罗·道格拉斯，基斯·安德斯。

《我们没有结婚！》

制/编：南纳利·约翰逊，福克斯公司。导：埃德蒙·古尔丁。摄：利奥·托弗尔，黑白。发：1952年7月。玛丽莲·梦露饰安娜贝尔·诺里斯；参演者：戴维·韦恩和金杰·罗杰斯（在这部短篇集锦中的另一段故事），弗雷德·亚伦，路易斯·卡尔亨，莎莎·嘉宝。

《无需敲门》

制：朱利安·布劳斯坦，福克斯公司。导：罗伊·贝克。编：丹尼尔·塔拉达什；原：夏洛特·阿姆斯特朗的长篇小说。摄：卢西恩·巴拉德，黑白。发：1952年7月。玛丽莲·梦露饰内尔·福布斯；参演者：理查德·韦德马克，安妮·班克罗夫特，唐娜·科科伦，吉姆·巴克斯，卢琳·塔特尔。

《妙药春情》

制：索尔·西格尔，福克斯公司。导：霍华德·霍克斯。编：本·赫克特，查尔斯·莱德勒和I. A. L. 戴蒙德；原：哈里·西格尔的小说。摄：米尔顿·卡斯纳，黑白。

发：1952年9月。玛丽莲·梦露饰路易斯·劳雷尔；参演者：加里·格兰特，金杰·罗杰斯，查尔斯·科本，休·马洛。

《锦绣人生》

制：安德烈·哈金，福克斯公司。导：亨利·科斯特。编：拉玛·托尔蒂；原：欧·亨利的小说。摄：劳埃德·埃亨，黑白。发：1952年10月。玛丽莲·梦露在这部短篇集锦中的一个故事（共5个故事）里饰演了一名街头妓女；参演者：查尔斯·劳顿，戴维·韦恩。

《飞瀑欲潮》

制：查尔斯·布雷克特，福克斯公司。导：亨利·哈撒韦。编：布雷克特，沃尔特·瑞奇和理查德·布林。摄：乔·麦克唐纳。发：1953年1月。玛丽莲·梦露饰罗斯·卢米斯；参演者：约瑟夫·科顿，简·皮特斯，凯西·亚当斯，理查德·艾伦，丹尼斯·奥戴，唐·威尔逊，卢琳·塔特尔。

《绅士爱美人》

制：索尔·西格尔，福克斯公司。导：霍华德·霍克斯。编：查尔斯·莱德勒；原：安尼塔·卢斯和约瑟夫·菲尔兹。摄：哈里·J.怀尔德。发：1953年7月。玛丽莲·梦露饰罗莉拉·李；参演者：简·拉塞尔，汤米·努南，查尔斯·科本，埃利奥特·里德，乔治·温斯洛，诺玛·威登。

《愿嫁金龟婿》

制：南纳利·约翰逊，福克斯公司。导：让·尼古拉斯科。编：约翰逊；原：佐伊·艾金斯和戴尔·尤恩森的剧本，多丽丝·莉莉的书。摄：乔·麦克唐纳。发：1953年11月。玛丽莲·梦露饰波拉·德贝沃伊斯；参演者：贝蒂·葛莱宝，劳伦·白考尔威廉·鲍威尔，戴维·韦恩，罗里·卡霍恩，亚历山大·达西，卡梅伦·米歇尔，弗雷德·克拉克。

《大江东去》

制：斯坦利·鲁宾，福克斯公司。导：奥托·普雷明格。编：弗兰克·芬顿；原：路易斯·朗兹的小说。摄：约瑟夫·拉谢勒。发：1954年4月。玛丽莲·梦露饰凯·温斯顿；参演者：罗伯特·米彻姆，汤米·雷蒂格，罗里·卡霍恩。

《娱乐至上》

制：索尔·西格尔，福克斯公司。导：沃尔特·朗。编：菲比·埃夫隆和亨利·埃夫隆；原：拉玛·托尔蒂的小说。摄：利昂·沙姆洛伊。发：1954年12月。玛丽莲·梦露饰维姬；参演者：艾索尔·摩曼，丹·戴利，唐纳德·奥康纳，米基·盖纳，约翰尼·雷。

《七年之痒》

制：查尔斯·K.费尔德曼和比利·怀尔德，福克斯公司。导：比利·怀尔德。编：怀尔德和乔治·阿克塞尔罗德；原：阿克塞尔罗德的戏剧。摄：米尔顿·卡斯纳。发：1955年6月。玛丽莲·梦露饰剧中的邻居女孩；参演者：汤姆·伊威尔，伊夫林·凯耶斯，维克多·摩尔，罗伯特·斯特劳斯。

《巴士站》

制：巴迪·艾德勒，福克斯公司。导：乔舒亚·洛根。编：乔治·阿克塞尔罗德；原：威廉·英奇的戏剧。摄：米尔顿·卡斯纳。发：1956年8月。玛丽莲·梦露饰谢丽；参演者：唐·默里，阿瑟·奥康纳，艾琳·海卡特，贝蒂·菲尔德，霍普·兰格。

《游龙戏凤》

制：米尔顿·H.格林和劳伦斯·奥利弗，华纳兄弟影业公司。导：劳伦斯·奥利弗。编：泰伦斯·拉提根；原：拉提根的戏剧。摄：杰克·卡迪夫。发：1957年6月。玛丽莲·梦露饰埃尔西·玛丽娜；参演者：劳伦斯·奥利弗，西碧尔·索恩迪克，杰里米·斯宾塞，理查德·沃蒂斯，埃斯蒙德·奈特，玛克辛·奥德丽。

《热情似火》

制/导：比利·怀尔德，沃尔特·米雷奇公司/联美电影公司。编：怀尔德和I.A.L.戴蒙德；原：R.西奥伦和M.洛根的小说。摄：小查尔斯·朗，黑白。发：1959年3月。玛丽莲·梦露饰秀珈·凯恩；参演者：杰克·莱蒙，托尼·柯蒂斯，乔治·拉夫特，帕特·奥布赖恩，乔·E.布朗，琼·肖利。

《让我们相爱吧》

制：杰里·沃尔德，福克斯公司。导：乔治·库克。编：诺曼·卡斯纳，哈尔·坎特。摄：丹尼尔·L.法普。发：1960年9月。玛丽莲·梦露饰阿曼达·戴尔；参演者：伊夫·蒙当，威尔弗里德·海德·怀特，托尼·兰道尔，弗朗基·沃恩，麦吉·肯尼迪。

《乱点鸳鸯谱》

制：弗兰克·E.泰勒，联美电影公司/七艺公司。导：约翰·休斯敦。编：阿瑟·米勒。摄：拉塞尔·麦蒂，黑白。发：1961年2月。玛丽莲·梦露饰罗斯琳·塔伯；参演者：克拉克·盖博，蒙哥马利·克利夫特，伊莱·瓦拉赫，瑟尔玛·瑞特，凯文·麦卡锡，埃斯特尔·温伍德，拉尔夫·罗伯茨。

未完成的影片：《濒于崩溃》

制：亨利·韦恩斯坦。导：乔治·库克。编：南纳利·约翰逊，沃尔特·伯恩斯坦，哈尔·坎特等；原：1940年的影片《我的爱妻》。摄：弗朗兹·普雷纳，利奥·托弗尔，威廉·丹尼斯。玛丽莲·梦露参演的第30部影片在拍摄期间就被取消了，只留下了1962年4月至6月拍摄的胶片。玛丽莲·梦露饰艾伦·阿登；参演者：迪恩·马丁，西黛·查利斯，菲尔·西尔弗斯，韦利·考克斯。拍摄于1962年6月12日正式停机。玛丽莲·梦露于1962年8月4日逝世。经过重新修改剧本、重新确定演员、重新拍摄之后，这部影片最终于1963年公映，同时更名为《移情别恋》，由多丽丝·戴和詹姆斯·加纳主演。

梦露年表

1926年
6月1日上午9：30，生于洛杉矶综合医院，登记姓名"诺玛·珍妮·莫泰森"，母亲为格拉迪斯·门罗，家庭地址为威尔夏大道5454号。
6月13日被送给艾伯特·博朗代与艾达·博朗代夫妇寄养。

1932年
复活节期间，在好莱坞露天剧场举办的复活节晨祷会上参加演出。
9月，进入华盛顿街小学读一年级。

1933年
3月，收养的小狗蒂皮被邻居打死。
6月底，母亲格拉迪斯带着她搬进好莱坞阿夫顿公寓6012号的一套小公寓。
8月末，母女搬进阿博尔路6812号自己的房子。

1934年
年初，母亲格拉迪斯被送进圣莫尼卡的一家疗养院，几个月后被转入洛杉矶综合医院。格拉迪斯的朋友格蕾斯·麦基成为梦露的监护人。

1935年
初春，搬进好莱坞洛迪公寓楼和格蕾斯母亲艾玛住在一起，之前短暂由西洛杉矶的吉芬夫妇照顾。

9月13日，入住埃尔森特罗北街815号的洛杉矶孤儿之家。

1937年
6月7日，搬入格蕾斯和戈达德夫妇在好莱坞山上圣费尔南多谷区凡奈斯社区敖德萨街的家，居住期间戈达德企图侵犯梦露未遂。

11月，搬到洛杉矶县的康普顿和母亲格拉迪斯的弟媳奥利弗·布鲁宁斯的母亲艾达·马丁住在一起。

1938年
3月，格蕾斯来告知她格拉迪斯病情恶化，被转到阿格纽的州立精神病院。

5月，13岁的表哥杰克企图强奸她。

8月，搬进格蕾斯的姑妈安娜·罗尔的家，开始参加基督教科学派的礼拜仪式。

9月，初潮。

9月，进入爱默生中学一年级就读。

1939年
6月1日，和格蕾斯去旧金山探望母亲。

秋天，进入爱默生中学二年级。

1940年
夏天，和同学查克·莫兰约会。

9月，升入爱默生中学三年级，结束和查克的关系。

年底，回到戈达德家，和戈达德的女儿埃莉诺成为朋友。

1941年
6月，毕业。

9月，升入凡奈斯高中读高一，遇到詹姆斯·多尔蒂。

1942年

年初，格蕾斯要和戈达德一道前往西弗吉尼亚州。

1月末，回到内布拉斯加大道的安娜家，同时转入大学高中就读。

3月中旬，戈达德一家离开加利福尼亚前往西弗吉尼亚两天后，退学。

6月19日，星期五，晚上8：30，在西洛杉矶南本特利大道432号、格蕾斯朋友切斯特·豪厄尔夫妇的家与到詹姆斯举行婚礼。

6月20日，回到谢尔曼奥克斯区维斯塔德蒙特4524号的新家。

1943年

年初，和丈夫住在凡奈斯的阿奇伍德街14747号、詹姆斯父母的住处。

年中，搬到凡奈斯的贝西默街，收养一只流浪的柯利牧羊犬，取名"玛济斯"。

年底，搬到詹姆斯服役的圣卡塔利娜岛的海军新兵训练营。

1944年

春天，詹姆斯被派往太平洋和东南亚战区，搬到北好莱坞艾尔米塔什街5254号，跟婆婆住在一起。

4月，进入伯班克的无线电飞机公司喷漆间工作。

暑假，去芝加哥探望格蕾斯，去西弗吉尼亚看望埃莉诺，去田纳西州和同母异父的姐姐伯妮斯·贝克待了不长的一段时间。

秋天，在公司改做降落伞检查工作。

下半年，遇到陆军航空队电影小组的摄影师戴维·康诺弗。

1945年

1月，詹姆斯再次动身前往太平洋战区之后不久，从无线电飞机公司辞职。

夏天，辗转加利福尼亚各地让戴维·康诺弗拍照。

初秋，搬回西洛杉矶内布拉斯加大道，住在安娜家出租的一楼。

8月2日，向埃米琳·斯尼夫利的蓝皮书经纪公司递交求职申请。

9月，担任霍尔加钢铁公司在泛太平洋礼堂举办的工业展览会的主持人，拿到100美元报酬。

秋天，和摄影师安德烈·德·迪耶纳见面。

冬天，在弗兰克和约瑟夫美容院，褐色的头发被拉直并漂染成金色。

圣诞节前，和迪耶纳外出拍照，期间与住在俄勒冈州波特兰的母亲会面。

1946年

2月，为格兰摄影师威廉·伯恩赛德当模特。

2月和3月，为画家厄尔·莫兰与摄影师约瑟夫·贾斯古尔当模特。

3月11日，与全国音乐会艺术家公司签约。

4月，将母亲接来合住。

4月末，母亲住进北加利福尼亚的一家诊所。

5月14日，住到格蕾斯的另外一位亲戚寡妇敏妮·威利特家，拉斯维加斯南3街604号。

7月17日，上午10：30，与20世纪福克斯电影公司主管本·利昂会面。

6月19日，在为贝蒂·葛莱宝的新影片《素娥怨》搭建的一处布景前参加试镜。

6月底，因口腔感染在拉斯维加斯一家医院接受治疗。

7月29日，名字第一次出现在好莱坞的一篇八卦专栏文章中。

8月24日，与福克斯公司签定合同，在此之前几天，利昂为她取名"玛丽莲"。

9月13日，下午2点，出席法庭离婚最终听证会，得到法院准予离婚。

两周后，詹姆斯在离婚判决书上签字，两人从此再也不曾见面、说话。

9月，开办一个活期存款账户。

1947年

1月，在演员实验室观看了田纳西·威廉斯创作的《一位妇人的肖像》。

2月，与福克斯公司续签了为期6个月的合约。

3月，参演第一部影片《斯库达，嚯！斯库达，嗨！》（福克斯公司），扮演一名高中女生。

5月，参演第二部影片《危险年代》（福克斯公司）。

6月，搬到好莱坞一处破破烂烂的社区。

8月，福克斯公司不再续约。

8月初，在切维厄特丘陵乡村俱乐部举办的名人高尔夫球锦标赛上做球童，遇到约翰·卡罗尔和露西尔·莱曼夫妇。

8月31日，收到最后一份税后104.30美元的薪水支票。

9月初，免费住进卡罗尔夫妇埃尔帕拉西奥公寓楼顶层公寓的第二个套间。

10月，在露西尔的推荐下，参加了业余剧目《魅力首选》的两场演出。

1948年

2月，被卡罗尔介绍给商人帕特·德西科，又被后者邀请参与福克斯公司执行制片人约瑟夫·申科的聚会。

2月底，在申科的努力下，哥伦比亚影业公司的负责人哈里·科恩提供了一份为期6个月的合约，薪水是每周125美元，自3月9日起生效，条件是提高了梦露的发际线。

3月10日，第一次与戏剧指导娜塔莎·莱特斯见面。

3月14日，安娜·罗尔逝世，梦露没有参加她的追悼会。

6月9日，搬进位于好莱坞北洛迪大街1215号的电影公司俱乐部334号房间，露西尔预先支付了6个月的房租。

7月初，试镜得到拍摄第三部影片《热女郎》（哥伦比亚影业公司）的机会，排练期间与公司的编曲和声乐教练弗雷德·卡尔格恋爱。

9月9日，合约到期后哥伦比亚公司没有续约。

10月，得到《电影先驱报》的好评。

10月，在一场追尾意外中结识摄影师汤姆·凯利。

圣诞节，结束和卡尔格的恋情。

新年前夜，在聚会上被引介给威廉·莫里斯经纪公司副总裁约翰尼·海德。

1949年

1月，和海德去加利福尼亚的棕榈泉度假。

春天，参演第四部影片《快乐爱情》（联美电影公司）。

5月，去凯利的摄影室拍摄贝斯特啤酒宣传海报。

5月27日，用"莫娜·梦露"签字同意拍摄裸体艺术照片。

夏天，住海德租下的贝弗利山北棕榈路718号住宅，同时在奥林匹克大道贝弗利卡尔顿酒店保留一套只有一个房间的公寓。

夏天，参加《快乐爱情》全国巡回推广。

8月，参演第五部影片《前往托马霍克的车票》（福克斯公司）。

9月初，受邀前往鲁伯特·艾伦和弗兰克·麦卡锡的家，遇到米尔顿·格林。

10月底，和米高梅公司签约，拍摄第六部影片《夜阑人未静》（米高梅电影公司）。

1950年

1月，参第七部影片《火球》（福克斯公司）。

4月初，与第八部影片《彗星美人》（福克斯公司）导演约瑟夫·L.曼凯维奇见面。

秋天，报名参加加利福尼亚大学洛杉矶分校世界文学不计算学分的晚间课程，每周二上课，坚持了10个星期。

秋天，搬入娜塔莎位于哈珀街的住宅。

冬天，参演第九部影片《铁臂金刚》（米高梅电影公司）和第十部影片《家乡的故事》（米高梅电影公司）。

12月5日，同威廉·莫里斯经纪公司签订了一份为期3年的正规委托代理合同。

12月10日，为最终没有拍摄的影片《闭门羹》（福克斯公司）试镜。

12月16日，和娜塔莎去墨西哥的蒂华纳为圣诞节采购。

12月18日，赶回心脏病去世的海德身边。

本年结识了电影记者西德尼·斯科尔斯基。

1951年

1月，搬回贝弗利卡尔顿酒店。

1月，拍摄第十一部影片《豆蔻年华》。

1月，在片场遇到伊利亚·卡赞和阿瑟·米勒，开始和前者约会。

3月，将经纪公司改为费尔德曼的知名艺人经纪公司。

3月29日，第一次也是唯一一次出现在奥斯卡奖庆典上，颁发了最佳音响效果奖。

5月11日，与福克斯公司的7年合同生效。

春天和初夏，拍摄第十二部影片《爱巢》（福克斯公司）。

夏天，拍摄第十三部影片《让我们光明正大地结婚吧》（福克斯公司）。

夏天，拍摄第十四部影片《夜间冲突》（雷电华电影公司）。

秋天，结识演员及表演教练迈克尔·契诃夫。

1952年

新年伊始，让业务经理伊内兹·梅尔森充当母亲格拉迪斯的监管人。

年初，拍摄第十五部影片《无需敲门》（福克斯公司）。

2月初，在日落大道一家意大利餐馆认识了乔·迪马吉奥。

2月，拍摄第十六部影片《妙药春情》（福克斯公司）。

3月1日，因阑尾炎住进黎巴嫩雪松医院。

3月，因裸女日历风波接受美联社记者艾琳·莫斯比的专访。

4月7日，登上《生活》杂志封面。

4月18日，和福克斯公司续签合约。

4月28日，在黎巴嫩雪松医院接受阑尾切除手术。

4月，因母亲格拉迪斯尚在人世的事情被揭露，接受专栏作家厄斯金·约翰逊的专访。

5月，住在多希尼街的公寓调养身体。

5月底，搬到贝莱尔酒店的一套小套房。

夏天，在《好莱坞明星剧院》中完成自己的广播直播处女秀。

秋天，拍摄第十九部影片《飞瀑欲潮》（福克斯公司）和第二十部影片《绅士爱美人》（福克斯公司）。

9月1日，在征募更多女性参军入伍的宣传活动中同身着军装的女军人合影。

10月1日，乔离开洛杉矶，有关他们二人失和的传言愈演愈烈。

12月3日，以1335美元拍得导演、演员马克斯·莱因哈特留下的笔记。

平安夜，回到贝弗利山酒店租住的套房发现乔正在等她一起过节。

本年还拍摄了第十七部影片《我们没有结婚》（福克斯公司）和第十八部电影《锦绣人生》（福克斯公司）。

1953年

1月7日，录制《再来一次》唱片。

2月9日，获得《电影故事》杂志颁发的好莱坞"成长最快新秀奖"。

3月12日，正式由知名艺人经纪公司代理业务。

春天，拍摄第二十一部电影《愿嫁金龟婿》（福克斯公司）。

6月26日，在好莱坞大道中国剧院门口地面上签下自己的大名、留下了手印和脚印。

初夏，开始拍摄第二十二部电影《大江东去》（福克斯公司）。

9月28日，得知格蕾斯逝世的消息，没有出席随后10月1日举行的葬礼。

11月21日，乔离开洛杉矶前往旧金山，开始悄悄地筹备他们的婚礼。

12月15日，没有前往新影片《豪侠艳姬》的片场报到。

12月23日，晚上11：45，用"诺玛·多尔蒂小姐"登上西部航空公司440号航班前往旧金山。

1954年

1月4日，被福克斯公司停职。

1月14日，下午1：30，在旧金山市政厅与乔登记结婚。

1月14日下午，驱车南下前往帕索罗布斯。

1月15日，从帕索罗布斯动身继续南下，经过洛杉矶来到棕榈泉附近一处偏僻的地方。

1月29日，午夜时分刚过，和丈夫乔一起登上泛美航空公司"831"号航班前往东京。

2月2日，抵达东京。

2月8日，收到劳军联合组织下发的"慰问演出人员129278号"以及前往朝鲜的通行证。

2月16日，从这一天开始的4天里，乘坐飞机、直升机和敞篷吉普车前往10座冬季营地，为超过10万名陆军战士和1.3名水兵表演节目。

2月24日，与乔回到旧金山。

3月8日，获得《电影故事》杂志前一年年度最佳表演奖，颁奖仪式结束后对斯科尔斯基说自己要嫁给阿瑟·米勒。

3月31日，和知名艺人经纪公司签订合约。

4月，由本·赫克特代笔的自传初稿完成。

5月，和乔在租下的贝弗利山北棕榈路508号住宅住了一段时间。

4月和5月，大部分时间在旧金山和乔的家人住在一起。

5月29日，开始拍摄第二十三部影片《娱乐至上》（福克斯公司）。

8月27日，在《娱乐至上》拍摄现场遇到16岁的女演员苏珊·斯特拉斯伯格和她的母亲宝拉·斯特拉斯伯格。

8月底，开始拍摄第二十四部影片《七年之痒》（福克斯公司）。

9月15日，凌晨1点至4点，在52街莱克星顿大道上的特朗斯勒克斯剧院外拍完了那场著名的裙摆飞扬戏，回到酒店套房后被乔揍了一顿。

9月16日，和乔返回加利福尼亚。

10月2日，告知乔自己已经请律师起草离婚文件。

10月5日，在北棕榈路508号住宅签字申请离婚。

10月6日，上午10:55，在508号住宅门前露面。

10月7日，上午9点，准时赶到《七年之痒》片场。

10月27日，去圣莫尼卡法院，法官签发离婚中期判决令，最后判决令将在一年后生效。

11月7日，晚上7点，来到黎巴嫩雪松医院治疗。

11月12日，出院。

11月13日，在与乔相识的卡普里别墅饭店为他庆祝即将到来的生日。

圣诞节，和米尔顿·格林夫妇一起在纽约度过，接下来28个月里长期住在他们位于小镇韦斯顿范顿山路的家里。

本年筹划创立"玛丽莲·梦露影业公司"。

1955年

1月7日，在律师弗兰克·德莱尼东64街的家中宣布自己组建新公司的消息。媒体招待会结束后去科帕卡瓦纳夜总会听法兰克·辛纳屈演唱。

1月10日，拍完《七年之痒》最后几个镜头。

1月底之前，申请康涅狄格州驾照，并注册了当地的选民身份。

1月，开始在莱克星顿大道附近东52街格莱斯顿酒店的一个套房办公。

2月初，登门拜访李·斯特拉斯伯格。

2月，开始接受米尔顿的心理治疗师玛格丽特·霍恩伯格的治疗。

春天，搬到华尔道夫大厦27楼的套房。

春天，在李·斯特拉斯伯格西86街的公寓开始接受其私人指导。

夏天，开始参加演员工作室的集体课。

6月1日，在乔的陪同下参加《七年之痒》首映式。

7月26日，同美国音乐公司签订了合同。

9月29日，出席阿瑟·米勒新剧《桥头眺望》在皇冠剧院举行的首演，见到米勒的父母。

10月11日，观看俄国钢琴家埃米尔·吉列尔斯在卡内基音乐厅举办的演奏会。

10月31日，离婚最后判决令生效。

12月31日午夜，参加在格林夫妇家中举办的低调私人聚会。

本年玛丽莲·梦露影业公司和福克斯公司一直围绕新合同条款进行着艰苦的谈判。

1956年

2月7日，和劳伦斯·奥利弗及其经纪人塞西尔·坦南特、剧作家泰伦斯·拉提根在萨顿广场见面。

2月9日，在广场酒店的特伦斯宴会厅召开新闻发布会。

2月17日晚上，表演尤金·奥尼尔的《安娜·克里斯蒂》酒吧间那场戏中的一段。

2月18日，签署遗嘱。

2月25日，重返好莱坞，在洛杉矶韦斯特伍德区租下北贝弗利格伦大道595号。

3月5日，最后一次见到娜塔莎。

3月12日，正式开始使用"玛丽莲·梦露"的签名。

3月，开始拍摄第二十五部影片《巴士站》（福克斯公司）。

3月18日，从6英尺高的匝道上掉了下去。

4月12日，高烧，患上急性支气管炎，住进圣文森特医院接受治疗。

6月1日，在洛杉矶会见印度尼西亚总统苏加诺。

6月，修改遗嘱，将78%的财产留给米勒，其余部分都留作母亲格拉迪斯的护理费用。

6月29日，下午4点钟在米勒的家中同媒体见面，晚上7：30，法官西摩·拉宾诺维茨宣布他们结为合法夫妻。

7月1日，在米勒经纪人凯·布朗纽约州小镇卡托纳的家中举行婚礼。

7月14日上午，抵达伦敦。

8月7日，开始拍摄第二十六部影片《游龙戏凤》（华纳兄弟影业公司）。

8月底，得知自己怀孕了。

9月，第一周，失去了这个孩子。

10月11日，出席《桥头眺望》在喜剧剧院的首演。

10月29日夜，在坐落于莱斯特广场的帝国剧院接受伊丽莎白女王的接见。

11月22日，回到纽约。

12月底，在牙买加岛北岸一座海滩别墅度假跨年。

1957年

1月，在纽约东57街444号的13楼租下一套公寓。

3月，开始定期与心理医生玛丽安娜·克里斯会面。

4月1日，观看经过剪辑的第一版《游龙戏凤》，向新秘书梅·里斯口述一封内容详细的长信表达意见。

4月16日，在蒙哥马利的律师事务所宣布立即解雇玛丽莲·梦露影业公司的副总裁米尔顿格林、律师欧文·斯坦和会计师约瑟夫·卡尔。

5月，陪米勒前往华盛顿出庭受审。

夏天，在靠近长岛尽头的阿默甘西特租了一座小房子。

7月，告诉米勒自己怀孕了。

8月1日，因异位妊娠流产。

圣诞节，拿出一大笔存款给很多人买了礼物。

1958年

3月，在罗克斯伯里的家里被绊倒，从一段楼梯的中段滚了下去，一只脚踝出现了淤血，右手掌被威士忌酒杯的碎片划破了一道口子。

7月8日上午，赶到洛杉矶，下午在贝弗利山酒店出席记者招待会。

8月初，开始拍摄第二十七部影片《热情似火》（联美电影公司）。

10月底，得知自己又怀孕了。

12月16日，流产。

1959年

2月，出席《热情似火》在纽约举行的预映会。

3月，参加在斯特拉斯伯格家举办的《热情似火》首映庆功会。

5月13日，凭借在《游龙戏凤》中的表演获得了意大利电影金像奖最佳女演员奖。

6月23日，在雷诺克斯山医院接受妇科医生莫蒂默·斯纳法的手术。

9月19日，与苏联总理赫鲁晓夫见面。

9月30日，签署参演第二十八部影片《让我们相爱吧》（福克斯公司）的协议。

1960年

1月，第二个星期，在福克斯公司的巴黎饭店为伊夫·蒙当举办招待会。

1月起，开始不定期拜访洛杉矶精神分析专家拉尔夫·格林森。

3月，凭借在《热情似火》中的表演获得好莱坞外国记者协会评选的金球奖1959年最佳喜剧及歌舞片女演员奖。

7月，开始拍摄第二十九部影片《乱点鸳鸯谱》（联美电影公司/七艺公司）。

8月28日，在拉尔夫·格林森和内科医生海曼·恩格尔伯格的建议下住进拉辛尼伦吉大道的韦斯特塞德医院。

10月，要求阿瑟·米勒搬出他们在贝弗利山酒店的那座平房。

11月11日，回到纽约独自住在东57街的公寓，夫妇的代理人向媒体宣布了两个人即将离婚的消息。

12月，又开始每天接受玛丽安娜·克里斯的治疗，也恢复了在演员工作室的学习。

1961年

1月14日，签订新遗嘱，75%全都留给了李·斯特拉斯伯格。

1月，商谈将毛姆的著作《雨》改编为电视剧。

1月24日，在墨西哥办理离婚手续。

2月5日，被克里斯开车送到康乃尔大学—纽约医院，住进精神病分部"佩恩·惠特尼门诊部"，遭到紧闭。

2月8日，求助信送达斯特拉斯伯格夫妇。

2月9日，没有收到斯特拉斯伯格夫妇的回信，打电话联系上了远在佛罗里达、将近六年没有见过面的乔·迪马吉奥。晚上，乔从圣彼得堡海滩赶了过去。

2月10日，由拉尔夫·罗伯茨开车送回57街；下午5点，在乔的帮助下住进哥伦比亚大学——长老会医院医疗中心的神经研究所。

3月5日，出院。

3月8日，参加在布鲁克林一家殡仪馆举行米勒母亲的葬礼。

3月底，和乔去佛罗里达雷丁顿海滩一处比较僻静的度假村。

4月底，回到洛杉矶，租下多希尼北街882号的一套公寓。

5月，收到克拉克·盖博遗孀的邀请，参加小宝宝约翰·克拉克的洗礼。

5月，在黎巴嫩雪松医院再次接受手术。

6月1日，回到家和不多的几个朋友一起吃晚饭庆祝自己的35岁生日。

6月7日，参加法兰克·辛纳屈为庆祝迪恩·马丁44岁生日在拉斯维加斯举办的聚会。

6月28日，住进纽约西50街的曼哈顿综合医院。

6月29日，接受胆囊切除手术。

7月11日，出院。

8月初，返回洛杉矶。

10月2日或者3日，在劳福德家见到司法部长罗伯特·F.肯尼迪。

10月，在劳福德夫妇在圣莫尼卡海滩的别墅聚会上初次与约翰·肯尼迪总统会面。

12月23日，和乔去格林森家跟他的家人一起共进晚餐。

12月31日，和乔在多希尼街度过新年前夜。

年底，在格林森的推荐下雇用59岁的尤妮斯·默里做管家。

1962年

1月底，以7.75万美元的价格买下海伦娜5街12305号的房子。

2月1日，在劳福德家吃晚饭时见到罗伯特·F.肯尼迪。

2月5日，到达纽约。

2月17日，来到迈阿密。

2月21日开始，在墨西哥城待了11天。

2月，在社交名媛菲菲·费尔曼哈顿的家再次见到肯尼迪总统。

3月2日，回到洛杉矶。

3月5日，拿到好莱坞外国记者协会评选的"全球最受欢迎女明星奖"。

3月6日，乔到格林森家里找梦露。

3月15日，生病。

3月24日，和肯尼迪总统在平·克劳斯贝家里做客。

4月30日，开始拍摄第三十部影片《濒于崩溃》（福克斯公司，未完成）。

5月，解雇尤妮斯。

5月18日，在纽约的公寓收到福克斯公司的违约通知。

5月19日，参加肯尼迪总统在麦迪逊广场花园举办的生日庆祝会，罗伯特·F.肯尼迪也在座。

5月20日，赶回洛杉矶，收回解雇尤妮斯的决定。

6月1日，36岁生日，在电影世界里留下最后一次表演。

6月2日，失控地抹着眼泪给格林森的儿子丹尼尔和女儿琼打去电话，出现德塞美服用过量的典型症状。

6月3日，米尔顿·乌利医生赶来给梦露注射了镇静剂。

6月7日，整形外科医生迈克尔·古尔丁发现梦露两只眼睛的下眼皮青紫。随后一周被监禁在家，直到脸上的淤血彻底消退。

6月7日，洛杉矶县法院收到针对玛丽莲·梦露制片公司及其雇员玛丽莲·梦露提起的诉讼，原告要求索赔50万美元。

6月20日，乔来看望。7月去看望过两次（18日和21日）

6月27日，应邀参加劳福德夫妇为罗伯特·F.肯尼迪举办的一场晚宴。

7月，除6天之外，每天都接受恩格尔伯格的注射。

7月15日，和老朋友西德尼·斯科尔斯基前往棕榈泉附近的小镇印地欧拜访珍·哈露的母亲"珍妈妈"贝洛。

7月18日，乔来看望。

7月21日，由乔从黎巴嫩雪松医院接回家。

7月29日，乔去旧金山告诉家人与梦露最终答应复合，婚礼定于8月8日。

7月30日，同意由汤普森执导将于1963年初开拍的影片《我爱路易莎》。

7月30日，试图与米尔顿·鲁丁取得联系，再立一份新的遗嘱。

夏天，给朋友司法部长罗伯特·F.肯尼迪的办公室打过8个电话。

8月1日，解雇尤妮斯。

8月2日，两次接受格林森的治疗。

8月3日，接受恩格尔伯格的药物注射，两次接受格林森的治疗。

8月4日，死亡。

8月8日，葬礼。